화엄경청량소

華嚴經淸凉疏

화엄경청량소

제1권

제1 적멸도량법회 ①

[서분 제1 세주묘엄품]

청량징관 저

석반산 역주

담앤북스

추 천 사

보이는 것이나 보이지 않는 것이나 모두가 부처님 법신이요,
들리는 소리나 들리지 않는 소리나 모두가 부처님의 설법입니다.

우리는 어떻게 공부하고 닦아야 보고 듣는 모든 부처님과 그분의 설법
을 알아보고 제대로 이해할 수 있을까요? 청량국사의 수소연의초(隨疏演義
鈔)는 예로부터 화엄경 이해의 지남(指南)의 역할을 담당해 왔지만 법수(法
數)와 행상(行相)이 지나치게 자세한 나머지 완역(完譯)을 하려면 오랜 시간
이 걸리는 일이었습니다. 하지만 승가대학원에서 인연 맺은 반산 강사(講
師)가 부단(不斷)한 정진력으로 20여 년을 공들인 지난(至難)한 작업으로
전권(全卷)을 완역하였다 하니 수희찬탄해 마지않습니다.

화엄경은 경문을 위주로 공부해야 한다는 것이 나의 생각이지만, 게송
한 구절도 깊이 있게 읽으면 읽을수록 깊은 법문에 빠져들게 됩니다. 수소
연의초는 조선조 중기에 백암성총(栢庵性聰, 1631-1700) 강백에 의해 판각(板
刻)이 되었고, 현재 서울 봉은사에 유일본이 소장되어 있습니다. 그러므로
목판본(木版本)을 현대어로 번역하여 일반에 법보시하는 이번 출판은 크나
큰 공덕이 있는 불사 중의 불사라 생각합니다.

이번 완간을 계기로 화엄의 한 게송이나 설법이 나온 그 연원(淵源)을
소초(疏鈔)에서 각종 경문과 대소승의 논문을 동원하여 증거한 청량국사

의 수불석권(手不釋卷)의 노고(勞苦)를 다시 생각해 보게 됩니다. 요즘이야 컴퓨터의 도움을 받고 이미 한글대장경도 완역된 마당이지만 청량국사(淸凉國師)가 사시던 시절은 8 ~ 9세기인 성당(盛唐)시대이니 그 수많은 경론(經論)을 직접 읽지 않고는 불가능한 일이었을 것입니다.

신라대의 고승 원효(元曉)대사는 자신의 『화엄경소』 서문에서 화엄경과 다른 경전을 비교하여 밝히기를, "이는 봉황이 푸른 구름을 타고 올라 산악의 낮음을 바라봄과 같고, 하백(河伯)이 큰 바다에 이르러 황하강이 좁았음을 겸연쩍어하는 것과 같으니, 배우는 자는 이 경전의 너른 문에 들어서야 비로소 지금까지 배운 것이 작고 좁았음을 알리라."고 하였습니다.

요즘 시대에 화엄경을 그저 적당히 선적(禪的)으로 해석한다거나 관심론적(觀心論的)으로 이해하면서도 화엄을 강의하려는 분들에게 본서(本書)는 꼭 일독(一讀)하기를 권하고 싶습니다. 또한 이번 출판 과정에서 어려움이 많았겠지만 담앤북스 대표 석담 거사의 발원과 저자의 원력이 지대(至大)하니 잘 회향되리라 믿습니다.

아무쪼록 경향(京鄕) 각지의 여러 선지식과 일반 불자들도 함께 공부하기를 바라며, 다시 한 번 출판을 경하합니다.

불기 2562년 仲秋佳節에 화엄종찰 범어사 華嚴殿에서
如天無比 書

5

올해는 더운 여름 날씨가 기억할 만하지만 또한 남북화해(南北和解)의 분위기가 무르익어 전쟁의 공포에서 멀어져 가는 뜻깊은 해이기도 합니다. 또한 통도사가 세계문화유산에 등재(登載)된 이러한 시절에 청량국사(清凉國師)의 화엄경소가 번역되어 출판된다 하니 환희로운 마음으로 격려의 말을 남기려 합니다.

대방광불화엄경(大方廣佛華嚴經)은 스님이면 누구나 한 번은 읽어 봐야 하는 최고의 경전이라 일컬어 오고 있습니다. 한국불교에서는 유난히 화엄경을 좋아하는 듯합니다. 그것은 바로 그 원융화합(圓融和合)과 사사무애(事事無礙)의 정신 때문이 아닐까요! 통도사에서는 해마다 동짓달이면 화엄경을 주제로 최고의 법사를 모시고 한 달 동안 법문을 듣는 화엄산림(華嚴山林) 불사를 해오고 있습니다. 우리 시대의 최고 선지식이셨던 '경' 자 '봉' 자(鏡峰) 큰스님이 1927년부터 시작한 훌륭한 문화유산입니다.

그 화엄경을 가장 심도 있게 해석하였다는 청량국사의 수소연의초(隨疏演義鈔)를 20여 년 연구하여 한글 번역으로 세상에 내놓는다 하니 참으로 축하할 일이 아닐 수 없습니다. 반산스님은 은해사 승가대학원과 봉선사 능엄학림에서 무비큰스님, 월운큰스님과 같은 당대의 강백(講伯) 문하에서 열심히 수학해 온 이 시대의 강사스님입니다. 1998년부터 시작하여 벌써 여러 권을 번역하여 내놓더니, 이제 그 전권을 출판한다 하니 특별히 경하해 마지않습니다. 십지품 번역서가 나올 무렵에 인도네시아의

호텔 수영장에서 물에 빠져 죽을 뻔하면서도 "가더라도 책은 내고 가야 한다."고 한 스님의 원력만 보더라도 스님의 화엄경 사랑이 어느 정도인지 짐작할 만합니다.

앞으로 전권(全卷)을 출판하는 데 많은 어려움을 극복하고 잘 회향되기를 바라면서, 본사에서도 지원(支援)을 아끼지 않을 생각입니다. 다시 한 번 서봉반산 스님의 그동안의 노고(勞苦)를 치하(致賀)하면서 총림의 대중을 대표하여 감사를 드립니다.

불기 2562년 개산 1373년 무술년
영축총림 통도사 주지 향전영배 삼가 표하다[謹識]

『화엄경청량소』 번역본 해제

1. 글머리에

화엄경은 범어 Mahārraipulya-sūtra이니 곧 대방광불화엄경(大方廣佛華嚴經)의 약칭이다. 중국의 교판에 의하면 부처님께서 성도하신 뒤 2·7일 이내에 설하신 경전으로 알려져 있다. 하지만 경전의 성립사적(成立史的) 측면에서 보면 불기 500~600년 사이 중관(中觀)·유가(瑜伽) 양 파가 형성된 이후 두 학파를 종합 통일한 일승불교의 진행 과정 속에서 성립된 대승불교의 최고 경전으로 보고 있다. 이렇게 성립된 화엄경은 경전의 분량이나 혹은 소의법계의 범주로 보더라도 가히 제경(諸經)의 왕이요, 만경(萬經)의 종합완결편이라고까지 할 수 있을 것이다.

먼저 경의 제목을 『현담(懸談)』 권1의 견해로 언급해 보면, "허공의 끝은 헤아릴 수 있으나 본체가 끝이 없음이 대(大)요, 바닷물을 모두 다 마실 수는 있지만 법문은 다함이 없음이 방(方)이요, 미진수의 국토를 부수어 그 수를 셀 수 있지만 작용은 능히 헤아릴 수 없음이 광(廣)이요, 능각(能覺)과 소각(所覺)을 여의어 만법의 심오함을 밝힘이 불(佛)이요, 만행을 널리 펼쳐서 온갖 덕을 영화롭게 빛냄이 화(華)요, 이 만행의 덕을 원만하게 하여 저 제불의 십신(十身)을 장엄함은 엄(嚴)이요, 현미(玄微)를 꿰뚫고 거두어 진리광명의 아름다움을 이룬 것을 경(經)이라 한다"라고 하였다. (講華嚴經題 참조)

2. 화엄경과 소론(疏論)의 찬술

본 청량소 번역의 근본이 되는『80권 화엄경』은 우전국의 대표적인 역경삼장인 실차난타(實叉難陀, 651-710)에 의해 번역되었는데, 삼장은 증성(證聖) 1년(695)에 중국 낙양에 범본을 모시고 와서 대변공사(大徧空寺)에서 측천무후가 친림(親臨)한 가운데 의정(義淨), 보리유지(菩提流支)와 함께 화엄경을 번역하기 시작하여 성력(聖歷) 2년(699) 복례(復禮), 법장(法藏)의 조력으로 80권의 번역을 마치게 된다(화엄경전기 1, 개원석교록 9, 송고승전 2). 이러한 무후(武后)의 국력을 동원한 역경사업은 중국 사상계의 큰 흐름이 되게 하였고, 그런 까닭에 예로부터 뛰어난 주석가들이 다투어 주소(註疏)를 저술한 바 있다. 그중에 인도와 중국 그리고 한국의 대표적인 몇 분을 소개해 보자.

『화엄경전기』에 의하면 인도의 용수보살은 불기 600~700년경 용궁으로 가서 거기에 소장된 약본화엄경(略本華嚴經)을 모셔와 80권 화엄경으로 전래하였다고 한다. 이어서 불기 900년경 세친보살은 용수의 공(空)사상에 대하여 유(有)사상의 조사(祖師)로 유식, 열반, 섭대승론, 정토론 등 많은 저서를 남겼으며 화엄경에 대해서는『십지론(十地論)』을 저술하여 육상원융(六相圓融)의 원리를 밝혔다.

중국의 두순(杜順)스님이『법계관문(法界觀門)』을 저술한 이후 지엄(智儼, 602-668)화상과 현수(賢首, 643-712)대사는 각각『수현기(搜玄記)』5권과 『탐현기(探玄記)』20권을 저술하여 십현연기(十玄緣起)를 주장하며 화엄종을 대성하게 하였다. 한편 조백대사(棗栢大士)라 불리는 이통현(李通玄, 635-730)은 왕실의 종친으로 오대산에서 어떤 스님을 만나 화엄의 종지를 알게 된 이후 개원 7년(719) 방산토굴에서 날마다 조백(棗栢)을 조금만 먹으며 수행하더니 5년 뒤『신화엄경론』40권을 지어 초방자여(超放自如)한 사사무애(事事無礙)의 도리를 천양하였다. 또 아래에 거론할 청량스님 다음으로 규봉종밀(780-841)은 청량의 뒤를 이어 화엄종 5조가 되었으며 선교일치를 주장하였다. 저서로는『화엄윤관(華嚴倫貫)』15권,『화엄경소론찬요(華嚴經疏論纂要)』100권이 있는데, 뒤의 소론찬요는 청량의 소와 조백(棗栢)의 신화엄경합론을 모아서 다시 편집한 회편(會編)이다.

3. 청량징관(738-839)의 생애와 사상

이러한 화엄교학의 대성은 청량산 대화엄사 징관스님으로 하여금 선과 교에 통달한 안목으로 화엄을 종합 정리하는 계기를 갖게 하였다.

청량국사는 중국의 성당(盛唐) 시절 화엄종을 발전시킨 대종장이셨다. 본래 회계(會稽) 사람으로 성은 하후씨(夏候氏)요 자는 대휴(大休)이며 청량은 덕종이 내린 법호이다. 사(師)는 102세를 사시면서 선과 교를 모두 통하였으니, 키는 구 척(九尺)이며 팔을 뻗으면 무릎까지 닿으며 치아가 40개로 여래의 상호와 같았다. 더구나 낮에는 눈을 깜빡이지 않았고 밤에도 밝게 빛났다 하니 조금 과장된 표현임을 감안하더라도 상근대지(上根大智)임을 알 수 있다.

7세에 출가하여 우두혜충(牛頭惠忠, 683-769), 경산도흠(徑山道欽, 714-792)에 의지해 선을 깨닫고 현수법장(賢首法藏, 643-712)으로부터 화엄의 법을 이었다. 770년경 오대산(五臺山) 대화엄사(大華嚴寺)에서『화엄경소』저술을 결심하고 다시 세간의 학문을 배워 육예(六藝), 도사(圖史)와 구류이학(九流異學)과 축경범자(竺經梵字)와 사위오명(四圍五明)에 이르기까지 널리 열람하더니 건중(建中) 4년(783)에 집필에 들어가기 앞서 서응(瑞應)을 구하니 어느 날 꿈에 부처님 얼굴이 산마루에 비치어 그 광명이 천지에 온화하였다. 국사가 손으로 받들어 입으로 삼켰는데 이로부터 한 번 붓을 내림에 막힘없이 4년 만에 『화엄경소』 60권을 완성하였다. 이어서 후학을 위하여 『수소연의초(隨疏演義鈔)』 40권을 지었다고 한다. (疏鈔緣起 참조)

사(師)의 사상을 알기 위해서는 일생 동안 좌우명으로 삼았던 '십서견고(十誓堅固)'를 살펴보아야 할 것이다. 지덕(至德, 756-757) 연간에 국사는 불전에 발원하기를 "1. 체(體)는 사문의 모습을 버리지 않으며 2. 마음은 여래의 율제(律制)를 어기지 않으며 3. 앉아서는 법계(法界)의 경(經)을 등지지 않으며 4. 성품은 정애(情礙)의 경계에 물들지 않으며 5. 발로는 비구니 절의 티끌도 밟지 않으며 6. 옆구리는 거사의 걸상에 닿지 않으며 7. 눈으로는 위의가 아닌 채색을 보지 않고 8. 혀로는 정오(正午)가 지난 음식을 먹지 않으며 9. 손으로는 밝고 둥근 구슬을 놓지 않으며 10. 잠잘 때에는 의발(衣鉢)의 곁을 떠나지 않으리라" 하는 열 가지의 서원을 발하고 일생 동안 노력하였다.

일찍이 이에 대해 송대(宋代)의 홍각범(洪覺範, 1071-1128)은 『임간록(林間錄)』에서 이렇게 말하였다. "조백대사와 청량국사가 모두 화엄경을 홍포하려고 소론(疏論)을 지었다. 하지만 두 사람의 제행(制行)은 같지 않았으니 조백대사는 맨발로 행하고 띠를 매지 않아서 호탕하고 자유자재하였으며[跣行不帶 超放自如] 사사무애(事事無礙)로 행한 데 반하여 국사는 정엄(精嚴)하기가 옥을 세운 듯하여 오욕(五欲) 번뇌를 두려워하고[精嚴玉立 畏五色糞] 십원(十願)으로 몸가짐을 단속하였다. 당시의 사람들이 흔히 조백의 탄탕(坦宕)함을 좋아하고 청량의 구속받음을 냉소하여 '화엄종지에 맞지 않는다' 함을 큰 잘못이라 비판하면서 각범선사(覺範禪師)는 '조백(棗柏)을 머리를 깎아 비구가 되게 하였다면 청량의 수행과 같이 하려 하였으리라'라고 술회함을 볼 수 있다.

사(師)는 또한 남돈북점(南頓北漸)의 융합을 꾀하고 천태(天台)·화엄교학(華嚴敎學)과 선(禪)의 일치를 주장하였고, 『간정기』의 저자 혜원(惠苑)에게는 날카로운 비판을 가하여 소초의 군데군데에 논쟁점을 부각시킨 곳을 볼 수 있다.

4. 해동의 화엄종(華嚴宗)과 소론(疏論) 찬술의 역사

신라대에 의상스님의 화엄종 전래로부터 비롯된 해동화엄의 역사는 원효대사(617-686)의 『화엄경소(華嚴經疏)』10권 찬술과 의상스님(625-702)의 『법계도』 저술(667)로부터 시작된다. 692년경 승전(勝詮)법사는 현수법장의 저술을 전하였고 범수(梵修) 대덕은 799년 『청량소』를 처음 전하였다.

이어 고려대 균여대사(923-973)는 『법계도원통기』2권, 『화엄지귀원통초(華嚴旨歸圓通鈔)』2권, 『석화엄교분기원통초(釋華嚴敎分記圓通鈔)』10권을 저술하였다. 또 이어서 여대(麗代)의 양대 고승이셨던 대각(大覺)국사(1055-1101)와 보조지눌(普照知訥, 1158-1210)은 각각 『신집원종문류(新集圓宗文類)』와 『화엄론절요』3권을 저술하여 화엄론의 이해를 도왔다.

조선대에 이르러 백암성총(1631-1700)은 숙종 7년(1681)에 큰 배가 임자도(荏子島)에 와 닿으매 사람은 없고 책만 가득하였다. 그 속에서 명(明)의 평림섭(平林葉) 김기윤(金棋胤) 거사가 교간(校刊)한 『화엄경소초(華嚴經疏鈔)』가 발견되어 숙종 18년(1692)에 대화엄법회(大華嚴法會)를 열고 소초의 판각과 유통에 심혈을 기울였다 한다. 성총스님은 [신각소초후서(新刻疏鈔後序)](1690)에서 "청량국사의 공로가 용수보살에 못지 않다"고 밝혔으며, 또 당시 이외에도 『조당집』이라든가 『회현기』 등 5천 판에 이르는 방대한 판각을 완성하여 보급하였다. 국난의 고통 속에서 어렵고 힘든 불사를 완성하신 백암화상의 공덕 또한 명대(明代) 평림섭 거사의 공에 뒤지지 않음을 알 수 있다. 이렇게 하여 해동에서 고려대 이후 일실되었던 청량소초를 다시 유통되게 할 수 있었다.

조선대 화엄경의 대가로 손꼽히는 선지식은 설잠(雪岑)스님 김시습(金時習, 1435-1493)을 필두로 하여 환성지안(喚醒志安, 1664-1729)과 회암정혜(晦庵定慧, 1685-1741), 호암체정(虎巖體淨, 1687-1748), 설파상언(雪坡尙彦, 1707-1791), 묵암최눌(黙庵最訥, 1717-1790), 연담유일(蓮潭有一, 1720-1799), 인악의첨(仁岳義沾, 1746-1796) 그리고 은해사의 영파(影波, 1728-1812)대사, 예천(醴泉) 용문사 용호해주(龍湖海珠, -1887) 등 많은 화엄종장들을 들 수 있다. 이 가운데 설잠은『법계도주(法界圖註)』와『화엄석제(華嚴釋題)』, 회암(晦庵)은『소은과(疏隱科)』를 내었고 묵암은『화엄과도(華嚴科圖)』를, 연담은『화엄사기』와『화엄유망기(華嚴遺忘記)』,『현담사기』 2권을, 인악은『화엄사기』와『삼현기(三賢記)』,『십지기(十地記)』를 찬술하였다.

특히 이분들이 모두 백암화상의 각고의 노력에 의한 '화엄경청량소초의 판각 불사' 이후에 두각을 나타낸 것으로 본다면, 판각 불사 이후 화엄경 연구의 대단한 붐이 조성되었고, 이후 전국적으로 화엄대회, 강회(講會) 등의 화엄경 대법회가 열린 것을 알 수 있다. 화엄대회는 1. 청련원철(靑蓮圓徹)의 1607년 대둔사 화엄대회를 시작으로, 2. 풍담의 대둔사 대회 3. 취여의 대둔사 상원루 화엄법회 4. 월저의 1664년 묘향산 화엄법회 5. 화악의 대둔사 대회 6. 환성의 1725년 김제(金堤) 금산사 대법회 7. 상월의 1734년 선암사 화엄강회 8. 1748년 법운암(法雲菴) 대회 9. 1754년 선암사 화엄강회 10. 호암의 대둔사 정진당(精進堂) 대화엄강회 11. 연담의 1760년(경진) 대둔사 대회와 12. 1768년(무자) 미황사 대회 등이 있었다. 또 부휴계에서는 벽암의 1643년 보개산법석회(寶盖山法席會), 백암의 1691

년 선암사 창파각(滄波閣) 화엄대회, 무용의 1719년 송광사 대회, 영해의 1750년 송광사 화엄대회 등이 있었다. 그 결과 화엄불교가 불교문화의 주류를 이루게 된 것이라 보여진다. (김진현(현석)의 論考 "화엄 대회를 통해 본 조선불교사 재고" 참조)

이렇게 소론이 저술, 유통된 역사를 살펴보았듯이 한국의 현대불교에서 화엄과 선문화가 지배하는 오늘의 현실은 결코 우연이 아님을 알 수 있다. 이처럼 많은 화엄종장들의 노력으로 인하여 이 땅에서 화엄불교를 꽃피울 수 있었던 것이다.

5. 『청량소』의 내용과 판본 소개

국사는 화엄경을 주석하면서 항상 네 가지 문으로 나누었으니, 즉 1. 내의(來意) 2. 석명(釋名) 3. 종취(宗趣) 4. 석문(釋文)의 사문(四門)이 그것이다. 여기에 다시 십문(十門)으로 나누어 해설하였음을 볼 수 있는데, 그 원칙은 정종분이 시작되는 '여래현상품(如來現相品) 제2'의 첫 부분에 밝혀 놓고 있다. (如來現相品 제2의 疏文 참조)

그러면 '세주묘엄품 제1'과 '현수품 제12', '십지품 제26'을 예로 들어 살펴보겠다. 먼저 세주묘엄품은 화엄대경(華嚴大經)의 서분으로 청량스님의 분과(分科)에 의하면 1. 거과생신분(擧果生信分) 2. 수인계과분(修因契果分) 3. 탁법진수분(託法進修分) 4. 의인증입분(依人證入分)의 사대과(四大科) 중에서 1. 거과분에 해당되며 거과분 가운데서도 제1. 교기인연분(教起因緣分) 제2. 설법의식분(說法儀式分) 제3. 정진소설분(正陳所說分)으로 나눈 삼과(三科)의 첫 부분에 배당시켰다. 이 교기인연분을 다시 십문(十門)으로 나누어 해설한 것을 과도(科圖)로 살펴보자.

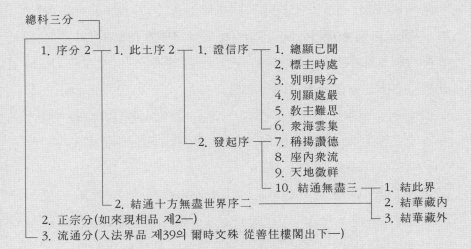

다음으로 십지품을 살펴 본다면, 1. 내의(來意) 2. 석명(釋名) 3. 종취(宗趣) 4. 석문(釋文)으로 나누고, 각 지(地)에 가서 다시 1. 내의(來意) 2. 석명(釋名) 3. 단장(斷障) 4. 증여(證如) 5. 성행(成行) 6. 득과(得果) 7. 석문(釋文)으로 나누고 있다. 여기서 사문(四門)에 대하여 '현수품 제12'의 소(疏)를 예로 들어 잠시 참고해 보자.

"첫째 온 뜻[來意]이란 대개 수행은 헛되게 하지 않으며 반드시 그 공덕이 있으니 이미 견해와 수행이 원만하고 묘해지면 반드시 부사의한 뛰어난 덕행을 얻나니, 앞[정행품]의 행원을 거두어 믿음의 공덕의 작용을 이루므로 그 다음에 온 것이다. 또 앞에 지수(智首)보살이 불덕을 들어 인행을 물었는데 문수보살이 그 인행에 대하여 널리 밝혔으므로 간략히 그 과덕을 표방하여 '온갖 뛰어난 공덕을 모두 얻었다' 하였고, (다시 문수보살이) 현수보살에게 물어 이러한 대답을 하게 하였으니, 때문에 게송 첫 부분에서 앞을 토대로 뒤를 일으키는 것이다." (賢首品 제12의 疏文 참조)

또 이어서 둘째 석명(釋名)에서는 "체성이 지극히 순해서 잘 조복함을 '현(賢)'이라 하고 길상스럽고 덕행이 가장 뛰어남을 '수(首)'라 한다" 하였다. 다음으로 셋째 종취(宗趣)란 "믿음의 문에서 보현(普賢)의 행덕을 이루어 자재롭게 장엄함이 미치지 않는 곳 없는 큰 작용이어서 중생을 건립하지만 처음과 끝을 관통하며 여러 지위로 모두 거둠으로 '종지(宗旨)'를 삼았고, 하여금 원융한 믿음과 수행을 일으켜 지위와 공덕의 작용을 이루게 하는 것으로 '뜻[意趣]'을 삼는다" 하였고, 넷째 석문(釋文)에서는 다시 삼문(三門)으로 나눔을 볼 수 있다.

이처럼 국사는 항상 크게 사문(四門)으로 나누어 주석하였고, 넷째 석문(釋文)에서는 대개 십문(十門)으로 나누어 경문에 해설하고 있음을 볼 수 있다. 이 같은 원칙으로 여러 경론을 인용하여 충분히 해석하려고 노력한 것을 곳곳에서 살펴볼 수 있다.

본서의 원본으로 삼은 봉은사 소장 목판본은 원래 조선 숙종 15년(1689)에 임자도에서 발견했던 성총스님이 판각 불사를 통하여 유통시킨 징광사(澄光寺) 판본이 그 원본이었다. 그러나 1770년에 화재로 소실되었고, 영조 50년(1774)에 설파상언(雪坡尙彦)이 판각한 영각사 판본이 유통되었는데 이 판본도 역시 1950년의 전란으로 없어졌지만 그 경본만은 남아 있어서 이를 바탕으로 하여 철종대(1855-1856)에 영기(永奇)스님이 각인(刻印)한 봉은사판이 현존하게 되었다. 이 봉은사판은 영각사판을 복각(復刻)한 것으로 중간에 45장을 보충하였다 한다. 이것이 그동안 강원 대교과(大敎科)의 교재로 쓰여 왔던 유일한 현존판이 되는 것이다. (海住스님 저 『화엄의 세계』 참조)

이 목판본을 바탕으로 전산 입력을 해 보니 그중에 소초가 가장 많은

품은 십지품(十地品) 제26으로 약 600매(A4 용지 기준) 분량이며 다음은 입법계품(入法界品) 제39로 약 1000매, 십회향품(十廻向品)이 약 300매, 세주묘엄품(世主妙嚴品) 제1이 약 250매, 이세간품(離世間品) 제38이 약 180매 등의 순이었다. 그중에서 십지품이 가장 자세함을 보게 된다. 그리고 소초(疏鈔)에 동원된 인용문에는 대소승의 경론이 모두 망라되어 있다. 먼저 대승경전인 법화경, 열반경, 유마경, 보살본업경, 금강경, 입능가경, 해심밀경, 대집경, 대승장엄경론, 십지경론 등과 성유식론, 대지도론, 섭대승론, 유가사지론, 중론, 기신론과 아비달마구사론, 잡집론 등이 망라되고 화엄 관계 저술로는 탐현기, 간정기, 합론 등을 들 수 있다. 그 밖에 외전(外典)으로는 노자, 장자, 논어, 주역, 시경, 서경 등도 모두 참고한 것으로 보아 대가의 면모를 다시 엿볼 수 있다. 역자가 이에 따라 많은 내외전의 저술들을 섭렵하는 크나큰 보람을 느낄 수 있었다.

역자(譯者)의 말

　화엄대경을 떠올릴 때마다 필자는 우선 기쁘고 여유로운 마음이 생긴다. 끝없이 펼쳐지는 불찰 미진수 세계는 우리가 사는 세상이 넓고 넓어서 범부와 성인, 부자와 서민, 벼슬 높은 사람과 시골의 촌부들에게까지 그 누구에게도 부처님의 지혜광명이 안 미치는 곳이 없음을 밝히는 최고의 경전이기 때문인지도 모르겠다. 아마도 화엄경은 전생(前生)부터 인연이 있지 않았나 생각된다.

　1999년 세주묘엄품 번역이 끝나고 책이 나왔을 무렵 교계 언론에서 인터뷰 요청이 있었고 저는 주저 없이 20년 후 수소연의초(隨疏演義鈔) 전체의 번역을 완성하겠다고 큰소리를 쳤다. 하지만 그것이 정말 이루어질 일이라 생각하지도 못했는데 십지품 번역이 가장 어려운 부분인지라 우선 그것부터 번역에 들어갔다. 해인사승가대학에서 강사 생활을 하면서 적묵당에서 시작된 번역 작업은 유식(唯識)과 법상(法相)의 공부가 모자란 탓인지 힘들고 난관(難關)에 봉착할 때마다 어떻게 할까를 고민하였다. 마침 봉선사 능엄학림에서 월운강백께서 청량국사 소초를 중심으로 십지품 강의를 하고 있었다. 주저 없이 책짐을 용달 트럭에 싣고 무작정 이사부터 하였다. 학봉스님, 정원스님을 비롯한 봉선사 스님들의 주선으로 무난하게 연구원으로 입방(入榜)하게 되어, 그곳에서 지낸 3년간 월운큰스님의 지도와 청강(聽講)이 결정적인 도움을 주었다. 그 후 2547(2003)년 8월에 십지품을 46배판 세 권으로 출간(出刊)하기에 이른다. 하지만 이후 통도사로 내려온 필자는 부산에서 포교원을 개원(開院)하여 불자들과 포교에 열중하면서 번역 작업은 중단될 수밖에 없었다. 간간이 정리하고 과목을 나누며 준비해 가던 중, 2014년 6월 쌍계사승가대학에 강주(講主)로 부임(赴任)하면서 다시 번역에 박차를 가할 수 있었고, 4년 5개월 만에 나머지 부분 번역을 마친 것이다. 실제 번역 기간인 13년간 매일 서재(書齋)에서 번역을 하던 시절, 마치 맛있는 과자를 꺼내 먹듯이 어떤 때는 질기고 이빨

도 들어가지 않는 부분은 며칠을 앞으로 뒤로 옆으로 거꾸로 굴리면서 번역하기도 하였고, 어떤 때는 평탄한 산길을 걸어가듯이 편하게 가기도 하였고, 또 번역을 계기로 그 많은 대소승의 『대반열반경』 『묘법연화경』을 비롯한 많은 경전과 『기신론』 『유가사지론』과 『대지도론』 『성유식론』 등 수많은 논서들을 폭넓게 공부하는 행운을 가질 수 있었다.

공부하기를 좋아하는 나의 정진은 조선조 임란(壬亂) 후의 어려움 속에서도 백암성총(栢庵性聰, 1631-1700) 대강백이 전라도 임자도(荏子島)에서 모셔온 청량국사의 수소연의초 판각(板刻) 작업을 하신 그 소중한 소초합본을 완역(完譯)하는 데 20여 년의 세월을 오롯이 바치게 되었다. 이번 번역과 출판이 후학(後學)들의 공부에 조금이나마 도움이 되기를 바라는 마음으로 끝없이 끝없이 노력해 갈 것이다. 또 이번 출판으로 전국의 화엄경을 심도 있게 공부하려는 불자들에게 법공양을 실천할 수 있도록 좋은 인연을 모으는 데도 현존 유일본인 목판이 소장되어 있는 봉은사 주지스님의 도움이 컸음을 밝히고 싶다.

그동안 작업을 끝마칠 수 있었던 것은 무엇보다 첫째, 은해사 승가대학원 시절 조계종 교육원의 도움으로 연구 환경이 조성되었고, 둘째, 그 당시 여천무비 대학원장님의 격려와, 셋째, 전강(傳講)스승이신 능엄학림의 월운(月雲)강백의 고구정녕한 지도감수, 넷째, 쌍계사 조실이신 고산(杲山)큰스님께서 강주로 불러 주셔서 중단된 번역을 이어갈 수 있었고, 다섯째, 출판이 어려운 현실 속에서 담앤북스 오세룡 사장의 출판 제의로 현실화될 수 있었다. 아무쪼록 출가본사인 영축총림 통도사의 중산성과 방장큰스님, 향전영배 주지큰스님의 배려와 지원에 힘입어 전체 34권이 발간되는 그날까지 조석예불과 기도를 통해서 화엄회해(華嚴會海)의 제불보살님의 가피를 기원하는 바이다.

불기 2562(2018)년 10월 30일 전 쌍계사승가대학 강주(講主)
영축총림 통도사 후학 서봉반산 근서(謹書)

일러두기

1. 본 화엄경소초의 번역에 사용된 원본은 봉은사에 소장된 목판 80권 『화엄경소초회본』이다.

2. 교정본은 민국(民國) 31년(1942) 대만의 화엄소초편인회(華嚴疏鈔編印會) 에서 합본으로 교간(校刊)한 『화엄경소초 10권』을 사용하였다. 그리고 원본현토는 화엄학연구소의 원조각성 강백의 현토본을 참고하였다.

3. 대장경 속에 경전과 합본으로 수록된 것은 없고, 다만 『大正大藏經』 권35에 『화엄경소 60권』이 있으며 권36에 『화엄경수소연의초(華嚴經隨 疏演義鈔) 90권』이 있지만 경의 본문과의 손쉬운 대조를 위해 회본(會本) 을 기본으로 하였으며, 일일이 찾아서 대장경과 대조하지는 못하였다.

4. 교재본이라 한 것은 민족사에서 1997년에 발간한 『현토과목 화엄경』 (전 4권)을 지칭하며 원문 인용은 이 본을 기본으로 하였다.

5. 본 『청량소』 전권에서는 소(疏)의 전문을 해석하였고, 초문(鈔文)은 너무 번다하고 중복되는 부분을 필자가 임의로 생략하였다.

6. 본문에서 이해를 돕기 위하여 도표로 작성한 것은 봉선사 능엄학림의 월 운강백께 허락을 얻어 『화엄경과도(華嚴經科圖)』를 준용(準用)한 것이다.

7. 목차는 『화엄경소초』의 과목을 사용하였고 『화엄경과도』를 준용하였 다. 과목에 이어지는 ( ) 안에는 간편한 대조를 위하여 목판본의 페이 지를 표시하였다.
예) 一 一) (一) 1. 1) (1) 가. 가) (가) ㄱ. ㄱ) (ㄱ) a. a) (a) ㊀ ①
㋕ ㉠ ⓐ A. ㉭ ㉠ ㉠ ㄱ ⓐ Ⓐ ㋐

8. 목차는 되도록 현대적 번역어로 제목을 삼으려 하였고, 풀어서 제목에

이어 표기된 아라비아 숫자는 문단의 개수이다.

9. 경과 소문(疏文)은 조금 띄워서 구별을 두었고, 소문(疏文) 앞에는 ■ 표시를, 초문(疏文) 앞에는 ●로 표시하여 번역문을 수록하였다. ❖ 표시는 역자의 견해를 밝힌 부분이다.

10. 경구(經句)의 번역문은 한글대장경과 민족사 간(刊) 『화엄경 전 10권』을 참고하였고, 소(疏) 문장 번역은 직역을 원칙으로 하였다. 인용문은 주로 한글대장경의 번역을 따르고자 노력하였다.

『화엄경청량소』 총목차

제1과. 총합하여 명칭과 의미를 밝히다 [總敍名意]

제2과. 공경히 귀의하고 가피를 청하다 [歸敬請加]

제3과. 가름을 열고 경문을 해석하다 [開章釋文]
    제1 가르침이 시작된 인연 [敎起因緣]
    제2 가르침에 포섭된 뜻 [藏敎所攝]
    제3 법의와 뜻을 나누다 [義理分齊]
    제4 가르침에 가피받을 중생 [敎所被機]
    제5 가르침의 본체와 깊이 [敎體淺深]
    제6 통과 별로 종지와 취향을 밝히다 [宗趣通別]
    제7 부류와 품회 [部類品會]
    제8 전역자와 신통 감응 [傳譯感通]
    제9 통틀어 명칭과 제목을 해석하다 [總釋名題]
    제10 따로 경문의 뜻을 해석하다 [別解文義]

제4과. 공경히 찬탄하고 회향하다 [謙讚廻向]

    제10 별해문의(別解文義) (세주묘엄품 1; 日字卷上)
      제1문 총석경서(總釋經序)
      제2문 별해문의(別解文義)
      제1 총과판(總科判)

제2 정석경문(正釋經文)

제1분. 佛果를 거론하며 즐거움을 권하여 신심을 일으키는 부분 [擧果勸樂生信分]

제1과. 교기인연분(敎起因緣分) (제1 세주묘엄품)

제2과. 설법의식분(說法儀式分) 제2 여래현상품, 제3 보현삼매품

제3과. 정진소설분(正陳所說分) 제4 세계성취품, 제5 화장세계품, 제6 비로자나품

제2분. 인행을 닦아 불과에 계합하는 견해를 내는 부분 [修因契果生解分]

(둘字卷上; 제2회 제7 여래명호품 - 제7회 제37 여래출현품)

제3분. 법문에 의지해 수행으로 이루다 [托法進修成行分]

(제38 이세간품)

제4분. 선재동자가 증입하여 성불하다 [依人證入成德分]

(제39 입법계품)

『화엄경청량소』 제1권 차례

大方廣佛華嚴經疏鈔 제1권의 ① 日字卷上
제1. 세상 주인들이 묘하게 장엄하는 품[世主妙嚴品] ①

一. 총합하여 과목 나누다 ·· 32
二. 경문 해석 2. ·· 33
(一) 세 부분으로 나누어 경문을 해석하다 ······························· 33
(二) 다섯 부분으로 나누어 해석하다 2. ·································· 42
1. 앞을 결론하고 총합하여 표방하다 ······································· 42
2. 첫 부분을 별도로 해석하다 ··· 42
第一分. 불과를 거론하며 즐거움을 권하여 신심을 일으키는 부분 ···· 44
第一科. 가르침이 시작된 인연 10. ··· 44
제1. 여시아문에 대하여 밝히다 2. ··· 45
一) 여시에 대한 해석 46   二) 아문에 대한 해석 51
제2. 세 가지 성취를 밝히다 3. ··· 54
一) 시성취에 대한 해석 55   二) 주성취를 해석하다 56
三) 처성취에 대한 해석 56
제3. 정각의 시점을 밝히다 2. ··· 58
一. 바로 정각의 시점을 밝히다 ··· 58
二. 정각 이루심에 대한 갖가지 해석 ······································· 65
제4. 도량의 장엄을 밝히다 4. ··· 71
1. 땅의 장엄 75   2. 보리수의 장엄 79
3. 궁전의 장엄 85   4. 사자좌의 장엄 92

大方廣佛華嚴經疏鈔 제1권의 ② 日字卷下

제1. 세상 주인들이 묘하게 장엄하는 품[世主妙嚴品] ②

제5. 세존의 불가사의한 덕 2. ……………………………100

一) 통틀어 밝히다 …………………………………………101

二) 개별로 열 가지 몸을 해석하다 10. …………………108

1. 삼업이 두루 한 보리신 2. ………………………………109

(1) 법으로 밝히다 …………………………………………110

(2) 비유로 밝히다 3. ………………………………………125

(가) 의업으로 비유하다 ……………………………………130

(나) 신업으로 비유하다………………………………………143

(다) 어업으로 비유하다 ……………………………………147

2. 위세신의 뛰어남……………………………………………151

3. 복덕이 깊고 넓은 몸 ……………………………………161

4. 의생신의 중생제도 ………………………………………162

5. 상호가 원만한 몸…………………………………………164

6. 원력신의 설법 ……………………………………………165

7. 화신의 자재한 교화 ………………………………………173

8. 법신으로 두루 다스리다 …………………………………176

9. 체성과 양상의 근원을 다한 지혜의 몸 ………………177

10. 역지신의 신통변화 ………………………………………177

大方廣佛華嚴經疏鈔 제1권의 ③ 月字卷上

제1. 세상 주인들이 묘하게 장엄하는 품[世主妙嚴品] ③

제6. 구름처럼 모인 대중의 바다 10·····················184

一) 모인 의미를 밝히다 185　　二) 모인 원인을 밝히다 188

三) 부류를 밝히다 191　　四) 대중의 숫자를 정하다 192

五) 방편대중과 실법대중 195　　六) 지위를 밝히다 199

七) 대중을 배열한 순서 200　　八) 대중의 있고 없음 201

九) 들음과 듣지 못함 204　　十) 경문 해석 2. 206

(一) 통틀어 동생중과 이생중으로 나누다·····················206

(二) 개별로 동생중과 이생중을 해석하다 2.·····················211

1. 경문을 과목 나누다·····················211

2. 개별로 경문을 해석하다 2.·····················212

1) 함께 태어난 대중 3.·····················212

(1) 숫자로 표방하고 부류를 분별하다·····················212

(2) 명칭과 숫자를 나열하여 결론하다 2.·····················214

ㄱ) 같은 명칭 가진 보살을 해석하다·····················219

(ㄱ) 보현보살의 이름 해석 219　　(ㄴ) 보덕최승보살 220

(ㄷ) 보광사자당보살 221　　(ㄹ) 보배불꽃보살 221

(ㅁ) 보음공덕음성보살 221　　(ㅂ) 보지광조보살 222

(ㅅ) 보배상투보살 222　　(ㅇ) 보각열의성보살 223

(ㅈ) 보청정무진복광보살 223　　(ㅊ) 보광명상보살 223

ㄴ) 다른 명칭 가진 보살을 해석하다·····················224

(ㄱ) 해월광대명보살 224　　(ㄴ) 구름소리보살 224

(ㄷ) 공덕보배상투보살 225　　(ㄹ) 공덕자재왕보살 225

(ㅁ) 선용맹연화계보살 226　　(ㅂ) 보지운일당보살 226

(ㅅ) 대정진금강제보살 226　　(ㅇ) 향기불꽃당기보살 227

(ㅈ) 대명덕심미음보살 227　　(ㅊ) 대복광지생보살 228

(3) 동생중의 원만한 덕행 2. ··228

가) 뛰어난 덕행을 개별로 찬탄하다 2. ·································230

(가) 인연에 나아가 찬탄하다 ··230

(나) 수행에 나아가 찬탄하다 3. ··234

ㄱ) 자신의 보살행덕 3. ··237

(ㄱ) 자리행이 원만하다 ··237

(ㄴ) 이타행이 만족하다 ··241

(ㄷ) 이치를 증득하여 지위가 다하다 2. ····························244

a) 이치의 법을 증득하다 ··244

b) 과덕의 법을 증득하다 ··261

c) 지위가 다함을 얻다 2. ··263

① 오실본에 대해 밝히다 266   ② 삼불역에 대해 밝히다 267

ㄴ) 과행에 올라가는 덕행 ··271

ㄷ) 인행과 과행이 무애한 덕 ··277

나) 여러 문을 총합 결론하다 ··278

大方廣佛華嚴經疏鈔 제1권의 ④ 月字卷下

제1. 세상 주인들이 묘하게 장엄하는 품[世主妙嚴品] ④

2) 달리 태어난 대중 3. ··280

가. 잡류의 여러 신중들 19. ··281

(1) 집금강신 4. ···281

(가) 숫자와 부류를 표방하다 ··281

(나) 명칭과 숫자를 나열하다 ··282

ㄱ. 묘색나라연집금강신 282   ㄴ. 일륜속질당집금강신 283

ㄷ. 수미화광집금강신 284   ㄹ. 청정운음집금강신 284

ㅁ. 제근미묘집금강신 285   ㅂ. 가애락광명집금강신 285

ㅅ. 대수뢰음집금강신 285   ㅇ. 사자왕광명집금강신 286

ㅈ. 밀염승목집금강신 286   ㅊ. 연화광마니계집금강신 287

ㅋ. 숫자로 여러 신중을 결론하다 287

(다) 섭수한 공덕이 원만하다 ·····················287

(2) 몸으로 무리지어 다니는 신중 289 (3) 발로 다니는 신중 291

(4) 도량을 수호하는 신중 292   (5) 성을 주관하는 신중 293

(6) 땅을 주관하는 신중 295   (7) 산을 주관하는 신중 295

(8) 숲을 주관하는 신중 296   (9) 의약을 주관하는 신중 297

(10) 농사를 주관하는 신중 299   (11) 강물을 주관하는 신중 300

(12) 바다를 주관하는 신중 302   (13) 물을 주관하는 신중 304

(14) 불을 주관하는 신중 305   (15) 바람을 주관하는 신중 306

(16) 하늘을 주관하는 신중 307   (17) 방위를 주관하는 신중 308

(18) 밤을 주관하는 신중 310   (19) 낮을 주관하는 신중 311

나. 여덟 부류의 사천왕 대중 8. ·····················312

가) 아수라왕 312   나) 가루라왕 315

다) 긴나라왕 321   라) 마후라가왕 322

마) 야차왕 323   바) 대용왕 326

사) 구반다왕 330   아) 건달바왕 332

다. 욕계·색계의 여러 하늘대중 12. ·····················334

가) 욕계의 하늘대중 7. ·····················334

ㄱ. 월천자 대중 336   ㄴ. 일천자 대중 337

ㄷ. 삼십삼천 대중 339   ㄹ. 야마천 대중 344

ㅁ. 도솔천 대중 345   ㅂ. 화락천 대중 346

ㅅ. 타화자재천 대중 348

나) 색계의 여러 하늘대중 5. ·····································349

(가) 대범천 대중 349   (나) 광음천 대중 351

(다) 변정천 대중 353   (라) 광과천 대중 354

(마) 대자재천 대중 355

大方廣佛華嚴經疏鈔 제2권의 ① 盈字卷上
제1. 세상 주인들이 묘하게 장엄하는 품[世主妙嚴品] ⑤

제7. 불덕을 드날려 찬탄하다 3. ·····························360

一) 대중의 위의로 머무름을 총결하다 ····················361

二) 통틀어 덕행과 인연을 밝히다 3. ······················363

1. 장애를 여의고 청정을 보다 ·····························368

2. 섭수하여 교화하는 선근이 깊음을 밝히다 ··············376

3. 덕행을 원만히 구비하다 ································378

(1) 인행이 원만함을 밝히다 ·····························379

(2) 불과의 바다에 들어가다 ·····························381

三) 대중의 득법과 찬불을 개별로 밝히다 2. ···············387

1. 달리 태어난 대중 3. ···································388

1) 여러 하늘대중 2. ······································388

(1) 색계 하늘대중 5. ·····································389

가. 자재천 대중 2. ·······································389

가) 천왕중의 득법 389   나) 게송으로 찬탄하다 417

나. 광과천왕 대중 2. ·····································431

가) 천왕중의 득법 431   나) 게송으로 찬탄하다 438

다. 변정천왕 대중 2. ···445

　　가) 천왕중의 득법 445　　나) 게송으로 찬탄하다 455

라. 광음천왕 대중 2. ···463

　　가) 천왕중의 득법 463　　나) 게송으로 찬탄하다 472

大方廣佛華嚴經疏鈔 제2권의 ② 盈字卷下

제1. 세상 주인들이 묘하게 장엄하는 품[世主妙嚴品] ⑥

마. 대범천왕 대중 2. ···479

　　가) 천왕중의 득법 479　　　　나) 게송으로 찬탄하다 484

(2) 욕계 하늘대중 7. ···494

가. 대자재천왕 2. ···494

　　가) 천왕중의 득법 494　　　　나) 게송으로 찬탄하다 499

나. 화락천왕 ··506

　　가) 천왕중의 득법 506　　　　나) 게송으로 찬탄하다 518

다. 도솔천왕 대중 2. ···526

　　가) 천왕중의 득법 526　　　　나) 게송으로 찬탄하다 531

라. 야마천왕 대중 ···539

　　가) 천왕중의 득법 539　　　　나) 게송으로 찬탄하다 544

마. 삼십삼천왕 대중··549

　　가) 삼십삼천 대중의 득법 549　　나) 게송으로 찬탄하다 556

바. 일천자 대중···561

　　가) 천왕중의 득법 561　　　　나) 게송으로 찬탄하다 568

사. 월천자 대중···575

　　가) 천자중의 득법 575　　　　나) 게송으로 찬탄하다 583

大方廣佛華嚴經 제1권

大方廣佛華嚴經疏鈔 제1권의 ① 日字卷上

제1 世主妙嚴品 ①

세주묘엄품은, 39품 화엄대경(華嚴大經)의 전체 서문이다. 목판본으로 다섯 권에 이른다. 서문의 내용은 일곱 도량의 아홉 번 법회[七處九會]의 문풍의박(文豊義博)한 경문의 시작을 등장인물 소개로 엮어 나간다. 이름 그대로 세상의 주인[世主]은 각 방면에서 부처님 가르침을 실천하고 해탈을 얻은 분들이다. 각기 425개의 해탈문을 게송으로 찬탄하는 구성만으로도 그 품격을 짐작케 하는 내용이다. 가장 먼저 적멸도량에서 부처님은 등정각(等正覺)을 이루신 기쁨을 땅과 보리수와 궁전, 사자좌의 장엄에 빗대어 표현하였다. 그 첫 경문에 이르되, "

> "이와 같이 내가 들었다. 한때에 부처님께서 마갈타국 아란야 법보
> 리도량에 계시사 비로소 정각을 이루시었다. 그 땅은 견고하여 금강
> (金剛)으로 되어 있나니, 가장 미묘한 보배 바퀴와 온갖 보배 꽃과 청
> 정한 마니(摩尼)로 장엄하여 모든 색상들이 끝없이 나타났다."

大方廣佛華嚴經 제1권

大方廣佛華嚴經疏鈔 제1권의 ① 日字卷上

제1. 세상 주인들이 묘하게 장엄하는 품 [世主妙嚴品] ①

제1장 서분
제1. 적멸도량 법회의 서분[序分] ① (6품)

一. 총합하여 과목 나누다[總科判]

第二. 釋經文二 ── 1. 結前十例無盡
　　　　　　　　└─ 2. 正依二例科釋二

(文在第五卷末)

1. 依三分科經二 ─ 1. 總科三分　　1. 分科　　　1. 指廣標略
　　　　　　　　└ 2. 別明序分二 ─ 2. 正明二 ─ 2. 牒明證信三

　　　　　　　1. 原其所由
　　　　　　　2. 嚴其所以　　1. 準佛地論五科
　　　　　　└ 3. 依論分科二 ─ 2. 依智論六種二 ─ 1. 敍意列名
　　　　　　　　　　　　　　　　　　　　　　　└ 2. 料揀通局

　　　　　　　1. 結前總標　　　　　　　　　　　1. 擧果勸樂生信分
2. 依五分釋文二 ─ 2. 別釋初分二　　　　　　　2. 修因契果生解分
　　　　　　　　　　　　　　　　1. 分科　　　3. 托法進修成行分
1. 隨品長分科　　　　　　　　 ─ 1. 分科
2. 以義從文科二 ──────── 2. 釋文四 ─ 4. 依人證入成德分

[疏] 經題品目은 具如前釋하니라

■ 경과 품의 제목은 앞[1]에서 충분히 해석하였다.

---

1) 여기서 앞이란 玄談 제8권의 '第九, 總釋名題'를 말한다. 경의 제목을 『懸談』 제1권의 견해로 언급해 보면, "허공의 끝은 헤아릴 수 있으나 본체가 끝이 없음이 大요, 바닷물을 모두 다 마실 수는 있지만 법문은 다함이 없음이 方

二. 경문 해석 [釋經文] 2.

一) 열 가지 사례가 끝없음을 결론하다[結前十例無盡] (上來 1상5)

[疏] 上來十例가 各顯一理나 然亦無盡이니라

■ 여기까지 열 가지 사례[2]가 각각 하나의 이치를 밝혔지만 또한 (그 이치는) 무진장하다.

二) 두 가지 사례에 의지하여 과목 나누어 해석하다[正依二例科釋] 2.

(一) 세 부분으로 나누어 경문을 해석하다[依三分科經] 2.

1. 총합하여 세 부분으로 나누다[總科三分] (若依 1상5)

[疏] 若依常用컨대 應依三分이니 謂初品爲序오 現相下正宗이오 法界品內에 爾時文殊師利從善住樓閣出下는 明流通이니라

■ 만약 일반적으로 말한다면 세 부분으로 나눌 수 있으니 첫 세주묘엄품은 서분(序分)이요, 제2. 여래현상품 아래부터는 정종분(正宗分)이요, 제39. 입법계품(入法界品)의 "그때에 문수사리동자가 선주(善住)스님의 누각에서 나와…"[3] 아래부터는 유통분(流通分)이다.

2. 서분을 별도로 밝히다[別明序分] 2.

1) 사바세계의 서분[此土序] (序中 1상7)

이요, 미진수의 국토를 부수어 그 수를 셀 수 있지만 작용은 능히 헤아릴 수 없음이 廣이요, 能覺과 所覺을 여의어 만법의 심오함을 밝힘은 佛이요, 만행을 널리 펼쳐서 온갖 덕을 영화롭게 빛냄은 華요, 이 만행의 덕을 원만히 하여 저 제불의 十身을 장엄함은 嚴이요, 玄微를 꿰뚫고 거두어 진리광명의 아름다움을 이룬 것을 經이라 한다" 하였다. (講華嚴經題 참조)

2) 열 가지 사례란 一. 總科判에 소속된 1. 標章 2. 列名 3. 解釋에서 3.해석에서 밝힌 열 가지 소제목을 말한다.

3) 大正藏 권10 p.330 b29~.

* 總科三分

```
┌1. 序分 2 ┬1. 此土序 2 ┬1. 證信序┬1. 總顯已聞
│          │            │         ├2. 標主時處
│          │            │         ├3. 別明時分
│          │            │         ├4. 別顯處嚴
│          │            │         ├5. 教主難思
│          │            │         └6. 衆海雲集
│          │            └2. 發起序┬7. 稱揚讚德
│          │                      ├8. 座內衆流
│          │                      ├9. 天地徵祥
│          │                      └10. 結通無盡三┬1. 結此界
│          └2. 結通十方無盡世界序 ──────────────├2. 結華藏內
├2. 正宗分(如來現相品 제2--)                     └3. 結華藏外
└3. 流通分(入法界品 제39의 爾時文殊 從善住樓閣出下--)
```

[疏] 序中에 就文分二니 初, 此土序요

■ 2. 서분(序分) 중에 경문에 나아가 둘로 나누리니, 1) 사바세계의 서분이요,

2) 시방의 끝없는 세계와 통하는 서분[結通十方序] (二結 1上8)

[疏] 二, 結通十方無盡世界序라 初中復二니 初, 證信序요 後, 爾時如來道場下는 發起序니라

■ 2) 시방의 끝없는 세계와 통하는 서분이다. 앞의 1) 사바세계의 서분은 다시 둘이니 (1) 증신서(證信序)요, (2) 爾時如來道場⁴) 아래는 발기서(發起序)가 된다.

3) 바로 밝히다[正明] 2.

---

4) 大正藏 권10 p. 5 b24- .

(1) 넓음을 지적하고 간략히 표방하다[指廣標略] (然此 1하2)

[疏] 然此二序는 廣如常解어니와 今但略陳호리라 初, 證信者는
■ 그러나 이 두 가지 서분은 크게 보면 일반적인 해석과 같겠지만 간략히 말해 보겠다. 처음의 (1) 증신서란

(2) 따와서 증신서를 밝히다[牒明證信] 3.
가. 그 원인의 시초[原其所由] (若原 1하2)

[疏] 若原其所由인대 則阿難請問에 如來令置하니 如智度論과 及大悲經說하니라
■ 그 시초를 살펴보면, 아난존자가 질문한 것에 대한 부처님이 제정한 답이니『대지도론』과『대비경(大悲經)』에 설한 내용과 같다.

[鈔] 阿難請問者는 智論第二에 云, 佛涅槃時에 於拘尸那國娑羅雙樹間에 北首而臥하사 一心欲入涅槃이시어늘 阿難親屬이라 愛心未除코 未離欲心일새 心沒憂海하야 不能自出하니라 爾時長老阿泥樓豆가 語阿難言호대 汝是守佛法藏人이니 不應同凡人하야 自沒憂海니라 一切有爲法은 是無常相이니 汝莫憂愁니라 又佛이 首付汝法이시어늘 汝今愁悶하면 失所付事니라 汝當問佛호대 佛涅槃後에 我等云何行道며 誰當作師며 惡性車匿은 云何共住며 佛經之首에 作何等語닛고 如是種種未來要事를 應當問佛이니라 阿難聞是事已하고 心悶少醒하고 得念道力助하야 於佛末後所臥床邊에 以是事問佛한대 佛告阿難하사대 若今現在커나 若我過去에도 依止念處하고 莫依止餘라하시며

乃至廣說身受心法하사 除世間貪愛하시니라

● '아난의 청문'이란 『대지도론』 제2에 이르되, "부처님이 열반하실 때에 구시나(拘尸那)국 사라쌍수(沙羅雙樹) 사이에서 머리를 북쪽으로 향해 누우시고 한마음으로 열반에 드시려 하였다. 아난존자는 친척[親屬]인지라 애절한 마음을 버리지 못하고 근심에 빠져 있었다. 그때에 장노인 아니루두(阿泥樓豆)가 아난에게 말하였다. '너는 불의 법보창고를 수호할 사람이니 마땅히 다른 사람들처럼 근심에만 잠겨 있지 말라. 모든 유위법은 다 무상한 것이니 너는 슬퍼하지 말라. 또한 불께서 가장 먼저 너에게 법을 부촉하셨거늘 지금 근심만 하고 어찌 하지 않는다면 부촉받은 일을 잃게 될 것이다. 너는 마땅히 불께 (이처럼) 여쭈어라. 세존께서 열반하신 뒤에, ① 우리들이 어떻게 수행하며[行道] ② 누구를 스승으로 모셔야 하며[作師] ③ 악한 성품 차익(車匿)[5]에는 어떻게 함께 살아야 하며[共住] ④ 불경(佛經)의 첫머리에는 무슨 말을 하오리까[作何等語]? 이러한 갖가지 미래의 중요한 일을 부처님께 꼭 여쭈어야 하리라'라고 하였다. 아난이 이 일을 듣고 근심하던 마음에서 조금 깨어나 정신을 수습하고 불의 최후의 침상 곁에 다가가서 이 일에 대해 여쭈었다. 부처님이 아난에게 고하셨다. '지금 현재나 과거에도 나는 사념처(四念處)를 의지하였고 다른 것에 의지하지 않았다'라고 하시며 신(身)·수(受)·심(心)·법(法)을 자세히 설하사 세간의 탐애(貪愛)를 버리게 하시었다."

又云하사대 從今日後로 解脫戒經是汝大師니 如解脫戒經說하야 身

---

5) 車匿이란 범어 Chandaka의 음역이며 闡鐸迦라 음역하기도 한다. 석존의 太子시절 城을 넘어 출가할 때 말을 끌던 馬夫. 뒤에 출가하여 제자가 되었으나 말버릇이 나쁜 성미는 고치지 못하여 '惡口 車匿, 惡性 車匿'이란 별명을 가졌으며 나중에는 과를 증득하여 아라한이 되었다.

口意業을 應如是行이니라 又車匿比丘를 如梵天法治니 若心輭後에 應教迦㫋延經하면 卽可得道니라 復次是我三阿僧祇劫에 所集法寶藏인 是藏初首에 應作如是說言호대 如是我聞호니 一時에 佛在某方某國土某處樹林中이니 是我法門初首에 應作如是說이니라 何以故오 三世諸佛法經首에 皆稱是語하시니 今我經初에도 亦應稱此如是我聞一時等語라하나니 (故云如智度論이니라)

● 또 이르셨다. "금일 후로부터 해탈계경[戒本]이 너의 큰 스승이니 해탈계경에 설한 것과 같이 신·구·의의 삼업(三業)을 닦을지니라. 또 차익비구는 범천의 법에 의지해 다스릴 것이니 만약 마음이 유연해진 후에 『가전연경(迦㫋延經)』을 가르치면 득도할 수 있으리라. 또 다음으로 나의 삼아승지 겁에 걸쳐 결집한 '법의 보배창고[法寶藏]'는 그 첫머리에 응당 이렇게 써야 하느니라. '이러한 말씀을 내가 들었사오니 한때에 부처님이 어느 나라 어느 지역 어느 숲에 계셨으니…' 이처럼 나의 법문 첫머리에 꼭 이렇게 써야 하느니라. 무슨 까닭인가? 삼세의 모든 부처님 경전 첫머리에 모두 이 말을 쓰셨으니 이제 나의 경전에도 꼭 이처럼 '여시아문 일시등어(如是我聞 一時等語)'라는 말을 쓰는 것이니라."

及大悲經說者는 按大悲經第五컨대 云, 佛告阿難하사대 我今에 以是正法寶藏으로 付囑於汝하노니 勿令毁滅하라 阿難白佛言호대 我今云何修行法眼이며 乃至復云何結集法眼이닛고 佛告阿難하사대 我滅度後에 有諸大德比丘僧衆하야 集法毘尼하리니 時彼諸大德에 摩訶迦葉이 最爲上首하리라 阿難아 彼諸大德諸比丘衆이 應如是問호대 世尊何處에 說大阿波陀那며 何處에 說摩訶尼陀那며 乃至云, 何

處에 說聲聞藏緣覺藏菩薩藏고하리라 阿難아 時諸比丘가 如是問已에 汝應答言호대 如是我聞호니 一時에 佛在摩伽陀國菩提樹下하사 初成正覺이라하며 如是我聞호니 一時에 佛在伽倻城이라하며 如是乃至云, 如是我聞호니 一時에 佛在拘尸那城力士生地인 阿利羅跋提河邊娑羅雙樹間이라하며 乃至云, 佛說經已하시니 一切大衆皆大歡喜하야 頂戴奉行이라하라 阿難아 汝應如是結集法眼이라하시니라 餘可例知로다

● '또 『대비경(大悲經)』에 설한 것'이란 『대비경』 제5권을 살펴보건대, "불(佛)께서 아난에게 고(告)하시었다. '내가 이제 정법의 보배광[正法寶藏]으로 네게 부촉하나니 훼손하거나 없어지지 않게 하라.' 아난이 불께 사뢰었다. '제가 이제 어떻게 법안(法眼, 곧 경전)을 수행하며 나아가 다시 어떻게 법안을 결집하리잇고.' 불이 아난에게 고하시었다. '내가 멸도한 후에 대덕 비구들이 법과 비니(毘尼, 경장과 율장)를 결집할 것이니 그때에 저 모든 대덕 가운데 마하가섭(摩訶迦葉)이 상수가 될 것이다. 아난아, 저 대덕 비구들이 응당 이같이 묻되, 「세존께서 어느 곳에서 대아파타나(大阿波陀那)[6]를 설하시고 어느 곳에서 마하니타나(摩訶尼陀那)[7]를 설하셨습니까?」 하고, 나아가 「어디에서 성문장, 연각장, 보살장을 설하셨습니까?」 할 것이다. 아난아, 모든 비구들이 이렇게 물어 올 때에 너는 꼭 이렇게 답하여라. 「이러한 말씀을 내가 들었사오니 한때에 부처님이 마가다국 보리수하에서 처음 정각을 이루시었다. 이러한 말씀을 내가 들었사오니 한때에 부처님이 가야성에 계시었다.」 이렇게 하든지 「이러한 말씀을 내가 들었사

오니 한때에 부처님이 구시나성의 역사(力士)가 태어난 곳인 아리라 발제하(阿利羅跋提河) 옆의 사라쌍수(沙羅雙樹) 숲에 계시었다」고 하라. 또 (이르시되)「부처님께서 이 경전을 설하시니 모든 대중들이 다 크게 기뻐하여 머리에 받쳐 이고 받들어 행하였다」고 하라. 아난아, 너는 꼭 이같이 법안을 결집하여야 하느니라' ”라고 하였다. 나머지는 견주어 보면 알 수 있으리라.

나. 그 이유를 규명하다[覈其所以] (若覈 3상6)

[疏] 若覈其所以인대 意有六焉하니 一은 爲異外道故니 外道經首에 皆立阿優하야 以爲吉故어니와 此約如是니라 二는 爲息諍論故니 智度論에 云, 若不推從佛聞하고 言自制作하면 則諍論起故라 今廢我從聞하야 聞從佛來하니 故로 經傳歷代하야 妙軌不輟이라하니 此局我聞이니라 三은 爲離增減過故니 佛地論에 云, 應知說此如是我聞은 意避增減異分過失이니 謂如是法을 我親從佛聞이라하면 文義決定이니 非謂傳聞하야 有增減失이라하니라 四는 爲斷衆疑故니 眞諦引律云, 結集法時에 阿難升座하야 變身如佛이어늘 衆起三疑하니 一은 疑大師涅槃重起오 二는 疑他方佛來오 三은 疑阿難轉身成佛이로니 說此如是我聞에 三疑頓斷이라하니라 旣言我聞하니 卽非佛明矣라 上二義通約信聞이니라 五는 爲生信故니 智論云, 說時方人令生信故라하니 此局後四니라 六은 爲順同三世佛故니 此通六種이니라

■ 만일 그 이유를 규명해 보면 의미가 여섯 가지가 있으니, 첫째는 외도와 다르게 하기 위함이니 외도들의 경 첫머리에 모두 '아우(阿優)'를 세워서 길하게 여기는 것이지만 우리는 '여시(如是)'라고 약속하였다. 둘

째는 논쟁을 없애기 위한 것이니『대지도론』에 이르되, "만일 부처님으로부터 들었다고 하지 않고 스스로 만들었다고 하면 쟁론이 일어나기 때문이다. 이제 나로부터 들었다 함을 그만두고 부처님께로부터 들은 것이므로 경전이 역대로 전하여 묘한 모범 사례가 그치지 않는다"라고 하였으니 여기서는 아문(我聞)에만 국한한 것이다. 셋째는 첨삭의 잘못[增減過]을 없애기 위함이니『불지론(佛地論)』에 이르되, "이렇게 여시아문(如是我聞)이라 설한 것은 그 뜻을 첨삭하거나 다르게 나누는 잘못을 피하기 위함인 줄 꼭 알아야 하나니 말하자면, '이러한 법문을 내가 친히 부처님께로부터 들었노라' 하면 문장과 의미가 결정될 것이니 전해 들어서 첨삭하는 잘못이 있을 수 없다" 하였다. 넷째는 대중의 의심을 끊기 위함이니 진제(眞諦) 삼장이 율문(律文)을 인용하여 말하기를, "법장을 결집할 때에 아난존자가 법좌에 올라서 마치 몸이 변하여 부처님이 된 것 같았는데 대중이 세 가지 의심이 일어났으니 1)은 부처님[大師]이 열반에서 다시 일어나셨나 의심하였고 2)는 타방의 부처님께서 오신 것이 아닌가 의심하였고 3)은 아난존자가 범부의 몸을 벗고 성불하였나 의심하였으니, 이 여시아문(如是我聞)이라 하심에 세 가지 의심이 한꺼번에 끊어졌다" 하였다. 이미 아문이라 하였으니 곧 부처님이 아닌 것이 분명하여졌다. 위의 두 가지 뜻[첨삭의 잘못과 대중의 의심]은 신(信)성취와 문(聞)성취에 대해서도 통한다. 다섯째는 신심을 내기 위함이니『대지도론』에 이르되, "설법하실 때의 사람들로 하여금 신심을 내게 하기 위한 것이다" 하였으니 이는 뒤의 네 가지[둘째에서 다섯째까지]에 해당한다. 여섯째는 삼세제불과 같이 순응하기 위함이니 이는 여섯 가지에 모두 통한다.

다. 논서에 의지해 과목 나누다[依論分科] 2.
가) 불지론에 의지한 다섯 과목[準佛地論五科] (若準 4상1)

[疏] 若準佛地論컨대 科爲五事니 一, 總顯已聞이오 二, 敎起時分이오 三, 別顯敎主오 四, 彰敎起處오 五, 顯所被機니라

■ 만약 『불지론』에 준해 보면 다섯 가지 일[五事]로 나누어지나니 1. 이미 들은 것을 모두 나타냄이요[聞], 2. 교가 일어난 시분이요[時], 3. 따로이 교주를 설명함이요[主], 4. 가르침이 일어난 곳을 밝힘이요 [處], 5. 가르침을 받을 근기[衆]를 나타냄이다.

나) 대지도론에 의지한 여섯 과목[依智論六種] 2.
(가) 의미를 말하고 명칭을 열거하다[敍意列名] (今依 4上2)
(나) 통하고 국한함을 구분하다[料揀通局] (然信)

[疏] 今依智論하야 開初總顯已聞하야 作信聞二種하야 爲六成就니 一, 信이오 二, 聞이오 三, 時오 四, 主오 五, 處오 六, 衆이니라 然信聞二事가 文局初首나 義通九會오 時主二種은 文義俱通이오 處衆二事는 文義俱局이라 隨相則爾어니와 約實互融이니라

■ 이제 『대지도론』에 의지하여 처음에 이미 들은 것을 모두 나타냄[總顯 已聞]을 열어 신(信), 문(聞) 두 가지를 '육성취(六成就)'로 만들 것이니 1. 신(信)성취요 2. 문(聞)성취요 3. 시(時)성취요 4. 주(主)성취요 5. 처(處)성취요 6. 중(衆)성취이니라. 그러나 신(信)과 문(聞) 두 가지가 문장은 첫머리에 국한되는 듯하지만 의미로는 9회(九會)에 모두 관통하고, 시(時)와 주(主) 두 가지는 문장과 의미는 함께 통하고, 처(處)

와 중(衆) 두 가지는 문장과 의미가 모두 국한된다. 모양을 따르면 그렇겠지만 실제를 따르면 서로 융통한다.

(二) 다섯 부분으로 나누어 해석하다[依五分釋文] 2.
1. 앞을 결론하고 총합하여 표방하다[結前總標] (上來 4하3)

[疏] 上來에 略依三分二序어니와 然此經은 體勢少異하니 故依五分釋文호대 而合後二하야 名依人證入이라 爲今四分者인대 初, 擧果勸樂生信分이오 二, 修因契果生解分이오 三, 託法進修成行分이오 四, 依人證入成德分이니라.

■ 위에서 간단히 3분(分)과 2서(序)[證信序와 發起序]를 의지하였으나 본경은 체제와 모양이 조금 다르다. 때문에 다섯 부분으로 경문을 해석하되 뒤의 2분은 합쳐서 사람에 의지하여 증득하여 들었다 하였으니 이제 네 부분으로 나누어 보면, 第一分 불과를 들어 즐거이 신심을 낼 것을 권하는 분이요, 第二分 인을 닦아 불과에 계합하도록 견해를 밝힌 분이요, 第三分 법에 의탁하여 수행정진하여 성취하는 분이요, 第四分 사람에 의지하여 증입하고 불덕을 성취하는 부분이다.

2. 첫 부분을 별도로 해석하다[別釋初分] 2.
1) 품을 따라 길게 과목 나누다[隨品長分科] (就第 4하8)

[疏] 就第一擧果分中하야 或科爲十이니 一, 敎起因緣分이니 卽初一品이오 二, 大衆同請分이오 三, 面光集衆分이오 四, 毫光示法分이오 五, 眉間出衆分이니 已上在第二品內오 六, 普賢三昧分이오 七, 諸佛同

加分이오 八, 法主起定分이오 九, 大衆重請分이니 已上在第三品內
오 十, 正陳法海分이니 在後三品內니라

■ 第一科, 擧果分[제1회 총 여섯 품]에 대해서 혹 열 가지로 과목을 나누
는데, 1. 가르침이 일어난 인연분이니 곧 처음의 한 품[제1. 세주묘엄품]
이요, 2. 대중이 함께 권청하는 부분이요, 3. 얼굴 방광(面門放光)으로
대중이 모이는 부분이요, 4. 백호상 광명[白毫相光]으로 법을 보이는
부분이요, 5. 부처님의 미간에서 대중이 출현하는 부분이니 이상의
2, 3, 4, 5는 제2. 여래현상품 안에 있고, 6. 보현보살의 삼매의 부분
이요, 7. 제불이 함께 가피하는 부분이요, 8. 설법주[毘盧遮那]가 삼매
에서 일어나는 부분이요, 9. 대중이 거듭 권청하는, 부분이니, 이상의
6, 7, 8, 9는 제3 보현삼매품 안에 있고, 10. 바로 법의 바다를 말하
는 부분이니, 뒤의 세 품[제4. 세계성취품 제5. 화장세계품 제6. 비로자나품] 안
에 있다.

2) 이치로 과목 나누다[以義從文科] 2.
(1) 과목 나누기[分科] (若以 5상3)

[疏] 若以義從文인대 且分爲三이니 一, 教起因緣分이오 二, 現相下는 說
法儀式分이오 三, 世界成就下는 正陳所說分이라 就初分中하야 亦
分爲十이니 一, 總顯已聞이오 二, 一時下는 標主時處오 三, 始成正
覺이니 別明時分이오 四, 其地下는 別顯處嚴이오 五, 爾時世尊下는
教主難思오 六, 有十佛世界下는 衆海雲集이오 七, 從爾時如來道
場下는 稱揚讚德이오 八, 爾時如來師子座下는 座內衆流오 九, 爾
時華藏下는 天地徵祥이오 十, 如此世界下는 結通無盡이니라

■ 만일 뜻으로 문장을 따른다면 또 세 부분으로 나누었으니 第一. 가르침이 시작된 인연의 분[教起因緣分]이요, 第二 여래현상품 아래는 법을 설하시는 광경과 방식을 말하는 부분[說法儀式分]이요, 第三 세계성취품 아래로는 바로 설할 법을 말하는 부분[正陳所說分]이다. 第一 가르침이 시작된 인연의 부분에 나아가 역시 열 가지로 나눈다면, 제1. 통틀어 이미 들은 것을 나타냄이요, 제2. 일시(一時) 아래로는 주(主)・시(時)・처(處)를 표방함이요, 제3. 처음으로 정각을 이룬 부분이니 따로이 시분(時分)을 밝힘이요, 제4. 其地 아래로는 따로 도량장엄을 나타냄이요, 제5. 爾時世尊 아래로는 불가사의한 교주를 말함이요, 제6. 有十佛世界 아래로는 대중 바다가 구름처럼 운집함이요, 제7. 從爾時如來道場 아래로는 부처님 공덕을 드날려 칭찬함이요, 제8. 爾時如來師子座 아래로는 사자좌 안의 대중의 무리요, 제9. 爾時華藏 아래로는 천지가 상서로운 징조요, 제10. 如此世界 아래로는 결론을 맺어 무진법계에 통함이다.

(2) 경문 해석[釋文] 4.
第一分. 불과(佛果)를 거론하며 즐거움을 권하여 신심을 일으키는 부분
　　　　[舉果勸樂生信分]① 3. (今卽 5하2)

[疏] 今卽初也니라
■ 지금은 그 第一分(佛果를 거론하며 즐거움을 권하여 신심을 일으키는 부분)이다.

第一科. 가르침이 시작된 인연[教起因緣分] 10.

제1. 여시아문(如是我聞)에 대하여 밝히다[總顯已聞] 2.

一. 신(信)성취와 문(聞)성취를 합하여 해석하다[離釋信聞] (今初 5하3)

如是我聞하시니라
이와 같이 내가 들었다.

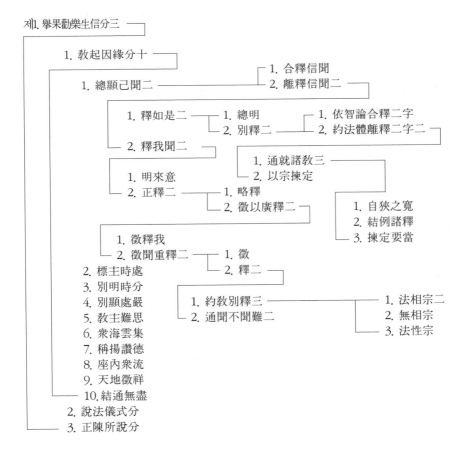

[疏] 如是我聞者는 謂如是一部經義를 我昔親從佛聞이라 故로 佛地論에
云, 謂傳佛教者가 言如是之事를 我昔曾聞이라한 如是總言이 依四

義轉이니 一, 依譬喩오 二, 依教誨오 三, 依問答이오 四, 依許可라하
니 具如彼論이라 餘更有釋이나 意不殊前하니라 此上總合信聞이니라
■ '여시아문(如是我聞)'이란 이 같은 한 부(部)의 경전의 뜻을 내가 예전에
　　세존으로부터 직접 들었다고 말하는 것이다. 때문에『불지론』에 말
　　하되, "불교를 전하는 사람이 이러한 일을 내가 예전에 일찍이 들었
　　다고 한 '여시(如是)'라는 말이 네 가지 뜻으로 바뀌었으니 1. 비유를
　　의지함이요, 2. 가르침을 의지함이요, 3. 문답에 의지함이요, 4. 허가
　　함에 의지함이라 하였으니 구체적인 것은 저 논서와 같아서 나머지
　　다른 뜻도 있으나 의미는 앞과 다르지 않다. 이 앞은 모두 '믿고 들
　　음'에 합한다.

二. 신(信)성취와 문(聞)성취를 따로 해석하다[離釋信聞] 2.
一) 여시에 대한 해석[釋如是] 2.
(一) 총합하여 밝히다[總明] (若離 7상3)

[疏] 若離釋者인대 先釋如是니 信成就也라
■ 만일 따로 해석한다면 먼저 여시를 해석하니 신성취(信成就)이다.

(二) 개별로 해석하다[別釋] 2.
1. 지도론에 의지해 두 글자를 합하여 해석하다[依智論合釋二字]
　　　　　　　　　　　　　　　　　　　　　　　(智論 7상3)

[疏] 智論에 云, 佛法大海에 信爲能入이오 智爲能度니 信者는 言是事如
　　是오 不信者는 言是事不如是라하며 故로 肇公이 云, 如是者는 (卽)信

順之辭也니 信則所言之理順이오 順則師資之道成이라 經無豐約하야 非信不階일새 故稱如是라하니라

■ 『대지도론』에 이르되, "불법의 큰 바다에 믿음으로 들어갈 수 있음이요, 지혜로 건너갈 수 있으니 '믿음'이란 이 일은 이와 같다는 말이요, '믿지 못함'은 이 일이 이와 같지 않다는 말이라 하였다." 때문에 승조(僧肇)법사[8]가 말하였다. "여시란 곧 '믿고 따른다'는 말이니 믿음은 말한 이치를 따름이요, 따름은 스승과 제자의 도가 이루어진 것이다. 경에는 넉넉하고 간략함이 없이 하였다. 믿음이 아니면 오르지 못하기 때문에 '여시(如是)'라 말한다" 하였다.

2. 법의 체성에 의지하여 두 글자를 따로 떼어서 해석하다
[約法體離釋二字] 2.
1) 전체적으로 여러 교법에 입각하다[通就諸教] 3
(1) 좁은 곳에서 넓은 곳으로[自狹之寬] (有云 7하10)

[疏] 有云, 聖人說法이 但爲顯如니 唯如爲是일새 故稱如是라하니 此唯約所詮之理니라 次, 眞諦三藏이 云, 眞不違俗을 名之爲如오 俗順於眞을 稱之爲是니 眞俗無二일새 故稱如是라하니 此約所詮理事니라 若云, 如斯之言是佛所說이라하면 則唯約能詮이니라 有云, 如者當理之言이니 言理相順을 謂之如也오 是者無非之稱이니라 此는 明說事如事며 說理如理라하니 明能詮之教가 稱於事理也니라 融公이 云, 如是者는 感應之端也니 如는 以順機受名이오 是는 以無非爲稱이라 衆生以無非爲感하고 如來以順機爲應이니 經以言教로 出於感應일

---

8) 僧肇(384-414): 後晋代 학승, 長安 사람, 羅什門下 4哲의 한 사람. [肇論]의 저자.

새 故云如是라하니 此兼對機니라

■ 어떤 이[9]는, "성인의 설법이 다만 여여함을 나타내기 위함이니 오직 여여(如如)만이 옳기 때문에 여시라 한다"라고 말하였으니 이는 오직 '소전(所詮)의 이치'를 의지한 것이다. 다음으로 진제(眞諦)삼장[10]이 말하되, "진이 속을 어기지 않는 것을 여(如)라 이름하고 속이 진을 따름을 시(是)라 일컫는 것이니 진과 속이 둘이 없기 때문에 여시(如是)라 한다"라고 하였으니 이는 '소전의 이치와 사변(事邊)'을 (함께) 의지한 것이다. 만일 말하되, "이러한 말이 부처님의 말한 것"이라 한다면 다만 능전(能詮)을 의지한 것이다. 어떤 이[11]가 여(如)라 말한 것은 도리에 합당한 말이니 도리가 서로 따름을 일컬어 여(如)라 말한 것이고, 시(是)란 그른 것이 없다는 것이니라. 이는 사물을 있는 그대로 말하고 진리를 진리 그대로 말하였음을 밝힌 것이니 말하는 교[能詮之敎]가 사변과 이치에 걸맞음을 밝힌 것이다. 도융(道融)법사[12]가 이르기를, "여시(如是)란 감응의 단서이니 여(如)는 중생 근기에 수순하

---

9) 어떤 이는 鈔에 云, '卽劉虯注無量義經'이라 하니 곧 劉虯를 지칭하는 말이다.

10) 眞諦(499-569): 범어 Pramārtha 波羅末陀, 拘那羅陀라 음역. 서인도 우선니국 바라문 출신. 중국 攝論宗의 開祖. 大同년간(535-545)에 梁武帝의 초청으로 廣州에 도착함(546), 建康에서 무제의 귀의를 받았으나 곧 侯景의 亂으로 무제가 失脚하자 流浪하며 [대승기신론] 등 49부 142권의 경론을 번역해 내다. 師는 [攝大乘論釋] [阿毘達磨俱舍論] 등의 번역에 따라 攝論宗, 俱舍宗이 일어나고, 唯識學 연구의 기초를 이루었다. 陳太建 1년에 71세로 입적하다.

11) 여기서 '어떤 이'는 鈔에 云, '卽生公釋法華經'이라 하였으니 道生을 말한다. 道生(~434): 東晋代 스님, 鉅鹿사람, 성은 魏씨, 竺法汰에게 출가하여 도를 배웠으므로 竺道生이라 부른다. 처음 青園寺에서 敎를 펼치고 隆安년간(397-401)에 盧山에 들어가 慧遠과 함께 경론을 연구하기 7년, 뒤에 僧叡, 慧嚴, 慧觀 등과 長安寺의 羅什에 참예하여 교학을 연구하다. 義熙 5년(409)에 다시 청원사에 주하며 '善不受報, 頓悟成佛, 闡提成佛' 등을 주장하다가 衆僧에게 擯斥당하다. 뒤에 平江 虎丘山에 들어가 돌을 모아놓고 涅槃經을 강설하니 여러 돌이 끄떡였다고 한다. 元嘉 11년 廬山에서 입적. 저서: [二諦論] [佛性當有論] [佛無淨土論] [法身無色論] [應有緣論] 등과 [維摩詰經], [法華經], [涅槃經], [小品般若經] 등의 義疏.

12) 道融(-): 什門四哲의 한 사람, 汲郡 林慮 사람. 12세에 출가하여 長安으로 羅什의 문인이 되다. 羅什의 [菩薩戒本] [中論] [新法華經] 등을 講說하여 스승의 칭찬을 받았다. 또 師子國의 어떤 바라문이 論議를 청하자 스승의 추천으로 그를 說伏시켰고, 칙명으로 逍遙園에서 譯經에 종사했다. 평생에 강설을 일삼다가 74세로 입적. 저서: [법화경의소] [대품경소] [금광명경의소] [유마경소] [십지론소] 등이 있다.

여 부르는 이름이요, 시(是)는 걸맞지 않은 것이 없음이라 중생은 감
득하지 않는 이가 없고 여래는 중생 근기에 수순하여 응화하시는 것
이니, 경전이 언교(言教)로 감응을 나타내므로 여시(如是)라 하였으니
이는 겸하여 근기에 맞추는 것이다.

(2) 여러 해석을 유례하여 결론하다[結例諸釋] (上來 9상5)

[疏] 上來諸釋이 各是一塗니 更有諸釋이나 言異意同하니라
■ 위의 모든 해석이 각각 한 이치가 있으니 다시 여러 해석이 있지만 말
만 조금 다를 뿐이다.

(3) 중요한 점을 구분하여 정하다[揀定要當] (若依 9하末)

[疏] 若依生物之信인대 應如智論과 及佛地論合釋이오 若取敵對阿優인
대 應如眞諦所釋이라 今當廣之호리라 外謂阿之言無오 優之言有니
萬法雖衆이나 不出有無니 此卽斷常之計라 今云, 如卽眞空이오 是
卽妙有라 旣無有[13]外之眞일새 故空而非斷이오 無眞外之俗일새 故
有而非常이니 卽對破邪宗하야 以彰中道라 一代時教不出於斯일새
故云如是니라
■ 만일 생물의 믿음을 의지한다면 반드시 『대지도론』과 『불지론』을 합
한 해석과 같을 것이요, 만일 '아우(阿優)'에 적대하여 취한다면 응당
진제(眞諦)삼장의 해석과 같으리니 이제 널리 설하리라. 외도에서 아
(阿)는 없음을 말하고 우(優)는 있음을 말한다. 만법이 비록 많으나

13) 有는 他本에 '俗'이라 하다.

유(有)와 무(無)에서 벗어나지 않으니 이는 단견과 상견[斷常]의 견해이다. 이제 말하기를 여(如)는 진공(眞空)이요, 시(是)는 묘유(妙有)라 이미 유(有)[또는 俗] 바깥에 진(眞)이 없으니, 때문에 공(空)이로되 단견이 아니요, 진(眞) 바깥에 속(俗)이 없으므로 유(有)로되 상견이 아니다. 곧 사종(邪宗)을 대적하여 파하고 중도를 주장한 것이라 일대시교(一代時敎)가 여기에서 벗어나지 않기 때문에 '여시'라 하였다.

[鈔] 若取敵對者는 百論에 云, 外道立阿優爲吉이라하며 智論에 云, 梵王昔有七十二字하야 以訓於世하야 敎化衆生이러니 後時衆生이 福德轉薄이어늘 梵王因玆하야 呑噉却七十字하고 在口兩角에 各留[14]一字하니 是其阿優라하니라 亦云阿嘔니 梵語輕重耳라 (餘可知)로다

● '만일 아우(阿優)에 적대하여 취함'이란 『백론(百論)』에 "외도들은 '아우(阿優)'를 세워 길하다" 하였고, 『대지도론(大智度論)』에는 "범왕이 옛적에 '72개의 글자'로 세상을 가르쳐 중생을 교화하더니 뒤에 중생의 복덕이 더욱 엷어져서 범왕이 이로 인하여 70자를 삼켜 버리고 입 양쪽에 각각 한 자를 남겼으니 이를 아우(阿優)라 하고, 또 아구(阿嘔)라고도 하나니 범어가 가볍고 무거운 차이일 뿐이다.

2) 종지로 종파를 구분하다[以宗揀宗] (若華 9상末)

[疏] 若華嚴宗인대 以無障礙法界曰如오 唯此無非爲是니 應隨敎門深淺하야 以顯如是不同이니라

■ 만일 화엄종(華嚴宗)이라면 무장애법계(無障礙法界)를 여(如)라 하고 오

---

14) 留는 南續金本作有라 하다.

직 이 잘못됨이 없는 것을 시(是)라 하나니, 가르침의 문이 깊고 옅음에 따라 여시(如是)라는 표현은 (그 뜻이) 같지 않다.

二) 아문(我聞)에 대한 해석[釋我聞] 2.
(一) 오게 된 뜻을 밝히다[明來意] (二我 10하9)

[疏] 二, 我聞者는 聞成就也니 將欲傳之於未聞이라 若有言而不傳이면 便是徒設이니 不在能說이오 貴在能傳故일새 故次明我聞이니

■ 二) 아문(我聞)이란 문(聞)성취이니 장차 듣지 못한 것을 전하고자 한 것이다. 만일 말씀이 있으나 전하지 못하면 문득 허사[徒設]이니 능설(能說)에 있지 않고 능전(能詮)이 귀하기 때문에 그 다음에 아문(我聞)을 밝혔다.

(二) 바로 해석하다[正釋] 2.
1. 간략히 해석하다[略釋] (我卽 11상1)

[疏] 我는 卽阿難이오 聞은 謂親自聽聞이니라

■ 아(我)는 곧 '아난'이요, 문(聞)이란 '직접 스스로 들었다'는 말이다.

2. 질문하여 널리 해석하다[徵以廣釋] 2.
1) 나에 대해 묻고 해석하다[徵釋我] (云何 11상2)

[疏] 云何稱我오 卽諸蘊假者니라

■ 무엇을 <나>라 부르는가? 곧 모든 쌓임[蘊]을 빌린 것이다.

2) 들음에 대해 묻고 거듭 해석하다[徵聞重釋] 2.

(1) 질문하다[徵] (此用 11상4)

[疏] 此用何聞고

■ 이는 무엇을 사용하여 듣는가?

(2) 해석하다[釋] 2.

가. 교법을 잡아 개별로 해석하다[約敎別釋] 3.

가) 법상종에 의지해 해석하다[法相宗] 2.

(가) 바로 해석하다[正釋] (若依 11상4)

(나) 비방을 해명하다[解妨] (雖因)

[疏] 若依大小乘法相인대 各有三說하니 一, 耳聞非識이오 二, 識聞非耳
오 三, 緣合方聞이라 然或具四緣八緣等하니라 雖因耳處나 廢別從
總일새 故稱我聞이오 法雖無我나 言語便故로 隨順世間하야 故稱我
聞이오 非邪慢心으로 而有所說이니라

■ 만일 대소승의 법상종(法相宗)을 의지하면 각각 세 가지 설이 있으니
1. 귀로 듣는 것은 인식이 아니요, 2. 인식으로 들었다면 귀가 아니
요, 3. 인연을 화합하여 비로소 듣는 것이다. 하지만 때로는 네 가지
인연과 여덟 가지 인연[15]을 갖추었다. 비록 귀를 인하였지만 따로이
전체에서 없앴으므로 아문이라 칭하였고, 법이 비록 무아(無我)이지만
말이 편한 까닭에 세간에 수순하여 '내가 들었다'라 하고 삿된 아만

---

15) 鈔에 云, "四緣이란 1, 空 2, 根 3, 境 4, 作意이고 또 八緣이란 四緣에다 5, 根本依(아뢰야식) 6, 染淨依(제7식)
7, 分別依(제6식) 8, 種子(또 因緣依)니라."

심으로 설하지는 않았다.

나) 무상종에 의지한 해석[無相宗] (若依 15상8)

다) 법성종에 의지한 해석[法性宗] (若約)

[疏] 若依無相인대 我旣無我라 聞亦無聞이오 從緣空故로 而不壞假名이
니 卽不聞聞耳니라 若約法性인대 此經旨趣는 傳法菩薩이 以我無我
不二之眞我와 根境非一異之妙耳로 聞無礙法界之法門也니라

■ 만일 무상종(無相宗)[大乘始教, 頓教, 實教]에 의지한다면 아(我)는 무아(無
我)이며 문(聞)도 무문(無聞)이요, 연에 따라 공한 까닭에 거짓 이름[假
名]을 없애지 못하나니 듣지 못할 것을 듣는 것일 뿐이다. 만일 법성종
(法性宗)에 의지하면 이 경전의 종지[旨趣]는 전법보살[곧 阿難]이 아(我)
와 무아(無我)가 둘이 아닌 진아(眞我)와 근(根)·경(境)이 하나도 아니
요, 다른 것도 아닌 묘한 귀[妙耳]로 무애법계의 법문을 듣는 것이다.

나. 듣고 듣지 못했다는 힐난을 회통하다[通聞不聞難] 2.

가) 바로 해석하다[正釋] 2.

(가) 권교를 동반하여 해석하다[帶權] (然阿 17상4)

(나) 실교를 밝히다[顯實] (上皆)

[疏] 然이나 阿難所不聞經을 或云, 展轉傳聞이라하며 或云, 如來重說이라
하며 或云, 得深三昧하야 自然能通이라하니라 上皆就迹而說이어니와 實
是大權菩薩로 影響弘傳이어니 如不思議境界經이라 斯爲良證이니라

■ 그러나 아난이 듣지 못한 경을 혹 말하되, "전전히 전하여 들었다"라

하며, 혹은 "여래께서 거듭 설하셨다"라 하기도 하며, 혹은 "깊은 삼매에 들어서 자연히 통달하였다"라고 하였다.[16] 위에서는 모두 자취에 의해 설한 것이며 실제로 대권보살(大權菩薩)로 그림자나 메아리처럼 널리 전하였으니 저 『부사의경계경(不思議境界經)』과 같은 것이 좋은 증거가 된다.

나) 결론하다[結成] (但隨 18하9)

[疏] 但隨機敎別일새 故로 見聞不同이니라 上來總顯已聞은 竟하다.

■ 단지 근기를 따라 가르침이 달라지므로 보고 들음이 같지 않은 것이다. 여기까지 제1. 여시아문(如是我聞)에 대하여 밝힘을 마친다.

제2. 세 가지 성취를 밝히다[標主時處] 2.
一. 표방하고 지적하다[標指] (第二 19하6)

一時에 佛이 在摩竭提國阿蘭若法菩提場中하시니라
한때에 부처님께서 마갈제국 아란야 법 보리도량에 계셨나니라.

[疏] 第二. 標主時處者는 卽三成就니라

---

16) '展轉傳聞'은 『보은경(報恩經)』 제6, 『열반경(涅槃經)』 제40, 『지론(智論)』 제2에 證文이 있고, '如來重說'이란 『보은경(報恩經)』 제6, 『금강화경(金剛華經)』 『열반경(涅槃經)』과 『법화경』에 증거문이 있다. 참고로 『지론(智論)』 제2에 云, "時에 大迦葉이 說(此)偈言호대 佛聖師子王이어니 阿難은 是佛子라 師子座處坐로다. 觀衆無有佛하니 如是大德衆이 無佛失威神이 如夜無月時에 虛空不淸淨이로다. 如大智人說하야 汝佛子當演이니 何處에 最初說고 今汝當布明이니라. 是時에 長老阿難이 一心合掌하고 向佛涅槃方하야 如是說言호대 佛初說法時에 爾時我不見이라. 如是展轉聞호니 佛在波羅奈하사 佛爲五比丘하야 初開甘露門하사 說四聖諦法인 苦集滅道諦하시니 阿若憍陳如가 最初得見道하며 及八萬諸天이 聞是得見道라하니라."(대정장 권25 p.69 b3-)

■ 제2.[17] 설법주와 설법 시기와 설법한 도량을 표방함은 곧 세 가지를 성취한 것[三成就]이다.

二. 개별로 해석하다[別釋] 3.
一) 시(時)성취에 대한 해석[時成就] 2.
(一) 오직 감응에 입각하여 해석하다[唯就應釋] (言— 19하6)
(二) 감응을 합하여 해석하다[感應合釋] (亦可)

[疏] 言一時者는 時成就也니 時者는 亦隨世假立時分이라 一者, 揀異餘時니 如來說經이 時有無量이라 不能別擧일새 一言略周하야 故云一時라 如涅槃에 云, 一時에 佛在恒河岸等이니 卽法王啓運嘉會之時也니라 亦可機教一時니 謂上言如是는 言雖當理나 若不會時하면 亦爲虛唱이니 今明物機感聖하고 聖能垂應하사 凡聖道交하야 不失良機일새 故云一時라하니라

■ '한때'라 말한 것은 시(時)성취이니 때란 역시 세상의 시간을 따른 것이다. 일(一)이란 나머지의 때와 구별하는 것이니 여래께서 경전 설하신 때가 한량이 없어서 따로 (일일이) 거론하지 않고 일(一)이란 말로 간략히 하여 '한때'라 말한 것이다. 마치 『열반경』에서 "한때에 부처님이 항하 언덕에 계시사"라 한 등과 같으니 곧 '법왕이 거룩한 법회를 여신 때'[18]이다. 또한 중생 근기와 제불교법이 동시[一時]라 해야 할 것이니 위에서 말한 '여시'는 말은 비록 이치에는 맞지만 만일 때를

---

17) 第二는 앞의 就初分中 亦分爲十의 第二, 標主時處를 말한다.
18) 法王啓運이란 肇公의 語錄이니, 啓者는 開也요 嘉者는 善也라 『周易』文言傳에 云, "元이란 잘 자라게 함이요 亨이란 아름답게 모임이요 利란 옳게 조화한다는 것이요 貞이란 일의 줄거리이니 —"라 하니 鈔에 云, "佛이 大運을 열으사 眞乘을 연설하는 것이 곧 아름답고 좋은 모임이라" 하다.

만나지 못하면 '헛된 외침[虛唱]'이 되니 이제 중생의 근기가 성인을 감득(感得)하고 성인이 응현(應現)을 내리사 범부와 성인의 도가 교류하여 '좋은 때'를 놓치지 않음을 밝힌 까닭에 '동시'라 하였다.[19]

二) 주(主)성취를 해석하다[主成就] 2.
(一) 이름을 뒤바꾸어 간략히 해석하다[翻名略釋] (佛者 20상末)
(二) 명칭을 가리키다[指名] (義見)

[疏] 佛者는 主成就也라 具云勃陀어든 此云覺者니 謂自他覺滿之者라 雖具十號나 佛義包含일새 故偏明之니라 義見題中하니라
■ 부처님은 주(主)성취이니 갖추어 말하면 '발타(勃陀)'로 번역하면 '깨달은 분'이니 자신의 깨달음[自覺]과 남을 깨우침[覺他]과 깨달음의 수행이 원만하신[覺滿] 분이라 비록 열 가지 명호를 갖추었으나 불의 의미가 (모두) 포함하는 까닭에 치우쳐 (覺의 뜻만) 밝혔다. 불(佛)의 뜻은 (본경의) 제목 중에서 볼 수 있다.

三) 처(處)성취에 대한 해석[處成就] 3.
(一) 큰 의미를 총합하여 밝히다[總顯大意] (在摩 20하8)
(二) 경문을 따와서 개별로 해석하다[牒經別釋] (摩竭)
(三) 장소를 해석한 이유[釋處所以] (爲表)

[疏] 三, 在摩竭下는 處成就也라 眞身은 無在而無不在일새 故次辨之니라 摩竭提國者는 通擧說處라 此云無毒害니 以國法無刑戮故라 表能化

---

19) 鈔에 이는 '生公意'라 하였다. 따라서 생공은 곧 道生이다.

法이오 或云徧聰慧니 聰慧之人이 徧其國故니 表所化機라 阿蘭若法
者는 別擧說場也라 阿蘭若者는 此云無誼諍이니 卽事靜也라 法者는
所證眞理니 二障業苦誼雜이 斯盡也라 事理俱寂일새 故加法言이니라
菩提場者는 菩提云覺이니 卽能證大智圓明究竟也오 場者는 證菩提
之處也라 然이나 事處는 卽天地之中王舍城之西二百里의 金剛座上
이라 約法인대 則萬行皆是道場이니 理智相會之所故라 爲表所說이 如
所證故로 不移其處說之라 若圓融時處等인대 並如前說하니라

■ 三) 在摩竭 아래로는 처(處)성취라 '진신(眞身)'은 있지 않으면서 없지
않은[20] 까닭에 다음에 분별하였다. 마갈제국(摩竭提國)이란 통틀어
설법 도량을 거론한 것이다. '독해 없음'이라 번역하는데 국법에 사형
[刑戮]이 없는 까닭이니 교화하는 주체[能化]의 법을 표한 것이요, 혹
'두루 총명한 지혜'라고도 번역하는데, 총명한 사람이 그 나라에 많
음이니 교화할 대상의 기틀을 나타낸 것이다. 아란야법(阿蘭若法)이란
따로 경을 설한 도량을 거론한 것이다. 아란야는 '시끄럽고 다툼이 없
음'이라 번역하니, 곧 '현상이 고요함'의 뜻이다. 법이란 증득한 진리
이니 두 가지 장애의 일과 고통이 뒤섞인 것이 다한 것이라 현상과 이
치가 다 고요하고 고요한 까닭에 '법(法)'이란 말을 더한 것이다.

보리장(菩提場)에서 보리는 깨달음을 말하나니 곧 증득하는 주체의
큰 지혜가 원명함을 끝까지 증득한 것이요, 장(場)이란 '보리를 증득
한 곳'이다. 그러나 현상적인 처소[事處]는 천지 가운데에 왕사성(王舍
城) 서쪽으로 2백 리에 있는 금강보좌(金剛寶座)이다. 법에 의지하면
만행이 모두 도량이니 이치와 지혜가 서로 모이는 곳이기 때문이다.

---

20) 無在而無不在는 鈔에서 경문을 인용하여 보충 설명하고 있다. 如來出現品 제37에 云, "如來身도 亦如是하
사 徧一切處하며 徧一切衆生하며 徧一切法하며 徧一切國土호대"라 하여 조금 다르다. (교재 권3 p. 251-)

말로 표현한 것이 증득한 것과 같기 때문에 그곳에서 옮기지 않고 설하였다. 만일 원용한 시(時)와 처(處)라면 아울러 앞에 해석한 것과 같다.

제3. 정각의 시점을 밝히다[別明時分] 2.
一. 바로 정각의 시점을 밝히다[正顯時分] 2.
一) 앞을 토대로 함께 표방하다[躡前雙標] (第三 21하9)

始成正覺하시니라
비로소 정각을 이루시었다.

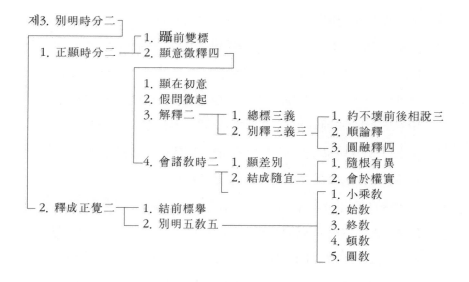

[疏] 第三, 別明時分者는 前標一時나 未知何時일새 故今別顯이니 是初
成佛時며 亦彰大師出現時也니라

■ 제3. '정각의 시점을 밝히다'라는 것은 앞에서 '한때'라 표방하였지만 어느 때인 줄 알지 못하기 때문에 이제 따로 밝히는 것이다. 이는 (1) '처음 성불하셨을 때'이며, 또 (2) '큰 스승이 출현하신 때'임을 드러내는 것이다.

二) 의미를 밝히고 묻고 해석하다[顯意徵釋] 4.

(一) 첫째 의미에 있음을 밝히다[顯在初意] (此敎 21하末)

(二) 질문을 빌려서 질문을 시작하다[假問徵起] (初言)

[疏] 此敎勝故며 衆敎本故로 在於初時라 初言尙總하니 幾日之初아 九會之文이 同此初不아

■ 이는 가르침이 뛰어난 까닭이며 여러 경교(經敎)의 근본인 때문으로 '처음의 때[初時]'에 두었다. 처음에 오히려 모두라 하니 며칠의 처음인가? 9회(九會)의 경문이 이와 같이 모두 처음인가?

(三) 해석하다[解釋] 2.

1. 세 가지 뜻을 총합하여 표방하다[總標三義] (略爲 22상6)

[疏] 略爲三解호리라

■ 간략히 세 가지로 해석하리라.

2. 세 가지 뜻을 개별로 해석하다[別釋三義] 3.

1) 전후를 무너뜨리지 않은 모양을 의지해 설명하다[約不壞前後相說] 3.

(1) 정각의 시점을 바로 설명하다[正明時分] (一約 22상6)

(2) 숨은 힐난을 차단하다[遮伏難] (常恒)

[疏] 一, 約不壞前後相說이니 纔成初七에 說前五會하시고 第二七日에 說
十地等하시며 第九一會는 乃在後時니 以祇園身子가 皆後時故라 常
恒之說일새 不妨後時오 雖能頓說이나 有所表故라 初五, 信解行願
이 最在初故로 故皆云不離道樹오 第六會는 因地證位가 居其次深
일새 故無不起菩提樹言이오 法界極證은 最在於後故며 亦顯二乘이
絶見聞故라 雖異處別時나 亦不相離니 爲寄穢土하사 以顯淨故로
須前後耳니라

■ 1) 전후를 무너뜨리지 않는 모양을 의지해 설하면 ① 성도한 직후 처
음 7일에 앞의 5회 설법[世主 - 十廻向品]을 하시고, ② 둘째 7일에 십지
(十地) 등의 설법[十地 - 離世間品]을 하시고, ③ 제9회의 1회[入法界品]만
은 나중의 시기에 해당하나니, (왜냐하면) 기원정사와 사리불[身子]이
모두 나중의 시기인 까닭이다.21) 늘 항상 하는 설법이므로 '뒤의 때'
라도 상관없고, 비록 단박 설하였으나 표한 것이 있는 까닭이다. 앞
의 5회[初五]는 신(信)·해(解)의 행원이 가장 처음에 있는 때문에 다
'보리수를 여의지 않았다'고 한 것이요, 제6회는 인행의 지위에서 증
득한 과덕의 지위가 차례로 깊어짐에 있는 까닭에 '보리수에서 일어
나지 않았다'는 말이 없는 것이다. 법계의 과덕의 끝[極果]을 증득함
은 가장 뒤에 있는 까닭이며, 또 이승(二乘)이 견문(見聞)이 끊어짐을

---

21) 祇園과 身子에 대하여 鈔에 云, "祇園在後者는 佛成道後에 在王舍城因이로니 長者가 爲子娶妻할새 至於此
城이라가 聞佛發心하고 方造精舍하니 故知在後로다. 身子等이 在後者는 按報恩經컨대 初度五人하시고 次
度耶舍와 門徒五十人하시고 次度優樓頻螺와 門徒五百하시고 次度伽耶와 門人三百하시고 次度那提와 門
人二百하시며 次度鶖子와 門徒一百하시고 次度目連과 門徒一百하시니 合有一千二百五十五人이니라 十
二遊經에는 初成道第一年에 度五比丘하시고 第二年에 化迦葉兄弟三人하시고 第五年에 度身子目連이라
하시니라 五人者는 一은 拘隣이오 二는 頞(濕)鞞오 亦云馬星跋提라 三은 摩訶男이오 四는 十力迦葉이오
五는 拘利太子니라."

나타낸 까닭이다. 비록 장소와 때가 다르지만 또 서로 여의지 않았으니 예토(穢土)를 의지하여 정토(淨土)를 나타내기 위한 까닭에 전과 후일 뿐이다.

(3) 논문과 회통하다[會論文] (若爾 24상1)

[疏] 若爾인대 世親那云, 初七不說하시고 但思惟行因緣行耶아 世親纔見十地하시고 卽爲論釋이니라 或則未窮廣文이오 或則知見有異니 未全剋定이라 菩提流支도 意大同此하니라

■ 만일 그렇다면 세친보살이 어째서 첫 7일에는 설하지 않고 '사유'를 행하시고 '인연'을 행하였다 하는가? 세친이 십지(十地)만 조금 보고 곧 논을 해석한 때문이다. 혹은 널리 문장을 연구하지 않은 까닭이며, 혹은 견해가 다름이 있음이니 완전히 확정하지 않은 것이다. 보리유지(菩提流支)²²⁾도 의미는 대개 이와 같다.

2) 논문에 수순하여 해석하다[順論釋] (二順 24상末)

[疏] 二, 順論釋이니 九會皆在二七日後라 二七非久니 亦名始成이니라

■ 2) 논문에 수순한 해석이니, 9회가 모두 두 번째 7일 뒤인지라, 두 번째 7일은 오래 지난 것이 아니니, 또한 '처음으로 성취했다'고 이

---

22) 菩提流支(-): 범어 Bodhiruci의 음사. 道希, 覺希라 번역. 地論宗의 祖師. 북인도 사람으로 삼장에 정통하였고, 영평 원년(508) 중국에 와서 선무제의 명을 받고 永寧寺에 주하면서 700梵僧의 상수가 되어 傳譯에 종사했다. 20여 년 동안 39부 127권을 번역. 성품이 총명하고 魏書, 隷書와 呪術에 밝았고 특히 方言에 능하였다. 일찍부터 曇無最와 사귀고 曇鸞이 長生不死의 法을 물으니 觀經을 주고 淨土敎를 弘通하게 했다. 師는 漸頓 二敎의 敎判으로 '三乘漸悟'를 주장하였고, 사의 제자 道寵은 '梨耶妄識說'을 주장하였다. (속고승전 권1·권6, 역대삼보기 권3·권9, 개원석교록6) 譯書: [십지경론 12권] [입능가경 10권] [심밀해탈경 5권] [法集經 6권] [보적경론 4권] [법화경론 1권] [구경일승보성론 4권].

름하는 것이다.

3) 원용문으로 해석하다[圓融釋] 4.
(1) 바로 설명하다[正明] (三約 24하2)
(2) 이치를 세우다[立理] (以應)

[疏] 三, 約實圓融釋이니 皆在初成이라 一念之中에 一音頓演七處九會
無盡之文하니라 海印定中에 一時印現하시니라 以應機出世에 機感卽
應이오 應卽有說하사 無非時失故니라

■ 3) 실법(實法)을 의지하여 원용하게 해석하면 모두 '처음 이룸[初成]'에
있다. 찰나에 한 음성으로 단박 일곱 도량의 아홉 번 법회[七處九會]의
끝없는 경문을 연설한 것이다. 해인삼매에 들어 일시에 인장처럼 나
투었느니라[印現]. 중생 근기에 응하여 출현하심에 중생이 감득하면
곧 응함이요, 응하여 곧 설하였더라도 '때를 놓칠 수도 있는[無非時失]'
까닭이다.

[鈔] 三, 約實圓融은 卽賢首國師意라 以應機出現下는 次, 立理라 謂若
機熟不應이면 便爲失人이오 未熟而應커나 虛心有待면 二俱失時니라

● 3)의 실법을 의지하여 원용하게 (해석함)이란 곧 현수국사(賢首國師)[23]
의 뜻이다. '중생 근기에 응하여 출현하심[應機出現]' 아래로는 다음으
로 이치를 세운 것이다. 만일 근기가 성숙함에도 응하지 않음은 문득

---

23) 賢首法藏(643-712): 唐代 화엄종 3조. 康居人. 성은 康씨, 諱는 法藏, 호는 香象, 賢首(측천무후가 내린 호).
17세에 태백산에 들어가 경론을 연구하고 洛陽 雲華寺에서 智儼에게 華嚴을 배웠다. 53세 때 인도승 實叉難
陀(651-710)가 우전국에서 화엄경을 번역할 때 筆受를 받아 5년 동안 [八十華嚴經]을 완성. 측천무후의 청으
로 佛授記寺에서 八十華嚴을 講했다. 화엄종의 조직적 체계를 완성. 저서: [화엄경探玄記] [화엄五敎章] [화엄
旨歸] [金獅子章] [起信論義記] 등.

사람을 놓치게 됨이요, 성숙치 않았을 때 응하거나 헛된 마음으로 대하면 둘 다 시기를 놓치는 것이다.

(3) 비방을 해명하다[通妨] (故祇 24하8)
(4) 경문을 인용하다[引文] (故法)

[疏] 故祇園身子는 蓋是九世相收오 重會之言도 亦猶燈光涉入이니라 故로 法界放光에 亦見菩薩이 徧坐道場成正覺이라 故로 此經十地之初에 無二七之言이니 二七之言은 順別機故라

■ 그러므로 기원정사와 사리불[身子]은 대개 9세(九世)에 서로 거둠이요, 거듭 모임[重會]이라는 말도 또한 마치 등불의 빛이 건너서[涉] 들어가는 것과 같으니라. 때문에 입법계품의 방광에 또한 보살이 두루 도량에 앉아 정각을 이루는 것을 보는 것이다. 때문에 이 경의 십지품 처음에 '이칠(二七)'이라는 말이 없으니 이칠(二七)이란 말은 특별한 근기[別機]에 따르는 것이다.

(四) 모든 교법의 시점과 회통하다[會諸教時] 2.
1. 차별을 밝히다[顯差別] (故諸 25하3)

[疏] 故諸經論에 顯初說時가 有多差別하니 謂普耀, 密迹二經은 第二七日에 卽說三乘이라하며 法華에는 過三七日하야사 方云說小라하시며 四分律中에는 六七이라하니 興顯行經에는 七七이라하시고 五分에는 八七이라하며 智論에는 五十箇七日이라 有云, 與十二遊經으로 一年大同이라하니라

■ 그러므로 여러 경론에 처음 설한 시기가 많이 다른 점이 있으니『보요
경(普耀經)』,『밀적경(密迹經)』두 경은 ① "두 번째 7일에 삼승법문을
설하셨다" 하였고,『법화경』[24]에는 ② "세 번째 7일을 지나서 비로소
소승법문을 설하셨다"고 하며,『사분율(四分律)』에는 ③ "여섯 번째 7
일에 (소승법문을) 설하였다" 하고『홍현행경(興顯行經)』에는 ④ "일곱
번째 7일"이라 하고『오분율(五分律)』에는 ⑤ "여덟 번째 7일"이라 하
고『지도론』에는 ⑥ "쉰 번째 7일"이라 하고 어떤 이는『십이유경(十
二遊經)』[25]과 함께 "크게는 1년이 같다"고 말하였다.

2. 수의설법을 결론하다[結成隨宜] 2.
1) 근기에 다른 점이 있음을 따르다[隨根有異] (時既 25하6)
2) 권교와 실교를 회통하다[會於權實] (約佛)

[疏] 時既不定하고 說亦不同은 皆根器所宜오 見聞有異니라 約佛赴機인
대 無時不說이오 望器無感에 未曾有說이나 登地에는 恒見常說一味
之經이니라 就佛而言無說不說이어니와 若攝方便인대 皆一乘之印現
差別耳라 無涯之說을 不應局執이니 故應總攝以爲十重이라 如前已
辨하니라

■ 설한 시기[說時]가 이미 일정치 않고 설한 말씀[說法]도 같지 않으니 모
두 근기의 좋아함을 따라 견문에 차별이 있기 때문이다. 부처님이 중
생의 근기에 맞춘다면 설하지 않는 때가 없고 근기를 살펴도 감득하

---

24) 『法華經』方便品 제2에 云, "我始坐道場하야 觀樹亦經行하며 於三七日中에 思惟如是事호대 我所得智
慧는 微妙最第一이언마는 衆生諸根鈍하야 著樂癡所盲이라."
25) 『十二遊經』은 1권으로 東晉의 迦留陀伽 번역. 釋尊이 35세에 成道한 후 12년만에 父王의 나라를 방문하였
는데 그 12년 동안의 遊化한 略歷을 서술한 경전이다.

지 못하니 설함이 있지 않지만 십지(十地)에 올라서는 항상 일미(一味)의 경(經)을 설하고 있음을 보였다. 불(佛)에 맞추어 말하면 설하심과 설하지 않으심이 없지만 만일 방편을 섭수하면 모두 '일승의 법인(法印)을 표현한 차별'일 뿐이다. 끝없는 설법에 국집할 것은 없기 때문에 반드시 모두 섭수하여 십중(十重)을 삼은 것이니 앞에 이미 분별한 것과 같다.

二. 정각 이루심에 대한 갖가지 해석[釋成正覺] 2.
一) 앞을 결론하고 표방하고 거론하다[結前標擧] (上顯 26하4)

[疏] 上顯時分하니 次釋成正覺義호리라 約敎不同이니라
■ 위에서 시분(時分)을 밝혔으니 다음으로 정각의 의미를 해석하겠다. 가르침을 의지하면 같지 않다.

二) 오교(五敎)에 대해 개별로 밝히다[別明五敎] 5.
(一) 소승교의 뜻[小乘敎] (小乘 26하5)

[疏] 小乘三十四心으로 斷結하고 五分法身初圓을 名成正覺이니 是實非化니라
■ 소승의 '34가지 마음'으로 번뇌[結使]를 끊고 오분법신(五分法身)이 처음 원만한 것을 '성정각(成正覺)'이라 이름하나니 이는 실법이요, 화현이 아니다.

[鈔] 小乘已下는 別明五敎라 一, 小乘三十四心者는 如婆沙八十二說하

니라 俱舍根品에 云, 傳說에 菩薩이 三十四心으로 便成佛故라하니 言
三十四心者는 見道一十六心이니 謂八忍과 八智오 離有頂貪에 有
十八念하니 謂斷有頂惑에 有九無間과 九解脫道라 如是十八을 足
前十六하면 成三十四라 一切菩薩이 決定先於無所有處에 已得離
貪하고 方入見道하야는 不復須斷下地煩惱하고 唯斷有頂一地之惑
일새 但三十四心으로 一坐成佛이니라 五分法身初圓者는 卽戒‧定‧
慧‧解脫‧解脫知見이니 如十藏品하니라 是實非化者는 揀異大乘
이니라

● 小乘 아래로는 따로 오교(五敎)를 밝힘이다. 1. 소승의 34가지 마음
이란 『바사론(婆沙論)』[26] 제82권에 설한 내용과 같다. 『구사론(俱舍
論)』근품(根品)에 말하였다. "전하는 설(說)에 보살이 34가지 마음으
로 문득 성불한 까닭이다."

'34가지 마음[三十四心]'이라 말한 것은 견도분(見道分)의 16가지 마음
[十六心]은 팔인(八忍)과 팔지(八智)를 말하고, 유정천(有頂天, 색구경천)
의 탐심을 여읨에 18가지 생각[十八念]이 있으며, 유정천의 번뇌를 끊
음에 9무간(九無間)과 9해탈도(九解脫道)가 있다 하니 이러한 18가지
생각을 앞의 16가지 마음에 더하면 34가지 마음이 된다.

모든 보살이 결정코 먼저 무소유처(無所有處)에 이미 탐심을 여의고 바
야흐로 견도위(見道位)에 들어가서는 다시 아래 경지의 번뇌를 끊지
않고 오직 색구경천의 한 경지의 번뇌만 끊었으므로 다만 34가지 마
음으로 한번 앉으면 (문득) 성불하는 것이다.

'오분법신(五分法身)이 처음 원만함'이란 곧 계(戒)와 정(定)과 혜(慧)와 해

---

26) 바사론(婆沙論)은 『大毘婆沙論』으로 대비바사론은 『阿毘達磨大毘婆沙論』의 略稱이다. 2백 권으로 편저자
는 5백 아라한이며 659년 玄奘(600-664) 번역.

탈(解脫)과 해탈지견(解脫知見)이니 십무진장품(十無盡藏品)과 같다. '이는 실법이요, 화현이 아니다'라고 말함은 대승과 구별하려는 것이다.

(二) 대승시교의 뜻[始敎] (大乘 27상5)
(三) 대승종교의 뜻[終敎] (據實)

[疏] 大乘之中에 約化인대 八相示成이오 約報인대 十地行滿하야 四智創圓을 名曰始成正覺이니라 據實인대 卽古今情亡하야 心無初相을 名之曰始오 無念而照를 目之爲正이오 見心常住를 稱之曰覺이오 始本無二를 目之爲成이니라

■ 대승 가운데에 화신(化身)을 의지하면 여덟 가지 모양으로 성취함을 보인 것이요, 보신(報身)을 의지하면 십지(十地)의 수행이 구족하여 '네 가지 지혜'가 처음 원만하여진 것을 '처음 정각을 이루었'고 말하는 것이다. 실법(實法)에 의거하면 곧 과거와 현재[古今]라는 생각이 없어져서 '마음에 처음 모양이 없음[心無初相]'을 '시(始)'라 이름하고 '무념으로 비춤'을 '정(正)'이라 지목하고 '마음[진심]이 상주함'을 본 것을 '깨달음'이라 일컫고 '시각(始覺)과 본각(本覺)이 둘이 없음'을 지목하여 '성(成)'이라 하였다.

[鈔] 大乘之中下는 第二, 始敎也라 據實下는 第三, 終敎라 古今情亡은 卽觀行意니 但當無念이 爲始成故라 心無初相은 卽起信論에 云, 菩薩地盡에는 覺心初起에 心無初相이니 以遠離微細念故로 得見心性하야 心卽常住를 名究竟覺이라하시니 今疏는 離其語用하니라
無念而照를 名之爲正者는 若唯無念이면 寂而失照오 若但照體면

照而失寂이니 並稱不正이라 正在雙行이니라 …〈下略〉…

● 大乘之中 아래로는 (二) 대승시교[始敎]이다. 據實 아래로는 (三) 대
  승종교[終敎]이다. 과거와 현재라는 생각이 없음은 곧 관행(觀行)의 뜻
  이니 다만 무념(無念)이 시성(始成)에 맞는 까닭이다. 심무초상(心無初
  相)은 곧 『기신론』[27]에 이르되, "보살지진(菩薩地盡)에는 망념이 처음
  일어남에 마음에 처음의 모양이 없음을 깨달으니 미세망념을 멀리 여
  읜 까닭으로 심성을 보아서 마음이 곧 상주함을 구경각(究竟覺)이라
  이름한다"라고 하였으니 지금의 소문은 그 말의 (일반적인) 쓰임과 다
  르다[離其語用].
  '무념으로 비춤을 정(正)'이라 이름한 것은 만일 단지 무념(無念)이라
  면 고요[寂]하지만 비춤[照]를 잃고 만일 단지 본체를 비추기만 한다
  면 비추되 고요함을 잃을 것이니 합쳐서 말한다면 정(正)이 아님이니
  정(正)은 (寂과 照를) 함께 행함이다. …〈아래 생략〉…

(四) 돈교의 뜻[頓敎] (約法 27하9)

[疏] 約法身自覺聖智인대 無成無不成이니라

■ 법신의 자각성지(自覺聖智)를 의지하면 이룰 것도 이루지 못할 것도 없
  는 것이다.

[鈔] 約法身下는 第四, 頓敎意라 言無成無不成者는 經에 云, 譬如世界
  有成壞나 而其虛空不增減인달하야 一切諸佛成菩提나 成與不成無
  差別이라하시니 旣無有成이어니 何有不成이리오 又體湛寂일새 故曰無

---

27) 대정장 권32 p.576 b24-.

成이오 不礙隨緣일새 故無不成이니 卽成頓敎意니라

● (四) 約法身 아래로는 돈교(頓敎)의 뜻이다. '이룰 것도 이루지 못할 것도 없는 것'이라 한 것은 경에 이르되,[28] "비유하건대 세계가 성괴(成壞)함이 있으나 그 허공은 증감하지 않는 것과 같아서 모든 부처님들이 보리를 이루었으나 이루고 이루지 못한 것이 다른 것이 없다" 하였으니, 이미 이룰 것이 없는데 어찌 이루지 못할 것이 있으리오. 또 본체가 고요한 까닭에 '이룬 것이 없다[無成]'라고 말하고, 수연(隨緣)에도 걸리지 않는 까닭에 '이루지 못할 것도 없다[無不成]'라 하나니 즉 돈교의 뜻이다.

(五) 원교의 뜻[圓敎] (若依 28상4)

[疏] 若依此經인대 以十佛法界之身雲으로 徧因陀羅網無盡之時處하사 念念初初에 爲物而現하사대 具足主伴하시며 攝三世間하시니 此初卽攝無量劫之初며 無際之初라
一成一切成하사대 無成無不成하며 一覺一切覺하사대 無覺無不覺이라 言窮慮寂이나 不壞假名일새 故云始成正覺이니 如出現品과 及不思議法品에 廣顯이라 攝前諸說인대 皆一乘之所現也니라

■ 만일 이 경을 의지한다면 '십불법계의 몸 구름'으로 인다라망의 끝없는 시간과 공간을 두루 하사 '생각 생각에 제일 먼저[念念初初]' 중생을 위하여 출현하셨으며 주인과 반려를 갖추고 삼세간(三世間)을 섭수하였으니, 이 처음이란 무량한 세월을 섭수한 처음이며 끝없는 (공간의) 처음이다.

---

28) 如來出現品의 게송이다. 成壞의 '壞'는 경문에 '敗'라 하다. (교재 권3 p. 294-)

하나를 이룸에 모두를 이루었지만 이룸도 없고 이루지 못함도 없으며, 하나를 깨달음에 모두를 깨달았지만 깨달음도 없고 깨닫지 못함도 없는 것이다. 말이 다하고 생각이 고요하지만 헛된 이름을 무너뜨리지 못하는 까닭에 '시성정각(始成正覺)'이라 말함이니 여래출현품과 불부사의법품에 널리 밝힌 것과 같다. 앞의 모든 말씀을 섭수한다면 모두 일승(一乘)의 표현일 것이다.

[鈔] 若依此經下는 第五, 圓敎라 言以十佛法界之身雲者는 卽成正覺等十佛義니 並如前言하니라 念念初初에 爲物而現者는 卽體之應으로 應無盡時하사 生感卽成하시니 念念機感에 念念成矣라 成旣不已일새 故曰初初니라 一成一切成者는 事事無礙故니 故出現品에 云, 如來成正覺時에 於其身中에 普見一切衆生成正覺이라하시니 故로 如來成이 卽衆生成矣로다 況佛佛平等하사 一切成佛가
又於一處成이 卽一切處成이니 故十地中第十願에 云, 願於一切世界에 成阿耨多羅三藐三菩提나 不離一毛端處코 於一切毛端處에 皆悉示現等이라하니라 又云, 如於此處見佛坐하야 一切塵中亦如是라 佛身無去亦無來나 所有國土皆明現等이라하니라 無成不成義는 不異前一覺一切覺者이니 若覺一法인대 一法之中一切具足이요 無覺者는 遠離覺所覺故요 無不覺者는 朗鑑在懷이니 亦不存於不覺相故니라

● (五) 若依此經 아래로는 원교(圓敎)의 뜻이다. '십불법계(十佛法界)의 신령(身雲)을 쓴다'라고 말한 것은 곧 성정각불 등 십불(十佛)의 의미이니 아울러 앞에 말한 것과 같다. 생각 생각에 제일 먼저 중생을 위하여 출현한다 함은 본체와 합치한 응현(應現)으로 끝없는 시분에 응하여 감득이 있으면 곧 이룸이시니 생각 생각 근기를 감득함에 생각 생

각에 이루는 것이다. 성(成)이 이미 다하지 않은 까닭에 제일 먼저[初
初]라 말한 것이다. '하나를 이룸에 모두를 이룬다' 함은 현상과 현상
이 무애인 까닭이니 때문에 여래출현품에 이르되, "여래께서 정각을 이
루실 때에 그 몸 가운데에 널리 모든 중생이 정각 이룸을 본다" 하였
으니 때문에 여래의 성불이 곧 중생의 성불이다. 어찌 부처와 부처가
평등하여 모두가 성불함이겠는가?

또 한 곳에서 이룸이 곧 모든 처소에서 이룸이므로 십지품의 열 번째
서원에 이르되, "원하건대 모든 세계에서 아뇩보리(阿耨菩提)를 이루었
으나 한 터럭 끝도 여의지 않고 모든 털끝에 모두 다 시현(示現)하기를
원한다"라고 하는 등이니라. 또 이르되, "이곳에서 불(佛)께서 앉으심
을 보는 것과 같이 온갖 티끌[塵刹]에도 또한 이와 같다. 불신(佛身)은
오고 감이 없으나 모든 국토에 다 밝게 시현한다"라고 하는 등이니
라. '이룸도 없고 이루지 못함도 없으며'란 앞의 하나를 깨달으면 온
갖 것을 깨달음과 다르지 않음이요, 만일 한 법을 깨달으면 한 법 가
운데 모두를 구족함이요, '깨달음이 없음'이란 능각(能覺)과 소각(所覺)
을 멀리 여읜 까닭이요, '깨닫지 않을 것도 없다'는 것은 밝게 보는 것
이 마음에 있음이니 또한 깨닫지 못하는 양상도 두지 않기 때문이다.

제4. 도량의 장엄을 밝히다 [別顯處嚴] 2.

一. 아래와 연결하여 총합하여 과목 나누다[連下總判] (第四 29상4)

[疏] 第四, 別顯處嚴者는 然此下處主及衆이 卽三世間嚴이라 三中에 前
二는 卽如來依正이오 衆卽淨土輔翼不空이니라

■ 제4. '도량의 장엄을 밝혔다' 함은 아래의 처소와 설법주(說法主)와 대

중(大衆)이 곧 삼세간(三世間)의 장엄이므로 셋 가운데 앞의 둘은 곧 여래의 의보(依報)와 정보(正報)요, (뒤의) 대중은 곧 정토(淨土)와 보익(輔翼) 대중이 헛되지 않음이다.

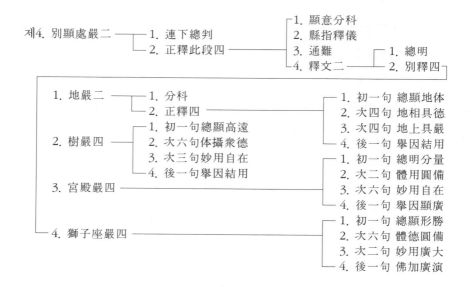

[鈔] 第四別顯處嚴 中에 即如來依正者는 別顯處嚴是依요 教主難思是 正이요 衆海雲集是衆이라 輔翼不空者는 菩薩은 即十八圓滿中輔翼 圓滿이요 不空은 即眷屬圓滿이니 謂淨土中無有四趣의 龍鬼等衆이 언마는 是佛(現有)는 欲示淨土不空故니라

● 제4. 도량의 장엄을 밝힘 중에 여래의 의보와 정보란 제4. 도량의 장엄을 밝힘[別顯處嚴]이 의보(依報)요, 제5 세존의 불가사의한 덕[教主難思]이 정보(正報)요, 제6. 구름처럼 모인 대중의 바다[衆海雲集]가 대중이다. '보익대중이 헛되지 않음[輔翼不空]'이란 보살은 곧 열여덟 가지 원만(圓滿) 중의 하나요, '헛되지 않다[不空]'라 한 것은 권속이 원만함이

니, 정토 가운데에 네 가지 갈래[四趣; 胎卵濕化의 四生]의 용과 귀신 등의
대중은 없지만 부처님 출현하심은 정토가 헛되지 않음을 보여 주는
까닭이다.

二. 이 문단을 바로 해석하다[正釋此段] 4.
一) 의미를 밝히고 과목 나누다[顯意分科] (今初 29하1)

[疏] 今初, 器界嚴者는 即廣於前場之嚴하사 顯成前覺之妙가 異於餘經
之處라 於中四事가 各十種嚴이니 明即染顯淨이라 即爲四別이니 第
一, 地嚴이오 第二, 樹嚴이오 第三, 宮殿嚴이오 第四, 師子座嚴이니라
■ 지금은 1.에 '기세간의 장엄'은 앞의 '도량의 장엄'에서 널리 깨닫기
전의 묘함이 나머지 다른 경전의 도량 장엄과 다름을 나타내었다.
그 가운데 네 가지 일[四事]이 각각 열 종류로 장엄되었으니 물듦에
합치하여[即] 깨끗함을 밝혔는데 네 가지로 되었으니 (1) 땅의 장엄
이요, (2) 보리수의 장엄이요, (3) 궁전의 장엄이요, (4) 사자좌의
장엄이다.

二) 해석하는 모양을 드러내어 지적하다[縣指釋儀] (然此 29하4)

[疏] 然此諸嚴이 各具三釋하니 一, 約事니 可知로다 二, 表法이니 謂地表
心地法身이오 樹表菩提오 宮殿表無住涅槃이오 座表法空等이니라
三, 就因行이니 謂一, 以窮心地法身之因으로 報得增上金剛之地오
二, 以般若爲因이오 三, 以悲智相導爲因이오 四,亦以法空爲因이니라
■ 그러나 이 모든 장엄이 각각 세 가지 해석을 갖추었으니 (1) 현상을

의지하였으니 알 수 있을 것이요, (2) 법을 표현하였으니 땅은 심지의 법신을 표현하였고, 나무는 깨달음[菩提]을, 궁전은 머무름 없는 열반을, 사자좌는 법의 공함을 표한 것 등이다. (3) 인행(因行)에 나아가면 하나는 심지(心地)와 법신(法身)의 인을 궁구함으로 뛰어난 금강의 땅을 보답으로 성취함이요, 둘은 반야로 원인을 삼음이요, 셋은 '자비와 지혜로 서로 인도하는 것[悲智相導]'을 원인으로 삼음이요, 넷은 역시 법이 공함[法空]으로 원인을 삼은 것이다.

三) 힐난을 해명하다[通難] (或一 29하8)

[疏] 然或一因行으로 成一切嚴하며 或一切行成一嚴하며 或一行成一嚴하며 或一切行成一切嚴이라 以通融別에 純雜無礙어니와 今但明一行一嚴은 顯所表故니라

■ 그러나 혹 한 인행으로 모든 장엄을 이루고, 혹 온갖 인행으로 한 장엄을 이루며, 혹 한 인행으로 한 장엄을 이루며, 혹 온갖 인행으로 온갖 장엄을 이루기도 한다. 전체로 개별을 화합함에 순수함과 섞임이 무애하지만 이제 다만 한 인행과 한 장엄은 표현할 내용을 나타냈을 뿐인 까닭이다.

四) 경문 해석[釋文] 2.
(一) 총합하여 밝히다[總明] (然各 30상4)

[疏] 然各攝無盡之德일새 故四事가 皆有十句하니 初는 總이오 後는 別이라 今具就文하야 各分爲四호리라

■ 그러나 각각 다함없는 덕을 섭수한 때문에 (위의) 네 가지[四事]가 모두 열 가지 문구가 있으니 (一) 총합하여 밝힘이요, (二) 개별로 해석함이다. 이제 구체적으로 문장에 가서 각각 네 가지로 나누리라.

(二) 개별로 해석하다[別釋] 4.

1. 땅의 장엄[地嚴] 4.
1) 땅의 체성을 총합하여 밝히다[總顯地體] (今初 30상7)

其地가 堅固하여 金剛所成이니라
그 땅은 견고하여 금강으로 되어 있나니라.

[疏] 今初, 心地十句를 分四者하면 初一, 總顯地體오 二四, 地相具德이오 三四, 地上具嚴이오 四一, 擧因結用이니라 今初에 標以堅固하고 釋以金剛이라 諸教에 或云木樹草座라하며 多云座是金剛이어니와 今全地金剛이니 則權實斯顯이며 徹華藏故니 廣如彼品하나라

■ 지금 1. 땅의 장엄에 심지(心地)의 열 구절을 네 가지로 나눈다면 1) 한 구절은 통틀어 땅의 체성을 밝힘이요, 2) 네 구절은 땅의 모양[地相]이 덕을 갖춤이요, 3) 네 구절은 땅 위의 장엄을 갖춤이요, 4) 한 구절은 인행을 거론하여 작용을 결론함이다. 이제 1) 견고함을 표방하려고 금강으로 해석하였으니 여러 가르침에서는 나무와 풀 자리라 하고, 대개는 자리가 금강이라 하였다. 여기서는 땅 전체가 금강이니 방편과 실법을 (모두) 표현하며 '온통 꽃으로 장엄[徹華嚴]'한 까닭이니 널리 저 화장세계품과 같다.

[鈔] 徹華藏者는 以華嚴世界인 大蓮花地(面)이 金剛所成故라 此依本經
이어니와 若依觀佛三昧海經第二인대 亦異常說이나 而未盡源하니 彼
云, "爾時道場이 化似金剛호대 滿八十里오 其色正白하야 不可具見
이니 此相現時에 菩薩眉間白毫相光이 端潔正直하야 矗然東向호대
長一丈五尺이오 有十楞現이라"하시니라 釋曰, 旣有里數하고 又言化
以하니 故非極說이니라

● '온통 꽃으로 장엄함[徹華嚴]'이란 화엄세계인 대연화의 땅이 금강으로
이루어진 까닭이다. 이는 본경을 의지했거니와 만일『관불삼매해경
(觀佛三昧海經)』제2권29)을 의지한다면 역시 일반적인 설명과는 다르
지만 근원까지 다하지 못했으니 저 경[관불삼매경]에 말하였다. "그때
에 도량이 금강처럼 변화하되 넓기가 80리요, 그 모양이 정방(正方)하
고 깨끗하여 모두 보지 못하나니, 이 모양이 나타날 때에 보살의 미
간 백호상(白毫相) 광명이 깨끗하고 정직해서 모두 동쪽으로 향하였
는데 길이는 한 길 다섯 자[一丈五尺]요, 열 가지 모퉁이로 나타남을
갖추었다." 해석하자면, 이미 리(里)의 수를 가지고 또 변화하였다 말
하였으니 극단적인 설명[極說]이 아니다.

2) 땅의 모양을 갖추어 장엄하다[地相具嚴] (次上 30하9)

上妙寶輪과 及衆寶華와 淸淨摩尼로 以爲嚴飾하고 諸色
相海가 無邊顯現하니라
가장 미묘한 보배바퀴와 온갖 보배꽃과 청정한 마니로 장

---

29)『관불삼매해경』은 전10권으로 東晉隆安 2년부터 永初 2년까지(317-420) 佛陀跋陀羅가 번역한 경전으로 약
칭으로『관불경』이라고도 한다. 석존께서 카필라성 尼拘陀林에 주하면서 父王과 이모 摩訶婆婆波提를 위하
여 觀佛三昧에 주하여 해탈을 얻을 것을 설한 내용이다. 아래 인용문은 (대정장 권15 p.654 a-).

엄하여 모든 색상들이 끝없이 나타났다.

[疏] 次, 上妙下는 地相具德이라 約因釋者인대 一, 寶輪者는 一攝一切니
圓行致故오 二, 及衆寶華는 開覺悅他故오 三, 淸淨摩尼는 圓淨明
徹故라 以上三行用嚴心地일새 故結云, 以爲嚴飾이니라 上皆形色이
오 四, 卽顯色이니 謂靑黃等殊일새 名諸色相이오 種種重疊이 深廣如
海하며 互相暎發이 等彼波瀾하야 或諸色俱生하며 或更相攝入하야
含虛瑩徹하야 現勢多端이 名無邊顯現이니 此由隱顯自在하며 定散
無礙하야 隨機利行之所致也니라

■ 2) 上妙 아래는 땅의 모양이 덕을 갖춤이다. 원인을 의지하여 해석
한다면 (1) 보륜(寶輪)이란 하나로 모두를 섭수함이니 원만한 수행
으로 이른 까닭이요, (2) 많은 보배꽃이란 깨달음을 열어 만물[他]
을 즐겁게 한 때문이요, (3) 청정한 마니(摩尼)는 원만하고 청정하여
완전히 밝은 까닭이다. 이상의 세 가지로 심지를 장엄하였으므로
결론으로 '이로써 장엄한다' 한 것이니 위는 모두 형상이며, (4) 색깔
을 나타냄이니 청(靑) · 황(黃) 등의 다름을 일러 여러 색상이라 하고,
갖가지로 거듭 겹친 것이 깊고 넓기가 바다와 같으며, 서로 빛이 나
서 파도치는 것과 같아서 혹은 여러 색깔이 함께 나기도 하고 혹은
다시 서로 포섭하고 들어가서 속으로도 비어 훤히 밝아서 여러 갈
래의 기운을 나툼을 '끝없이 나툰다'고 하였으니 이는 '숨고 나타남
이 자재(隱顯自在)'한 까닭이며 '조용하고 산란함이 무애하여[定散無
礙]' 근기를 따르는 이타행(利他行)으로 이른 것이다.

3) 땅 위를 갖추어 장엄하다[地上具嚴] (三摩 31상10)

摩尼爲幢하여 常放光明하고 恒出妙音하며 衆寶羅網과
妙香華纓이 周帀垂布하며 摩尼寶王이 變現自在하며 雨
無盡寶와 及衆妙華하여 分散於地하니라 寶樹行列하여
枝葉光茂하니라

마니로써 깃대가 되어 항상 광명을 놓고 항상 미묘한 소리
를 내며, 온갖 보배그물과 미묘한 향기 나는 꽃다발들이 두
루 드리워져 있다. 마니보배는 변화가 자재하여 한량없는
보배와 온갖 미묘한 꽃들을 그 땅에 흘는다. 보배나무는 줄
을 서 있고 가지와 잎은 빛나고 무성하다.

[疏] 三, 摩尼下는 明地上嚴者라 一, 寶幢에 曲有五句하니 一, 摩尼爲體
오 二三, 光音明用이오 四五, 網纓辨飾이라 就因行者인대 降魔伏外
爲幢이오 智光常照오 慈音外悅이오 願行交羅오 戒香芬馥이오 四攝
周垂故니라 二, 摩尼雨寶는 表神通如意하야 隨機變現하사 雨法寶
故오 三, 妙華散地는 亦多因行에 徧嚴心故오 四, 寶樹行列(者)는 德
行建立故니라

■ 3) 摩尼 아래는 '땅 위의 장엄'을 밝힌 부분이다. (1) 보당(寶幢)에는
자세히 다섯 구절이 있으니 (가) 한 구절은 마니가 본체가 되고, (나)
둘째와 셋째 구절은 광명과 음성으로 작용을 밝혔으며, (다) 넷째와
다섯째 구절은 보배그물[網]과 꽃다발[纓]로 장식을 한 것인데, 인행
에 나아가 (말하면) 마군과 외도를 항복받는 것이 깃발이 되는 것이요,
지혜의 광명으로 항상 밝게 비추고, 자비 음성으로 남을 기쁘게 하
고, 원행(願行)으로 서로 나열하며, 계향(戒香)으로 향기를 풍기고, 사
섭법(四攝法)으로 두루 쓰는 까닭이다. (2) 마니보배를 뿌림은 신통

이 자재하여 근기를 따라 변하여 나타나서 법보를 비 내리기 때문이
요, (3) 미묘한 꽃을 땅에 흩는 것은 역시 여러 인행에 두루 마음을
장엄하기 때문이다. (4) 보배나무가 줄지어 있는 것은 덕행으로 건립
했기 때문이다.

4) 원인을 거론하여 작용을 결론하다[擧因結用] (四佛 31하7)

佛神力故로 令此道場一切莊嚴으로 於中影現하니라
부처님 위신력으로 말미암아 이 도량의 모든 장엄이 그 가
운데에 그림자처럼 나타났다.

[疏] 四, 佛神力下는 擧因結用이라 佛力者는 出所因也니 嚴具多門이라
別說難盡일새 故總云, 一切悉現이라하니 或於樹中現하며 或於上諸
嚴具와 及地中現은 明——行中이 皆道場故니라

■ 4) 佛神力 아래는 인행을 거론하여 작용을 결론함이다. '부처님의 신
력'이란 원인[因]에서 나온 것이니 장엄구가 여러 가지라 낱낱이 설명
하기 어렵기 때문에 통틀어 '모두 다 나투었다' 하였으니 혹 나무에
서 나오고, 혹 위로 장엄구에서, (혹) 땅 속에서 나온 것은 낱낱의 행
이 모두 도량 장엄임을 밝힌 까닭이다. (1. 땅의 장엄은 마친다.)

2. 보리수의 장엄[樹嚴] 4.
1) 높고 뛰어남을 총합하여 밝히다[總顯高勝] (第二 32상4)

其菩提樹가 高顯殊特하니라

그 보리수는 높고 훌륭하였다.

[疏] 第二, 覺樹嚴者는 卽大智因感이라 有十一句에 分四니 初一, 總顯 高勝이니 長聳逈露하고 圓妙獨出故라 約因인대 卽智超數表爲高오 本性不昧爲顯이오 成物具德曰殊오 更無二眞爲特이라 約果인대 樹 卽菩提니라

■ 2. 보리수의 장엄이란 곧 큰 지혜로 인해 느낀 것이다. (모두) 11구절 이 있는데 네 가지로 나누었으니 1) 통틀어 높고 뛰어남을 표현한 부분이니 (깨달음의 나무가) 높이 솟아 훤출히 드러나고 원묘(圓妙)하여 특출한 까닭이다. 인행을 의지하면 곧 지혜가 뛰어나고, 여럿에서 표 나는 것을 높다[高]고 하고, 본성이 어둡지 않음을 환함[顯]이라 하 고, 사물에 훌륭함을 다 갖춘 것을 다르다[殊]고 하고, 다시 다른 것 [二眞]이 없으므로 특별하다[特] 하였다. 과덕을 의지하면 나무가 곧 보리이다.

[鈔] 長聳等者는 謂長聳爲高오 逈露釋顯이오 圓妙釋殊오 獨出爲特이라 然按西域記컨대 長一百尺이니 卽畢鉢羅樹라

● '높이 솟은' 등은 높이 솟아오른 것을 말하고, 훤출히 드러남을 '환하 다'고 해석하였으며, 둥글고 묘함으로 뛰어남을 해석하였고, 유난히 나온 것을 '특별하다' 하였다. 『대당서역기(大唐西域記)』를 참고하면 '키가 1백 척인 필발라(畢鉢羅) 나무'라고 하였다.

2) 몸으로 여러 공덕을 섭수하다[體攝衆德] (二金 32하3)

金剛爲身하며 瑠璃爲幹하며 衆雜妙寶로 以爲枝條하며 寶葉扶疏하여 垂陰如雲하며 寶華雜色으로 分枝布影하며 復以摩尼로 而爲其果하여 含暉發焰하여 與華間列하니라

금강으로 몸뚱이가 되었고, 유리로써 줄기가 되었으며, 온갖 미묘한 보배들로 가지가 되어 있다. 보배잎은 무성하여 드리운 것이 마치 구름과 같고, 보배꽃의 갖가지 색깔들은 가지마다 그림자를 드리웠다. 또 마니로써 그 열매가 되어 속으로도 빛나고 밖으로도 빛나며 꽃들 사이사이마다 늘어서 있다.

[疏] 二, 金剛下六句는 明體攝衆德이니 一, 身是金剛은 金剛三昧가 本智因故니 正行成立爲樹身也라 二, 幹是琉璃는 本智發解하야 內外明徹故라 三, 雜寶枝條는 解隨境差故라 四, 條假葉以爲嚴은 智資定而深照니 寶葉雖異나 共成一蔭이오 百千定門同歸一寂하야 自蔭蔭他也라 五, 寶華異色은 在樹分枝에 承光則色同이오 於地布影은 表神通等法이 依定有差나 俱承智光하야 影現心地니라 六, 華雖不同이나 果皆如意는 無邊行海同趣菩提오 若自利果成하면 內則含輝오 若身心湛寂하면 外便發焰이오 若觸境斯明하고 若利他果立하면 未熟則含輝니 解生佛相이오 已熟則發焰이니 還流敎光이라 體如之行所成이며 果無異因之果일새 故與華間列이니 故下經에 云, 菩薩妙法樹가 生於直心地等이라하니라

■ 2) 金剛 아래의 여섯 구절은 몸으로 여러 훌륭함을 섭수함을 밝힌 부분이니 (1) '몸이 금강'인 것은 '금강 같은 삼매[金剛三昧]'가 근본지의

원인인 까닭에 바른 수행[正行]이 이루어져서 나무의 몸이 되었고, (2) '나무 줄기가 유리로 됨'은 근본지에서 견해를 내어 안과 밖이 환히 밝기 때문이다. (3) '온갖 보배로 된 가지'는 견해가 차별한 경계를 따르기 때문이다. (4) '나뭇가지에 보배잎으로 꾸민 것'은 지혜가 선정의 힘을 빌려 깊이 비춤이니, 보배잎이 모두 다르지만 함께 그늘을 만들었고, 백천 개의 삼매가 함께 한결같이 고요함으로 돌아가서 자신을 시원하게 하고[蔭] 남도 시원하게 그늘 지우는 것이다. (5) '보배꽃의 갖가지 다른 색깔'이란 나무의 나눠진 가지에 빛을 받으면 색깔이 같아지고, '땅에 그림자를 드리움'은 신통(神通) 등의 법이 삼매를 의지해 차별됨을 표하였지만 모두 지광(智光)을 받아 그림자처럼 심지(心地)를 나툰 것을 말한다. (6) '꽃이 비록 다르지만 열매가 좋은 것[如意]'은 가없는 수행이 모두 보리로 향하기 때문이요, 만일 자리(自利)의 결과가 성취되면 속으로 빛이 나고, 몸과 마음이 담담하고 고요해지면 밖으로 빛이 나는 것이니, 만일 경계에 닿으면 바로 밝아진다. 만일 이타(利他)의 결과가 이루어질 적에 덜 익으면 속으로 빛나서 견해로 '부처님의 상호[佛相]'를 만들고, 완전히 익으면 밖으로 빛이 나서 '교화의 광명[敎光]'으로 돌아와 유포하는 것이니, 본체가 여여(如如)한 수행의 결과이며, 결과가 원인과 다르지 않은 과덕(果德)이므로 꽃들 사이에 늘어서 있는 것이다. 그래서 아래 경문(離世間品 게송)에 말하되, "보살의 묘한 법의 나무가 바른 마음[直心]의 땅에서 나왔으니"[30]라고 하였다.

---

30) 이는 離世間品 제38의 게송이다. 經云, "菩薩妙法樹가 生於直心地하니 信種慈悲根이며 智慧以爲身하며 方便爲枝幹하며 五度爲繁密하며 定葉神通華며 一切智爲果하며 最上力爲蔫하야 垂陰覆三界로다"(교재 권3 p.465~). 鈔에 云, 此는 五十九經이니 所以引者는 意明表法이 皆有文據오 非是臆說이니라.

[鈔] 表神通等法者는 卽淨行品에 云, 若見花開어든 當願衆生이 神通等法이 如花開敷라하니라

● '신통(神通) 등의 법이 삼매를 의지해 차별됨을 표함'이란 곧 정행품(淨行品)에 이르되, "만일 꽃이 핀 것을 볼 때에 마땅히 중생들이 신통 등의 법이 마치 꽃이 피는 것과 같아지기를 원한다"라고 하였다.

❖ '환류교광(還流敎光)'이라 하니 이는 곧 인원과만(因圓果滿)의 소식이다. 수행길을 떠난 싯달타 태자가 깨달음을 얻어 부처님이 되어서 고향 카필라에 제자들과 함께 오시어 대자비(大慈悲)의 설법을 베푸시는 모습과 무엇이 다르겠는가!

3) 미묘한 작용이 자재하다[妙用自在] (三其 33하4)

其樹周圓에 咸放光明하며 於光明中에 雨摩尼寶하며 摩尼寶內에 有諸菩薩하되 其衆如雲하여 俱時出現하니라
보리수 주위에서는 모두 광명을 놓고 그 광명 속에서는 마니보배를 쏟아붓는데 마니보배 속에 여러 보살들이 있어서 그 수가 구름과 같이 동시에 출현한다.

[疏] 三, 其樹下三句는 明妙用自在니 展轉成益이라 初, 依菩提智하야 放敎智光하고 次, 依智光하야 雨圓明法寶하고 後, 敎成悲智하면 卽菩薩現前이니 無心行成일새 故如雲出이니라

■ 3) 其樹 아래 세 구절은 묘한 작용이 자재함을 밝혔으니, 갈수록 이익을 더한다는 뜻이다. (1) 첫 구절은 보리지(菩提智)를 의지하여 교

법 지혜의 빛을 놓고, (2) 둘째 구절은 지혜 광명을 의지하여 원만히 밝은 법보를 비 내리는 것이요, (3) 뒤 구절은 교화란 자비와 지혜를 이루면 곧 보살들이 출현하게 되나니, 무심(無心)의 수행이 이루어진 까닭으로 구름처럼 (동시에) 출현하는 것이다.

[鈔] 依菩提智等者는 菩提卽是證智오 敎謂差別之用이며 乃至言敎이니 卽敎證二道라 十地廣明하니라 無心行成者는 陶隱居士云, 雲無心 而出岫하고 鳥倦飛以知還이라하니라 凡擧雲義가 雖有多種이나 多明 無心이니라

● '보리지(菩提智) 등을 의지함'이란 보리는 곧 증득한 지혜[證智]이고, 가르침은 차별지(差別智)의 작용이며, 또 법문[言敎]이란 곧 교도(敎道)와 증도(證道)의 둘이니, 아래 십지품에서 널리 밝히겠다. '무심행성(無心行成)'이란 도은(陶隱)거사[31]가 말하되, "구름은 아무런 생각 없이 산골짜기에서 피어나고 새들은 한가롭게 날아 집으로 돌아가더라"라고 하였다. 대개 구름을 거론한 뜻이 여러 가지이겠지만 대부분 무심(無心)함을 나타낸다.

4) 원인을 결론하고 작용을 결론하다[擧因結用] (四又 34상3)

又以如來威神力故로 其菩提樹가 恒出妙音하여 說種種 法하되 無有盡極하니라

---

31) 陶隱居士는 陶淵明을 가리키고, 인용구는 歸去來辭의 名句이다. 辭云, "雲無心而出岫하고 鳥倦飛以知還이라 景翳翳以將入하니 撫孤松而盤桓이로다."(古文眞寶) * 陶淵明(365-427): 陳代 시인, 潯陽 사람, 이름은 潛, 자는 淵明, 호는 五柳先生. 405년 彭澤의 슈이 되었으나 80여일 후에 [歸去來辭]를 남겨두고 歸鄕하다. 그의 詩는 自然味를 노래한 것이 많으며, 敍景詩가 이때부터 형성됨. 저서: [陶彭澤集]

또 여래의 위신력으로 그 보리수에서 항상 미묘한 음성이
흘러나와 가지가지 법문을 연설하여 끝이 없었다.

[疏] 四, 又以下一句는 擧因結用이니 謂佛力爲因이오 流音演法은 以如
　　如力이라 則智演法音에 音還如性일새 故無盡極이니 廣多故無盡이오
　　豎長故無窮이오 無間故稱恒也니라

- 4) 又以 아래의 한 구절은 원인을 들어 작용으로 결론 맺음이니, 부
처님의 신력이 원인이 되고, 음성이 흘러나와 법을 연설함은 여여(如
如)한 신력 때문이다. 곧 지혜가 법음(法音)을 연설할 적에 음성은 다
시 본성과 같은 까닭에 끝이 없는 것이니, 너무 많아서 '그지없음'이
요, 끝없이 긴 까닭에 '다함없음'이요, 간격이 없으므로 '항상 하다'는
뜻이다.

3. 궁전의 장엄[宮殿嚴] 4.
1) 분량을 총합하여 밝히다[總明分量] (第三 34상7)

　　如來所處宮殿樓閣이 廣博嚴麗하여 充徧十方하니라
　　여래가 거처하시는 궁전과 누각은 넓고 장엄하고 화려해서
　　시방에 충만하였다.

[疏] 第三, 如來所處下는 明佛宮殿嚴이라 十句分四니 初一, 總明分量이
　　라 宮可覆育은 卽是慈悲오 殿可朝宗은 所謂圓寂이니 悲智相導가
　　若樓閣相依라 廣者無邊이니 法無外故오 博者不隘니 法內空故오 嚴
　　者莊飾이니 具衆相故오 麗者華美니 法義備故오 充十方者는 稱法性

故니라

■ 3. 如來所處 아래는 부처님의 궁전의 장엄을 밝힘이다. 열 구절을 넷
으로 나누리니 1) 한 구절은 분량을 총합하여 밝힘이다. 궁전을 덮
어 만들 수 있음은 자비한 까닭이요, 전각이 근본[朝宗]이 됨은 이른
바 원만하고 고요함[圓寂]을 뜻하나니, 자비와 지혜가 서로 이끌어 줌
이 누대(樓臺)와 전각(殿閣)이 서로 의지하는 것과 같다. (1) 광(廣)은
끝이 없다는 뜻이니, 법 이외에는 없기 때문이요, (2) 박(博)은 좁지
않다는 뜻이니, 법이 안으로 고요하기 때문이요, (3) 엄(嚴)이란 장식
이니 여러 모양을 다 갖춘 때문이요, (4) 려(麗)는 화려하고 아름다운
것이니 법과 뜻이 구비된 때문이요, '온 누리에 널리 충만하다' 함은
법성에 걸맞은 까닭이다.

2) 체성과 양상을 원만히 갖추다[體相圓備] (二衆 34하3)

衆色摩尼之所集成이라 **種種寶華**로 **以爲莊嚴**하니라
가지각색의 마니로써 이뤄져 있었다. 온갖 보배꽃으로 장
엄하였다.

[疏] 二, 衆色下二句는 體相圓備니 一, 體是摩尼는 積德鎔融之所成故
오 二, 相嚴多種은 神通等法과 悲寂用故오

■ 2) 衆色 아래 두 구절은 체성과 양상을 원만히 갖춤이니, (1) 한 구
절은 본체가 마니(摩尼)인 것은 덕을 쌓아 녹아 융섭하여 이룬 까닭이
요, (2) 두 구절은 양상이 여러 가지로 장엄됨은 신통 등의 법과 자비
가 고요하게 쓰인 까닭이다.

3) 미묘한 작용이 자재하다[妙用自在] (三諸 34하9)

諸莊嚴具가 流光如雲하여 從宮殿間으로 萃影成幢하며
無邊菩薩과 道場衆會가 咸集其所하여 以能出現諸佛光
明하며 不思議音摩尼寶王으로 而爲其網하며 如來自在
神通之力으로 所有境界가 皆從中出하며 一切衆生의 居
處屋宅이 皆於此中에 現其影像하니라

(1) 모든 장엄에서는 광명이 흘러나와 구름 같으며, (2) 궁
전 사이에서는 그림자가 모여서 깃대가 되었다. (3) 한량없
는 보살들과 도량에 모인 대중들은 모두 그곳에 모여 여러
부처님의 광명과 부사의한 소리를 내었다. (4) 마니보배로
써 그물이 되었는데 (5) 여래의 자재하신 신통력으로 모든
경계가 다 그 속에서 나오고, (6) 일체 중생의 거처하는 집
들이 다 그 속에서 영상처럼 나타났다.

[疏] 三, 諸莊嚴下六句는 妙用自在니 一, 衆行發光하야 灑法如雲이라 雲
更多義는 至下當辯호리라 二, 光幢獨出이라 萃者聚也니 卽承光聚
影而成이니 謂悲寂交際하고 承智起應하야 降魔超出故라 三, 內容
衆海라 無邊菩薩은 卽道場外者도 亦在其中하니 卽依中有正이며 亦
果中有因이니 卽明涅槃에 衆聖冥會라 四, 聲光寶網은 網者爲防禽
穢하야 以益殿嚴이 猶大教網이 外防惡見하고 內益悲寂이라 教皆圓
妙하야 以寶而成일새 故能出佛智光하야 圓音妙說이라 言不思議音이
略有四義하니 一, 音聲繁廣이오 二, 所說難量이오 三, 聲卽無聲이오
四, 一具一切니라 五, 出生果用이니 卽正報大用이 在此依中하야 依

正混融하야 參而不雜이니 明依大涅槃하야 能建大義일새 故曰出生이라 六, 無染現染이라 衆生是正이오 居處是依라 染違性淨일새 不言出生이니 妄無自體코 還依眞現이니라

■ 3) 諸莊嚴具 아래 여섯 구절은 묘한 작용이 자재함이니, (1) 첫째 구절은 여러 경계[行]에서 광명이 나와 법을 구름처럼 뿌린 것이다. 구름에 다시 포함된 여러 의미는 아래에 가서 말하리라. (2) 둘째 구절은 광명의 깃대[光幢]만 유독 드러냄이라, 췌(萃)는 모인다[聚]는 뜻이니 곧 광명을 받아 그림자가 모여 이루었으니 자비와 고요한 지혜[寂智]가 서로 사귀고 고요한 지혜를 힘입어 응신(應身)을 일으켜 마군을 항복받고 출현하셨기 때문이다. (3) 셋째 구절은 안으로 많은 대중[衆海]을 포용함이다. '한량없는 보살'은 도량 바깥에서 와서 역시 그 속에 있으니, 곧 의보(依報) 안에 정보(正報)가 있는 것이며, 또 결과 속에 원인이 있다는 뜻이다. (이는) 곧 열반 속에 여러 성인이 은밀하게 모였음[冥會]을 밝힌 것이다. (4) 넷째 구절의 음성과 광명의 보배그물에서 그물[網]이란 새들의 더럽힘을 막아 궁전의 장엄을 더하기 위함이니, 마치 '화엄의 가르침[大敎網]'이 밖으로 나쁜 견해를 막고 안으로 자비와 고요한 지혜를 더하는 것과 같다. 가르침이 모두 원만하고 묘해서 보배로 이루어졌기 때문에 부처님 지혜의 광명을 놓아 원만한 음성으로 묘하게 설할 수 있는 것이다. 부사의한 음성으로 말함에 네 가지 뜻이 있는데, ① 음성이 융성하고[繁] 넓음이요, ② 설한 내용을 헤아리기 어렵다는 것이요, ③ 유성(有聲)이 곧 무성(無聲)과 같다는 것이요, ④ 한 음성에 모든 음성을 구비하였다는 말이다. (5) 다섯째 구절은 불과(佛果)의 묘한 작용에서 나온 것이 곧 정보(正報)의 큰 작용이 여기에서 중도에 의지하여 의보와 정보를 융합해서 섞이되

잡되지 않으니 대열반을 의지하여 큰 의미를 세울 수 있음을 밝힌 까닭으로 '출생'이라 한다. (6) 여섯째 구절은 물들지 않는 경지에서 염법(染法)을 나툼이니, 중생은 정보요 사는 곳은 의보라. 염법은 성정(性淨)을 어기기 때문에 '출생한다'고 말하지 못하나니 망(妄)이란 자체가 없고 도리어 진(眞)을 의지하여 나툴 수 있기 때문이다.

[鈔] 卽明涅槃等者는 無有一聖도 不證涅槃가 猶如百川이 皆歸大海라 故로 肇公이 云, 恬然[32]而夷하고 怕焉而泰라 九流가 於是乎交歸하고 衆聖이 於是乎冥會矣라하니라

● '열반 속에 여러 성인이 은밀하게 모였음'은 열반을 증득하지 못한 성인은 한 분도 없음은 마치 모든 하천이 다 큰 바다로 모이는 것과 같다. 그러므로 승조(僧肇)법사가 이르되, "편안하여 두려움에도 태연하고 아홉 가지 부류가 여기에 서로 돌아오고, 여러 성인들이 여기에 은밀히 모였다"라고 한 뜻과 같다.

4) 원인을 거론하여 광대함을 밝히다[擧因顯廣] (四又 36상1)

又以諸佛神力所加로 一念之間에 悉包法界하니라
모든 부처님의 신력으로 일념 사이에 온 법계를 다 들러쌌다.

[疏] 四, 又以下는 擧因顯廣이니 謂德廣難陳일새 故今總結이라 由佛力故로 一念頓包事理染淨一切法界은 況多念耶아 然上充徧十方은 卽通局無礙오 集菩薩衆이 出佛神通은 卽攝入無礙오 現生死宅은 卽染淨

---

32) 然은 南金本作焉, 次同이라 하다.

無礙오 悉包法界는 廣狹無礙오 一念卽能은 延促無礙라 又集菩薩은 因果無礙오 出佛神通은 依正無礙니 十種宮殿을 此應說之니라

■ 4) 又以 아래는 원인을 들어 광대함을 밝힘이니, 덕이 '넓음'은 말로 표현하기 어려운 까닭에 이제 통틀어 결론하는 것이다. 불신력(佛神力)으로 인하여 일념 사이에도 단박 현상[事]과 이치[理], 물듦과 깨끗함의 모든 법계를 포함하는데 하물며 '많은 생각'이겠는가? 하지만 위의[33] (1) '시방에 충만함[充徧十方]'은 융통과 국집이 무애함이요, (2) '운집한 보살대중이 불신력을 나툼'은 섭수와 법에 들어감[入法]이 자재함[攝入自在]이요, (3) '생사(生死)하는 집(중생의 집)에 출현함'은 염오와 청정이 무애함이요, (4) '모두 법계에 포함됨'은 넓음과 좁음이 무애함이요, (5) '일념 사이에 곧 능함'은 느림[蔓延]과 급함[促急]이 무애함이다. 또 (6) '보살의 운집'은 원인과 결과가 무애함[因果無礙]이요, (7) 부처님이 신통을 나툼은 의보와 정보가 무애함[依正無礙]이니 열 종류의 보살궁전을 이에 마땅히 설하는 것이다.

[鈔] 然上充徧等下는 上, 直消經文이오 此下, 會成無礙라 十種宮殿者는 亦約表法之宮殿耳니 亦同上文妙法樹矣라 卽五十四經이니 經云, 佛子야 菩薩有十種宮殿하니 何等爲十고 所謂菩提心是菩薩宮殿이니 恒不忘失故오 十善業道, 福德智慧가 是菩薩宮殿이니 敎化欲界衆生故오 四梵住是菩薩宮殿이니 敎化色界衆生故오 生淨居天是菩薩宮殿이니 一切煩惱不能染故오 生無色界是菩薩宮殿이니 令諸衆生離難處故오 生雜染世界가 是菩薩宮殿이니 令諸衆生으로 斷煩惱故오 現處內宮妻子眷屬是菩薩宮殿이니 成就往昔同行衆生故오 現

---

33) 위란 '佛宮殿嚴'조를 말한다.

居輪王護世釋梵是菩薩宮殿이니 爲調伏自在心衆生故오 一切菩薩
行遊戲神通하야 皆得自在가 是菩薩宮殿이니 善遊戲諸禪定解脫三
昧智慧故오 一切佛所에 授無上自在一切智王灌頂記가 是菩薩宮
殿이니 住十力莊嚴하야 作一切法自在故라 是爲十이라 若諸菩薩安
住其中하면 則得灌頂一切世間神力自在라하니라

● 然上充徧 등 아래에서 위는 (1) 경문을 바로 해석함이며, 이 아래는
(2) 아는 것과 이룸이 무애함[會成無礙]이다. '(7) 열 종류의 보살궁전
[十種宮殿]'이란 역시 법을 표하기 위하여 궁전을 의지하였을 뿐이니 위
에 '보살묘법수(菩薩妙法樹)' 조(條)와 같다. 즉 본경 제50권[이세간품]에
이르되, "불자여, 보살에게 열 가지 궁전이 있으니 무엇이 열 가지인
가? 이른바 ① 보리심이 보살궁전이니 늘 망실하지 않기 때문이요,
② 열 가지 선업의 길과 복덕 · 지혜가 보살궁전이니 욕계의 중생을
교화하기 때문이요, ③ 네 가지 범천에 주함이 보살궁전이니 색계 중
생을 교화하기 때문이요, ④ 정거천(淨居天)에 태어남이 보살궁전이니
모든 번뇌가 물들이지 못하기 때문이요, ⑤ 무색계(無色界)에 태어남
이 보살궁전이니 모든 중생으로 하여금 험난한 곳을 벗어나게 하는
까닭이요, ⑥ 잡염세계(雜染世界)에 태어남이 보살궁전이니 모든 중생
으로 하여금 번뇌를 끊게 하기 때문이요, ⑦ 내궁(內宮)의 처자권속으
로 태어나 사는 것이 보살궁전이니 예전에 함께 수행하던 중생을 제
도하기 때문이요, ⑧ 전륜왕으로 살면서 세상과 제석, 범천을 옹호
함이 보살궁전이니 자재한 마음을 가진 중생들을 조복받기 위함이
요, ⑨ 온갖 보살행에 신통을 써서 자재를 얻음이 보살궁전이니 온갖
선정과 해탈삼매의 지혜를 유희하기 때문이요, ⑩ 모든 부처님 처소
에서 최상의 자재와 일체지혜왕(一切智慧王)의 관정수기(灌頂授記)를 받

음이 보살궁전이니 열 가지 지혜력의 장엄[十力莊嚴]에 주하여 일체 법
의 자재를 짓기 때문이다. 이것이 열 가지가 되나니, 만일 모든 보살
이 그 속에 안주하면 모든 세상의 신력이 자재함을 얻는 관정수기(灌
頂授記)가 되는 것이다"라고 하였다.

4. 사자좌의 장엄[師子座嚴] 4.
1) 형상이 뛰어남을 총합하여 밝히다[總顯形勝] (第四 37상4)

其師子座가 高廣妙好하니라
그 사자좌는 높고 넓으며 기묘하고 훌륭하였다.

[疏] 第四, 其師子下는 師子座嚴이라 十句分四니 初一, 總顯形勝이라 師
子座者는 人中師子處之며 又說無畏之法故라 得法空者는 何所畏
哉아 空은 乃高而無上이오 深不可測이며 廣而無外오 邊不可窮이라
妙는 乃卽事而眞이오 好는 謂具德無缺이니라

■ 4. 其師子 아래는 사자좌의 장엄이다. 열 구절을 네 가지로 나눌 수
있으니, 1) 한 구절은 통틀어 형상의 뛰어남을 나타냄이다. 사자좌
(師子座)란 '사람 중의 뛰어난 분[人中師子]'이 앉는 자리이며, 또 두려움
없는 법을 설한다. 법이 공함을 깨달은 분이 어찌 두려움이 있겠는
가? 공(空)함이란 높아서 위가 없고 깊어서 알 수 없으며, 넓어서 밖이
없고, 끝을 찾을 수 없다. 묘[妙]함이란 사변에 합치하여 진실하고,
좋음[妙]은 덕을 구비하여 모자람이 없음을 말한다.

2) 체성과 덕행을 원만하게 갖추다[體德圓備] (二摩 37하1)

摩尼爲臺하며 蓮華爲網하며 淸淨妙寶로 以爲其輪하며
衆色雜華로 而作瓔珞하며 堂榭樓閣과 階砌戶牖의 凡諸
物像이 備體莊嚴하며 寶樹枝果가 周廻間列하니라

(1) 마니로 좌대가 되고 (2) 연꽃으로 그물이 되었으며 (3)
청정하고 미묘한 보배로 바퀴가 되어 있었다. (4) 온갖 색깔
의 꽃들로 꽃타래가 되고 (5) 전당과 누각과 섬돌과 창문 등
모든 물상들이 잘 장엄되어 있었다. (6) 보배나무의 가지와
열매들은 그 주위에 늘어서 있었다.

[疏] 二, 摩尼下六句는 體德圓備니 一, 臺座摩尼는 卽處正中하니 正可
依處며 摩尼隨暎有差며 法空隨緣成異며 中道妙理는 正是可依오
二, 周座華網은 卽外相無染하야 交暎本空이오 三, 淨寶爲輪이니 輪
謂臺之處中에 周匝輪圍니 卽具德周徧이오 四, 華纓周垂는 諸覺諸
通으로 垂化周攝이오

■ 2) 摩尼 아래의 여섯 구절은 체성과 덕행을 원만하게 갖춤이다. (1)
첫째 구절의 마니로 된 좌대(座臺)는 정보(正報)에 있음이니 정보는 처
소에 의지할 수 있고, 마니는 빛을 따라 차별이 있으며, 법공(法空)은
인연 따라 다르게 성취하며, 중도(中道)의 묘한 이치는 정보가 의지할
수 있음을 말한다. (2) 둘째 구절의 좌대(座臺) 주위의 연꽃그물은 곧
바깥으로부터 물듦이 없어서 빛나지만[交暎] 본래 공적하다. (3) 셋
째 구절은 깨끗한 보배로 된 바퀴모양이니 바퀴모양[輪]은 좌대가 둥
글게 둘렀음이니 곧 공덕을 두루 갖춤을 말한다. (4) 넷째 구절의 꽃
타래[華纓]를 주위에 늘어뜨린 것은 깨달음과 신통으로 교화를 펼침
이 두루 섭수함을 뜻한다.

[鈔] 諸覺諸通者는 淨名에 云, 覺意淨妙華라하며 淨行品에 云, 神通等法
이 如華開敷라하니라

● '깨달음과 신통'이란『유마경』(불도품)³⁴⁾에 이르되, "깨달음은 정묘한
꽃을 의미한다"라고 하였으며, 정행품에 이르되, "신통(神通) 등의 법
이 마치 꽃이 피는 것과 같다"라고 하였다.

[疏] 五, 寶嚴塡飾이니 堂等略擧오 凡諸總包라 無處不嚴일새 故云備體
니 顯於法空하야 全收萬像에 無事非理故오 六, 寶樹間飾은 間上物
像也니 卽菩薩妙法樹가 隨化分枝하고 隨因感果하야 並依無相일새
義曰周廻오 凡聖相資를 名爲間列이니라

■ (5) 다섯째 구절은 보배로 장엄하고 꾸민다는 것이니 당사(堂樹) 등
은 간략히 든 것이요, 모든 물상들을 통틀어 포함한 것이다. 장엄되
지 않은 곳이 없으므로 비체(備體)라 한 것이니 법공을 나타내어 만
상에 모두 거두니 사물이 이치 아님이 없는 까닭이다. (6) 여섯째 구
절의 보배나무가 사이사이에 장식됨[間飾]은 사이사이의 물상(物像)이
니 곧 보살묘법의 나무가 교화를 따라 가지가 나뉘고 원인을 따라
결과를 감득(感得)하여 '함께 무상을 의지[並依無相]'³⁵⁾하였으므로 뜻
으로 빙 둘렀음[周廻]이요, 범부와 성인이 서로 도움을 '늘어섰다[間
列]'고 말하였다.

3) 미묘한 작용이 광대하다[妙用廣大] (三摩 38상10)

---

34) 이는『維摩經』佛道品 제8에 云, "諸度法等侶 四攝爲妓女 歌詠誦法言 以此爲音樂, 總持之園苑 無漏法林樹
　　覺意淨妙華 解脫智慧果"라 한다.
35) 並依無相은 鈔에 '法空의 자리를 떠나지 않은 것이다.

摩尼光雲이 互相照耀하며 十方諸佛이 化現珠王에 一切
菩薩의 髻中妙寶가 悉放光明하여 而來瑩燭하니라36)
(1) 마니광명은 서로서로 밝게 비쳤다. (2) 시방제불이 나
타내는 구슬과 일체 보살들의 상투에 있는 미묘한 보배에
서도 모두 광명을 놓아 찬란하게 비쳤다.

[疏] 三, 摩尼光下二句는 妙用廣大니 一, 淨寶出光이 如雲涉入이라 法
空亦爾니 一一智中에 知一切法하야 一一法體가 顯一切智함이 爲互
照也라 二, 主伴寶用이 互相發揮니 謂佛化摩尼하사 能作佛事라 智
論에 云, 輪王寶珠는 但隨人意하야 能雨寶物하며 天寶는 堪能隨天
使令하며 佛寶는 十方能作佛事하며 菩薩寶珠도 亦能分作이라 如文
殊師利冠中毘楞伽寶珠에는 十方諸佛於中顯現이라하니 今菩薩髻
珠가 卽是其類라 下文의 雲集菩薩髻珠도 亦爾니라 用此嚴座者는 凡
初成佛에 皆一切諸佛이 現形灌頂하며 一切菩薩이 親授敬養하나니
故因果寶珠가 俱來瑩燭이라 如來는 從果起用일새 故云化現이라 理
圓解滿을 義曰珠王이니 菩薩心頂은 智照圓淨일새 故曰髻中妙寶라
寂照照寂이 皆瑩淨照燭이니라

■ 3) 摩尼光 아래 두 구절은 묘한 작용이 광대함이니, (1) 한 구절은 맑
은 보배에서 광명이 나오는 것이 마치 구름에 포섭되어 들어가는 것
같은지라, 법공(法空)도 또한 그러하니 낱낱의 지혜 가운데 모든 법을
알아서 낱낱의 법의 본체가 모든 지혜를 나타냄이 서로 비추는 것이
된다. (2) 두 구절은 부처님과 보살[主伴]들의 보배가 서로 광명을 발
함이니 부처님이 마니로 변화하여 불사를 짓는 것이다. 『대지도론』에

---

36) 化現珠王의 王은 麗本作玉이라 하다.

이르되, "전륜왕의 보배구슬은 다만 사람의 생각을 따라 보물을 비내리며, 하늘 보배[天寶]는 천사의 명령을 따라 감당하며[堪能], 부처님의 보배는 온 세상에 불사를 잘 지으며[能作佛事], 보살의 보주도 역시 불사를 분담하여 짓는다[分作]. 마치 문수보살의 보배 모자[寶冠]에 있는 비릉가보주(毘楞伽寶珠)³⁷⁾에는 온 세상의 모든 부처님이 나타나시는 것과 같다"라고 하였으니, 지금의 '보살의 상투에 있는 구슬[髻珠]'도 그러하다. 이로써 장엄한 좌대란 대개 처음 성불하셨을 때에 모든 부처님들이 나타나셔서 다 관정(灌頂)하시고 모든 보살들이 공경스런 공양을 직접 드렸으니 때문에 원인과 결과의 보배구슬이 함께 와서 밝게 빛났다 하였다.

여래는 결과에서 작용을 일으키므로 '화현(化現)'이라 말하고, 이치와 견해가 원만한 것을 뜻하여 '주왕(珠王)'이라 하였으니 보살의 정수리는 지혜로 비춤이 원만하고 청정하기 때문에 '상투 속의 묘한 보배'라 한 것이니 고요히 비추고[寂照] 비추지만 고요함[照寂]이 모두 환히 밝게 비추는 것이다.

[鈔] 一一智中等者는 如一實智로 知徧法界理하고 如一權智로 窮事³⁸⁾ 法界之邊하야 則二智圓明하야 無不知也라 一一法體者는 如於一塵에 能顯實智, 權智, 中道智, 證智, 教智, 無邊智門이니라 智度論者는 卽第十二論에 說寶有三種하니 人寶, 天寶, 菩薩寶라 人寶力少하야 唯有清淨光色하야 除毒, 除鬼, 除闇하고 亦除饑渴, 寒熱, 種

---

37) 비릉가(毘楞伽)는 具云하면 '釋迦毘楞伽摩尼寶'로 보석의 일종이다. 閻浮提의 온갖 보물로 큰 보물을 만들어 이름을 위화보(威華寶)라 하고 그 위화보로 四天下를 가득 채우더라도 毘楞伽의 가치에는 미치지 못한다는 아주 귀한 보석의 이름.

38) 事下 九字는 他本에 '無邊法界別事'라 하다.

種苦事하며 天寶亦大亦勝하야 常隨逐天身하야 可使令하며 可共語
호대 輕而不重이오 菩薩寶勝於天寶하고 兼能有人天寶用하며 又能
令一切衆生으로 知死此生彼와 因緣本末함이 譬如明鏡에 見其面像
이라하니라

如文殊師利者는 卽文殊般泥洹經說이니 文殊가 身如紫金山等이오
其文殊冠은 毘楞伽寶之所嚴飾이라 有五百種色하니 ㅡㅡ色中에 日
月星辰과 諸天龍宮과 世間衆生의 所希見事가 皆於中現이 是也니라

● '낱낱의 지혜' 등이란 방편지혜[權智]와 실법지혜[實智]의 두 가지 지혜
가 원명(圓明)하여 알지 못하는 것이 없다고 하는 것이요, '낱낱의 법
의 본체' 등은 한 티끌 속에 권지와 실지, 중도지(中道智), 증지(證智),
교지(敎智) 등의 끝없는 지혜의 문이 있음을 나타낸 것이다. 『대지도
론』이란 제12권[39)]에 설한 내용이다. "보배에 세 가지가 있으니 인보
(人寶)와 천보(天寶)와 보살보(菩薩寶)이다. ① 인보(人寶)는 힘이 적어
서 오직 청정한 광명만 내어 독(毒)과 귀신(鬼神)과 어두움을 물리치고
또 굶주림, 추위와 더위 등 갖가지 고통스러운 일을 물리치며 ② 천
보(天寶)는 보다 크고 수승하여 항상 천신(天神)을 따라 부리기도 하
고 또한 함께 이야기하지만 비교적 가볍고 ③ 보살보(菩薩寶)는 천보
보다 더 나으며 인보와 천보의 능력을 겸하고 또 모든 중생으로 하
여금 나고 죽는 곳[死此生彼]과 인연의 처음과 끝을 잘 알게 하는 것이
마치 밝은 거울로 얼굴 모양을 들여다보는 것과 같으니라."
'문수의 보배모자'란 『문수반니원경(文殊般泥洹經)』[40)]에 설한 내용이
니, "문수는 몸이 보랏빛 금산[紫金山] 등과 같고 그 문수의 보배모자

---

39) 『대지도론』을 살펴보니 제10권에 보인다. (대정장 권25 p.134 a-)
40) 『文殊師利般涅槃經』은 1권으로 西晉의 聶道眞譯, 부처님이 선정에 들어서 문수의 방을 비추면서 문수의 生緣
과 문수를 관하는 법을 설한 내용. (대정장 권14 p.481 a-)

는 비릉가(毘楞伽) 보배로 장식하였는데 오백 가지 색상이 있으니 낱낱의 색상 속에 해와 달, 별과 천상이나 용궁, 세상의 중생들이 보고 싶어하는 일이 모두 그 속에 비친다"는 것이 이것이다.

用此嚴座下는 出嚴所以라 言寂照照寂者는 準瓔珞經인대 妙覺을 方稱寂照하고 等覺은 照寂이라하니 今菩薩寶는 義同照寂하고 如來寶珠는 卽當寂照니라

● (1) 用此嚴座 아래는 장엄을 내보인 이유이다. (2) '고요히 비추고 비추지만 고요함'이라 말한 것은『영락경(瓔珞經)』을 준해 보면, "묘각(妙覺)의 지위를 비로소 적조(寂照)라 말하고, 등각(等覺)의 지위는 조적(照寂)이라 이름한다"라고 하나니, 지금 보살의 보배는 뜻이 조적(照寂)과 같고, 여래의 보주는 곧 적조(寂照)에 해당한다.

4) 부처님 가피가 널리 퍼지다[佛加廣演] (四復 39하10)

復以諸佛威神所持로 演說如來廣大境界하시니 妙音遐暢하여 無處不及이러라
또 모든 부처님의 위신력으로 여래의 광대한 경계를 연설하니 미묘한 음성이 멀리 퍼져서 들리지 않는 데가 없었다.

[疏] 四, 復以下一句는 佛加廣演이라 佛境如空일새 故云廣大라하나니 有感斯至가 爲無不及이니라 顯教皆從法空所流일새 是故所流가 還周法界니 非智不顯일새 故云佛力이라하니라 (顯處嚴은 竟하다)

■ 4) 復以 아래 한 구절은 부처님의 가피가 널리 퍼짐이다. 부처님의 경

계가 허공과 같으므로 '광대하다'라고 말했으니, 중생의 감득에 맞추어 응하심이 미치지 않는 곳이 없음을 말한다. 현교(顯敎)는 모두 법공(法空)에서 나왔으므로 유포함이 다시 법계(法界)에 두루 하나니 지혜가 아니면 나타내지 못하는 까닭에 '불신력'이라 말하였다. (제4. 도량의 장엄을 밝힘은 마친다.)

[鈔] 佛境如空者는 卽問明品에 云, 如來深境界는 其量等虛空이라 一切衆生入호대 而實無所入이라하니라 顯敎皆從下는 上就事說이요 此下約表이니 無有一法도 不從法界流요 無有一法도 不歸於法界일새 故로 從座流로 還周法界니라 顯處嚴은 竟하다

● (1) '부처님의 경계가 허공과 같다' 함은 곧 보살문명품에 이르되, "여래의 깊은 경계는 그 양(量)이 허공과 같으시니 모든 중생들이 다 들어가되 실은 들어간 것이 없도다"라고 하였다. (2) 顯敎皆從 아래는 위는 현상을 잡아 설명함이요, 이 아래는 드러남을 잡은 해석이니 한 법도 법계에서 흘러나오지 않음이 없으며, 한 법도 법계로 돌아가지 않음이 없으므로 좌대로부터 흘러나와 법계로 두루 돌아간다는 뜻이다. (제4. 도량의 장엄을 밝힘은 마친다.)

제1. 세상 주인들이 묘하게 장엄하는 품[世主妙嚴品] ②

제5. 세존의 불가사의한 덕[敎主難思] 2.

제5. 敎主難思二 ┬ 1. 先彰大意二
　　　　　　　└ 2. 正釋經文二 ┬ 1. 總科
　　　　　　　　　　　　　　　└ 2. 別釋十 ┐

1. 三業普周(菩提身之相)二 ┬ 1. 顯意分科 ┬ 1. 法三
　　　　　　　　　　　　　└ 2. 隨文牒釋二 └ 2. 喩

　　1. 意二 ┬ 1. 會前文
　　　　　　└ 2. 正釋文三 ┬ 1. 標列 ┬ 1. 二智
　　　　　　　　　　　　　├ 2. 牒釋四 ├ 2. 三智
　　　　　　　　　　　　　└ 3. 總結 ├ 3. 四智三
　　　　　　　　　　　　　　　　　　└ 4. 無障碍智

　　2. 身二 ┬ 1. 總標
　　　　　　└ 2. 別明二 ┬ 1. 直明徧由
　　　　　　　　　　　　└ 2. 別示徧相二 ┬ 1. 平漫各徧
　　3. 語　　　　　　　　　　　　　　　 └ 2. 圓融總攝二

2. 威勢超勝(威勢身)
3. 福德深廣(福德身)
4. 隨意度生(意生身)
5. 相好周圓(相好莊嚴身)
6. 願身演法二 ┬ 1. 標示大意
7. 化身自在 　└ 2. 牒經委釋
8. 法身彌綸
9. 智身窮性相之源
10. 力持身

一. 큰 의미를 먼저 밝히다[先彰大意] 2.

一) 앞을 토대로 질문을 시작하다[攝前徵起] (第五 1상6)

爾時에 世尊이 處于此座하사 於一切法에 成最正覺하시
니라

그때에 세존께서 이 자리에 계시사 일체 법에서 최정각을
이루시었다.

[疏] 第五, 爾時世尊下는 明教主難思라 前에 但云佛하고 未顯是何身佛
하며 又但云, 始成正覺하고 未知成相云何일새 故今顯之니라

■ 제5. 爾時世尊 아래로는 '세존의 불가사의한 덕[教主難思]'을 밝혔다.
앞에서는 다만 불(佛)이라 하고 어떤 몸의 부처님인지를 밝히지 않았
고, 또 단지 처음으로 정각을 이루셨다고만 하고 성불의 모습이 어떠
한지를 분별하지 않았으므로[未知] 이제 밝힌다.

二) 부처님이 정각 이루심에 대해 답하다[答佛成正覺] (謂具 1상10)

[疏] 謂具十種深廣功德이라 即是遮那十種無盡法界身雲이 徧於法界하
사 成正覺也오 非權應身이니라

■ (부처님은) 열 가지 깊고도 많은 공덕을 갖추었다 말하는데 곧 이는
비로자나(毘盧遮那)의 '열 가지 끝없는 법계의 몸'이 구름처럼 법계에
가득 차서 정각을 이룬 것이므로 방편으로 나툰 응신(應身)이 아닌
것이다.

二. 경문을 해석하다[正釋經文] 2.
一) 통틀어 밝히다[總] 3.
(一) 모양을 묻고서 밝히다[徵相以辨] (文分 1下4)

[疏] 文分爲二니 先總後別이라 今初, 總辯이라 卽菩提身具無盡德하사 爲世所尊이어니 座相現時에 身卽安處하며 智處諸法에 無前後故라 於一切法은 示所覺境이니 卽二諦, 三諦인 無盡法也라 成最正覺은 示能覺智니 開悟稱覺이오 離倒爲正이오 至極名最오 獲得名成이니 此當相解니라

■ 경문을 둘로 나누었으니 一) 앞은 통틀어 밝힘이요, 二) 뒤는 따로 해석함이다. 지금 一) 통틀어 밝힘이다. 곧 보리신은 끝없는 공덕을 갖추어 세상에서 존경의 대상이 되었으니, 앉아 계신 모습으로 나툴 때에 몸은 도량에 편안히 계시고 지혜는 진리에 안주하시니 순서[前後]가 없는 까닭이다.

'모든 법에'란 깨달은 경계[所覺境]를 보임이니 이제(二諦), 삼제(三諦)의 끝없는 진리이다. '가장 올바른 깨달음을 이루었다' 함은 깨닫는 분의 지혜[能覺智]를 보인 것이니 깨달음을 여는 것[開悟]을 '각(覺)'이라 칭하고, 전도된 경계를 여의면 정(正)이요, 끝에 이르렀음을 최(最)라 하였고, 얻음을 성(成)이라 하였으니, 이는 모양에 맞추어 해석한 것이다.

[鈔] 教主難思라 疏文에 有二하니 先彰大意에도 亦二니 先, 躡前徵起니 對前二文하여 一, 對標主요 二, 對別明時分이라 謂具十種深廣下는 總答이니 初, 答前佛이요 後, 徧於法界成正覺者는 答其成相이라 初, 總辯에 疏文이 有三하니 初는 當相以辯은 卽菩提身이니 總示所屬이요 具無盡下는 釋世尊이요 次, 座相下는 釋爾時라 次, 於一切下는 牒釋餘文이라 開悟稱覺者는 二諦, 中道는 理本湛然이언만 妄惑所翳로 久迷不見이오 今二障旣寂이 若雲卷長空일새 故名爲開오 了了分明이 若晴天廓徹일새 故稱爲悟라 悟卽覺悟니 如睡夢覺오 開卽開發

이니 如蓮花開니라

● 제5 세존의 불가사의한 덕이다. 소의 문장이 둘이 있으니 一. 큰 의미
를 먼저 밝힘에도 둘이 있으니 一) 앞을 토대로 질문을 시작함이다.
앞의 두 소문과 상대하여 (一) 교주를 상대하여 표방함이요, (二) 따
로 시분을 상대하여 밝힘이다. (二. 경문 해석에서) 謂具十種深廣 아래
는 一) 통틀어 해석함이다. 1. 앞의 부처님에 대해 대답함이요, 2. '법
계에 두루 바른 깨달음을 이룬다'는 것은 그 이룬 모양을 대답함이니
1) 총합하여 말함이니 소문이 셋이 있으니 (1) 해당하는 모양으로 밝
힘이니 곧 보리의 몸이니 총합하여 소속을 보여 줌이요, (2) 具無盡
아래는 세존에 대한 해석이요, (3) 座相 아래는 이시에 대한 해석이
다. 於一切 아래는 경문을 따와서 나머지를 해석함이다. '깨달음을
여는 것[開悟]을 각(覺)이라 칭함'이란 두 가지 진리[眞諦와 俗諦]와 중도
의 진리[中道第一義諦]는 이치가 본래 담담하지만 허망한 미혹이 원인
이 되어 오래 미욱하여 보지 못함이요, 이제 두 가지 장애[煩惱障과 所
知障]가 사라짐이 마치 구름이 걷히어 하늘이 드러난 것과 같으므로
개(開)라 한 것이요, 밝고 밝아 분명한 것이 마치 맑은 하늘이 '크게
툭 트임[廓徹]'과 같으므로 오(悟)라 한 것이다. 오(悟)는 곧 '각오(覺
悟)'이니 잠자다 꿈에서 깨는 것과 같고, 개(開)는 곧 '개발(開發)'이니
연꽃이 피는 것과 같다.

(二) 상대에 의탁해 해석하다[寄對以釋] (若揀 2上5)

[疏] 若揀別者인대 凡夫倒惑이어늘 佛覺重昏이라 二乘雖覺이나 不名爲正
이니 但知法有하고 未知法空하며 但悟我空하고 未知我有라 有厭生

死오 空該涅槃이라 顚倒未除어니 豈得稱正이리오 設許稱正이라도 亦
未名最니라 菩薩雖正이나 有上有修하니 不得稱最오 設位極稱最라
도 亦未得名成이니라

■ 만일 구별한다면 범부는 전도되어 미욱하지만 불(佛)은 두꺼운 어두
움을 깨달은 것이라 이승(二乘)은 비록 깨달았으나 정(正)이라 이름하
지 않는 것이니 다만 법유(法有)만 알고 법공(法空)을 알지 못하며 단
지 아공(我空)만 깨닫고 아유(我有)는 알지 못했기 때문이다. 유(有)는
생사를 싫어하고 공(空)이 열반(涅槃)에 포함되어 전도(顚倒)를 없애지
못했으니 어찌 바르다고 칭하겠는가? 설사 바르다고 칭한다 하더라
도 또한 최고라 이름하지 않는 것이다. 보살은 비록 '바르다'고 하지
만 위로 닦을 것이 있으니 '최고'라 칭하지 못함이요, 설사 위치가 지
극(至極)하여 최고라 하더라도 또한 '이루었다'고 이름하지 못한다.

[鈔] 若揀別者下는 第二, 寄對以釋이니 仍含二義라 一, 對凡名覺이요
對小名正이요 對因名最요 對位極名成이라 二, 對凡名覺이요 對邪
名正이요 對小名最이요 對因名成이라 一時雙牒하여 如文思之니라 但
悟我空未之我有者는 謂敵體하여 與菩薩相反이라 二乘은 知我空法
有하고 菩薩은 知法空我有라 然二乘所空之我도 菩薩亦空이니 謂是
我執이라 若無我法中有眞我인대 菩薩知有어니와 二乘不知니라 若但
約二空인대 了我空은 與菩薩同이어니와 不了法空은 與菩薩異니라
有厭生死空該涅槃者는 此出上空有之過니 由謂法有故로 厭生死
가 不如菩薩이 了生死之本空일새 無可厭故라 淨名에 善意菩薩이
曰, 生死涅槃爲二어니와 若見生死性하면 則無生死하야 無縛無解며
不生不滅하나니 如是解者는 是爲入不二法門이라하며 又寶印手菩薩

이 曰, 樂涅槃과 不樂世間이 爲二어니와 若不樂涅槃하고 不厭世間인
대 則無有二니 所以者何오 若有縛則有解어니와 若本無縛이면 其誰
求解리오 無縛無解하면 卽無樂厭이니 是爲入不二法門이라하니 二乘
은 不能如是解故로 故厭生死니라

● (二) 若揀別者 아래는 상대에 의탁해 해석함이다. 인하여 두 가지 뜻
을 포함하고 있으니 (1) 범부를 상대하여 깨달음이라 이름하고 소승
을 상대해서는 바르다고 이름하고 인행을 상대하여 최고라고 이름
하고 지위가 지극함에 상대하여 이룸이라 이름한 것이다. (2) 범부를
상대하여 깨달음이라 이름하고 삿됨을 상대하여 바름이라 이름하고
소승을 상대하여 최고라 이름하고 인행을 상대하여 이룸이라 이름하
였다. 일시에 함께 따와서 경문과 같이 생각한 것이다. 단지 내가 공
하지만 내가 있지 않음을 깨닫는다는 것은 이른바 체성과 대적하여
보살과 서로 반대되는 것이다. 이승(二乘)은 아공(我空)과 법유(法有)
를 알고 보살은 법공(法空)과 아유(我有)를 안다. 그러나 이승이 아는
공한 아(我)를 보살은 그것마저 공하나니 이를 아집(我執)이라 한다.
만일 나[我]와 법(法) 중에 진아(眞我)가 있다면 보살은 아유(我有)를
알지만 이승은 모르는 것이다. 만일 다만 두 가지가 공함[二空]에 의
지한다면 아공(我空)을 요달함은 보살과 같고, 법공(法空)을 요달치
못함은 보살과 다르다.
'유(有)는 생사를 싫어하고 공(空)이 열반에 포함된다'라고 한 것은 위
의 공(空)과 유(有)의 허물을 드러낸 것이다. (이승은) 법유(法有)를 말
하기 때문에 생사를 싫어함과 보살은 생사가 본래 공한 줄 요달한
까닭에 싫어할 것도 없음과는 같지 않다. 『유마경』[41]에 선의보살(善

---

41) 이는 入不二法門品 제9에 보인다. (대정장 권14 p. 551 a-)

意菩薩)이 말하되, "생사와 열반은 둘이 되지만 만일 생사의 성(性)을 보면 생사가 (본래) 없어서 속박과 해탈이 (따로) 없으며, 생멸이 없으니 이처럼 아는 이는 불이법문(不二法門)에 들게 된다" 하였고, 또 보인수(寶印手)보살[42]이 말하되, "열반을 좋아하고 세간을 좋아하지 않는다면 둘이 되겠지만, 만일 열반을 좋아하지 않고 세간을 싫어하지 않는다면 둘이 아닐 것이니 무슨 까닭인가? 만일 속박이 있었으면 해탈이 있겠지만, 만일 본래로 속박이 없었다면 그 누가 해탈을 구할 것인가? 속박과 해탈이 (이미) 없으면 곧 싫어하고 좋아함이 없을 것이니, 이것을 불이법문에 드는 것이라 하였으니 이승은 이렇게 알지 못하는 까닭에 생사를 싫어한다.

言空該涅槃者는 卽涅槃經意니 涅槃에 云, 空者所謂生死오 不空者謂大涅槃이라하니 今二乘謂生死를 却爲不空하고 以涅槃無餘永寂으로 却是於空이라할새 故云空該涅槃이니라 …〈下略〉…

● '공(空)이 열반에 포함된다'라고 말한 것은 열반경의 뜻이니 『열반경』[43]에 이르되, "공(空)이란 생사를 말함이요, 불공(不空)이란 대열반을 말한다" 하였다. (그러나) 지금의 이승은 생사를 도리어 불공(不空)이라 하고 열반의 '남김 없이 길이 적멸한 것[無餘永寂]'을 도리어 공(空)이라 하는 까닭에 '공(空)이 열반에 포함된다'라고 하는 것이다. …〈아래 생략〉…

(三) 진실한 부처님께 결론하여 돌아가다[結歸眞佛] (我佛 4上2)

---

42) 상동 (대정장 권14 p. 551 c-)
43) 이는 師子吼菩薩品 第11의 1에 보인다. (대정장 권12 p. 523 b-)

[疏] 我佛獨能일새 故云成最正覺이니 謂如量, 如理로 了了究竟하사 已出
微細所知障故니라

■ 우리 부처님만이 능하시기 때문에 '최상의 정각을 이루셨다' 하였으
니, 여량지(如量智)와 여리지(如理智)로 가장 높은 경지[究竟]를 밝게 깨
달으사 미세한 소지장(所知障)까지 벗어나신 것을 말한 까닭이다.

[鈔] 謂如量下는 對上所覺境中하야 亦釋覺義니 如量覺俗하고 如理覺眞
이라 三諦中道는 亦如理攝이오 亦是合上二智하야 覺於中道니라 了了
究竟은 揀異菩薩이라 故涅槃에 云, 十住菩薩見不了了어니와 唯佛世
尊은 名爲了了라 故闍王이 云, 了了見佛性이 猶如文殊等이라하니라
已出微細下는 釋上了了究竟之言이니라 障有三種하니 一, 現行이오
二, 種子오 三, 習氣라 習氣種子를 名爲微細니 佛已盡故라 然二障
習氣는 通障菩提와 及大涅槃이어니와 若就別說인대 斷煩惱障에 顯於
涅槃이니 今成正覺은 略言所知耳니라

● 謂如量 아래는 위의 깨달으신 경계에 대하여 깨달음의 뜻을 해석한
것이다. 여량지(如量智)로 속제(俗諦)를 깨닫고 여리지(如理智)로 진제
(眞諦)를 깨달은 것이며 세 가지 진리[三諦] 중 '중도의 진리[第一義諦]'
는 또한 여리지로 섭수하며, 또한 위의 두 가지 지혜를 합하여 중도
를 깨닫는 것이다. '가장 높은 경지를 밝게 깨달음'은 보살을 구별한
것이다. 때문에『열반경』44)에 이르되, "십주(十住) 지위의 보살은 보았
으되 밝게 요달하지 못하였지만 오직 부처님 세존만은 '밝게 요달하
셨다'고 이름한다. 그러므로 사왕(闍王)이 '밝게 불성을 깨달은 것이

---

44) 이는 師子吼菩薩品 第11의 ①에 보인다. 아래의 闍王云은 梵行品 제20의 게송에 보인다. 偈云, "願諸衆生等
悉發菩提心 繫心常思念 十方一切佛 復願諸衆生 永破諸煩惱 了了見佛性 猶如文殊等."(대정장 권12
p.485 a-)

문수보살과 같다'는 등"으로 말하였다.

已出微細 아래로는 위의 '요요구경(了了究竟)'을 해석한 것이다. 장애에 세 가지가 있으니 (1) 현행(現行)이요, (2) 종자(種子)요, (3) 습기(習氣)이다. 습기와 종자를 미세한 번뇌라 말하는 것은 부처님 지위에 서야 모두 멸하기 때문이다. 그러나 두 가지 장애와 습기는 모두 보리(菩提)와 대열반(大涅槃)을 장애하지만, 만일 따로 말한다면 번뇌장(煩惱障)을 끊으면 열반이 나타나게 되나니 지금의 '정각을 이루심'은 간략히 소지장만 말했을 뿐이다.

二) 개별로 열 가지 몸을 해석하다[別] 2.
(一) 총합하여 과목 나누다[總科] (後智 4下4)

智入三世하여 悉皆平等하니라
지혜는 삼세에 들어가서 모두 평등하여졌느니라.

[疏] 後智入下는 第二,[45] 別中分二하니 初, 總科오 二, 別釋이니 卽約十德하야 別顯十身이라 文卽分十이니 一, 三業普周오 二, 威勢超勝이오 三, 福德深廣이오 四, 隨意受生이오 五, 相好周圓이오 六, 願身演法이오 七, 化身自在오 八, 法身彌綸이오 九, 智身窮性相之源이오 十, 力持身持自他依正이라

■ 二) 後, 智入 아래는 개별로 열 가지 몸을 해석함이다. (다시) 둘로 나누면 (一) 총합하여 과목 나눔이요, (二) 개별로 해석함이니 곧 열 가

---

[45] 이는 앞의 과목에서 "第五, 爾時世尊下는 明教主難思라 文分爲二니 先,總이오 後,別이라 今初는 總標이라." 다음에 연결된 과목이다.

지 공덕에 의지하여 따로 열 가지 불신(佛身)을 밝혔다. 경문도 열 가지로 나눈다면 1. 삼업(三業)이 두루 함이요, 2. 위세(威勢)가 뛰어남이요, 3. 복덕이 깊고 넓음이요, 4. 생각한 대로 태어남이요, 5. 상호(相好)가 두루 원만함이요, 6. 원력(願力)의 몸이 법을 연설함이요, 7. 화신(化身)이 자재함이요, 8. 법신(法身)이 두루 다스림[彌綸]이요, 9. 지혜의 몸이 성품과 모양의 근원까지 깨달음이요, 10. 능력을 가진 몸[力持身]이 자타(自他)와 의정(依正)을 가짐이다.

(二) 개별로 해석하다[別釋] 10.

1. 삼업이 두루 한 보리신[三業普周] 2.
1) 의미를 밝히고 과목 나누다[顯意分科] (今初 4下8)

[疏] 今初는 卽別顯菩提身之相也니 以成菩提時에 得無量淸淨三輪故니라 文中分二니 先法後喩니라 法中三이니 先意오 次身이오 後語니라

■ 지금 1. (삼업이 두루 한 菩提身)은 곧 개별로 보리신의 모양을 나타냄이니, 보리를 이룰 때에 한량없는 청정한 삼륜(三輪)을 얻기 때문이다. 경문을 둘로 나누면 앞은 법이요, 뒤는 비유이다. 앞의 법에 세 가지가 있으니, 가. 의업이요 나. 신업이요 다. 어업이다.

[鈔] 一, 三業普周者는 十中後五는 全十身名이오 前五, 無有身言이나 而義具之라 一, 卽菩提身이니 前總中已示오 二, 卽威勢身이오 三, 福德身이오 四, 意生身이오 五, 相好莊嚴身이니라

● '1. 삼업이 두루 함'이란 열 가지 중에 뒤의 다섯 가지는 그대로 십신

(十身)의 이름이요, 앞의 다섯 가지는 몸이란 말은 없지만 뜻은 모두 갖추었으니 (1) 보리신(菩提身)이니 앞의 (一) 총합하여 과목 나눔에서 보였고, (2) 위세신(威勢身)이요, (3) 복덕신(福德身)이요, (4) 의생신(意生身)이요, (5) 상호장엄신(相好莊嚴身)이다.

2) 경문을 따라 따와서 해석하다[隨文牒釋] 2.
(1) 법으로 밝히다[法] 3.
가. 의업[意] 2.
가) 앞의 경문과 회통하다[會前文] (今初 5上4)

[疏] 今初, 意業이니 卽釋上成正覺言이라 前云, 於一切法이라하고 此云, 三世는 乃橫豎影略耳라 智入平等이 是正覺成也라
■ 지금은 가. 의업이니 위의 '정각을 이루시었다'는 말을 해석한 것이다. 전에 '모든 법에'라 말하고 지금 '삼세(三世)'라 말한 것은 비로소 종과 횡으로 '비추어 생략한 것[影略]'일 뿐이니 지혜가 평등에 들어감이 '정각을 이룸'이다.

나) 경문을 바로 해석하다[正釋文] 3.
(가) 표방하고 나열하다[標列] (智卽 5上5)

[疏] 智는 卽二智, 三智, 四智, 無障礙智니라
■ 지혜는 곧 두 가지 지혜와 세 가지 지혜, 네 가지 지혜, 장애 없는 지혜[無障礙智]이다.

(나) 따와서 해석하다[牒釋] 4.

ㄱ. 두 가지 지혜로 해석하다[二智] (二智 5上7)

[疏] 二智者는 卽如理, 如量也라 此復有二니 一, 以如量智達俗이 名入
三世오 以如理智證眞을 名悉平等이라 故佛地論에 云, 以二智覺二
諦라함이 是也라 二者, 證差別性이 卽無差別故로 三世卽平等이라
瑜伽에 云, 如其勝義하야 覺諸法故로 名等正覺이라하니라

■ ㄱ. '두 가지 지혜'란 곧 여리지(如理智)와 여량지(如量智)이다. (1) '분
별로 아는 지혜[如量智]'로 세속 진리[俗諦]를 요달함이 '삼세에 든다'
함이요, '진리대로 아는 지혜[如理智]'로 진제를 증득함을 '모두 평등
하다' 하였다. 그러므로 『불지론(佛地論)』에 이르되, "두 가지 지혜로
두 가지 진리를 깨닫는다"고 함이 이것이다. (2) 차별스런 성품이 곧
무차별임을 증득했기 때문에 삼세가 곧 평등한 것이다. 『유가사지
론』에 이르되, "그 뛰어난 이치[勝義]와 같이 제법을 깨달았기 때문에
'등정각(等正覺)'이라 이름한다"라고 하였다.

[鈔] 二智者下는 一, 釋二智요 二, 釋三智요 三, 釋無障礙智요 四, 釋四
智라 以無障礙智는 約義卽圓일새 故列在後라 因三諦成일새 故釋
居前이라 一如量智者는 然入有二義하니 一, 達이요 二, 證이라 故로
以達入俗하고 以證入眞이라 然二智相者는 攝論에 云, 如人初開目
을 是名加行智니 如人正閉目하면 是無分別智니 卽彼復開眼이요 後
得智도 亦爾라 應知如虛空은 是無分別智라 於中現色像이라 後得
智亦爾로다 如其勝義者는 證第二義니 上則二智로 別覺二境하면 則
三世爲俗이오 平等爲眞이어니와 今覺俗卽眞일새 是故로 三世가 卽是

平等이라 勝義是眞이오 諸法是俗이니 今以眞智로 而覺於俗일새 故로 令諸法으로 即眞勝義니 以其性相이 非一異故니라

● ㄱ. 二智者 아래는 두 가지 지혜로 해석함이요, ㄴ. 세 가지 지혜로 해석함이요, ㄷ. 무장애지로 해석함이요, ㄹ. 네 가지 지혜로 해석함이다. 장애 없는 지혜는 이치를 잡으면 원만하므로 뒤에 두고 나열하였다. 세 가지 진리로 인하여 성취한 연고로 '앞에 머문다'고 해석하였다. (1) 분별로 아는 지혜는 그러나 들어감에 두 가지 뜻이 있으니 ① 통달함이요, ② 증득함이다. 그러므로 통달하여 세속제에 들어가고 증득하여 진여에 들어가는 것이다. 그런데 두 가지 지혜의 양상은 『섭대승론』에 이르되, "마치 사람이 처음 눈을 떴을 때를 이름하여 가행지라 하고, 사람이 바르게 눈을 감으면 분별없는 지혜니 곧 저기서 다시 눈을 뜨는 것과 같고, 후득지도 또한 그렇다. 응당히 알라, 허공과 같음은 분별없는 지혜니 그 가운데 색상을 나타내는 것이라 후득지도 또한 그러하다"라고 하였다. '그 뛰어난 이치와 같이'란 둘째 뜻을 증득한 것이니 위는[46] 따로 두 경계[俗境과 眞境]를 깨달으면 삼세가 세속 진리가 되고, 평등은 진제가 되지만 지금은 세속 진리가 곧 진제임을 깨달았으므로 삼세가 곧 평등한 것이다. 뛰어난 이치는 진제(眞諦)요, 모든 법[諸法]은 세속 진리이니 이제 진실한 지혜[眞智 곧 중도제일의제]로 세속 진리를 깨달았으므로 제법으로 하여금 참된 뛰어난 이치[眞勝義]에 합치하게 한 것이니 그 본성과 모양이 하나도 아니요, 다르지도 않기 때문이다.

ㄴ. 세 가지 지혜로 해석하다[三智] (言三 6上2)

---

46) 여기서 위는 瑜伽論을 말한다.

[疏] 言三智者는 卽俗智, 眞智, 中道智也라 此亦二義하니 一, 眞俗互泯
하야 雙遮辨中이면 則三世平等하고 二相兩亡이 方爲智入이오 二, 眞
俗雖卽이나 而不壞相이니 卽雙照明中이라 此二로 覺三諦之境이니라

■ '세 가지 지혜'라 말한 것은 곧 (1) 세속 지혜와 (2) 진실한 지혜[眞智]
와 (3) 중도의 지혜다. 여기에 또한 두 가지 뜻이 있으니 ① 진지와 속
지가 서로 끊어져서 '함께 막음[雙遮]'으로 중도지를 밝힌다면 삼세(三
世)가 평등하고, 두 가지 모습이 다 없어짐이 비로소 지혜[中道智]에 들
어감이 되고 ② 진지(眞智)와 속지(俗智)가 비록 합치하지만 자신의 모
습[自相]을 무너뜨리지 않으니 곧 '함께 비춤[雙照]'으로 중도지를 밝힌
것이다. 이 두 가지[雙遮와 雙照]로 삼제(三諦)의 경지를 깨닫게 된다.

[鈔] 一, 眞俗互泯者는 俗卽眞故로 非俗이오 眞卽俗故로 非眞이라 非眞
非俗이 卽是中道라 三世卽平等일새 故非三世오 平等卽三世일새 故
非平等이니 爲兩亡也니라 二, 眞俗雖卽而不壞相者는 謂卽有之空이
方是眞空이오 卽空之有가 方爲妙有라 空有不二나 兩相歷然이 如
波卽水而恒動이며 水卽波而恒濕일새 故云雙照니라 此二覺下는 結
成이라 在境에 爲一諦而三諦오 在心에 爲一觀而三觀이오 在果에 爲
一智而三智가 如一圓珠라 珠相喩有하고 珠淨喩空하고 圓明喩中이
라 三無前後는 此喩一諦而三諦니 若以明鏡照之인대 珠上三義一時
頓現이 卽喩一觀而三觀이오 若就鏡中觀珠[47]하면 珠之與鏡非一非
異니 則喩心境二而不二하야 爲眞覺也로다

● '① 진지(眞智)와 속지(俗智)가 서로 끊어짐'이란 속지(俗智)는 진지(眞
智)에 합치한 때문에 속지가 아니요, 진지는 속지에 합치한 까닭에

---

47) 교정표에 '上六字 南金本作觀珠'라 하다. (소초회본 권9 p.87-)

진지가 아니다. 진지도 속지도 아닌 것이 곧 이 중도(中道)인 (것처럼) 삼세가 평등에 합치하기 때문에 삼세가 아니요, 평등이 삼세에 합치한 까닭에 평등이 아님이니 곧 (두 모습이) 모두 없는 것이다.

'(2) 진지와 속지가 (서로) 합치하지만 자신의 모습을 무너뜨리지 않음'은 유(有)에 합치한 공(空)이 비로소 진공(眞空)이요, 공(空)에 합치한 유(有)가 비로소 묘유(妙有)이다. 공과 유가 둘이 아니지만 두 모습이 역력한 것이 마치 파도가 물에 합치해 있지만 늘 요동하고, 물이 파도에 합치해 있지만 늘 젖기[濕潤] 때문에 함께 비춘다[雙照]고 말하였다. 此二覺 아래는 결론이다. 경계에 두면 한 가지 진리가 세 가지 진리가 되고[圓融三諦], 마음에 두면 한 가지 관법이 세 가지 관법이 되고[圓融三觀], 과덕(果德)에 두면 한 가지 지혜가 세 가지 지혜가 되는 것이 마치 한 개의 둥근 구슬과 같아서 구슬의 모습[珠相]은 유(有)에 비유하고, 구슬의 맑음[珠淨]은 공(空)에 비유하고, 구슬의 밝음[珠明]은 중(中)에 비유하였다. 이 세 가지가 앞뒤가 없는 것은 한 가지 진리가 곧 세 가지 진리임에 비유한 것이다. 만일 밝은 거울로 비춘다면 구슬의 세 가지 뜻[相, 淨, 明]이 한꺼번에 나타나는 것이 곧 한 가지 관법이 세 가지 관법임에 비유한 것이고, 만일 거울 앞에서 구슬을 보면 구슬과 거울이 하나도 아니요 다른 것도 아니므로[非一非異] 곧 마음과 경계가 둘이로되 둘이 아님이 진실한 깨달음[眞覺]이 됨에 비유한 것이다.

ㄷ. 무장애지로 해석하다[無障碍智] (境旣 6下6)

[疏] 境旣雙泯而雙現이오 智亦寂照而雙流니 謂無障礙智로 覺無障礙境

이 爲正覺也니라

■ 경계가 이미 함께 끊어졌으되 함께 나타나고, 지혜도 또한 적적히 비추되 함께 나오는 것이니 장애 없는 지혜[無障礙智]로 '장애 없는 경계'를 깨닫는 것이 바른 깨달음이 된다.

[鈔] 境旣雙泯下는 第三, 仍前三智하야 釋無障礙智니 謂合前二種中道하야 爲無障礙라 然前三智圓融은 已爲無礙나 而未明遮照無礙일새 故復雙融하야 明無障礙라 然雙泯은 卽前雙遮오 雙現은 卽前雙照라 若境雙泯이면 則無心於眞俗爲寂也오 若境雙現이면 則心權實이 雙鑑爲照니 故云智亦寂照而雙流라 二種中道가 旣無障礙하니 二種二諦가 居然相融이로다

● ㄷ. 境旣雙泯 아래는 앞의 세 가지 지혜로 인하여 무장애지(無障礙智)를 해석한 것이니 앞의 두 가지 중도를 합하여 무장애가 되었다. 그러나 앞의 세 가지 지혜가 원융한 것은 이미 무애(無礙)이긴 하지만 아직 막고 비춤이 무애함[遮照無礙]을 밝히지는 못한 까닭에 다시 함께 융합하여 무장애임을 밝혔다.

그러나 함께 없앰[雙泯]은 곧 앞의 함께 막음[雙遮]이고 함께 나타남[雙現]은 곧 앞의 함께 비춤[雙照]이다. 만일 경계가 함께 끊어지면 진과 속에 무심하여 적(寂)이 되고, 만일 경계가 함께 나타나면 마음의 방편과 실법이 함께 거울하여 비춤이 됨이니 때문에 '지혜도 적적히 비추되 함께 나온다'고 말한다. 두 가지 중도가 이미 무장애하니 두 종류의 이제(二諦)가 편안히 서로 융합하게 되었다.

ㄹ. 네 가지 지혜로 해석하다[四智] 3.

ㄱ) 표방하고 지적하다[標指] (言四 7上4)

ㄴ) 회통하여 해석하다[會釋] (通緣)

[疏] 言四智者는 卽圓鏡等四智也니라 通緣三世境故로 並入三世니라 言平等者는 鏡智가 離分別故로 依持平等이니라 平等性智는 證平等性故오 妙觀察智는 觀察平等이오 成所作智는 普利平等이니라

■ 네 가지 지혜란 곧 대원경지(大圓鏡智) 등의 네 가지 지혜를 뜻한다. 통틀어 삼세(三世)의 경계를 반연하기 때문에 함께 삼세에 들어가는 것이다. '평등하다'고 말한 것은 '크고 둥근 거울 같은 지혜[大圓鏡智]'가 분별을 여의었으므로 의지(依持)함이 평등한 것이다. 평등한 성품의 지혜는 평등한 성품[곧 眞如]을 증득한 때문이다. 묘하게 관찰하는 지혜는 관찰함이 평등하다. '마음대로 이루는 지혜'는 널리 평등하고 이롭게 함이니라.

[鈔] 通緣三世下는 第二, 會釋이라 然四智廣義는 次下喩中에 廣引論釋이오 今此에 但取其中同義니라 言通緣三世者는 四智皆緣三世之境이니 果位八識相應之智가 皆緣三世일새 故云並入三世니라 下釋平等이니라 言鏡智離分別等者는 論에 云, 此智心品은 離諸分別이라 所緣行相을 微細難知일새 故云離諸分別이라하며 又云, (不忘不愚一切境相이나 性相淸淨하고 離諸雜染이오) 純淨圓德이며 現種依持일새 故云依持平等이라하니 意云, 雖言現行功德之依와 種子功德之持나 由無分別일새 故得平等이니라 平等性智者는 論에 云, 謂此心品이 觀一切法, 自他有情이 皆悉平等하며 (大慈悲等과 恒共相應하야 隨諸衆生所樂하야 示現受用身土影像差別이라하니라 旣云, 自他有情皆悉平等인대) 卽是所觀平等이니

故云證平等性이니라 妙觀察智者는 論에 云, 謂此心品이 善觀諸法 自相共相하야 無礙而轉이라 (攝觀無量總持定門과 及所發生功德珍寶하고 於 大衆會에 能現無邊作用差別하야 皆得自在하며 雨大法雨하고 斷一切疑하야 令諸 有情으로 皆獲利樂이라하니라 旣云善觀諸法自相共相하야 無礙而轉하니) 此卽 明平等으로 能徧觀一切諸法일새 故云觀察平等이니라 成所作智者는 論에 云, 謂此心品이 爲欲利樂諸有情故로 普於十方에 示現種種變 化三業이라하니 此卽普利之義라 不揀冤親이어니 豈非平等가

● ㄴ) 通緣三世 아래는 회통하여 해석함이다. 그러나 넓은 의미의 네 가지 지혜는 다음의 아래 비유 중에 널리 논을 인용하여 해석하였고, 이제는 다만 그 속의 같은 뜻을 취하였다. '통틀어 삼세를 반연한다' 고 말한 것은 네 가지 지혜가 모두 삼세(三世)의 경계를 반연하였으니 과덕의 지위에서 제8식과 상응한 지혜가 모두 삼세를 반연한 때문에 '함께 삼세에 든다[並入三世]' 하였다. 아래는 평등을 해석함이다.

'크고 둥근 거울 같은 지혜가 분별을 여의었다'라고 말한 것은『성유 식론』[48)에 이르되, "이 지혜의 심품(心品)[49)은 모든 분별을 떠나고 인 식대상도 인식작용도 미세하여 알기 어렵다. 때문에 모든 분별을 떠 났다."고 하였고, 또 이르되, (모든 대상에 대하여 현전하고[不忘] 미욱함이 없으며 체성과 체상도 청정하고 모든 오염된 것을 떠났다.) 순수하고 청정하며 원만한 덕이 있고, 현행과 종자의 의지처이기 때문에 의지가 평등하 다."라고 하였다. 뜻으로 말하면, 비록 현행공덕의 의(依)와 종자공 덕의 지(持)라 하겠지만 무분별이기 때문에 평등한 것이다.

---

48) 여기서 論이란 護法等菩薩造 玄奘譯本『成唯識論』을 말한다. 권10에 그 인용문이 보인다. (대정장 권31 p.56 a 12-) 大圓鏡智: 유루의 제8식을 전환하여 얻는 無漏의 지혜이다. 아뢰야식 안의 모든 雜染法이 소멸되어 한 점의 티끌도 없는 크고 원만한 거울처럼 된 상태이다. 自身과 眞如法界가 하나되어서 시간과 공간을 초월하여 모든 것을 원만히 아는 지혜이다. 佛果에 처음으로 얻는다.

49) 이 心品이란 한글번역본 주)에 云, "네 가지 지혜가 心王과 心所에 통하므로 이렇게 말한다" 하였다.

평등성지(平等性智)란 논[50]에 이르되, "이 심품(心品)이 모든 법과 자타 (自他)의 중생들이 다 평등하다고 관찰하고 (큰 자비 등과 늘 함께 상응하여 중생이 좋아하는 바를 따라서 受用身과 受用土의 모습의 차별됨을 나타내 보인다" 라고 하였다. 이미 自他의 유정이 다 평등하다 하였으면) 곧 보는 대상[所觀]이 평등함이니 때문에 '평등성을 증득했다'고 한 것이다. 묘관찰지(妙觀察智)란 논[51]에 이르되, "이 심품이 모든 법의 자체상[自相]과 보편적인 특질[共相]을 잘 보아서 걸림 없이 전전한다. (수많은 다라니[總持]와 선정의 방법 및 생겨난 '공덕의 보배[六婆羅密과 十力]'를 거두어 관찰한다. 대중 모임에 한 없는 작용의 차별됨을 나투는 데 모두 자재하며, 큰 법의 비를 내리고, 모든 의심을 끊어 중생들로 하여금 다 이익과 안락을 얻게 한다"라고 하였다. 이미 '모든 법의 자체상과 보편적인 특질을 잘 관찰하여 걸림 없이 전전한다'고 하였으니) 이는 평등으로 두루 모든 현상법을 관찰함을 밝힌 까닭에 관찰이 평등하다 한 것이다. 성소작지(成所作智)란 논[52]에 이르되, "이 심품이 많은 중생들을 이롭고 안락하게 하기 위한 까닭에 널리 갖가지 변화의 세 가지 업을 시현한다"라고 하였으니, 이것이 곧 널리 이롭게 한다는 의미이니, 원수 맺거나 친함[寃親]를 나누지 않았는데 어찌 평등하지 않겠는가?

---

50) 上同. (대정장 권31 p. 56 a 17-) 平等性智: 평등성은 眞如를 말한다. 진여는 체성이 평등하여 일체 법에 두루 하므로 평등성이라 한다. 유루의 第七識을 전환하여 얻는 무루의 지혜이다. 通達位에서 그 일부분을 얻고 佛果에 이르러 그 全分을 증득한다. 我執에 의한 모든 차별심이 소멸되어 일체를 평등하게 보며 大慈悲心을 일으켜 중생제도를 행한다.

51) 上同. (대정장 권31 p. 56 a 21-) 妙觀察智: 유루의 第六識을 전환하여 얻는 무루의 지혜이다. 묘는 不可思議한 힘의 自在를 말하고 관찰은 모든 법을 관찰하여 정통하는 것이다. 意識에서 개별적이고 槪念的인 인식이 변화되어 모든 사물의 자체상과 보편적인 특질을 있는 그대로 관찰한다. 때문에 중생의 근기를 알아서 부사의한 힘을 나타내고 훌륭하게 법을 설하여 모든 의심을 끊게 한다.

52) 上同. (대정장 권31 p. 56 a 25-) 成所作智: 佛果에 이르러 유루의 前五識을 전환하여 얻는 무루의 지혜이다. 本願의 해야 할 일을 마치는 지혜로서, 五識의 感覺작용적인 상태가 변화되어 三業으로 여러 變化身을 보여 중생을 널리 이롭게 한다.

ㄷ) 비방을 해명하다[解妨] (四智 8上8)

[疏] 四智圓融하야 一句攝盡이라 下身語等이 皆是四智之所發現이니라
四智圓融하야 無二性故며 修生과 本有는 非一異故로 不失經宗이
니라

■ 네 가지 지혜가 원융해서 한 구절에 모두 포섭되니 아래의 신업(身業)
과 의업(意業) 등이 모두 네 가지 지혜에서 나온 것이다. 네 가지 지혜
가 원융(圓融)해서 둘로 나누어진 성품이 아닌 까닭이며, 수행으로 만
들어진 것[修生이니 곧 新熏]과 본래 타고난 것[本有]은 하나도 아니요,
다른 것도 아니기 때문에 경의 종지를 잃지 않는다.

[鈔] 四智圓融下는 第三, 解妨이니 謂有難云, 四智菩提는 有爲無漏라
非我經宗이어늘 何得參雜하야 釋此玄旨오할새 故今通云, 四智菩提
는 性相二宗에 皆具有之호대 但義小異耳라 用之無爽이니 謂圓融無
二가 是其一義라 故彼宗說四가 不得相雜이어니와 今明一智가 便具
四智니라 故로 下出現에 以四寶珠喩其四智하니 經에 云, 復次佛子야
譬如大海가 有四寶珠하야 具無量德하야 能生海內一切珍寶니 若大
海中無此寶珠하면 乃至一寶도 亦不可得이라 何等爲四오 一, 名積集
寶오 二, 名無盡藏이오 三, 名遠離熾然이오 四, 名具足莊嚴이니라 …<
下略>…

● ㄷ) 四智圓融 아래는 비방을 해명함이니, 말하자면 어떤 이가 따져
물었다. "사지(四智)의 깨달음은 유위(有爲)의 무루이므로 이 경전의
종지가 아닌데 어찌하여 섞어서 현지(玄旨)를 해석하려 하는가?" 통
틀어 답한다. "사지(四智)의 깨달음은 성종(性宗)과 상종(相宗)에 모두

있는데 의미가 조금 다를 뿐이다. 쓰더라도 상쾌하지 않으니 원융하여 둘이 아니라 함이 그 한 가지 의미이니, 때문에 저 종[相宗]에 네 가지를 설함이 서로 섞이지 않는 것이요, 이제 한 가지 지혜가 곧 네 가지 지혜를 갖춘 것임을 밝힌다. 그러므로 아래 여래출현품에 네 가지 보주(寶珠)로 그 네 가지 지혜를 비유하였으니 경문[53)에 이르되, "또 불자여, 비유하면 큰 바다에 보배 구슬 넷이 있어 한량없는 덕을 갖추고서 바닷속 모든 보배를 내었으니, 만일 바닷속에 보배 구슬이 없다면 한 가지 보배도 있을 수 없느니라. 무엇이 넷이냐. 하나는 모아 쌓는 보배요, 둘은 무진장이요, 셋은 치성함을 멀리 여읨이요, 넷은 장엄을 구족함이라 이름한다"라고 하였다. …〈아래 생략〉…

(다) 총합하여 결론하다[總結] (然上 9下7)

[疏] 然上能覺이 卽成上菩提오 就其所覺이 卽法身也라 理智無二가 爲眞法身이니라
■ 그러나 위의 깨달은 사람[能覺]이 곧 위의 보리를 이루고, 그 깨달은 법[所覺]에 나아감이 곧 법신(法身)이니 이치와 지혜가 둘이 아닌 것이 진정한 법신이 되는 것이다.

[鈔] 然上能覺下는 第三, 總結이라 所以結者는 欲明一菩提身에 已具法報二身이라 況具下句아 (初, 意業은 竟하다)
● (다) 然上能覺 아래는 총합하여 결론함이다. 결론 맺은 이유는 한 보리신(菩提身)에도 이미 법신(法身)과 보신(報身)의 두 몸을 갖추어 있

---

53) 이는 如來出現品 제37의 '大海의 四寶珠喩'에 보인다. (교재 권3 p. 275-)

음을 밝히려 하였는데 어찌 하물며 아래 구절에 갖추지 않았겠는가?

(가. 意業은 마친다)

나. 신업[身] 2.

가) 총합하여 표방하다[總標] (二其 10상2)

其身이 充滿一切世間하시니라

그 몸은 일체 세간에 충만하셨느니라.

[疏] 二,[54] 其身下는 身業也라 通三世間일새 故云一切니 此正覺身은 以
   是十身之總故라 此는 其身通於三身十身하야 無不充滿이니라

■ 나. 其身 아래는 신업이다. 삼세간에 통하기 때문에 일체라 한 것이니,
   이 정각의 몸은 열 가지 몸의 총론인 까닭이다. 그 이유는 이 몸[正覺身]
   이 삼신(三身)과 십신(十身)에 통하여 충분치 않음이 없기 때문이다.

나) 개별로 설명하다[別明] 2.

(가) 두루 한 이유를 바로 밝히다[直明徧由] (法身 10上6)

[疏] 法身普徧이라 世所同依故며 智身證理니 如理徧故며 色身無礙니 亦
   同理徧이니라

■ 법신(法身)은 두루 하여 세상에서 함께 의지하기 때문이고, 지신(智身)
   은 이치를 증득하였으니 이치와 같이 두루 한 때문이고, 색신(色身)은

---

54) 이는 앞의 "今初는 卽別顯菩提身之相也니 文中에 分二니 先, 法이오 後, 喩니라 法中에 三이니 先, 意오 次,
   身이오 後, 語라"에서 次, 身의 과목이다.

무애하니 역시 이치와 같이 두루 하다.

(나) 두루 한 양상을 따로 보이다[別示徧相] 2.
ㄱ. 평평하고 가득하여 각기 두루 하다[平漫各徧] (並是 10上10)

[疏] 並是圓徧이오 而非分徧이니 謂一切世間一一纖塵等處에 佛皆圓滿
하사 總看亦現하고 別看亦現이니라

■ 함께 원만하게 두루 한 것[圓徧]이지 부분적으로 두루 한 것[分徧]이 아
니다. 모든 세간의 가는 먼지만 한 낱낱의 세계에 부처님이 두루 가
득하여 전체를 보아도 나투시고 나누어 보아도 나투신다.

[鈔] 並是圓徧下는 別示徧相이라 三身皆如下說일새 故云並是니라 而言
並是圓徧者는 若大若小皆圓滿故오 非分徧者는 非是分析散布令
徧이라 謂一切下는 示圓徧相이니 纖塵亦圓이오 麤則可了라 總看亦
現者는 徧法界內가 唯是一佛이니 佛身充滿於法界故라
言別看亦現者는 則向一一國土一一塵中하사 皆見全身이라 故下經에
云, 如於此處見佛坐하야 一切塵中亦如是라 佛身無去亦無來나 所
有國土皆明現이 是也라 又總別看者는 總則一身處處皆有오 別則支
分眼耳鼻等이 各徧法界라 故로 現相品에 云, 佛眼云何無有量이며 耳
鼻舌身亦復然이라하니라

● (나) 並是圓徧 아래는 두루 한 양상을 따로 보임이다. 삼신(三身)은
다 아래에 말하였으므로 '병시(並是)'라 했다. 그러나 '함께 원만하게
두루 하다'고 말함은 대(大)에 있어서나 소(小)에 있어서 다 원만한 때
문이고, '분산하여 변만하지 않다'는 것은 나누어 흩뿌려서 두루 하

게 한 것이 아니다. 謂一切 아래는 원만하게 두루 한 모습을 보인 것
이니 가는 먼지도 원만하니 거친 것은 물론 알 수 있다. '전체를 보고
도 나툰다' 함은 두루 법계 안에 가득히 오직 한 부처님이니 불신(佛
身)이 법계에 가득한 때문이다.

'나누어 보고도 또한 나툰다'라고 말한 것은 하나하나의 국토와 낱
낱의 티끌 속을 향하여 모두 전문(全身)을 보기 때문에 아래 경문[55]에
말하였다. "이곳 도량에 부처님이 앉아 계심을 보는 것과 같이 모든
먼지만 한 세계에도 또한 같나니 불신(佛身)은 가거나 오신 적이 없지
만 모든 국토에 가신 데마다 밝게 나타나도다"라고 함이 그것이다.

'또 함께나 따로 본다' 함은 총상으로는 한 불신이 곳곳에 다 계시고,
별상으로는 눈, 코, 귀 등 지분(支分)이 각각 법계에 두루 함을 말한
다. 때문에 여래현상품[56]에 이르되, "부처님 눈 어찌하여 한량없으며
귀와 코와 혀와 몸도 그러하옵고"라고 하였다.

ㄴ. 원융문으로 총섭하여 두루 함을 해석하다[圓融總攝徧] 2.
ㄱ) 몸과 국토가 융섭함을 잡아 두루 하다[約身土融攝徧] (又國 11上2)
ㄴ) 시방에 번갈아 융섭하여 두루 하다[十方互融徧] (餘一)

[疏] 又國土等이 即是我身土等이니 體外無別我故오 我即土等이니 我之
體外에 無土等故니라 餘一一身을 互望融攝에 猶多燈光이 各互相徧
이니라

■ 또 국토 등이 곧 나의 몸이며 땅이니 몸 이외에 따로 내가 없는 까닭

이요, 내가 곧 땅이니 내 몸 이외에 땅이 없기 때문이다. 그 밖의 낱낱의 몸을 서로 보고 융화하여 섭수하니, 마치 여러 등불의 광명이 각각 서로서로 가득 비춤과 같다.

[鈔] 又國土下는 二, 圓融總攝徧이라 謂前明能徧三身이나 非所徧土요 今明能徧이 卽是所徧이니 能所互融故라 又明一一身相이 融和雜徧故라 又上約佛身上十身이니 謂菩提, 願, 化, 力, 莊嚴等이오 今明三世間無礙之十身이니 謂國土, 衆生等이라 故로 十身相作이어니 于何不融이리오 故云, 猶如燈光이니라 經에 云, 譬如冥室百千燈이 一一燈光徧室內라 諸佛身智亦復然이라하니라(二, 身業은 竟하다.)

● ㄴ) 又國土 아래는 원융문으로 총섭하여 두루 함을 해석함이다. 이른바 앞에는 두루 한 주체인 세 몸이지만 두루 한 대상인 국토가 아님을 밝혔고, 지금은 두루 한 주체가 곧 두루 할 대상이니 주체와 대상이 서로 융섭한 까닭이다. 또한 낱낱의 몸의 양상이 융화하여 섞이고 두루 함을 밝힌 까닭이다. 또한 위는 부처님의 열 가지 몸[57]에 대한 것이니 보리신(菩提身)과 원신(願身)과 화신(化身)과 역지신(力持身)과 상호장엄신(相好莊嚴身) 등이요, 지금은 삼종 세간에 무애한 열 가지 몸[58]을 밝혔으니 국토신(國土身)과 중생신(衆生身) 등이다. 때문에 열 가지 몸의 모습을 지었는데 무엇에 융화하지 못하겠는가? 그러므로 등불의 광명과 같다 한 것이다. 경문에 이르되, "비유컨대 어두운 방에 백천 개의 등불의 낱낱의 불빛이 방안에 두루 한 것과 같듯이 제

---

57) 열 가지 몸이란 '行境十佛'을 말한다. 곧 菩提身, 威勢身, 福德身, 意生身, 相好莊嚴身, 願身, 化身, 法身, 智身, 力持身이다.
58) 이는 곧 融三世間十身이니 해경십불(解境十佛)이라고도 한다. 곧 國土身, 衆生身, 業報身, 聲聞身, 獨覺身, 菩薩身, 如來身, 智身, 法身, 虛空身이다.

불(諸佛)의 몸과 지혜도 또한 그러하다"라고 말한 것이다. (나. 신업은 마친다.)

다. 어업[語] (三其 11下 1)

其音이 普順十方國土하시니라
그 음성은 시방국토를 다 따르시니라.

[疏] 三, 其音下는 語業也라 順有三義 一, 順異類言音이니 經에 云, 一切衆生語言法을 一言演說盡無餘故라하니라 二, 順所宜說法이니 如來가 於一語言中에 演說無邊契經海故라 三, 則順徧이니 佛以一妙音으로 周聞十方國故라하니라

■ 다. 其音 아래는 어업(語業)이다. (음성을) 따름에 세 가지 뜻이 있으니 (1) 이류(異類)의 말과 소리를 따름이니 경문59)에 이르되, "모든 중생의 말과 소리의 법들을 한마디로 모두 남김 없이 표현한다"라고 하였다. (2) 상황[所宜]에 맞는 설법이니 여래는 한마디 말씀 속에 가없는 계경(契經)을 모두 표현하시기 때문이다. (3) 두루 시방을 따름이니 부처님은 한 가지 묘한 음성으로 두루 시방의 국토에 다 듣게 하시기 때문이다.

(2) 비유로 밝히다[喩顯] 2.

---

59) 이는 十住品 제15의 게송이다. 具云하면, "一切衆生語言法을 一言演說無不盡하고 悉欲了知其自性하야 菩薩以此初發心이로다."(교재 1권 p.423-)

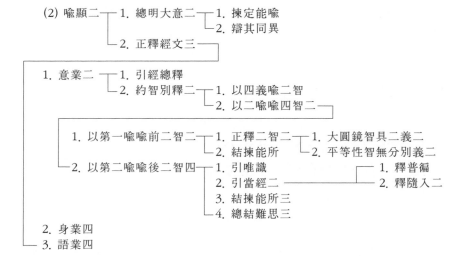

가. 총합하여 대의를 밝히다[總明大意] 2.

가) 삼매로 비유하는 주체를 구분하다[揀定能喩] (二譬 11下8)

譬如虛空이 **具含衆像**하되 **於諸境界**에 **無所分別**하고 **又如虛空**이 **普徧一切**하되 **於諸國土**에 **平等隨入**하시니라
마치 허공이 온갖 물상을 다 포함하고 있으면서도 모든 경계에 분별이 없는 것과 같았다. 또 허공이 일체 것에 두루 하지마는 모든 국토에 평등하게 따라 들어가는 것과 같았다.

[疏] 二,⁶⁰⁾ 譬如下는 喩顯이니 通喩三業이라 然佛三業은 非喩能喩오 唯虛空眞如라야 略可顯示라 更以餘喩하면 便爲謗佛이니라

---

60) 이는 앞의 "文中에 分二니 先, 法이오 後, 喩니라 法中에 三이니 先, 意오 次, 身이오 後, 語라"에서 後, 喩에 해당하는 과목이다.

■ (2) 譬如 아래는 비유로 밝힘이니 삼업(三業)을 통틀어 비유하였다. 하지만 부처님의 삼업은 어떠한 비유로도 다 하지 못하나니 오직 허공(虛空)이나 진여(眞如)라야 간략히 나타내 보일 수 있다. 다시 다른 것으로 비유하려 한다면 곧 부처님을 비방함이 될 것이다.

[鈔] 二, 喩此下는 總明大意오 然佛三業非喩能喩者는 八十卷末에 云, 三界有無一切法이 不能與佛爲譬喩라 譬如山林鳥獸等이 無有依空而住者로다 虛空眞如及實際와 涅槃法性寂滅等인 唯有如是眞實法이 可以顯示於如來가 卽其文也라 又佛地論第四에 云, 如契經言이라 乃至所有施設譬喩로 喩諸如來所有功德하면 一切皆是謗諸如來오 唯除一喩니 所謂虛空可喩如來라 戒等無量功德同虛空故라하니라

● 가. 二喩此 아래는 총합하여 대의를 밝힘이요, '부처님의 삼업(三業)은 어떠한 비유로도 다 비유하지 못한다' 함은 본경 제80권 말미에[61] 말하되, "삼계(三界)의 어떤 법으로도 능히 부처님과 비유할 수 없다. 비유하면 산림과 새와 짐승들이 허공을 의지하여 살지 않는 것은 아무것도 없는 것과 같다. 허공과 진여 및 실제와 열반의 법성과 적멸(寂滅) 등의 오직 이같은 진실한 법이라야 여래(如來)를 나타내 보일 수 있다"라고 한 것 등이 그것이다. 또 『불지론』 제4[62]에 말하되, "계경에 설한 것과 같으며 나아가 시설된 비유로 여래가 갖춘 모든 계(戒) 등의 공덕과 비유한다면 그 모두가 여래를 비방하는 것이 된다. 다만 한 가지 비유만 제외하나니 소위 허공으로 여래를 비유할 수 있

---

61) 이는 권80 入法界品의 게송이다. (교재 4권 p.563-)
62) 이는 전7권 親光菩薩造 玄奘譯이다. 『佛地經』을 해설한 논이다. (대정장 권26 p.309 a-)

으니 계(戒) 등의[63] 한량없는 공덕이 허공만큼 많은 까닭이다"라고
하였다.

나) 그 같고 다른 점을 밝히다[辯其同異] (然虛 12上8)

[疏] 然虛空喩가 有同不同하니 故下經에 云, 解如來身非如虛空이니 一
　　切妙法所圓滿等이라하나니 此顯不同이라 今分取同義니 同義多種은
　　如下十忍品하니라
■ 그러나 허공의 비유가 같은 면도 있고 다른 면도 있으니 때문에 아래
　경문[64]에 이르되, "여래의 몸이 허공과 같음을 알 것이니 모든 묘한
　법에 원만한 것 등이다"라고 하였으니, 이것은 같지 않음을 나타낸
　것이다. 지금은 같다는 뜻만 부분적으로 취하였으니 여러 가지 같은
　뜻은 아래 십인품(十忍品)과 같다.

[鈔] 然虛空等者는 上兩句는 標요 下는 釋二相이라 先釋不同이니 即第五
　　廻向之文이라 此明佛有自利之德이요 不同虛空이 不能自利이요 而
　　言等者는 等取次下經文에 云, 於一切處에 令諸衆生積集善根하야
　　悉充足故니 此明如來有利他(之)德이 不同虛空이라 今分取同下는
　　二, 釋同義니 但是分同이니라
　　言同義多種如下十忍品者는 即第十如空忍이니 經에 云, 佛子야 此
　　菩薩이 了一切法界가 猶如虛空이니 以無相故오 一切世界가 猶如虛
　　空이니 以無起故오 一切法이 猶如虛空이니 以無二故오 一切衆生行이

---

63) 戒等이란 如來의 五分法身인 戒, 定, 慧, 解脫, 解脫知見의 공덕을 말한다.
64) 이는 권25 十廻向品 제25의 제5, 無盡功德藏廻向의 글이다. (교재 p. 182-)

猶如虛空이니 無所行故오 一切佛이 猶如虛空이니 無分別故오 一切佛力이 猶如虛空이니 無差別故오 一切禪定이 猶如虛空이니 三際平等故오 所說一切法이 猶如虛空이니 不可言說故오 一切佛身이 猶如虛空이니 無着無礙故라하니라

● 나) '그러나 허공의 비유' 등이란 위의 두 구절은 (가) 표방함이요, (나) 아래는 두 가지 양상을 해석함이다. ㄱ. 먼저 다른 점을 해석함이니 곧 십회향품 제5회향의 경문이다. 여기서는 부처님에게 자리행의 덕이 있음을 밝힘이요, 허공은 능히 자리행을 할 수 없음과 같지 않음이요, '그러나 등'이라 말한 것은 제5 회향[無盡功德藏]의 경문에 이르되, "여래의 몸이 허공과 같지 않음을 알 것이니 모든 공덕과 한량없는 묘한 법이 원만한 까닭이며, 온갖 곳에 온갖 중생으로 하여금 선근을 쌓아서 다 충족시키려는 때문이다"라고 하였다. 이는 여래가 이타행(利他行)의 덕이 허공과 같지 않음을 밝혔다. ㄴ. 今分取同 아래는 같은 뜻을 해석함이니, 단지 부분적으로 같을 뿐이다.

'여러 가지 같은 뜻은 아래 십인품(十忍品)과 같다'고 말한 것은 아래 십인품(十忍品)의 제10 여공인(如空忍)[65] 이니 경문에 말하되, "불자여, 이 보살마하살이 (1) 일체 법계가 허공과 같음을 아나니 모양이 없는 까닭이며, (2) 일체 세계가 허공과 같으니 일어남이 없는 까닭이며, (3) 일체 법이 허공과 같으니 둘이 없는 까닭이며, (4) 일체 중생의 수행이 허공과 같으니 수행할 것이 없는 까닭이며, (5) 모든 부처님이 허공과 같으니 분별이 없는 까닭이며, (6) 모든 부처님의 힘이 허공과 같으니 차별이 없는 까닭이며, (7) 일체 선정이 허공과 같으니 세 시절[三際]이 평등한 까닭이며, (8) 설하신 일체 법이 허공과 같

---

65) 이는 十忍品 제29의 虛空喩에 보인다. (교재 권3 p. 106-)

으니 말할 수 없는 까닭이며, (9) 모든 부처님의 몸이 허공과 같으니
(10) 집착이나 걸림이 없는 까닭이니라"라고 하였다.

나. 경문을 바로 해석하다[正釋經文] 2.
가) 둘을 전개하여 넷을 이루다[開二成四] (今有 13下5)

[疏] 今有二喩를 開成四義하니 一, 含攝喩니 兼無分別義오 二, 普徧喩니
兼徧入義니라
■ 지금의 두 가지[66] 비유는 펼치면 네 가지 뜻이 된다. (1) 포함하여 섭
수하는 비유[含攝喩]이니 겸하여 무분별의 뜻이요, (2) 두루 변만한 비
유[普徧喩]이니 겸하여 두루 들어간다는 뜻이다.

나) 그 비유할 대상을 비유하다[喩其所喩] 3.
(가) 의업으로 비유하다[意業] 2.
ㄱ. 경문을 인용하여 총합하여 해석하다[引經總釋] (以此 13下6)

[疏] 以此四喩로 喩意業者는 下經에 云, 佛智廣大同虛空故라하나니 此
總喩也라
■ 이 네 가지 비유로 '여래의 의업(意業)'을 비유한 것은 아래 경문에 '부처
님의 지혜가 광대하여 허공과 같다'라고 한 때문이니 이는 통틀어 비
유한 것이다.

ㄴ. 지혜를 잡아 개별로 해석하다[約智別釋] 2.

---

66) 여기서 두 가지 비유란 앞에서 말한 虛空과 眞如를 말한다.

ㄱ) 네 가지 뜻으로 두 가지 지혜를 비유하다[以四義喩二智]

(量智 14上5)

[疏] 量智는 包含而普徧하고 理智는 無分別而證入이니라

■ 여량지(如量智)는 포함하고 널리 두루 함이요, 여리지(如理智)는 분별
함이 없이 증득하여 들어간다.

ㄴ) 두 가지 비유로 네 가지 지혜를 비유하다[以二喩喩四智] 2.
(ㄱ) 첫째 비유로 앞의 두 가지 지혜를 비유하다[以第一喩喩前二智]

(又大 14下1)

[疏] 又大圓鏡智는 純淨圓德이며 現種依持라 能現能生身土智影하나니
即含攝義니라 下經에 云, 菩提智로 普現一切衆生心念根欲等이나 而
無所現이라하나니 無所現言은 無有分別이니라 平等性智는 觀一切法,
自他有情호대 悉皆平等이오 亦無分別이니 無分別言은 顯無差別이라

■ 또 '크고 둥근 거울 같은 지혜'는 순수하고 청정하며 원만한 덕이 있
고, 현행과 종자의 의지처이며, 신체와 국토와 지혜의 영상을 나타내
며, 생겨나게 하나니[67] 곧 포함하여 섭수하는 뜻이다. 아래 경문[68]
에 이르되, "보리의 지혜로 널리 모든 중생의 마음과 근성과 욕락 등
에 나투지만 나툰 흔적이 없다"라고 하였으니 '나툰 흔적이 없다'고
한 말은 분별이 없다는 뜻이다. '평등한 성품의 지혜'는 모든 법과 자
타(自他)의 유정(有情)이 다 평등하다고 관찰하고,[69] 또 분별이 없으

---

67) 이는 『成唯識論』 권10이니 앞의 주 52)에 이미 인용하였다. (대정장 권31 p. 56 a 12-)
68) 이는 如來出現品 제37의 '여래출현의 정각(正覺)' 조에 보인다. (교재 권3 p. 290-)
69) 대정장 권31 p. 56 a 17- .

니 분별이 없다는 말은 차별이 없음을 나타낸 것이다.

[鈔] 平等性智者는 疏文에 亦二니 先引唯識論云호대 二, 平等性智相應
心品은 謂此心品이 觀一切法호대 自他有情이 皆悉平等하고 大慈悲
等으로 恒共相應이라 隨諸有情하여 所樂을 示現受用身土의 影像差
別이라 妙觀察智는 不共所依요 無住涅槃之所建立이니 一味相續하
여 窮未來際라 釋曰, 由昔因中에 執有我故니 自他差別하여 今我執
旣無일새 故皆平等이니 隨十地有情所樂이라 由無住涅槃의 所立이니
此識은 恒共悲智相應이니 一味無漏나라 亦無分別者는 彼論에 無有
無分別言이니 今言은 亦無分別이라야 乃有二意하니 一, 依唯識四智
하여 通緣眞如境故로 是無分別이라 二者, 約境無差[70]하여 名無分
別이니 今初니 論에 云, 大圓鏡智는 緣眞如故일새 是無分別이니 緣餘
境故요 後得智攝이니 其體는 是一이니 隨用分二니 了俗은 由證眞일
새 故로 說爲後得이라 餘三은 分二니 準此하여 應知하라 釋曰, 準此
論文하여 四智는 各通二智니 並通眞俗이라 今且從增勝二喩하여 各
配二智라 無分別下는 卽第二意니 然이나 所觀二境은 無分別故로
能觀之智도 亦無分別일새 故로 無分別言은 顯無差別이라 此顯平等
性智하여 無分別義는 與鏡智로 不同일새 鏡智는 無分別이니 若明鏡
之無心이라 平等性智無分別은 如日合空이라 空無異相을 名無差別
이니 謂不分別差別相故라 故로 攝論第八에 云, 應知一切法의 本性
無分別이니 所分別無故로 無分別智도 無라하나라

● 평등성지란 소문에도 둘이니 먼저『성유식론』(제10권)을 인용하여 이
르되, "제2는 평등성지와 상응하는 심품이다. 이 심품(心品)은 일체

---

70) 差는 南金本에 作差別故라 하다.

법과 자타의 유정(有情)이 모두 다 평등하다고 관찰하고, 대자비 등과 항상 함께 상응한다. 모든 유정이 좋아하는 것에 따라서 수용신(受用身)과 수용토(受用土)의 모습의 차이를 나타내 보인다. 묘관찰지의 불공(不共)의 의지처이고, 무주처열반이 건립한 것이다. 미래세가 다하도록 한 부류[一味]로 상속한다"라고 하였다. 해석하자면 예전 인행 중에 내가 있다고 집착함으로 인한 까닭이니 자타로 차별하여 지금은 나에 집착함이 이미 없으므로 모두 평등하다는 것이니 십지의 중생이 즐거워함을 따르는 것이다. 무주처열반으로 인해 건립한 바이니 이 의식은 자비와 지혜가 항상 함께 상응함이니 한결같은 맛[一味]으로 번뇌가 없다. 또한 분별이 없음은 저 유식론에 무분별이란 말이 없나니 지금 말도 또한 무분별이라야 비로소 두 가지 의미가 있으니 첫째, 유식론의 네 가지 지혜를 의지하여 진여경계를 통틀어 인연한 연고로 분별함이 없다. 둘째, 경계가 차별 없음을 잡아서 분별없음이라 이름하였으니, 지금은 첫째이니 성유식론에 이르되, "대원경지는 진여를 반연하는 경우에서는 이것은 무분별지혜이다. 나머지 다른 대상을 반연하는 경우에는 후득지에 포함된다. 그 자체는 하나이긴 하지만, 작용[現行]을 따라 둘로 나눈다. 세속을 요별하는 것은 진여를 증득함에 의지하기 때문에 후득지라고 한다. 나머지 지혜를 하나이긴 하지만 둘로 나누는 것[71]도 이것에 견주어서 알아야 한다. 해석하자면 이 논문에 준하여 네 가지 지혜는 각기 두 가지 지혜를 통하나니 아울러 진제와 속제에 통한다. 지금은 우선 뛰어난 두 가지 비유로부터 각기 두 가지 지혜에 배대하였다. 무분별

---

71) 나머지 평등성지 등 세 가지 지혜를 그 자체[體; 正智]가 하나이긴 하지만 작용에 따라서 근본지와 후득지로 나누는 것을 말한다.

(無分別) 아래는 곧 둘째 의미이니 그러나 관찰할 대상인 두 가지 경계는 분별없음으로 인해 관찰하는 주체인 지혜도 또한 분별이 없는 연고로 무분별이란 말은 차별 없음을 밝힌 것이다. 여기서는 평등성지를 밝혀서 무분별의 뜻은 대원경지와 같지 않으므로 대원경지는 분별이 없음이니 밝은 거울의 무심과 같다. 평등성지(平等性智)의 무분별은 태양이 허공에 합함과 같은 것이니 허공에 다른 모습이 없음을 무차별이라 말하나니 차별상으로 분별하지 않음을 말한 때문이다. 『섭대승론석(攝大乘論釋)』 제8[72]에 이르되, "반드시 일체 법의 본성이 분별이 없음을 알아야 하나니 분별함이 없기 때문에 무분별의 지혜도 없다"라고 하였다.

[疏] 故下經에 云, 於一切義에 無所觀察等이라하나라 是以로 太虛能含衆像호대 衆像不能含太虛오 太虛不分別衆像호대 衆像乃差別太虛니 以況我法은 不能容佛智로대 佛智乃能容我法이라 有我法者는 分別如來오 是如來者는 不分別我法이니라 二, 普徧喩中에 妙觀察智無不徧知가 即普徧義오 成所作智曲成無遺가 即隨入義니라

■ 때문에 아래 경문[73]에, "모든 뜻에 관찰하는 것 등이 없다"라고 하였다. 이런 까닭에 태허공은 여러 물상을 포함하지만 여러 물상은 태허공을 포함하지 못하는 것이요, 태허공은 여러 물상을 차별하지 않지만 여러 물상은 태허공을 차별하려 할 것이다. (이로써) 견주어 본다면 아(我)와 법(法)은 불지(佛智)를 포용하지 못하지만 불지로는 아와 법을 포용할 수 있는 것과 같다. 아(我)와 법(法)이 있다 함은 여래를 분

---

72) 이는 無着菩薩造 眞諦譯본인 『섭대승론』 卷下의 依慧學勝相 제8에 나오는 내용이다. 論云, "佛說一切法 自性無分別 所分別無故 彼無無分別"이라 하다. (대정장 권31 p.128 c6-)
73) 鈔에 如來出現品의 菩提相中이라 하였다.

별하는 것이요, 여래라 함은 아(我)와 법(法)을 분별하지 않는 것이다. 둘째,[74] 널리 두루 함을 비유한 중에 '묘하게 관찰하는 지혜'의 '두루 알지 못함이 없는 것[無不遍知]'이 곧 보변의 뜻이고, '생각대로 이루는 지혜[成所作智]'의 자세히 이루어 빠뜨리지 않음[曲成無遺]이 곧 따라 들어감[隨入]의 뜻이 된다.

[鈔] 故下經者는 二引當經이니 卽出現品菩提相中이라 經에 云, 佛子야 如來成正覺時에 於一切義에 無所觀察이라하고 而言等者는 等取餘 經이니 云, 於法平等하야 無有疑惑하며 無二無相하며 無行無止며 無 量無際하며 遠離二邊하야 住於中道하며 出過一切文字言說이라하니 라 釋曰, 無所觀察은 證大圓鏡無分別義요 於法平等下는 證平等 性無分別義요 餘義兼具니라

● 그러므로 아래 경문이란 ㄴ) 본경을 인용함이니 곧 여래출현품의 깨달음의 양상 중이니 경문에 이르되, "여래가 바른 깨달음을 이룸은, 온갖 이치에 관찰함이 없고"라 하였고, '그러나 등'이라 말한 것은 나머지를 함께 취한다는 뜻이니, 경에 이르되, "법에 평등하여 의혹이 없으며, 둘이 없고 모양이 없으며 행도 없고 그침도 없으며, 한량이 없고 한계가 없으며, 두 쪽을 멀리 떠나서 중도(中道)에 머물며, 모든 글자와 말을 초과한 줄을 알아야 하느니라"라고 하였다. 해석하자면 관찰함이 없음은 대원경지의 분별없는 뜻을 증득함이다. 於法平等 아래는 평등성지의 분별없는 뜻을 증득함이요, 나머지 뜻은 겸하여 구족하였다.

---

74) 이는 앞의 "今有二喩를 開成四義하니 一은 含攝喩니 兼無分別義오 二는 普徧喩니 兼徧入義니라"에서 二, 普徧喩에 해당하는 과목이다.

二, 普徧喻下는 第二以第二喻로 喻妙觀察智와 及成所作智이니 疏
文有四하니 一, 引唯識言이니 妙觀察智者는 論에 云, 三妙觀察智相
應心品이니 謂此心品은 善觀諸法自相共相호대 無礙而轉이라 攝觀
無量摠持定門이요 及所發生功德珍寶라 於大衆會에 能現無邊作
用差別에 皆得自在나라 雨大法雨하고 斷一切疑하며 令諸有情으로
皆獲利樂이라하나라 釋曰, 神用無方을 稱之曰妙요 緣自共相을 名爲
觀察이라 自卽色心等別이며 共卽同無常等이라 又攝論에 云, 圓成實
性爲共相 依他起性爲自相이라하나라

● (ㄴ) 二, 普徧喻 아래는 둘째 비유로 뒤의 두 가지 지혜를 비유함으
로 소문이 넷이 있으니 a. 성유식론을 인용한 말이니 묘관찰지는 논
에 이르되, "제3은 묘관찰지(妙觀察智)와 상응하는 심품이다. 이 심품
은 모든 법의 자체상[自相]과 보편적인 특질[共相]을 관찰하는 데 걸림
이 없이 전전한다. 수많은 다라니[總持]와 선정의 방법 및 생겨난 공덕
[6度와 10力]의 보배를 거두어 관찰한다. 대중의 집회에서 능히 한량없
는 갖가지 작용을 나타내는 데 모두 자재하다. 큰 법의 비[大法雨]를
내리고, 모든 의심을 끊고, 많은 유정들로 하여금 다 이익과 안락을
얻게 한다"라고 하였다. 해석하자면 신통한 작용이 방소가 없음을
묘하다고 칭하였고, 자상과 공상을 인연함을 관찰함이라 이름한다.
자체는 형색과 마음 등이 다르며, 보편은 곧 무상함과 같은 등이다.
또한『섭대승론』에 이르되, "원성실성으로 보편적 특질이 되고 의타
기성으로 자체상이 된다"라고 하였다.

言攝觀者는 攝卽藏義요 觀卽觀察이니 六度道品으로 爲功德寶하고
諸神通等으로 爲作用差別이니 旣觀有情自相共相等은 明無不徧知

也라 成所作智等者는 論에 云, 四, 成所作智相應心品이니 謂此心
品은 爲欲利樂諸有情故니 普於十方에 示現種種變化三業하야 成
本願力의 所應作事라하니라 釋曰, 旣云種種三業成所作事라하니 豈
非委曲成就於物하야 無所遺漏리요 此言은 卽周易繫辭에 云, 範圍
天地之化而不過하며 曲成萬物而不遺라 注에 云, 範圍者는 擬範天
地而周備其理也오 曲成者는 乘變以應物하야 不係一方者也니 則
物宜得所矣라하니 此說易之德이어니와 今借況佛之德耳니라 唯識論
에 結云, 如是四智相應心品이 雖各定有二十二法인 能變所變種現
俱生이나 而智用增하야 以智名顯일새 故此四品으로 總攝佛地一切
有爲功德皆盡이라하니라 會二宗義는 已如上說하니라

● '거두어 관찰한다'고 말한 것은 '거둠'은 감춤의 뜻이요, '관찰'은 관
찰함의 뜻이다. 여섯 바라밀의 도품으로 공덕의 보배를 삼고 모든 신
통 등으로 작용하는 차별을 삼았으니 이미 중생의 자체상과 보편적
특질을 관찰하는 등은 두루 하지 않음이 없이 아는 것을 밝힘이다.
'성소작지' 등이란 논에 이르되, "제4는 성소작지(成所作智)와 상응하
는 심품(心品)이다. 이 심품은 많은 유정을 이롭고 안락하게 하기 위
해 널리 시방에서 갖가지 변화의 세 가지 업을 나타내 보여서 본원력
의 해야 할 일들을 성취한다"라고 하였다. 해석하자면 '이미 갖가지
삼업으로 지을 대상의 일을 성취한다'라고 하였으니 어찌 자세하게
물상을 성취하여 남기거나 버림이 없겠는가? 이 말씀[曲成無遺]은 『주
역(周易)』계사(繫辭)[75]에 이르되, "천지의 변화를 모범하여 둘러싸도
허물되지 않고, 만물을 자세히 다 이루어 빠뜨림이 없다"라고 하였
고, 주(注)에 이르되, "범위란 천지를 모범하여 헤아려서 그 이치를 두

---

75) 明文堂 刊 『新完譯 주역』 十翼편(繫辭傳상 p.388-)

루 갖춘다는 뜻이고, 자세히 다 이룸[曲成]은 변화를 타서 만물에 응하여 한 쪽에도 잇지 못하는 것이니 곧 만물이 마땅히 바로 얻는다"라 하였으니 이는 역(易)의 덕을 말한 것이요, 여기서는 부처님의 덕과 비교한 것이다. 『성유식론』⁷⁶⁾에 결론적으로 말하되, "이와 같은 네 가지 지혜와 상응하는 심품은 각각 반드시 22가지 법의 전변하는 것, 전변된 것, 종자, 현행과 함께 일어나긴 하지만 지혜의 작용이 더하기 때문에 지혜라는 이름으로 표현한다. 그러므로 이 네 가지 심품에 전체적으로 부처님 지위의 모든 유위공덕(有爲功德)을 모두 다 섭수한다"라고 하였다. 두 종파[법성종과 법상종]의 뜻은 위에서 이미 설명하였다.

(ㄴ) 둘째 비유로 뒤의 두 가지 지혜를 비유하다[以第二喩喩後二智]

(又下 18上7)

[疏] 又下經에 云, 佛智廣大同虛空하사 普徧一切衆生心이라하니 此卽智體徧이오 悉了世間諸妄想이라하니 此約智用徧이니라 又云, 得一切法界等心⁷⁷⁾이니 此約證徧이오 智性全同於色性故라하나니 此約理徧이니라 云何徧入고 不壞能所며 有證知故라 故下經에 云, 世間諸國土와 一切皆隨入이나 智身無有色일새 非彼所能見이라하니라 由隨於如하야 卽入無所入일새 故云平等이니라 是以로 虛空徧入國土나 國土不徧入虛空이라 有國土處에는 必有虛空이어니와 有虛空處에 或無國土니라 虛空之於國土에 平等隨入이어니와 國土之於虛空에는 自有彼此

---

76) 『成唯識論』권10의 내용이다. (대정장 권31 p. 56 a 27-)

77) 等心은 源甲南續金本에 '作量等心'이라 하고 이어서 '案晉經云 得一切法界等身 唐經云 得法界量等身 又云 如所得身 言語及心 亦復如是'라 하다.

니라 虛空可喩佛智오 國土可喩三世니 三世有處에는 佛智必在其中
이어니와 佛智知處에는 三世或無其體니라 佛智之於三世에 平等隨入
이나 三世之於佛智에는 自有始終이니라 此猶約不二而二說耳어니와
若二而不二인대 國土虛空, 三世佛智가 同一性故로 皆互相入하야
擧一全收니라 普徧亦然이오 三世間圓融이라 則言思道斷이니 故名佛
智가 爲不思議也니라

■ 또 아래 경문[78]에 이르되, "부처님의 지혜 광대하여 허공과 같으사
모든 중생의 마음에 널리 두루 하다"라고 하였으니 이는 지혜의 본체
가 두루 함이요, "세간의 모든 망상을 모두 아신다"라고 하였으니 이
는 지혜의 작용이 두루 함에 의지한 것이다. 또 이르되, "일체 법계와
분량이 같은 마음을 얻었다"라고 하였으니 이는 증득이 두루 함을 의
지한 것이요, "지혜의 성품이 색신의 성품과 완전히 같은 까닭이다"
라고 하였으니 이는 이치가 두루 함을 의지한 해석이다.

어떻게 두루 들어가는가? 능(能)과 소(所)를 무너뜨리지 않으며 증득
한 앎[證知]에 있는 까닭이다. 때문에 아래 경문[79]에 이르되, "세간의
모든 국토와 온갖 처소에 다 따라 들어가지만 지혜의 몸은 색상이 없
으므로 저들이 볼 수 없다"라고 하였다. 진여에 따름을 인하여 곧 들
어가되 들어감이 없는 것이니, 때문에 '평등하다' 말하였다. 이런 까
닭에 허공은 두루 국토에 들어가지만 국토는 두루 허공에 들어가지
못한다. 국토가 처한 곳에는 반드시 허공이 있지만 허공이 처한 곳에
는 혹 국토가 없기도 한 것이다. 허공이 국토에 감에 평등히 따라 들
어가지만 국토가 허공에 가면 자연히 피차가 있게 된다. 허공은 부처

---

78) 이는 入法界品 제39의 게송인데 具云하면, "佛智廣大同虛空하사 普徧一切衆生心하사 悉了世間諸妄想하
사대 不起種種異分別이로다."(교재 권4 p. 553)
79) 이는 菩薩問明品 제10의 佛境界에 대한 文殊菩薩의 게송이다.(교재 권1 p. 326)

님의 지혜[佛智]에 비유할 수 있으며 국토는 삼세(三世)에 비유할 수 있으니, 삼세가 있는 곳에는 불지가 반드시 그 속에 있지만 불지를 아는 곳에는 삼세가 혹 그 본체가 없기도 하다. 부처님의 지혜가 삼세에 감에 평등히 따라 들어가지만 삼세가 불지에 감에는 자연히 시작과 끝이 있다. 이는 오히려 '둘이 아니면서 둘임'을 의지하여 말하였을 뿐이며, 만일 '둘이면서 둘이 아님'이면 국토와 허공과 삼세와 불지가 같은 성[法性]인 까닭에 다 서로서로 들어가서 하나를 들면 전부를 거두게 된다[擧一全收]. 널리 두루 함도 또한 그러하고 삼세간이 원융하여 말과 생각의 길이 끊어졌으니 '불지가 부사의하다'고 하였다.

[鈔] 又下經云下는 於中先釋普徧이라 有四種徧하니 一, 約智體徧이오 二, 約智用徧이니 此二는 卽第八十經이니 已如前引이오 三, 約契證徧이니 心與境冥이라 卽出現品菩提章文이오 四, 約理徧者니 卽義引起信論云이라 問曰, 若諸佛法身이 離於色相者인대 云何能現色相고 答曰, 卽此法身是色體故로 能現於色이니 所謂從本已來로 色心不二니 以色性卽智性故라 色體無形을 說名智身이오 以智性卽色性故로 說名法身徧一切處라 所現之色도 無有分齊하야 隨心能示十方世界無量菩薩, 無量報身無量莊嚴이 各各差別이나 皆無分齊하야 而不相妨이라 此非心識分別能知니 以眞如自在用義故라하나니라 釋曰, 此文은 亦可證下身徧이어니와 今但取其二性不異之義하야 以明智性之徧이라 上言智體는 以智爲體오 今是理性은 與前懸隔이니라

● 又下經云 아래는 그 가운데 먼저 보변을 해석한 것이다. 네 가지의 두루 함이 있으니 ① 지혜의 본체[智體]의 두루 함을 의지한 것 ② 지혜의 작용[智用]의 두루 함을 의지한 것이니, 이 두 가지는 곧 본경 제

80권이니 이미 앞에서 인용하였다. ③ 계합과 증득이 두루 함을 의지한 것이니 마음이 경계와 그윽히 계합한 것이라 곧 여래출현품(如來出現品)의 보리장(菩提章)의 글이요, ④ 이치가 두루 함을 의지한 것이니 곧 의미로 『기신론』[80]을 인용하여 말하되, "묻기를, '만일 부처님의 법신이 색상(色相)을 떠났다면 어떻게 색상을 나타낼 수 있겠는가?' 답하기를, '곧 이 법신은 색상의 본체이기 때문에 색을 나타낼 수 있다. 이른바 본래부터 색과 마음은 둘이 아니니 색의 본성은 곧 지(智)이기 때문에 색의 체에 형체가 없는 것을 지신(智身)이라 하고, 지혜의 본성이 곧 색이기 때문에 법신(法身)이 모든 곳에 두루 하다고 말하는 것이다. 나툰 바 색이 분제가 없어서 (중생의) 마음을 따라 시방세계에 무량한 보살과 무량한 보신과 무량한 장엄이 각기 차별됨을 나타내었지만 모두 분제가 없어서 서로 방해되지 않는다. 이는 심식(心識)의 분별로 알 수 있는 것이 아니니 진여(眞如)의 자재한 작용의 뜻인 까닭이다'라고 하였다." 해석하자면 이 글은 또 아래의 몸이 두루 함을 증명한 것이고, 지금에 다만 두 가지 성품[色性과 智性]이 다르지 않다는 뜻을 취하여 지혜의 본성이 두루 함을 밝혔다. 위에 말한 지체(智體)는 지혜로써 몸을 삼은 까닭이고, 지금의 이성(理性)은 앞과는 현격히 다르다.

云何下는 二釋이니 隨入이나 不壞能所者는 由前普徧之言하여 有其二義하니 一, 有能所徧이요 二, 無能所徧이라 謂約體徧인대 衆生이 却

---

80) 起信論 解釋分에, 「問曰, "若諸佛法身이 離於色相者인댄 云何能現色相이니잇고?" 答曰, "卽此法身은 是色體故로 能現於色하나니 所謂從本已來로 色心不二니 以色性卽智故로 色體無形을 說名智身이며 以智性卽色故로 說名法身이 徧一切處니라. 所現之色이 無有分齊하야 隨心能示十方世界의 無量菩薩과 無量報身과 無量莊嚴이 各各差別하야 皆無分齊호대 而不相妨하나니 此非心識의 分別能知니 以眞如自在用義故니라"(대정장 권32 p. 579 c11-).

是智中物故라 若約理徧인대 所徧이 全是能徧體故는 則能所不二故니 今此義는 不壞能所니 所證能證이 二相容差니라 故下經云下는 引證이니 卽問明品의 佛境甚深中에 答佛境入文이라 然彼中意는 入有二義하니 一者, 色身入이오 二者, 智身入이라 今取智入하니 身入可見이어니와 智入은 唯智能知일새 故云非彼所能見이라하니라

● 云何 아래는 둘째 해석이니 '따라 들어가지만 주체와 대상을 무너뜨리지 않는다'는 것은 앞의 널리 두루 하다고 말함으로 인하여 두 가지 뜻이 있으니 (1) 두루 한 주체와 대상이 있음이요, (2) 두루 한 주체와 대상이 없음이다. 이른바 체성이 두루 함을 잡으면 중생이 도리어 지혜 속의 사물인 까닭이다. 만일 이치가 두루 함을 잡으면 두루 할 대상이 완전히 두루 한 주체의 체성인 까닭이니 주체와 대상이 둘이 아닌 까닭이니 지금 이런 뜻은 주체와 대상을 무너뜨리지 않나니 증득할 대상과 증득하는 주체가 두 모양이 차별됨을 용납한다.

故下經云 아래는 인용하여 증명함이니 곧 보살문명품의 부처님 경계가 매우 깊음[佛境甚深] 중에 부처님의 경계에 들어감에 대하여 답한 글이다. 그러나 그 뜻은 들어감에 두 가지 의미가 있으니, 첫째는 색신(色身)이 들어감이요, 둘째는 지신(智身)이 들어감이다. 지금은 지신이 들어감을 취했으니 몸이 들어가는 것은 볼 수 있겠지만 지혜가 들어가는 것은 오직 지혜로만 알 수 있다. 때문에 '저들이 능히 볼 수 있는 것이 아니다'라고 한 것이다.

三世有處等者는 佛智通達하야 染淨無礙며 一念普觀無量劫故니 佛智無不徧知며 如來定慧無邊際故로 前觀無始하고 後無終故라 言佛智知處三世或無其體者는 謂眞如, 實際, 涅槃, 法性은 是佛智

證이니 彼無三世故니라

● 三世有處 등은 불지는 통달하여 염정이 무애하고 찰나에 널리 무량한 세월을 관찰하기 때문이니 불지는 널리 알지 못함이 없고, 여래의 정혜는 끝이 없기 때문에 앞으로 시작이 없고 뒤로는 끝이 없음을 관하는 까닭이다. '불지를 아는 곳에는 삼세가 혹 그 본체가 없다'고 한 말은 진여(眞如)와 실제(實際)와 열반(涅槃)과 법성(法性)은 불지로 증득한 것이니 거기에는 삼세가 없기 때문이다.

普徧亦然者는 二, 例普徧也라 上은 但佛智徧三世오 今은 明三世亦徧佛智니라 三世間者는 兼結上來包含之義와 及無分別하야 悉皆圓融일새 故云不可思議니라

● 2. 普徧亦然이란 보변(普徧)과 유례한 내용이다. 위에서는 다만 불지가 삼세에 두루 함이요, 지금은 삼세가 또한 불지에 두루 함을 밝혔다. 삼세간이란 위의 포함의 뜻과 무분별을 함께 결론 맺어 모두 원융하기 때문에 불가사의하다 말하였다.

(나) 신업으로 비유하다[身業] 4.
ㄱ. 경문을 인용하여 함섭하는 뜻을 해석하다[引經文釋含攝之義]

(次以 21上3)

[疏] 次以二喩로 喩身業者는 一毛도 尙容法界하니 全分은 必含衆像이라

■ 다음에 두 가지 비유로 신업(身業)을 비유한 것은 한 터럭만 한 것도 오히려 법계를 포용하니 전체는 반드시 여러 물상을 포함하는 것이다.

[鈔] 次以二喩로 喩身業은 即第二段이니 亦具四義라 初, 義引經文하여 舉況하고 以釋含攝之義일새 故로 云, 一毛로 尚容法界일새 全分은 必含衆像이라하니 世界成就品에 云, 一毛孔內難思刹이 等微塵數種種住라 一一皆有徧照尊하사 在衆會中宣妙法이라하니라 出現品[81]에 云, 如人持尺量虛空하며 復有隨行計其數하면 虛空邊際不可得인달하야 佛一毛孔無涯限이라하니라 次下文에 云, 一一毛端이 悉能含受一切世界나 而無障礙라하나니 皆即一毛含法界義也니라

● 다음에 두 가지 비유로 신업(身業)을 비유함은 곧 둘째 문단이니 또한 네 가지 뜻을 구비하였다. 첫째, 뜻으로 경문을 인용하여 비교하고 포함하고 섭수한 뜻을 해석하였으므로 말하되, "한 터럭으로도 오히려 법계를 용납함으로 전체는 반드시 여러 형상을 포함한다"라고 하였으니, 세계성취품[82]에 이르되, "한 털구멍 속의 생각하기 어려운 세계가 미진수와 같이 갖가지로 주하니 하나하나에 두루 비추는 존귀한 분[徧照尊]이 계시사 중회도량에서 묘한 법문을 펴신다"라고 하였다. 여래출현품[83]에 이르되, "어떤 사람 자를 들고 허공 재는데 다른 이는 따라가며 수효 세어도 허공의 끝 간 데를 찾을 수 없듯이 불(佛)의 한 털구멍도 끝없더라"라고 하였다. 다음 아래 경문에 "낱낱의 털 끝에 다 온갖 세계를 섭수하지만 장애됨이 없다"고 하였으니 모두 한 털끝에 법계를 포함한다는 뜻이다.

---

81) 이는 如來出現에 대한 普賢菩薩의 게송이다. (교재 권3 p.247)

82) "一毛孔內難思刹이 等微塵數種種住라 一一皆有徧照尊하사 在衆會中宣妙法이라." (교재 권1 p.158-)

83) 이는 如來出現의 法에 대한 普賢菩薩의 게송이다. 偈云, "如人持尺量虛空이어든 復有隨行計其數호대 虛空邊際不可得하야 如來境界亦如是로다"(교재 권3 p.247-). 위의 인용문에는 如來境界亦如是가 '佛一毛孔無涯限'이라 하다.

ㄴ. 한 가지 비유를 인용하여 함섭과 겸하여 무분별의 뜻을 비유하다
　　[引一喩釋含攝兼無分別義] (出現 21下2)

[疏] 出現의 身業第二喩에 云, 譬如虛空寬廣非色이로되 而能顯一切諸
　　色이라 而彼虛空無有分別하며 亦無戱論이라하고 合에 云, 如來身도
　　亦復如是하사 一切衆生諸善根業을 皆得成就라하시니 卽含攝義오
　　而如來身은 無有分別이라하나니 卽第二義오
■ 여래출현품[84]의 두 번째 비유에 이르되, "마치 허공이 넓고 형상이 아
　니지만 모든 형상을 능히 나타내면서도 허공은 분별도 없고 장난말
　[戱論]도 없다" 하였고 합함에 이르되, "여래의 몸도 그와 같아서 (지혜
　의 광명이 널리 비춤으로써) 모든 중생으로 하여금 세간과 출세간의 모든
　선근의 업을 성취하게 한다"라고 하였으니 곧 포함하고 섭수하는 뜻
　이요, "그러나 여래의 몸은 분별이 없다"라고 하였으니 곧 두 번째 뜻
　[無分別]이다.

ㄷ. 경문을 인용하여 보변의 뜻을 해석하다[引經釋普徧義]
　　　　　　　　　　　　　　　　　　　　(佛身 22上1)

[疏] 佛身充滿於法界는 卽普徧義니라
■ '부처님의 몸이 법계에 가득함'은 곧 보변(普徧)의 뜻이다.

[鈔] 佛身充滿者는 卽現相品이니 下三句에 云, 普現一切衆生前이라 隨
　　緣赴感未不周나 而恒處此菩提座라하나니 此四句가 皆普徧義니 今

---

84) 여래출현품의 如來身業의 열 가지 비유이니 經云, "復次佛子여 譬如虛空이 寬廣非色이로대 而能顯現一切諸
　　色이나 而彼虛空은 無有分別하며 亦無戱論인달하야 如來身도 亦復如是하사 以智光明普照明故로 令一切
　　衆生으로 世出間間諸善根業이 皆得成就호대 而如來身은 無有分別하며 亦無戱論이니."(교재 권3 p. 251-)

제1. 世主妙嚴品 ② 　145

但用初句는 已足爲證이니라

● '부처님의 몸이 법계에 가득함'이란 곧 여래현상품[85]이니 아래 세 구절에 말하되, "간 데마다 중생 앞에 나타나시며 인연 따라 골고루 나아가지만 언제나 보리좌에 항상 계신다"라고 하였으니, 이 네 구절이 다 보변의 뜻이니, 지금에 다만 첫 구절만 쓴 것은 이미 족히 증명이 됨이다.

ㄹ. 한 가지 비유를 인용하여 보입(普入)과 수입(隨入)의 두 가지 뜻을 해석하다[引一喩釋普入隨入二義] 2.
ㄱ) 널리 들어감으로 해석하다[釋普徧入] (又云 22上5)
ㄴ) 평등하게 따라 들어감으로 해석하다[釋平等入] (亦非)

[疏] 又云, 譬如虛空徧至一切色非色處나 非至非不至인달하야 如來身도 亦復如是하사 徧一切法, 一切國土等이라하나니 卽普徧義오 亦非至非不至는 卽平等隨入義니라

■ 또 이르되,[86] "마치 허공이 모든 물질과 물질 아닌 곳에 두루 가지만 이르는 것도 아니고 이르지 않는 것도 아니니, (허공은 몸이 없는 까닭이다) 여래의 몸도 그와 같아서 (모든 곳에 두루 하고 모든 중생에 두루 하고) 모든 법과 모든 국토에 두루 하다"라고 하였으니 곧 보변(普徧)의 뜻이다. '이르는 것도 아니고 이르지 않는 것도 아님'은 곧 평등히 따라 들어간다는 뜻이다.

---

85) 교재 권1 p.129-.
86) 이는 如來出現品 제37의 如來身業에 대한 비유이다. 具云하면, "佛子야 譬如虛空이 徧至一切色非色處호대 非至非不至니 何以故오 虛空은 無身故인달하야 如來身도 亦如是하사 徧一切處하며 徧一切衆生하며 徧一切法하며 徧一切國土호대 非至非不至니 何以故오 如來身은 無身故니 爲衆生故로 示現其身이니라 佛子야 是爲如來身第一相이니 諸菩薩摩訶薩이 應如是見이니라."(교재 권3 p.251)

(다) 어업으로 비유하다[語業] 4.

ㄱ. 함유하고 거두는 뜻[含攝義] (次以 22下6)

[疏] 次以四義喩語業者는 如來가 於一語言中具一切語言故며

■ 다음에 네 가지 뜻으로 어업에 비유한 것은 여래가 한마디 말씀 속에 모든 말씀을 모두 갖추었기 때문이다.

[鈔] 次以四義喩語業者는 卽第三段이니 如次證四義라 言如來於一語言中具一切語言故者는 卽證含攝義라 亦是義引이니 卽出現語業中의 第四,[87) 善口天女喩라 合云, 當知如來도 亦復如是하사 於一音中出無量聲하야 隨諸衆生心樂差別하야 皆悉徧至하야 悉令得解라하니라 釋曰, 據其末句인대 可證徧至어니와 今但取前은 卽含攝義니라 又妙嚴品에 云, 如來가 於一語言中演說無邊契經海라하니 亦卽含攝義也니라

● 다음에 네 가지 뜻으로 어업에 비유한 것은 곧 셋째 문단이니 다음의 네 가지 뜻과 같다. 여래가 한마디 말씀 속에 모든 말씀을 모두 갖춘 까닭이라 말한 것은 곧 함섭(含攝)의 뜻을 증명하고 또한 뜻으로 인용한 것이니, 곧 '여래출현의 어업(語業)' 중에 넷째 선구천녀(善口天女)의 비유이다. 법과 합하여 말하되, "마땅히 알라. 여래도 그와 같아서 한 음성 속에 한량없는 음성을 내어 중생들의 차별한 마음을 따라 골고루 이르러서 그로 하여금 다 해탈케 한다"라고 하였다. 해석하자면, 그 말미의 구절에 의거한다면 두루 이름을 증명할 수 있지만 지금 다만 앞을 취한 것은 곧 함섭(含攝)의 뜻이다. 또 세주묘엄품에

---

87) 이는 如來出現品 자재천의 善口天女의 비유이다. (교재 권3 p.264-)

이르되, "여래께서 한마디 말씀에 그지없는 계경을 연설한다"고 하였으니 또한 함유하고 거두는 뜻이기도 하다.

ㄴ. 무분별의 뜻[無分別義] (舍支 23上5)

[疏] 舍支天鼓가 無心出故니라

■ 사지[舍支, 제석천왕의 딸 이름]와 하늘북이 무심(無心)에서 나오기 때문이다.

[鈔] 舍支天鼓者는 卽證第二無分別義라 此有二喩하니 一, 舍支者는 卽十忍品如響忍에 云, 如帝釋夫人인 阿修羅女를 名曰舍支니 於一音中出百千種音호대 亦不心念令如是出이라 菩薩摩訶薩도 亦復如是하야 入無分別界하야 成就善巧隨類之音하야 於無邊世界中에 恒轉法輪이라하니라 天鼓는 卽出現語業의 第三, 天鼓覺悟喩니 結云, 佛子야 彼天鼓音이 無主無作하며 無起無滅이나 而能利益無量衆生이라하고 下法合을 竟하고 結云, 而如來音不住方所하며 無有言說이라하니 卽無心出義라 又如隨好品에 天鼓爲諸地獄天子說法云호대 諸天子야 如我說我나 而不着我며 不着我所인달하야 一切諸佛도 亦復如是하사 自說是佛이나 不着於我며 不着我所라하니 卽無心義니라 故로 諸論에 皆云, 佛身如摩尼珠하사 無心現色하며 佛口如天鼓하사 無心出聲이라하니 皆無分別義니라

● 사지(舍支)와 하늘북[天鼓][88]이란 곧 둘째 무분별의 뜻을 증명하는 것이다. 여기에 두 가지 비유가 있으니, (1) 사지(舍支)란 곧 십인품(十忍品)의 여향인(如響忍)에 이르되, "제석천왕의 부인 아수라(阿修羅)의 딸

---

88) 舍支는 十忍品 제29 如響忍의 비유로 나오고(교재 권3 p. 102-), 天鼓는 如來出現品 제37의 如來語業의 비유이다. (교재 권3 p. 264-)

은 이름을 사지(辭支)라 하는데, 한 가지 음성에서 여러 가지 소리를 내지만 마음으로 생각하지도 않고 이렇게 내나니 보살마하살도 그와 같아서 분별이 없는 경지에 들어가면 교묘하게 종류를 따르는 음성을 성취하여 그지없는 세계에서 법륜을 항상 굴린다"라고 하였다.

(2) 하늘북은 곧 여래출현품 출현어업(出現語業)의 셋째, 하늘북이 깨닫게 하는 비유[天鼓覺悟喩]이니, "불자여, 저 하늘북 소리가 주재(主宰)도 없고 지음도 없고 일어남도 멸함도 없지만 한량없는 중생들을 이익되게 한다"라 하였고, 아래 법과 합함을 마치고 결론에서 이르되, "그러나 여래의 음성은 방소(方所)에 머무르지 않으며 말이 없다"라고 하였으니 곧 무심(無心)으로 출현한 뜻이다.

또 여래수호공덕품에 하늘북이 모든 지옥과 천자를 위하여 설법하여 이르되, "여러 천자들이여, 내가 나라고 말하여도 나에게 집착하지 않고, 내 것에 집착하지도 않는 것과 같이 모든 부처님들도 그와 같아서 스스로 부처라 말하여도 나에게 집착하지 않고 내 것에 집착하지도 않는다"라고 하였으니 곧 무심(無心)의 뜻이다.

ㄷ. 널리 두루 함의 뜻[普徧義] (如來 23下8)

[疏] 如來音聲이 無不至故니라
■ 여래의 음성은 이르지 못함이 없기 때문이다.

ㄹ. 평등하게 따라 들어가는 뜻[平等隨入義] 2.
ㄱ) 두루 들어가는 뜻[徧入義] (應知 24上1)
ㄴ) 평등하게 들어가는 뜻[平等入義] (又云)

[疏] 應知如來音聲은 無斷絶이니 普入法界故니라 又云, 如來音聲無邪曲은 卽平等義오 隨其信解하야 令歡喜故는 卽隨入義니라 以空一喩로 徧喩三業이니 故云, 正覺에 得無量淸淨三輪이라하니 明文昭然하니 非是穿鑿이니라 菩提身은 竟하다

■ 응당히 알라. 여래 음성은 단절이 없으니 널리 법계에 들어가기 때문이다. 또 말하되,[89] '여래 음성이 삿되거나 굽음이 없음'은 곧 평등의 뜻이고, '그 믿고 아는 것을 따라 환희케 하는 까닭'이라 함은 따라 들어가는[隨入] 뜻이다. 허공의 한 가지 비유로 두루 세 가지 업을 비유하므로 정각을 성취함에 한량없는 청정한 삼륜(三輪)을 얻는다 하였으니, 명문이 밝으니 천착함이 아니다. (1. 보리신(菩提身)은 마친다.)

[鈔] 又云如來下는 引於二文하야 別證平等隨入二義니 彼文具云, 應知如來音聲無邪曲이니 法界所生故라하나니라 言隨其信解令歡喜者는 具云, 應知如來音聲이 隨其心樂하사 皆令歡喜하나니 說法明了故라하나니라 上來四文은 皆出現語業이니라 以空一喩下는 第三, 結示有歸라 謂旣明文具有故로 應不可唯以初喩喩智며 及將後喩하야 喩身語也니라 初, 三業普周는 竟하다.

● 又云如來 아래는 두 문장을 이끌어서 따로 평등과 따라 들어감[隨入]의 뜻을 증명한 것이니, 저 문장에 갖추어 말하되, "여래 음성이 삿되거나 굽음이 없음을 알아야 하나니 법계로부터 나온 까닭이다"라고 하였다. '그 믿고 아는 것을 따라 환희케 하는 까닭'이라 말한 것은 갖추어 말하면, "여래의 음성이 그들의 좋아하는 마음을 따라 환희케 함을 알아야 하나니 법문 연설하기를 분명히 하는 까닭이다"라고

---

89) 이는 如來出現品의 如來語業에 대한 내용이다. (교재 권3 p. 261-)

하였다. 위의 네 가지 문장은 다 여래출현품의 어업(語業)이다. 以空
一喩 아래는 셋째, 결론적으로 돌아감이 있음을 보인 것이다. 이미 명
문(明文)이 갖추어져 있기 때문에 가히 첫째 비유로 지혜를 비유하지 못
하며, 뒤의 비유로 신업과 어업을 비유하였다.(1. 三業普周는 마친다.)

2. 위세신의 뛰어남[威勢超勝] 3.
1) 논을 인용하여 해석하다[引論總釋] (第二 24下6)

> 身恒偏坐一切道場하사 菩薩衆中에 威光赫奕이 如日輪
> 出하여 照明世界하시니라
> 몸은 항상 일체 도량에 앉아서 보살들 가운데서 그 빛나신
> 위엄이 혁혁하여 마치 해가 떠서 온 세계를 밝게 비추는 것
> 과 같았다.

[疏] 第二, 身恒下는 威勢身超勝이라 謂隨諸有情所樂하야 示現受用身
　　　土와 影像差別하야 無不周徧이라
■ 2.[90] 身恒 아래는 위세신이 뛰어남이니 모든 유정(有情)들의 좋아하
　　는 바를 따라서 수용신(受用身)과 수용토(受用土)의 차별된 모습을 나
　　타내어 두루 하지 않는 곳이 없음을 말하였다.

[鈔] 謂隨諸下는 卽唯識論平等性智之用이라 謂以四身明義하니 此當他

---

90) 이는 앞의 과목(본문 p.106)인 "後智入下는 第二, 別中에 分二하니 初는 總科오 二는 別釋이니 卽約十德하
야 別顯十身이라 文卽分十이니 一, 三業普周오 二, 威勢超勝이오 三, 福德深廣이오 四, 隨意受生이오 五,
相好周圓이오 六, 願身演法이오 七, 化身自在오 八, 法身彌綸이오 九, 智身이 窮性相之源이오 十, 力持身이
持自他依正이라"에서 二,威勢超勝의 과목이다.

受用身故라 雖語於土나 意正取身이니 唯識第十에 云, 二, 他受用身이니 謂諸如來가 由平等智하사 示現微妙淨功德身이니 居純淨土하야 爲住十地諸菩薩衆하야 現大神通하고 轉正法輪하며 決衆疑網하야 令彼受用廣大[91]法樂이라하니라 釋曰, 彼唯據淨土어니와 今十身圓融하고 染淨交徹일새 與彼小異耳니라

● 謂隨諸 아래는 곧 『성유식론』의 평등성지의 작용이다. '네 가지 몸으로 뜻을 밝힌다'고 하였으니 이는[威勢身] 타수용신(他受用身)에 해당한다. 비록 땅을 말하였지만 의미는 정히 몸을 취하였으니 『성유식론』 제10권에 이르되, "둘째는 타수용신이니 모든 여래가 평등성지로 인해서 미묘하고 청정한 공덕을 나투어 보이는 몸이니, 순수한 정토에 머물면서 십지위(十地位)에 머무는 많은 보살대중을 위하여 큰 신통을 나타내고 바른 법륜을 굴려서 뭇 의심을 결택하여 그들이 대승의 법락을 수용하도록 한다"라고 하였다. 해석하자면, 저들은[相宗에서는] 오직 정토만 의거하였지만 지금은[性宗에서는] 열 가지 몸이 원융하고 잡염[穢土]과 청정[淨土]이 서로 통하기 때문에 저들과는 조금 다를 뿐이다.

2) 경문을 따와서 개별로 해석하다[牒經別釋] 3.
(1) 처음 두 구절을 해석하다[釋初二句] 2.
가. 편의로 인하여 네 종류의 도량을 밝히다[因便明四類道揚]

(言一 25上4)

[疏] 言一切道場者는 略有十種하니 一, 智身徧坐法性道場이오 二, 法身

---

91) 廣大는 論南本作大乘이라 하다.

非坐而坐道場이오 三, 法門身安坐萬行道場이오 四, 幻化身安坐水月道場이니 此四는 義便故來니라

■ '모든 도량'이라 말한 것은 간략히 열 가지 종류가 있으니, (1) 지신(智身)이 두루 법성 도량에 편안히 앉음이요, (2) 법신(法身)은 편안히 앉음이 없이 도량에 앉는 것이요, (3) 법문신(法門身)은 만행(萬行) 도량에 안좌함이요, (4) 환화신(幻化身)은 수월(水月) 도량에 안좌하나니 이 네 가지는 이치의 편의로 온 것이다.

[鈔] 言一切道場下는 牒經別釋이니 上就別義하야 配受用身은 爲順法相이어니와 此中據實일새 故說十身皆坐道場이니라 而言此四義便故來者는 爲順十身別故라 若將十身하야 配十道場하면 初二, 可知오 三, 卽福德身, 願身, 相好莊嚴身이니 以福德에 云, 三世所行衆福大海라하니 是萬行故며 願是衆行之本이니 以行塡願하야사 方能徧周故오 相好莊嚴이 由行成故라 故로 十佛中名業報佛은 由萬行事業하야 報得相好故라 如云, 不可思議大劫海에 供養一切諸如來하며 普以功德施群生일새 是故端嚴最無比等은 皆約因成相好也라 然法門之言은 是天台가 依智論立名이니 卽功德法身이오

● 2) 言一切道場 아래는 경문을 따와서 개별로 해석함이다. 위의 다른 뜻에 나아가서 수용신을 배대한 것은 법상종(法相宗)을 따르는 것이고, 여기 본경에는 설법[實法]을 의거한 때문에 '열 가지 몸이 모두 도량에 앉았다'고 말한다. 그러나 '이 네 가지는 이치의 편의로 인해 왔다'라 함은 십신(十身)이 다름을 따르기 위해서이다. 만일 열 가지 몸을 열 가지 도량에 배열한다면 처음 두 가지는[智身과 法身] 알 수 있을 것이고, 다음 세 번째는 복덕신과 원신과 상호장엄신이니, 복덕신(福

德身)에 '삼세에 행하신 온갖 복덕의 바다'라 하였으니 만행(萬行)인 까닭이며, 원신(願身)은 온갖 수행의 근본이니 수행으로 원을 채워야만 비로소 두루 할 수 있기 때문이며, 상호가 장엄한 몸은 수행으로 인해 이룬 까닭이다. 때문에 열 가지 불신(佛身)[92] 중에 업보불(業報佛)은 만행의 업으로 말미암아 상호장엄신의 과보를 얻은 때문이다. 저 (세주묘엄품 주해신主海神 조)에 이르되, "헤아릴 수 없는 겁 바다에서 한량없는 여래에게 공양하오며, 많은 공덕 중생에게 보시하므로 단정하고 엄숙하기 비길 데 없네"라고 한 등은 모두 인행에 의지해 상호를 이룬 것이다. 그러나 법문신(法門身)이란 말은 천태종에서 『대지도론』에 의지해 주장한 이름이니 곧 '공덕의 법신'을 뜻한다.

四, 幻化身은 卽化身과 意生身과 力持身이니 此三은 皆屬化身攝故라 菩提身(爲)總이오 亦此化身攝이라 此四具九하고 兼後威勢하면 則十身具矣라 上約別說이어니와 旣十身圓融일새 隨擧一身하야 卽已具十이니 故로 坐一道場이 卽坐十類라 今就相顯일새 故說不同耳니라 已知十身坐處하니 次當別釋徧坐之[93]義하리라 一, 智身徧坐法性道場者는 法性是所證이니 以能證智로 安處理故라 二, 法身等者는 法身旣無能所일새 故曰非坐니 非坐之坐는 湛然安住일새 名坐道場이니라.

● (4) 환화신(幻化身)은 곧 화신(化身)과 의생신(意生身)과 역지신(力持身)이니 이 세 가지는 모두 화신에 속하여 섭수되기 때문에 이 네 가지로 아홉 가지 몸을 갖추고, 뒤의 위세신을 겸하면 열 가지 몸이 구족한

---

92) 이는 離世間品 제38에 그 내용이 보인다. (교재 권3 p. 324-).
93) 上三字 南金本作坐라 하다.

것이다. 위에서는 따로 말하였고 이미 열 가지 몸이 원융하니 한 몸을 거론함에 따라 곧 열 가지 몸이 구비되므로 한 도량에 앉음이 곧 '열 종류의 세계[十類世界]'에 안좌하는 것이라 이제 모양에 나아가 나타내었기 때문에 '같지 않다'고 말한 것이다. 이제 십신(十身)이 머무는 도량을 알았으니 다음은 당연히 '두루 앉음'의 의미를 해석하겠다. '(1) 지신(智身)이 법성 도량에 두루 안좌한다' 함은 법성(法性)이란 증득할 대상인 법이니 증득할 주체의 지혜로 이치에 편안히 처하기 때문이다. 둘째, 법신(法身) 등이란 법신은 주체와 대상이 없어졌으므로 안좌함이 아니니 앉음이 아닌 안좌는 담담하게 안주하는 까닭에 '도량에 안좌한다'고 말하는 것이다.

三, 法門身等者는 卽淨名經光嚴童子章에 云, 佛告光嚴童子하사대 汝行詣維摩詰問疾이라 光嚴白佛言호대 世尊하 我不堪任詣彼問疾이니다 所以者何오 憶念호니 我昔出毗耶離大城이러니 時維摩詰이 方入城커늘 我卽作禮而問言, 居士여 從何所來닛고 答我言호대 吾從道場來니다 我問道場者가 何所是니고 答曰, 直心是道場이니 無虛假故오 發行是道場이니 能辦事故오 深心是道場이니 增益功德故오 菩提心是道場이니 無錯謬故오 布施是道場이니 不望報故오 持戒是道場이니 得願具故오 忍辱是道場이니 於諸衆生心無礙故오 精進是道場이니 不懈退故오 禪定是道場이니 心調柔故오 智慧是道場이니 現見諸法故오하야 廣說乃至云, 一念에 知一切法是道場이니 成就一切智故니라 如是善男子야 菩薩若應諸波羅密하야 敎化衆生하면 諸有所作擧足下足이 當知皆從道場來하야 住於佛法矣라하나니라
釋曰, 光嚴謂事道場일새 故問道場이 何者是어늘 淨名은 以法表示

할새 故萬行爲得道之處가 卽是道場이니 故曰法門身이 坐萬行道場耳니라

● (3) 법문신(法門身) 등이란 즉 『유마경』의 광엄동자장(光嚴童子章)[94] 에 이르되, "부처님이 광엄동자에게 말씀하시었다. '네가 가서 유마힐을 찾아보고 문병하라.' 광엄(光嚴)이 부처님께 사뢰었다. '세존이시여, 저도 그를 찾아가 문병하기에는 감당하기 어렵습니다. 왜냐하면 그 옛날 제가 바이샬리 성문을 나가려 하였을 때의 일을 기억하기 때문입니다. 그때 마침 유마힐이 성문으로 들어왔는데 저는 그에게 인사를 하기를 「거사님, 어디서 오십니까?」 하고 물었습니다. 그는 「나는 도량에서 옵니다」고 답하였습니다. 저는 물었습니다. 「도량이라니 어디 말입니까?」 답하되, 「① 정직한 마음[直心]이 곧 도량이니 거짓이 없기 때문입니다. ② 수행하려는 결심[發行]이 곧 도량이니 성불의 일을 능히 성취시키기 때문입니다. ③ 깊은 결심[深心]이 곧 도량이니 공덕을 더욱 더하기 때문입니다. ④ 보리를 구하는 마음[菩提心]이 곧 도량이니 오류에 잘못 떨어지지 않기 때문입니다. ⑤ 보시함[布施]이 곧 도량이니 보답을 바라지 않기 때문입니다. ⑥ 계를 수지함[持戒]이 곧 도량이니 원력을 이루어 주기 때문입니다. ⑦ 인욕(忍辱)이 곧 도량이니 모든 중생에 대하여 마음에 걸림이 없기 때문입니다. ⑧ 정진(精進)이 곧 도량이니 나태하여 물러나지 않기 때문입니다. ⑨ 선정(禪定)이 곧 도량이니 마음이 조화를 이루기 때문입니다. ⑩ 지혜(智慧)가 곧 도량이니 모든 것을 있는 그대로 보기 때문입니다.」 하고 널리 말하고 나아가 한 생각에 모든 것을 아는 것[知一切法]도 곧 도량이니 모든 것을 아는 지혜[一切智]를 완성하기 때문입니다. 이처럼 선남자여

---

94) 『유마경』제4 菩薩品에 보인다. (대정장 권14 p. 542 c10-).

보살이 만일 여러 바라밀로 응하여 중생을 교화한다면 발을 딛는 곳
[擧足下足]이 모두 도량으로부터 와서 불법(佛法)에 주하는 것임을 알
아야 합니다'라고 하였습니다." 해석하면, 광엄(光嚴)은 사물의 도량
을 말하였으므로 '어느 곳이 도량입니까?'라고 묻자 유마거사는 법
으로 표하여 보였으므로 온갖 수행이 도를 얻는 장소가 곧 도량이 되
는 것이다. 때문에 "법문신(法門身)이 온갖 수행도량에 앉는다"고 말
했을 뿐이다.

四, 幻化身安坐水月道場者는 涅槃에 云, 吾今此身이 是幻身이라
則所得道之處가 如水中月이라하나니라 故로 昔人이 云, 修習空華萬
行하고 安坐水月道場하며 降伏鏡像天魔하고 證成夢中佛果라하니
意云, 若因若果가 皆從緣生일새 如幻夢故니라

● '(4) 환화(幻化)의 몸이 수월도량에 안좌한다'라 함은『열반경』에 이
르되, "나의 이 몸은 곧 허깨비 같은 몸이다. 곧 얻은 깨달음이 머
무는 곳이 마치 물속의 달과 같다"라고 하였다. 때문에 옛사람이
"허공 꽃과 같은 온갖 수행을 닦고 수월도량에 안좌(安坐)하며 '거
울 속의 영상 같은 천마[鏡像天魔]'를 항복받고 '꿈속 같은 부처의 과
위[夢中佛果]'를 증득해 이룬다"라고 하였다. 뜻으로 말하면, 저 인
(因)과 과(果)가 모두 인연에서 나왔으니 허깨비나 꿈[幻夢]과 같은
까닭이다.

나. 여섯 종류 도량을 바로 밝히다[正辯六類道場] (若正 27上4)

[疏] 若正約威勢身인대 略辯六類道場이니 一, 徧一切同類世界道場이니

如名號品等說이오 二, 一切異類世界니 謂樹形等이라 如世界成就
品이오 三, 一切世界種中이오 四, 一切世界海中이니 並如華藏品說
이오 五, 一切微塵衆이니 文云, 如於此會見佛坐하야 一切塵中亦如
是等이오 六, 刹塵帝網無盡道場이니 幷前十種일새 故云一切라하니라

■ 만일 정히 위세신(威勢身)을 의지하면 간략히 여섯 가지 도량을 말함이
니 ① 모든 같은 종류의 세계에 두루 한 도량이니 여래명호품(如來名號
品) 등[95]에 설한 것과 같고, ② 모든 다른 세계의 도량이니 나무 모양[樹
形] 세계 등을 말함이라 세계성취품(世界成就品)에 설한 것과 같고, ③
모든 세계 종류의 도량 등이요, ④ 모든 세계 바다의 도량이니 함께
화장세계품(華藏世界品)에 설한 것과 같고, ⑤ 모든 미진수 세계의 도
량이니 경문에 "이곳에 불(佛)이 도량에 앉아 계심을 보는 것과 같이
모든 먼지만 한 세계에도 또한 같나니" 등이요, ⑥ 찰진수(刹塵數)의
인다라망 세계해의 '그지없는 도량[無盡道場]'이니 앞의 열 가지 세계[維
摩居士의 열 가지 도량]와 함께하므로 '모두'라 하였다.

(2) 나머지 경문을 해석하다[釋餘文] (言菩 27下7)

[疏] 言菩薩衆中威光赫奕者는 正顯威勢超勝이 勝於勝者일새 故獨言菩
薩이오 非不超餘라 如日輪出하야 照明世界는 約喩以顯이니 暎山出
沒이라 無隱顯故오 處處全現이라 無異體故로 喩徧坐道場이니라

■ 보살대중 가운데 '그 빛나는 위엄이 혁혁하다'고 말한 것은 정히 위세
신의 훌륭함이 특히 뛰어나기 때문에 유독 보살만 말하였다. 나머지
교법[餘乘]보다 뛰어남이 마치 태양이 떠올라 세상을 밝게 비추는 것

---

95) 名號品等이란 鈔에, "言如名號品等者는 等取四聖諦와 光明覺品과 及昇忉利天宮品이니 謂徧法界虛空界
에 皆有百億四天下等一類相似하니 佛皆徧故라 已如前引하니라."

같다 한 것은 비유를 의지하여 나타낸 것이니, 산의 울퉁불퉁[出沒]한 것을 다 비추는 것은 감추고 드러냄[隱顯]이 (따로) 없기 때문이고, 곳곳마다 전신(全身)을 나투심은 다른 몸이 아니기 때문에 두루 도량에 안좌함에 비유하였다.

[鈔] 言菩薩衆中等者는 卽以此文으로 顯是威勢身也라 映蔽菩薩故니라 暎山出沒者는 謂映山出沒이 如化身坐道場이라 無隱顯者는 卽法身이 坐道場이라 處處全現下는 卽報身이 坐道場이니 以卽應卽眞故로 隨處卽全이오 皆無異體니라

● '보살대중 가운데 등'이란 이 문장으로 위세신임을 밝혔으니 비추어 보살을 가리어 버리기[掩蔽] 때문이다. 영산출몰(暎山出沒)이란 산의 울퉁불퉁함을 비추는 것이 마치 화신(化身)이 도량에 앉으시는 것과 같으며, 감추고 드러냄이 없다[無隱顯] 한 것은 법신(法身)이 도량에 앉으신 것이다. 處處全現 아래는 곧 보신(報身)이 도량에 앉으신 것이니 응하신 몸이 곧 진신(眞身)인 까닭에 곳을 따라 전신(全身)이요, 모두 다른 몸이 아니다.

(3) 비유한 문장을 해석하다[釋喩文] 2.
가. 앉을 도량에 비유하다[喩坐道揚] (大明 28上5)
나. 위세신에 비유하다[喩威勢身] (喩彼)

[疏] 大明流空에 餘輝掩耀일새 赫日之照며 難究其涯니라 喩彼威光이 超映菩薩에 菩薩이 不能測也니라

■ 태양이[大明] 하늘에 떠서 다른 빛을 가리므로 태양이 밝게 비추면 그

끝을 알기 어려운 것이니라. 저 위세신(威勢身)의 광명이 보살보다 뛰어나니 보살이 헤아리지 못하는 것이다. [96]

[鈔] 大明流空下는 正釋威勢니 大明은 卽日이요 餘輝는 謂星月等이라 日喻如來하고 月喻菩薩이며 星等은 以喻餘衆生[97]이라 正取映奪은 是威勢義며 兼菩薩은 不測며 亦威勢義라 言赫日之照等者는 卽夜摩會勝林菩薩偈에 云, 譬如孟夏月에 空淨無雲翳하면 赫日揚光輝하야 十方靡不充이라 其光이 無限量하니 無有能測知라 有目斯尚然이온 何況盲冥者아 諸佛亦如是하사 功德無邊際니 不可思議劫에 莫能分別知라하나니라

● (3) 大明流空 아래는 (비유한 문장으로) 위세신을 바로 해석함이니 큰 밝음은 곧 태양이요, 나머지 광채는 이른바 별과 달 등이다. 태양은 부처님께 비유하고 달은 보살에 비유하고 별 등은 나머지 중생에 비유하였다. 비침을 뺏어감을 바로 취한 것은 위세의 뜻이며, 보살을 겸한 것은 측량할 수 없으며 또한 위세의 뜻이기도 하다. '빛나는 비침 등'이라 말한 것은 곧 야마천궁(夜摩天宮) 법회의 승림(勝林)보살 게송 [98]에 이르되, "비유컨대 첫 여름날 구름 없는 깨끗한 허공 붉은 태양 광명이 찬란해 시방에 가득 차거든 / 그 빛이 한량이 없어 헤아려 알 수 없나니 눈뜬 사람도 그렇거든 하물며 소경들이랴. / 부처님들도 그와 같아서 끝 간 데 없는 크나큰 공덕 부사의한 겁을 지나면서도 분별하여 알 수 없느니"라고 하였다.

---

96) 鈔에, "대명은 곧 태양이요 나머지 빛은 달과 별 등이니 태양은 여래에, 달은 보살에, 별 등은 나머지 중생에 비유하였다."
97) 星等以喻餘衆生은 南金本에 星喻餘衆이라 하다.
98) 夜摩宮中偈讚品 제20의 게송(교재 권2 p.9~).

3) 비방을 해명하다[通妨] (旣云 28下4)

[疏] 旣云照世인대 則終益生盲이오 先照高山일새 獨言菩薩이니라
■ 이미 세상을 비춘다 하였으면 마침내 배 안의 소경[生盲][99]을 이롭게
  하겠지만, 먼저 높은 산을 비추기 때문[100]에 유독 보살만 말하였다.

3. 복덕이 깊고 넓은 몸[福德深廣] (第三 28下9)

三世所行衆福大海가 悉已淸淨하시니라
삼세에 행하신 온갖 복덕의 바다가 다 청정하시었다.

[疏] 第三, 三世下는 福德身深廣이라 三世佛德을 昔皆徧學이오 今三際
  已斷하고 垢習斯亡일새 故로 衆福皆淨이니라
■ 3. 三世 아래는 복덕의 몸이 깊고 넓음이다. 삼세(三世)의 불덕(佛德)
  을 옛적에 모두 다 배웠고, 이제 삼제(三際)가 모두 끊어져 번뇌와 습
  기마저 없어졌으므로 온갖 복덕이 다 청정한 것이다.

[鈔] 今三際已斷者는 此下에 釋淸淨義라 若有三世相하면 福非淸淨이어
  니와 稱法界修일새 故無三際니 謂不從前際來며 非向後際去며 不於
  現在住라 法身已淨은 爲斷三際니 福豈可量가 萬行之上에 垢習斯
  亡일새 故云淸淨이니 謂恒沙煩惱가 皆已盡故니라

---

99) 生盲에 관해서는 如來出現品의 '生盲衆生' 조에 보인다. (교재 권3 p. 253-)
100) '先照高山'에 대해서는 如來出現品의 '先照須彌山' 條에 그 내용이 보인다. (교재 권3 p. 252-)
  『대지도론』에서는 '先照東方'이라 한 誌文이 보인다. 論云, "問日, 何以先照東方 南西北後 答日, 以日出東
  方爲上故 佛隨衆生意 先照東方 復次俱有一難 若先照南方 當言何以不先照東西北方 若先照西北方亦
  爾"(대정장 권25 p. 113 b-).

● '이제 삼제가 다 끊어졌다' 함은 다음에 청정의 뜻을 해석한다. 만일 삼세의 모양이 남아 있다면 복덕이 청정하지 않겠지만 법계(法界)에 걸맞게 수행하였기 때문에 삼제가 없는 것이니, "과거[前際]로부터 온 것도 아니요, 미래[後際]를 향하여 가는 것도 아니며, 현재에 머물지도 않는다"고 말한다. 법신이 청정한 것은 삼제가 끊어짐이니 복덕을 어떻게 헤아리겠는가? 온갖 수행[萬行] 속에 번뇌와 습기가 없어졌으므로 청정하다 하였으니 때문에 항하의 모래 숫자와 같은 번뇌가 모두 다하였다 하는 것이다.

4. 의생신의 중생제도[隨意度生] (第四 29上6)

而恒示生諸佛國土하시니라
모든 불국토에 항상 태어남을 보이시니라.

[疏] 第四, 而恒下는 隨意受生이니 一, 隨他意하야 處處受生이오 二, 隨自意하야 能無不生이니 謂慈悲般若로 恒共相應하사 感而遂通하야 窮未來際니라

■ 4. 而恒 아래는 '뜻대로 태어난 몸[意生身]'이니 첫째는 남의 생각에 따라 곳곳마다 태어남[受生]이요, 둘째는 자신의 의지에 따라 태어나지 못함이 없으니 "자비와 반야로 함께 늘 상응해서 느껴 드디어는 통하여 미래의 세월에도 끝이 없다"고 하였다.

[鈔] 四卽意生身이라 然意生有二義하니 一者, 是喩니 猶如意去하야 速疾無礙故오 二者, 是法이라 自有二義하니 一, 隨自意오 二, 隨他意

라 總謂隨意速疾而成故[101]라 謂慈悲般若等者는 此卽唯識平等性智之用이니 此下는 配屬於化身이라 略擧一相이어니와 實則此身이 亦通他受用이니 隨十地菩薩意所生故라 又悲智相導하야 通化用故라 化身卽是無住涅槃之大用이니라

● 4. 곧 의생신(意生身)이다. 의생신에 두 가지 뜻이 있으니, 첫째는 비유이니 뜻 가는 것과 같아서 속도에 거리끼지 않은 까닭이고, 둘째는 법인데 두 가지 뜻이 있으니 ① 자신의 의지를 따름이고 ② 남의 뜻을 따름이다. 총론으로는 뜻에 따라 신속하게 이루는 연고이다. '자비와 반야' 등이란 이는 유식론의 평등성지의 작용을 말한 것이니, 이 아래는 화신(化身)에 속한다. 간략히 한 모습만 들었지만 실은 이 몸[意生身]도 타수용신(他受用身)과 통하니 십지(十地)보살의 의지대로 태어나기 때문이다. 또 자비와 지혜가 서로 인도하여 화신의 작용과 통하기 때문이니 화신이 곧 무주열반(無住涅槃)의 큰 작용이기 때문이다.

感而遂通者는 卽周易繫辭에 云, 夫易無思也며 無爲也하야 寂然不動이라가 感而遂通天下之故라 非天下之至神이면 其孰能與於此라하니라 注에 曰, 至神者는 寂然而無不應이니 斯盖功用之母며 象數之所由生이라 意明亡象하야사 方能制象이오 遺數하야사 方能極數오 非動이라야 方能應動이라하니 彼取易之虛無가 無動故로 能無不動이어니와 今借此言하야 以況如來가 內體圓寂하고 外應群生이라 躡上衆福已淨之體寂하야 便言而恒示生일새 故云, 寂然不動이라 感而遂通은 卽法身無生이나 無所不生耳니라

● '느끼어 드디어는 통하여'는 곧 『주역』 계사(繫辭)에 말하되, "대개 역

---

101) 南金本에는 아래에 '餘義 至廻向品辨'이 더 있다.

(易)은 생각도 없고 하는 것도 없어 고요히 움직이지 않다가[寂然不動] 느끼어 드디어는 천하의 일을 통한다. 천하의 지극한 신비로움이 아니면 누가 여기에 참여할 수 있겠느냐?"라고 하였다. 주(注)에 이르되, "지극한 신비로움이란 고요하지만 응하지 못함이 없으니 이는 대개 공용의 어머니이며 상수(象數)[卦象과 爻象]가 나온 원인이다. 뜻으로는 상(象)이 없어야[亡象] 비로소 상을 만들고[制象], 수(數)를 남겨야 바야흐로 수를 다할 수 있고, 움직임이 아니라야[非動] 비로소 움직임에 응함"을 밝혔으니, 저들이 역(易)의 허무(虛無)가 움직임이 없기 때문에 움직이지 못할 것도 없지만[無不動] 지금은 이 말[102]을 빌려서 여래께서 안으로 본체가 원만하고 고요하면서도 밖으로는 군생(群生)에 응하심에 비유한 것이다. 위의 온갖 복덕이 청정한 '몸의 고요함[體寂]'을 토대로 바로 "그러나 항상 수생(受生)함을 보인다"고 말한 때문에 '고요하여 움직이지 않는다[寂然不動]'고 하였다. '느끼어 드디어는 통함[感而遂通]'은 곧 법신(法身)은 태어남이 없지만 '태어나지 않는 것도 아닌 것[無所不生]'이다.

5. 상호가 원만한 몸[相好周圓] (第五 30上3)

無邊色相과 圓滿光明이 徧周法界하여 等無差別하시니라
끝없는 색상과 원만한 광명이 온 법계에 두루 하여 차별없이 평등하셨나니라.

---

102) 이는 앞의 문장인 '易之虛無가 無動故로 能無不動이어니와'를 가리킴이니 곧 '움직임이 없기 때문에 움직이지 못할 것도 없지만'을 가리킨다.

[疏] 第五, 無邊色下는 相好莊嚴身이니 色無盡故로 名色無邊이라 十蓮華藏微塵數相일새 名相無邊이라 而皆稱眞하야 則一一無邊諸相隨好와 放光常光이 皆稱法界일새 故云圓滿이오 廣處陜處에 皆圓現故로 名無差別이니라

■ 5. 無邊色 아래는 상호가 장엄된 몸이니, 색상이 그지없는 까닭에 이름과 색상이 가없으니 열 개의 연화장세계(蓮華藏世界) 가는 티끌 수[微塵數]의 모양이므로 이름과 모양이 가없다. 하지만 모두 진신(眞身)에 칭합하여 곧 낱낱이 가없는 여러 상호와 방광과 일상의 빛이 다 법계에 걸맞기 때문에 원만이라 말하고, 넓은 곳과 좁은 곳에 모두 원만히 나투기 때문에 무차별(無差別)이라 이름한다.

6. 원력신의 설법[願身演法] 2.
1) 대의를 표방하여 보이다[標示大意] (第六 30上9)

演一切法하시되 如布大雲하시니라
모든 법을 연설하시되 마치 큰 구름을 일으키는 듯하셨다.

[疏] 第六, 演一切法下는 卽願身演法이니 謂雨大法雨하사 斷一切疑니라 故로 下經에 云, 毗盧遮那佛이 願力周沙界하사 一切國土中에 恒轉無上輪이라하니라

■ 6. 演一切法 아래는 곧 원력의 몸이 법을 연설함이니, 큰 법의 비를 내려서 모든 의심을 끊었음을 말하였다. 때문에 아래 경문[103]에 이르되, "비로자나불 크신 서원이 끝없는 법계 가득하시어 모든 세계의 나

---

103) 이는 如來現相品 제2의 게송이다. (교재 권1 p.141-)

라들마다 위없는 법륜(法輪) 항상 굴리네"라고 하였다.

[鈔] 初, 標示大意니 謂雨大法雨하사 斷一切疑는 卽引唯識妙觀察智之 文하야 釋[104)成此義라

● 1) 대의를 표방하여 보임이니 '큰 법의 비를 내려서 모든 의심을 끊었 다'라고 말한 것은 곧 『성유식론』의 묘관찰지의 논문[105)을 이끌어 이 뜻이 되었다.

2) 경문을 따와서 자세히 해석하다[牒經委釋] (然經 30下3)

[疏] 然經二句는 上法이오 下喩라 文含多意하니 一, 雲喩於身이오 雨爲 說法이니 法喩影略이라 又先, 興慈雲하고 後, 霆法雨하야 一雲一雨 가 所潤不同이오 亦隨物機宜하야 雲雨各異며 掩塵蔽日이며 普覆無 心等이니라

■ 그러나 경의 두 구절은 위는[演一切法] 법이고, 아래는[如布大雲] 비유이 다. 하지만 글은 (짧지만) 많은 뜻을 가졌으니, 1. 구름을 몸에 비유하 여 비는 설법이 되게 하니 법과 비유가 서로 비추며 생략하였다. 또 먼저 자비의 구름을 일으키고 뒤에 법의 비를 쏟아부어 한 구름과 한 비[一雲一雨]가 받아들임이 같지 않고, 또한 물상과 시기의 알맞음에 따라서 구름과 비가 각각 다르며 티끌과 태양을 가리며 널리 무심(無 心) 등도 덮는다.

---

104) 釋은 南金本作別이라 하다.
105) 이는 앞의 주 51) 참조. "於大衆會에 能現無邊作用差別하야 皆得自在하며 雨大法雨하고 斷一切疑하야 令 諸有情으로 皆獲利樂이라하니라."

[鈔] 三, 牒經委釋이라 總有五意하니 一, 雲喩法身이오 雨喩說法이라 法喩影略者는 出現語業第十에 娑竭羅龍王降雨喩中에 廣說諸處雲色不同하며 雨亦各別하니 合中에 云, 佛子야 如來應正等覺無上法王도 亦復如是하사 欲以正法敎化衆生하야 先布身雲하야 彌覆法界하고 隨其所欲하야 爲現不同하니 所謂或爲衆生하야 現意生身雲하며 或爲衆生하야 現化身雲하며 或現力持身雲, 色身雲, 相好身雲, 福德身雲, 智慧身雲, 諸力不可壞身雲, 無畏身雲, 法界身雲이라하며 皆有或爲衆生現言이라하나라

● 2) 경문을 따와서 자세히 해석함이다. 모두 다섯 가지 의미가 있으니, (1) 구름은 법신에 비유하고 비는 설법에 비유하여 법과 비유가 '비추어 생략함[影略]'은 여래출현품의 어업(語業) 제10[106]에 사갈라(娑竭羅)용왕의 비 내리는 비유[降雨喩]에 여러 곳의 구름 빛깔이 같지 않음을 널리 설하였고, 비에도 또 각각 다르니 법과 합함[合]에서 말하였다. "불자여, 여래·응공·정등각의 위없는 법왕도 그와 같아서 바른 법으로 중생을 교화하려 할 적에 먼저 몸 구름을 일으켜 법계에 두루 덮고 그들의 좋아함을 따라 나타냄이 같지 아니하니, 이른바 어떤 중생을 위하여는 살아 있는 몸 구름을 나타내고, 어떤 중생을 위하여는 화신 구름을 나타내고, 어떤 중생에게는 힘으로 유지하는 몸 구름을 나타내고, 어떤 중생에게는 형상 몸 구름을 나타내고, 어떤 중생에게는 잘난 몸매 구름을 나타내고, 어떤 중생에게는 복덕 몸 구름을 나타내고, 어떤 중생에게는 지혜 몸 구름을 나타내고, 어떤 중생에게는 모든 힘 깨뜨릴 수 없는 몸 구름을 나타내고, 어떤 중생에게는 두려움 없는 몸 구름을 나타내고, 어떤 중생에게는 법계 몸 구

---

106) 如來出現品 제37의 내용. (교재 권3 p. 267-)

름을 나타내느니라"라고 하며 모두 혹 중생을 위하여 말로 표현함이
있다.

次云, 此相現已에 一切衆生身之與心이 皆得淸凉하나니 然後에 從
如來大法身雲과 大慈悲雲과 大不思議雲하야 雨不思議廣大法雨하
야 令一切衆生으로 身心淸淨이니 所謂爲坐菩提場菩薩하야 雨大法
雨하나니 名法界無差別等이라하니 故知雲爲法身이오 雨爲說法이로다
言法喩影略者는 法中但有法說하고 喩中但有興雲故라 若具應云인
대 應現化身하야 演一切法이 如布大雲하야 雨大法雨니라 又先興慈
雲等者는 亦卽上出現所引之文이오 一雲一雨等者는 卽法華藥草
喩品에 云, 一雲所雨가 稱其種性하야 而得生長華果敷實이라 雖一
地所生이며 一雨所潤이나 而諸草木各有差別은 喩也오 合에 云, 迦
葉當知하라 如來도 亦復如是하사 出現於世가 如大雲起하사 以大音
聲으로 普徧世界天人阿修羅가 如彼大雲徧覆三千大千世界라하나니
라 釋曰, 上卽合雲이니라

● 다음에 말하되, "이 현상이 나타나니 모든 보살과 중생들의 몸과 마
음이 다 상쾌하여지고, 그런 뒤에 여래의 큰 법신 구름과 큰 자비 구
름과 큰 부사의 구름으로부터 부사의하고 광대한 법비를 내려 일체
중생의 몸과 마음을 청정케 하나니, 이른바 보리장에 앉은 보살을 위
하여 큰 법비를 내리니 이름은 법계가 차별 없음이요" 등이라 하였으
니, 때문에 구름은 법신이요, 비는 설법임을 알겠다.

'법과 비유가 서로 비추어 생략되었다'고 말한 것은 법 가운데 다만
법을 설한 부분[法說]만 있고, 비유 가운데 다만 구름을 일으킨 부분
[興雲]만 있기 때문이다. 만일 함께 말한다면 "화신으로 응현하여 온

갖 법을 연설하심이 마치 큰 구름으로 덮어 광대한 법의 비를 내리는 것과 같다"고 해야 하리라. '또 먼저 자비의 구름을 일으켰다' 함은 또한 여래출현품의 인용문이며 '한 구름과 한 비'라 한 등은 곧 『법화경』약초유품(藥草喩品)에 말하되, "한 구름에서 내리는 비가 그들의 종류와 성질을 따라서 자라고 크며 꽃이 피고 열매를 맺나니, 비록 한 땅에서 나는 것이며 한 비로 적시는 것이지만 여러 가지 풀과 나무가 저마다 차별이 있느니라"라고 한 것은 비유이고, 합에서는 "가섭이여, 마땅히 알아라. 여래도 그와 같아서 세상에 출현하심은 마치 큰 구름이 일어나는 것과 같고, 큰 음성으로 온 세계의 하늘과 인간, 아수라에게 두루 들리는 것은 저 큰 구름이 삼천대천세계에 두루 덮이는 것과 같으니라"라고 하였다. 해석하자면, 위는 구름에 대한 합이다.

次云, 如來于時에 觀是衆生의 諸根利鈍과 精進懈怠하사 隨其所堪하야 而爲說法호대 種種無量하야 皆令歡喜하야 快得善利라하니라 釋曰, 上卽合雨니라 何以知是一耶아 次云, 如來知是一相一味之法이니 所謂解脫相, 離相, 滅相이며 究竟至於一切種智라하니 卽一雲一雨之義也니라 偈云, 其雲所出一味之水에 草木叢林隨分受潤이라하니 亦一雲一雨所潤不同이니라 下에 云, 爲大衆說甘露淨法이니 其法一味解脫涅槃이라 以一妙音演暢斯義라하시며 乃至云, 正見邪見利根鈍根에 等雨法雨而無懈倦이라 一切衆生聞我法者가 隨力所受하야 住於諸地하며 或處人天, 轉輪聖王, 釋梵諸王은 是小藥草等이니 皆一雲一雨의 所潤不同也니라

● 다음[약초유품]에 또 이르되, "여래께서 그때에 이 모든 중생들의 근기

가 영리하고 둔함과 정진하고 게으름을 관찰하여 그 능력을 따라서 [隨其所堪] 설법하여 주시되 한량없는 이들을 모두 즐겁게 하며 좋은 이익을 얻게 하였느니라"고 하시었다. 해석하자면, 위는 비에 대한 합이다. 어떻게 한결같은 줄 아는가? 다음에 말하되, "여래가 설하는 법은 한 모습[一相], 한 맛[一味]이니 이른바 해탈의 모습이며 여의는 모습이며 적멸한 모습이니 궁극에는 '일체 종지(一切種智)'에 이르는 것이니라"라고 하였으니 곧 한 구름과 한 비의 뜻이다. 게송에 이르되, "한 구름에서 내린 한 맛의 비 모든 초목의 분량 따라 고루 받아"라고 하였으니 역시 한 구름과 한 비이지만 적시는 물상이 다른 것이다. 아래에 또 "대중들을 위하여서 감로의 깨끗한 법 말하노니, 그 법은 한 맛으로 해탈이요 열반이라 한 가지 묘한 음성 이런 뜻을 연설하라"라고 하였으며, 나아가 "바른 소견, 나쁜 소견, 영리하고 둔한 머리 평등하게 법비 내려 게으를 줄 모르나니 온갖 중생 내 법 한 번 듣고 나면 힘을 따라 받아 익혀 여러 지위 머물 적에 혹은 천상 혹은 인간, 전륜성왕, 제석천왕, 범천왕과 같은 이들은 작은 약초" 등이라 하였으니, 모두 한 구름과 한 비이지만 적시는 물상[所潤]이 다른 것이다.

亦隨物機等者는 亦出現意라 上引法華는 雲雨則一이나 所潤不同으로 喩佛身說法이 曾無有差나 異在於物이어니와 今明佛能具異니 謂現十身雲하사 降十法雨라 如沙竭羅龍王興雲호대 或閻浮檀金光明色하며 或毘琉璃光明色하며 或白銀光明色하며 或玻瓈光明色等이 卽雲不同也오 次에 云, 所謂於大海中雨淸淨水[107]하니 名無斷絶이

---

107) 유통본과 疏鈔會本에 淸淨水라 하였으나 『80권 화엄경』 본문에는 '雨淸泠水'라 하다. (대정장 권10 p. 269 c27-)

오 於他化自在天에 雨簫笛等種種樂音하니 名爲美妙等은 即雨不
同也라 故云雲雨各異니라 掩塵蔽日等者는 即十地經과 及法華意니
法雲地에 云, 佛子야 此地菩薩이 以自願力起大悲雲하고 震大法雷
하며 通明無畏以爲電光하고 福德智慧而爲密雲하야 現種種身하야
周旋往返호대 於一念頃에 普徧十方하야 百千億那由他世界微塵數
國土에 演說大法하사 摧伏魔怨하며 復過此數하야 於無量百千億那
由他世界微塵數國土에 隨諸衆生心之所樂하야 霔甘露雨하고 滅除
一切衆惑塵燄하나니 是故로 此地名爲法雲이라하나라 釋曰, 此即掩
塵과 及普覆義니라

● '또 물상의 기틀을 따른다' 함은 역시 여래출현품의 뜻이다. 위에서
『법화경』을 인용한 것은 구름과 비는 하나이지만 적시는 물상이 다
른 것은 '부처님의 설법은 차별이 없지만 다른 것은 물상에 있다'고
한 것이고, 지금은 부처님이 능히 다른 것을 구비하였음을 밝혔으니
"열 가지의 신운(身雲)을 나투어 열 가지 법비를 내린다"고 말하였다.
마치 사갈라용왕이 큰 구름을 일으키되 혹 염부단금 광명 빛·비유
리 광명 빛·백은(白銀) 광명 빛·파려 광명 빛 등으로 '신운(身雲)이
같지 않은' 것이다. 다음에 이르되, "이른바 큰 바다에는 맑고 찬 물
[淸冷水]을 내리니 이름이 끊기지 않음이요, 타화자재천에는 저와 퉁
소 따위의 풍악 소리를 내리니[雨] 이름이 미묘함이요" 등은 곧 비가
같지 않은 것이므로 구름과 비가 각각 다르다. '티끌 수 국토를 가리
고[掩塵] 태양을 막는다'고 말한 것은 곧『십지경(十地經)』과『법화경』
의 뜻이니 법운지(法雲地)108)에 말하되, "불자여, 이 지위의 보살이 자
기의 원력으로 크게 자비한 구름을 일으키고, 큰 법의 우레를 진동하

---

108) 이는 十地品 제26의 釋法雲地名條에 나오는 내용이다. (교재 권2 p.511-)

며 여섯 가지 신통[六通]과 세 가지 밝음[三明]과 두려움 없음[無畏]으로 번개가 되고, 복덕과 지혜는 빽빽한 구름이 되며, 여러 가지 몸을 나타내어 가고 오며 두루 돌아다니면서 잠깐 동안에 시방으로 백천억 나유타 세계의 티끌 수 국토에 두루 하여 큰 법문을 연설하여 마군(魔軍)과 원수들을 꺾어 굴복하며, 이보다 더 지나가는 한량없는 백천억 나유타 세계의 티끌 수 국토에서 중생들의 좋아하는 마음을 따라서 단비를 퍼부어 일체 번뇌의 불을 멸하나니, 그러므로 이 지위를 법운지라 하느니라"라고 하였다. 해석하자면, 이는 곧 티끌 수 국토[塵土]를 가리고 널리 (중생계를) 덮는다는 뜻이다.

無心之義는 乃是通說이니 卽出現에 云, 復次佛子야 譬如海中有大龍王하니 名大莊嚴이라 於大海中降雨之時에 或降十種莊嚴雨하며 或百或千이며 或百千種莊嚴雨하거니와 佛子야 水無分別이나 但以龍王不思議力으로 令其莊嚴하며 乃至百千無量差別하니라 如來應正等覺도 亦復如是하야 爲諸衆生說法之時에 或以十種差別音說하며 或百或千이며 或以百千이며 或以八萬四千音聲으로 說八萬四千種行하시며 乃至或以無量百千億那由他音聲으로 各別說法하사 令其聞者로 皆生歡喜니라 如來音聲은 無所分別이언마는 但以諸佛甚深法界로 圓滿淸淨케하고 能隨衆生根之所宜하사 出種種言音하야 皆令歡喜等이라하니 卽無心義니라 卽娑蝎興雲喩中에도 亦云, 雖彼龍王이 其心平等無有彼此나 但以衆生善根異故로 而有差別[109]이라하니 亦是無心之義니라 法華에 亦云, 我無貪着이며 亦無限礙라하고 又云, 等雨法雨하야 而無懈倦이라하니 皆無心義니라

---

109) 유통본과 疏鈔會本에 而有差別이라 하나 경의 본문에는 '雨'라 하다. (대정장 권10 p. 270 a 7-)

● 무심(無心)의 뜻은 평상적인 말이니 여래출현품에 이르되, "또 불자여, 마치 바다 가운데 큰 용왕이 있으니 이름이 대장엄이라. 큰 바다 속에서 비를 내릴 적에 열 가지 장엄한 비를 내리기도 하고, 혹은 백 가지 · 천 가지 · 백천 가지 장엄한 비를 내리기도 하거니와 불자여, 물은 분별이 없고 다만 용왕의 부사의한 힘으로 장엄케 하며, 내지 한량없는 차별이 있게 하느니라. 여래 · 응공 · 정등각도 그와 같아서 중생들에게 법을 말할 적에 혹은 열 가지 차별한 음성으로 말하고, 혹은 백 가지 · 천 가지 · 백천 가지 · 팔만사천 가지 음성으로 팔만사천 가지 행을 말하며, 내지 한량없는 백천억 나유타 음성으로 각각 차별하게 법을 말씀하시어 듣는 이가 모두 환희하게 하지만 여래의 음성은 분별함이 없고, 다만 부처님들이 깊은 법계를 원만하게 청정케 하고, 중생들의 근기에 마땅함을 따라서 가지가지 음성을 내어 모두 환희케 하느니라"라고 하였으니 곧 무심(無心)의 뜻이다. 곧 사갈라용왕의 '구름 일으키는 비유[興雲喩]'[110]에 또 말하되, "저 용왕의 마음은 평등하여 피차가 없지마는 중생들의 선근이 다르므로 차별이 있느니라"라 하니 이것도 무심의 뜻이다. 『법화경』[111]에도, "나에게는 탐착하는 마음이나 걸림 또한 없다"라 하시고, 또 이르되, "평등하게 법비를 내려서 게으름을 모른다"라고 하였으니, 다 무심(無心)의 뜻이다.

7. 화신의 자재한 교화[化身自在] 2.

1) 대의를 표방하여 보이다[標示大意] (第七 33下9)

---

110) 여래 출현의 내용이다. 교재 권3 p. 269- .
111) 이는 『법화경』 藥草喩品의 게송이다. (대정장 권10 p. 20 a-)

一一毛端에 悉能容受一切世界하시되 而無障礙하여 各現無量神通之力하사 敎化調伏一切衆生하시니라

낱낱 털끝에 일체 세계를 다 수용하되 아무런 장애가 없었다. 각각 한량없는 신통력을 나타내어 일체 중생을 교화하고 조복하셨다.

[疏] 第七, 一一下는 化身自在니 謂於大衆會에 能現無邊作用差別이 皆自在故라

■ 7. 一一 아래는 화신이 자재함이니 대중의 모임에서 '그지없는 작용의 차별을 나툰다'고 말한 것이 모두 자재한 까닭이다.

[鈔] 謂於大衆下는 即引唯識妙觀察智之用하야 釋成化身이라

● 謂於大衆 아래는 곧 『유식론』의 묘관찰지의 작용을 이끌어 화신을 해석한 내용이다.

2) 경문을 따와서 자세히 해석하다[牒經委釋] 2.
(1) 널리 용납함을 해석하다[釋廣容] (文中 34上2)

[疏] 文中二니 先, 明廣容無礙라 謂於如來身과 一一毛頭에 容一切刹호대 而無障礙라 無礙有二義하니 一, 以一小毛로 現多大刹하니 則一多大小無礙오 二, 此毛多刹이 與彼毛多刹로 參而不雜하니 則隱顯無礙라

■ 경문에 둘이니 (1) 널리 용납함이 무애함을 밝힘이다. 여래의 몸과 낱낱의 털 위에 일체 찰토를 포용하되 장애됨이 없다. 무장애에 두 가

지 뜻이 있으니 (1) 한 작은 털로 많고 큰 세계를 나투었으니 하나와 여럿, 큰 것과 작은 것이 무애함이요, (2) 이쪽 털 속의 많은 세계가 저쪽 털 속의 많은 세계와 함께 섞이지만 혼란스럽지 않으니, 곧 숨고 나타남이 자재함[隱顯自在]이다.

[鈔] 廣容無碍者는 謂法界如空이 有其二義하니 一, 廣容이오 二, 普徧이라 今一塵如法界之包含故로 即是廣容이라

● '넓게 포용함이 무애하다'는 것은 법계가 허공과 같음이 두 가지 뜻이 있다 하니, (1) 넓게 용납함[廣容]이요, (2) 널리 두루 함[普徧]이다. 이 한 티끌 세계가 법계에 포함되는 것과 같기 때문에 곧 넓게 포용한다 하였다.

(2) 널리 두루 함을 해석하다[釋普徧] 2.
가. 바로 해석하다[正釋] (後各 34上8)
나. 거론하여 비교하며 해석하다[擧況釋] (若廣)

[疏] 後, 各現下는 普徧이니 以廣容不礙普徧故라 還於前毛內刹中에 神力調生하니라 若廣徧十方하야 示現種種變化三業하야 成所作事를 居然易了로다

■ (2) 各現 아래는 널리 두루 함을 해석함이니, 광용(廣容)이 보변과 장애되지 않기 때문이다. 도리어 앞의 털 속의 세계에서 신력(神力)으로 중생을 조복한다. 넓게 시방에 두루 하여 갖가지 변화신의 삼업(三業)을 시현하여 성소작지(成所作智)의 묘용(妙用)의 일[112]과 같음을 쉽게

---

112) 앞의 주 54)에서 成所作智에 대하여 이미 소개하였다.

알 것이다.

[鈔] 以廣容下는 出毛內調生所以니 謂廣容則收法界하야 入於一毛오
普徧則展一毛하야 徧於法界라 …〈後略〉…

● 以廣容 아래는 털 속의 중생조복의 원인을 나타내었으니, 넓게 포용
함으로 보면 법계(法界)를 거두어 한 개의 털 속 세계에 들어가게 하
고, 보변(普徧)으로 보면 한 개의 털 속 세계를 펼쳐서 법계에 두루 한
것이다. …〈아래 생략〉…

8. 법신으로 두루 다스리다[法身彌綸]

身徧十方하시되 而無來往하시니라
몸이 시방에 두루 하면서도 아무런 왕래가 없었다.

[疏] 第八, 身徧下는 法身彌綸이니 以法爲身하야 本來湛徧일새 故無來往
이오 依法現色이 還如法身하야 在此가 卽是在彼일새 亦不待往來니라

■ 8. 身徧 아래는 법신이 두루 다스림[彌綸]이니 법으로 몸을 삼아 본래
담담하고 두루 하므로 오고 감이 없는 것이다. 법을 의지해 색상을
나툰 것이 다시 법신과 같아서 이곳에 계심이 곧 저곳에 계심이므로
다시 오고 감을 기다리지 않는다.

[鈔] 彌綸은 卽周徧包羅之義라 以法爲身等者는 先明法性身徧無來往이오
依法現色下는 約應化法身하야 明無來往이라 所以用此釋者는 由下
以三身으로 收之니 以此屬化身故니라

● 미륜(彌綸)은 곧 두루 싸서 얽는다[周徧包羅]는 뜻이다. '법으로 몸을 삼는다'고 한 것은 먼저 법성의 몸이 두루 하지만 오고 감이 없음을 밝혔다. 依法現色 아래는 응신(應身)이 법신(法身)의 화현임을 의지하여 오고 감이 없음을 밝혔다. 이 해석을 쓴 이유는 아래까지 세 가지 몸[法·報·化身]으로 거두었기 때문이니 이것은 화신(化身)에 해당하는 이유이다.

9. 체성과 양상의 근원을 다한 지혜의 몸[智身窮性相之源]

智入諸相하사 了法空寂하시니라
지혜는 모든 형상 속에 들어가서 법이 공적함을 요달하였다.

[疏] 第九, 智入下는 智身窮性相之源이라 相別曰諸라하고 性皆空寂이니
性靜故寂이오 相無故空이니라

■ 9. 智入 아래는 체성과 양상의 근원을 다한 지혜의 몸이다. 양상이 다르므로 제(諸)라 하고, 성품이 다 공적함이니 본성이 고요하므로 적(寂)이요, 모양이 없으므로 공(空)이라 한 것이다.

10. 역지신의 신통변화[力持身] 2.

1) 역지신을 바로 해석하다[正釋力持] 2.
(1) 정보를 가지다[正報] (第十 35上7)
(2) 의보를 간직하다[依報] (後一)

三世諸佛의 所有神變을 於光明中에 靡不咸覩하여 一切
佛土不思議劫의 所有莊嚴을 悉令顯現케하시니라

삼세제불의 신통변화를 광명 가운데서 모두 다 보시며, 모든 부처님의 국토의 부사의한 겁에 있는 장엄들을 모두 다 나타나게 하였다.

[疏] 第十, 三世諸佛下는 力持身이니 能持自他依正이라 於中先, 持正報라 神謂妙智오 變謂現身이니 轉變變現을 俱名爲變이라 皆能持之하야 尙持於他은 況於自事아 後段亦然하니라 後, 一切佛土下는 能持依報라 橫盡諸土하고 豎窮諸劫하야 所有嚴事를 常持令現이니라

■ 10.　三世諸佛 아래는 역지신의 신통변화이니, 자신과 남의 의보와 정보를 잘 간직함이다. 그 가운데 (1) 앞은 정보(正報)를 가짐이다. '신통'은 묘한 지혜를 말하고, '변화'는 몸을 시현한다는 말이니, 무궁하게 변화[轉變]하여 변화신으로 나툼[變現]을 함께 변(變)이라 이름하였다. 다 잘 간직하여 오히려 남도 가지거든 하물며 자기의 일이겠는가? 뒷부분도 마찬가지이다. (2) 一切佛土 아래는 의보(依報)를 간직함이다. 좌우로 여러 국토를 다하고, 상하로 여러 겁을 다하여 가졌던 장엄(莊嚴)의 일을 항상 간직하여 시현하게 하였다.

2) 삼신으로 거두어 묶다[三身收束] 5.
(1) 바로 거두어 묶다[正收束] (上約 35下4)

[疏] 上約十身이어니와 若約三身者인대 則初三段은 皆名報身이오 而恒下는 化身이오 身徧十方下는 法身이라 就報身中하야 前一, 自受用報오 後二, 卽他受用報니 故云處菩薩衆이라

■ 위에서는 열 가지 몸을 의지하였고, (이제) 만일 세 가지 몸을 의지하

면, 가. 처음 세 문단[113]은 모두 보신(報身)이라 이름하고, 나. 而恒 아래는 화신(化身)이며, 다. 身徧十方 아래는 법신(法身)이다. 가. 보 신(報身)에 대하여 앞의 하나[菩提身]는 자수용보신(自受用報身)이며, 뒤 의 둘[威勢身과 福德身]은 곧 타수용보신(他受用報身)이니 때문에 '보살 대중 속에 계신다'고 하였다.

[鈔] 上約十身은 今以三身收束也라 於中에 初, 約三身·四身이라 然則 十身望三에 有通有局하니 菩提爲總이오 亦是化身이라 餘九身中에 願·化·力持는 此唯化身이오 意生·威勢는 通他受用及與變化오 福智·相好는 通於二報及變化身이오 法局法性이니 今取順次일새 故爲此配라 所以前菩提身일새 復明眞身하고 向來法身일새 復明色 身은 欲順今次第配故耳니라

● 위에서 의지한 십신(十身)을 지금은 삼신(三身)으로 묶어 본 것이다. 그 가운데 처음은 삼신(三身)과 사신(四身)[114]을 의지하였다. 그러나 십신을 삼신에 바라보면 두루 함도 있고 국한되는 것도 있으니 보리 신은 총상이 되며 또한 화신이다. 나머지 아홉 가지 몸 가운데에 원 신(願身)과 화신(化身)과 역지신(力持身)은 이것도 오직 화신(化身)이요, 의생신(意生身)과 위세신(威勢身)은 타수용신과 변화신에 함께 통하며, 복지신(福智身)과 상호신(相好身)은 두 가지 보신과 변화신(變化身)에 통하고, 법신은 법성신(法性身)에 국한되니 이제 차례로 취한 때문에 이렇게 배대하였다. 때문에 앞에 보리신(菩提身)이었으므로 다시 진신

---

113) 이는 앞의 큰 과목인 제5. 세존의 불가사의한 덕[敎主難思]을 종합 결론한 내용이다.
114) 四身은 『成唯識論』 제10권에서 말한 ① 自性身 ② 自受用身 ③ 他受用身 ④ 變化身의 네 가지를 말한다. 간 략히 보면, ① 자성신은 法身에 ② 자수용신은 自報身에 ③ 타수용신은 他報身에 ④ 변화신은 應身[곧 화신] 에 配對하고 있다.

(眞身)임을 밝히고, 원래의 법신(法身)이었으므로 다시 색신(色身)임을 밝힌 것은 이제 순서를 따르고자 한 때문일 따름이다.

(2) 거두어 묶은 이유를 내보이다[出收束所以] (以諸 36上3)

[疏] 以諸教中에 說三身·四身하야 成說[115]等別이어니와 今皆圓融하야 於一始成에 無不頓具니라
■ 여러 교법 중에 삼신(三身)과 사신(四身)을 말하여 같고 다른 점을 설하였고, 이제 모두 원융하여 하나를 비로소 이룸에 단박 갖추지 못함이 없다.

[鈔] 二, 出收束所以라 謂有問言호대 何用更以三身으로 收束十身가할새 故今釋云호대 以諸教에 三四迢然不同하니 今明圓融에 一身具三하니 則權實有別이라 言三身成異者는 法身無成이니 但出障爲成이오 報身은 四智創圓爲成이오 化身八相으로 菩提樹下爲成이오
三身說異者는 法身無說이오 報身은 佛佛相見이나 亦無有說이오 化身有說이라 若攝末歸本인대 應化非眞佛이오 亦非說法者라 卽報身說이니 報同所證일새 是法身說이니라 言四身成說異者는 於報身中에 開自他受用하니 自受用은 徧法界成일새 則無所說이오 他受用은 爲十地成일새 爲十地說이라 若依楞伽인대 四佛皆說이나 而說不同이라 言四佛者는 一, 化佛이오 二, 報生佛이오 三, 如如佛이오 四, 智慧佛이니 初는 化오 次는 報오 後二는 皆法이라 如如와 及如如智는 爲法身佛이오 亦可智亦是報니 自受用故니라 言說異者는 化身은 說施[116]戒

---

115) 說은 金本作就이나 誤植이다.
116) 施는 甲本作立하고 南續金本作五라 하다.

等因緣法이오 報佛은 說三性法이니 謂爲地上菩薩하사 說令成佛故라 法佛은 唯說離心自性이니 相則以無念으로 會於法界라 是故로 法佛은 唯說法性이니라 智佛說者는 依淨法界하야 了相智覺하야 如說而解일새 故名爲說이니라

● (2) 거두어 묶은 이유를 내보임이다. 말하자면 어떤 이가 묻되, "어째서 다시 세 가지 몸으로 열 가지 몸을 거두어 묶었는가?"라 한 까닭에 이제 해석하여 말하면, "여러 교법에 삼신과 사신이 완전히 다르니 이제 원융에 한 몸이 삼신을 갖추었음을 밝혔으니 권과 실이 다름이 있다. '삼신(三身)이 다름을 이룬다'는 말은 법신은 이룰 것이 없으니 다만 장애에서 벗어남을 이루었다 하고, 보신은 네 가지 지혜를 처음 원만히 함을 이루었다 하고, 화신은 여덟 가지 모습으로 보리수 아래에서 이룬 것이 된다."

'삼신(三身)의 설법이 다르다' 함은 ① 법신은 설법이 없고, ② 보신은 부처님과 부처님만이 서로 보지만 역시 설법이 없고, ③ 화신은 설법함이 있다. 만일 지말을 거두어 근본에 돌아가면 '응신(應身)과 화신(化身)은 진불이 아니요, 또 설법하지도 않으니' 곧 보신이 설법하니, 보신은 증득할 대상과 같으므로 곧 법신이 설법하는 것이다. '사신(四身)이 설법이 다른 점을 이루었다' 함은 보신 중에는 자수용과 타수용이 있으니, 자수용신은 온 법계에 이룸이니 곧 설함이 없고, 타수용신은 십지(十地)의 지위에서 이루었으므로 십지에 설법함이 된다. 네 부처님[四佛]이란 ① 화불 ② 보생불 ③ 여여불 ④ 지혜불이니, ①은 화신이요 ②는 보신이요 ③ ④는 법신이다. 여여(如如)와 여여지(如如智)는 법신불이요, 또한 지혜불도 보신이니 자수용신이기 때문이다. '설법이 다르다' 말함은 화신은 보시와 지계 등 인연법을 설하

고, 보신불은 삼성(三性)의 법문을 설하니 지상보살을 위하여 설하여 성불하게 하기 때문이다. 법신불은 오직 망심을 여읜 자성을 설하니, 모양은 무념으로 법계에 회통하였기 때문에 법신불은 오직 법성만을 설하였다. 지혜불의 설법이란 청정법계를 의지하여 모양을 요달하여 지혜를 깨달아 설한 대로 이해하므로 '설법한다' 하였다.

(3) 정보를 겸함을 밝히다[辨兼正] (十身 37上1)
(4) 국토 등과 원융한 십신[融十身] (又毛)

[疏] 十身爲正이오 三四義兼이니라 又毛內調生하시며 光中持刹하시며 如
    空普徧等이 亦卽國土等十身이며 三世間(之)圓融이어니 豈報化之云
    別이리오

■ 열 가지 몸은 정보(正報)이고, 세 가지 몸과 네 가지 몸은 뜻을 겸한다. 또 터럭 속에서 중생을 조복하며, 광명 속에 세계[刹土]를 가지며, 허공과 같이 널리 두루 하다는 등은 역시 곧 국토 등 십신이며, 삼세간에 원융하니 어찌 보신과 화신이 다르다 하겠는가?

[鈔] 又毛內調生下는 第四, 融國土等十身이라 毛內調生에 則有衆生身,
    聲聞身, 緣覺身, 菩薩身, 及業報身이오 光中持刹은 是國土身이오
    如空普徧은 是虛空身이오 菩薩衆中은 亦菩薩身이오 如來는 居然可
    見이로다
    三世間下는 謂十身中衆生業報는 卽衆生世間이오 國土虛空은 卽
    器世間이오 餘是智正覺世間이라 此三은 情非情異오 染非染異로대
    尙得爲一이어든 豈一如來身上에 而分報化之殊아 明知權說隔歷을

難可比此圓融이로다

● (4) 又毛內調生 아래는 국토 등과 원융한 십신(十身)이다. '터럭 속에 중생을 조복함'에 곧 ① 중생신과 ② 성문신과 ③ 연각신과 ④ 보살신과 ⑤ 업보신이 있고, '광명 속에 세계를 섭지(攝持)함'은 ⑥ 국토신이요, '허공과 같이 널리 두루 함'은 ⑦ 허공신이요, '보살대중 속'은 또 ④ 보살신이요, ⑧ 여래신은 쉽게 볼 수 있다.

三世間 아래는 열 가지 몸 가운데 ① 중생신과 ⑤ 업보신은 곧 중생세간(衆生世間)이요, ⑥ 국토신과 ⑦ 허공신은 곧 기세간(器世間)이요, 나머지[117]는 지정각세간(智正覺世間)이다. 이 세 가지는 유정과 무정[非情]이 다르고 염과 정[非染]이 다르지만 오히려 하나가 됨이니, 어찌 한 여래의 몸에 보신(報身)과 화신(化身)의 다름을 나누겠는가? 방편으로 말한[勸說] 현격하고 역력함[隔歷]을 이 원융과 비교할 수는 없다.

(5) 부사의함을 결론하고 찬탄하다[結嘆難思] (是知 37下1)

[疏] 是知略以十德으로 歎於敎主라 其一一德無不圓融이니 當去情思之矣니라

■ 이로써 간략히 열 가지 덕으로 교주(敎主)를 찬탄함을 알았다. 그 하나하나의 덕이 원융하지 않음이 없으니, 마땅히 허망한 생각을 버리고 생각해야 하리라.

---

[117] 나머지란 이는 融三世間十身을 말하는데 ② 聲聞身 ③ 緣覺身 ④ 菩薩身 ⑧ 如來身과 언급되지 않은 ⑨ 智身과 ⑩ 法身을 포함할 수 있다.

제1. 세상 주인들이 묘하게 장엄하는 품[世主妙嚴品] ③

제6. 구름처럼 모인 대중의 바다[衆海雲集] 10.

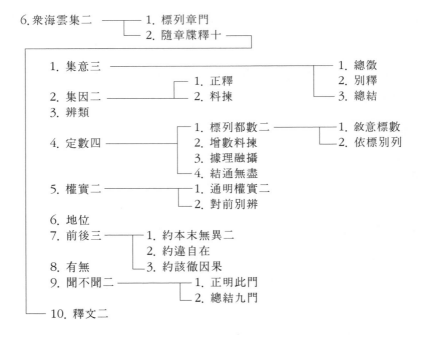

一. 열 개의 문을 나열하다[標列章門] (第六 1上5)

[疏] 第六, 有十佛世界下는 明衆海雲集이라 衆雖深廣難測이나 略啓十

門이니 一, 集意오 二, 集因이오 三, 辨類오 四, 定數오 五, 權實이오 六, 地位오 七, 前後오 八, 有無오 九, 聞不聞이오 十, 釋文이니라

■ 제6. 有十佛世界 아래는 대중들의 운집을 밝힘이다. 대중이 비록 깊고 넓어 헤아릴 수 없지만 간략히 열 가지 문을 열었으니 一) 모인 의미[集意]이고, 二) 모인 원인[集因]이고, 三) 대중의 부류를 분별함이고, 四) 대중의 숫자를 정함이고, 五) 방편대중과 실법대중[權實]이고, 六) 대중의 지위이고, 七) 대중의 배열함의 순서[前後]이고, 八) 대중의 있고 없음[有無]이고, 九) 들음과 듣지 못함[聞不聞]이며, 十) 경문 해석이다.

二. 가름을 따라 따와서 해석하다[隨章牒釋] 10.
一) 모인 의미를 밝히다[集意] 3.
(一) 총합하여 질문하다[總徵] (今初 1上8)
(二) 개별로 해석하다[別釋] (一爲)
(三) 총합하여 결론하다[總結] (爲斯)

[疏] 今初니 來至佛所는 何所爲耶아 有十義故니라 一, 爲影響이며 爲主伴故오 二, 爲作輔翼하야 得圓融故니 如普賢等常隨之衆이오 三, 爲守護如來니 如執金剛等이 諸佛住處에 常勤護故오 四, 爲莊嚴이니 如道場神等이 常爲嚴淨佛宮殿故오 五, 爲供養이니 如偈讚卽正行供養이며 華幢等卽財供養故오 六, 爲發起此經이니 諸請難者가 卽其事故오 七, 爲聞法獲益이니 當機領悟가 卽其類故오 八, 爲表法이니 諸首諸林은 表信行等皆同名故며 及座出菩薩等으로 顯奇特故며 亦通表萬行으로 俱成佛故오 九, 爲順證佛菩薩等의 證說不虛故오

十, 爲翻顯이니 卽聲聞不聞이니 顯法不共故라 爲斯多意일새 所以로
衆海雲集이오 非唯[118]證信而已也니라

■ 지금은 一)이니, '부처님 처소에 온 것'은 무엇을 하려 함인가? 열 가
지 의미가 있기 때문이다. (1) 영향이 되고 '설법주와 동반대중[主伴]'
이 되기 때문이요, (2) 도와주는 대중[輔翼衆]이 되어 원융함을 얻기
위한 때문이니 보현보살 등과 같은 항상 따르는 대중[常隨衆]이고,
(3) 여래를 지켜 주기 위함이니 집금강신 등과 같이 여러 부처님 처소
에서 항상 부지런히 보호하는 까닭이요, (4) 장엄을 위함이니 도량신
등과 같이 항상 부처님의 궁전을 깨끗이 장엄하기 위함이요, (5) 공
양 올리기 위함이니 게송으로 찬탄함은 곧 바로 공양을 행함이며 화
려한 당번(幢幡) 등과 같은 것은 곧 재물로 공양 올리기 때문이요, (6)
본경을 시작하기 위함이니 여러 청하기 어려운 것은 그 사실에 합치
하기 때문이요, (7) 법문을 듣고 이익을 얻기 위함이니 인연대중[當機
衆]이 깨달아 아는 것이 그 부류에 합치하였기 때문이요, (8) 법을 드
러내기 위함이니 여러 상수와 여러 권속들은 믿음과 행법 등이 모두
이름과 같음을 드러내기 때문이며 '사자좌에서 나온 보살' 등은 특별
함을 나타내는 까닭이며 또 통틀어 만행을 표하여 모두 성불하기 때
문이요, (9) 불보살(佛菩薩) 등의 증과(證果)와 설법이 헛되지 않음을
순리로 증명하기 위한 까닭이요, (10) 뒤집어 나타내기[翻顯] 위함이
니 곧 성문은 듣지 못함이니 법을 공유하지 못함을 나타내기 위함이
다. 이러한 여러 가지 의미 때문에 대중의 바다가 구름처럼 모인 것이
요, 유독 증득과 믿음을 위함만은 아니다.

---

[118] 唯는 甲續金本作爲라 하다.

[鈔] 一, 爲影響者는 此集意中에 十意가 皆闇取下經이니 此初意引이라 卽諸大菩薩과 及下證法如來가 皆互爲主伴이 若影之隨形하며 響之應聲故니라

三, 爲守護等者는 經에 云, 皆於往昔無量劫中에 恒發大願하야 願常親近供養諸佛이라하며 又下經에 云, 一切諸佛化形所在에 皆隨化往하며 一切如來所住之處에 常勤守護라하니라

四, 常爲嚴淨者는 此卽主城神德이니 下經에 云, 皆於無量不思議劫에 嚴淨如來所居宮殿이라하니 所以로 標道場神하고 此中等字가 等城神故라 然道場神은 合嚴道場이니 以道場神所歎德中에 但云, 皆於過去에 値無量佛하야 成就願力하야 廣興供養이라하니라 釋曰, 由無嚴飾之文일새 故等取城神之文耳니라

五, 爲供養等者는 以義繁重일새 故總相引이라 偈讚下는 妙嚴品이오 其華幢等은 卽二十二經昇兜率天宮品이라 六, 爲發起者는 卽解脫月等이라

● 一) 一爲影響이란 이 모인 의미 중에 열 가지 의미가 모두 가만히 아래 경전을 취한 것이니 이는 처음에 의미를 인용한 것이다. 곧 모든 보살과 아래 법을 증명한 여래가 다 서로 주인과 손님이 됨이 마치 그림자가 모습을 따르고 메아리가 소리에 응하는 것과 같은 까닭이다.

三) 三爲守護等이란 경문에[執金剛神條] 이르되, "모두 지난 옛적 한량없는 겁 동안에 큰 서원을 발해서 항상 모든 부처님을 친근하고 공양하기를 원했다"라고 하였으며 또 아래 경에 이르되, "모든 부처님의 화신이 있는 곳에는 다 따라가며 모든 여래가 머무는 곳에서 항상 부지런히 수호한다"라고 하였다.

四) 四常爲嚴淨은 이는 주성신(主城神)의 행덕이니 아래 경문에 이르

되, "모두 한량없는 부사의 겁에 여래가 거처하시는 궁전을 장엄하고 깨끗하게 하였다"라고 하였으니 그러므로 도량신을 표방하였고, 이 속의 등(等)이란 글자는 주성신과 같기 때문이다. 그러나 도량신은 종합적인 도량의 장엄이니, 도량신의 행덕을 찬탄한 것 가운데 다만 "모두 과거에 한량없는 부처님을 만나서 원력을 성취하여 공양을 널리 일으킨다"라고 하였다. 해석하면, 꾸밈이 없는 글이므로 동등하게 주성신의 문장을 취하였다. 五) 五爲供養等이란 뜻이 여러 번 중첩되기 때문에 총상으로 인용한 것이다. 게송으로 찬탄한 아래는 세주묘엄품이고, 그 화려한 당번(幢幡) 등은 곧 본경 제22권의 승도솔천궁품(昇兜率天宮品)이다. 六) 六爲發起란 곧 해탈월보살 등이다.

二) 모인 원인을 밝히다[集因] 2.
(一) 바로 해석하다[正釋] (第二 2下2)
(二) 구분하다[料揀] (中有)

[疏] 第二, 集因에 亦有十因하니 一, 曾與毘盧遮那如來로 同集善根故오 二, 蒙佛四攝하야 曾攝受故오 三, 往在生死하야 聞圓法故오 四, 曾發大心하야 護一切故오 五, 往發大願하야 願事佛故오 六, 隨逐如來하야 無厭足故오 七, 樂聞正法하야 心無倦故오 八, 善能散滅我慢心故오 九, 福智已淨하야 身周徧故오 十, 同一法性善根大海之所生故니 爲此多義하야 得預[119]斯會니라 中有集因이 亦通集意하며 及隨諸衆하야 各有別因하니 可以思準이니라

---

119) 預는 金本作與라 하다.

■ 二) 모인 원인[集因]에 또한 열 가지 원인이 있으니 (1) 일찍이 비로자나 여래와 함께 선근공덕을 쌓은 때문이고, (2) 부처님의 '네 가지 섭수하는 법[四攝法]'을 가피 입어 일찍이 섭수받은 때문이요, (3) 예전에 생사를 거듭하면서 원융한 법문을 들은 까닭이요, (4) 일찍이 대승심을 일으켜 온갖 (중생을) 보호한 때문이요, (5) 예전에 대원을 일으켜 부처님 섬기기를 서원한 까닭이요, (6) 여래를 따라다니면서도 싫어하지 않은 까닭이요, (7) 즐겨 정법을 들어도 권태로운 마음이 없었기 때문이요, (8) 잘 아만심을 없애기 때문이요, (9) 복과 지혜가 청정하여 몸이 두루 하기 때문이요, (10) 동일한 법성과 선근의 바다에서 태어났기 때문이니 이러한 여러 가지 뜻으로 인하여 이 대중의 모임이 된 것이다. 그 속의 운집한 원인이 역시 운집한 의미에 통하고, 또 여러 대중을 따라 각각 개별적인 원인이 있으니 생각해 보면 알 수 있으리라.

[鈔] 一, 曾與等者는 卽菩薩德中에 云, 此諸菩薩이 往昔에 皆與毘盧遮那如來로 共集善根하야 修菩薩行이라하니라 二, 蒙佛等者는 卽第二經初總歎衆에 云, 如是皆以毘盧遮那如來가 往昔之時에 於劫海中에 修菩薩行하사 以四攝事로 而曾攝受라하니라 三, 卽義引入法界品이니 諸聲聞等往在生死하야 不曾聞此일새 故不見聞으로 反顯菩薩은 昔曾聞故라 四, 卽夜叉王德이니 云, 皆勤守護一切衆生이라하니 此亦義引이오 如海雲이 言, 發哀愍心하야 有怖畏者를 咸守護故等이 卽其文也니라 五, 卽身衆神德이니 文에 云, 皆於往昔成就大願하야 供養承事一切諸佛이라하니라 六, 卽足行神德이니 文에 云, 皆於過去無量劫中에 親近如來하야 隨逐不捨라하니 卽無厭足이라 七, 卽乾闥

婆王德이니 文에 云, 皆於大法에 深生信解하야 歡喜愛重하야 勤修不倦이라하니라 八, 即主風神德이니 文에 云, 皆勤散滅我慢之心이라하니라 亦阿修羅德이니 文에 云, 悉已精勤하야 摧伏我慢及諸煩惱라하니라 九, 即菩薩德이니 文에 云, 一切如來功德大海가 咸入其身하며 一切諸佛所在國土에 皆隨願往이라하니라 亦通就義說인대 具二嚴者라야 方能周徧하야 至諸佛所니라 十, 亦菩薩德이니 文에 云, 皆從如來善根海生이라하니라 …〈下略〉…

● '(1) 일찍이 비로자나 여래 등'이란 곧 보살의 행덕에 이르되, "이 모든 보살들은 지나간 옛적에 다 비로자나 여래와 같이 선근(善根)을 모아서 보살행을 닦았다"라고 하였다. '(2) 부처님의 사섭법을 가피입어' 등은 곧 제2권 경문 처음에 통틀어 대중을 찬탄한 곳에 이르되, "이러한 이들은 모두 비로자나 여래가 지나간 옛적 많은 겁 동안 보살행을 닦을 때 네 가지 섭수하는 일로써 섭수했으며"라고 하였다. '(3) 예전에 생사를 거듭하면서 원융한 법문을 들음'은 곧 뜻으로 입법계품을 인용한 내용이니 모든 성문들이 과거에 생사윤회 하는 동안 한 번도 듣지 못하였으므로 보고 듣지 못한 것으로 도리어 보살을 드러낸 것은 예전에 일찍이 보고 들었기 때문이다. '(4) 일찍이 대승심을 일으켜'는 곧 야차왕(夜叉王)의 행덕이니 "모두 부지런히 일체 중생을 수호한다"라고 하였으니 이 또한 뜻으로 인용한 부분이다. 마치 해운(海雲) 비구[120]가 말하되, "불쌍하다는 마음을 내어 겁먹은 중생들을 다 수호하는 까닭이다"라 한 등이 곧 그것이다. '(5) 예전에 대원을 일으켜 부처님 섬기기를 서원함'은 곧 신중신(身衆神)의 행덕이니 경문에 이르되, "모두 지난 옛적에 큰 서원을 발해서 항상 모

---

[120] 이는 入法界品의 三, 海雲比丘의 發菩提心條의 내용이다. (교재 권4 p.72-)

든 부처님을 공양하고 받들기를 원한다"라고 하였다. '(6) 여래를 따라다니면서도 싫어하지 않음'은 곧 족행신(足行神)의 행덕이니 경문에 이르되, "모두 과거 한량없는 겁 중에 여래를 친근하여 따라다니기를 그만두지 않는다"라고 하였으니 곧 염족(厭足)이 없음이다. '(7) 즐겨 정법을 들어도 권태하는 마음이 없음'은 곧 건달바왕의 행덕이니 경문에 이르되, "모두 큰 법에 깊은 신해(信解)를 내어서 환희하며 소중히 여겨 부지런히 닦아 게으르지 않는다"라고 하였다. '(8) 잘 아만심을 없앰'은 곧 주풍신(主風神)의 행덕이니 경문에 이르되, "모두 아만심을 부지런히 흩어서 소멸한다"라고 하였다. 또한 아수라의 행덕이니 경문에 이르되, "모두 이미 정근해서 아만과 모든 번뇌를 꺾어서 조복받았다"라고 하였다. '(9) 복과 지혜가 청정함'은 곧 보살의 행덕이니 경문에 이르되, "일체 여래의 공덕 바다에 다 그 몸이 들어가고 일체 제불의 국토에 다 원대로 간다"라고 하였다. 또 통틀어 뜻에 나아가 설한다면 두 가지 장엄[二嚴][121]을 구비한 이라야 바야흐로 두루 모든 부처님 처소에 이를 수 있게 된다. '(10) 동일한 법성과 선근의 바다에서 태어남'은 역시 보살의 행덕이니 경문[122]에 이르되, "모두가 여래의 선근 바다에서 출생한 이들이다"라고 하였다. …〈아래 생략〉…

三) 부류를 밝히다[辨類] (第三 4上7)

---

[121] 두 가지 장엄이란 『緇門警訓』의 長老贖선사 龜鏡文 注에 云, "五度로 莊嚴化身하고 慧度로 莊嚴法身이라" 하였으니 곧 六波羅密을 통틀어 하는 말이다.

[122] 이는 世主妙嚴品 四, 衆海雲集條에 云, "此諸菩薩이 往昔에 皆與毘盧遮那如來로 共集善根하야 修菩薩行하시니 皆從如來善根海生이라."(교재 권1 p.6)

[疏] 第三, 辨類라 卽上集意가 便成十類니 一, 影響衆이오 二, 常隨衆이오 三, 守護衆이오 四, 嚴會衆이오 五, 供養衆이오 六, 發起衆이오 七, 當機衆이오 八, 表法衆이오 九, 證法衆이오 十, 顯法衆이니 準前可知니라

■ 三) 부류를 밝힘이다. 위에서 말한 一) 모인 의미가 그대로 열 가지 부류가 되었으니 (1) 그림자나 메아리 같은 대중[影響衆] (2) 항상 함께하는 대중[常隨衆] (3) (여래를) 수호하는 대중[守護衆] (4) 법회를 장엄하는 대중[嚴會衆] (5) 공양 올리는 대중[供養衆] (6) 경전을 시작하는 대중[發起衆] (7) 근기에 맞아 제도받는 인연대중[當機衆] (8) 법을 나타내는 대중[表法衆] (9) 법을 증명하는 대중[證法衆] (10) 법을 밝히는 대중[顯法衆]이니 앞[集意]을 참고하면 알 것이다.

四) 대중의 숫자를 정하다[定數] 4.

(一) 전체 숫자를 표방하여 열거하다[標列都數] 2.
1. 의미를 말하고 숫자를 표방하다[敍意標數] (第四 4上10)
2. 표방함을 의지해 개별로 열거하다[依標別列] (都序)

[疏] 第四, 定數者는 稱法界衆을 焉能數知리오마는 卽文而言컨대 九會都數가 總有一百七十五衆이오 都序之中에 有四十一衆하니 謂同生有一이오 異生三十九오 師子座中一이라 若兼取前菩提樹中所流와 及宮殿中無邊菩薩하면 總四十三衆이라 此四十三이 徧於九會니라 第一會中에 有二衆하니 謂新集十方衆과 佛眉間衆이라 添成四十五오 第二會에 有新舊二衆하며 第三四會에 各有四衆하니 謂新舊와 及證法衆과 天衆이오 第五會는 一百一十一衆이니 謂新舊衆과 昇天品內

192 화엄경청량소 제1권

의 供養衆이 有一百七과 幷天衆과 證法衆이오 第六會는 四衆이니 謂
天衆과 同生과 異生과 證法衆이오 七八兩會는 各唯一衆이니 謂普賢
等舊衆이오 第九會는 三衆이니 謂菩薩과 聲聞과 及天王等舊衆이라
舊衆雖重이나 隨會別故로 並皆取之니라

■ 四) 대중의 숫자를 정함이란 법계와 같은 숫자의 대중을 어떻게 다 헤아릴 수 있을까마는, 경문을 참고하여 말하면 아홉 번 법회의 전체 대중의 숫자가 모두 175종류의 대중이 있다. 전체 대표[都序] 중에 41 종류의 대중이 있다. 말하자면 함께 태어난 대중[同生衆]이 한 종류이고, 달리 태어난 대중[異生衆]이 39종류이고, 사자좌(師子座)의 대중이한 종류이다. 만일 겸하여 보리수에서[123) 나온 보살과 궁전 장엄 속의 한없는 보살을 합치면 모두 43종류의 대중이 된다. 이 43종류의 대중이 아홉 번의 법회에 두루 가득하다. 제1회에 두 종류의 대중이 있으니 말하자면, 새로 시방에서 모인 대중과 부처님 '눈썹 사이의 대중[眉間衆]'이다. 더하면 45종류가 되고, 제2회에 새로 모인 대중과 앞의 두 종류의 대중이 있다. 제3회·4회에 각각 네 종류의 대중이 있으니 말하자면, 신·구 대중과 법을 증명하는 대중과 하늘대중[天衆]이 있다. 제5회에는 111종류의 대중이니 말하자면, 신·구 대중과 제23 승도솔천궁품(昇兜率天宮品) 안의 공양대중이 107종류가 있고, 아울러 하늘대중과 증법중(證法衆)이 있다. 제6회에는 네 종류의 대중이니 말하자면, 하늘대중과 동생중(同生衆)과 이생중(異生衆)과 증법중(證法衆)이다. 제7·8의 두 법회에는 각각 한 종류의 대중뿐이니 말하자면, 보현보살 등 구대중(舊大衆)이다. 제9회에는 세 종류의 대

---

123) 보리수에서란 '보리수의 광명에서 마니보가 쏟아져 내리는데 그 속에 보살들이 출현한다.' 經云, "其樹周圓에 咸放光明하며 於光明中에 雨摩尼寶하며 摩尼寶內에 有諸菩薩호대 其衆如雲하야 俱時出現하며"(교재 권1 p.2-)

중이니 말하자면, 보살중과 성문중과 천왕 등의 구대중(舊大衆)이다. 구대중이 비록 중요하지만 법회에 따라 다르기 때문에 함께 모두 취하였다.

(二) 숫자를 더하여 구분하다[增數料揀] (然此 5上1)

[疏] 然此諸衆이 或總爲一하니 一乘衆故오 或分爲二하니 以有實衆과 及化衆故오 或可爲三이니 人天神故오 或分爲四니 佛菩薩, 人非人故오 或五니 非人에 開天神故오 或六이니 加畜生故오 或七이니 天分欲色故오 或八이니 菩薩有此界, 他界故오 或九니 他方有主伴故오 或十이니 加聲聞故오 或一百七十五니 如前說故오 或無量無邊이니 義類多方故라 一一或以佛刹塵數等爲量故라 又如新集菩薩毛光出衆도 例上皆爾니 故一一衆이 皆無分齊니라 此猶約相別이니라

■ 그러나 이 모든 대중이 ① 혹은 총합하여 한 종류가 되니 일승의 대중이기 때문이고, ② 혹은 두 종류로 분류하면 실제대중[實衆]과 화현대중[化衆]이기 때문이고, ③ 혹은 세 종류로 분류하면 사람대중, 하늘대중, 선신대중이고, ④ 혹은 네 종류로 분류하면 부처님대중, 보살대중, 사람대중, 인간 아닌 대중이고, ⑤ 혹은 다섯 종류이니 인간 아닌 대중에 하늘대중과 선신대중으로 나누기 때문이고, ⑥ 혹은 여섯 종류이니 축생대중을 더한 까닭이며, ⑦ 혹은 일곱 종류이니 하늘대중을 다시 욕계천대중과 색계천대중으로 분류한 때문이고, ⑧ 혹은 여덟 종류이니 보살대중에 '이 세상[此界]의 보살대중'과 '타방세계[他界]의 보살대중'이 있기 때문이며, ⑨ 혹은 아홉 종류이니 타방세계 보살에 주된 보살과 반려보살이 있기 때문이며, ⑩ 혹은 열 종류

이니 성문대중을 더한 때문이며, ⑪ 혹은 175종류이니 앞에 설한 것
과 같으며, ⑫ 혹은 한없고 끝없이 분류해 보면 뜻과 종류가 여러 가
지이기 때문이니 하나하나가 혹 불세계의 미진수와 같음으로 양을
삼기 때문이다. 또 새로 모인 보살의 터럭 광명[毛光]에서 출현한 대
중도 위의 예처럼 그러하기 때문에 낱낱의 대중이 모두 나눌 수 없는
것이다. 이는 모습을 의지해 분별한 것이다.

(三) 이치를 의거해 융섭하다[據理融攝] (若融 5上9)
(四) 끝없는 세계와 결론하여 통하다[結通無盡] (上且)

[疏] 若融攝인대 一一會中皆具一百七十五衆이니 以稱法界緣起之會가
　　　互相在故니라 上은 且約一界어니와 若通十方과 及異類刹塵帝網인대
　　　無盡無盡이니 是爲華嚴海會衆數니라

■ 만일 원융하게 포섭하면 낱낱의 법회 중에 모두 175종류의 대중이 갖
추었으니 법계연기에 맞는 법회가 서로서로 있기 때문이다. 위는 우
선 '한 세계'를 의지한 것이고, 만일 시방과 다른 종류의 찰진수의 인
다라망에 통하면 한없고 한없으니, 이를 '화엄 바다의 대중[華嚴海會]
의 숫자'라 말한다.

五) 방편대중과 실법대중[權實] 2.
(一) 방편대중과 실법대중을 통틀어 밝히다[通明權實] 2.
1. 함께 표방하다[雙標] (第五 5下3)

[疏] 第五, 權實者는 夫能對揚聖敎하야 影響其迹이 靡不是權이언만 當

機之流는 多皆是實이니라

- 五) 방편대중과 실법대중이란 대개 성인의 가르침을 드날려서 그 자취에 영향받은 것이 방편이 아님이 없지만 교화받을[當機] 부류는 모두 실법대중인 것이다.

2. 개별로 해석하다[別釋] 2.
1) 모든 교법과 회통하다[會諸敎] (諸敎 5下4)
2) 이 경문을 설명하다[明此經] (若依)

[疏] 諸敎所明은 穢土之中에 雜類菩薩, 聲聞은 皆通權實하니 地前是實이오 地上是權이라 法身無生이니 生五道故라 淨土菩薩唯實이니 實報生故오 雜類聲聞是權이라 攝論에 云, 欲令淨土不空일새 化作雜類衆故라하니라 若依此經인대 同生異生이 皆通權實하니 海印定現이 實德攝故오 隨緣隨位而示現故라 第二會初에 云, 莫不皆是一生補處故라하니라

- 모든 교법에서 밝힌 것은 예토 가운데 여러 부류의 보살과 성문은 다 방편과 실법에 통하나니 십지 이전 보살[三賢位의 보살]은 실법대중이고, 십지 이상 보살은 방편대중이다. 법신보살은 생사가 없으니 다섯 세계에 출현하기 때문이다. 정토보살은 오직 실법대중뿐이니 실보토(實報土)에 태어나기 때문이고, 여러 부류의 성문은 방편대중이다. 『섭대승론』에 이르되, "정토를 텅 비게 하지 않으려고 잡류(雜類)의 중생들을 화현으로 만들었다"라고 하였다.

  만일 본경을 의지하면 '함께 태어난 대중'과 '달리 태어난 대중'이 모두 권과 실에 통하나니 해인삼매의 나툼은 실덕(實德)을 섭수한 때문

이고, 인연과 지위를 따라 시현한 까닭이니 제2회의 앞[124]에 말하되, "모두 이 일생보처(一生補處) 아님이 없다. 모두 다른 지방으로부터 함께 와서 모였도다"라고 하였다.

(二) 앞과 상대하여 개별로 밝히다[對前別辨] (對前 5下10)

[疏] 對前十類하야 辨權實者인대 影響一衆에 自有二類하니 一, 果德衆이니 謂能加證法諸佛이 互爲主伴하니 非權非實이오 若位極菩薩인대 影響은 一向是權이라 故로 有經에 云, 昔爲釋迦師러니 今爲佛弟子라 二尊不並化일새 故我爲菩薩等이라하니라 當機唯實이오 餘八通權實이니라

■ 앞의 열 가지 부류를 대하여 방편과 실법을 나누면 영향중(影響衆) 하나에 두 가지 부류가 있으니 ① 과덕의 대중[果德衆]이니 말하자면 법을 증명한 제불이 서로 주인과 반려가 됨을 더하면 방편도 아니고 실법도 아니며, ② 만일 지위가 다한 보살[位極菩薩]이라면 영향중은 한결같이 방편일 것이므로 어떤 경전에 이르되, "옛적에는 석가의 스승이었고 이제는 불의 제자로다. 두 세존이 함께 화현하지 않는 연고로 나는[文殊] 보살이 되었다"라고 하였다. '제도받을 근기의 대중'은 실법뿐[125]이고, 나머지 여덟 가지 부류는 방편과 실법에 다 통한다.

[鈔] 對前十類下는 對前別辯이니 云, 互爲主伴非權非實者는 然이나 權

---

124) 이는 如來名號品 제7의 내용이다. "與十佛刹微塵數諸菩薩로 俱하시니 莫不皆是一生補處라 悉從他方하야 而共來集하니라."(교재 권1 p. 260~)
125) 鈔에 云, "當機唯實者는 上至等覺하고 下至地前이라 俱有聽義니 並皆稱實이오 餘八은 通權實이니 可以意得이니라."

實에 有其二類하니 一, 本高迹下는 如佛爲菩薩이요 二, 本下迹高는 如菩薩爲佛이니 今旣是佛이라 則非迹下는 實是如來요 又非本下는 則是實非權이니 無權이면 可對일새 故로 亦非實이니 同果海故니라

昔爲釋迦者는 略有二經하니 一, 卽放鉢經에 但云, 昔爲釋迦之師오 (今爲佛弟子 二尊不並化 故我爲菩薩)[126] 二, 菩薩處胎經第四니라 經에 云, 計我成佛身인대 此刹爲最小라 座中有疑故로 於胎現變化니 我身如微塵이라 今在他國土하야 三十二相明이오 在在無不現이라 昔爲能仁師러니 今乃爲弟子라 佛道極廣大하며 淸淨無增減이라 我欲現佛身이나 二尊不並立일새 此界現受敎하고 我刹見佛身이라하니라

…〈下略〉…

● (二) 對前十類 아래는 앞과 상대하여 개별로 밝힘이니 이르되, "서로 주인과 반려가 됨을 더하면 방편도 아니고 실법도 아니라" 말함은 그러나 방편과 실법에 두 부류가 있으니, 1. 본불은 높고 적불은 낮음은 마치 부처님이 보살이 됨과 같고, 2. 본불은 낮고 적불은 높나니 마치 보살이 부처가 됨과 같나니, 지금은 이미 부처이니 적불이 낮음은 실제로 여래란 것이 아니다. 또한 본불이 낮음이 아님은 실법이요 방편이 아닌 것이다. 방편이 없으면 상대할 수 없으므로 또한 실법도 아니므로 과덕의 바다와 같은 까닭이다.

'옛적에는 석가의 스승'이란 간략히 두 경전이 있으니 ①『방발경(放鉢經)』[127]에서는 다만 이르되, "옛적에는 석가의 스승이었다"라고만 하였고, ②『보살처태경(菩薩處胎經)』에서는 제4권[128]에 이르되, "내가

---

126) 교정표에 云, "師下南金本에 有今爲佛弟子 二尊不並化 故我爲菩薩이나 今檢放鉢經에 無此文이라, 案鈔컨대 上云但云이오 下云正是니 知南金本誤로다 玆從原續하니라"고 하다.

127) 放鉢經은『文殊師利普超三昧經』奉鉢品의 다른 이름이다. 이는 상중하 3권으로 쯔法護 譯.(대정장 권15 p.406-)

128) 보살처태경(菩薩處胎經)이란『菩薩從兜率天降神母胎說廣普經』의 異名이다. 전7권으로 姚秦의 쯔佛念 번

성불한 몸에 대해 생각해 보니 지금의 세상이 최소로다. 대중 가운데 의심하는 이가 있기 때문에 태 속에서 변화신을 나투니 나의 몸이 미진수와 같았다. 지금은 다른 세상에서 32가지 모습으로 비추어 곳곳에 다 출현하도다. 옛적에는 석가[能仁]의 스승이었고 이제는 불의 제자가 되었도다. 불도는 지극히 광대하고 깨끗하여 증감이 없으니 내가 불신으로 출현할 수 있지만 두 세존이 함께 교화하지 않는 법이므로 이 세상에는 가르침을 받고 나의 세상에서 부처로 나투리라"라고 하였다. …〈아래 생략〉…

六) 지위를 밝히다[地位] (第六 6하10)

[疏] 第六, 地位者는 有說一切皆是果位니 以是舍那海印現故라하며 或說一切皆因이니 果海非可見聞이오 世尊이 亦是因者는 識所現故라하며 或皆通因果니 果不捨因코 隨類現故며 因位願力으로 助佛化故며 當機之流가 正修趣故라하며 或俱非因果니 緣起大衆이 同眞性故라하니 將此하야 對前權實인대 則果位一向權이오 因位通權實이라 若對前十類인대 影響, 證法은 通因果오 餘八唯因이라 因位高下는 難以準定이니라

■ 六) 지위를 밝힘은 어떤 이는 "모두가 다 부처님 지위라 비로자나불의 해인삼매에서 나툰 까닭이다"라 하고, 어떤 이는 "모두가 다 보살지(菩薩地, 因位)이니 불과의 바다는 쉽게 보고 들을 수 없으며 세존도

역.(대정장 권12 p.1015-) 인용문은 권7의 文殊身變化品 제27에 보인다. 偈云, "計我成佛身인대 此刹爲最小라 座中有疑故로 於胎에 現變化하니 我身如微塵이라 今在他國土하야 三十二相明이오 在在에 無不現이라 昔爲能仁師러니 今乃爲弟子로다 佛道極廣大하야 淸淨無增減이라 我欲現佛身이나 二尊不並立일새 此界에 現受教하고 我刹에 見佛身이로다."

역시 인위인 것은 의식의 나툰 것이기 때문이다"라 하였고, 어떤 이는 "모두 인위와 과위에 통하여서 과덕은 인행을 버리지 않고 부류를 따라 나투는 연고로 인행 지위의 원력으로 부처님의 교화를 돕기 때문이며, 제도받을 근기의 무리들이 바로 닦기 때문이다"라 하였고, 어떤 이는 "모두 다 인·과의 지위가 아님이니 인연 따라 일어난 대중들이 진성과 같은 까닭이다"라 하였으니 이로써 앞의 권과 실에 배대하면 과위(果位)는 한결같이 방편이요, 인위(因位)는 방편과 실법에 통하나니, 만일 앞의 열 가지 부류에 배대하면 영향중(影響衆)과 증법중(證法衆)은 인·과에 통하고, 나머지 여덟 부류는 인위뿐이라 인위의 높고 낮음은 준하여 정하기 힘들다.

七) 대중을 배열한 순서[前後] 3.
(一) 근본과 지말이 다름없음을 잡아 해석하다[約本末無異] 2.
1. 바로 설명하다[正明] (第七 7上9)
2. 비방을 해명하다[通妨] (又從)

[疏] 第七, 前後者는 初列菩薩하고 後列餘衆者는 表從本以起末이오 下
讚에는 卽後明菩薩者는 表尋末以歸本이니 良以本末無二일새 故로
二文互擧니라 又從本流末에 必先小後大일새 故自在天爲末이오 攝
末歸本에 必從深至淺[129]일새 故로 先明自在니라

■ 七) 대중을 배열한 순서는 처음에 보살을 나열하고 뒤에 나머지 대
중을 나열한 것은 근본에서부터 지말을 일으킴을 표한 것이고, 아래
게송 찬탄에는 뒤에 보살을 밝혔으니 지말을 찾아 근본에 돌아감을

---

129) 深至淺은 金本作淺至深이라 하나 誤植이다.

표하였으니 진실로 본과 말이 둘이 아닌 까닭에 두 문장을 함께 들었다. 또 근본에서부터 지말로 가면 꼭 앞은 작고 뒤는 커지는 연고로 자재천이 끝이 되고, 지말을 거두어 근본에 돌아가면 꼭 깊은 데서 얕은 곳에 이르게 되는 연고로 앞에 자재천을 밝힌 것이다.

(二) 위배하고 자재함을 잡아 해석하다[約違自在] (然皆 7下2)
(三) 인행과 과덕이 포섭하고 사무침을 잡아 해석하다[約該徹因果] (又表)

[疏] 然이나 皆顯法界緣起의 逆順自在故也라 又表四十二位의 一一皆徹因門이며 並該果海일새 故互擧前後니 令物로 不作優劣之解故니라
■ 그렇지만 모두가 법계연기(法界緣起)의 순과 역이 자재함을 표현하였기 때문이다. 또한 42가지 지위의 하나하나가 모두 인위(因位)에 통하고 있으며 아울러 과해(果海)를 포함하기 때문에 앞뒤에 서로 들었으니 사물로 하여금 우열의 분별을 짓지 않게 하기 위함이다.

八) 대중의 있고 없음[有無] (第八 8下6)

[疏] 第八, 有無者는 亦有十類하니 一, 約界에 無無色이오 二, 約趣에 無地獄이니 此二非器故라 若約轉生인대 有地獄天子하고 若約所益인대 亦通無色하니 三界皆益故라 三, 約洲에 但列閻浮하니 餘三略無故며 或成難故라 四, 約乘에 無二乘하니 不共敎故오 下爲顯法에 亦不見聞故라 智度論에 云, 若小乘經初에는 唯列聲聞하고 若大乘經初에는 具列菩薩聲聞하고 若一乘經初에는 唯列菩薩이라하니 故指此經하야 爲不共敎라 或大乘經에 唯列小者는 爲引攝故니 如金剛經이오

或唯列大하니 亦屬大乘이나 主伴不具故라 主伴具者는 必是一乘이
니라 五, 約部에 無四衆하니 未說小敎故라 六, 約主에 無人王하니 王
未知故니라 七, 約三聚에 無邪定하니 彼障隔故며 生盲之流는 但冥
益故라 八, 約內外에 無外道하니 非彼測故라 九, 約諸天에 無無想
하니 入邪定故라 十, 約善惡에 無惡魔하니 不爲違害며 天中攝故니라
上十은 且隨相說이어니와 圓融應有니 即無所不具니라

■ 八) (대중의) 있고 없음이란 또한 열 종류가 있으니 (1) 세계[三界]를 의
지하면 무색계가 없고, (2) 갈래[六道]를 의지하면 지옥이 없으니 이
두 가지는 기세간(器世間)이 아니기 때문이다. 만일 생을 바꿈[轉生]을
의지하면 지옥에도 천자가 있고, 만일 이익됨을 의지하면 역시 무색
계에도 통하나니 (결국) 삼계가 모두 이익되는 셈이다. (3) 사는 곳[四
洲]을 의지하면 다만 염부주만 배열하였으니 나머지 삼주(三洲)는 생
략했기 때문이며 또는 어렵기 때문이다. (4) 교법을 의지하면 이승(二
乘)이 없으니 함께할 수 없는 가르침인 까닭이고, 아래에 법을 나타
내어도 역시 보고 듣지 못하기 때문이다. 『대지도론』에 이르되, "만일
소승경전의 처음에는 오직 성문을 갖추어 배열하고 대승경전의 초기
에는 보살과 성문을 함께 배열하였고 저 일승경전 전기(前期)에는 오
직 보살만 배열한다"라 하였으니, 때문에 본 경전을 가리켜 '함께하
지 않는 교리[不共敎]'라 하는 것이다. 혹 대승경에 소승만 배열하기도
하는 것은 이끌어 포섭하기 위함이니 저 『금강경』과 같고, 혹 대승만
배열하는 것은 역시 대승에 속하지만 주인과 반려가 구비한 것은 반
드시 일승교(一乘敎)인 것이다. (5) 부류를 의지하면 사중(四衆)이 없
으니 소승교에는 설하지 않기 때문이다. (6) 설법주[說主]를 의지하면
인왕(人王)이 없으니 왕이 알지 못하기 때문이다. (7) 삼취(三聚)[130]를

의지하면 사정취(邪定聚)는 없으니 저들은 장애로 인한 때문이며, 생맹(生盲)의 무리는 다만 '그윽한 이익[冥益]'만이기 때문이다. (8) 안과 밖을 의지하면 외도는 없으니 저들이 헤아릴 수 없기 때문이다. (9) 여러 하늘[諸天]을 의지하면 무상천(無想天)이 없으니 사정취에 들기 때문이다. (10) 선악을 의지하면 악마는 없으니 위해(危害)를 당하지 않으며, 하늘 속에 포섭되기 때문이다. 위의 열 종류는 또한 모습을 따라[隨相] 말한 것이고, 원융으로 보면 응당 있음이니 곧 구비하지 못할 것이 없는 것이다.

[鈔] 四約乘無二乘者는 此段有四하니 一, 正明이오 二, 爲顯法下는 通妨이니 謂有難言호대 若無二乘인대 第九會中에 何得有耶아 答云, 爲顯法耳라 次又難云호대 若爲顯法인대 則有二乘이로다 答云, 亦不見聞하니 與無同故라 三, 智論云下는 引證이니 云, 明無小乘은 是不共義라 四, 或大乘經下는 重通妨難이니 正通智論하고 兼通正義라 謂有問言호대 現有唯列小호대 而是大乘이니 如金剛經이라 那言前列小가 但是小乘經耶아 答云, 爲引攝故라 智論은 就其大略일새 故唯列小乘是小乘經이오 如金剛經等은 別是一理耳니라 言或唯列大一乘等 謂主伴不具者는 卽如楞伽等이 是也니라

● '(4) 교법을 의지하면 이승(二乘)이 없다'고 한 것에서 이 문단에 넷이 있으니 1. 바로 설명함이요, 2. 爲顯法 아래는 비방을 해명함이니 말하자면 어떤 이가 힐난하여 묻되, "만일 이승이 없다면 제9회[祇陀園林에서의 入法界品 1품]에는 어찌하여 있는가?" 대답하되, "법을 나타내

---

130) 三聚란 正定聚, 邪定聚, 不定聚 의 세 가지를 이르는 말이다. 여기에 法相宗에서는 五性各別說을 주장하기도 한다.

기 위함일 뿐이다." 다음에 또 힐난하여 말하되, "만일 법을 나타내기 위함이라면 이승도 있을 것이다." 대답하여 말하되, "또한 보고 듣지 못하니 없는 것과 같기 때문이다."라고 하였다. 3. 智論云 아래는 인용하여 증명함이니 '소승이 없다' 함은 불공교(不共敎)의 뜻을 밝힌 것이다. 4. 或大乘經 아래는 비방하고 힐난함을 거듭 회통함이니, 정히『대지도론』으로 바로 해명하고 겸하여 바른 뜻을 통하였다. 어떤 이가 물어 말하되, "분명히 오직 소승만 배열하였지만 대승인 것은 금강경과 같으니, 어찌하여 소승을 배열한 것이 다만 소승경전뿐이겠는가?" 대답하되, "이끌어 포섭하기 위한 때문이다." 지론(智論)은 그 대략에 나아간 때문에 소승만 배열한 것은 소승이 되고, 저 금강경과 같은 것은 따로 한 가지 이치가 있을 뿐이다. 혹 '오직 대승과 일승에 배열하지만 주인과 반려가 갖추어지지 않았다'고 말한 것은 곧『능가경(楞伽經)』과 같은 경우가 그 예이다.

九) 들음과 듣지 못함[聞不聞] 2.
(一) 이 문에 대해 바로 설명하다[正明此門] (第九 9下9)

[疏] 第九, 聞不聞者는 約權인대 前後皆互得聞이오 約實인대 當會自聞이니라 縱不起前而趣於後나 亦各不相知오 若約頓機인대 許一時頓領이니라

■ 九) 들음과 듣지 못함이란 방편을 의지하면 앞과 뒤가 다 서로 들음이요, 실법을 의지하면 해당 법회[當會]에서 스스로 듣게 된다. 비록 앞에서는 일으키지 않고 뒤로 미루었으나 또한 각각 서로 알지 못함이요, 만일 돈교의 근기[頓機]를 의지하면 일시에 금방 알아차림을 용

납한다.

[鈔] 縱不起前下는 通妨이니 謂有問言호대 若約實衆不互聞者인대 如來
說法에 旣不起前而趣於後하니 如何聽衆不得互聞고할새 故今答云
호대 約佛인대 前後圓融이오 約根인대 互不知覺이니 故로 法慧가 云,
一切閻浮提가 皆言佛在中이어니와 我等今見佛이 住於須彌頂이라하
니 則知各不相持也로다

● 2. 縱不起前 아래는 비방을 해명함이니 어떤 이가 물어 말하되, "만
일 실법(實法)에 의지하면 대중이 서로 듣지 못한다고 한다면 여래께
서 법을 설함에 이미 앞에서 일으키지 않고 뒤로 미루었으니 어떻게
청중(聽衆)이 서로 듣지 못하는가?"라 한 까닭에 이제 대답하되, "부
처님을 의지하면 앞뒤가 원융하고, 중생의 근기를 의지하면 서로 알
지 못하나니 때문에 법혜(法慧)[131]가 말하되, '일체의 염부제에 다 부
처님께서 그 가운데 계신다 말하네. 우리들이 지금 보니 부처님께서
수미산 정상에 계시는데!'라고 하였으니 곧 각각 서로 알지 못함을
알겠다."

(二) 아홉 문을 총합 결론하다[總結九門] (上之 10上6)

[疏] 上之九門이 且從顯着하야 略爲此釋이어니와 中本廣本에는 或隱或顯
이니 不可執文이니라

■ 위의 아홉 문이 또 뚜렷한 집착[顯着]으로부터 간략히 이렇게 해석하

---

131) 이는 須彌偈讚品 제14의 게송이다. 偈云, "佛子汝應觀 如來自在力하라. 一切閻浮提에 皆言佛在中이로
다. 我等今見佛이 住於須彌頂하시며 十方悉亦然하니 如來自在力이로다."(교재 권1 p.396~)

였지만 중본(中本) 화엄경과 광본(廣本) 화엄경에는 혹 숨기고 혹 드러
내나니 가히 문장에 집착하지 않는다.

十) 경문 해석[釋文] 2.
(一) 통틀어 동생중과 이생중으로 나누다[總判同異生] 2.

1. 동생중과 이생중의 본체를 내보이다[出同異生体] 3.
1) 동생중과 이생중을 참고하여 정하다[按定同異] (第十 10上8)
2) 십지론을 인용하여 해석하다[引地論釋成] (地論)
3) 잘못된 해석을 배척하고 비판하다[斥彈謬解] (餘釋)

[疏] 第十, 釋文이라 第一會中에 前總四十衆을 大分爲二니 初一, 同生이
오 餘是異生이라 十地論[132]에 云, 解脫月是同生衆故라하며 又云, 同
生衆請이라하니 則知兼有地前이오 明知不約地位로다 餘釋云云은 不
符論意니라

■ 十) 경문의 해석이다. 제1 적멸회에 앞의 모두 40부류의 대중을 크게
둘로 나누었으니 처음은 1) 함께 태어난 대중이요, 나머지는 2) 달리
태어난 대중이다. 『십지경론(十地經論)』에 이르되, "해탈월은 동생중(同生
衆)인 까닭이다"라고 하였고, 또 이르되, "동생중이 청하였다"라 하였으
니 곧 겸하여 십지 이전의 지위에 있음을 알았고, 지위에 제약받지 않음

---

132) 十地論은 곧 『十地經論』으로 전12권, 世親菩薩이 짓고 508년 菩提流支와 勒那摩提가 함께 번역하다. (대정
장 권26 p.123-) * 늑나마제(勒那摩提, -): 범어 Ratnamati의 음사, 寶意라 번역. 지론종 스님. 학식과 사리
에 밝으며 禪觀에 통달한 중인도 스님. 508년 중국 洛陽에 와서 칙명으로 菩提流支와 함께 太極殿에서 『십지
론』을 번역하였는데, 보리유지와 의견이 달라 따로 번역하기도 하였다. 永寧寺에서 『법화론』등 6부를 번역하
다. 또 역서에 『법화론』 『보적경론』 등도 있다. 師는 '一乘頓悟'를 주장하는 地論宗學派로 제자 慧光은 '梨耶
眞識說'을 주장하기도 하다. (속고승전1, 역대삼보기권3, 권9)

을 잘 알겠다. 나머지 해석한 것은 십지론의 뜻과 부합하지 않는다.

2. 동생중과 이생중의 뜻을 해석하다[釋同異生義] (云何 10下1)

[疏] 云何名爲同異生耶아 然有二義하니 一, 謂雜類가 作諸異生種種形故니 菩薩得法性身하사 同人作一類菩薩形故라 二, 菩薩爲同者는 通諸位故오 神等爲異는 法界差別德故니라.

■ 어떤 것을 동생중, 이생중이라 하는가? 여기에 두 가지 뜻이 있으니 (1) 섞인 무리가 이생중(異生衆)의 갖가지 형상을 짓기 때문이니 보살은 법성신(法性身)을 얻어 같은 사람이 한 종류의 보살 형상을 짓는 까닭이다. (2) 보살이 동생중(同生衆)이 되는 것이니 여러 지위에 통하기 때문이고, 신중(神衆) 등이 이생중이 됨은 법계(法界)의 차별된 공덕이기 때문이다.

[鈔] 餘釋云云者는 謂有釋云호대 聲聞爲同이오 菩薩爲異니 謂小乘斷惑同故라 有云, 出家菩薩과 聲聞爲同이오 餘並爲異라하니 此約形相同故라 上之二解는 俱非論意니 以經八會에 無聲聞故며 論釋地經하니 經亦無故며 初成正覺에 無出家故라 或云, 登地爲同이니 同證眞故며 餘皆是異니 是以로 地前名異生性故라하며 有云, 八地以上爲同이니 同無漏相故라하니 上之二解도 亦違論文이라 論主가 但云, 解脫月是同生衆이라하니 本不曾言約地位故라 又論에 明大衆請云호대 有同生衆請이라하니 有地前故라 所以知有者는 由金剛藏이 云, 有行未久解未得하야 隨識而行不隨智일새 聞此生疑墮惡道하나니 我愍是等故不說이라하니 大衆承此便請하니 明大衆之中에 有行未

久는 卽地前故라 復有釋云호대 雜類爲同이니 以受彼彼同類身故오
菩薩爲異니 不約同彼衆生類故라하니 此亦違論이니 解脫月爲同故
라 又有釋云호대 菩薩雜類가 俱爲同이니 法界無二故오 俱爲異니 法
界義差別故라하니 此約實義어니와 豈得爲釋同異之殊리오 明知上來
가 並非正解로다 故疏云, 餘釋云云不符論意이라하니라

● 餘釋云云한 것은 어떤 이가 해석하되, "성문은 동생중이고 보살은 이
생중이 된다"고 하니, 소승의 단혹(斷惑)과 같음을 말한 때문이고, 어
떤 이는 말하되, "출가보살과 성문은 동생이 되고 나머지는 모두 이
생이 된다"고 하니 이는 형상이 같음을 의지한 때문이다. 위의 두 가
지 견해는 모두 『십지경론』의 뜻이 아니니 본경 제8 삼회보광회에는
성문이 없기 때문이며, 논은 『십지경』을 해석한 것이니 경에도 없는
까닭이며, 처음 정각(正覺)을 이룰 적에 (시간적으로) 출가대중이 없기
때문이다. 어떤 이가 이르되, "등지(登地)는 동생이 되니 함께 진리를
증득했기 때문이며, 나머지는 다 이생(異生)이니 때문에 십지 이전을
이생성(異生性)이라 이름한다" 하였고, 어떤 이는 말하되, "십지에 들
어간 이상은 동생이니 무루(無漏)의 모습과 같기 때문이다"라 하였다.
위의 두 가지 견해도 역시 논문과 어긋난다. 논주(論主)가 단지 '해탈
월이 동생중'이라고만 하였으니 본래부터 일찍이 지위에 의지해서 한
말이 아닌 까닭이다. 또 논[十地論]에 대중이 청법함에 대해 밝히기를
"동생중의 청법이 있었다"고 하였으니, 십지 이전에 있기 때문이다. 그
러므로 '있음[有]'을 안다는 것은 금강장보살(金剛藏菩薩)[133]이 말하되,
"수행이 오래잖고 지혜가 얕아 의식(意識)만 따라가고 지혜가 없어 이
법 듣고 의심하면 악도에 타락하나니 그들이 불쌍하여 해석 않노라"

---

133) 이는 十地品 序分의 게송이다. (교재 권2 p.381-)

고 하였는데, 대중이 이어서 문득 청하니 대중 가운데 수행이 오래지 않은 것은 곧 십지 이전인 까닭이다. 다시 어떤 이가 해석하되, "잡류(雜類)가 동생이 됨이니 저들과 동류(同類)의 몸을 받은 때문이고, 보살은 이생(異生)이니 저들 중생의 부류와 같음에 제약받지 않기 때문이다"라고 하였다. 이도 역시 논과 위배되나니, 해탈월이 동생이기 때문이다. 또 어떤 이가 해석하되, "보살과 잡류(雜類)가 함께 동생이 되나니 법계가 둘이 아닌 까닭이고, 모두 이생이니 법계가 차별되기 때문이다"라 하였다. 이는 실법의 뜻을 의지한 것이지만 어찌 동생과 이생의 다른 점을 해석한 것이겠는가? 위와 같이 모두 바른 견해가 아님을 분명히 알 것이로다. 때문에 소가가 이르되, "나머지 해석한 것은 논의 뜻과 부합하지 않는다"라 말한 것이다.

云何名爲下는 上出同異生體하고 今釋同異生義라 然其二釋에 前約事相하고 後約表法이라 又有將此四十衆하야 以配地位하며 同生衆中에 開之爲二하니 謂十普菩薩은 卽是圓因이니 對前菩薩하야 以爲所信이오 從海月光下와 及執金剛爲十住오 復將一一位中十名하야 如次配於十度하며 海月光等十菩薩로 配初發心住하니 此住位가 本卽是檀이라 其十菩薩을 復配檀中具十하야 則令十住로 自有百度하며 歷於五位에 有五百波羅密하니 以等覺位에 亦有十位故라 主稼神下十衆을 配十行하고 修羅已下를 配十向하고 三十三天下를 配十地하고 前十普菩薩은 是等覺地라하니 作此配者는 則似生情이라 然經勢多端하니 配亦無失이어니와 但不俟如此不次니라 謂四十衆으로 以配三賢十聖하고 下師子座衆으로 以配等覺하고 眉間出衆으로 以配妙覺하면 則四十二衆을 配四十二位니 於理甚直이로다

● 1. 云何名爲 아래는 동생중과 이생중의 본체를 내보임이요, 지금은 2. 동생과 이생의 뜻을 해석함이다. 하지만 두 가지 해석 중에 앞은 현상의 모습[事相]을 의지했고, 뒤는 드러난 법[表法]을 의지하였다. 또 이 40종류의 대중을 가져 지위에 배열하면서 동생중에 두 가지로 나누었으니 말하자면, 열 분 보보살(普菩薩, 十普菩薩)은 곧 원만한 인위[圓因]이니 앞의 보살에 대하여 믿을 대상[所信, 能信의 상대]이 되고, 해월광(海月光)보살 아래로부터 집금강신(執金剛神)까지는 십주(十住)가 되고, 다시 낱낱의 지위에 각각 열 가지 명칭으로 다음에 십바라밀[十度]을 배열하며 해월광(海月光) 등 열 분 보살들로 초발심주(初發心住)에 배열하였으니 이 십주의 지위가 본래로 보시바라밀[檀度]인 것이다. 그 열 분 보살을 다시 보시바라밀 중의 열 가지를 갖추어 배열하면 십주(十住)로 하여금 자연히 백 가지 바라밀[百度]이 있게 하며, 다섯 지위를 거치면 오백 바라밀이 되니 등각(等覺)의 지위에 또한 열 가지 지위가 있게 되는 이유이다. 주가신(主稼神) 아래 열 분 신중(神衆)을 십행위(十行位)에 배열하고, 아수라(阿修羅) 이하를 십회향위(十廻向位)에 배열하고, 삼십삼천(三十三天) 아래를 십지위(十地位)에 배열하고, 앞의 열 분 보보살은 등각(等覺)의 지위가 되나니, 이처럼 배열한 것은 중생들의 생각과 같을 것이다. 그러나 경전의 영향이 여러 가지이니 배열함에 잘못됨은 없겠지만, 다만 이와 같이 배열하지 않은 것만 못하다. 말하자면 40종류의 대중으로 삼현(三賢)과 십성(十聖)에 배열하고, 아래의 사자좌의 대중으로 등각(等覺)에 배열하고, 미간(眉間)에서 출현한 대중으로 묘각(妙覺)에 배열하면 42종류의 대중을 42지위에 배열하니 이치가 심히 정직하리라.

(二) 개별로 동생중과 이생중을 해석하다[別釋同異生]¹³⁴⁾ 2.

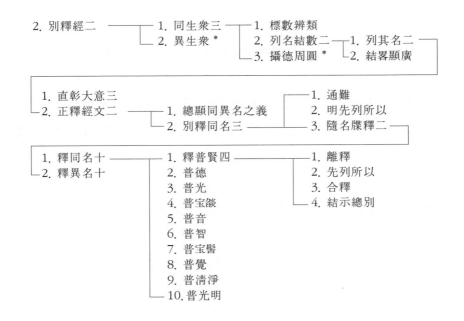

1. 경문을 과목 나누다[總科經] (其四 12上5)

[疏] 其四十衆에 文皆有三하니 一, 標數辯類오 二, 列名結數오 三, 攝德
周圓이라 今初, 同生衆中에 第一, 標數辯類니 中에

■ 그 40종류의 대중에 경문이 모두 세 가지가 있으니 (1) 숫자로 표방
하고 부류를 분별함이요, (2) 명칭과 숫자를 나열하여 결론함이요,
(3) 섭수한 공덕이 두루 원만함이다. 이제 처음 1) 동생중(同生衆) 가
운데 (1) 숫자로 표방하고 부류를 분별함이다. 그중에,

---

134) 여기서부터 十信位衆에 해당한다.

2. 개별로 경문을 해석하다[別釋經] 2.

1) 함께 태어난 대중[同生衆] 3.

(1) 숫자로 표방하고 부류를 분별하다[標數辨類] (初標辨 12上6)

> 有十佛世界微塵數菩薩摩訶薩의 所共圍遶하니라
> 열 부처님 세계의 미진수 같은 보살마하살들에게 둘러싸였
> 느니라.

[疏] 初는 標數[135]오 佛世界者는 下辨世界라 略有三類하니 一, 世界오
二, 種이오 三, 海라 今云世界는 則非種非海라 權實이 共許一三千
界하야 一佛化境故라 或名佛刹佛土는 皆準此也니라 微塵者는 七極
微量也니 謂抹三千界하야 並爲微塵호대 一塵爲一菩薩하면 則數已
難量矣라 況擧十數하야 表無盡耶아 菩薩摩訶薩者는 辯類也니 卽
揀非餘衆이라 具云菩提薩埵, 摩訶薩埵니 今從略耳라 然有三釋하니
一, 菩提是所求佛果오 薩埵是所化衆生이니 卽悲智所緣之境이라
從境立名일새 故名菩薩이니라 二, 菩提是所求之果오 薩埵是能求之
人이니 能所合目일새 故名菩薩이니라 三, 薩埵는 此云勇猛이니 謂於
大菩提에 勇猛求故라 摩訶云大라 大有四義하니 一者, 願大이니 求
大菩提故오 二, 行大니 二利成就故오 三, 時大니 經三無數劫故오
四, 德大니 具足一乘諸功德故라 前二, 通地前하고 後二, 或唯地上
이라 更有諸大나 亦不出此니 此等이 並是舍那佛內[136]眷屬이라 動止
常隨일새 故云所共圍繞니라

---

135) 標數는 原作辨數이며 南金本作標辨이라 하다.
136) 內는 甲南續金本作自라 하다.

■ (1) 대중의 숫자를 표방함이다. '부처님 세계'란 아래에 세계를 분별함에 간략히 세 종류가 있으니 ① 세계 ② 세계종 ③ 바다 등이다. 처음의 세계란 세계종도 바다도 아니어서 방편과 실법이 한 삼천세계를 함께 허용하여 한 부처님의 교화 영역[化境]이 되는 까닭이다. 혹 부처님 나라[佛刹]나 부처님 땅[佛土]이라고 이름하는 것은 다 이에 준한 것이다. 작은 티끌[微塵]이란 '일곱 극미한 수량[七極微量]'[137]이니 말해 보면, 삼천세계를 부수어 함께 가는 먼지로 만들어 한 티끌로 한 보살을 만든다면 그 숫자를 헤아리기 어려울 것이다. (그런데) 하물며 열 개의 숫자를 들어 한량없음을 내세운 것이겠는가?

(2) '보살마하살'이란 부류를 분별함이니 곧 나머지 대중이 아님을 구분한 것이다. 온전히 말하면 '보리살타, 마하살타'이니 지금은 간략히 부르는 것이다. 하지만 세 가지 해석이 있다. 1) 보리(菩提)는 불과(佛果)를 구함이요, 살타(薩埵)는 교화받는 중생이니 곧 자비와 지혜가 반연하는 대상이다. 경계로부터 명칭을 세웠으므로 보살이라 이름한 것이다. 2) 보리는 구하는 불과이고, 살타는 구하는 사람이니 주체와 대상을 함께 지목하였으므로 보살이라 이름한다. 3) 살타(薩埵)는 번역하면 용맹(勇猛)이니, 말하자면, 대보리를 용맹정진으로 구하기 때문이다. 마하(摩訶)는 번역하면 대(大)이다. 큰 것에 네 가지 뜻이 있으니, ① 원력이 큰 것[願大]이니 대보리를 구하기 때문이요, ② 수행이 큰 것[行大]이니 두 가지 이익[自利와 利他]을 성취한 때문이요,

---

137) 七微: 一切有部宗에서 주장한 것으로 欲界의 有形質 가운데 가장 작은 것. '八事俱生 隨一不滅'이다. 能造의 四大와 所造의 四境[色, 香, 味, 觸]이 서로 화합하여 一微體를 만든다. 色聚의 最極이다.
極微: 범어 paramāṇu의 번역 물질을 분석하여 極小不可分의 단위에 이른 것. '극세진, 극미진'이라 칭한다. 『구사론』권12에 의하면, 한 극미를 중심으로 상하사방의 육방으로 극미가 집합한 一團을 '微'라 한다. 隙遊塵은 창 틈새로 스며드는 빛에 비치는 티끌크기란 뜻이며, 肉眼으로 식별할 수 있는 정도의 작은 티끌을 말한다. 極微가 모여서 구체적인 물질을 형성할 때에는 적어도 四大와 四塵[色, 香, 味, 觸]으로부터 형성되는데, 한 번 형성되면 減少하는 일은 없다.

③ 세월이 큰 것[時大]이니 삼아승지 겁을 지나기 때문이요, ④ 공덕이 큰 것[德大]이니 일승(一乘)의 여러 공덕을 고루 갖추었기 때문이다. 앞의 두 가지[顯大와 行大]는 십지 이전에 통하고, 뒤의 두 가지[時大와 德大]는 혹 십지보살에게만 통한다. 또 여러 큰 것이 있지만 여기에서 (크게) 벗어나지 않으니 이런 등이 함께 노사나불의 권속이 된다. 움직이거나 머무를 때 항상 따르는 까닭에 '함께 둘러싸였다'라 한 것이다.

(2) 명칭과 숫자를 나열하여 결론하다[列名結數] 2.
가. 명칭을 나열하다[列其名] 2.

가) 바로 대의를 밝히다[直彰大意] 3.
(가) 이름 없음으로 총합하여 표방하다[總標無名] (今初 13上3)
(나) 이름을 세운 뜻을 밝히다[總辨立名] (雖得)
(다) 비방을 해명하다[通妨] (行德)

[疏] 二, 其名下는 列名結數라 先, 列其名하고 後, 結略顯廣이라 今初, 夫聖人無名이나 爲物立稱이오 雖得名千差나 而多依行德이오 行德皆具로대 而隨宜別標니라

■ (2) 其名 아래는 명칭과 숫자를 나열하여 결론함이니, 가. 이름을 열거함이요, 나. 결론적으로 널리 밝힘이다. 지금은 가.이니 대개 성인은 이름이 없지만 만물을 위하여 이름을 지은 것[立稱]이다. 비록 이름이 여러 가지이나 대부분 수행과 공덕을 의지하였다. 수행과 공덕을 다 갖추었지만 편의를 따라 따로 표방하였다.

[鈔] 總彰大意中에 初, 總標無名立名이라 故로 莊子에 云, 至人無己하고 神人無功하고 聖人無名[138]이라하니라 今約利生하야 而於無名에 强立名耳라 雖得名下는 總辯立名所以오 此下는 辯立名別因이라 言多依行德者는 亦有因姓이니 因父母等故라 後, 行德皆具下는 通妨이니 謂有難云호대 旣依行德이로대 而諸菩薩의 德行皆具니 何以成別고 故云隨宜別標라하니 隨便宜故라

● 총상으로 대의를 밝힌 가운데 처음은 통틀어 이름 없이 이름을 지은 것을 표방하였다. 때문에 『장자(莊子)』의 소요유(逍遙遊) 편[139]에 이르되, "지인(至人)은 내가 없고, 신인(神人)은 공적이 없고, 성인(聖人)은 이름이 없다"라고 하였다. 지금은 중생에 이익됨[利生]을 의지하여 이름할 수 없는 것에 억지로 이름을 지은 것이다. '대부분 수행과 공덕을 의지했다'라고 말한 것은 또 성씨를 인하며 부모들을 인한 까닭이다. (다) 行德皆具 아래는 비방을 해명함이니 이른바 어떤 이가 힐난하여 말하되 "이미 수행과 공덕을 갖추었지만 그러나 모든 보살의 공덕과 수행을 모두 갖추었는데 어째서 이룬 것이 다른가?" 그러므로 "편의를 따라 다름을 표방한다"라고 하였으니 편의를 따른 까닭이다.

謂有偈云호대 弟子堅固菩提心하야 從師以受灌頂位하며 妙修定慧恒觀察하고 深入業用善巧門은 卽普賢菩薩이오 又云, 導諸有情勝菩提호대 以四攝法而攝取가 卽金剛王菩薩이오 無厭大悲未曾捨는 卽金剛愛菩薩이오 見行小善便稱美는 卽金剛善哉菩薩이오 無住[140]

---

138) 上七字는 南金本作無而强立이라 하다.
139) 『장자』逍遙遊 편에 보인다. (宋志英譯 『莊子』p. 24 ; 신원문화사刊, 1996 서울)
140) 住는 南金本作閨라 하다.

檀施等虛空은 卽金剛寶菩薩이오 亦虛空藏菩薩別名이오 能以慧光
破愚冥은 卽金剛日菩薩이오 亦云金剛光이오 有所樂求恒不逆은 卽
金剛幢菩薩이오 發言先笑令心喜는 卽金剛笑菩薩이며 能於妙法無
染中은 卽金剛法菩薩이오 善用般若斷諸使는 卽金剛利菩薩이며 亦
卽文殊師利是오 無上法輪恒不退는 卽金剛因菩薩이오 亦云金剛
轉法輪菩薩이오 四辯演說無所畏는 卽金剛語言菩薩이오 諸佛衆生
事業中은 卽金剛業菩薩이오 恒被堅誓慈悲甲은 卽金剛護菩薩이며
亦云金剛甲冑菩薩이오 摧破魔羅勝軍衆은 卽金剛藥叉菩薩이며 亦
云金剛牙菩薩이오 堅持諸佛所秘門은 卽金剛拳菩薩이오 又如乘聲
濟物을 卽曰觀音이오 手中雨華를 便名華手菩薩等이 皆隨德隨宜
也니라

● 말하자면 게송에 이르되, "① 제자의 발심으로 스승으로부터 관정의
지위[灌頂位]를 받으며, 선정과 지혜를 잘 닦아 늘 관찰하고 깊이 업
과 작용의 뛰어난 해탈문에 들어갔다"라 함은 곧 보현보살이고, 또
이르되, "② 모든 중생을 수승한 보리로 이끌되 사섭법(四攝法)으로
섭취한 것은 곧 금강왕보살이고, ③ 싫어하고 여읨이 없는 대비를 (한
번도) 버리지 않음은 곧 금강애(金剛愛)보살이고, ④ 견해와 수행이 조
금 좋더라도 문득 아름답다 말한 것은 곧 금강선재(金剛善哉)보살이
고, ⑤ 단월의 시주가 허공과 같더라도 마음 두지 않는 것은 곧 금강
보(金剛寶)보살이며, 또 허공장(虛空藏)보살의 다른 이름이다. ⑥ 지혜
의 광명으로 어리석음을 잘 타파하는 것은 곧 금강일(金剛日)보살이
며, 또 금강광(金剛光)보살이라고도 한다. ⑦ 즐겨 구하는 것을 늘 거
스르지 않는 것을 금강당(金剛幢)보살이라 하고, ⑧ 말할 때 먼저 웃
음으로 마음을 즐겁게 하는 것은 금강소(金剛笑)보살이라 하고, ⑨

묘법을 잘 물들지 않게 함은 곧 금강법(金剛法)보살이라 하고, ⑩ 지혜를 잘 써서 모든 번뇌를 끊는 것은 곧 금강리(金剛利)보살이고, 또 문수사리보살이 이 분이다. ⑪ 위없는 법륜에 늘 물러나지 않는 것은 곧 금강인(金剛因)보살이고, 또 금강전법륜(金剛轉法輪)보살이라고도 한다. ⑫ 네 가지 변재로 법을 연설하되 두려움 없는 것은 곧 금강어언(金剛語言)보살이고, ⑬ 제불이 중생을 교화하는 일을 업으로 삼는 것은 곧 금강업(金剛業)보살이고, ⑭ 늘 견고한 서원과 자비의 갑옷을 입는 것은 금강호(金剛護)보살이고, 또 금강갑주(金剛甲冑)보살이라고도 한다. ⑮ 마라승군(魔羅勝軍)의 권속을 꺾어 파하는 것은 곧 금강야차(金剛夜叉)보살이고, 또 금강아(金剛牙)보살이라고도 한다. ⑯ 제불의 비밀한 법문을 굳게 지키는 것은 곧 금강권(金剛拳)보살이라 하고, ⑰ 또 소리에 따라 만물을 제도하는 것은 곧 관음보살(觀音菩薩)이라 하고, ⑱ 손에 꽃비를 내리는 것을 문득 화수(華手)보살이라 이름한다" 등이 모두 공덕과 편의를 따른 해석이다.

❖ 合論을 참조하면[141] "이는 고금의 모든 부처님이 다 함께 보현행을 행한 대중임을 밝힌 것이다"라 하였고, 이어서 "이상 세 종류의 대중은 모두 고금의 모든 부처님이 다 함께 만행(萬行)을 행하신 대자비와 대지혜로 다섯 지위의 수행을 해 나가면서 항상 행하신 자리이타의 열 가지 바라밀과 사섭법과 사무량심 등의 보현의 길이다. 모든 보살이 이를 본체로 삼으며, 모든 범부가 이를 탈 것[所乘]으로 삼는다. 마치 대왕의 길[大王路]은 법칙이 항상 그러한 것처럼 행하든지 행

---

141) 이는 李通玄의 화엄경 제10권에 보인다. 論云, "明古今諸佛共行普賢行衆이라 已上三衆은 皆是古今諸佛로 共行萬行하는 大悲大智로 隨五位中에 進修自利利他의 十波羅密·四攝·四無量等之常行普賢之道也라 一切菩薩이 以此爲體하고 一切凡夫가 以此爲所乘하나니 如大王路가 法則常然하야 行與不行에 非道之 異하나라. —"(대정장 권36 p. 780 b-)

하지 않든지 길이 다르지 않다"라고 하였다.

나) 경문을 바로 해석하다[正釋經文] 2.

(가) 같고 다른 명칭의 뜻을 총합하여 밝히다[總顯同異名之義]

(先十 14上8)

[疏] 先十同名普者는 顯具法界總相德故오 後十異名者는 顯具法界別
相德故라 總別相融하야 同一法界니라

■ 앞의 열 분을 똑같이 '보(普)'라 명칭한 것은 법계 총상의 덕이 갖추어
짐을 나타낸 것이고 뒤의 열 분의 이름이 다른 것은 법계별상의 덕이
갖추어짐을 표현한 것이니, 총상과 별상이 서로 융화하여 동일한 법
계인 것이다.

(나) 같은 명칭을 개별로 해석하다[別釋同名] 3.

ㄱ. 힐난을 해명하다[通難] (今初 14上9)

ㄴ. 먼저 열거한 이유를 밝히다[明先列所以] (此是)

[疏] 今初十名之普는 是別之總이오 普下十異는 顯卽普能別이라야 普義
方成이니라 此是古今諸佛의 同行普賢之行이오 隨於諸位하야 差別
不同이라 縱成正覺이라도 亦普行攝일새 故先明之니라

■ 지금 (가) 열 분의 이름이 보(普)인 것은 별상의 총합이요, 보(普) 아래
의 열 분 다른 이름의 보살은 곧 두루 함으로 능히 구별해야 '보(普)'의
뜻이 비로소 이루어진다. 이는 고금의 여러 부처님이 보현보살의 행덕
을 함께 닦았고, 여러 지위를 따라 차별함이 같지 않다. 비록 정각을

이루었더라도 또한 널리 행덕을 섭수하였으므로 먼저 밝힌 것이다.

ㄷ. 명칭을 따라 따와서 해석하다[隨名牒釋] 2.
ㄱ) 같은 명칭 가진 보살을 해석하다[釋同名] 10
(ㄱ) 보현보살의 이름 해석[釋普賢] (言普 14하 9)

其名曰 普賢菩薩摩訶薩과
그들의 이름은 보현보살마하살과

[疏] 言普賢者는 體性周徧曰普오 隨緣成德曰賢이니 此約自體니라 又曲
濟無遺曰普오 隣極亞聖曰賢이니 此約諸位普賢이니라 又德周法界
曰普오 至順調善曰賢이니 此約當位普賢이니라 又果無不窮曰普오
不捨因門曰賢이니 此約佛後普賢이니라 位中普賢은 悲智雙運이오
佛後普賢은 智海已滿이라 而運卽智之悲하야 寂而常用하사 窮未來
際하나라 又一卽一切曰普오 一切卽一曰賢이니 此約融攝이니라 所以
先列者는 爲上首故오 法門主故오 法界體故오 一切菩薩無不乘故
오 無一如來非此成故며 令諸聞者로 見自身中如來藏性하야 行普
行故라 上雖多義離釋이어니와 今從別稱合釋인대 無處不現을 名曰
普賢이니 卽體普也라 此一爲總이며 餘九爲別이니라

■ 보현(普賢)이라 말한 것은 (1) 체성이 두루 함을 '보(普)'라 하고 인연
따라 공덕을 성취함을 '현(賢)'이라 하였으니, 이는 자체를 잡은 해석
이다. (2) 또 자세히 빠짐없이 제도함을 보(普)라 하고, 성인에 극히
가까워짐을 현(賢)이라 하나니, 이는 '여러 지위의 보현[諸位普賢]'을 의
지한 해석이다. (3) 또 공덕이 법계에 두루 함을 보(普)라 하고, 지극

히 조화롭게 선한 곳으로 수순함을 현(賢)이라 하나니, 이는 해당 지위의 보현을 잡은 해석이다. (4) 또 불과(佛果)를 다하지 못함이 없음을 보(普)라 하고 인행의 문을 버리지 않음을 현(賢)이라 하였으니, 이는 '불과(佛果) 뒤의 보현'을 잡은 해석이다. (5) (때문에) 인위 중의 보현은 자비와 지혜를 함께 굴리고 과위의 보현은 지혜의 바다에 다 충만하였으니, 지혜와 합치한 자비를 굴려서 적멸하지만 항상 미래제가 다하도록 쓰는 것이다. (6) 또 하나가 일체에 합치함을 보(普)라 하고 일체가 하나에 합치함[卽]을 현(賢)이라 하나니, 이는 원융문(圓融門)을 잡은 해석이다. 때문에 먼저 배열한 것은 ① 상수가 되기 때문이고 ② 법문의 주가 되며 ③ 법계의 본체이며 ④ 모든 보살이 모두 의지하며 ⑤ 한 부처님도 이것으로 이루지 않은 분이 없으며 ⑥ 모든 듣는 이가 자신 속의 여래장성(如來藏性)을 보고서 보현행(普賢行)을 닦게 하는 까닭이다. 위는 비록 여러 가지 뜻을 해석하지 않았지만 [離釋] 지금은 개별 명칭으로부터 모아 해석한다면 온갖 곳에 나타나지 않는 곳이 없음을 이름하여 보현이라 한 것이니, 자체가 보변함[體普]의 뜻이다. 이 한 가지가 총합 해석이 되고 나머지 아홉 가지는 개별 해석이 된다.

(ㄴ) 보덕최승보살[普德] (二德 15下1)

普德最勝燈光照菩薩摩訶薩과
보덕최승등광조보살마하살과

[疏] 餘九는 爲別이라 二는 德普니 謂稱性之德이 充於法界하야 以爲最勝

하고 委照無遺가 如燈之光이라

■ 나머지 아홉 가지는 별상이다. (ㄴ) 공덕이 보변함[德普]이니 말하자면, 법성에 걸맞은 덕이 법계에 충만하여 최승이 되고 자세히 빠짐없이 비춤이 마치 등불빛과 같다.

(ㄷ) 보광사자당보살[普光] (三慧 15下 4)

普光師子幢菩薩摩訶薩과
보광사자당보살마하살과

[疏] 三, 慧普니 徧照嚴刹하야 決定高出故니라

■ (ㄷ) 지혜가 두루 함이니 두루 비추어 세계를 장엄하여 결정코 높게 뛰어난 연고다.

(ㄹ) 보배불꽃보살[普宝燄] (四行 15下 6)

普寶焰妙光菩薩摩訶薩과
보보염묘광보살마하살과

[疏] 四, 行普니 內行圓淨하고 智燄外燭일새 故稱爲妙라

■ (ㄹ) 수행이 보변함이니 안으로 수행이 원만하며 청정하고 지혜의 불꽃이 바깥으로 비추기 때문에 묘(妙)라 칭한다.

(ㅁ) 보음공덕음성보살[普音] (五音 15下 8)

普音功德海幢菩薩摩訶薩과
보음공덕해당보살마하살과

[疏] 五, 音普니 具一切音하야 演佛淨土深廣高出之行故라
- (ㅁ) 음성이 보변함이니 온갖 음성을 갖추어 불정토가 깊고 넓으며 높이 뛰어난 수행을 연설하는 까닭이다.

(ㅂ) 보지광조보살[普智] (六智 15下 10)

普智光照如來境菩薩摩訶薩과
보지광조여래경보살마하살과

[疏] 六, 智普니 照佛法界無盡境故라
- (ㅂ) 지혜가 보변함이니 불법계의 한량없는 경계를 비추기 때문이다.

(ㅅ) 보배상투보살[普宝髻] (七心 16上)

普寶髻華幢菩薩摩訶薩과
보보계화당보살마하살과

[疏] 七, 心普니 智寶로 嚴於心頂하야 通行等華가 高出物表故라
- (ㅅ) 마음이 보변함이니 지혜보배로 마음의 정수리를 장엄하여 수행과 동등한 꽃에 통함이 물상의 바깥으로 높이 나타나기 때문이다.

(ㅇ) 보각열의성보살[普覺] (八覺 16上)

普覺悅意聲菩薩摩訶薩과
보각열의성보살마하살과

[疏] 八, 覺普니 徧覺性相하고 聲皆悅機일새 故無不歸者라
- (ㅇ) 깨달음이 보변함이니 두루 성품과 모양을 깨닫고 음성으로 중생을 모두 기쁘게 하므로 귀의하지 않는 이가 없다.

(ㅈ) 보청정무진복광보살[普淸淨] (九福 16上)

普淸淨無盡福光菩薩摩訶薩과
보청정무진복광보살마하살과

[疏] 九, 福普니 障無不淨하야 稱眞無盡故라
- (ㅈ) 복덕이 보변함이니 장애를 모두 극복하여 진리에 걸맞아 끝없기 때문이다.

(ㅊ) 보광명상보살[普光明] (十相 16上)

普光明相菩薩摩訶薩이시니라
보광명상보살마하살들이었다.

[疏] 十, 相普니 無光相之光相으로 徧益衆生故라 六相圓融으로 思之니라

- (ㅊ) 모습이 보변함이니 빛나는 모습이 없는 광명의 모습[光相]으로 두루 중생을 이익되게 하는 연고다. '여섯 가지 모습이 원융한 도리 [六相圓融]'로 생각한 해석이다.

ㄴ) 다른 명칭 가진 보살을 해석하다[釋異名][142] 10.
(ㄱ) 해월광대명보살 (二海 16下1)

海月光大明菩薩摩訶薩과
또 해월광대명보살마하살과

[疏] 二, 海月下는 十異名菩薩이라 一, 海月光大明者는 十德十山이 皆
依大海인달하야 十地十度가 皆依佛智라 海中看月에 淨而且深하고
依智嚴刹에 深而且淨이 如海卽大며 如月卽明일새 故以名之라

- ㄴ)[143] 海月 아래는 열 분의 이름이 다른 보살들이다. (ㄱ) 해월광대명(海月光大明)이란 열 가지 덕과 열 가지 산이 모두 큰 바다를 의지하는 것과 같이 십지와 십바라밀이 모두 부처님의 지혜를 의지한 것과 같다. 바다에서 달을 보면 깨끗하면서도 깊고 지혜를 의지하여 세계를 장엄하면 깊고도 깨끗함이 바다처럼 크며 달처럼 밝으므로 그렇게 이름하였다.

(ㄴ) 구름소리보살

雲音海光無垢藏菩薩摩訶薩과

---

142) 여기서부터 十住位衆이다.
143) 先列其名의 과목에서 先十同名普者와 後十異名者에서 後十의 과목이다.

운음해광무구장보살마하살과

[疏] 二, 講如雷震일새 故曰雲音이오 辯才汎灩이 猶如海光하며 又海上有光에 天涯無際오 佛智起用에 一念普周하야 淨惑無窮일새 名無垢藏이라

■ (ㄴ) 강의가 마치 우레 치는 것과 같으므로 '구름 소리'라 하였고, 변재가 넘실대는 것이 마치 바다 물빛 같으며, 또 바다 반짝임이 하늘과 맞닿아 끝이 없고 불지(佛智)가 작용을 일으키면 찰나 간에 두루 하여 번뇌를 맑게 함이 끝이 없으므로 '번뇌 없는 창고[無垢藏]'라 이름하였다.

(ㄷ) 공덕보배상투보살

功德寶髻智生菩薩摩訶薩과
공덕 보계 지생 보살마하살과

[疏] 三, 修治二嚴이 猶如淨寶하야 秘密高顯일새 故有髻言이라

■ (ㄷ) 두 가지 장엄을 닦음이 마치 보배를 닦는 것과 같아서 비밀스럽고 높고 밝기 때문에 '상투'라는 말을 하였다.

(ㄹ) 공덕자재왕보살

功德自在王大光菩薩摩訶薩과
공덕 자재 왕대광 보살마하살과

[疏] 四, 法王出現에 作用自在하사 二嚴圓滿이 爲功德光이라

■ (ㄹ) 법왕이 출현하시니 작용이 자재하여 두 가지 장엄[144)이 원만하여 공덕의 광명이 되었다.

(ㅁ) 선용맹연화계보살

善勇猛蓮華髻菩薩摩訶薩과
선용맹연화계보살마하살과

[疏] 五, 勇猛化生호대 不染化相하고 雨法玄妙가 如解髻珠라
■ (ㅁ) 용맹스럽게 화신으로 탄생하지만 교화하는 모양에 물들지 않고, 법의 현묘함을 비 내림이 마치 정수리 형상과 살상투의 구슬[髻珠]을 풀어놓은 것과 같다.

(ㅂ) 보지운일당보살

普智雲日幢菩薩摩訶薩과
보지운일당보살마하살과

[疏] 六, 慈雲智日로 互相資英하야 長劫普應하며 高出如幢이라
■ (ㅂ) 자비의 구름과 지혜의 태양으로 서로서로 빛나도록 도와서 오랜 세월 널리 응하여 높이 뛰어남이 깃대와 같다.

(ㅅ) 대정진금강제보살

---

144) '두 가지 莊嚴'이란 앞의 주 129)와 같이 육바라밀 수행을 말한다.

大精進金剛臍菩薩摩訶薩¹⁴⁵⁾과
대정진금강제보살마하살과

[疏] 七, 堅利智慧가 與精進俱일새 故得稱大오 智爲行本이 若臍¹⁴⁶⁾爲壽
    因이라
■ (ㅅ) 견고하고 번득이는 지혜가 정진과 함께하는 연고로 대(大)라 일
    컫고, 지혜가 수행의 근본인 것이 마치 배꼽이 장수의 원인이 되는 것
    과 같다.

(ㅇ) 향기불꽃당기보살

香焰光幢菩薩摩訶薩과
향염광당보살마하살과

[疏] 八, 戒等行發이 是爲香燄이오 種智高直일새 故曰光幢이라
■ (ㅇ) 지계 등의 수행을 시작함이 향기불꽃[香焰]이 되고, 종지(種智)가
    높고 정직하기 때문에 광명깃대[光幢]라 이름한다.

(ㅈ) 대명덕심미음보살

大明德深美音菩薩摩訶薩과
대명덕심미음보살마하살과

---

145) 臍는 卍綱作齊 宋元明宮本作臍 以下皆同.
146) 臍는 原作齊라 하고, 교정표에 '慧苑華嚴音義에 謂經作齊라 하며 案齊臍同이니 見左傳莊六年注'라 하다.

[疏] 九, 智光徧照가 是大明德이오 稱眞適物을 名深美音이라

■ (ㅈ) 지혜광명을 두루 비춤이 대명(大明, 태양)의 공덕이고, 진리에 맞게 물상에 맞춤을 깊고 아름다운 소리라 이름한다.

(ㅊ) 대복광지생보살

大福光智生菩薩摩訶薩이라
대복광지생보살마하살들이었다.

[疏] 十, 大智發光하야 徧照佛境하야 令福非福相이 福亦[147)]稱大니라

■ (ㅊ) 큰 지혜가 광명을 내어 두루 부처님의 경계를 비추어 복으로 하여금 복된 양상을 짓지 않게 함이 복덕도 크다 칭하는 까닭이다.

나. 결론적으로 널리 밝히다[結略顯廣] (二如 17下7)

如是等이 **而爲上首**하여 **有十佛世界微塵數**하니라
이러한 이들이 상수가 되어 열 부처님 세계의 미진수가 있었다.

[疏] 二, 如是等下는 結略顯廣이니라

■ 나. 如是等 아래는 결론적으로 널리 밝힘이다.

(3) 동생중의 원만한 덕행[攝德周圓] 2.

---

147) 福亦은 源甲續本作所以, 南金本作所亦이라 하다.

(3) 攝德周圓二 ┬ 1. 分科 ┬ 1. 別歎勝德二
　　　　　　└ 2. 隨釋二 　└ 2. 總結多門

1. 初二句就緣歎二 ┬ 1. 略消二句
　　　　　　　　　└ 2. 廣釋二句二 ┬ 1. 釋初句二 ┬ 1. 釋毘盧遮那二
　　　　　　　　　　　　　　　　　└ 2. 釋後句 　└ 2. 釋餘文

　　　　　　　　　┬ 1. 翻梵直釋二 ┬ 1. 約光明遍照釋毘盧名
　　　　　　　　　└ 2. 引經具釋 　└ 2. 約障盡德圓釋毘盧名
2. 餘句就行歎二 ┬ 1. 彰歎意 ┬ 1. 分科
　　　　　　　　└ 2. 釋經文二 └ 2. 正釋三

가. 과목 나누기[分科] (第三 17下10)

此諸菩薩이 往昔에 皆與毘盧遮那如來로 共集善根하여
修菩薩行하시니 皆從如來善根海生이니라
이 모든 보살들은 지나간 옛적에 다 비로자나 여래와 같
이 선근을 모아서 보살행을 닦았으므로 모두가 여래의
선근 바다에서 출생한 이들이다.

[疏] 第三, 此諸菩薩下는 攝德圓滿中二니 初, 別歎勝德이오 後, 總結多
　　門이라 初中亦二니 初二句, 就緣歎이오 餘, 就行歎이니라
■ (3)[148] 此諸菩薩 아래는 섭수한 공덕이 두루 원만함에 둘이니, 가)
　뛰어난 덕행을 개별로 찬탄함이요, 나) 통틀어 여러 문으로 결론 맺
　음이다. 처음 가.에 또 둘로 나누면 (가) 두 구절은 인연에 나아가
　찬탄함이요, (나) 나머지 구절은 수행에 나아가 찬탄함이다.

---

148) 이는 앞의 과목 제6. 구름처럼 모인 대중의 바다[衆海雲集]의 과목으로, "其四十衆에 文皆有三하니 一, 標數
　　辯類오 二, 列名結數오 三, 攝德周圓이라 今初니 同生衆中에 第一, 標數辯類니 中初, 標數오"에서 세 번째
　　과목이다.

나. 과목에 따라 해석하다[隨釋] 2.
가) 뛰어난 덕행을 개별로 찬탄하다[別歎勝德] 2.

(가) 인연에 나아가 찬탄하다[就緣歎] 2.
ㄱ. 간략히 두 구절을 풀이하다[略消二句] (今初 18上2)

[疏] 今初라 初句, 往因同行으로 顯主伴有由오 後句, 從德海生으로 明
　　長爲輔翼이라
■ 지금 (가) 인연에 나아가 찬탄함이니 ㄱ) 첫 구절은 옛적에 함께 수
　행함을 인하여 주인과 반려가 된 까닭을 밝히고, ㄴ) 뒤 구절은 공덕
　의 바다에서 낳으므로 길이 도와주는 대중[輔翼衆]이 됨을 밝혔다.

ㄴ. 자세히 두 구절을 해석하다[廣釋二句] 2.
ㄱ) 첫 구절에 대한 해석[釋初句] 2.
(ㄱ) 비로자나의 이름 해석[釋毘盧遮那] 2. (言毘 18상3)

[疏] 言毘盧遮那者는 毘卽徧也오 盧遮那는 光明照義라 廻就方言하면
　　應云光明徧照라 然有二義하니 一, 身光이 徧照盡空法界하야 乃至
　　塵道오 二, 智光이 徧照眞俗重重法界라 身智能所가 合爲一身하야
　　圓明獨耀오 具德無邊일새 故立斯號니라
　　又毘者種種義오 盧遮障義오 那者盡義, 入義니 卽種種障盡이며 種種
　　德圓이라 故로 普賢觀經에 云, 釋迦牟尼를 名毘盧遮那니 徧一切處라
　　卽身亦徧이오 非唯光徧이라하며 又云, 其佛住處를 名常寂光이라하니
　　卽土亦光矣라 又云, 常波羅密로 所攝成處며 我波羅密로 所安立處

라하니 卽德圓義라 又云, 淨波羅密로 滅有相處라하니 卽障盡義라 又
云, 樂波羅密로 不住身心相處며 不見有無諸法相處라하니 卽證入義
라 又云, 如寂解脫과 乃至般若波羅密이 是色常住法故라하니 明皆卽
應卽眞이라 爲本師矣로다 此經文證을 本品當辯호리라

■ 비로자나(毘盧遮那)라고 말한 것에서 '비(毘)'는 두루 함의 뜻이요, 로
자나(盧遮那)'는 광명이 두루 하다는 뜻이다. 번역하면 '광명이 두루
비춘다'고 해야 할 것이다. 거기에 두 가지 뜻이 있다. (1) 몸의 광명
이 두루 온 허공법계와 티끌세계를 비추고, (2) 지혜광명이 두루 진
과 속이 거듭한 법계를 비춘다. 몸과 지혜와 주체와 대상이 합하여
한 몸이 되어 원명하고 외로이 빛남이요, 공덕을 갖춤이 끝이 없으므
로 이러한 이름을 붙인 것이다.

또 '비(毘)'는 갖가지의 뜻이고, '로자(盧遮)'는 장애의 뜻이고, '나(那)'는
다함의 뜻이며 들어감의 뜻이니, 곧 갖가지 장애가 다하며 갖가지 공
덕이 가득하다는 뜻이다. 때문에 『보현관경(普賢觀經)』[149]에 이르되 "석
가모니는 비로자나라 이름하니 온갖 곳에 두루 하다. 곧 몸도 두루
함이니 광명만 두루 함이 아니다"라고 하였고, 또 이르되, "그 부처님
처소를 항상 고요한 광명[常寂光]이라 이름한다"라고 하였으니[150] 곧
땅도 광명인 것이다. 또 이르되, "상(常)바라밀로 섭수하여 이룬 곳이

---

149) 普賢觀經은 劉宋代 曇摩密多(356-442, 혹은 曇無密多) 번역. 모두 1권으로 본래 이름은『관보현보살행법
경』이다. 불이 법화경을 설한 이후 阿難 등의 물음에 대답하여, 불멸 후 모든 중생들이 관보현행을 닦아 法華
三昧를 증득한다고 말씀한 내용이다. 이는 곧『법화경』의 제28 普賢菩薩勸發品을 널리 말한 것이라 한다.(대
정장 권9 p.389 b-) 인용문은 鈔에 云, "當總引經하면 云호대 爾時行者가 聞此語已에 間空中聲호대 我今
何處에 行懺悔法고 時空中聲이 卽說是語호대 釋迦牟尼는 名毘盧遮那라 徧一切處어니 其佛住處는 名常
寂光이라 常波羅密로 所攝成處며 我波羅密로 所安立處며 淨波羅密로 滅有相處며 樂波羅密로 不住身心
相處며 不見有無諸法相處이며 如寂解脫이며 乃至般若波羅密이며 是色常住法故니 如是應當觀十方佛이
니라."(대정장 권9 p.392 c 15-)
150) 여기서 말한 네 가지 바라밀은 곧 涅槃四德과 같으니, 常바라밀(완전한 永遠성), 樂바라밀(완전한 安隱성),
我바라밀(완전한 主體성), 淨바라밀(완전한 淸純性)이라 할 수 있다.

며 아(我) 바라밀로 안립된 곳이다"라 하였으니, 곧 공덕이 원만하다는 뜻이다. 또 이르되, "정(淨) 바라밀로 유(有)의 양상을 없앤 곳이다"라 하였으니, 곧 '장애가 다했다'는 뜻이다. 또 이르되, "낙(樂) 바라밀로 몸과 마음의 모양에 머물지 않는 곳이며, 유(有)와 무(無)의 모든 법의 양상을 볼 수 없는 곳이다"라고 하였으니, 곧 깨달아 들어감[證入]의 뜻이다. 또 이르되, "여적(如寂) 해탈이며 내지 반야(般若)바라밀이니 색이 법에 상주하는 까닭이다"라고 하였으니, 모두 응신이 곧 진신(眞身)이라 본사(本師)가 됨을 밝혔다. 본 경문의 증거는 본품에 가서 밝히겠다.

(ㄴ) 나머지 경문을 해석하다[釋餘文] (言共 19上4)

[疏] 言共集善根者는 卽備道資糧이라 言修菩薩行者는 卽作所應作이라 云何共集고 互爲主伴故라 主伴有三하니 一, 廻向主伴이오 二, 同行主伴이오 三, 如相主伴이니 皆稱共集이라

■ 함께 선근을 모았다 한 것은 곧 보리의 양식[道資糧]을 갖춤이다. 보살행을 닦는다 말한 것은 곧 응당 할 일을 하는 것이다. 어떻게 함께 모으는가? 서로 법주(法主)와 반중(伴衆)이 되는 연고이다. 주반(主伴)에 세 가지가 있으니 첫째, 회향의 주(主)와 반(伴)이요 둘째, 동행하는 주와 반이요 셋째, 진여상의 주와 반이니 모두 함께 모은다[共集]고 칭한다.

[鈔] 主伴有三者는 一, 廻向主伴은 所修善根으로 互相廻向일새 故今成佛에 遞爲主伴이오 二, 同行者는 同修禪戒等行이오 三, 二俱稱性하

야 居然相收니라

● '주인과 반려에 세 가지가 있다' 함은 (1) 회향의 주인과 반려는 닦은 선근으로 서로서로 회향하는 연고로 불도를 이루면 번갈아 주인과 반려가 됨이요, (2) 함께 수행하는 주인과 반려는 함께 선정과 지계 등을 닦는 것이요, (3) (앞의) 둘이 모두 진여성(眞如性)에 칭합하여 쉽게 서로 거두는 것이다.

ㄴ) 뒤 구절에 대한 해석[釋後句] (後句 19上10)

[疏] 後句에 言善根海生者는 謂佛德無邊이나 積妙法寶하사 智定盈洽일새 故稱爲海라 從生有四하니 一, 從自佛善根海生이니 謂已圓十身故오 二, 從本師海生이니 佛爲勝緣하사 曾已攝受授法하야 令行得成滿故오 三, 與遮那로 同於餘佛海生이니 以上云共集故오 四, 從法性佛海生이니 以上德海는 諸佛共同이며 平等一味라 但稱性修가 卽是從生이니 不揀自他故라 梵本에 云, 與佛同一善根海生이라하니라

■ ㄴ) 뒤 구절에서 '선근의 바다에서 태어났다'고 말한 것은 이른바 불덕(佛德)이 그지없으나 미묘한 법보(法寶)를 쌓아서 지혜와 선정이 흡족한 까닭에 바다라 일컫는다. (선근 바다에서) 태어남에 네 가지가 있으니 ① 자성불(自性佛)이 선근 바다에서 태어남이니, 말하자면 십신(十身)을 이미 원만한 연고요, ② 본사 비로자나의 선근 바다에서 태어남이니, 부처님이 훌륭한 (선지식의) 인연이 되어 일찍이 제자로 법을 주어 하여금 수행을 만족하게 하기 때문이요, ③ 비로자나 부처님과 함께 나머지 불법의 바다에 태어남이니, 이상에서 함께 모은 까닭을 말하였고, ④ 법성불(法性佛)의 선근 바다에서 태어남이니, 이상의 공덕의 바

다는 여러 부처님과 함께하며 평등하여 한 맛[一味]인 것이다. 단지 법성과 걸맞은 수행이 곧 이로부터 나왔으니 나와 남을 구별하지 않기 때문에 범본(梵本)에 이르되, "부처님과 동일한 선근 바다에서 태어난다"라고 하였다.

[鈔] 謂佛德無邊等者는 釋爲海義니 卽金光明意라 彼經偈에 云, 佛德無邊如大海하니 無限妙寶積其中이오 智慧德水鎭恒盈이라 百千勝定咸充滿이라하니 卽同海故니라 從自佛善根海生者는 由普賢等이 自圓十身하야 十身之中有如來身이니 依於佛身하야 起菩薩用일새 云從彼生이니라

● '이른바 불덕(佛德)이 그지없음' 등이란 바다의 의미를 해석하였으니 곧 『금광명경(金光明經)』의 뜻이다. 저 경의 게송151)에 이르되, "불의 위덕 그지없어 대해와 같으니 한량없는 묘한 보배가 그 속에 쌓였고 지혜의 덕스러운 물이 늘 차 있으니 백천 가지 뛰어난 선정이 모두 가득하다"라고 하였으니, 곧 바다와 같기 때문이다. '① 자성불(自性佛)의 선근 바다에서 태어남'이란 보현(普賢) 등이 스스로 열 가지 몸이 원만함으로 해서 열 가지 몸에 여래의 몸이 불신에 의지하여 보살의 작용을 일으켰으므로 '거기[佛의 善根海]에서 태어난다'고 말한다.

(나) 수행에 나아가 찬탄하다[就行歎] 2.
ㄱ. 찬탄한 의미를 밝히다[彰歎意] (第二 20上2)

---

151) 이는 10권본 金光明經인 『金光明最勝王經』 제6권 四天王護國品 제12의 偈云, "佛面猶如淨滿月이며 亦如千日放光明하야 目淨修廣若靑蓮하며 齒白齊密猶珂雪이로다. 佛德無邊이 如大海하니 無限妙寶가 積其中이오 智慧德水가 鎭恒盈이라 百千勝定이 咸充滿이라."(대정장 권16 p.432 a-)

[疏] 第二, 諸波羅密下는 就行德以歎이라 夫大士는 必崇德廣業하사 虛心外身하시니 崇德故로 進齊佛果오 廣業故로 行彌法界오 虛心故로 智周萬法而不爲오 外身故로 功流來際而非己니 故로 德難名矣니라

■ (나) 諸波羅密 아래는 수행에 나아가 찬탄함이다. 대저 보살[大士]은 반드시 '공덕을 숭상하고 업을 넓게 하여[崇德廣業]' 마음을 비우고 자신을 잊으니[虛心外身] 덕을 우러르기 때문에 정진하여 불과(佛果)와 같아지고, 업을 넓히므로 만행이 법계에 가득하다. 마음을 비웠으므로 지혜가 온갖 법에 두루 하여도 함이 없고, 몸을 잊었으므로 공(功)이 미래까지 흐르더라도 자신을 위하지 않기 때문에 덕은 이름 짓기 어려운 것이다.

[鈔] 夫大士下는 先彰歎意라 先兩句, 標오 崇德廣業者는 周易上繫에 云호대 子曰, 易은 其至矣乎인저 夫易은 聖人이 所以崇德而廣業也라하야늘 注에 云, 窮理入神에 其德崇也오 兼濟萬物에 其業廣也라하며 次復云, 智[152]崇禮卑하니 崇敬天하고 卑法地라하야늘 注에 云, 智以崇爲貴하고 禮以卑爲用이라하며 又云, 盛德大業至矣哉라 富有之謂大業이오 日新之謂盛德이라하니라

● ㄱ. 夫大士 아래는 먼저 찬탄한 의미를 밝힘이다. ㄱ) 앞의 두 구절은 표방함이다. 숭덕광업(崇德廣業)이란 『주역(周易)』계사(繫辭) 상편에 이르되, "공자가 말씀하기를 역은 지극한 것이로다. 대저 역은 성인이 도덕을 숭상하고 공업(功業)을 넓게 하기 위한 것이다"라고 하였는데 주(注)에 이르되 "이치가 궁극하여 신(神)에 들어가면 그 덕이 높아지고 겸하여 만물을 제도하면 그 공업(功業)이 넓어진다"라 하였고,

---

152) 智는 원문에 知라 하다. (명문당 刊『新完譯 주역』繫辭上 p.366~)

다음에 또 말하되, "지(智)는 높이는 것이고, 예(禮)는 낮추는 것을 작용으로 삼는다"라 하였고 또 이르되 "성대한 덕과 위대한 업(業)이 지극하게 된다. 풍부하게 소유하는 것을 위대한 사업(事業)이라 하고, 날마다 새로워지는 것을 성대한 덕[盛德]이라 한다"라고 하였다.

虛心外身者는 卽老子意니 彼云, 虛其心實其腹하며 弱其志强其骨이라하고 又云, 後其身而身先하고 外其身而身存이라하니 今借其言하야 謂菩薩虛曠其心하니 智絶能所하고 亡身爲物하야 一向利他라 故로 下經에 云, 菩薩所修功德行은 不爲自己及他人이오 但以最上智慧心으로 利益衆生故廻向이라하시니 卽斯意也라

● '마음을 비우고 몸을 잊는다' 함은 곧 노자(老子, 道德經)의 뜻이니 저에 이르되, "마음을 비우고 그 배를 채우며, 그 의지를 약하게 그 뼈대는 강하게 하라"라 하였고 또 이르되, "그 몸을 뒤로 하면 몸이 앞서고 그 몸을 잊게 되면 몸이 존속한다"라 하였으니, 지금은 그 말씀을 빌린 것이다. '보살이 그 마음을 텅 비운다'고 하였으니 지(智)는 주체와 대상을 끊고 몸을 잊고 중생을 위하여 한결같이 남을 이롭게 한다. 때문에 아래 경153)에서 말하되, "수행한 여러 가지 공덕을 자기나 다른 이를 위하지 않고 언제나 가장 높은 신심으로써 중생을 이익하려 회향한다"라고 하였으니 바로 이 뜻이다.

ㄴ. 경문을 해석하다[釋經文] 3.

---

153) 이는 十廻向品의 第九, 無着無縛解脫廻向의 게송이다. 偈云, "所修一切諸功德이 不爲自己及他人이라 恒以最上信解心으로 利益衆生故廻向이로다."(교재 권2 p.332-) 위에서 보듯이 인용문이 원문과 조금 다르다.

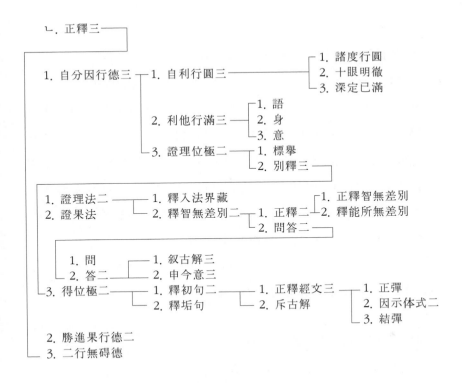

ㄴ. 正釋三
1. 自分因行德三 ─ 1. 自利行圓三 ─ 1. 諸度行圓
                              2. 十眼明徹
                              3. 深定已滿
             2. 利他行滿三 ─ 1. 語
                              2. 身
                              3. 意
             3. 證理位極二 ─ 1. 標擧
                              2. 別釋三
1. 證理法二 ─ 1. 釋入法界藏 ─ 1. 正釋智無差別
2. 證果法   2. 釋智無差別二 ─ 1. 正釋二 ─ 2. 釋能所無差別
                                  2. 問答二
           1. 問   ─ 1. 叙古解三
           2. 答二   ─ 2. 申今意三
3. 得位極二 ─ 1. 釋初句二 ─ 1. 正釋經文三 ─ 1. 正彈
              2. 釋垢句   2. 斥古解   2. 因示体式二
                                          3. 結彈
2. 勝進果行德二
3. 二行無碍德

ㄱ) 자신의 보살행덕[自分因行德] 3.

(ㄱ) 자리행이 원만하다[自利行圓] 3. (今初 20, 하9)

a. 모든 바라밀행이 원만하다[諸度行滿]

> 諸波羅蜜이 悉已圓滿하시니라
> 모든 바라밀이 이미 다 원만하였다.

[疏] 略分爲三이니 一, 明自分因行德이오 二, 勝進果行德이오 三, 二行
無礙德이라 初中亦三이니 一, 自利行圓이오 二, 利他行滿이오 三, 證

理位極이라 今初有三句하니 一, 諸度行滿[154]이니 謂六度十度를 八萬四千多劫積集하야 究盡事理일새 故云圓滿이라하니라

■ (경문을) 간략히 세 가지로 나눈다면, ㄱ) 자신의 보살행덕을 밝힘이요, ㄴ) 과덕에 잘 오르는 덕이요, ㄷ) 두 가지 수행이 무애한 덕이다. ㄱ)에 또 세 가지로 나누면 (ㄱ) 자리행이 원만함이요, (ㄴ) 이타행이 원만함이요, (ㄷ) 이치를 증득하여 지위가 다함이다. 지금은 (ㄱ)에 또 세 구절이 있으니 a. 모든 바라밀행이 원만함이니, 말하자면 육바라밀과 십바라밀을 팔만사천의 오랜 세월을 쌓아서 현상과 이치를 다 궁구하였으므로 '원만하다' 하는 것이다.

b. 열 가지 눈이 밝게 통하다[十眼明徹]

慧眼明徹하여 等觀三世하시니라
지혜의 눈이 명철해서 삼세를 평등히 관찰하였다.

[疏] 二, 慧眼下는 十眼明徹이니 分別名慧오 照矚稱眼이라 障翳斯盡하고 智無不矚일새 故云明徹이라 五眼之中에 慧眼觀理에 理無異味일새 故云等觀이오 十眼之中에 慧眼觀事에 事無不見일새 故名等觀이니 是則委見其事爲明이오 深達其性爲徹이라 欲以一眼合諸하고 具通事理일새 但擧其慧니라

■ b. 慧眼 아래는 열 가지 눈이 밝게 통함이다. 분별함을 혜(慧)라 부르고, 비추어 봄을 눈[眼]이라 칭한다. 장애가 여기에서 다하고 지혜로 보지 못하는 것이 없으므로 '밝게 통한다'고 하였다. 다섯 가지 눈

---

154) 滿은 甲南續金本作圓이라 하다.

가운데 혜안(慧眼)으로 이치를 보면 진리가 다른 맛이 없는 연고로 '평등히 본다[等觀]'고 하였다. 열 가지 눈 중에 혜안으로 사물을 보면 사물을 보지 못하는 것이 없기 때문에 '평등히 본다'고 이름하였으니, 이렇다면 자세히 그 사물을 봄이 '밝다'고 하고, 깊이 그 본성을 깨닫는 것을 '통한다'라 말한다. 한 눈으로 모두에 합치하고 사리에 모두 통하려 하므로 단지 그 지혜를 (예로) 든 것이다.

[鈔] 五眼之中에 一, 肉眼이오 二, 天眼이오 三, 慧眼이오 四, 法眼이오 五, 佛眼 釋相은 如離世間品하니라 今唯取慧眼이라 十眼者는 前五眼外에 更加五眼이니 而業用多異라 文[155]에 云, 所謂肉眼見一切色故오 天眼見一切衆生心故오 慧眼見一切衆生諸根境界故오 法眼見一切法如實相故오 佛眼見如來十力故오 智眼知見諸法故오 光明眼見佛光明故오 出生死眼見涅槃故오 無礙眼所見無障故오 一切智眼見普門法(界)故라하니라 釋曰, 見諸根境界가 卽是見事오 卽五眼中法眼見同이라 則明徹之言에서 明配十眼中智오 徹配五眼中慧니라

● 다섯 가지 눈[五眼] 중에는 ① 육안 ② 천안 ③ 혜안 ④ 법안 ⑤ 불안이니 그 모습을 해석함은 이세간품(離世間品)과 같다. 지금은 유독 ③ 혜안만 취한 것이다. 열 가지 눈[十眼]은 앞의 다섯 가지 눈에 다시 다섯 가지 눈을 더한 것이니, 업과 작용이 많이 다르다. 경문[離世間品]에 이르되, "이른바 ① 살 눈[肉眼]이니, 모든 빛을 보는 연고라. ② 하늘 눈이니, 일체 중생의 마음을 보는 연고라. ③ 지혜 눈이니, 일체 중생의 여러 근의 경계를 보는 연고라. ④ 법 눈이니, 모든 법의 실다운 모양을 보는 연고라. ⑤ 부처 눈이니, 여래의 열 가지 힘을 보는 연고

---

155) 이는 離世間品 제38 法雲地條의 '菩薩의 十種眼'을 설명하고 있다. (교재 권3 p. 416-)

라. ⑥ 슬기 눈[智眼]이니, 모든 법을 알고 보는 연고라. ⑦ 광명의 눈이니, 부처님의 광명을 보는 연고라. ⑧ 생사에서 뛰어나는 눈[出生死眼]이니, 열반을 보는 연고라. ⑨ 걸림 없는 눈[無礙眼]이니, 보는 바가 걸림이 없는 연고라. ⑩ 온갖 지혜의 눈[一切智眼]이니, 넓은 문의 법계를 보는 연고라"라고 하였다. 해석하자면, 여러 선근의 경계를 보는 것이 곧 사물을 보는 것이니, 다섯 가지 눈 가운데 법안의 보는 것이 같다. 곧 '밝게 통한다'고 말한 것은 '밝음'은 열 가지 눈 중에 지안(智眼)에 배대하고, '통함'은 다섯 가지 눈 중에 혜안(慧眼)에 해당한다.

c. 깊은 선정을 만족하다[深定已滿]

於諸三昧에 具足淸淨하시니라
모든 삼매에 구족하게 청정하였다.

[疏] 三, 於諸下는 深定已滿이라 三昧者는 此云等持니 遠離沈掉하고 平等持心하야 趣一境故라 而云諸者는 其餘諸緣이 亦一境故라 眞如三昧爲其定體하고 隨境入別이며 塵數多端일새 故云諸也라 橫則無定不窮이오 竪則深入無際일새 故云具足이오 定障永亡일새 故云淸淨이니라

■ c. 於諸 아래는 깊은 선정을 이미 만족함이다. 삼매란 번역하면 똑같이 잡음[等持]이니 혼침(昏沈)과 도거(掉擧)를 멀리 여의고 평등히 마음을 잡아 한 경계에 나아가는 연고다. 그러나 '모두'라 한 것은 그 나머지 모든 인연들이 또한 '한 가지 경계'인 까닭이다. 진여삼매가 그 선정의 본체가 되고 경계를 따라 별상에 들어가며 티끌 수처럼 여

러 갈래이므로 '모두'라 한 것이다. 가로로는 어떤 선정이든 다하지 못한 것이 없고, 세로로는 깊이 끝없이 들어가는 연고로 '구족함'이라 하고, 선정의 장애는 길이 없어졌으므로 '청정하다'고 하였다.

[鈔] 竪則深入者는 法華에 云, 禪定智慧와 解脫三昧에 深入無際라하시니라
● '세로로는 깊이 들어간다' 함은 『법화경』[156]에 이르되, "(여래의 지견은 깊고 광대하여) 선정지혜와 해탈삼매에 깊이 끝없이 들어간다"라고 하였다.

(ㄴ) 이타행이 만족하다[利他行滿] 3.
a. 바른 교법의 바퀴[正敎輪] (第二 22상4)

> 辯才如海하여 廣大無盡하시니라
> 변재가 바다와 같아서 넓고 크기가 끝이 없었다.

[疏] 第二, 辯才下는 利他行滿이라 有三句하니 卽三輪化益이라 一, 語含 四辯이 卽正敎輪이니 辯謂巧顯深理오 才謂巧應機宜라 萬法咸演이 則廣大無涯오 千難殊對호대 則無竭盡일새 故如海也라 又海遇風緣 이면 則洪浪雲涌이오 智逢機請이면 則口辯波騰이라 請者旣許無邊이 오 辯亦廣大無盡이라
■ (ㄴ) 辯才 아래는 이타행이 만족함이다. 세 구절이 있으니 곧 삼륜(三輪)[157]으로 교화한 이익이다. 첫째, 말씀이 네 가지 변재[四辯]를 포

---

156) 『법화경』方便品의 장항 내용이다. 經云, "舍利弗아 如來知見은 廣大深遠하사 無量無礙와 力無所畏와 禪 定解脫三昧에 深入無際하사 成就一切未曾有法하시나니라."(대정장 권9 p.5 C4-)
157) 佛의 거룩한 교화의 작용을 身·口·意의 三業에 나누어 이를 轉輪聖王의 寶輪에 비유하여 말한 것이다. ① 神通輪(또는 神變輪)은 곧 신변을 나타내어 중생의 마음을 움직여 믿음에 들게 함이며 ② 敎誡輪(또는 說法

함한 것이 곧 '바른 교법의 법륜[正敎輪]'이니 변(辯)이란 공교히 깊은
이치를 밝히는 것이고, 재(才)는 공교히 중생의 편의에 응함이다. 온
갖 법을 다 연설함이 곧 광대하여 끝없고, 많은 어려움[千難]을 잘 대
처하되 다함이 없는 연고로 바다와 같다[如海]. 또 바다는 바람의 인
연을 만나면 큰 파도와 구름이 일어나고, 지혜는 중생의 청함을 만나
면 입의 변재[口辯]가 물결로 오른다. 청한 이들이 이미 그지없고 변재
또한 끝없이 광대하다.

b. 신업이 신통한 바퀴[身業神通輪]

具佛功德하여 **尊嚴可敬**하시니라
부처님의 공덕을 갖추어서 존엄하여 공경할 만하였다.

[疏] 二, 具佛下는 身業神通輪이니 謂三業無失하고 智深叵撓는 爲具佛
功德이니 故得外儀儼若하야 肅然可敬이라
■ b. 具佛 아래는 신업(身業)이 신통한 바퀴[神通輪]이니 이른바 세 가지
업이 허물이 없고 지혜가 깊어 어지럽힐 수 없음은 불공덕을 갖춤이
되나니 바깥으로 위의가 엄연하여 엄숙함이 공경할 만하다.

c. 의업이 마음에 기억되는 바퀴[意業記心輪]

知衆生根하여 **如應化伏**하시니라

輪)은 곧 중생을 敎導하기 위하여 敎法을 설하는 것이며 ③ 記心輪(또는 憶念輪)이란 중생의 마음을 다 알고
여기에 응해서 교화함을 말한다.

중생의 근기를 알아서 알맞게 교화 조복하였다.

[疏] 三, 知衆生下는 意業記心輪이니 根義總明이나 文含性欲이라 言如應者는 根有生熟에 化不失時오 器有大小에 授法無謬라 化謂敎化니 卽應攝受者를 而攝受之오 伏謂調伏이니 卽應折伏者를 而折伏之니 由此具行하야 入正法故니라

■ c. 知衆生 아래는 의업이 마음에 기억되는 바퀴[記心輪]이니 감관의 뜻으로 통틀어 밝혔으나 경문은 근성과 욕락을 포함하고 있다. '알맞게[如應]'라 말한 것은 근성에 생것과 익은 것이 있으면 교화할 시기를 잃지 않고 근기가 크고 작음이 있으면 법을 줌에 잘못이 없다는 뜻이다. 화(化)는 교화를 말하나니 곧 응당 섭수할 것을 섭수하고, 복(伏)은 조복을 말하나니 곧 응당 꺾어서 항복받을 것을 꺾어 복종케 하나니, 이로 인하여 수행을 구비하여 정법에 들어가기 때문이다.

[鈔] 卽應攝受下는 卽勝鬘經文이라 由此具行入正法故者는 卽取意結之니 彼云, 折伏攝受하야 令正法久住라하니 多分折伏剛强하고 攝受柔弱이니라

● 卽應攝受 아래는 곧 『승만경(勝鬘經)』의 경문이다. '이로 인하여 수행을 구비하여 정법에 들어간다' 함은 곧 뜻을 취하여 결론함이니 저 『승만경』[158]에 이르되, "절복하고 섭수하여 정법이 오래 머무르게 한다"라고 하였으니, 대개는 억센[剛强] 중생은 절복(折伏)시키고 유약한 중생은 섭수(攝受)한다는 뜻이다.

---

158) 이는 『勝鬘經』十受章 제2의 내용이다. (대정장 권12 p. 217 ⊂)

(ㄷ) 이치를 증득하여 지위가 다하다[證理位極] 2.
a. 표방하여 거론하다[標擧] (第三 23상1)

入法界藏하여 智無差別하니라
법계의 광에 들어가서 지혜가 차별이 없느니라.

[疏] 第三, 入法界藏下는 證理位極이라 亦三句하니라
■ (ㄷ) 入法界藏 아래는 이치를 증득하여 지위가 다함이다. (여기에) 또 세 구절이 있다.

b. 개별로 해석하다[別釋] 3.
a) 이치의 법을 증득하다[證理法] 2.
(a) 법계의 광에 들어가다[釋入法界藏] (一證 23상1)

[疏] 一, 證理法이니 謂以大智證入平等眞法界藏이라 依佛性論인대 說有
五藏하니 一, 如來藏이니 謂在纏含果法故오 二, 自性淸淨藏이니 謂
在纏不染이오 三, 法身藏이니 謂果位爲功德所依오 四, 出世間上上
藏이니 謂出纏에 超過二乘, 菩薩이오 五, 法界藏이니 謂通因果니 外
持一切染淨有爲일새 故名法界오 內含一切恒沙性德일새 故復名藏
이라 此義寬通일새 故今證入이니라.
■ a) 이치의 법을 증득함이니 말하자면 큰 지혜로 평등하고 참된 법계
광에 증득해 들어간다는 뜻이다. 『불성론(佛性論)』에 의지하면[159] 다

---

159) 鈔에 云, "불성론에 의지한다 함은 곧 저 론 제2권의 辨相分 제4, 自體相品 제1이다" 하였다. (대정장 권31
p.796 b7-) 이어서 『勝鬘經』에서는 ① 佛性者 是如來藏 ② 是正法藏 ③ 是法身藏 ④ 是出世藏 ⑤ 是自性
淸淨藏이라 하였으니 두번째의 正法藏이 法界藏과 같은 의미인 듯하다.

섯 가지 창고가 있으니 ① 여래의 창고[如來藏]이니 번뇌 속에 불과의 법이 포함되었음을 말하기 때문이다. ② 자성의 청정한 창고[自性淸淨藏]이니 번뇌 속에서도 물들지 않음을 말하고, ③ 법신의 창고[法身藏]이니 부처님의 과위가 공덕의 의지할 곳이 됨을 말하고, ④ 세간을 벗어난 훌륭한 창고[出世間上上藏]이니 번뇌에서 벗어나 이승과 보살보다 뛰어남을 말하고, ⑤ 법계의 창고[法界藏]이니 인행과 불과에 통함을 말하나니, 밖으로 모든 염오와 청정, 유위법을 지탱하므로 법계(法界)라 칭하고, 안으로 모든 한량없는 본성의 공덕[恒沙性德]을 포함한 연고로 다시 '창고'라 이름한다. 이 뜻은 너그러이 통하므로 지금에 증득하여 들어간다.

(b) 차별 없는 지혜를 해석하다[釋智無差別] 3.
㉠ 무차별 지혜를 바로 해석하다[正釋智無差別] (言智)
㉡ 주체와 대상이 차별 없음을 해석하다[釋能所無差別] (卽由)

[疏] 言智無差別者는 所證之藏이 平等일새 要無分別이라야 方契니 此則智自無差라 卽由上義能所不殊니라 又此能證智가 與所證藏으로 冥合一味하야 無有境智之異일새 故云無差라 此復有二하니 一, 同無相이니 故로 下經에 云, 無有少法爲智所入이오 亦無少智而入於法이라하니라 二, 同法界故니 則能所各互攝盡이라 故로 下經에 云, 無有智外如가 爲智所入이니 智攝如盡故오 亦無如外智가 能證於如니 如全攝智故라하니라

■ '지혜가 차별이 없다'고 말한 것은 증득한 법계장이 평등하므로 무분별이라야 비로소 계합함이니, 이는 곧 지혜는 본래 차별이 없다는 뜻이다.

곧 위의 '주체와 대상이 다르지 않음[能所不殊]'160)을 말미암은 것이다.
또 이 증득하는 주체의 지혜[無分別智]가 증득할 대상의 창고[法界藏]와
그윽히 한 맛으로 계합하여 경계와 지혜의 차별이 없으므로 '차별이
없다'고 하였다. 여기에 두 가지가 있으니 첫째, 모양 없음[無相]과 같
으니, 그러므로 아래 경문(十廻向品)161)에 이르되, "조그만 법도 지혜
로 들어갈 것이 없고 조그만 지혜도 법에 들어갈 것이 없다"라고 하
였다. 둘째, 법계와 같나니 곧 주체와 대상이 각각 서로 다 섭수하기
때문이다. 그러므로 아래 경문에162) 이르되, "지혜 밖의 진여도 지혜
로 들어갈 것이 없으니, 지혜가 진여를 모두 섭수한 때문이요, 또한
진여 밖의 지혜도 진여를 증득할 것이 없으니, 진여가 지혜를 모두 섭
수하기 때문이다"라고 하였다.

[鈔] 所證之藏下는 釋智無差別이라 於中分二니 先, 正釋이오 然有三釋
하야 連成一義하니 第一, 智自無差가 如以圓蓋로 稱於圓函이니 今
但論蓋圓耳라 謂所證平等故로 須無差別智라야 方證於理니 若差
別智인대 卽不能證此니라 二, 卽由上義下는 第二意니 能所不殊를
云智無差가 如魚符相合이니라 三, 又此下는 明一味無差가 如水和
乳니라 言此復有二者는 前卽眞空一味오 後卽妙有一味니 前卽無
相이오 後卽法性이니라

● ㉠ 所證之藏 아래는 무차별의 지혜를 해석함이다. 그중에 둘로 나누

---

160) 위의 "謂菩薩이 虛曠其心하니 智絶能所하고 亡身爲物하야 一向利他라" 한 부분이다.

161) 이는 십회향품 제5, 無盡功德藏廻向의 '境界清淨德'이다. (교재 권2 p.182-)

162) 제5 無盡功德藏廻向의 境界清淨德조의 疏文에 云, "三, 法淨 對法辨智 義便故來 此亦二義 一, 空無能所
故 二, 同一如故 擧一全收 智外無如 爲智所入 如外無智 而入於如 法性寂然 故名爲如 寂而常照 故名爲
智 何有異耶 亦同上來無法同住 後一, 佛淨 爲破執有 說佛如空 若同空無 此見非淨 今明二利德圓 非如
虛空 一向無也"라 하였다.

리니 ① 바로 해석함이요, 그러나 세 가지로 해석하여 한 가지 뜻과 연결하여 완성하였으니 첫째, 지혜는 본래 차별이 없음이 마치 동그란 덮개로 동그란 함에 맞춤과 같다. 지금은 다만 덮개가 둥근 것만 논하였으니 증득한 것이 평등하기 때문에 모름지기 무차별의 지혜라야 비로소 이치를 증득한다고 말하였으니, 만일 차별의 지혜라면 곧 이러한 이치를 증득할 수 없다는 뜻이다. ㉡ 即由上義 아래는 두 번째 의미이니 주체와 대상이 다르지 않음을 '지혜가 차별이 없음이 마치 고기와 부적이 서로 계합하는 것과 같다'라고 말하였다. 세 번째, 又此 아래는 한 맛으로 차별이 없는 것[一味無差]이 마치 물과 젖이 화합함과 같다. '여기에 다시 두 가지가 있다'고 한 것 중에 앞은 진공(眞空)의 한 맛이고, 뒤는 묘유(妙有)의 한 맛이니, 앞은 곧 모양이 없는 것[無相]이고, 뒤는 곧 법의 본성[法性]이다.

㉢ 질문하고 대답하다[問答] 3.
① 질문하다[問] (若皆 25下5)

[疏] 若皆一味인대 豈令智同於境而無智耶아
■ 만일 모두 한 맛이라면 어찌 지혜로 하여금 경계와 같게 하여 지혜도 없음이 아닌가?

② 예전 해석을 말하다[敍古解] 3.
㉮ 순리로 밝히다[順明] (古德)
㉯ 반대로 밝히다[反明] (不爾)

[疏] 古德釋云호대 智相盡故로 不有오 能令智相盡故로 不無라 不爾면 豈令諸相으로 皆盡而智獨存이리오

■ 고덕(古德)이 해석하되, "지혜의 모습이 다한 때문에 있지 않음이고, 지혜의 모습이 다하게 한 때문에 없지도 않다. 그렇지 않으면 어찌 모든 모습을 다 없애고 지혜만 홀로 있게 하지 않겠는가?"라고 하였다.

[鈔] 智相盡故로 不有則同如一味오 能令智相盡故로 不無則智有功能이라 反照智空하야 不取於智가 斯爲眞智니 故不無智니라 不爾下는 反釋이니 反成不有一味之義라

● ㉠ 지혜의 모습이 다한 연고로 있지 않다면 진여와 같이 한 맛이요, 지혜의 모습이 다하게 한 연고로 없지도 않다면 지혜는 능력이 있는 것이다. 지혜가 공함을 돌이켜 비추어 지혜를 취하지 않는 것이 이를 참된 지혜[眞智]라 하나니, 때문에 지혜가 없지도 않은 것이다. ㉡ 不 爾 아래는 반대로 해석함이니, 한 맛의 뜻이 있지 않음을 반대로 성취하였다.

㉢ 결론하다[結成] (是故 26上1)

[疏] 是故로 於境에는 則不碍眞而恒俗이오 於智에는 則不碍寂而恒照니 卽境智非一이며 境則不碍俗而恒眞이오 智則不廢照而恒寂이라 卽境智非異며 境則空有無二오 智則寂照雙融일새 故云無差別也라하니라.

■ 이런 까닭으로 경계에는 진리를 장애하지 않으면서 늘 속제(俗諦)이

고, 지혜에는 고요함을 장애하지 않으면서 항상 비추나니, 곧 경계와 지혜가 하나인 것도 아니다. 경계란 속제를 장애하지 않으면서 항상 진리이고, 지혜란 비춤을 멈추지 않으면서 항상 고요하다. (그러므로) 곧 경계와 지혜가 다른 것도 아니며, 경계는 공과 유가 둘이 없고, 지혜는 고요함과 비춤이 함께 융화하였으므로 '차별이 없다'고 말한다.

[鈔] 是故下는 結成이라 於中에 先, 以寂照對眞俗二境하야 辯非一異오 後, 境則空有下는 結成無差라

● ㉡ 是故 아래는 결론함이다. 그 가운데 ㉠ 앞은 고요함과 비춤으로 진제(眞諦)와 속제(俗諦)의 두 가지 경계를 대하여 하나이거나 다른 것도 아님을 말하고, ㉡ 뒤의 境則空有 아래는 무차별로 결론함이다.

③ (기신론에 의지하여) 지금의 바른 의미를 해석하다[申今意] 3.
㉮ 예전 해석을 성취하다[成昔解] (上來 26上7)

[疏] 上來所釋은 約眞理寂寥하야 與止寂相順이며 俗諦는 流動하야 與觀照로 相順이라 起信等中에 且爲此釋하니라

■ 위의 해석은 진리는 고요하여 그침[止]과 고요함[寂]이 함께 서로 따르며, 속제는 움직여서 관찰함[觀]과 비춤[照]이 함께 서로 따른 것임을 의지하였으니 『기신론』 등에도 또한 이렇게 해석하였다.

[鈔] 上來所釋下는 二, 申今意라 於中有三하니 初, 成昔解오 明有文據가 出於起信이라 爲出論意인대 則令昔解로 未盡其源이니 謂前結成 之中에 於境에는 不碍眞而恒俗하고 智에는 則不碍寂而恒照가 雖明

不碍나 若別對者인대 意以心寂對於境眞하고 心照對於境俗이니 以
照對俗하면 則心境非一이오 以寂對眞하면 則心境非異니 明是唯照
對俗이오 唯寂對眞이라

次, 雖雙融空有二境과 寂照二心이나 終不得言境이면 則不碍俗而恒
眞이며 心則不碍照而恒寂이니 則心境非異라 明知本意相對가 別也로
다 故로 今疏에 取其意하야 示論意云호대 眞理寂寥하야 與止寂相順이
며 俗諦流動하야 與觀照相順이라 言起信等者는 出其所據也니 等取
瑜伽와 反別經論이라

● ③ 上來所釋 아래는 (기신론에 의지하여) 지금의 바른 의미를 해석함이
다. 그중에 세 가지가 있으니, ㉠ 예전 해석이니 문장의 근거가 『기신
론』에서 나왔음을 밝혔다. 논의 의미를 내보이기 위한다면 예전 해석
이 그 근원을 다하지 못하게 한 것이니, 말하자면 앞의 결론 중에 '경
계에는 진리를 장애하지 않으면서 늘 속제이고, 지혜에는 고요함을
장애하지 않으면서 항상 비춘다' 함이 비록 장애하지 않은 것을 밝혔
지만, 만일 따로 배대하면 의미가 마음이 고요한 것[心寂]으로 경계가
진리임에 상대하고 마음을 비춤[心照]으로 경계가 속제임에 상대한 것
이니, 비춤으로 속제에 대하면 곧 마음과 경계가 하나가 아니며 고요
함으로 진리와 상대하면 곧 마음과 경계가 다름이 아닐 것이니, 이는
오직 비춤으로 속제에만 상대하며 오직 고요함으로 진리에만 상대한
것이다.

다음으로 비록 공(空)과 유(有)의 두 가지 경계와 고요함과 비춤의 두
가지 마음을 함께 융섭하였지만 끝내 경계라 하면 속제를 장애하지 않
으면서 항상 진리이고, 마음이라 하면 비춤을 장애하지 않으면서 항
상 고요하다고 말하지 못할 것이니, 곧 마음과 경계가 다른 것이 아닐

것이라 본래의 의미가 서로 대함이 다름을 분명히 알 것이다. 때문에 지금 소(疏)에서는 그 의미를 취하여 논의 뜻을 보였으니, "진리는 고요하여 그침과 고요함이 함께 서로 따르며 속제는 움직여서 관찰함과 비춤이 함께 서로 따른다"라고 말한 것이다. 起信等이라 말한 것은 그 근거를 보였으나『유가사지론』과 다른 경론을 함께 취하였다.

言起信中者는 卽彼修行信心分中에 云, 云何修行止觀門고 所言止者는 謂止息一切境界相이니 隨順奢摩他觀義故오 所言觀者는 謂分別因緣生滅相이니 隨順毘鉢舍那觀義故라 云何隨順고 以此二義로 漸漸修習하야 不相捨離하면 雙現前故니라 若修止者는 住於靜處하야 端坐正意하야 不依氣息하며 不依形色하며 不依於空하며 不依地水火風하며 乃至不依見聞覺知하고 一切諸相을 隨念皆除오 亦遣除想이니 以一切法이 本來無相이라 念念不生이며 念念不滅이니라 亦不得隨心外念境界하고 後以心除心이오 心若馳散이어든 卽當攝來하야 住於正念이니 是正念者는 當知唯心이라 無外境界오 卽復此心도 亦無自相이니 念念不可得이니라 若從坐[163]起하야 去來進止하며 有所施作하야는 於一切時에 常念方便하야 隨順觀察이니 久習純熟하면 其心得住하리라 以心住故로 漸漸猛利하야 隨順得入眞如三昧라하니라 釋曰, 上皆論文이니 止中에 則知無相이라 不生不滅이오 觀中에 常念方便과 及分別因緣生滅이니 明是止順於理며 觀順於事로다

● 起信中이라 말한 것은 저『기신론』의 수행신심분(修行信心分)[164]에서 말하되, "어떻게 지관문을 수행하는가? 지(止)라 말한 것은 모든 경계상을 그치게 함을 말하는 것이니 사마타관(奢摩他觀)의 뜻을 따르

---

163) 坐는 原續金本作座, 論南本作坐라 하다.
164) 大正藏 권32 p. 582 a¯.

기 때문이요, 관(觀)이라 말한 것은 인연생멸의 모양을 분별함을 말하는 것이니 위빠사나관[毘鉢舍那觀]의 뜻을 따르기 때문이다. 어떻게 따르는가? 이 두 가지 뜻으로 점점 수습하여 서로 여의지 아니하여 함께 앞에 나타나기 때문이다. 만일 지(止)를 닦는다면 고요한 곳에 머물러 단정히 앉아서 뜻을 바르게 하되, 호흡[氣息]에 의지하지 않으며 모양[形色]에 의지하지 않으며, 공(空)에 의지하지 않으며 지수화풍(地水火風)에도 의지하지 않으며, 내지 견문각지(見聞覺知)에도 의지하지 않아야 한다. 여러 가지 모든 상념을 생각 생각마다 다 없애고 또한 '없앤다는 생각[除想]'마저도 없애야 한다. 일체 법이 본래 모양이 없기 때문에 생각 생각이 나지 않으며 생각 생각이 없어지지 않는다. 또한 마음을 따라 밖으로 경계를 생각하지 않은 뒤에 '마음으로 마음을 없애는[以心除心]' 것이다. 마음이 만일 흩어져 나가면 곧 거두어 와서 정념(正念)에 머물게 해야 할 것이니 이 정념이란 오직 마음뿐이요, 바깥 경계가 없음을 알아야 한다. 곧 또한 이 마음도 자체 모양[自相]이 없어서 생각 생각에 얻을 수가 없는 것이다. 만일 앉은 데서 일어나 가고 오고 나아가고 머무는 데에 행위하여 짓는 것이 있더라도 이 모든 때에 항상 방편을 생각하여 수순하고 관찰할 것이니, 오래 익혀 익숙하게 되면 그 마음이 머물게 된다. 마음이 머물기 때문에 점점 맹리하여 진여삼매에 수순하여 들어가게 된다"라고 하였다. 해석하자면, 위는 모두 논문이니 지(止) 가운데에는 무상(無相)임을 알아서 생도 아니고 멸도 아닌 것이고, 관(觀) 가운데에는 항상 방편과 인연생멸을 분별함을 생각함이니 (따라서) 이 지(止)는 이치에 수순하고 관(觀)은 사물에 수순함을 밝힌 것이다.

又論下文에 云, 復次若人이 唯修於止하면 則心沈沒이라 或起懈怠하야 不樂衆善하고 遠離大悲니 是故修觀이니라 修習觀者는 當觀一切世間有爲之法이 無得久停이라 須臾變壞오 一切心行은 念念生滅이라 以是故苦等이라하니라 釋曰, 上亦多就事明觀이니라

又下論에 云, 唯除坐時에 專念於止하고 若餘一切에는 悉當觀察應作不應作하야 止觀俱行이니 所謂雖念諸法自性不生이나 而復卽念因緣和合하야 善惡之業으로 苦樂等報가 不失不壞하며 雖念因緣善惡業報나 而亦卽念性不可得이라하니라 釋曰, 此之雙行은 亦明念自性不生是止오 念因緣和合是觀이니라 故로 疏出論意云호대 眞理寂寥하야 與止寂相順이며 俗諦流動하야 與觀照相順이라하니라 而上云等은 等取瑜伽七十七中에 亦說禪定호대 有於三品하니 一, 奢摩他品이오 二, 毘鉢舍那品이오 三, 雙運品이라 大旨가 與起信多同일새 故致等言이니라

● 또 논문의 아래165)에 이르되, "다시 만일 사람이 오직 지(止)만을 닦으면 곧 마음이 가라앉거나 혹은 게으름을 일으켜 여러 선행(善行)을 즐겨 하지 않고 대비(大悲)를 멀리할 것이니, 이런 까닭으로 관(觀)을 닦는 것이다. 관(觀)을 닦아 익히는 사람은 마땅히 모든 세간의 하염 있는 법[有爲法]이 오래 머무름이 없이 잠깐 동안에 변하여 없어지며, 모든 마음 작용[心行]이 생각 생각마다 생멸하기 때문에 이것이 고통인 줄 알아야 한다"라고 하였다. 해석하자면, 위도 다분히 사물에 나아가 관찰할 것을 밝혔다.

또 아래 논166)에 이르되, "오직 앉았을 때 지(止)에 전념하는 외에는 나머지 모든 것에는 다 '행해야 할 것과 행하지 않아야 할 것[應作不應

---

165) 大正藏 권32 p. 582 c.
166) 大正藏 권32 p. 583 a.

作'을 잘 관찰하여 (가거나 머물거나 눕거나 일어나거나) 지(止)와 관(觀)을
함께 닦을 것이니, 소위 비록 모든 법의 자성이 나지 않음을 생각하
지만 또한 곧 인연으로 화합한 선악의 업으로 고락(苦樂) 등의 과보
가 빠뜨리거나 무너지지 않음을 생각하며, 비록 인연의 선악업보를
생각하지만 또한 곧 본성은 얻을 수 없음을 생각한다"라고 하였다.
해석하자면, 이러한 (지관을) 함께 닦음은 또한 자성은 나지 않음이 지
(止)이고, 인연화합이 관(觀)임을 분명히 생각하는 것이다. 때문에 소
가는 논의 뜻을 인용하여 말하되, "진리는 고요하여 지(止)와 적(寂)
과 함께 서로 따르며, 속제는 움직여서 관(觀)과 조(照)와 함께 서로
따른다"라고 하였다. 그러나 위에 말한 것은 『유가사지론(瑜伽師地
論)』제77권에 또한 선정을 설한 것을 동시에 취하였으니, "세 품이 있
으니 첫째는 사마타품[奢摩他品], 둘째는 위빠사나품[毘鉢舍那品], 셋째
는 함께 운행하는[雙運] 품이다"라고 하였다. 대지(大旨)가 『기신론』
과 많이 동일하므로 '등언(等言)'이라 하였다.

④ 위배하고 따름을 밝히다[辨違順] (未盡 28上7)

[疏] 未盡其源이니 以令照眞으로 不得名照며 照俗之時에 不得卽寂故니라
■ 그 근원을 다하지 못하였으니 진리를 비춤이 '비춘다'고 이름하지 못하
게 하며, 속제를 비출 때에 곧 '고요하다'고 이름하지 못하는 까닭이다.

[鈔] 未盡其源下는 次, 辯順違라 文雖順論이나 不知諸論이 且約一相하
고 便將寂照하야 敵對眞俗하니 故是有乖니라 以令照眞下는 出其有
乖所以니 由以寂對眞故로 單照眞時에 無照오 以照對俗故로 單觀

俗時에 無寂이라 故로 統收經論中意하면 或以理觀으로 對於事止니 謂契理止妄이 是也오 或以事觀으로 對於理寂이니 謂無念知境이 是也오 或事觀對於事寂이니 謂觀於一境하야 心不動搖가 是也오 或理觀對於理寂이니 忘心照極이 是也라 略擧其四어니와 廣如賢首品하니라 …〈下略〉…

● ㉮ 未盡其源 아래는 위배하고 따름을 밝힘이다. 문장은 비록 논을 따르지만 여러 논이 또한 한 모양[一相]을 의지하고, 문득 적(寂)과 조(照)를 가져서 진(眞)과 속(俗)에 배대하나니 때문에 어그러짐이 있는 것이다. ㉠ 以令照眞 아래는 그 어그러진 원인을 내보임이니, 적(寂)으로 진(眞)에 상대함을 말미암은 연고로 그냥 진리를 비출 때에 비춤이 없고, 비춤으로 속제에 상대한 연고로 그냥 속제를 비출 때에 고요함이 없다. 때문에 경론 중의 의미를 근본을 거두어[統收] 보면, ① 혹은 이치 쪽의 관찰함으로 현상의 그침을 상대한 것이다. 말하자면, 이치로는 계합하지만 지(止)는 망녕된 것이 이것이요, ② 혹은 현상의 관찰로 이치의 고요함을 상대하기도 하나니, 말하자면 무념으로 경계를 알려고 함이 이것이요, ③ 혹은 현상의 관찰로 현상의 고요함을 상대하기도 한다. 말하자면, 한 경계를 관하여 마음이 움직이지 않는 것이 이것이요, ④ 혹은 이치의 관찰로 이치의 고요함을 상대하기도 하나니, 말하자면 마음을 잊고 극과(極果)를 비춤이 이것이다. 간략히 네 가지만 들었지만 넓게는 현수품(賢首品)과 같다. …〈아래 생략〉…

㉯ (조론에 의지하여) 지금의 바른 뜻을 밝히다[申正義] 4.
㉠ 증득한 이치를 잡아 해석하다[約證理] (今正 29上1)

[疏] 今正釋者인대 謂言用則同而異니 由境不能照나 智有照故오 言寂則異而同이니 境智가 無異味故라 同故로 無心於彼此니 忘心契合故오 異故로 不失於照功이니 智異木石故라 故名眞智證理라 境則唯寂이오 智則寂而常照니라

■ 이제 바로 해석하면, 작용으로 말하면 곧 같으면서 다르니 경계는 비추지 못하지만 지혜는 비출 수 있음을 말미암은 까닭이고, 고요함[寂]을 말하면 곧 다르면서 같음이니 경계와 지혜가 다른 맛이 없기 때문이다. 같기 때문에 서로 무심한 것이니 마음을 잊고 계합한 연고요, 다르기 때문에 비춤의 공용을 잃지 않는 것이니 지혜는 목석(木石)과는 다르기 때문이다. 그러므로 '진지(眞智)는 이치를 증득한다'고 이름하나니 경계는 고요할 뿐이고, 지혜는 고요하지만 항상 비추는 것이다.

[鈔] 今正釋者下는 第三, 申今正義라 於中有四니 初, 約證理하야 以釋境智非一異義오 卽肇公般若無知論中之意를 而便以疏로 間而釋之라 彼論에 先有難云호대 聖智之無와 惑智之無가 俱無生滅이어니 何以異之耶아 答曰, 聖智之無者는 無知오 惑智之無者는 知無니 其無雖同이나 所以無者가 異也라 何者오 夫聖心虛寂[167]이라 無知可無일새 可曰無知언정 非謂知無어니와 惑智有知라 故로 有知可無니 可謂知無언정 非曰無知也니라 無知는 卽般若之無也오 知無는 則眞諦之無也라 是以로 般若之與眞諦와 言用則同而異오 言寂則異而同이라 同故로 無心於彼此오 異故로 不失於照功이라 是以로 辯同者는 同於異오 辯異者는 異於同이니 斯則不可得而異며 不可得而同也니라

---

167) 寂은 원문에 '靜'이라 하다. (대정장 권45 p. 154 b29-)

● ㉮ 今正釋者 아래는 (조론에 의지하여) 지금의 바른 뜻을 밝힘이다. 그 중에 네 가지가 있으니 ㉠ 증득한 이치를 잡아서 경계와 지혜가 하나도 아니요 다른 것도 아님을 해석하였으니, 곧 승조(僧肇)법사의『반야무지론(般若無知論)』의 뜻을 문득 소(疏)에서 간편하게 해석하였다. 저 논[168]에 "먼저 따져 묻되, '성인지혜[聖智]의 없음과 중생지혜[惑智]의 없음이 모두 생멸함이 없는데 어째서 다른가?' 대답하여 말하되, '성지(聖智)가 없다 함은 앎이 없음이요, 감지(惑智)가 없다 함은 없음을 아는 것이니, 그 없음은 비록 같지만 없는 원인이 다른 것이다.' 왜 그러한가? 대개 성심은 텅 비고 고요하여 무지를 알 만한 것도 없어서 무지(無知)라 말할 수 있지만 앎이 없음[知無]을 말한 것은 아니다. 혹지(惑智)는 앎이 있으므로 앎이 있는 것은 없어질 수 있으니, 없는 줄 안다[知無]고 할 수는 있어도 (위의 성지의) 무지(無知)라 말할 수는 없다. (성지의) 무지(無知)는 곧 반야가 없음이며 (혹지의) 지무(知無)는 곧 진제가 없음이다. 그러므로 반야와 진제는 (혹지의) 작용으로 말한다면 같으면서 다르고 (성지의) 고요함으로 말한다면 다르면서 같다. 같기 때문에 피차에 무심(無心)하며 다르기 때문에 관조(觀照)하는 공능을 잃지 않는다. 때문에 같은 측면에서 분별한다면 다름에 나아가 동일하며 다른 측면에서 분별한다면 같음에 나아가 다를 것이니 이는 어쩔 수 없이 다르기도 하며 어쩔 수 없이 같기도 하다."

何者오 內有獨鑒之明하고 外有萬法之實이라 萬法雖實이나 然非照면 不得이오 內外가 相與하야늘 以成其照功이니 此則聖所不能同은 用也라 內雖照而無知오 外雖實而無相이라 內外寂然하야 相與俱無

---

[168] 대정장 권45 p. 154 b26- .

니 此則聖所不能異는 寂也니라 是以로 經에 云, 諸法不異者라하니라 豈曰續鳧截鶴하며 夷岳盈壑한 然後無異哉아 誠以不異於異일새 故雖異而無異耳니라 故로 經에 云, 甚奇世尊이시여 於無異法中에 而說諸法異라하시며 又云, 般若與諸法이 亦不一相이며 亦不異相이라하시니 信矣로다하니라 釋曰, 但觀上來所引論文하면 則疏之中에 自分主客이니 但觀疏文中間釋論하면 則論旨趣가 居然可知리라

● 무슨 까닭인가? (성지의 고요함) 안에는 홀로 비추어 보는 밝음이 있고, 밖으로는 만법(萬法)의 진실함이 있다. (밖으로) 만법은 비록 진실이지만 관조의 작용이 아니면 얻지 못한다. 안과 밖이[안으로 성지의 마음과 밖으로 진실인 만법의 경계가] 서로 함께하면서 관조의 공능을 성취한다. 이는 성지와 함께하지 않는 것은 작용이다. 안으로 비록 관조하면서도 무지(無知)이고, 밖으로 비록 진실이면서도 무상(無相)이니 안과 밖이 고요하여 서로 함께 모두 없으니 이는 성지와 다르지 않은 점인 고요함이다. 그러므로『대품반야경(大品般若經)』에서 '모든 차별법이 (실상반야의 고요함과) 다르지 않다'고 말하였다. 이는 어찌 학의 긴 다리를 절단하여 오리 다리에 잇고, 산악을 깎아서 골짜기를 메운 뒤에야 다름이 없다 말했겠는가? 진실로 (고요의 동일함이) 작용의 다름에서도 다르지 않기 때문에 비록 (작용이) 다르더라도 (고요의 동일함마저) 다르지는 않은 것이다. 때문에『대품경』에 말하되, "기특합니다! 세존이시여, 다름이 없는 법 가운데에 (무엇 때문에) 모든 법의 다른 점을 설하십니까?"라 하셨으며, 또 이르되, "반야와 모든 법은 하나의 모양도 아니며 또한 다른 모양도 아니다"라고 하셨으니 진실하십니다. 해석하자면, 단지 위의 인용한 논문만 본다면 소문(疏文) 가운데 저절로 주인과 나그네가 나누어질 것이니 다만 소문(疏文) 중간에 논문 해석한

것을 보면 논의 뜻을 편안히 알게 될 것이다.

ⓛ 속제를 비춤을 잡아 해석하다[約照俗] (若約 30上5)
ⓒ 진제와 속제를 융섭하여 해석하다[融眞俗] (若約)

[疏] 若約照俗인대 則以後得智로 照差別之境이오 若約融眞俗者인대 境則眞俗不二오 智則權實雙行이로대 亦爲一味로대 而不失止니 以雖雙行이나 而卽寂故니라

■ 만일 속제(俗諦)를 비춤을 잡아 해석하면 후득지(後得智)로 차별된 경계를 비춤이 되고, 만일 진제와 속제가 서로 융섭함을 잡아 해석한다면 경계에는 진리와 속제가 둘이 아니요, 지혜에는 방편과 진실이 함께 행하지만 역시 한 맛이 되면서도 지(止)를 잃지 않으니 왜냐하면, 비록 행하지만 고요함과 합치하였기 때문이다.

[鈔] 若約融眞俗者下는 三, 約雙融라 所以辯此者인대 自有二意하니 一者, 古德이 自科入法界藏云호대 一證理法하야 故於止義에 唯就理明이라하거니와 今此는 別明事理無碍오 二者, 卽所證理라하니 是卽事之理라 不遮雙融이어니와 但上雙融은 唯取權智로 對於眞止일새 故爲非耳니라 故今에 不要以止對眞하고 而智自有權實雙融과 對眞俗雙融하야 以與昔別이온 況云而不失止아 則二智之上에 自有二止하니 權智之上에 有隨緣止하고 實智之上有體眞止라 二止亦融하야 對上二智하면 卽止觀雙融이오 若融智境하면 方爲一味니라

● ⓒ 若約融眞俗者 아래는 진제와 속제를 융섭하여 해석함이다. 때문에 이를 분별하면 자연히 두 가지 의미가 있으니 첫째, 고덕(古德)이

입법계장(入法界藏)이라 스스로 과목하여 말하되, "한 번 이치의 법을 증득하여 짐짓 지(止)의 뜻에서 오직 이변에 나아가 밝힌다"고 하였지만 지금은 따로 현상과 이치가 무애함을 밝힌 부분이다. 둘째는 "증득한 이치의 법과 합치한다"라 하였으니 이는 사변과 합치한 이치와 함께 융화함을 막지 않았지만 다만 위의 함께 융화함은 오직 방편지혜[權智]로 진실한 그침[眞止]만 상대함을 취한 까닭에 아니라 할 뿐이다. 때문에 이제 지로써 진에 상대함을 요구하지 않고 지혜가 본래로 권과 실이 함께 융화함과 진과 속이 함께 융섭함을 상대함이 있어서, 옛과 다른 것인데 하물며 '하지만 지(止)를 잃지 않았다'고 말하겠는가? 곧 두 가지 지혜에 자연히 두 가지가 있으니 방편지혜[權智] 위에 수연지(隨緣止)가 있고 실법지혜[實智] 위에 체진지(體眞止)가 있다. 이 두 가지 그침[止]도 또한 융섭하여 위의 두 가지 지혜와 상대하면 지와 관을 함께 융화할 것이요, 만일 지혜와 경계를 융화하면 바야흐로 한 맛이 될 것이다.

㉣ 삼관(三觀)에 의지하여 해석하다[約三觀] (若約 30下7)

[疏] 若約三觀과 及融境智는 至下當辯호리라

■ 만일 삼관(三觀)과 경계와 융섭한 지혜[融境智]를 융화함에 의지한 부분은 아래에 가서 밝히겠다.

[鈔] 若約三觀下는 第四는 約三觀說이니 謂空觀, 假觀, 中道觀이라 在心則空假中一心이오 對境에 無諦, 有諦, 中道第一義諦오 三諦之境이라 三觀에 自有三止하니 空觀에 有體眞止하고 假觀에 有隨緣止하고

中道觀에 有離二邊分別止라 三止三觀인 六法一時이니 以契一諦, 三諦之境이라 境智一味에 則有九法이나 皆成一味리라 更有異門等 은 並如下說하니라

● ㉢ 若約三觀 아래는 삼관(三觀)을 잡아서 설명함이니, 말하자면 공 관(空觀)과 가관(假觀)과 중도관(中道觀)이다. 마음에 있으면 공·가· 중의 세 가지가 한마음이요, 경계를 상대하면 무제(無諦, 眞諦)와 유제 (有諦, 俗諦)와 중도제일의제(中道第一義諦)이니 세 가지 진리의 경계이 다. 삼관(三觀)에 자연히 삼지(三止)가 있으니 ① 공관에 체진지(體眞 止)가 있고, ② 가관에 수연지(隨緣止)가 있고, ③ 중도관에 이변(二邊) 의 분별을 여읜 지(止)가 있으니, 삼지(三止)와 삼관(三觀)의 여섯 가지 법이 동시이니, 일제(一諦)와 삼제(三諦)의 경계와 계합하여 경계와 지 혜가 한 맛이 되면 아홉 가지 법이 있는 것 같지만 다 한 맛을 이루게 된다. 다시 다른 문이 있음은 아울러 아래에 설명한 내용과 같다.

b) 과덕의 법을 증득하다[證果法] (二證 31상5)

證佛解脫의 **甚深廣大**하시니라
부처님의 깊고 광대한 해탈을 증득하였다.

[疏] 二, 證佛下는 明證果法이라 言解脫者는 謂作用自在니 如不思議法 品說이라 於一念中에 建立三世一切佛事等이 總有十種하니 廣如彼 說이라 卽用而眞故로 甚深이오 用無涯畔故로 廣大오 上窮彼際故로 云證也니라

■ b) 證佛 아래는 과덕의 법을 증득함을 밝힘이다. 해탈(解脫)이라 말

한 것은 작용이 자재함을 말한 것이니, 불부사의법품 제33에 설한 내용과 같다. 찰나에 삼세의 온갖 불사(佛事) 등을 건립함이 총합하여 열 종류가 있으니, 자세한 것은 저 품에서 설한 내용과 같다. 작용과 합치한 진리인 까닭에 '매우 깊음'이요, 작용이 끝 간 데가 없기 때문에 '광대함'이니 위에서 저 때를 다하였으므로 '증득함'이라 말하였다.

[鈔] 總有十種者는 卽第四十七經末에 云, 佛子야 諸佛世尊이 有十種無碍解脫하시니 何等爲十고 所謂一切諸佛이 能於一塵에 現不可說不可說諸佛이 出興於世오 二, 一切諸佛이 能於一塵에 現不可說不可說諸佛이 轉淨法輪이오 三, 一切諸佛이 能於一塵에 現不可說不可說衆生이 受化調伏이오 四, 一切諸佛이 能於一塵에 現不可說不可說諸佛國土오 五, 一切諸佛이 能於一塵에 現不可說不可說菩薩授記하며 六, 一切諸佛이 能於一塵에 現去來今一切諸佛하며 七, 一切諸佛이 能於一塵에 現去來今諸世界種하며 八, 一切諸佛이 能於一塵에 現去來今一切神通하며 九, 一切諸佛이 能於一塵에 現去來今一切衆生하며 十, 一切諸佛이 能於一塵에 現去來今一切佛事가 是爲十이니라

● '총합하여 열 종류가 있다'는 것은 곧 본경 제47권의 끝부분에[169] 말하되, "불자여, 부처님 세존들이 열 가지 걸림 없는 해탈이 있나니, 무엇이 열 가지인가? 이른바 ① 모든 부처님이 능히 한 티끌에 말할 수 없이 말할 수 없는 부처님이 세상에 나심을 나타내며, ② 모든 부처님이 능히 한 티끌에 말할 수 없이 말할 수 없는 부처님이 청정한 법륜 굴림을 나타내며, ③ 모든 부처님이 능히 한 티끌에 말할 수 없이

---

169) 이는 佛不思議法品 제33의 '業用解脫'에 대한 경문이다. (교재 권3 p. 184-)

말할 수 없는 중생이 교화를 받고 조복함을 나타내며, ④ 모든 부처님이 능히 한 티끌에 말할 수 없이 말할 수 없는 부처의 국토를 나타내며, ⑤ 모든 부처님이 능히 한 티끌에 말할 수 없이 말할 수 없는 보살의 수기받음을 나타내느니라. ⑥ 모든 부처님이 능히 한 티끌에 과거·미래·현재의 모든 부처님을 나타내며, ⑦ 모든 부처님이 능히 한 티끌에 과거·미래·현재의 세계종(種)들을 나타내며, ⑧ 모든 부처님이 능히 한 티끌에 과거·미래·현재의 온갖 신통을 나타내며, ⑨ 모든 부처님이 능히 한 티끌에 과거·미래·현재의 온갖 중생을 나타내며, ⑩ 모든 부처님이 능히 한 티끌에 과거·미래·현재의 온갖 불사를 나타내나니 이것이 열이니라"라고 하였다.

c) 지위가 다함을 얻다[得位極] 2.
(a) 첫 구절에 대한 해석[釋初句] 2.
㊀ 경문을 바로 해석하다[正釋經文] (三能 32상3)
㊁ 고덕의 해설을 비판하다[斥古解] (何必)

能隨方便하여 入於一地하여 而以一切하되 願海所持로 恒與智俱하여 盡未來際하시니라
능히 방편을 따라서 어느 한 지위에 들어가서 일체를 다 쓰되 서원의 힘으로 항상 지혜와 함께하여 미래제가 다하도록 하느니라.

[疏] 三, 能隨下는 明得位極이니 謂普賢身이 徧於六位하사 隨在一位하야 以願海力으로 持於一切라 故로 舊經에 云, 在於一地하사 普攝一切

諸地功德이라하시니 今此文順西國이어니와 若順此方인대 應云, 能以
方便으로 隨入一地하야 以願海力으로 攝持一切地也라 然有引梵本
하야 廣明此中句數하야 開合不同한대 不必應爾니 何者오 夫譯梵爲
唐이 誠乃不易이니 苟文小左右라도 貴於旨不乖中이라 若理不可通
이면 則正之以梵本하고 譯人意近이면 則會之以舊經하니 言異意同을
何必廣引이리오

■ c) 能隨 아래는 지위가 다함을 얻음을 밝혔으니 말하자면, "보현보
살의 몸이 '여섯 가지 지위[곧 十信, 十住, 十行, 十廻向, 十地, 佛地]'에 두루
하여 한 지위를 따라 원력의 바다로 모두를 포섭한다"라고 하였으니,
때문에 구역경전[舊經]¹⁷⁰⁾에 이르되, "한 지위에 있으면서 널리 모든 여
러 지위의 공덕을 널리 섭수한다"라고 하였으니, 이제 이 문장은 서역
을 따랐지만 만일 중국을 따른다면 "방편으로 한 지위를 따라 원력의
바다로 모든 지위를 섭수하여 가질 수 있다"라고 해야 할 것이다. 그
러나 어떤 이는 범본(梵本)을 인용하여 이 중에 문구의 숫자를 대조하
여[開合] 다른 점을 널리 밝혔는데, 반드시 그러한 것은 아니다. 왜 그
런가? 대저 인도 말을 당나라 말[唐語]로 번역한 것이 진실로 쉽지 않
으니 단지 문장은 조금 적어지더라도[苟文小左右] 뜻이 어긋나지 않음
을 귀하게 여긴다. 만일 이치가 통할 수 없으면 범본(梵本)으로 바로
잡고, 번역가의 의미가 가까워지면 구역본(舊譯本)과 대조하니 언사는
다르지만 의미가 같은 것을 어찌 반드시 널리 인용해야 하겠는가?

[鈔] 然有引梵本下는 因釋此句하야 便彈古人의 有無益之文이라 意云,

---

170) 舊經이란『60권 華嚴經』이니 世間淨眼品 제1에 云, "住於一地하야 普攝一切諸地功德하나니 無上智願을
皆已成滿하야 具足如來深廣密敎하며 悉得一切佛所共法이니 皆同如來行地德力이니라"이라 하다. (대정
장 권9 p. 395 b25-)

如不獲已인대 須引梵文이어니와 若無異轍인대 何要繁引하야 因示體
式이리오 言譯梵爲唐 誠乃不易者는 按道安法師가 云, 譯梵爲秦에
有五失本과 三種不易하니 卽叡公의 摩訶般若經序에 所明이니라

● 然有引梵本 아래는 이 구절을 해석함으로 인하여 '문득 옛 사람들이
이익이 없는 글이 있다'고 비판한 것이다. 뜻으로 말하면, 만일 어쩔
수 없으면 범문(梵文)을 인용해야 하겠지만, 만일 달라진 부분[異轍]이
없으면 어찌 번거롭게 인용하여 인하여 체제와 방식[體式]을 보이려
하겠는가? '인도 말을 당나라 말로 번역함이 쉽지 않다'고 말한 것은
도안(道安)법사[171]가 말한 것을 살펴보면, "범어(梵語)를 진어(秦語)로
번역함에 다섯 가지 근본을 잃음[失本]과 세 가지 바꿀 수 없는 것[五
失本과 三不易][172]이 있으니 곧 승예(僧叡)법사[173]의 『마하반야경』서문

---

171) 釋道安(314-385): 중국 스님 常山扶柳人, 성은 衛 씨. 儒學을 숭상하던 집에서 태어나 어려서 부모를 여의고
12세에 출가하다. 용모가 검고 못생겨서 田舍에 驅役하기 3년만에 스승에게 가르침을 구하니 師가 『辯意經』
을 주자 밭에서 일하며 쉬는 여가에 책을 보더니 저녁에 모두 暗誦하거늘, 다시 『成具光明經』을 주니 모두 외
우자 스승이 크게 놀라 剃髮을 허락하다. 구족계를 받고 유학에 나서 鄴城中寺의 佛圖澄을 스승으로 모시고
諸方을 다니면서 經律을 구하여 法濟, 支曇에게 배우다. 또 同學인 法汰, 僧先, 道護와 교류하다. 東晉永和
5년(349) 華林園에 들어가고 후에 慧遠 등 5백여 인을 이끌고 襄陽에 이르러 불법을 홍포하니 白馬寺가 좁아
서 檀溪寺를 새로 짓다. 師가 양양에 住하는 15년 동안 매년 『放光般若經』을 강의하였다. 379년 前秦苻堅이
공격하자 師는 習鑿齒와 함께 長安으로 돌아오다. 城內의 五重寺에 머물면서 경전을 번역·강론하다. 그의
뛰어난 업적으로, ① 經典을 序分, 正宗分, 流通分의 세 과목으로 해석하여 바른 義解에 힘쓰고, ② 승려의 성
을 釋씨로 통일한 것, ③ 승려의 생활규범을 제정한 것 등이다. 秦建元 21년 72세로 入寂하다. (出三藏記集
15, 名僧抄, 高僧傳5, 大智度論24, 晉書列傳52, 續高僧傳9·29, 法苑珠林13) 저서: [般若折疑略] [大十
二門註] [陰持入註] [綜理衆經錄] [西域志 20권]
172) 五失本과 三不易: 譯經할 때 다섯 가지 원본의 뜻을 잃어버리는 어려움과 세 가지 어려운 점을 말한다. 東晉
代의 道安法師가 주장한 것으로, 번역에 대한 도안의 근본 입장은 胡本의 성질을 잃지 않음과 文章의 質을 높
이는 것에 있다. (불광대사전 권2 p.1073 b- ; 鎌田茂雄著 중국불교사 권1 p.417-)
173) 僧叡(355-439): 東晉·南北朝代 스님, 什門四哲의 한 사람. 魏郡(冀州)長樂 사람. 어려서 출가하여 18세에 僧
賢法師의 제자가 되다. 22세에 이르러 경론에 널리 통하게 되어 僧朗이 放光經을 강의할 때 종종 질문을 하곤
하여 僧朗이 僧賢에게 승예를 칭찬하였다. 24살이 되자 諸國을 다니며 강의하니 선비들이 곳곳에서 모였지만
僧叡는 항상 '經法은 적게 배워도 因果를 알기에 충분하다. 禪法이 아직 전래되어 있지 않으니 마음 둘 곳이 없
다'고 한탄하였다. 그리하여 뒤에 羅什이 장안에 오자 제자가 되어 먼저 禪經 번역을 원하였다. 27세쯤에 遊歷
生活을 끝내고 長安의 道安에게 師事하였으며, 385년 道安이 示寂하자 난을 피해 廬山으로 가서 慧遠門下
에서 念佛을 배우다. 뒤에 羅什에게 『三論』을 배우고 『成實論』을 강의하여 칭찬을 받다. 또한 姚興과 姚嵩의

에서 밝힌 내용이다.

① 오실본에 대해 밝히다[五失本]

[鈔] 言五失本者는 一, 梵語盡倒어늘 而使從秦하니 一失本也오 二, 梵經
尙質이어늘 此方好文하니 傳可衆心에 非文不合이니 二失本也오 三,
梵經委悉하야 至於歎詠하야 叮嚀反覆을 或三或四호대 不嫌其繁이라
도 而今裁斥하니 三失本也오 四, 梵有義說이 正似亂辭나 尋說向語
에 文無以異어늘 或千或百을 刈而不存하니 四失本也오 五, 事已全
成에 將更傍及하야 反騰前辭하고 已乃復說을 而悉除之하니 此는 五
失本也라.

● ① '다섯 가지 근본 잃음[五失本]'이라 말한 것은, "① 서역의 말은 모
두 뒤바꾸어야 진어(秦語)와 맞게 되니 이것이 첫째 근본 잃음[失本]이
다. ② 호경(胡經)은 질박함을 받들지만 진(秦)나라 사람은 문장을 좋
아하므로 전하여 여러 대중의 마음에 맞추려면 문장에 맞추지 않을
수 없으니 두 번째 근본 잃음이다. ③ 호경(胡經)은 너무 상세하여 탄
영(嘆詠)과 같은 것은 간곡하게 반복함이 세 번 네 번까지 되니 그 번
잡함을 싫어하지 않는다 하더라도 요즘은 줄이게 되었으니 세 번째
근본 잃음이다. ④ 호(胡)에는 뜻으로 말함[義說]이 있어 마치 언사[辭]
를 어지럽히는 것 같지만 설(說)을 찾아 말[語]로 향하면 문장으로는
달라진 것이 없는데, 어떤 이는 1천5백 개나 없애 버려 남아 있지 않
으니 네 번째 근본 잃음이다. ⑤ 현상이 완전히 이루어졌는데도 다시

尊崇을 받았으며, 409년 羅什寂後 점차 西方往生에 관심을 가지고 416년 建康의 烏衣寺에 머물렀다. 臨終에
이르러 제자를 불러놓고, "평생 동안 西方에 태어나기를 誓願하였다. 영원히 法侶를 위해 往生西方을 원한다"
라는 말을 남기고 서방을 향하여 합장한 채 입적하다. 때는 元嘉 16년 85세였다.(고승전 6, 출삼장기집 5·喩
疑) 저서: 大智度論, 十二門論, 中論, 大品·小品經과 法華經, 維摩經, 思益經 등의 序文을 짓다.

금 부언(附言)하고 싶으면 또다시 언사를 반복한 뒤에 다시 설하므로 모두 없애 버리니 이것이 다섯째 근본 잃음이다.

② 삼불역에 대해 밝히다[三不易]

[鈔] 又三種不易는 何者오 然般若經[174]은 三達之心으로 覆而所演이어니 聖必因時라 時俗有險易일새 而删古雅하야 以適今時하니 一不易也오 愚智天隔하야 聖人叵階어늘 乃欲以千載之上微言으로 傳合百王之下末俗하니 二不易也오 阿難出經은 去佛未久로대 尊者大迦葉이 令五百六通으로 迭察迭書어늘 今雖千年이나 而以近意裁量하니 彼阿羅漢은 乃兢兢[175]若此어늘 此生死人은 而平平若此하니 豈將不知法者가 勇乎아 斯는 三不易也라 涉兹五失本과 逮三不易하야 譯梵爲秦하니 詎可不愼乎아하나니 今用此意일새 故云誠乃不易이니라 苟文小左右下는 示譯方軌라 先二句는 總令取意니 卽什公意라 叡公의 摩訶般若波羅密經序[176]에 云, 執筆之次에 三惟亡師의 五失三不易之誨하야 惕焉若厲하며 憂懼盈懷하야 雖復履薄臨深이라도 未足喻也로니 幸冀宗匠通鑒은 文雖左右나 而旨不違中이라 遂謹受按譯하야 取當此任라하니라 故會意譯經은 姚秦羅什이 爲最오 若敵對飜譯인대 大唐三藏이 稱能이니라

● ② 또 세 가지 바꾸지 않음[三不易][177]이라 말한 것은 무슨 까닭인가? "그러나 『대반야경』에는 ① 세 가지를 통달한 성인의 마음으로 당시의 민중(民衆)에 부응하여 경을 설하였지만 시속(時俗)의 변화에 따라

---

174) 經은 原南續金本作遅이나 兹從三藏記及三寶錄作經이라 하다.
175) 兢兢은 大金本作競競이라 하나 誤植이다.
176) 위의 책(대정장 권55 p. 53 a 29-)
177) 出三藏記集 제8권(대정장 권55 p. 52 b-)

우아한 옛 문장을 의도적으로 삭제하여 지금의 문장으로 맞게 하니 첫째 바꾸지 않음이요, ② 범부는 성인(聖人)의 경지에 도달하지 못했기 때문에 천년(千年) 이전의 성인의 교설(敎說, 微言)을 말세 범부에게 전하여 맞추려 함이 둘째 바꾸지 않음이요, ③ 아난존자(阿難尊者)가 경을 송출(誦出)한 경전[第一結集]은 불멸 직후 가섭존자가 오백 아라한을 모아 결집한 것이므로 천년이 지난 오늘날의 법을 모르는 자가 감히[勇] 할 수 있겠는가? 이것이 셋째 바꾸지 않은 점이다. 이 다섯 가지 실본(失本)을 거치고 세 가지 불역(不易)을 맞닥뜨려 범어를 진어로 번역하였으니 어찌 삼가지 않을 수 있겠는가?"라고 하였으니, 지금은 이런 뜻을 쓰므로 진실로 불역(不易)이 되는 것이다.

苟文小左右 아래는 번역하는 규칙을 보임이다. 앞의 두 구절은 총합하여 의미를 취하게 함이니 곧 나집(羅什)법사의 주장이다. 승예(僧叡)법사의 『마하반야바라밀경』서문에 이르되, "붓을 잡는 차제에 죽은 스님의 오실본(五失本)과 삼불역(三不易)의 가르침을 세 번 생각하여 연마함을 두려워하거나 충분히 생각함을 두려워하지만 비록 다시 얕은 곳을 밟다가 깊은 곳에 이르더라도 충분히 비유하지는 못한다. 다행히 종장이 통틀어 보기를 바람은 경문이 비록 좌우에 있지만 종지(宗旨)는 가운데를 어기지 않는다. 드디어 받기를 삼가고 번역을 참고하여 장래에 이렇게 맡기는 것을 취한다"라고 하였다. 그러므로 의미를 알고 경문을 번역함은 요진의 나집(羅什)법사[178]가 최고가 됨이

---

178) 鳩摩羅什(343-413): 梵 Kumarajiva 童壽라 번역. 父는 鳩摩羅炎, 龜玆國王의 누이동생 耆婆의 사이에서 태어남. 7세에 출가하여 母를 따라 여러 곳을 다니고, 북인도 계빈국에서 盤頭達多에게 소승교를 배우고, 소륵국의 須梨耶蘇摩에게 대승교를 배우다. 귀국하여 卑摩羅叉에게 律을 배우고, 후에 주로 대승을 弘布하다. 383년 秦王 符堅이 呂光을 시켜 구자국을 쳐서 羅什을 모셔오게 하였으나 부견이 패했으므로, 여광이 凉王이 되어 凉州에 머물다. 그 뒤에 後秦 姚興이 凉을 쳐서 401년 師를 長安으로 모셔와 國賓으로 대우하고 西明閣과 逍遙園에서 여러 경전을 번역케 하다. 번역서로『成實論』『十誦律』『大品般若經』『妙法蓮華經』『中論』『十住毘婆沙論』등 총 98部 425卷에 달한다. 그는 三論宗의 조사이며 그의 三千여 제자 가운데 道生, 僧肇,

요, 만일 번역함을 상대하여 대적한다면 대당의 현장(玄奘)법사[179]가 명칭과 걸맞게 유능하다.

若理不可通下는 別示方軌라 如下萬字非字와 虛空無形을 引梵以正은 斯引得矣라 譯人意近하면 則會之以晉經者는 如今經에 云, 以是發心으로 當得佛故를 引晉經云호대 以是發心으로 即是佛故를 譯人이 意謂即佛이 恐濫果佛이라하야 故云當得이라하니 若爾인대 上云, 初發心時에 便成正覺은 何異即佛가 況下에 復云, 即得如來一身無量身等이라하시니 豈唯當成이 爲是아 是知即佛은 約圓融門이오 當成은 但是行布之意라 今以行布로 釋於圓融일새 故言意近이니 須引晉經하야 以成正理니라

又如出現品菩提章에 云, 於一切義에 無所觀察하니 但得寂義일새 故引晉經解一切義하면 則止觀具矣라 如是等文이 其類多矣라 許可引斥이어니와 今此文中에 廣引梵本은 言異意同일새 故成繁長이니라

● ④ 若理不可通 아래는 모범을 따로 보임이다. 아래의 만자(萬字)와 비자(非字)와 허공은 형상이 없다[虛空無形]는 말을 범본을 이끌어 교정한 것은 그 인용이 적절한 것이다. '번역한 사람의 뜻이 가까워지면 진대(晉代)에 번역한 경과 대조한다'라 말한 것은 본경[80화엄]에 말한 "이러한 발심으로 마땅히 불과를 얻기 때문이다"라 한 것을 진경(晉經, 60화엄)에서는 "이러한 발심이 곧 불과인 때문이다"라고 말함과 같

道融, 僧叡 등을 什門四哲이라 하다. (出三藏記集12·14, 高僧傳2, 開元釋教錄4, 晋書95)

179) 玄奘(600-664): 唐代 스님, 佛典新譯의 大家, 法相宗의 개조, 洛州사람, 본명은 褘, 성은 陳씨. 13세에 낙양 淨土寺로 출가한 후, 여러 선지식을 친견하고 경론을 공부하다가 原典研究를 위하여 西域求法을 결심, 陸路로 635년 중인도 나란타사에 이르러 戒賢에게 師事하여 俱舍·唯識을 배우고 불적을 순례하다. 17년간 인도 遊歷後 645년 경전 657部를 가지고 長安에 돌아와 太宗의 후한 迎接을 받다. 646년 [大唐西域記 12권]을 쓰고, 弘福寺, 慈恩寺, 옥화궁에서 경전 번역에 전념하여 大般若部 600권, 解深密經 등 75부 1335권을 譯出하다. 唐麟德 원년 2월 大慈恩寺에서 65세로 入寂. (속고승전 4)

은 것을, 번역한 사람의 의도는 '곧 부처다[卽佛]' 함이 외람스럽게 '과덕의 부처[果佛]'라 함을 근심하여 '마땅히 얻는다'고 하였으니, 만일 그렇다면 위에 말한 "처음 발심할 때에 바로 정각을 이룬다"고 한 것은 '곧 부처다'와 무엇이 다르겠는가? 하물며 다시 이르되,[180] "곧 여래의 한 몸에 무량한 몸을 얻는다"라고 하였으니 어찌 유독 '당성(當成)'만 옳겠는가? 이로써 '즉불(卽佛)'은 원융문(圓融門)을 의지한 것이고, '당성(當成)'은 다만 항포문(行布門)의 뜻이 되는 줄 알겠다. 이제 항포문으로 원융문을 해석하였으므로 뜻이 가까워진 것이니, 모름지기 진경(晉經)을 인용하여 바른 이치를 성취한 것이다.

(b) 때라는 구절에 대한 해석[釋垢句] (言恒 34上7)

[疏] 言恒與智俱者는 明智窮未來際라 文含二義하니 一, 望前에 謂雖在因中一地나 而願力持一切地功德하야 皆與智俱하야 盡未來際토록 不離一地라 如一地하야 餘地亦爾니 是故로 因門이 盡於未來토록 恒[181]是一一諸位菩薩이 不見作佛時오 二, 望後에 以盡未來之大智로 入如來之果海也라 雖有二義나 順前義勝이니라 (初, 自分因行德竟.)

■ '항상 지혜와 함께한다'라고 말한 것은 지혜로 미래의 시간이 다함을 밝힌 것이다. 문장에 두 가지 뜻을 포함하였으니, 첫째는 앞[因位]에 말한 '비록 인위에는 한 지위에 있었으나 원력으로 모든 지위의 공덕을 섭지하여 모두 지혜와 함께하여 미래제가 다하도록 한 지위도 여의지 않으니 한 지위와 마찬가지로 나머지 (모든) 지위도 역시 그러하다. 그러

---

180) 이는 初發心功德品의 '佛果同等' 조에 보이는 내용이다. (교재 권1 p. 449-)
181) 恒은 源南續金本作佀이라 하다.

므로 수행문[因門]이 미래가 다하도록 항상 낱낱의 여러 지위 보살이 성불하는 때를 보지 못하기를 바랐다. 둘째는 뒤[果位]에 미래가 다하도록 큰 지혜로 여래의 과해(果海)에 들어가기를 바라는 것이다. 비록 두 가지 뜻이 있지만 앞의 수승한 뜻을 따른다. (ㄱ) 自分因行의 德은 마친다.)

ㄴ) 과행에 올라가는 덕행[勝進果行德] 2.
(ㄱ) 과덕의 법을 얻다[得果法] 4.
a. 부처님의 삼밀(三密) 경계에 들어가다[入佛密境] (第二 34하4)

> 了達諸佛의 希有廣大秘密之境하시니라
> 또 모든 부처님의 희유하고 광대한 비밀경계를 요달하였다.

[疏] 第二, 了達下는 明勝進果行이라 分二니 一, 得果法이오 二, 起果用이라 今初有四句하니 一, 入佛密境이라 此有二意하니 一, 佛卽密境이니 以三業業具를 非餘測故라 謂非色現色일새 摩尼不能喩其多오 非量現量일새 應持不能窮其頂이오 不分而徧일새 一多不足異其體오 全法爲身일새 一毛不可窮其際니 此身秘密也니라 佛言聲也는 非近非遠이로대 目連尋之無際오 身子對而不聞이오 非自非他가 若天鼓之無從이며 猶谷響而緣發이오 無邊法海를 卷之在一言이오 無內圓音을 展之該萬類니 是謂佛口密也라 意則無私成事일새 等覺尙不能知하니 密之至也라 皆廣大無涯하고 超絶奇特일새 故云希有니라 二, 佛之密境이니 卽謂[182]一乘이라 如來知見, 禪定, 解脫이 深入無際帝網之境하사 時乃說之하나니 故云希有오 久黙斯要하나니 甚爲

---

182) 卽謂는 源南續金本作謂卽이라 하다.

秘密이라 又權實隱顯을 唯佛方知일새 故云秘密이니 今洞見其源일새 故云了達이니라.

■ ㄴ) 了達 아래는 과행에 올라가는 덕행을 밝힘이다. 두 가지로 나누면 (ㄱ) 과덕의 법을 얻음이고, (ㄴ) 과덕의 작용을 일으킴이다. (ㄱ)에 네 구절이 있다. a. 부처님의 삼밀 경계에 들어감이다. 여기에 두 가지 의미가 있으니 ① 불은 곧 비밀한 경지이니 삼업이 구족하여 나머지들이[餘乘] 헤아릴 수 없기 때문이다. 말하자면 모습 아닌 것으로 모습을 나타내어 마니보(摩尼寶)로도 그 다양함을 비유하지 못하고, 분량[量] 아닌 것으로 분량을 나타내었으므로 섭지하여 응함도 그 끝을 헤아리지 못한다. 분별 않고 두루 하므로 하나와 여럿이 만족히 그 체성을 달리하지 못하고 전체가 법으로 몸을 삼았으므로 한 터럭도 그 끝을 알 수 없으니 이것은 '몸의 비밀함[身密]'이다. '부처님이 소리로 말씀하심'은 가깝고 먼 것이 없으니 목건련이 찾으려 해도 끝이 없었고[非遠], 사리불이 대면하고도 듣지 못하였고[非近], 자신도 아니고 타인도 아닌 것이 마치 하늘북이 원인이 없는 것과 같으며, 골짜기의 메아리가 서로 인연되어 소리남과 같고, 그지없는 법의 바다[法海]를 한마디에 거두고 안이 없는 원만음성[圓音]을 펼쳐 만류에 미치게 하나니, 이것은 부처님의 '입의 비밀함[口密]'이다. 뜻으로는 사사로움 없이 일을 성취하므로 등각(等覺)보살도 오히려 알지 못하나니 '생각이 비밀스러움[意密]'이다. 다 광대하고 끝없으며 비교할 수 없이 특별한 까닭에 '희유하다' 하였다. ② 부처님의 비밀스러운 경계이니 곧 일승(一乘)을 말한다. 여래의 지견과 선정과 해탈이 끝없는 인다라망(因陀羅網)의 경계에 깊이 들어가서 때가 되면 설하시기 때문에 '희유하다' 한 것이다. 오래도록 이러한 긴요함에 묵묵하니 무척 비밀

스러움이다. 또 방편과 실법이 숨고 나타남을 오직 부처님만이 알 수 있으므로 '비밀하다' 하였으니, 이제 훤히 그 근원을 보았으므로 '깨달았다[了達]'고 말한다.

b. 평등한 법에 들어가다[入平等法] (二善 35상9)

善知一切佛의 平等法하시니라
모든 부처님의 평등한 법을 잘 알았다.

[疏] 二, 善知下는 入佛平等이라 亦有二意하니 一은 佛佛平等이니 謂一切諸佛體性이 平等하나니 法身無二故오 智慧平等하나니 德無增減故오 內用平等하나니 悲願普應故라 二者는 佛所證法平等이니 卽第一義라 此二無二에 稱此而了일새 故名善知니라

■ b. 善知 아래는 부처님의 평등법에 들어감이다. 또한 두 가지 의미가 있으니 (1) 부처와 부처가 평등함이니, 말하자면 모든 부처님의 체성이 평등하나니, 법의 몸은 둘이 없기 때문이요, 지혜가 평등하나니 불덕에는 증감이 없기 때문이요, 안으로 작용이 평등하나니 자비원력으로 널리 응하기 때문이다. (2) 불의 증득한 법이 평등[所證平等]하나니 곧 제일의를 말한다. 이 두 가지가 평등하여 이것과 똑같이 요달하므로 '잘 안다[善知]'고 이름하였다.

c. 부처님 지위 얻음을 밝히다[明得佛位] (三已 35하4)

已踐如來의 普光明地하니라

여래의 넓고 광명한 경지를 이미 밟았나니라.

[疏] 三, 已踐下는 明得佛位니 謂佛有十地라 如大乘同性經說이니 一,
甚深難知廣明(智德)地오 乃至第十은 名毘盧遮那海智藏[183]地니 此
十同是佛地로대 約德用成別이니라 今普光明은 當其第一이니 普卽
廣義오 光明卽明이니 甚深難知라 此文雖略이나 義在普中이라 擧初
攝後니 理實皆踐이오 又普光明은 亦十地之總이니 總不出於普法智
光故니라

■ c. 已踐 아래는 부처님 지위 얻음을 밝힘이다. 말하자면 부처님에게
열 가지 지위가 있는데『대승동성경(大乘同性經)』[184]에 설한 내용과 같
으니 (1) 너무 깊어서 알 수 없는 넓은 지덕(智德)의 경지이고, (10) 열
번째에 가서는 이름이 비로자나지해장(毘盧遮那智海藏)의 지위이니, 이
열 가지가 부처님의 경지와 같되 불덕(佛德)의 작용을 의지하여 다르
게 된 것이다. 지금의 '보광명(普光明)'은 그 첫 번째에 해당되나니, 보
(普)는 넓다는 뜻이고, 광명(光明)은 곧 밝음이니 너무 깊어서 알 수 없
는 것이다. 이 문장은 간략하지만 뜻은 '보(普)'에 있다. 처음을 들
어 뒤를 섭수하였으니 이치를 진실로 다 실천한다는 뜻이다. 또 보
광명은 십지의 총상이니, 통틀어 넓은 법[普法]의 지혜광명에서 벗어
나지 못하기 때문이다.

---

183) 智海藏은 源南續金本作藏海智라 하고 '玆從經作智海藏 與鈔南藏本合'이라 하다.

184) 大乘同性經은 혹은 동성경이라 한다. 2권으로 周의 宇文씨 천축삼장 사나야사(闍那耶舍) 번역, 佛이 精妙
山 정상에 계실 때 楞伽大城의 사나야사(毘毘沙那) 나찰왕이 부처님을 공양하고 菩薩의 受記를 받은 내용.
鈔에서 인용문을 밝혔는데 經云, "佛有十地하니 一, 甚深難知廣明智德地오 二, 淸淨身分威嚴不思議明德
地오 三, 善明月幢寶相海藏地오 四, 精妙金光功德神通智德地오 五, 火輪威藏明德地오 六, 虛空內淸淨
無垢燄光開相地오 七, 廣勝法界藏明界地오 八, 最淨普覺智藏能淨無垢徧無碍智通地오 九, 無邊億莊嚴
回向能照明地오 十, 毘盧遮那智海藏地니라."(대정장 권16 p.649 c~)

d. 부처님의 삼매를 증득하다[證佛三昧] (四入 36상9)

入於無量三昧海門하시니라
한량없는 삼매 바다의 문에 들어갔다.

[疏] 四, 入於下는 證佛三昧니 謂海印等定이 皆深廣如海라 並通一實일
새 故得稱門이니라
■ d. 入於 아래는 부처님의 삼매를 증득함이니, 해인삼매(海印三昧) 등
이 다 깊고 넓기가 바다와 같아서 아울러 한 실법(實法)과 통하는 연
고로 문(門)이라 칭한 것이다.

(ㄴ) 불과의 작용을 일으키다[起果用] (第二 36하3)

於一切處에 皆隨現身하여 世法所行에 悉同其事하고 總
持廣大하여 集衆法海하고 辯才善巧로 轉不退輪하시니라
일체 처에서 다 몸을 나타내어 세상에서 행하는 일을 다 함
께하며, 총지가 광대해서 온갖 법을 다 지니며, 변재가 훌륭
하여 물러나지 않는 법륜을 굴리었다.

[疏] 第二, 於一切下는 明起果用이라 文有三業하니 一, 現佛身業하야 偏
世同事오 二, 同佛意業하야 摠持大法이오 三, 得佛語業하야 能轉法
輪이라 不退有四하니 一, 稱理不退니 無改說故오 二, 應機不退니 無
虛發故오 三, 利益不退니 聞已必定故오 四, 制伏不退니 天魔外道
不能動故라 復有四種不退하니 謂信, 位, 證, 念이니 今當第四, 念

不退也니라

■ (ㄴ) 於一切 아래는 불과(佛果)의 작용을 일으킴이다. 경문에 세 가지 업이 있으니 첫째, 불의 신업(身業)을 나투어 세상에 두루 일을 함께하고, 둘째, 불의 의업(意業)과 같아서 대법을 모두 섭지하고, 셋째, 불의 어업(語業)을 얻어서 법륜을 잘 굴린다. 물러나지 않음에 네 가지가 있으니 (1) 이치에 맞아서 물러나지 않으니 설한 것을 바꾸지 않는 까닭이다. (2) 중생 근기에 맞아서 물러나지 않으니 헛되게 시작함이 없기 때문이다. (3) 이익에 불퇴이니 듣고 나서는 반드시 삼매에 드는 연고요, (4) 제어하고 조복하여 물러나지 않으니 천마(天魔)나 외도(外道)들이 움직일 수 없기 때문이다. 또 네 가지 물러나지 않음이 있으니 믿음과 지위와 증득과 명심[念]이다. 지금은 넷째의 '명심하여 불퇴함[念不退]'에 해당된다.

[鈔] 不退有四等者는 此有兩種四不退義하니 前義卽十地論이니 一向約利他大用而說이오 後四不退는 如常所辨이라 信謂十信이니 已滿十千劫故며 亦是第六不退心也라 位卽十住의 第七不退住니 不退墮聲聞과 辟支佛地故로 名位不退라 證謂初地니 已證眞如하야 已得不退라 念卽八地已上이니 念念入法流하고 心心趣寂滅일새 故得不退니라 (第二, 勝進果行德已竟하다)

● '물러나지 않음에 네 가지가 있다' 함은 여기에 두 종류의 네 가지 불퇴가 있으니 앞의 뜻은 곧 『십지론(十地論)』의 설명이니, 한결같이 이타(利他)의 큰 작용에 의지하여 설한 것이고, 뒤의 네 가지 불퇴는 일반적으로 분별하는 것이다. 신(信)은 십신(十信) 지위를 말함이니 이미 10천의 세월을 성만한 연고며, 또한 제6 불퇴심(不退心)이다. 지위[位]

는 곧 십주위(十住位)의 제7 불퇴주(不退住)이니 물러나 타락하지 않는 [不退墮] 성문과 벽지불의 지위인 연고로 '지위가 불퇴한다[位不退]'고 이름한다. 증(證)은 초지(初地)를 말함이니 이미 진여를 증득하여 불퇴를 얻은 것이다. '염(念)'은 곧 제8지 이상이니 생각 생각에 법의 무리에 들어가고, 마음 쓸 때마다 적멸에 나아가므로 불퇴를 얻는 것이다. (ㄴ) 과행에 올라가는 덕행은 마친다.)

ㄷ) 인행과 과행이 무애한 덕[二行無礙德] (第三 37上9)

一切如來의 功德大海가 咸入其身하고 一切諸佛의 所在國土에 皆隨願往하고 已曾供養一切諸佛하여 無邊際劫에 歡喜無倦하고 一切如來의 得菩提處에 常在其中하여 親近不捨하고 恒以所得普賢願海로 令一切衆生으로 智身具足케하니라
일체 여래의 공덕 바다에 다 그 몸이 들어가고 일체 제불의 국토에 다 원대로 가서 이미 모든 부처님을 공양하여 끝없는 겁토록 환희하며 게으르지 않았다. 일체 여래의 보리를 얻은 곳에는 항상 그 가운데 있어서 친근해서 버리지 않고 항상 보현의 원력으로써 모든 중생들에게 지혜의 몸이 구족하도록 하는 등이니라.

[疏] 第三, 一切如來下는 二行無碍德이니 謂引攝佛德하야 不碍修因故라 文有五句하니 一, 引攝佛德이라 然有二義하니 一則行成攝果오 二則諸佛同加니라 二, 一切下는 隨佛徧生하야 不揀淨穢也오 三, 已

曾下는 供佛集福이니 十方無邊이며 三世無際니 此一切佛에 皆供養故라 歡慶有遇하야 不住福相일새 故長時無厭이오 四, 一切下는 長爲輔翼이니 義通眞應이오 五, 恒以下는 悲願調生이니 不以偏小利物하고 唯以同體普願攝物하야 令證菩提하니 方顯智體圓足이니라

■ ㄷ) 一切如來 아래는 인행과 과행이 무애한 덕이다. 말하자면 불의 과덕(果德)을 이끌어 섭수하여 수행한 인행이 무애한 까닭이다. 경문에 다섯 구절이 있으니 (1) 불의 과덕(果德)을 이끌어 섭수함이다. 두 가지 뜻이 있으니 하나는 인행(因行)이 성만하여 과행을 섭수함이요, 둘은 제불이 함께 가피하심이다. (2) 一切 아래는 부처님을 따라 두루 태어나서 정토와 예토를 가리지 않음이요, (3) 已曾 아래는 제불께 공양하여 복덕을 모으나니, 시방에 그지없고 삼세에 끝없으니 이렇게 모든 부처님께 다 공양하기 때문이다. 환희롭게 만나지만 복(福)이라는 모양에 머물지 않으므로 오랜 세월을 싫어하지 않는 것이다. (4) 一切 아래는 오래도록 도와주는 대중[輔翼衆]이 되니 뜻이 진신(眞身)과 응신(應身)에 통한다. (5) 恒以 아래는 자비원력으로 중생을 조복하나니, 치우치고 작게 만물을 이롭게 하지 않고 오직 동체(同體)로 널리 발원하여 중생을 섭수하여 보리를 증득하게 함이니 비로소 지혜의 몸[智體]이 원만구족함을 나타낸 것이다.

나) 여러 문을 총합 결론하다[總結多門] (第二 37下8)

成就如是無量功德하시니라
이와 같은 한량없는 공덕을 성취하였다.

[疏] 第二, 成就下는 總結多門이니 無得[185]而稱也는 菩薩之德焉이니 言
不可周라 宜以類取일새 故云如是無量이라하니라

■ 나) 成就 아래는 여러 문을 총합 결론함이다. '무량한 덕'이라 칭함
은 보살의 공덕이니 말로 다할 수 없어서 마땅히 종류를 취하기 때문
에 '이와 같이 무량하다'고 말한 것이다.

[鈔] 無得而稱等者는 此借論語泰伯篇言이니 子曰, 泰伯은 其可謂至德
也已矣로다 三以天下讓호대 民無得而稱焉이오녀 意云, 德旣至深일
새 故不能稱歎也라 謂泰伯은 卽武王伯祖며 文王之伯이라 弟名季
歷이니 卽文王之父라 合當泰伯이 長子로 承嫡이로대 知弟季歷이 必
生聖子일새 讓而不受하고 託採藥於吳하니 故爲至德이니라

● '칭찬함을 얻을 수 없다' 함은 이는 『논어』 태백편(泰伯篇) 제8의 말씀
을 빌린 것이니, "공자께서 말씀하되, '태백(泰伯)은 지극한 덕이 있다"
고 할 만하다. 세 번 천하를 사양하였지만 백성들이 그 덕(德)을 칭송
할 수 없게 하였구나!" 뜻으로 말하면 공덕이 이미 지극하고 깊으므
로 칭찬하지 않는 것이다. 말하자면, 태백(泰伯)은 곧 주(周)나라 무
왕(武王)의 큰할아버지이며 문왕(文王)의 형님이다. 아우는 이름이 계
력(季歷)이니 곧 문왕의 아버지이다. 맞게 하려면 태백(泰伯)이 장자로
대를 이어야 하지만 아우 계력이 반드시 성스러운 자식을 낳을 줄 알
았으므로 사양하여 받지 않고, 오(吳)나라 땅에서 약초 캐며 살았으
니 때문에 '지극한 덕'이라 말한 것이다.

185) 得은 原續金本作德이라 하다. 下同

제1. 세상 주인들이 묘하게 장엄하는 품[世主妙嚴品] ④

2) 달리 태어난 대중[異生衆] 3.

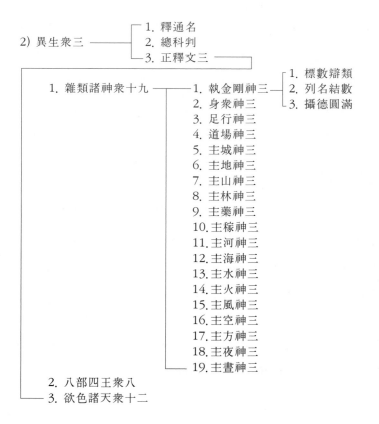

(1) 전체 명칭을 해석하다[釋通名] (第二 1上5)

(2) 총합하여 과목 나누다[總科判] (今初 1上9)

[疏] 第二, 大段[186] 異生衆中에 總三十九衆을 相從爲三이니 第一, 雜類諸
神衆이오 第二, 阿修羅下는 八部四王衆이오 第三, 三十三天下는 欲
色諸天衆이니라 今初, 有十九衆을 通名神者는 靈祇不測故라 文皆三
段이니 第一, 標數辯類오 第二, 列名結數오 第三, 攝德圓滿이라

■ 큰 문단인 2) 달리 태어난 대중 가운데 모두 39부류의 대중을 상종
(相從)함으로 세 가지로 나누면 가. 잡류(雜類)의 여러 신중들이고,
나. 阿修羅 아래는 팔부(八部)의 사천왕 권속이고, 다. 三十三天 아
래는 욕계(欲界)와 색계(色界)의 여러 하늘대중이다. 지금 (1) 전체 명
칭에서 19부류의 대중을 통틀어 '신중들'이라 한 것은 신령스런 귀신
[靈祇]이므로 헤아릴 수 없기 때문이다. 문장이 세 문단이니 (가) 숫자
와 대중을 표방함이요, (나) 명칭과 숫자를 나열함이요, (다) 섭수한
공덕이 원만함이다.

(3) 경문 해석[正釋文] 3.

가. 잡류의 여러 신중들[雜類諸神衆] 19.

(1) 집금강신[執金剛神][187] 3.
(가) 숫자와 부류를 표방하다[標數辯類] (第一 1下1)

復有佛世界微塵數執金剛神하니라
또 부처님 세계의 미진수 같은 집금강신이 있나니라.

---

186) 大段은 源南績金本無, 甲本作大라 하다.
187) 이는 第二住의 지위에 해당한다.

[疏] 今第一, 金剛神衆이라 初, 辯類中에 以執持此杵하야 守護佛故라 然
一一類가 皆通有所表하니 如地表心地오 海表德海等이라 觀其歎德
하면 則知通意라 今此表般若堅利로 導於衆行하야 到彼岸故니라

■ 이제 처음은 (1) 금강 방망이를 가진 신중[金剛神衆]이다. (가) 숫자
와 부류를 표방함에서 이 금강방망이를 가지고 불법을 수호하는 까
닭이다. 하지만 낱낱의 부류가 모두 표한 것이 있으니 마치 땅은 심
지(心地)를 표함이요, 바다는 공덕의 바다를 표하는 등과 같다. 그
공덕을 찬탄한 것을 보면 통용되는 의미[通意]를 알 것이다. 지금 여
기서는 반야의 군고 예리함으로 여러 수행을이끌어 피안에 이르게 하
기 때문이다.

(나) 명칭과 숫자를 나열하다[列名結數] 10.
ㄱ. 묘색나라연집금강신 (二所 1下6)

所謂妙色那羅延執金剛神과
이른바 묘색나라연집금강신과

[疏] 二, 所謂下는 列名結數라 然諸衆立名이 皆隨所得法門하야 爲物立
稱이니 一, 那羅延者는 此云堅固니 由見佛妙色을 皆不可壞일새 故
受此名이오

■ (나) 所謂 아래는 명칭과 숫자를 나열함이다. 하지만 여러 신중(神衆)
에 이름 지은 것이 다 얻은 해탈문을 따라 중생을 위하여 이름 지은
것이니 ㄱ. 나라연(那羅延)이란 번역하면 '견고함'이니 부처님의 묘한
형상이 다 무너뜨릴 수 없음을 보았기 때문에 이 명칭을 얻게 되었다.

[鈔] 那羅延者는 取下得法하야 以釋此名이니 下經에 云, 妙色那羅延執
金剛神은 得見如來示現無邊色相身解脫門이라하고 偈云,[188] 汝應
觀法王하라 法王法如是라 色相無有邊하야 普現於世間이라하니라

● 나라연(那羅延)이란 아래의 얻은 법문을 취하여 이름한 것을 해석함이
니, 아래 경문에서 "묘한 색상의 나라연 집금강신은 여래께서 시현하
신 그지없는 색상신(色相身)의 해탈문을 얻었다"라고 하였고, 게송에
서는 "그대는 법왕을 보아라. 법왕의 법이 이와 같으시니 그 색과 형
상이 그지없어서 세간에 널리 나타났네"라고 하였다.

ㄴ. 일륜속질당집금강신

日輪速疾幢執金剛神과
일륜속질당집금강신과

[疏] 二, 見佛身毛가 猶如日輪現種種光하야 速摧障惱일새 故名日幢이오

■ ㄴ. 불신(佛身)의 터럭만 보아도 마치 태양이 갖가지 광명을 나투어 장
애와 번뇌를 속히 꺾어 버리는 것과 같은 연고로 '깃대'라 이름하였다.

[鈔] 見佛者는 下經에 云, 日輪速疾幢執金剛神은 得佛身一一毛孔이 如
日輪現種種光明雲解脫門이라하고 偈云, 佛身一一毛가 光網不思
議라 譬如淨日輪이 普照十方國이라하니 擧此爲例하야 下皆準之니라
欲具釋者인대 但看下經하면 名義俱了니라 餘三十八衆은 例此可知
니라

---

188) 교재 권1 p. 90-.

● '부처님을 봄'이란 아래 경문에 이르되, "태양처럼 빠른 깃발의 집금강 신중은 부처님 몸의 터럭마다 해와 같은 가지가지 광명구름을 나타 내는 해탈문을 얻었다"라고 하였고, 게송에서는 "부처님 몸의 털 하 나하나에 광명의 그물 부사의하여 마치 밝은 해가 시방국토를 널리 비추듯 하네"라고 하였다. 이를 예로 들었으니 아래는 다 이에 준한 다. 구체적으로 해석하자면, 다만 아래 경문을 보면 이름과 뜻이 모 두 밝아질 것이니 나머지 38부류의 대중은 여기에 견주면 알 수 있다.

ㄷ. 수미화광집금강신

須彌華光執金剛神과
수미화광집금강신과

[疏] 三, 見佛身光이 映蔽一切호대 猶如須彌顯於大海하며 神通等法이
如華開敷故오

■ ㄷ. 불신의 광명이 온갖 것을 '색상을 잃게 함[映蔽]'을 보되 마치 수미 산이 큰 바다를 환하게 함과 같으며, 신통 등의 법문이 마치 꽃이 피 는 것과 같기 때문이다.

ㄹ. 청정운음집금강신

清淨雲音執金剛神과
청정운음집금강신과

[疏] 四, 圓音隨類가 如雷震故오

■ ㄹ. 원만한 음성[圓音]으로 부류를 따르는 것이 마치 우레가 진동하
   는 것과 같은 까닭이다.

ㅁ. 제근미묘집금강신

諸根美妙執金剛神과
제근미묘집금강신과

[疏] 五, 現爲世主하야 以美妙根으로 令物悟故오

■ ㅁ. 세상의 주인[世主]으로 나타나서 훌륭하고 묘한 감관[根]으로 중
   생을 깨닫게 하는 까닭이다.

ㅂ. 가애락광명집금강신

可愛樂光明執金剛神과
가애락광명집금강신과

[疏] 六, 智光演法하야 令愛樂故오

■ ㅂ. 지혜광명으로 법문을 연설하여 사랑스럽게 하는 까닭이다.

ㅅ. 대수뢰음집금강신

大樹雷音執金剛神과

대수뢰음집금강신과

[疏] 七, 寶飾妙相이 如華嚴樹하고 方便警物이 如雷震音이오
- ■ ㅅ. 보배로 장식한 훌륭한 형상이 마치 꽃으로 나무를 꾸민 것과 같고, 방편으로 중생을 깨우침이 마치 우레 치는 소리와 같기 때문이다.

ㅇ. 사자왕광명집금강신

獅子王光明執金剛神과
사자왕광명집금강신과

[疏] 八, 福深相妙인 炳着光明이니 如師子王處衆無畏오
- ■ ㅇ. 복덕이 깊고 형상이 묘하여 밝고 뚜렷한[炳着] 광명이니 마치 사자왕이 무리 속에 있더라도 두려움이 없는 것과 같다.

ㅈ. 밀염승목집금강신

密焰勝目執金剛神과
밀염승목집금강신과

[疏] 九, 慈眼視物이 爲吉祥目이며 神通之燄을 密現物前故오
- ■ ㅈ. 자비의 눈길로 중생을 보는 것이 길상한 눈[吉祥目]이 되고, 신통의 불꽃을 가만히 중생 앞에 나투기 때문이다.

ㅊ. 연화광마니계집금강신

蓮華光摩尼髻執金剛神이니라
연화광마니계집금강신들이다.

[疏] 十, 雨此嚴具及光明故니라
■ ㅊ. 이런 장엄구와 광명을 비 내리듯[189] 하는 까닭이다.

ㅋ. 숫자로 여러 신중을 결론하다[結數諸衆]

如是等이 而爲上首하여 有佛世界微塵數하니라
이러한 이들이 상수가 되어 부처님 세계의 티끌 수가 있었다.

[疏] 如是等下는 結數諸衆이니 皆類此知라 至得法處하야 名當自顯이라
恐厭繁文하야 下略不釋하노라
■ ㅋ. 如是等 아래는 숫자로 여러 신중을 결론함이니, 다 이와 유례하여
알면 되리라. 얻은 법문에 가서 이름을 배대하면 자연히 밝혀질 것이다.
문장의 번거로움을 염려하여 아래에서는 해석하지 않고 생략하겠다.

(다) 섭수한 공덕이 원만하다[攝德圓滿] 2.
ㄱ. 통틀어 원력과 수행을 밝히다[總彰願行] (第三 3下1)

皆於往昔無量劫中에 恒發大願하여 願常親近供養諸佛

---

189) 이 執金剛神의 解脫門에 云, "得普雨一切菩薩의 莊嚴具摩尼髻解脫門"이라 한 것을 볼 수 있다.

일새 隨願所行이 已得圓滿하여 到於彼岸하니라

모두 지난 옛적 한량없는 겁 동안에 큰 서원을 발해서 항상 모든 부처님을 친근하고 공양하기를 원했으므로 서원과 같이 행해서 이미 원만하여 피안에 이르렀다.

[疏] 第三, 皆於下는 攝德圓滿이라 十句分二니 初二句, 總彰願行이오 由昔願力하야 得預法會하야 常爲親侍하며 由今行滿故로 能徧侍라

■ (다) 皆於 아래는 섭수한 공덕이 원만함이다. 열 구절을 둘로 나누리니, ㄱ. 처음 두 구절은 통틀어 원력과 수행을 밝히고, 예전의 원력으로 인하여 법회에 참여하여 항상 가까이 모시며, 지금의 수행이 원만함을 말미암아 두루 모시는 것이다.

ㄴ. 원만한 모습을 따로 나타내다[別顯滿相]

積集無邊淸淨福業하며 於諸三昧所行之境을 悉已明達하며 獲神通力하여 隨如來住하며 入不思議解脫境界하며 處於衆會하여 威光特達하며 隨諸衆生의 所應現身하여 而示調伏하며 一切諸佛化形所在에 皆隨化往하며 一切如來所住之處에 常勤守護하시니라

끝없는 청정한 복을 쌓아서 모든 삼매로써 행할 경계를 모두 밝게 통달했으며, 신통력을 얻어서 여래를 따라 머물며 부사의한 해탈경계에 들어갔으며, 대중이 모인 곳에서는 그 위세와 빛이 특별하였다. 모든 중생의 마땅함을 따라서 몸을 나타내어 가서 조복하며, 모든 부처님의 화신이 있는 곳

에는 다 따라가며, 모든 여래가 머무는 곳에서 항상 부지런
히 수호하였다.

[疏] 後, 積集下는 別顯滿相이라 一, 福積淨業이오 二, 智達定境이니 事
定之境은 隨事百千이나 理定之境은 卽眞如實相이라 不思議定은 則
以無碍而爲其境이니 今皆智照일새 故云明達이라 三, 通隨佛住오
四, 入用難思오 五, 處衆超絶이오 六, 應物調生이오 七, 隨佛化形이
오 八, 護佛¹⁹⁰⁾住處라 文並可知로다

■ ㄴ. 積集 아래는 원만한 모습을 따로 나타냄이다. (여덟 가지가 있으니)
(1) 복을 쌓고 업을 맑게 함이고, (2) 지혜로 삼매의 경지를 깨닫는
것이니, 현상의 삼매의 경지는 일을 따라 백천 가지이지만 이치의 삼
매의 경지는 곧 진여의 실상이다. '부사의한 삼매[不思議定]'는 곧 무애
로 그 경계를 삼았으니 이제 다 지혜로 비추었으므로 '밝게 통달한다'
고 하였다. (3) 통틀어 부처님을 따라 머묾이요, (4) 작용에 들어감
을 사의하기 어려움이요, (5) 무리 속에 있으면서 특출함이요, (6) 중
생에 응하여 조복받음이요, (7) 불의 화신을 따름이요, (8) 부처님의
머무는 곳을 수호함이니 문장과 함께하면 알 것이다.

(2) 몸으로 무리지어 다니는 신중[身衆神] 3.
(가) 숫자와 대중을 표방하다[標數辯類] (第二 4上4)

復有佛世界微塵數身衆神하니라
또 부처님 세계의 티끌 수 같은 신중신이 있나니라.

---

190) 佛은 南續金本作法이라 하다.

[疏] 第二, 身衆神이라 文三同前이라 初, 辯類에 有二義하니 一, 身謂神之自身이오 衆則同生同名及所隨者라 凡有其一에 必更有二하고 共有其三일새 三故名衆이오 能所合目하야 名身衆神이라 二, 約所主니 謂此類神이 專以變化多身爲佛事故라

■ (2) 몸으로 무리지어 다니는 신중[身衆神]이다. 문장을 세 가지로 나눈 것은 앞과 같다. (가) 부류를 분별함에 두 가지 뜻이 있으니 (1) 몸이란 귀신 자신을 말하고, 무리란 곧 함께 태어난 이름이 같은 것[191]과 따르는 무리이다. 대개 그 한 이름에 꼭 다시 두 가지 따르는 권속[隨衆]이 있고, 함께 세 가지인 경우도 있으니 셋이기 때문에 '무리'라 이름한 것이고, 주체와 대상을 합쳐서 지목하여 '신중신(身衆神)'이라 이름하였다. (2) 주인 노릇하는 곳을 잡았으니 이른바 이 부류의 신중이 오로지 여러 가지 몸으로 변화하여 불사(佛事)를 짓는 까닭이다.

(나) 명칭과 숫자를 나열하다[列名結數]

所謂華髻莊嚴身衆神과 光照十方身衆神과 海音調伏身衆神과 淨華嚴髻身衆神과 無量威儀身衆神과 最上光嚴身衆神과 淨光香雲身衆神과 守護攝持身衆神과 普現攝取身衆神과 不動光明身衆神이라 如是等이 而爲上首하사 有佛世界微塵數하니

이른바 화계장엄신중신과 광조시방신중신, 해음조복신중신, 정화엄계신중신, 무량위의신중신, 최상광엄신중신, 정광향운신중신, 수호섭지신중신, 보현섭취신중신과 부동광

---

191) 鈔에, 同生同名이란 좌우에서 따르는 童子를 말한다. (衆卽同生同名者는 謂左右肩童子니라.)

명신중신들이다. 이와 같은 이들이 상수가 되어 부처님 세
계의 티끌 수가 있으니,

(다) 섭수한 공덕이 원만하다[攝德圓滿]

皆於往昔에 成就大願하여 供養承事一切諸佛하시니라
다 지난 옛적에 큰 서원을 성취해서 모든 부처님을 공양하
고 받들어 섬겼다.

[疏] 所謂下는 二, 名과 三, 德은 文並可知로다
■ (나) 所謂 아래는 명칭과 숫자를 나열함과 (다) 섭수한 공덕이 원만
함은 문장과 함께하면 알 수 있으리라.

(3) 발로 다니는 신중[足行神] (第三 4下7)

復有佛世界微塵數足行神하니 所謂寶印手足行神과 蓮
華光足行神과 淸淨華髻足行神과 攝諸善見足行神과 妙
寶星幢足行神과 樂吐妙音足行神과 旃檀樹光足行神과
蓮華光明足行神과 微妙光明足行神과 積集妙華足行神
이라 如是等이 而爲上首하사 有佛世界微塵數하니 皆於
過去無量劫中에 親近如來하여 隨逐不捨하시니라
또 부처님 세계의 티끌 수 같은 족행신이 있나니라. 이른바
보인수족행신과 연화광족행신, 청정화계족행신, 섭제선견
족행신, 묘보성당족행신, 낙토묘음족행신, 전단수광족행

신, 연화광명족행신, 미묘광명족행신과 적집묘화족행신들이다. 이와 같은 이들이 상수가 되어 부처님 세계의 티끌 수가 있으니, 모두 과거 한량없는 겁 중에 여래를 친근하여 따라다니며 버린 적이 없었다.

[疏] 第三, 足行神이라 亦有二義하니 一, 謂依止足行衆生하며 及守護故라 如下善見比丘足行之神이 持華承足이라 故下德中에 戀仰如來하니라 二, 足所行處가 即道路神이니 通表修行이 履佛所行故니라.

- (3) 발로 다니는 신중이다. 역시 두 가지 뜻이 있으니 (1) 발로 다니는 중생과 수호하는 무리를 말하기 때문이며, 아래 선견비구(善見比丘 입법계품의 12번째 선지식) 처소에서 발로 다니는 신중이 꽃을 가지고 발을 받드는 것과 같다. 때문에 아래 (다) (섭수한) 공덕을 찬탄함 중에 '여래를 우러러 사모한다[戀仰如來]'고 하였다. (2) 발로 다니는 곳은 곧 도로인 신중[道路神]이니, 통틀어 수행이란 부처님의 수행하신 것을 밝기 때문이다.

(4) 도량을 수호하는 신중[道場神] (第四 5上7)

復有佛世界微塵數道場神하니 所謂淨莊嚴幢道場神과 須彌寶光道場神과 雷音幢相道場神과 雨華妙眼道場神과 華纓光髻道場神과 雨寶莊嚴道場神과 勇猛香眼道場神과 金剛彩雲道場神과 蓮華光明道場神과 妙光照耀道場神이라 如是等이 而爲上首하사 有佛世界微塵數하니 皆於過去에 値無量佛하여 成就願力하여 廣興供養하시

니라

또 부처님 세계의 미진수 같은 도량신이 있나니라. 이른바
정장엄당도량신과 수미보광도량신, 뇌음당상도량신, 우화
묘안도량신, 화영광계도량신, 우보장엄도량신, 용맹향안도
량신, 금강채운도량신, 연화광명도량신과 묘광조요도량신
들이다. 이러한 이들이 상수가 되어 부처님 세계의 티끌 수
가 있으니, 모두 과거에 한량없는 부처님을 만나서 원력을
성취하여 공양을 널리 일으켰다.

[疏] 第四, 道場神은 從所依所守得名이라 下諸神衆類皆同此라 言道場
者는 非唯護佛道場이라 但有莊嚴道場之處에 卽於中護니 故로 下
德中에 願供養佛하니 表護萬行道場과 及修行者故니라

■ (4) 도량을 수호하는 신중은 의지하는 곳과 수호함을 따라 이름 지
은 것이다. 아래 여러 신중들이 모두 이와 비슷하다. '도량(道場)'이란
유독 부처님이 계신 도량만 수호하는 것이 아니라 다만 도량을 장엄
하는 곳이면 곧 수호함이니, 때문에 아래 (다) 섭수한 공덕을 찬탄함
중에 '부처님께 공양하기를 원한다'고 하였으니, 만행도량(萬行道場)
과 수행자를 수호함을 표하기 때문이다.

(5) 성을 주관하는 신중[主城神] (第五 5上8)

復有佛世界微塵數主城神하니 所謂寶峯光耀主城神과
妙嚴宮殿主城神과 淸淨喜寶主城神과 離憂淸淨主城神
과 華燈焰眼主城神과 焰幢明現主城神과 盛福光明主城

神과 淸淨光明主城神과 香髻莊嚴主城神과 妙寶光明主
城神이라 如是等이 而爲上首하사 有佛世界微塵數하니
皆於無量不思議劫에 嚴淨如來의 所居宮殿하시니라
또 부처님 세계의 미진수 같은 주성신이 있나니라. 이른바
보봉광요주성신과 묘엄궁전주성신, 청정희보주성신, 이우
청정주성신, 화등염안주성신, 염당명현주성신, 성복광명주
성신, 청정광명주성신, 향계장엄주성신과 묘보광명주성신
들이다. 이러한 이들이 상수가 되어 부처님세계의 티끌 수
가 있으니, 모두 한량없는 부사의겁에 여래의 거처하시는
궁전을 장엄하고 깨끗하게 하였다.

[疏] 第五, 主城神은 表行德防御[192]法城心城故니 如摩耶處說하니라 德
中에 以己德行으로 嚴佛宮殿者는 一은 佛殿이 爲所守之最니 瑩飾은
爲尊佛故라 二는 主伴善根을 互融攝故오 三은 瑩飾自心이 佛安處
故라

■ (5) 성(城)을 주관하는 신중은 행하는 덕이 법의 성[法城]과 마음의 성
[心城]을 방어함을 표하기 때문이니 저 (입법계품의) 마야부인(摩耶夫人)
처소[193]에서 설한 내용과 같다. (다) 섭수한 공덕을 찬탄함 중에 '자
신의 덕행으로 부처님의 궁전을 장엄한다'고 한 것은 (1) 부처님의 궁
전이 수호할 최상의 것이니, 빛나게 장식함[瑩飾]은 부처님을 존중하
기 때문이다. (2) 주인과 반려의 선근을 서로 융화하여 섭수한 연고
이다. (3) 자심(自心)을 밝게 장식하는 것은 부처님을 편안히 머무시

---

192) 御는 金本作禦, 源原南續本作御라 하다.
193) 이는 권76의 입법계품 제39의 17 摩耶夫人 條에 나온다. "作是念已에 有主城神하니 名曰寶眼이니 —"(교재
권4 p.424-). 摩耶夫人은 42번째 선지식이다.

게 하기 위함이다.

(6) 땅을 주관하는 신중[主地神] (第六 6上10)

復有佛世界微塵數主地神하니 所謂普德淨華主地神과
堅福莊嚴主地神과 妙華嚴樹主地神과 普散衆寶主地神
과 淨目觀時主地神과 妙色勝眼主地神과 香毛發光主地
神과 悅意音聲主地神과 妙華旋髻主地神과 金剛嚴體主
地神이라 如是等이 而爲上首하사 有佛世界微塵數하니
皆於往昔에 發深重願하되 願常親近諸佛如來하여 同修
福業하시니라

또 부처님 세계의 티끌 수 같은 주지신이 있나니라. 이른바
보덕정화주지신과 견복장엄주지신, 묘화엄수주지신, 보산
증보주지신, 정목관시주지신, 묘색승안주지신, 향모발광주
지신, 열의음성주지신, 묘화선계주지신과 금강엄체주지신
들이다. 이러한 이들이 상수가 되어 부처님 세계의 티끌 수
가 있으니, 모두 지난 옛적에 깊고 무거운 서원을 발해서 항
상 모든 부처님을 친근하여 함께 복업 닦기를 원하였다.

[疏] 第六, 主地神은 表深重願荷負行德故며 亦表心地爲依持故니라.
■　(6) 땅을 주관하는 신중은 깊고 무거운 원력이 행덕을 짊어진 연고이
며, 또한 마음의 땅이 의지처가 되기 때문이다.

(7) 산을 주관하는 신중[主山神] (第七 6下9)

復有無量主山神하니 所謂寶峯開華主山神과 華林妙髻
主山神과 高幢普照主山神과 離塵淨髻主山神과 光照十
方主山神과 大力光明主山神과 威光普勝主山神과 微密
光輪主山神과 普眼現見主山神과 金剛密眼主山神이라
如是等이 而爲上首하사 其數無量하니 皆於諸法에 得淸
淨眼하시니라

또 한량없는 주산신이 있나니라. 이른바 보봉개화주산신과
화림묘계주산신, 고당보조주산신, 이진정계주산신, 광조시
방주산신, 대력광명주산신, 위광보승주산신, 미밀광륜주산
신, 보안현견주산신과 금강밀안주산신들이다. 이러한 이들
이 상수가 되어 그 수가 한량없으니, 다 모든 법에 청정한
눈을 얻었다.

[疏] 第七, 主山神은 通表萬德高勝이며 性皆閑寂이오 別表智德最高니
故로 德中에 云, 得淸淨眼이라하고 名中多有光稱하니라

■ (7) 산을 주관하는 신중은 온갖 덕행이 높이 뛰어남을 통틀어 표한
것이며, 성품이 다 고요하고, 별도로 지혜와 공덕이 가장 높음을 표
한 것이다. 때문에 (다) 공덕을 찬탄함 중에 '청정한 눈을 얻는다'라
고 하였고, 이름 중에 광명이란 명칭이 많이 있게 되었다.

(8) 숲을 주관하는 신중[主林神] (第八 7上7)

復有不可思議數主林神하니 所謂布華如雲主林神과 擢
幹舒光主林神과 生芽發耀主林神과 吉祥淨葉主林神과

垂布焰藏主林神과 淸淨光明主林神과 可意雷音主林神
과 光香普徧主林神과 妙光逈曜主林神과 華果光味主林
神이라 如是等이 而爲上首하사 不思議數라 皆有無量可
愛光明하시니라[194]

또 불가사의한 숫자의 주림신이 있나니라. 이른바 포화여
운주림신과 탁간서광주림신, 생아발요주림신, 길상정엽주
림신, 수포염장주림신, 청정광명주림신, 가의뢰음주림신,
광향보변주림신, 묘광형조주림신과 화과광미주림신들이
다. 이러한 이들이 상수가 되어 부사의한 수로서 모두 한량
없는 좋은 광명을 지녔다.

[疏] 第八, 主林神은 表以無漏智로 導於衆行하야 森聳建立일새 故로 德
中에 云, 皆有可愛光明이라하니라.

■ (8) 숲을 주관하는 신중은 무루(無漏)의 지혜로 여러 수행을 이끌어
빽빽하게 건립함을 표하였으므로 (다) 공덕을 찬탄함 중에 '다 사랑
스런 광명이 있다'고 말하였다.

(9) 의약을 주관하는 신중[主藥神] (第九 7上5)

復有無量主藥神하니 所謂吉祥主藥神과 㫌檀林主藥神
과 淸淨光明主藥神과 名稱普聞主藥神과 毛孔光明主藥
神과 普治淸淨主藥神과 大發吼聲主藥神과 蔽目光幢主

---

194) 發耀의 耀는 宋元金明本作曜, 耀와 曜는 宋元明宮本混用이라 하고, 淨葉의 葉은 卍本作業이라 하나 誤植
이다.

藥神과 明見十方主藥神과 益氣明目主藥神이라 如是等
이 而爲上首하사 其數無量하니 性皆離垢하여 仁慈祐物
하시니라

또 한량없는 주약신이 있나니라. 이른바 길상주약신과 전
단림주약신, 청정광명주약신, 명칭보문주약신, 모공광명
주약신, 보치청정주약신, 대발후성주약신, 폐일광당주약
신, 명견시방주약신과 익기명목주약신들이다. 이러한 이
들이 상수가 되어 그 수가 한량이 없으니, 모두 심성에 때
를 여의어서 인자함으로써 중생을 돕는다.

[疏] 第九, 主藥神은 表行德伏惑하야 資益法身이라 若約利他인대 則三業
不空이 如藥樹王이니 故로 下德中에 性皆離垢는 卽伏惑去病也오 仁
慈祐物은 卽進善補益也라 名中總名主藥은 藥旣不同이나 神神各別
이라 吉祥者는 主香芽之類也라 清淨光明謂乳石[195]之流오 名稱普聞
은 如藥樹王, 雪山忍草等이오 明見十方謂眼藥等이라 約法準之니라

■ (9) 의약을 주관하는 신중은 행덕이 번뇌를 조복하여 법신을 이익되
게 돕는 것이다. 만일 이타행을 의지하면 세 가지 업이 헛되지 않음이
마치 약나무 왕[藥樹王]과 같다. 때문에 아래 (다) 공덕을 찬탄함 중
에 '심성에 때를 여읨'은 곧 번뇌를 조복하고 병을 제거한 것이요, 인
자하게 중생을 도움은 곧 선하게 도와 이익을 추진하는 것이다. 이
름에 모두 주약(主藥)이라 한 것은 약은 이미 같지 않지만 신과 신은
각각 다른 연고다. 길상(吉祥)이란 향기로운 약초를 주관하는 종류
이다. 깨끗한 광명이란 종유석(鐘乳石)의 종류를 말하고, 명칭이 널리

---

195) 乳石은 '鐘乳石'의 별칭이다.

이름난 것은 약나무 왕이나 설산의 인초[雪山忍草] 등과 같은 것이요,
밝게 시방을 보는 것은 안약(眼藥)을 말하는 등이니 해탈문을 잡아서
준하였다.

(10) 농사를 주관하는 신중[主稼神]¹⁹⁶⁾ (第十 8上7)

復有無量主稼神하니 所謂柔軟勝味主稼神과 時華淨光
主稼神과 色力勇健主稼神과 增長精氣主稼神과 普生根
果主稼神과 妙嚴環髻主稼神과 潤澤淨華主稼神과 成就
妙香主稼神과 見者愛樂主稼神과 離垢淨光主稼神이라
如是等이 而爲上首하사 其數無量하니 莫不皆得大喜成
就하시니라

또 한량없는 주가신이 있나니라. 이른바 유연승미주가신과
시화정광주가신, 색력용건주가신, 증장정기주가신, 보생근
과주가신, 묘엄환계주가신, 윤택정화주가신, 성취묘향주가
신, 견자애락주가신과 이구정광주가신들이다. 이러한 이들
이 상수가 되어 그 수가 한량이 없으니 모두가 큰 환희를 성
취하였다.

[疏] 第十, 主稼神은 稼者樹五穀也니 表萬行法味로 資益自他라 他益稱
心일새 故德中에 大喜成就니라

■ (10) 농사를 주관하는 신 중에서 '가(稼)'는 오곡을 심는 것이고, 만
행의 법의 맛으로 자신과 남을 도와 이익되게 함을 뜻한다. 남을 도

---

196) 여기서부터는 十行位衆에 해당한다.

움이 마음에 맞으므로 (다) 공덕을 찬탄함 중에 '큰 기쁨을 성취한다'라고 하였다.

(11) 강물을 주관하는 신중[主河神] (第十一 8下5)

復有無量主河神하니 所謂普發迅流主河神과 普潔泉澗主河神과 離塵淨眼主河神과 十方徧吼主河神과 救護衆生主河神과 無熱淨光主河神과 普生歡喜主河神과 廣德勝幢主河神과 光照普世主河神과 海德光明主河神이라 如是等이 而爲上首하사 有無量數하니 皆勤作意하여 利益衆生하시니라.

또 한량없는 주하신이 있나니라. 이른바 보발신류주하신과 보결천간주하신, 이진정안주하신, 시방변후주하신, 구호중생주하신, 무열정광주하신, 보생환희주하신, 광덕승당주하신, 광조보세주하신과 해덕광명주하신들이다. 이러한 이들이 상수가 되어 한량없는 수가 있으니 모두가 부지런히 뜻을 내어 중생을 이익하게 한다.

[疏] 第十一, 主河神은 卽河伯之流也니 表法河流注하야 潤益群品이라 又於生死瀑流에 拯彼漂溺이라 江河淮濟와 淸濁俱河니 故生死法流에 此神皆主로다 德中에 勤益生者는 謂遇沿流는 則平波息浪하고 逢泝[197]泳하면 則微動輕風이라 水性之屬은 深止而住居하며 陸行之流는 富生而應采하나니 導百川而去害하며 灌萬頃而開利가 爲勤作意

---

197) 소(泝)는 南金本作沂라 하나 誤植이다.

니 利益衆生이라 約所表法하야 隨意消息이니라

■ (11) 강물을 주관하는 신중은 곧 물귀신[河伯]의 종류이니 법의 강을 흐르게 해서 중생을 윤택하게 함을 표하였다. 또 생사의 폭류(瀑流)에 빠진 중생을 건져 낸 것이다. 양자강, 황하, 회수(淮水), 제수(濟水)와 맑고 탁한 것이 모두 강이기 때문에 생사의 법물결[法流]에 이 귀신이 다 주인이 된다는 뜻이다. (다) 공덕을 찬탄함 중에 부지런히 중생을 이익되게 함은 말하자면 물살[沿流]을 만나면 물결을 잠재우고, 물에서 헤엄칠 때는 경쾌한 바람이 살짝 불어온다. 수성(水性)의 종류는 깊이 멈추어 살며 뭍에 사는[陸行] 종류는 부유하게 태어나 채취하여 응하니 여러 개천을 이끌어 방해를 물리치며 만경(萬頃)에 물 대어 이익을 피움이 부지런히 짓는 뜻이 됨이니 중생을 이익되게 함이다. 표한 법에 의지하여 뜻에 따르는 소식이다.

[鈔] 第十一, 主河神卽河伯之流者는 外典說爲河伯故니 莊子秋水篇에 云, 秋水時至에 百川灌河하야 涇流之大라 兩涘渚涯之間에 不辨牛馬러니(言其廣也)[198] 於是焉河伯欣然自喜하야 以天下之美로 爲盡在己라하야 順流而東行하야 至於北海하야 東面而視에 不見水端이라 於是焉河伯始旋其面目하야 望洋向若[199]而歎曰, 野語有之하니 曰, 聞道百[200]에 以爲莫己若者가 我之謂也로다 釋曰, 若卽海若이니 海神名也라 如下引之가 皆此章具니 今但取名河伯이라 亦名馮夷니 故로 洛神賦에 云, 馮夷鳴鼓하고 女媧淸歌라하니라

---

198) 교정표에, '上四字 原續金本皆正文 南本作注 與莊子郭注合'이라 하다.
199) 여기서 向若은 '바다귀신'을 말한다. 아래에 海若도 같은 부류이다.
200) 교정표에 百下原續本有 '謂萬分之一' 五字 應係附注 南注云 謂百事라 하고, '案莊子陸德明音義曰 聞道百 李云萬分之一也'라 하다.

● (11) '강물을 주관하는 신중은 곧 하백(河伯)의 종류이다'라 한 것은 외전(外典)에 하백이라 설한 때문이니『장자』추수편(秋水篇)[201]에 말하되, "가을 물[秋水]이 때가 되어 모든 개천이 황하로 몰려들자 흐르는 물이 커졌다. 양쪽 기슭과 언덕 사이에 있는 소와 말을 분간할 수 없었다. (이는 넓음을 말하였다.) 이렇게 되자 하백(河伯)은 스스로 매우 기뻐서 천하의 아름다움이 모두 자신에게 있다고 생각했다. 흐름을 따라 동쪽으로 가서 북해(北海)에 이르러 동쪽을 바라보니 물의 끝[水端]을 볼 수 없었다. 이에 하백은 그 얼굴을 돌려 큰 바다를 바라보며 향약(向若, 바다귀신)에게 탄식하였다. '속담에 백 가지 도를 듣고서 자기만 한 자가 없는 줄 안다'고 하더니 내게 한 말이구나." 해석하자면, 약(若)은 해약(海若)이니 바다귀신의 이름이다. 아래 인용한 것이 다 이 가름에 갖추었으니 이제 다만 하백이란 이름만 취한 것이다. 또한 풍이(馮夷)라고도 이름하기 때문에『낙신부(洛神賦)』에 이르되, "풍이(馮夷)는 북을 울리고 여왜(女媧)[202]는 맑은 노래[清歌]를 부른다"라고 하였다.

(12) 바다를 주관하는 신중[主海神] (第十二 9下7)

復有無量主海神하니 所謂出現寶光主海神과 成金剛幢
主海神과 遠離塵垢主海神과 普水宮殿主海神과 吉祥寶
月主海神과 妙華龍髻主海神과 普持光味主海神과 寶焰

---

201) 이는『장자』外篇 秋水편 河伯條에 보인다. (宋志英譯『莊子』p.276)

202) 여왜(女媧)란 女媧氏를 가리키고 청가(清歌)는 '악기의 반주(伴奏) 없이 부르는 노래'를 말한다. 女媧氏는 中國上古代의 帝王으로 복희씨(伏犧氏)의 同母妹며, 처음으로 笙簧을 만들고 가취(嫁娶)의 禮를 만들어 동족의 결혼을 금하였다. 또 위의 낙신은 洛水의 귀신이니 복희씨(宓羲氏)의 딸 복비(宓妃)가 洛水에 빠져 죽은 넋이라 한다.

華光主海神과 金剛妙髻主海神과 海潮雷音主海神이라
如是等이 而爲上首하사 其數無量하니 悉以如來功德大
海로 充滿其身하시니라203)

또 한량없는 주해신이 있나니라. 이른바 출현보광주해신과
성금강당주해신, 원리진구주해신, 보수궁전주해신, 길상보
월주해신, 묘화용계주해신, 보지광미주해신, 보염화광주해
신, 금강묘계주해신과 해조뢰음주해신들이다. 이러한 이들
이 상수가 되어 그 수가 한량이 없으니, 모두 여래공덕의 큰
바다로써 그 몸을 충만하게 하였다.

[疏] 第十二, 主海神은 即海若之輩니 表具含萬德이 一一深廣也라 名中
에 三名遠塵離垢者는 瑜伽八十六에 云, 現斷煩惱離故로 遠塵이오
彼隨眠離繫故로 離垢라하니라 今約近事인대 塵謂塵境이오 垢卽煩惱
니 六根對境에 了彼性空일새 故曰遠塵이오 衆惑不行이 誠爲離垢니
心境相籍離垢가 由於遠塵이니라

■ (12) 바다를 주관하는 신중은 곧 바다귀신의 무리이니, 만 가지 공
덕을 구비하고 저장함이 낱낱이 깊고 넓음을 표하였다. (나) 이름 가
운데 셋째 '티끌 번뇌를 멀리 여의었다[遠塵離垢]' 한 것은 『유가사지론』
제86권에 이르되, "현재 번뇌를 끊어 여읜 까닭에 티끌을 멀리함[遠塵]
이고, 잠을 따라 얽힘을 여의기 때문에 이구(離垢)이다"라고 하였다.
이제 현상에 가깝게 의지하면 티끌[塵]이란 티끌 경계[塵境]를 말하고,
때[垢]란 곧 번뇌이니 육근(六根)이 경계를 상대함에 저 성품이 공함을

---

203) 遠離塵垢는 宋明宮淸續金本作遠離塵垢, 麗元南本作遠塵離垢라 하고, 雷音은 合注云雷聲, 北藏宋藏俱
作雷音이라 하다.

알았으므로 '티끌을 멀리한다[遠塵]'고 말하였고, 여러 번뇌가 일어나지 않음이 진실로 이구(離垢)가 될 것이니, 마음과 경계가 서로 번뇌 여읨을 돕는 것이 '티끌을 멀리한다'라고 말한 까닭이다.

(13) 물을 주관하는 신중[主水神] (第十三 10下9)

復有無量主水神하니 所謂普興雲幢主水神과 海潮雲音主水神과 妙色輪髻主水神과 善巧漩澓主水神과 離垢香積主水神과 福橋光音主水神과 知足自在主水神과 淨喜善音主水神과 普現威光主水神과 吼音徧海主水神이라 如是等이 而爲上首하사 其數無量하니 常勤救護一切衆生하여 而爲利益하시니라

또 한량없는 주수신이 있나니라. 이른바 보흥운당주수신과 해조운음주수신, 묘색륜계주수신, 선교선복주수신, 이구향적주수신, 복교광음주수신, 지족자재주수신, 정희선음주수신, 보현위광주수신과 후음변해주수신들이다. 이런 이들이 우두머리가 되어 그 수가 한량없는데, 항상 부지런히 모든 중생을 구호하여 이익케 하는 이였다.

[疏] 第十三, 主水神者는 通上河海等水와 及雨露霜雪等也라 表法水含潤하야 等多義理故라 德中에 拯溺爲救오 濟危爲護니 謂已溺邪見貪愛水者救之하고 將沉者護之하야 而爲利益이니 卽雲雨等潤으로 發生萬物也라 法合可知로다.

■ (13) 물을 주관하는 신중은 위의 강과 바다 등의 물과 비나 이슬, 서

리, 눈 등에 통한다. 법의 물이 윤택함을 포함하여 여러 뜻과 이치와 평등함을 표한 까닭이다. (다) 공덕을 찬탄함 중에 빠진 것을 건짐을 '구제한다'라 하고 위급한 데서 건네 줌을 '보호한다'라 하니 이른바 이미 사견(邪見)이나 탐애(貪愛)의 물에 빠진 이를 구제하고 빠지려 하는 사람을 보호하여 이익되게 함이니, 곧 구름과 비 등의 윤택함으로 만물을 태어나게 한다. 법과 합은 알 수 있으리라.

(14) 불을 주관하는 신중[主火神] (第十四 10下10)

復有無數主火神하니 所謂普光焰藏主火神과 普集光幢主火神과 大光普照主火神과 衆妙宮殿主火神과 無盡光髻主火神과 種種焰眼主火神과 十方宮殿如須彌山主火神과 威光自在主火神과 光明破闇主火神과 雷音電光主火神이라 如是等이 而爲上首하사 不可稱數라 皆能示現種種光明하여 令諸衆生으로 熱惱除滅케 하시니라[204]

또 수없는 주화신이 있나니라. 이른바 보광염장주화신과 보집광당주화신, 대광보조주화신, 중묘궁전주화신, 무진광계주화신, 종종염안주화신, 시방궁전여수미산주화신, 위광자재주화신, 광명파암주화신과 뇌음전광주화신들이다. 이러한 이들이 상수가 되어 헤아릴 수 없는 수로써 모두 가지가지 광명을 나타내어서 모든 중생들로 하여금 뜨거운 번뇌를 소멸하게 한다.

---

204) 雷音의 雷는 合本作雲 合注云雲, 南北宋藏俱作雷라 하다.

[疏] 第十四, 主火身은 卽宋無忌之流也니 以顯智慧火로 燒煩惱薪하며 成熟善品하고 破無明暗耳라 德中에 夫火有二能하니 一, 能爲益이오 二, 能爲損이니 今用益止損이라 表法亦爾니 示慧光以去闇은 用益也오 除惑苦之熱惱는 止損也라

■ (14) 불을 주관하는 신중은 송(宋)나라 무기(無忌)의 무리이니 지혜의 불로 번뇌의 섶을 태우며 착한 중생을 성숙시키고 무명의 어둠을 깨뜨릴 뿐이다. (다) 공덕을 찬탄함 중에 대개 '불'에 두 가지 공능(功能)이 있다. 첫째는 이익되게 함이요, 둘째는 손해나게 함이니, 이제 이익은 쓰고 손해는 막는 것이다. 법을 표함도 마찬가지이니 지혜의 불빛으로 어둠을 없애는 것은 이익을 사용함이고, 현혹과 고통의 열렬한 번뇌를 제거함은 손해를 없앰이다.

(15) 바람을 주관하는 신중[主風神] (第十五 11下2)

復有無量主風神하니 所謂無礙光明主風神과 普現勇業主風神과 飄擊雲幢主風神과 淨光莊嚴主風神과 力能竭水主風神과 大聲徧吼主風神과 樹梢垂髻主風神과 所行無礙主風神과 種種宮殿主風神과 大光普照主風神이라 如是等이 而爲上首하사 其數無量하니 皆勤散滅我慢之心하시니라205)

또 한량없는 주풍신이 있나니라. 이른바 무애광명주풍신과 보현용업주풍신, 표격운당주풍신, 정광장엄주풍신, 역능갈수주풍신, 대성변후주풍신, 수초수계주풍신, 소행무애주풍

---

205) 수초(樹梢)의 梢는 合本作杪 合注云梢, 南北宋藏俱作杪라 하다.

신, 종종궁전주풍신과 대광보조주풍신들이다. 이러한 이
들이 상수가 되어 그 수가 한량이 없으니, 모두 아만심을 부
지런히 흩어서 소멸하였다.

[疏] 第十五, 主風神은 通表方便無住로 無所不摧라 別表如下하니라
■ (15) 바람을 주관하는 신중은 통틀어 머물지 않음을 방편으로 꺾지
못하는 것이 없음을 표한 것이니 따로 표하는 것은 아래와 같다.

(16) 하늘을 주관하는 신중[主空神] (第十六 11下10)

復有無量主空神하니 所謂淨光普照主空神과 普遊深廣
主空神과 生吉祥風主空神과 離障安住主空神과 廣步妙
髻主空神과 無礙光焰主空神과 無礙勝力主空神과 離垢
光明主空神과 深遠妙音主空神과 光徧十方主空神이라
如是等이 而爲上首하사 其數無量하니 心皆離垢하여 廣
大明潔하시니라
또 한량없는 주공신이 있나니라. 이른바 정광보조주공신과
보유심광주공신, 생길상풍주공신, 이장안주주공신, 광보묘
계주공신, 무애광염주공신, 무애승력주공신, 이구광명주공
신, 심원묘음주공신과 광변시방주공신들이다. 이러한 이들
이 상수가 되어 그 수가 한량이 없으니, 모두 마음의 때를
여의어서 넓고 크고 밝고 깨끗하였다.

[疏] 第十六, 主空神은 表法性空이라 別卽離染周徧等은 亦各如名辨이라

德中에 若情塵亂起하면 翳本性空이라가 智日高昇하면 則情雲自卷이니 空有日而廓爾無際오 智合理而杳然無涯니 故云爾耳니라

■ (16) 하늘을 주관하는 신중은 법의 성품이 공함을 표하였다. 별상은 물듦을 여의어 두루 한 등은 또한 각각 이름과 같이 밝힐 것이다. (다) 공덕을 찬탄함 중에 만일 생각의 티끌이 어지러이 일어나면 본성이 공함을 막았다가 지혜의 해가 뜨면 곧 생각의 구름이 저절로 걷히나니, 하늘에 해가 뜨면 훤출하여 그지없고 지혜가 이치와 합하여 묘연히 끝없기 때문에 '그러하다'고 말한 것일 뿐이다.

(17) 방위를 주관하는 신중[主方神] (第十七 12下1)

復有無量主方神하니 所謂徧住一切主方神과 普現光明主方神과 光行莊嚴主方神과 周行不礙主方神과 永斷迷惑主方神과 普遊淨空主方神과 大雲幢音主方神과 髻目無亂主方神과 普觀世業主方神과 周徧遊覽主方神이라 如是等이 而爲上首하사 其數無量하니 能以方便으로 普放光明하여 恒照十方하여 相續不絶하니라

또 한량없는 주방신이 있나니라. 이른바 변주일체주방신과 보현광명주방신, 광행장엄주방신, 주행불애주방신, 영단미혹주방신, 보유정공주방신, 대운당음주방신, 계목무난주방신, 보관세업주방신과 주변유람주방신들이다. 이러한 이들이 상수가 되어 그 수가 한량이 없으니, 능히 방편으로써 널리 광명을 놓아 항상 시방을 비추어서 상속하여 끊어지지 않게 한다.

[疏] 第十七, 主方神은 卽東方青帝等類也라 表顯邪正方隅하야 使行無
迷倒라 德中에 身智教[206]光을 無不引攝이 名普放也오 無時不放일
새 所以稱恒이오 如日周天일새 故相續不絶이니라

■ (17) 방위를 주관하는 신중은 곧 동쪽의 청제(青帝) 등의 부류이다.
삿됨과 바른 방위를 나타내어 하여금 모든 행업이 전도되거나 미욱
함이 없음을 표하였다. (다) 공덕을 찬탄함 중에 몸과 지혜와 교화
의 광명을 끌어 섭수하지 못한 것이 없음을 '널리 놓음[普放]'이라 이름
하였다. 어느 때고 방광하므로 항(恒)이라 하였고, 태양처럼 하늘에
두루 하므로 상속하여 끊어지지 않는다.

[鈔] 卽東方者는 此主五方有五帝하니 東方甲乙木은 其色青故로 東方
爲青帝오 南方丙丁火는 其色赤爲赤帝오 西方庚辛金은 其色白爲
白帝오 北方壬癸水는 其色黑爲黑帝오 中央戊己土는 其色黃爲黃
帝라 若十二神인대 卽一方有三故로 故成十二라 大集經說十二獸는
皆是大菩薩이 示迹爲之라하시니 如彼經說하니라

● '곧 동쪽의 청제(青帝)' 등이란 이는 다섯 방위를 주관하는 것이다. 다
섯 임금이 있으니 동방과 갑을(甲乙), 나무는 그 색이 청색인 연고로
동방이 청제(青帝)가 되고, 남방과 병정(丙丁), 불은 그 색이 적색(赤色)
인 연고로 적제(赤帝)가 되고, 서방과 경신(庚辛), 금(金)은 그 색이 백
색(白色)이니 백제(白帝)가 되고, 북방과 임계(壬癸), 물은 그 색이 흑색
(黑色)인 연고로 흑제(黑帝)가 되고, 중앙과 무기(戊己), 흙은 그 색이
황색(黃色)인 연고로 황제(黃帝)가 된다. 만일 열두 신[十二神]이면 곧
한 방위에 셋인 연고로 짐짓 열두 가지가 되는 것이다. 『대집경(大集

---

206) 敎는 甲續本作放이라 하다.

經)』에 말하되, "열두 가지 짐승은 다 대보살이 자취를 보여서 그것[짐승들]이 된 것이다"라고 하였으니, 저 경에 설한 내용과 같다.

(18) 밤을 주관하는 신중[主夜神] (第十八 13上6)

復有無量主夜神하니 所謂普德淨光主夜神과 喜眼觀世
主夜神과 護世精氣主夜神과 寂靜海音主夜神과 普現吉
祥主夜神과 普發樹華主夜神과 平等護育主夜神과 遊戲
快樂主夜神과 諸根常喜主夜神과 出生淨福主夜神이라
如是等이 而爲上首하사 其數無量하니 皆勤修習하여 以
法爲樂하시니라
또 한량없는 주야신이 있나니라. 이른바 보덕정광주야신과
희안관세주야신, 호세정기주야신, 적정음해주야신, 보현길
상주야신, 보발수화주야신, 평등호육주야신, 유희쾌락주야
신, 제근상희주야신과 출생정복주야신들이다. 이러한 이들
이 상수가 되어 그 수가 한량이 없으니, 모두 부지런히 수습
하여 법으로써 즐거움을 삼는다.

[疏] 第十八, 主夜神은 表於無明黑闇生死長夜에 導以慧明令知正路라
德中에 夜分忘寢을 是曰勤修오 翻彼長迷故로 以法爲樂이니라

■ (18) 밤을 주관하는 신중은 무명의 어둠과 생사의 긴 밤에 지혜의 밝
음으로 이끌어 바른 길을 알게 함을 표하였다. (다) 공덕을 찬탄함
중에 밤을 쪼개고 잠자는 것도 잊는 것을 '부지런히 닦는다' 하고,
저 긴 미혹을 뒤집은 연고로 법으로 즐거움을 삼았다.

(19) 낮을 주관하는 신중[主晝神] (第十九 13下6)

復有無量主晝神하니 所謂示現宮殿主晝神과 發起慧香
主晝神과 樂勝莊嚴主晝神과 香華妙光主晝神과 普集妙
藥主晝神과 樂作喜目主晝神과 普現諸方主晝神과 大悲
光明主晝神과 善根光照主晝神과 妙華瓔珞主晝神이라
如是等이 而爲上首하사 其數無量하니 皆於妙法에 能生
信解하여 恒共精勤하여 嚴飾宮殿하시니라

또 한량없는 주주신이 있나니라. 이른바 시현궁전주주신과
발기혜향주주신, 낙승장엄주주신, 향화묘광주주신, 보집묘
약주주신, 낙작희목주주신, 보현제방주주신, 대비광명주주
신, 선근광조주주신과 묘화영락주주신들이다. 이러한 이들
이 상수가 되어 그 수가 한량이 없으니, 모두 미묘한 법에
능히 신해를 내어서 항상 같이 정근하여 궁전을 장엄하게
꾸몄다.

[疏] 第十九, 主晝神은 於晝攝化하야 顯行德恒明也라 德中에 先修正解
하고 後勤正行이라 有信無解하면 增長無明이오 有解無信하면 還生
邪見하나니 信因解淨하고 解藉信深이 晝之義也라 上來는 多主器界
일새 故但名神이어니와 準梵本하면 除金剛神코는 餘皆女神이니 表慈
育故라 菩薩同於彼類하야 以攝衆生이니라 自下는 攝領有情일새 皆
受王稱이니 並是丈夫니라

■ (19) 낮을 주관하는 신중은 낮에 섭수하고 교화하여 수행의 덕이 항
상 밝음을 밝힌 것이다. (다) 공덕을 찬탄함 중에 먼저 바른 견해를

닦고 뒤에 바른 행을 부지런히 닦는 것이다. 신심만 있고 바른 견해가 없으면 무명을 더 키우고, 견해만 있고 신심이 없으면 도리어 삿된 견해를 일으키게 된다. 신심은 바른 견해로 인하여 맑아지고, 바른 견해는 신심을 빌려서 더욱 깊어 간다는 것이 '낮[晝]'의 뜻이다. 위에서는 대부분 기세간(器世間)을 주로 말하였으므로 다만 신(神)이라 이름하였지만, 범본에 준하여 보면 집금강신(執金剛神)을 빼고는 그 나머지는 모두 여신(女神)들이니, 자비로 길러 줌을 표하기 위함이다. 보살이 저 여신의 종류와 같이 일체 중생을 섭수하여 교화하는 것이다. 이 아래부터는 중생을 섭수하여 다스리는 지위이기 때문에 모두 왕(王)이란 명칭을 받은 것이며, 아울러 장부(丈夫)라는 뜻이기도 하다.

나. 여덟 부류의 사천왕 대중[八部四王衆]²⁰⁷⁾ 8.

가) 아수라왕[阿修羅王] 3.
(가) 숫자와 부류를 표방하고 밝히다[標數辯類] (第二 14上8)

復有無量阿修羅王하니라
또 한량없는 아수라왕이 있나니라.

[疏] 第二, 八部四王衆이라 文有八段하니 前四, 雜類오 後四, 能統是天王이오 所統是八部라 今初, 阿修羅는 亦云阿素落이니 梵音楚夏耳라 婆沙에는 譯爲非天이라하며 佛地論에 云, 天趣所攝이니 以多行諂媚하야 無天實行일새 故曰非天이라 依阿毘曇인대 亦鬼趣攝이니 諂曲

---
207) 여기서부터는 十廻向位衆에 해당한다.

覆故라하며 正法念經에는 鬼畜二攝이니 以羅睺阿修羅是師子子故라 伽陀經에 天鬼畜攝이라하야 具上說故라 由此하야 或開六趣하며 或合 爲五하니 多好鬪諍하며 懷勝負故라 或居衆相山中하며 或居海下하 니 如正法念說하니라 然有大力者는 廣修福故니 今之修福에 有懷勝 負諂媚心者가 多生其中이니라

- 나. 여덟 부류의 사천왕 대중이다. 문장이 여덟 문단이 있으니 앞의 네 부류는 잡류이고, 뒤의 네 부류의 통치자는 천왕(天王)이고, 통치를 받는 자는 팔부(八部)이다. 이제 가) 아수라는 또한 아소락(阿素落)이라 함이니 범어의 소리가 다를[楚와 夏] 뿐이다. 『바사론婆沙論』에는 '천상이 아니다[非天]'라고 번역하였으며, 『불지론(佛地論)』에 이르되, "하늘 세계에 섭수되나 많이 아첨하여 천진한 행이 없으므로 '비천'이라 하고, 아비담(阿毘曇)을 의지하면 또한 귀신세계에 속하나니 아첨하여 덮는 연고이다"라고 하였고, 『정법념처경(正法念處經)』[208]에는 "귀신과 축생의 두 부류에 섭수하였으니 라후아수라(羅睺阿修羅)는 사자의 소생인 연고이다"라 하였고, 『가타경(伽陀經)』에 "하늘과 귀신과 축생계에 속한다"라 하였으니, 위에서 설한 것을 갖추었기 때문이다. 이로 인해 혹 여섯 가지 세계를 열고 혹 합하여 다섯 가지로 하니, 많이 투쟁하기를 좋아하면 승부심을 가지기 때문이다. 혹 중상산(衆相山)에 살며 혹 바다 아래에 사나니 『정법념처경』에 설한 내용과 같다. 그러나 큰 능력이 있는 것은 널리 복덕을 닦았기 때문이니, 지금 복을 닦으면 승부나 아첨하는 마음을 품은 자가 그 세계에 많이 태어난다.

---

208) 『정법념처경』은 모두 70권으로 元魏의 瞿曇 般若流支 번역. 7단으로 나누어 善惡의 업에 의하여 받는 果報에 差別이 있음을 말하고 各處의 형편을 자세히 말하였다.(대정장 권17 p.1-)

[鈔] 依阿毘曇亦鬼趣攝者는 若依雜心第八修多羅品하면 亦畜生趣攝이라 有言阿修羅가 與天同趣라하니 是故說言, 汝先是天이라하니라 …〈下略〉…

● '아비담(阿毘曇)을 의지하면 또한 귀신세계에 속한다' 함은 만일『잡아비담심론(雜阿毘曇心論)』제8 수다라품(修多羅品)을 의거하면 또한 축생세계에 속한다. 어떤 이는 "아수라가 하늘과 같은 세계이다"라 하였으니, 이런 까닭에 "내가 예전에는 하늘이었다"라고 말하였다. …〈아래 생략〉…

(나) 명칭을 나열하고 부류를 결론하다[列名結類] (羅候 15上7)

所謂羅睺阿修羅王과 毘摩質多羅阿修羅王과 巧幻術阿修羅王과 大眷屬阿修羅王과 大力阿修羅王과 徧照阿修羅王과 堅固行妙莊嚴阿修羅王과 廣大因慧阿修羅王과 出現勝德阿修羅王과 妙好音聲阿修羅王이라 如是等이 而爲上首하사 其數無量하니라
이른바 라후아수라왕과 비마질다라아수라왕, 교환술아수라왕, 대권속아수라왕, 대력아수라왕, 변조아수라왕, 견고행묘장엄아수라왕, 광대인혜아수라왕, 출현승덕아수라왕과 묘호음성아수라왕들이다. 이러한 이들이 상수가 되어 그 수가 한량이 없나니라.

[疏] 羅睺는 此云攝惱니 以能將手隱攝日月하야 令天惱故라 二, 毘摩는 此云絲也오 質多羅種種也니 謂此王能以一絲로 幻作種種事故라

■ 라후(羅睺)는 번역하면 '번뇌를 섭수함'이니 손으로 해와 달을 숨길 수 있으니, 하늘로 하여금 번뇌케 하기 때문이다. 둘째, 비마(毘摩)는 실[絲]이라 번역하고 질다라(質多羅)는 갖가지라 번역하나니, 이 천왕이 한 실로 갖가지 일을 환(幻)으로 만들기 때문이다.

(다) 섭수한 공덕이 원만하다[攝德圓滿] (德中 15下1)

悉已精勤하여 摧伏我慢과 及諸煩惱하시니라
모두 이미 정근해서 아만과 모든 번뇌를 꺾어서 조복받았다.

[疏] 德中에 悉者는 因果俱慢故오 權應偏摧오 非不斷餘일새 故云及也니라
■ (다) 섭수한 공덕 중에 '모두'란 인과 과에 모두 자만하기 때문이고, 방편으로 응하여 치우쳐 꺾음이고, 나머지를 끊지 못함이 없으므로 '및[及]'이라 하였다.

나) 가루라왕[迦樓羅王] (二迦 15下4)

復有不可思議數迦樓羅王하니 所謂大速疾力迦樓羅王과 無能壞寶髻迦樓羅王과 淸淨速疾迦樓羅王과 心不退轉迦樓羅王과 大海處攝持力迦樓羅王과 堅固淨光迦樓羅王과 巧嚴冠髻迦樓羅王과 普捷示現迦樓羅王과 普觀海迦樓羅王과 普音廣目迦樓羅王이라 如是等이 而爲上首하사 不思議數라 悉已成就大方便力하여 善能救攝一切衆生하시니라209)

또 불가사의한 수의 가루라왕이 있나니라. 이른바 대속질
력가루라왕과 무능괴보계가루라왕과 청정속질가루라왕,
심불퇴전가루라왕, 대해처섭지력가루라왕과 견고정광가
루라왕과 교엄관계가루라왕, 보첩시현가루라왕, 보관
해가루라왕과 보음광목가루라왕들이다. 이러한 이들이 상
수가 되어 부사의한 수이니, 모두 이미 큰 방편의 힘을 성취
해서 일체 중생을 잘 구호한다.

[疏] 二, 迦樓羅는 昔云金翅오 正云妙翅니 以翅有種種寶色莊嚴故라 此
就狀翻이니 若敵對翻인대 此云大嗉項이니 以常着龍於嗉中故라 此
鳥能食(消)龍魚七寶라 然鳥及龍이 各具四生하니 謂卵胎濕化라 後
後勝前前하고 劣不能食勝이니 謂卵生鳥不能食胎等이라 勝能噉劣
이니 化食四生이라 如增一辨하니라 以化食化하야 蹔得充虛는 亦表菩
薩攝生이라 故로 離世間品에 云, 菩薩迦樓羅가 如意爲堅足이라하며
乃至搏撮人天龍하야 安置涅槃岸이라하니라 大速疾力者는 增一中說
호대 此鳥食龍호대 從金剛山頂鐵杈樹下하야 入海取龍하고 水未合
間에 還至本樹라하시니 是爲速疾이니라

大海處攝持力者는 卽是攝彼命將盡者食之하나니 而龍受三歸커나
及袈裟一縷在身하면 則不可取라 菩薩亦爾하니 如前引離世間品說
이라 又出現에 云, 取善根熟衆生하야 置佛法中이 此爲命盡이니 若心
有邪歸커나 斷見所覆하면 則不可取라하시니라

普觀海者는 卽周四天下하야 求命盡龍이니라 德中에 大方便力은 卽
雖了衆生空이나 而能入有가 是十力止觀也라 普能救攝은 卽鼓生死

---

209) 普能의 善은 元明思清源本作普 與疏合, 麗宋南合續金本作善 合注云善, 北藏北論俱普 南作善이라 하다.

大愛海水하야 取善根熟者니 如出現品說하니라

■ (2) 가루라는 예전에는 금시조(金翅鳥)라 하였고 바로 번역하면 묘한 날개[妙翅]이니, 날개에 갖가지 보배 색깔 장엄이 있기 때문이다. 이는 모양에 의지해 번역한 것이니 만일 (경계를) 대하여 번역하면 대소항(大嗉項)이니 항상 용을 목 주머니에 가지고 다니기 때문이다. 이 새가 용과 어류의 칠보(七寶)를 먹는데, 새와 용이 각각 난생·태생·습생·화생의 네 가지 생[四生]을 갖추었으니 뒤로 갈수록 앞보다 수승하고, 하열한 생의 새는 수승한 생의 용을 먹지 못한다. 말하자면 난생의 새는 태생의 용을 먹을 수 없는 등이니 수승한 새가 하열한 용을 먹을 수 있다는 것이다. (따라서) 화생의 새는 사생(生)의 용을 모두 먹을 수 있으니 『증일아함경』[210]에 밝힌 것과 같다. 화생(化生)으로 화생

---

[210] 『增一阿含』에 찾아보니 자세한 것이 없고 『장아함』의 世記經 龍鳥品을 참고하면 그 내용이 보인다. 經에 云, "만일 난생의 金翅鳥가 용을 잡아먹고자 할 때에는 구라염마라 나무 동쪽 가지에서 날아 내려와 날개로 대해의 물을 치면 해수가 양쪽으로 갈라지는 것은 이백 유순이다. 그래서 난생의 용을 잡아먹는 것은 마음대로 되어 자재하다. 그러나 태생·습생·화생의 모든 용왕은 잡을 수는 없다. 만일 태생의 금시조가 난생의 용을 잡아먹고자 할 때에는 나무의 동쪽 가지에서 날아 내려와 대해의 물을 치면 해수가 양쪽으로 갈라지는 것은 이백 유순으로서 난생의 용을 잡아먹는 것은 뜻대로 되어 자재하다. 만일 태생의 금시조가 태생의 용을 잡아먹고자 할 때에는 나무의 남쪽 가지에서 날아 내려와 날개로 대해의 물을 치면 해수가 양쪽으로 갈라지는 것은 사백 유순으로서 태생의 용을 잡아먹는 것은 마음대로 되어 자재하다. 그러나 습생·화생의 모든 용은 잡아먹지 못한다. 습생의 금시조가 난생의 용을 잡아먹고자 할 때에는 나무의 동쪽 가지에서 날아 내려와 날개로 대해의 물을 치면 해수는 양쪽으로 갈라지기 이백 유순이다. 난생의 용을 잡아먹는 것은 마음대로 되어 자재하다. 습생의 금시조가 난생의 용을 잡아먹고자 할 때에는 나무의 남쪽 가지에서 날아 내려와 날개로 대해의 물을 치면 해수는 양쪽으로 갈라지기 사백 유순이다. 태생의 용을 잡아먹는 것은 자재하여 뜻대로 된다. 습생의 금시조가 습생의 용을 잡아먹고자 할 때에는 나무의 서쪽 가지에서 날아 내려와 날개로 대해의 물을 치면 해수는 양쪽으로 갈라지기 팔백 유순이다. 습생의 용을 잡아먹기는 자재하여 뜻대로 되지마는 화생의 용을 잡아먹지 못한다. 화생의 금시조가 난생의 용을 잡아먹고자 할 때에는 나무의 동쪽 가지에서 날아 내려와 날개로 대해의 물을 치면 해수는 양쪽으로 갈라지기 이백 유순이다. 난생의 용을 잡아먹는 것은 자재하여 뜻대로 된다. 화생의 금시조가 태생의 용을 잡아먹고자 할 때에는 나무의 남쪽 가지에서 내려와 날개로 대해의 물을 치면 해수는 양쪽으로 갈라지기 사백 유순이다. 태생의 용을 잡아먹는 것은 자재하여 뜻대로 된다. 화생의 금시조가 습생의 용을 잡아먹고자 할 때에는 나무의 서쪽 가지에서 날아 내려와 날개로 대해의 물을 치면 해수는 양쪽으로 갈라지기 팔백 유순이다. 습생의 용을 잡아먹는다. 화생의 금시조가 화생의 용을 잡아먹고자 할 때에는 나무의 북쪽 가지에서 날아 내려와 날개로 대해의 물을 치면 해수는 양쪽으로 갈라지기 천 육백 육순이다. 화생의 용을 잡아먹는 것은 뜻대로 되어 자재하다. 이것을 금시조가 모든 용을 먹는 것이라 한다. 또 큰 용이 있다. 금시조도 그것을 먹지 못한다. 왜 그런가. 이것은 사갈 용왕·난타 용왕·발난타 용왕·이나바

을 먹어서 잠시 허기를 채움은 역시 보살의 중생 섭수함을 표한 것이다. 때문에 이세간품(離世間品)211)에 이르되, "보살인 가루라왕 뜻대로 가는 일은 억센 발이고, 방편은 용맹한 날개, 자비는 총명한 눈"이라 하며, 나아가 "온갖 지혜의 나무에 있어 삼계의 큰 바다 보다가 하늘과 사람의 용을 붙들어 열반의 저 언덕 가져다 두네"라고 하였다. 크고 빠른 힘[大速疾力]이란 『증일아함경』중에 말하되, "이 금시조가 용을 먹는데 금강산 꼭대기의 철차수(鐵杈樹) 아래로부터 바다에 들어가 용을 잡고 물이 합치기 전에 다시 본래의 나무[究羅闍摩羅樹]로 돌아온다"라고 하였으니, 이를 '빠르다'고 말한 것이다.

대해처섭지력(大海處攝持力)이란 곧 저 명이 다한 용을 섭수하여 먹는다는 것이다. 하지만 용이 삼귀계(三歸戒)를 수지하였거나 가사 한 올이라도 몸에 두르면 잡을 수 없게 된다. 보살도 그와 같으니 앞에서 이세간품의 말씀을 인용한 것과 같다. 또 여래출현품212)에 이르되, "선근이 성숙한 중생을 거두어서 불법 안에 두는 것이 수명을 다한 것[命盡]이 되나니, 만일 사종(邪宗)에 귀의하였거나 단견(斷見)에 덮였으면 취하지 않는다"라고 하였다.

'널리 바다를 관찰함'은 곧 사천하에 두루 하여 목숨이 다한 용을 찾는다는 뜻이다. (다) 공덕을 찬탄함 중에 '큰 방편의 힘'이란 곧 비록 중생이 공한 줄 알지만 유(有)에 들어가는 것이 십력(十力)의 지관(止

라 용왕 · 제두뢰타 용왕 · 선견 용왕 · 아로 용왕 · 가루라 용왕 · 가비라 용왕 · 아파라 용왕 · 가누 용왕 · 구가누 용왕 · 아뇩달 용왕 · 선주 용왕 · 우염가파두 용왕 · 득차가용왕 들이다. 이 모든 큰 용왕들은 다 금시조에게 잡아먹히지 않는다. 그 모든 용이 있으면 그 근처에 있는 것도 또한 금시조에게 잡아먹히지 않는다."(대정장 권1 p. 127 a-)

211) 離世間品 제38의 보현보살의 게송에 云, "菩薩迦樓羅가 如意爲堅足하며 方便勇猛翅와 慈悲明淨眼으로 住一切智樹하야 觀三有大海하고 搏攝天人龍하야 安置涅槃岸이로다."(교재 권3 p. 468-)

212) 이는 如來出現品 제37의 如來無碍行條에 보인다. (교재 권3 p. 289-)

觀)이다. 널리 구제하고 섭수함은 곧 생사의 큰 애정 바다를 쳐서 선근이 성숙한 이를 고르나니 여래출현품의 말씀과 같다.

[鈔] 而龍受三歸者는 菩薩處胎經에 佛自說하사대 昔爲金翅鳥하야 七寶宮殿等이라 時乃入²¹³⁾海하야 求龍爲食이러니 時彼海中有化生龍子하니 八日, 十四日, 十五日에 受如來齋八禁戒法이라 時鳥銜龍出海러니 金翅鳥法에 若食龍時에는 先從尾吞하나니 求尾不得하야 已經日夜라 明日龍出尾하야 示金翅鳥云호대 化生龍者는 我身是也니 我若不持八關齋法者면 (汝可食我 我奉齋戒)²¹⁴⁾ 汝卽灰²¹⁵⁾滅我하리라 金翅聞已하고 悔過自責云호대 佛之威神은 甚深難量이로다 請龍入宮한대 龍卽隨入이어늘 乃請龍受八戒라하니라 一縷在身은 卽觀佛三昧海經이니라

● '하지만 용이 삼귀계를 수지하였다'는 것은 『보살처태경』²¹⁶⁾에 부처님이 스스로 설하되, " '예전에 금시조가 있어서 칠보궁전과 같았다' 그때에 바다에 들어가 용을 먹곤 하였는데, 때에 저 바닷속에 화생(化生)의 새끼 용[龍子]이 있었으니 8일, 14일, 15일에는 여래가 제정하신 팔금재법(八禁齋法)을 받았더니라. 그때에 금시조가 용을 물고 바다에서 나왔는데 금시조법(金翅鳥法)에 용을 먹을 때에는 꼬리부터 먼저 삼켜야 하는 것이니 꼬리를 찾지 못하고 하루를 지나 버렸다. 다음날 용이 꼬리를 내어 금시조에게 보이며 말하였다. '화생용은 내 몸[如來의 몸]이었으니 내가 만일 팔관재법(八關齋法)을 수지하지 않았다

---

213) 乃入은 南金本作入大라 하다.
214) 上八字 原續金本有, 經無라 하다.
215) 卽灰는 原南續金本作屈, 經作卽灰라 하다.
216) 이는 제7권 八賢聖齋品 제28의 내용이다. (대정장 권12 p. 1050 c~)

면 네가 곧 나를 없앴을[灰滅] 것이다'라고 하였다. 금시조가 듣고 나서 잘못을 뉘우치고 스스로 꾸짖으며 말하였다. '불의 위신력은 너무 깊어 헤아리기 어렵도다'라고 하였고, 용을 청하여 궁전에 들어갔는데 용이 따라 들어가니 용에게 팔관재계 받기를 청하였다"라고 하였다. '한 올이라도 몸에 두르면[一縷在身]'은 곧『관불삼매해경(觀佛三昧海經)』의 내용이다.

又出現下는 卽彼如來行中金翅闢海喩니 喩如來無碍行이라 經에 云, 佛子야 譬如金翅鳥王飛行虛空하야 回翔不去하고 以淸淨眼으로 觀察海內諸龍宮殿하고 奮勇猛力하야 以左右翅로 鼓揚海水하야 悉令兩闢호대 知龍男女命將盡者하야 而搏取之하나니 如來應正等覺金翅鳥王도 亦復如是하사 住無礙行하야 以淨佛眼으로 觀察法界諸宮殿中一切衆生호대 若曾種善根하야 已成熟者면 如來奮勇猛十力하사 以止觀兩翅로 鼓揚生死大愛海水하야 使其兩闢而撮取之하야 置佛法中하야 令斷一切妄想戲論하고 安住如來無分別無礙行이라 하나라 釋曰, 觀前經文하면 自知廣略이니라 下釋救攝에 引出現品이니 亦是此文이니라

● 又出現 아래는 곧 저 여래행(如來行) 중에 '금시조가 바다를 가르는 비유[金翅闢海喩]'이니 여래의 무애행(無礙行)에 비유한 내용이다. 경문에 이르되, "불자야, 비유하건대 금시조왕이 하늘을 날아 돌면서 가지 않고 청정한 눈으로 바닷속의 여러 용궁을 관찰하고는 용맹한 힘을 떨쳐서 좌우의 날개로 바닷물을 쳐올려 다 양쪽으로 열리게 하되 용의 암수 중에 목숨이 다해 가는 놈을 골라 잡아간다. 여래응정등각 금시조왕도 또한 그러하여 무애행에 머물러 청정한 불안(佛眼)으

로 법계의 여러 궁전 속 일체 중생을 관찰하되 일찍이 선근을 심어 성숙한 중생이면 여래가 용맹한 십력(十力)을 떨쳐 지와 관의 두 날개로 '생사의 큰 애정 바다[生死大愛海水]'를 쳐서 두 조각을 내어 불법 안에 두어 온갖 망상과 희론을 끊고 여래의 분별없는 무애행에 안주하게 한다"라고 하시었다. 해석한다면, 앞의 경문을 보면 자연히 많이 줄인 것을 알 것이다. 아래에 '구제하여 섭수한 것을 해석함'에 여래출현품을 인용하였으니 또한 같은 경문이다.

다) 긴나라왕[緊那羅王] (三緊 18下3)

復有無量緊那羅王하니 所謂善慧光明天緊那羅王과 妙華幢緊那羅王과 種種莊嚴緊那羅王과 悅意吼聲緊那羅王과 寶樹光明緊那羅王과 見者欣樂緊那羅王과 最勝光莊嚴緊那羅王과 微妙華幢緊那羅王과 動地力緊那羅王과 攝伏惡衆緊那羅王이라 如是等이 而爲上首하사 其數無量하니 皆勤精進하여 觀一切法에 心恒快樂하여 自在遊戲하나니라

또 한량없는 긴나라왕이 있나니라. 이른바 선혜광명천긴나라왕과 묘화당긴나라왕, 종종장엄긴나라왕, 열의후성긴나라왕, 보수광명긴나라왕, 견자흔락긴나라왕, 최승광장엄긴나라왕, 미묘화당긴나라왕, 동지력긴나라왕과 섭복악중긴나라왕들이다. 이러한 이들이 상수가 되어 그 수가 한량이 없으니, 모두 부지런히 정진하여 모든 법을 관찰하는 데서 마음이 항상 즐거우며 자재하게 노닌다.

[疏] 三, 緊那羅者는 此云疑身이니 謂頂有一角하고 形乃似人이라 面極端正하니 見者生疑호대 爲是人耶아 爲非人耶아할새 因此立稱이니라 依雜心論컨대 畜生道攝이라하니라 亦云歌神이니 以能歌詠이라 是天帝執法樂神이니 即四王眷屬이라 表菩薩示衆生形호대 而非衆生하사 常以法樂으로 娛衆生故니라 德中에 要勤觀察이 則得法樂怡神이오 自他兼樂이 爲自在遊戲니라

■ 다) 긴나라(緊那羅)는 번역하면 '의심스러운 몸[疑身]'이니 말하자면 정수리에 뿔이 하나 있고 형상이 사람과 비슷하다. 얼굴은 지극히 단정하니 보는 이가 의심을 내되 '사람인가 아닌가' 하므로 이 때문에 이렇게 칭하는 것이다. 『잡심론(雜心論)』을 의지하면 축생도(畜生道)에 속한다 하였다. 또 '노래하는 귀신[歌神]'이라 번역하나니[217] 노래를 잘 부르기 때문이다. 천제(天帝)의 법요를 집행할 때 음악신(音樂神)이니 곧 사왕천의 권속이다. 보살이 중생의 모습을 시현하되 중생이 아님을 표하여 항상 '법의 음악'으로 중생을 즐겁게 하기 때문이다. (다) 섭수한 공덕 중에 '부지런히 관찰함을 요한다' 함은 법의 즐거움 [法樂]으로 정신을 기쁘게 함이고, 자리와 이타를 겸한 즐거움이 자재롭게 유희함이 된다.

라) 마후라가왕[摩睺羅伽王] (四摩 19上8)

復有無量摩睺羅伽王하니 所謂善慧摩睺羅伽王과 淸淨威音摩睺羅伽王과 勝慧莊嚴髻摩睺羅伽王과 妙目主摩睺羅伽王과 如燈幢爲衆所歸摩睺羅伽王과 最勝光明幢

---

217) 歌神이란 번역은 "鈔云, 亦云歌神은 即唐三藏譯이라" 하였다.

摩睺羅伽王과 師子臆摩睺羅伽王과 衆妙莊嚴音摩睺羅
伽王과 須彌堅固摩睺羅伽王과 可愛樂光明摩睺羅伽王
이라 如是等이 而爲上首하사 其數無量하니 皆勤修習廣
大方便하여 令諸衆生으로 永割癡網케하시니라

또 한량없는 마후라가왕이 있나니라. 이른바 선혜마후라가
왕과 청정위음마후라가왕, 승혜장엄계마후라가왕, 묘목주
마후라가왕, 여등당위중소귀마후라가왕, 최승광명당마후
라가왕, 사자억마후라가왕, 중묘장엄음마후라가왕, 수미견
고마후라가왕과 가애락광명마후라가왕들이다. 이러한 이
들이 상수가 되어 그 수가 한량이 없으니, 모두 광대한 방편
을 부지런히 닦아서 모든 중생들로 하여금 어리석음의 그
물을 영원히 끊게 한다.

[疏] 四, 摩睺羅伽者는 此云大腹行이니 即蟒之類라 亦表菩薩이 徧行一
切而無(所)行也니라 德中에 此類聾駿일새 故令方便捨癡니라

■ 라) 마후라가란 번역하면 '큰 배로 다니는 짐승[大腹行]'이니 곧 이무
기 종류이다. 또한 보살이 온갖 것을 행하지만 행한 상이 없음을 표
하였다. (다) 섭수한 공덕 중에 이 부류는 귀먹고 어리석기 때문에 방
편으로 어리석음을 버리게 하는 것이다.

마) 야차왕[夜叉王] (五夜 19下9)

復有無量夜叉王하니 所謂毘沙門夜叉王과 自在音夜叉
王과 嚴持器仗夜叉王과 大智慧夜叉王과 焰眼主夜叉王

과 金剛眼夜叉王과 勇健臂夜叉王과 勇敵大軍夜叉王과
富資財夜叉王과 力壞高山夜叉王이라 如是等이 而爲上
首하사 其數無量하니 皆勤守護一切衆生하시니라
또 한량없는 야차왕이 있나니라. 이른바 비사문야차왕과 자
재음야차왕, 엄지기장야차왕, 대지혜야차왕, 염안주야차
왕, 금강안야차왕, 용건비야차왕, 용적대군야차왕, 부자재
야차왕과 역괴고산야차왕들이다. 이러한 이들이 상수가 되
어 그 수가 한량이 없나니 모두 부지런히 일체 중생을 수호
한다.

[疏] 五, 夜叉王은 初一, 是北方天王이니 卽毘沙門是也라 若從能領인대
　　是天衆攝이어니와 今從所領爲名이라 然四王各領二部어늘 從一立稱
　　하니라 夜叉는 此云輕捷이니 飛空速疾故라 亦云苦活이니 此天이 又
　　領一部名羅刹이라 此云可畏나라 名中에 云毘沙門者는 此云多聞이
　　니 以福德之名이 聞四方故라 此一이 是天이니 夜叉之王이오 餘九는
　　是夜叉라 夜叉卽王이니 雖一이 是天이나 又從所領이라 況九皆夜叉
　　아 故非天衆이니라 下三도 例然하니라 如龍中娑竭羅王이 豈是天耶아
　　德中에 此類가 飛空噉人일새 故菩薩이 示爲其王하야 翻加守護하시며
　　亦令愛見羅刹로 不害法身慧命하나니라

■ 마) 야차왕은 첫째, 북방의 천왕이니 곧 비사문(毘沙門)이 이것이다.
　　만일 다스리는 주체를 따른다면 하늘대중에 속하겠지만 지금은 다
　　스릴 땅을 따라 이름한 것이다. 그러나 사천왕이 각각 2부(二部)를
　　다스리니 그 중 하나를 따라 이름한 것이다. 야차(夜叉)는 번역하면
　　'가볍고 빠름[輕捷]'이니 하늘을 빠르게 날기 때문이다. 또는 '고생스

럽게 삶[苦活]'이니 이 하늘이 또 1부(一部)를 다스리는데 이름은 나찰(羅刹)이니 번역하면 두려움[可畏]이라는 뜻이다. 명칭 가운데 '비사문'이라 말한 것은 번역하면 '많이 들음[多聞]'이니 복덕스러운 명성이 사방에 퍼졌기 때문이다. 이 하나가 하늘이니 야차의 왕(王)이며 나머지 아홉은 야차 대중이다. 야차도 왕이니 비록 하나만 하늘이지만 또 다스리는 곳을 따른 것이니, 어찌 하물며 모두가 야차이겠는가? 때문에 하늘대중이 아닌 것이다. 아래 세 가지도 유례하면 그와 같다. '마치 용왕 중에 사갈라왕이 어찌 하늘이겠는가?'라고 함과 같다. (다) 섭수한 공덕 중에 이 부류가 하늘을 날아 사람을 잡아먹기 때문에 보살이 그 왕으로 시현하여 도리어 수호함을 돕나니, 또한 애견나찰(愛見羅刹)로 하여금 법신의 혜명(慧命)을 해치지 않게 한다는 뜻이다.

[鈔] 亦令愛見者는 涅槃十一의 浮囊喩中에 羅刹이 乞浮囊으로 合以愛見羅刹하나니 謂一切衆生이 或因貪愛煩惱하야 破戒라 如有人이 明信因果하고 正見在懷나 但爲惑纏하야 遂破禁戒를 名愛羅刹이라 二者는 以見不正하야 撥無因果하고 起諸邪見斷常等見하야 便破禁戒호대 謂破無罪를 名見羅刹이라 但彼令破戒어니와 此害慧命이라 以之爲異오 羅刹義同하니라

● '또한 애견나찰(愛見羅刹)로 하여금'이란 『열반경』 제11권의 '뜬 주머니의 비유[浮囊喩]'[218] 가운데에 나찰이 부랑(浮囊)을 구걸하여 애견나찰로 합하였으니, 말하자면 ① 온갖 중생이 혹 탐애 등 번뇌를 인하여 계를 깨뜨린다. 마치 어떤 사람이 인과를 밝게 믿고 바른 견해를

---

218) 이는 36권본 『涅槃經』 聖行品 제7에 나오는 내용이다. "護戒之心 猶如金剛 善男子 譬如有人帶持浮囊 欲渡大海 爾時 海中有一羅刹 卽從其人 乞索浮囊 一 如彼渡人 護惜浮囊 菩薩如是護戒之時."(대정장 권12 p.432 b-)

가졌으나 다만 번뇌에 얽혀 마침내 금계(禁戒)를 파한 것을 이름하여 애견나찰(愛見羅刹)이라 한다. ② 견해가 바르지 않아 인과를 무시하고 여러 사견이나 단상(斷常) 등의 견해를 일으켜 문득 금계를 깨뜨리니, 말하자면 파하여도 죄가 없는 것을 이름하여 애견나찰(愛見羅刹)이라 말한다. 다만 저기서는 계를 파하게 했지만 여기서는 혜명(慧命)을 해쳤다. 그런 까닭으로 다름이 되었고 나찰의 뜻과 같다.

바) 대용왕[大龍王] (六龍 21上1)

復有無量諸大龍王하니所謂毘樓博叉龍王과 婆竭羅龍王과 雲音妙幢龍王과 焰口海光龍王과 普高雲幢龍王과 德叉迦龍王과 無邊步龍王과 清淨色龍王과 普運大聲龍王과 無熱惱龍王이라 如是等이 而爲上首하사 其數無量하니 莫不勤力興雲布雨하여 令諸衆生으로 熱惱消滅게 하시니라

또 한량없는 큰 용왕들이 있나니라. 이른바 비루박차용왕과 사갈라용왕과 운음묘당용왕과 염구해광용왕, 보고운당용왕과 덕차가용왕과 무변보용왕, 청정색용왕, 보운대성용왕과 무열뇌용왕들이다. 이러한 이들이 상수가 되어 그 수가 한량이 없으니, 모두 부지런히 힘써서 구름을 일으키고 비를 쏟아서 모든 중생들로 하여금 뜨거운 번뇌를 소멸하게 한다.

[疏] 六, 龍王은 亦初一은 是天이니 卽西方天王이라 毘樓博叉는 唐三藏이 譯云醜目이라하니 毘樓醜也오 博叉目也라 日照三藏이 譯云, 毘徧也,

多也며 樓者는 具云嚕波니 此云色也며 博吃叉는 此云諸根也니 謂
眼等諸根에 有種種色일새 故以爲名이라하니 此不必醜也라 此王主
二部하니 謂龍及富單那라 富單那者는 此云熱病鬼也오 娑竭羅는
此云海也니 於大海中에 此最尊故로 獨得其名이라 德叉迦는 舊云多
舌이니 以嗜語故라 正云能害니 害於所害라 德叉者는 能害也오 迦
者는 所害也니 謂若瞋嘘視하면 人畜이 皆死라 無熱惱者는 卽阿耨達
池之龍也라 諸龍有四熱惱어니와 今皆離故라 四熱은 至下當釋호리라
智論에 云, 此龍是七地菩薩이라하고 須彌藏經에 云, 是馬形龍主[219]
라하니라 又一切龍에 總有五種形類하니 一, 象形이니 善住龍王爲主
오 二, 蛇形이니 難陀龍王爲主오 三, 馬形이니 阿那婆達多龍王爲主
오 四, 魚形이니 婆樓那龍王爲主오 五, 蝦蟆形이니 摩那斯龍王爲主
나라 德中에 外則雲行雨施하야 散去炎毒하고 內則慈雲廣被코 法雨
普霑하야 散業惑苦之熱惱니라

■ 바) 대용왕은 또한 처음 하나는 천상이니, 곧 서쪽 천왕이다. 비루박
차(毘樓博叉)는 당(唐)대 현장(玄奘)법사가 '추한 얼굴'이라 번역하였으
니 비루(毘樓)는 추함의 뜻이요, 박차(博叉)는 면목의 뜻이다. 일조(日
照)삼장[220]이 번역하기를 비(毘)는 두루 함이요 많음이며, 루(樓)란 갖
추어 말하면 노파(嚕波)이니 색상이라 번역하며, 박흘차(博吃叉)는 번
역하면 여러 감관이다. 말하자면 '눈 등의 여러 감관에 갖가지 색이
있으므로 이름을 삼는다' 하였으니 이는 꼭 추한 것만은 아니다. 이
왕이 2부(部)를 다스리니 말하자면, 용과 부단나(富單那)이다. 부단

---

219) 主는 甲續金本作王이라 하다.
220) 日照三藏은 범어 Divākara며 地婆訶羅라 음사한다. 생몰년 미상이며 中印度 사람이다. 唐代 則天대에 중
국에 와서 梵本의 번역을 청하니, 大寺院의 別院에 있게 하며 고승들을 모아 그 사업을 돕게 하다. 668년까지
『大乘顯識經』 등 18부 34권을 번역하고 75세로 입적함. 대개 羅什이 전한 三論敎義에 대하여 師의 계통을 新
三論이라 한다.

나는 번역하면 열병귀신이고, 사갈라(娑竭羅)는 바다라 번역하나니, 큰 바닷속에서 이것이 가장 높은 연고로 유독 그것만 이름하였다.

덕차가(德叉迦)는 구역(舊譯)에는 '많은 혀[多舌]'라 하였으니 말하기를 즐겨하기[嗜語] 때문이다. 바로 번역하면 해칠 수 있음[能害]이니, 해칠 대상을 해침이요, 덕차(德叉)는 해칠 수 있다는 뜻이고, 가(迦)란 해칠 대상[所害]이니 말하자면 만일 눈을 부릅뜨고 보거나 불어 버리면 사람이나 짐승이 모두 죽게 된다는 뜻이다. '뜨거움이 없다[無熱惱] 함'은 곧 아누달지(阿耨達池)[221]의 용이다. 모든 용이 네 가지 열뇌가 있는데 이제 모두 여읜 때문이다. 네 가지 열뇌는 아래에 가서 해석하겠다. 『대지도론』에 이르되, "이 용은 제7지 보살이다"라 하였고 『수미장경(須彌藏經)』[222]에 이르되, "이는 말 모양의 용 중에 주(主)가 된다"고 하였다. 또 모든 용에 통틀어 다섯 가지 형상이 있는데, (1) 코끼리 모양이니 선주용왕(善住龍王)이 주가 되고, (2) 뱀 모양이니 난타(難陀)용왕이 주가 되고, (3) 말 모양이니 아나바달다(阿那婆達多)용왕이 주가 되고, (4) 물고기 모양이니 바루나(婆樓那)용왕이 주가 되고, (5) 새우나 두꺼비 모양[蝦蟆形]이니 마나사(摩那斯)용왕이 주가 된다.

(다) 섭수한 공덕 중에 밖으로는 구름이 움직여 비를 내려서 번뇌의 독을 없애 버리고, 안으로는 자비의 구름을 널리 가피 받아 법비로 널리 적셔 업·혹·고의 번뇌를 흩어 버린다.

---

221) 阿耨達池는 범어 Anavatapta 팔리어 Anotatta 의 音寫로 阿那婆達多라 하기도 한다. 번역하면 '無熱惱', '淸凉'이다. 殑伽, 信度, 縛芻, 徒多의 四江의 근원이며 雪山의 북쪽, 靈鷲山의 남쪽에 있다. 혹은 히말라야 山中의 恒河의 水源을 지칭하기도 하고, 또는 西藏의 모나사루완湖를 말한다고 하나 未詳이다.

222) 『須彌藏經』이란 『大乘大集須彌藏經』의 준말이며 전2권으로 『大集經』 제57-58의 須彌藏分을 말한다. 隋代에 招提寺 사문 僧就가 曇無懺 역장에서 대집경을 번역하면서 다시 日藏分 이하 여러 經을 더할 때 동시에 첨가한 것이라 생각된다. 내용은 大小乘의 禪觀과 陀羅尼의 功德에 대하여 설하고 있다. (대정장 권13 p. 381 c~)

[鈔] 須彌藏者는 經有兩卷하니 此卽下卷이라 功德天自敍云, 我與世尊으로 往昔에 於因陀羅幢相王佛所에 同時發誓願이러니 今願悉滿하고 心意滿足일새 是故로 如來出現於世하시고 我今得住功德之處라 我今에 雖復住功德處나 猶未圓滿昔本誓願이니 何以故오 此處多有象龍이라 下卽義引호리니 謂諸惡龍惱害衆生한대 請佛除滅커늘 佛告須彌藏龍仙菩薩云하사대 汝於往昔然燈佛所에 爲化諸龍하야 起大勇猛하니라 今四生龍이 有於惡毒, 氣毒, 見毒, 觸毒, 齧毒, 貪瞋癡毒하니 云何當令如法除滅고 彼菩薩이 答호대 我入其窟하야 入深三昧하면 彼當降伏호리다 廣說竟하고 …<下略>…

● 『수미장경(須彌藏經)』이란 두 권이 있으니 여기 인용문은 하권[223]이다. "공덕천(功德天)이 스스로 말하기를, '저와 세존은 옛적에 인다라당상왕불(因陀羅幢相王佛)의 처소에서 함께 서원을 발하였는데, 지금 원이 모두 성취되고 마음과 생각이 만족하였으니 때문에 여래께서 세상에 출현하셨고 내 이제 공덕의 땅에 머물렀다. 이제 다시 공덕의 땅에 머무르지만 아직도 예전의 서원을 다 원만성취하지 못하였으니 무슨 까닭인가? 이곳에는 코끼리 모양의 용이 많기 때문이다'라 하였고, 아래에는 뜻으로 인용한 것이다. 말하자면 여러 악한 용이 중생을 괴롭히니 부처님께 없애 주시기를 청하였는데, 부처님이 수미장용선(須彌藏龍仙)보살에게 말씀하시기를, '네가 예전 연등불소(然燈佛所)에서 용으로 변화하여 대용맹을 일으켰다. 이제 사생(四生)의 용이 악한 독, 독기[氣毒], 견독(見毒), 촉독(觸毒), 물어뜯는 독[齧毒], 탐진치의 독을 가졌으니 어떻게 마땅히 법다히 없앨 수 있으리까?' 저 보살이 답하되, '내가 그 굴 속에 들어가 깊은 삼매에 들면 저들이 마땅히 항

---

223) 인용문은 『須彌藏經』 陀羅尼品 제4의 내용이다. (대정장 권13 p. 388 b1-)

복할 것입니다' "라 하였다. 널리 말한 것은 마친다. ···〈아래 생략〉···

德中雲行雨施者는 語出周易乾卦니 象日, 大哉乾元이여 萬物資始
하나니 乃統天이로다 雲行雨施하야 品物流形하나니라 大明終始하면
六位時成하나니 時乘六龍以御天하나니라 乾道變化에 各正性命하나
니 保合大和乃利貞하나라 首出庶物에 萬國咸寧이라하나니라 釋日, 乾
爲龍也니 六爻皆龍이라 今釋於龍에 宜取乾德하야 況雲行雨施니라

● (다) 섭수한 공덕 중에 '구름이 움직여 비를 내려서[雲行雨施]'란 말은
『주역』건괘(乾卦)[224]에 나온다. 단(象)이 말하기를, "건원의 양기는
크도다. 만물이 그것에 의하여 시작되니 바로 하늘의 도를 포괄한다
[統天]. 구름이 떠다니고 비가 내리어 온갖 물건의 형상이 유전하여 형
성된다. 처음과 나중이 크게 밝아서 육효(六爻)의 위치가 제때에 이루
어지니, 때때로 여섯 용을 타고서 하늘을 올라간다[御天]. 하늘의 도
가 변화하여 각각 물건의 타고난 생명[性命]을 바로잡으니, 큰 화기
(和氣)를 보존하고 합치어 바로 이롭고 곧아진다. 먼저 여러 물건을
내놓으니 온갖 나라가 다 편안하다"라고 하였다. 해석하자면 하늘
은 용이 되니 육효가 모두 용이다. 지금 용을 해석함에 마땅히 하늘
의 덕을 취하여 '구름이 떠다니고 비를 내림'에 비유한 것이다.

사) 구반다왕[鳩槃茶王] (七鳩 23下1)

復有無量鳩槃茶王하니 所謂增長鳩槃茶王과 龍主鳩槃
茶王과 善莊嚴幢鳩槃茶王과 普饒益行鳩槃茶王과 甚可

---

224) 明文堂刊『新完譯 주역』十翼편 乾卦象辭 p. 237-

怖畏鳩槃荼王과 美目端嚴鳩槃荼王과 高峯慧鳩槃荼王
과 勇健臂鳩槃荼王과 無邊淨華眼鳩槃荼王과 廣大天面
阿修羅眼鳩槃荼王이라 如是等이 而爲上首하사 其數無
量하니라 皆勤修學無礙法門하여 放大光明하시니라

또 한량없는 구반다왕이 있으니, 이른바 증장구반다왕과 용
왕구반다왕, 선장엄당구반다왕, 보요익행구반다왕, 십가포외
구반다왕, 미목단엄구반다왕, 고봉혜구반다왕, 용건비구반다
왕, 무변정화안구반다왕과 광대천면아수라안구반다왕들이
다. 이러한 이들이 상수가 되어 그 수가 한량이 없느니라. 모
두 부지런히 걸림 없는 법문을 닦아 배워서 큰 광명을 놓는다.

[疏] 七, 鳩槃荼王은 初一, 是南方天王이니 卽毘樓勒叉라 此云增長主니
　謂能令自他善根增長故라 此王更領一部하니 謂薜[225]荔多라 薜荔
　多者는 此云魘魅鬼니 餘如音義하니라 德中에 此類障碍深重일새 故
　偏明無碍라 自學權實無碍하야 法界智光으로 以利衆生이라

■ 사) 구반다왕은 첫째, 이는 남방의 천왕이니 곧 비루박차(毘樓勒叉)이
　다. 번역하면 증장천왕(增長天王)이니 말하자면, 자신과 남의 선근을
　증장케 하는 까닭이다. 이 왕이 다시 1부(部)를 다스리나니 벽려다(薜
　荔多)를 말한다. 벽려다는 번역하면 염매(魘魅)귀신이니, 나머지는『일
　체경음의(一切經音義)』[226]와 같다.
　(다) 섭수한 공덕 중에 이 종류가 장애함이 깊고 무거우므로 치우쳐
　무애(無碍)만을 밝힌 것이다. 스스로 방편과 실법에 무애함을 배워서

---

225) 벽(薜)은 甲續金本作辟이라 하다.
226) 『一切經音義』: 전 100권으로 唐代 慧琳(737-820)撰, 일반적으로 '慧琳音義'라 한다. (대정장 권54 p.311-)
　또 唐 貞觀 년간에 玄應法師(627-649)撰의『玄應音義』(전25권)도 있다.

법계의 지혜광명으로 중생을 이롭게 한다.

[鈔] 餘如音義者는 前後不多引音義라 以鳩槃茶는 此譯爲陰囊이니 其
狀稍偎227)일새 故指在音義耳니라 舊云冬瓜228)鬼니 亦以狀翻이니라

● '나머지는 『일체경음의』와 같다'란 전후에 『음의(音義)』를 인용한 것이
많지 않으므로 구반다(鳩槃茶)는 번역하면 음낭(陰囊)이니, 그 모양이 점
점 작아지므로[稍偎] 『음의』에 있다'고 지적한 것이다. 예전 번역은 '거울
오이귀신[冬瓜鬼]'이라 하였으니 역시 모양을 따라 번역한 것이다.

아) 건달바왕[乾闥婆王] (八乾 24上6)

復有無量乾闥婆王하니 所謂持國乾闥婆王과 樹光乾闥
婆王과 淨目乾闥婆王과 華冠乾闥婆王과 普音乾闥婆王
과 樂搖動妙目乾闥婆王과 妙音師子幢乾闥婆王과 普放
寶光明乾闥婆王과 金剛樹華幢乾闥婆王과 樂普現莊嚴
乾闥婆王이라 如是等이 而爲上首하사 其數無量하니라
皆於大法에 深生信解하여 歡喜愛重하여 勤修不倦하시
니라
또 한량없는 건달바왕이 있나니라. 이른바 지국건달바왕과
수광건달바왕, 정목건달바왕, 화관건달바왕, 보음건달바왕,
낙요동묘목건달바왕, 묘음사자당건달바왕, 보방보광명건
달바왕, 금강수화당건달바왕과 낙보현장엄건달바왕들이

---

227) 偎는 原南本作隈라 하다.
228) 瓜는 原南續金本作苽, 探玄記及合論作瓜라 하다.

다. 이러한 이들이 상수가 되어 그 수가 한량이 없었나니라. 모두 큰 법에 깊은 신해를 내어서 환희하며 애중히 여겨 부지런히 닦아 게으르지 않는다.

[疏] 八, 乾闥婆는 此云尋香이니 謂諸樂兒가 不事生業하고 但尋諸家飲食香氣하야 卽往設樂하야 求食自活이니 因此世人이 號諸樂人하야 爲乾闥婆라하며 彼能執樂일새 故以名焉이라 亦云食香이니 此十寶山間하야 食諸香粖하나니 卽帝釋執樂神也라 帝釋須樂에 此王身有相現이니라 提頭賴吒은 卽東方天王이오 此云持國이라 謂護持國土하야 安衆生故라 此從所領爲名이라 更領一部하니 名毘舍闍라 此云噉精氣니 謂噉有情과 及五穀精氣故라 德中에 大法은 卽大緣起法也라 信解故로 歡喜하고 深心故로 愛重이라 旣歡旣重일새 故不替修行이니라 (二, 八部四王衆은 竟하다)

■ 아) 건달바(乾闥婆)는 번역하면 '향기를 찾음[尋香]'이니, 말하자면 모든 음악 하는 사람이 생업을 하지 않고, 다만 여러 집으로 음식 향기를 찾아가서는 음악을 베풀고 밥을 구하여 살아가니, 이로 인해 세상 사람들이 음악 하는 사람들을 '건달바'라 이름하였다. 또 저들이 음악을 잘 연주[執樂]하므로 이름한 것이다. 또는 음식 향기[食香]라 하니 이 열 가지 보배산 속에서 모든 향기로운 미음[香粖]을 먹으니, 곧 제석천의 음악을 담당하는 신(神)이다. 제석천에 음악이 필요하면 이 왕의 몸에 형상이 나타난다. 제두뢰타(提頭賴吒)는 동방의 천왕이며 번역하면 나라를 지킴[持國]이다. 말하자면 국토를 보호·유지하여 중생을 편안케 하는 까닭이다. 이는 다스리는 곳을 따라 이름한 것이다. 다시 1부(一部)를 다스리니 이름하여 비사사(毘舍闍)이다. 번

역하면 '정기를 먹음[噉精]'이니 말하자면 중생과 오곡(五穀)의 정기를 먹기 때문이다. (다) 섭수한 공덕 중에 '큰 법'이란 곧 '큰 연기법'이다. 믿고 아는 까닭에 환희롭고, 깊은 마음이므로 사랑하고 존중하는 것이다. 이미 기뻐하였고 존중하였으므로 수행을 바꾸지 않는다. (나. 팔부의 사천왕 대중은 마친다.)

다. 욕계·색계의 여러 하늘대중[欲色諸天衆] 2.

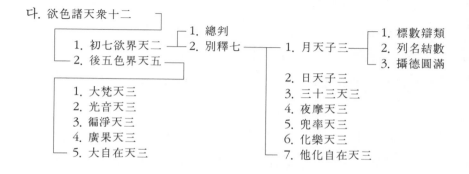

가) 욕계의 하늘대중[欲界天] 2.

(가) 총합하여 과목 나누다[總判] (第三 25上2)

[疏] 第三, 月天子下十二段은 明欲色諸天衆이라 天者自在義며 光明義, 清淨義니 智論에 云, 天有三種하니 一, 人天謂帝王이오 二, 生天謂欲色等 三, 淨天謂佛菩薩第一義天이라 今通後二하니라 然諸天壽之長短과 身之大小, 衣服輕重, 宮殿勝劣은 俱舍十一과 及瑜伽等論, 起世等經에 皆廣辯之하니 恐繁不敍하노라

■ 다. 月天子 아래 12문단은 욕계·색계의 여러 하늘대중이다. 하늘이
란 '자재함'의 뜻이며 '청정함'의 뜻이니 『대지도론』에 이르되, "하늘에
세 가지가 있으니 (1) 인왕(人天)이니 제왕(帝王)을 말하고, (2) 생천
(生天)이니 욕계, 색계 등의 하늘을 말하고, (3) 정천(淨天)이니 불보살
의 제일의천(第一義天)을 말하나니 이제 뒤의 두 가지에 통한다. 그러
나 모든 하늘의 수명의 길고 짧음과 몸의 크고 작음과 의복의 가볍고
무거움과 궁전의 훌륭함은 『구사론』 제11권과 『유가사지론』 등과
『기세경起世經』[229] 등에 모두 널리 말하였으나 번거로울까 하여 쓰지
않는다.

[鈔] 然諸天壽者는 俱舍世界品에 云, 人間五十年이 下天一晝夜라 乘斯
壽五百이오 上五는 倍倍增이라 色無晝夜殊오 劫數等身量이 無色初
가 二萬이오 後後는 二二增이라 …〈下略〉…

● '그러나 모든 하늘의 수명의 길고 짧음'이란 『구사론』 세계품(世界品)
에 이르되, "인간의 50년이 아래 하늘[欲界, 여섯 하늘 가운데 제일 아래 하
늘]의 하루 낮과 밤이다. 이곳을 곱하면 수명이 오백 세가 되고, 위의
다섯 하늘은 배와 배를 더한다. 색계(色界)에는 낮과 밤의 다름이 없
고, 겁수(劫數) 등의 몸의 수명이 무색계(無色界) 처음은 2만이고, 뒤와
뒤는 두 배와 두 배로 증가한다"라고 하였다. …〈아래 생략〉…

(나) 개별로 해석하다[別釋] 7

---

229) 『起世經』은 전10권으로 隋代 북인도의 闍那崛多 번역. 西晉代에는 法炬와 法立이 공역한 『大樓炭經』과 隋
代 達磨笈多가 번역한 『起世因本經』과 함께 『장아함경』 제4분 『世起經』의 異譯이다. 내용은 佛이 舍婆提
迦利羅석굴에 계실 때에 天地國土의 成壞에 대해 말씀하시면서 세계국토의 조직, 기원, 상태와 파괴 등의 과
정을 말씀하신 것으로 모두 12품으로 나누어져 있다.

ㄱ. 월천자 대중[月天子] (文中 26下9)

復有無量月天子하니 所謂月天子와 華王髻光明天子와
衆妙淨光明天子와 安樂世間心天子와 樹王眼光明天子
와 示現淸淨光天子와 普遊不動光天子와 星宿王自在天
子와 淨覺月天子와 大威德光明天子라 如是等이 而爲上
首하사 其數無量하니라 皆勤顯發衆生心寶하시니라

또 한량없는 월천자가 있나니라. 이른바 월천자와 화왕계
광명천자, 중묘정광명천자, 안락세간심천자, 수왕안광명천
자, 시현청정광천자, 보유부동광천자, 성수왕자재천자, 정
각월천자와 대위덕광명천자들이다. 이러한 이들이 상수가
되어 그 수가 한량이 없나니라. 모두 부지런히 중생들의 마
음의 보배를 나타낸다.

[疏] 文中에 先, 有七段하야 明欲界天하고 後, 有五段하야 明色界天이라
前中卽分爲七이니 今初, 月天子라 月者缺也니 有虧缺故라 下面은
頗胝迦寶水精所成이니 能冷能照하니 表菩薩得淸凉慈하야 照生死
夜라 如云菩薩淸凉月等이니라 名中에 初一是總이니 雖標總稱이나 卽
受別名이라 下皆準此니라 德中에 顯發衆生心寶者는 水珠見月하면
則流潤發光하며 淨心遇緣하면 則慈流智發이라 生了旣發에 正因顯
然이라 生由性成하고 則了非外入이니 生與不生無二오 發乃發其本
心이니 故로 顯發雙辨이니라

■ 경문 속에 가) 먼저 일곱 문단으로 욕계의 하늘대중을 밝히고, 나)
뒤에 다섯 문단으로 색계의 하늘대중을 밝혔다. 앞에서는 곧 일곱 문

단으로 나누었으니 이제 ㄱ. 월천자이다. 달이란 이지러짐의 뜻이니 이지러짐[虧缺]이 있기 때문이다. 아래 달 표면은 파지가(頗胝迦) 보배[琉璃이니 수정의 異稱]의 물의 정기[水精]로 이루어져서 차가워지고 비추기도 하나니, 보살이 시원한 자비[淸涼慈]를 얻어 나고 죽음의 밤을 비추는 것을 표한 것이다. 마치 보살의 시원한 달[淸涼月] 등을 말한다. ㄱ) 명칭 중에 첫째는 총상이니 비록 총칭으로 표방하였으나 곧 개별 명칭을 가진 것이니, 아래는 다 여기에 준한다. ㄴ) 공덕을 찬탄함 중에 중생의 마음보배를 나타낸다 함은 수정구슬[水珠]로 달을 보면 물결이 빛을 내며 청정심(淸淨心)이 인연을 만나면 자비가 흐르고 지혜가 나타난다. 중생이 통달함이 발하고 나면 바른 원인[正因]이 밝아지고 중생은 불성(佛性)을 말미암아 이루어지니, 깨달음은 바깥에서 들어온 것이 아니라는 뜻이다. 중생과 중생 아닌 것이 둘이 없고, 발(發)은 비로소 그 본심을 냄이니, 때문에 시작함을 함께 밝힌 것이다.

ㄴ. 일천자 대중[日天子] (二日 27下4)

復有無量日天子하니 所謂日天子와 光焰眼天子와 須彌光可畏敬幢天子와 離垢寶莊嚴天子와 勇猛不退轉天子와 妙華纓光明天子와 最勝幢光明天子와 寶髻普光明天子와 光明眼天子와 持勝德天子와 普光明天子라 如是等이 而爲上首하사 其數無量하니라 皆勤修習하여 利益衆生하여 增其善根하시니라

또 한량없는 일천자가 있나니라. 이른바 일천자와 광염안천자, 수미광가외경당천자, 이구보장엄천자, 용맹불퇴전천

자, 묘화영광명천자, 최승당광명천자, 보계보광명천자, 광
명안천자, 지승덕천자와 보광명천자들이다. 이러한 이들이
상수가 되어 그 수가 한량이 없나니라. 모두 부지런히 닦고
익혀서 중생을 이익하게 하여 그 선근을 증장한다.

[疏] 二, 日天子라 日者實也라 常充實故라 下面은 亦頗胝迦寶火精所
成이니 能熱能照하니 表菩薩智照故라 又日以陽德이오 月以陰靈이라
一, 能破闇은 表根本破惑이오 一, 能淸凉은 表後得益物이라 又依寶
性論컨대 法日有四義하니 一, 破闇如慧오 二, 照現如智오 三, 輪淨
如解脫이오 四, 上三不相離가 如同法界也라 名中에 可畏敬幢者는
爲惡者가 畏其照明하고 爲善者는 敬其辨業하나니 以斯超出일새 故
以名幢이니라 德中에 居者는 辨業成就本行等이 利益也오 生長穀稼
하야 開敷覺華等이 爲增長善根이라 如出現品하나라

■ ㄴ. 일천자(日天子)이다. 해[日]는 채움[實]의 뜻이니 항상 충실하기 때
문이다. 아래 표면[下面]은 또한 파지가(頗胝迦) 보배의 불의 정기로 이
루어진 것이니, 열을 내며 비추기도 하니, 보살이 지혜로 비춤을 표한
때문이다. 또 해는 '양(陽)의 덕'이고, 달은 '음(陰)의 신령함'이다. 하
나는 어두움을 파할 수 있음은 근본지(根本智)로 번뇌를 파함을 표함
이고, 하나는 서늘해짐은 후득지(後得智)로 중생을 이익되게 함을 표
하였다. 또『보성론(寶性論)』에 의지하면 '법의 태양[法日]'에 네 가지가
있다. (1) 어둠을 파함은 지혜와 같고, (2) 비추고 나타냄이 지혜와
같고, (3) 윤회를 맑힘[輪淨]은 해탈과 같고, (4) 위의 세 가지를 서로
여의지 않는 것이 마치 법계와 같다. ㄱ) 명칭 중에 '두려우면서 존경
할 만한 깃대[可畏敬幢]'란 악한 사람이 그 조명함을 두려워하고 착한

사람이 그 생업(生業)에 힘씀을 존경하게 하나니, 이로써 뛰어나는 연고로 '당기[幢]'라 이름하였다. ㄴ) 공덕을 찬탄함 중에 거(居)함은 생업에 힘써서 본행(本行)을 성취하는 등이 이익이고, 씨 뿌리고 생장하여 '깨달음의 꽃[覺華]'을 피우는 등이 선근을 증장함이 되니 여래출현품과 같은 내용이다.

[鈔] 又日以陽德月以陰靈은 卽文選의 月賦中言이니라

● 또 '해를 양덕(陽德)으로 달을 음영(陰靈)'이라 한 것은 곧 『문선(文選)』230) 월부(月賦) 중의 말이다.

ㄷ. 삼십삼천 대중[三十三天]231) (三三 28下1)

復有無量三十三天王하니 所謂釋迦因陀羅天王과 普稱滿音天王과 慈目寶髻天王과 寶光幢名稱天王과 發生喜樂髻天王과 可愛樂正念天王과 須彌勝音天王과 成就念

---

230) 『文選』은 전30권으로 梁代 昭明太子 蕭統이 엮은 시문집으로 130여 명의 詩, 賦, 文 등의 세 가지를 수록한 책. 소통(蕭統)(501-531,또 -522): 梁무제(蕭衍;: 502-549在位)의 長子, 자는 德施. 南齊 中興 원년(501) 9월 襄陽에서 출생하다. 資性이 聰叡하여 삼세에 효경, 논어를 읽고 5세에 이미 五經을 통하였다. 天監 14년(515) 太極殿에서 成冠할 즈음 父王 무제는 크게 佛敎를 弘布하여 친히 講說를 행하였고, 태자 또한 三寶를 崇信하여 慧義殿에 명승을 초청하여 담론하였다. 普通: 7년(526) 母妃가 臥病하니 조석으로 看護하나 薨逝함에 慟哭을 그치지 않았다. 태자는 특히 二諦와 法身義에 정통하여 [광홍명집 권21]에 '昭明太子解二諦義章', ' 〃 令旨解法身義一章'이 실렸으며, 光宅寺 法雲이 태자에게 講義를 요청하는 서신을 보낼 정도였다. 당시에 특히 南澗寺 慧超, 晋安王 蕭綱, 招提寺 慧琰, 栖玄寺 曇宗, 中郞 王規, 靈根寺 僧遷, 中興寺 僧懷, 광택사 법운 등과 問答往來를 통해 담론하였고, 그 중심 장소인 혜의전에는 甘露가 내렸다 한다(梁書8·列傳2). 태자는 재능 있는 선비를 좋아하고 東宮에 3만 권의 藏書가 있는 등 東晉 이래 최대 문학의 융성함을 보였다. 성격이 溫和하고 山水를 즐겼으나 531년 병으로 눕더니 31세로 夭折하다(一說에 보통3년, 522년). 무제는 東宮에 行幸하여 哭하고 昭明이란 시호를 내리고, 王筠에 명하여 祭文을 짓게 하다(梁書列傳제2, 통기37, 통재 10, 居士傳 9). 저서: [文選 30권], [文集 20권], [英華集 20권], [古今典誥文言 10권], [梁昭明開善寺法會詩 (광홍명집 권30)] 등.

231) 여기서부터는 十地位衆이다.

天王과 可愛樂淨華光天王과 智日眼天王과 自在光明能
覺悟天王이라 如是等이 而爲上首하사 其數無量하니라
皆勤發起一切世間廣大之業하시니라

또 한량없는 삼십삼천왕이 있나니라. 이른바 석가인다라천
왕과 보칭만음천왕, 자목보계천왕, 보광당명칭천왕, 발생
희락계천왕, 가애락정념천왕, 수미승음천왕, 성취념천왕,
가애락정화광천왕, 지일안천왕과 자재광명능각오천왕들이
다. 이러한 이들이 상수가 되어 그 수가 한량이 없나니 모두
부지런히 일체 세간의 광대한 업을 일으킨다.

[疏] 三, 三十三天者는 佛地論等에 皆云妙高山四面에 各有八大天王하
고 帝釋이 居中하니 故有三十三也라하니라 下釋天名은 皆依佛地니라
名中에 言釋迦等者는 釋迦能也오 因陀羅主也니 具足應云釋迦提
桓因陀羅라 提桓天也니 卽云能天主라 撫育勸善이 能爲天主故라
更有異釋은 如音義說하니라
德中에 言發起廣大業者는 令修普賢行故니 以此天居地天之頂하야
總御四洲라 雖勝事頗多나 猶懼修羅之敵하나니 若修善者衆하면 卽
天侶增威하고 苟爲惡者多하면 卽諸天減少일새 故多好勸發이라 況
受佛付囑하야 大權應爲아 至如堅常啼之心하며 施雪山之偈하며 成
尸毗大行하며 破盧志巨慳하며 談般若於善法堂中하며 揚大敎於如
來會下等이 皆是發起廣大業也니라

■ ㄷ. 삼십삼천이란 『불지론』 등에 모두 이르되, "묘고산(妙高山) 사면
에 각각 8대천왕(八大天王)이 있고, 제석천(帝釋天)이 중앙에 있으므로
33개 하늘이다"라고 하였다. 아래에 하늘 이름을 해석한 것은 모두

『불타론(佛地論)』에 의지하였다.

ㄱ) 명칭 중에 '석가(釋迦) 등'이라 말한 것은 석가는 능(能)의 뜻이고, 인다라(因陀羅)는 왕[主]의 뜻이며, 갖추어 말하면 석가제환인다라(釋迦提桓因陀羅)이다. 제환(提桓)은 하늘의 뜻이니, 곧 '능한 하늘의 왕'이다. 성장을 보살피고 선을 권함이 능하여 천주(天主)라 하였기 때문이다. 또 다른 해석은 『혜림음의(慧琳音義)』에 설한 내용과 같다.

ㄴ) 공덕을 찬탄함 중에 '광대한 업을 일으킨다'고 말한 것은 보현행(普賢行)을 닦게 하기 때문이니, 이 하늘이 땅의 하늘[地天, 欲界六天]의 꼭대기에 있어서 사주(四洲)세계를 모두 다스리므로 비록 뛰어난 일이 많겠지만, 아직은 아수라(阿修羅)를 두려운 적으로 여긴다. 만일 선을 닦는 이가 많으면 하늘 권속이 위세를 더하고, 진실로 악을 행하는 이가 많으면 하늘이 감소하므로 자주 발심하기를 즐겨 권하는데 하물며 부처님의 부촉을 받아 큰 방편으로 응함이겠는가? 마치 상제(常啼)보살의 마음처럼 굳으며 설산동자(雪山童子)가 게송에 몸을 보시한다든가 시비왕(尸毘王)[232]의 대행(大行)을 이룬다거나 노지(盧志)장자[233]의 대단한 인색함을 타파함과 같으며, 좋은 법당에서 반야(般若)를 담론하거나 여래의 대중 모임 중에서 큰 가르침을 선양(宣揚)하는 등이 모두 광대한 업을 일으킴이 되는 것이다.

[鈔] 更有異釋等者는 彼云釋迦는 正云鑠迦羅니 此云帝也오 因陀羅는 此云主也라 古來釋同佛釋種族望之稱은 謬之深矣라하니라 又楞伽大雲

---

232) 尸毘는 尸毘迦로 범어 śibi, śibika의 음사이다. 王의 이름, 본생만론 제1권, 大莊嚴論 제12권, 賢愚經 제13권에 나오는 古代 인도의 왕으로, 매에게 쫓기는 비둘기를 구하기 위해 자신의 살을 매에게 주었다고 한다. 釋尊 因行時의 前身.

233) 盧志장자는 釋尊당시 舍衛城 안에서 살던 長者로 많은 재산을 가졌으면서도 인색한 욕심쟁이였다. 해진 옷을 입고 시래기 죽만 먹어 世人들의 웃음거리가 되다.

疏에 云, 天帝名有一百八하니 今略擧三하리라 一, 因陀羅니 此云尊重
이라 三十三天共尊重故오 二云, 釋迦는 此云勇猛이니 威德勇猛勝諸
天故오 三, 名不蘭陀는 此云降伏이니 以能降伏阿修羅故라하니라

● '또 다른 해석' 등이란 저[慧琳音義]에 이르되, "바르게 말하면 삭가라
(鑠迦羅)이니 번역하면 황제[帝]이고, 인다라(因陀羅)는 번역하면 임금
[主]이다. 예전부터 석(釋)은 부처님의 석가 종족들이 선망하는 명칭과
같다 함은 오류가 심하다"라고 하였다. 또 『능가경(楞伽經)』 「대운소
(大雲疏)」에 이르되, "천제(天帝)의 이름이 108종류가 있는데 지금 간략
히 세 가지만 해석하겠다. ① 인다라(因陀羅)는 번역하면 존중함이니,
삼십삼천들이 함께 존중하기 때문이고, ② 석가(釋迦)는 번역하면 용
맹함이니, 위덕이 용맹하여 여러 하늘보다 훌륭한 연고요, ③ 불란타
(不蘭陀)란 이름은 번역하면 항복함이니, 능히 아수라들을 항복시키
기 때문이다"라고 하였다.

猶懼修羅者는 修羅가 嫉天有甘露味하며 諸天이 求修羅之女色일새
因起爭競이라 廣有因緣하니라 若修善者는 (卽下)正法念經에 說이니
帝釋이 知修羅欲求하고 遽遣天使하야 令觀閻浮之人의 爲修善多와
爲作惡多하나니 若修善多하면 知戰必勝일새 故生歡喜오 若爲惡者
多하야 不孝父母커나 不敬三寶하면 則生憂悴하야 知戰不勝이라하
니라 今言減少者는 兼辨餘時니 爲惡에 必墮三塗일새 故로 人天減少
니라 況受佛付囑者는 則淨名大品等에 皆囑天帝니라 大權應爲者는
小乘中說是須陀洹이어니와 若準此經인대 例是大權菩薩이니라 至如
下는 引事證成이니 堅常啼之心은 大品般若오 施雪山之偈는 卽涅
槃十三이오 成尸毘大行은 卽方便報恩經이오 破盧志巨慳은 卽盧志

長者經이오 談般若等者는 大品廣說이오 揚大敎等者는 淨名大品等
이라 其類非一이니 恐厭文繁하야 不能具出하노라

● '아직은 아수라를 두려운 적'이란 아수라가 천상에 감로(甘露)의 맛이
있음을 시기하고, 여러 하늘이 아수라의 여색(女色)을 구하기 위하여
싸움을 일으키므로 널리 인연이 있는 것이다. 만일 선을 닦는 이란 아
래『정법념처경』에 설하되, "제석천이 아수라의 욕구를 알고 문득 하
늘사자를 보내어 염부제(閻浮提) 사람이 선을 닦는 이가 많은지 악을
행하는 이가 많은지 살피게 하나니, 만일 선행자가 많으면 싸워서 반
드시 이길 것을 알고 환희심을 내게 되고, 만일 악행자가 많아서 부
모에 불효(不孝)하거나 삼보를 공경치 않으면 근심을 내게 되어 싸우
면 이기지 못할 것을 안다"라고 하였다. 이제 '감소한다'는 말은 겸하
여 나머지 시기와 구별하니 악을 행하면 반드시 삼악도에 떨어지므
로 인간과 천상이 감소하는 것이다. '하물며 부처님의 부촉을 받는
다' 함은『유마경』이나『대품반야경』에 모두 천제(天帝)에 부촉함이
다. '큰 방편으로 응한다' 함은 소승 중에 수다원(須陀洹)을 말하였지
만 만일 본경에 준하면 대권보살(大權菩薩)[234]을 예로 든 것이다.
至如 아래는 현상을 이끌어 증거 댄 것이니 ① '상제(常啼)보살의 마
음이 굳음'이란『대품반야경』이요, ② '설산(雪山)의 게송에 보시함'이
란 곧『열반경』제13권이요, ③ '시비(尸毘)의 대행(大行)을 이룸'은 곧
『방편보은경方便報恩經』이요, ④ '노지(盧志) 장자의 인색을 파함'은 곧
『노지장자경(盧志長者經)』이요, ⑤ '반야 등을 담론한다' 함은『대품반
야경』에 널리 설한 내용이요, ⑥ '대교(大敎)를 선양한다'는 등은『유
마경』과『대품반야경』등이다. 그 종류가 하나 둘이 아니니 문장이

---

234) 大權菩薩은 '大權修利菩薩'의 약칭으로 伽藍守護神의 하나이며 오른손을 이마에 대고 멀리 바라보며 바다
를 航海하는 배의 安全을 기원한다고 한다.

번거로울까 염려하여 갖추어 내보이지 않았다.

ㄹ. 야마천 대중[夜摩天] (四夜 30上9)

復有無量須夜摩天王하니 所謂善時分天王과 可愛樂光
明天王과 無盡慧功德幢天王과 善變化端嚴天王과 總持
大光明天王과 不思議智慧天王과 輪臍天王과 光焰天王
과 光照天王과 普觀察大名稱天王이라 如是等이 而爲上
首하사 其數無量하니 皆勤修習廣大善根하여 心常喜足
하시니라235)

또 한량없는 수야마천왕이 있나니라. 이른바 선시분천왕과
가애락광명천왕, 무진혜공덕당천왕, 선변화단엄천왕, 총지
대광명천왕, 부사의지혜천왕, 윤제천왕, 광염천왕, 광조천왕
과 보관찰대명칭천왕들이다. 이러한 이들이 상수가 되어 그
수가 한량이 없으니, 모두 부지런히 광대한 선근을 닦고 익
혀서 마음이 항상 기쁘고 만족하였다.

[疏] 四, 須夜摩天은 須者善也, 妙也오 夜摩時也니 具云善時分天이라
論에 云, 隨時受樂일새 故名時分天이라하니라 又大集經에 此天用蓮
花開合하야 以明晝夜라하며 又云, 赤蓮花開爲晝오 白蓮花開爲夜니
故云時分也라하니 隨此時別하야 受樂亦殊라 故로 大論에 云, 隨時
受樂也라하니라 德中에 心恒喜足者는 喜足이 在於第四하니 今慕上
而修니라

---

235) 心常의 常은 思源本作恒 與疎合, 合注云 常은 南藏作恒이라 하다.

■ ㄹ. 수야마천에서 수(須)란 선함이나 묘함의 뜻이고, 야마(夜摩)는 시간의 뜻이니 갖추어 말하면 '시분을 잘 아는 하늘[善時分天]'이다. 논에 이르되, "때를 따라 즐거움을 받으므로 시분천(時分天)이라 이름한다"라고 하였다. 또 『대집경』에, "이 하늘은 연꽃이 피고 짐을 인하여 낮과 밤을 구분한다" 하였으며, 또 이르되, "빨간 연꽃이 피면 낮이고, 하얀 연꽃이 피면 밤이 되므로 시분(時分)이라 말한다"고 하였으니, 이를 따라 때를 분별하여 즐거움을 받는 것도 다르다. 때문에 『대지도론』에 이르되, "때를 따라 즐거움을 받는다"고 하였다.

ㄴ) 공덕을 찬탄함 중에 '마음이 항상 기쁘고 흡족하다[心恒喜足]' 함은 희족(喜足)이 (다음인) 넷째 하늘[欲界 第四天이니 곧 兜率天]에 있으니 지금은 위의 천상을 흠모하여 닦음을 말한다.

ㅁ. 도솔천 대중[兜率天] (五兜 31下5)

復有不可思議數兜率陀天王하니 所謂知足天王과 喜樂
海髻天王과 最勝功德幢天王과 寂靜光天王과 可愛樂妙
目天王과 寶峯淨月天王과 最勝勇健力天王과 金剛妙光
明天王과 星宿莊嚴幢天王과 可愛樂莊嚴天王이라 如是
等이 而爲上首하사 不思議數라 皆勤念持一切諸佛의 所
有名號하시니라

또 불가사의한 수의 도솔타천왕이 있나니라. 이른바 지족천왕과 희락해계천왕, 최승공덕당천왕, 적정광천왕, 가애락묘목천왕, 보봉정월천왕, 최승용건력천왕, 금강묘광명천왕, 성수장엄당천왕과 가애락장엄천왕들이다. 이러한 이들

이 상수가 되어 부사의한 수이니, 모두 부지런히 모든 부처
님의 명호를 기억해 가진다.

[疏] 五, 兜率陀天王은 此云喜足이라 論에 云, 後身菩薩이 於彼敎化하사
多修喜足之行하나니 故得少意悅爲喜하고 更不求餘爲足이라 德中에
彼天是諸佛上生之處일새 故令修念佛三昧也라 召體曰名이오 響頒
人天爲號니 通號別名을 皆悉念也라 不計²³⁶⁾一方일새 故云一切니
以諸如來同一法界하사 體德均故라 念卽明記而慧逾增이오 持而不
忘일새 故無間斷이라 以佛爲境이어니 何五塵之能惑哉아

■   ㅁ. 도솔타천왕은 번역하면 '기쁘고 만족함'이다. 논에 이르되, "후신
(後身)보살이 저곳에서 교화하여 대개 기쁨이 만족한 행을 닦기 때문
에 조금 얻고도 마음이 기쁜 것을 '희(喜)'라 하고, 다시 달리 구하지
않음을 '족(足)'이라 한다. ㄴ) 공덕을 찬탄함 중에 저 하늘은 제불이
올라가 나시는 곳이므로 염불삼매(念佛三昧)를 닦게 하는 것이다. 체
성을 일컬어 이름한 것이고, 메아리가 인간과 천상에 퍼뜨려 이름이 된
것이니, 통틀어 별명으로 부르기를 모두 염(念)이라 하였다. 어느 한쪽
만 생각하지 않으므로 일체(一切)라 하였으니, 모든 여래가 법계와 같
아서 체성과 덕행이 고르기 때문이다. 곧 분명히 기억하여 지혜가 더
욱 늘어나고 가져서 잊지 않으므로 끊어지거나 사이함[間斷]이 없다.
부처님으로 경계를 삼았는데 어떻게 오진(五塵, 色 聲 香 味 觸)이 능히 번
뇌롭게 할 수 있겠는가?

ㅂ. 화락천 대중[化樂天] (六化 31下5)

---

236) 計는 甲續金本作記라 하다.

復有無量化樂天王하니 所謂善變化天王과 寂靜音光明
天王과 變化力光明天王과 莊嚴主天王과 念光天王과
最上雲音天王과 衆妙最勝光天王과 妙髻光明天王과 成
就喜慧天王과 華光髻天王과 普見十方天王이라 如是等
이 而爲上首하사 其數無量하니 皆勤調伏一切衆生하여
令得解脫케 하시니라

또 한량없는 화락천왕이 있나니라. 이른바 선변화천왕과 적
정음광명천왕, 변화력광명천왕, 장엄주천왕, 염광천왕, 최
상운음천왕, 중묘최승광천왕, 묘계광명천왕, 성취희혜천
왕, 화광계천왕과 보견시방천왕들이다. 이러한 이들이 상
수가 되어 그 수가 한량이 없으니, 모두 부지런히 일체 중생
을 조복해서 해탈하게 한다.

[疏] 六, 化樂天王은 論에 云, 樂自變化하야 作諸樂具하야 以自娛樂이라
하니라 又但受自所化樂하고 不犯他故로 名爲善化也라 變謂轉變이
니 轉麤爲妙오 化謂化現이니 無而忽有라 德中에 以出世化일새 故得
解脫이니라

■ ㅂ. 화락천왕은 논에 이르되, "스스로 변화하여 여러 음악 도구를 만
들어 스스로 놀기를 좋아한다"라고 하였다. 또 다만 스스로 변화하여
즐거움을 받고, 남을 범하지 않기 때문에 '잘 변화한다[善化]'고 이름한
다. 변함은 전변(轉變)을 말함이니, 거친 것[麤]을 바꾸어 묘하게 함이
고, 화(化)는 화현을 말함이니, 없다가 홀연히 나타난다는 뜻이다. ㄴ)
공덕을 찬탄함 중에 세상에 나와 교화하므로 해탈을 얻는다.

ㅅ. 타화자재천 대중[他化自在天] (七他 32上5)

復有無數他化自在天王하나라 所謂得自在天王과 妙目
主天王과 妙冠幢天王과 勇猛慧天王과 妙音句天王과
妙光幢天王과 寂靜境界門天王과 妙輪莊嚴幢天王과 華
藥慧自在天王과 因陀羅力妙莊嚴光明天王이라 如是等
이 而爲上首하사 其數無量하니 皆勤修習自在方便廣大
法門하시니라

또 수없는 타화자재천왕이 있나니라. 이른바 득자재천왕과
묘목주천왕, 묘관당천왕, 용맹혜천왕, 묘음구천왕, 묘광당
천왕, 적정경계문천왕, 묘륜장엄당천왕, 화예혜자재천왕과
인다라역묘장엄광명천왕들이다. 이러한 이들이 상수가 되
어 그 수가 한량이 없나니 모두 자재한 방편과 광대한 법문
을 부지런히 닦아 익혔다.

[疏] 七, 他化自在天王은 論에 云, 令他化作樂具하야 以自娛樂은 顯己
自在故라하니라 名中에 寂靜境界門者는 境爲入理之處니 卽是門也
라 根無躁動일새 故稱寂靜이라 根卽門也니 根無取着하야 方見境空
이 合爲門也라 故央掘經에 云, 明見來入門하야 具足無減修[237]라하
니라 德中에 物我自在가 卽廣大法門이라 (初, 欲界天衆은 已竟하다)

■ ㅅ. 타화자재천왕은 논에 이르되, "다른 이를 음악 도구로 변화시켜
스스로를 즐겁게 함은 '스스로는 이미 자재[已自在]함'을 나타낸 것이
다"라고 하였다. ㄱ) 명칭 중에 적정경계문(寂靜境界門)이란 경계는 이

---

237) 修는 經原文에 '揖'이라 하다. (대정장 권2 p.532 a-)

치에 들어가는 곳이니 곧 문(門)이다. 감관이 조급히 움직임[躁動]이 없으므로 '고요함'이라 부른다. 감관은 곧 문이니 감관은 취착이 없어서 비로소 경계가 공함을 보는 것은 문과 합치한 뜻이다. 때문에 『앙굴마라경(央屈摩羅經)』238)에 이르되, "문(門)에 들어와서 구족하여 감소하거나 손해남이 없다"라고 하였다. ㄴ) 공덕을 찬탄함 중에 사물과 자신에 자재함[物我自在]이 곧 광대한 법문이다. (가) 욕계의 하늘대중은 마친다.)

나) 색계의 여러 하늘대중[色界天] 5.
(가) 대범천 대중[大梵天] (第二 32下9)

復有不可數大梵天王하니 所謂尸棄天王과 慧光天王과 善慧光明天王과 普雲音天王과 觀世言音自在天王과 寂靜光明眼天王과 光徧十方天王과 變化音天王과 光明照耀眼天王과 悅意海音天王이라 如是等이 而爲上首하사 不可稱數니라 皆具大慈하여 憐愍衆生하며 舒光普照하여 令其快樂케하시니라

또 헤아릴 수 없는 대범천왕이 있나니라. 이른바 시기천왕과 혜광천왕, 선혜광명천왕, 보운음천왕, 관세언음자재천왕, 적정광명안천왕, 광변시방천왕, 변화음천왕, 광명조요안천왕과 열의해음천왕들이다. 이러한 이들이 상수가 되어 헤아릴 수 없도다. 모두 큰 자비를 갖추어서 중생을 불쌍히

---

238) 『앙굴마라경(央屈摩羅經)』은 전4권으로 '佛이 央屈摩羅를 제도하신 일을 설한 大乘部의 경전'. 劉宋代 求那跋陀羅(394-468) 번역. (대정장 권2 p.512 -) 인용문을 具云하면, "所謂眼入處는 於諸如來常이니 明見來入門하야 具足無減損이로다."

여기며, 광명을 널리 비추어서 그들로 하여금 즐겁게 한다.

[疏] 第二, 色界諸天衆이라 有五衆하니 以第四禪有二衆故라 然四靜慮
攝天多少는 下經頻列하니 至十藏品하야 當會釋之호리라 多依十八
하니 初靜慮四오 二三禪各攝三天이라 皆擧最上은 以勝攝劣故但列
一이라 下文說頌에 徧觀諸天이니라 第四靜慮는 自攝九天이라 上五,
小乘聖居니 非此正被오 異生位中廣果至極일새 故今列之오 大自在
天은 三千界主일새 所以別列이니라 今初, 大梵天衆이라 佛地論에 云,
離欲寂靜일새 故名爲梵이라하니라 具云梵摩어든 此云淸潔寂靜이니 謂
創離欲染일새 故名淸潔이오 得根本定일새 名爲寂靜이라 尸棄는 此云
持髻니 謂此梵王이 頂有肉髻似螺形故라 亦名螺髻며 或云火頂이니
以火災至此故라 貌如童子하고 身白銀色이오 衣金色衣하고 禪悅爲
食이니라 德中에 本修慈心하야 得生梵世오 等流相續하야 還愍衆生
하며 好請轉法輪일새 故智光照物이오 不爲汗行일새 故身光發揮라
若有遇之하면 身心悅樂이니라

■ 나) 색계의 여러 하늘대중이다. 다섯 부류가 있으니 제4선천에 두 부
류 대중이 있는 까닭이다. 그러나 '네 가지 정려(靜慮)'가 속한 하늘의
많고 적음은 아래 경전에 자주 열거하나니 십무진장품에 가서 회통
하여 해석하겠다. 자주 18천을 의지하였으니 초선[初靜慮]에는 네 하
늘이고, 2선과 3선은 각각 세 하늘을 섭수하니 다 가장 높은 하늘을
든 것은 뛰어난 것이 하열한 것을 섭수하므로 하나만 열거한 것이다.
(때문에) 아래 문장의 게송에 '두루 여러 하늘을 본다'고 설하였다. 제
4선에는 스스로 아홉 하늘을 섭수하는데 위의 다섯 하늘[廣果天 위의
5天이니 곧 無煩天, 無熱天, 善現天, 善見天, 色究竟天]은 소승성인의 거처이

므로 바로 가피받을 곳은 아니고, 이생중(異生衆)의 지위에는 광과천(廣果天)이 가장 끝이므로 지금 열거하였다. 대자재천(大自在天)은 삼천세계의 주인이므로 따로 배열한 것이다.

(가) 대범천왕이다. 『불지론』에 이르되, "탐욕을 떠나 적정하므로 범(梵)이라 이름했다"라고 하였다. 갖추어 말하면 범마(梵摩)이니 번역하면 깨끗하고 고요함의 뜻이다. 말하자면 처음으로 탐욕의 더러움을 여의었으므로 청결함이라 이름하고, 근본삼매(根本三昧)를 얻었으므로 적정(寂靜)이라 이름하였다. 시기(尸棄)는 번역하면 '상투를 가짐[持髻]'이니 말하자면 이 범천왕의 이마에 육계(肉髻)가 있어서 소라 모양[螺形]과 같기 때문이며, 또한 나계(螺髻)라 하며 혹은 화정(火頂)이라고도 하나니, 화재가 여기까지 왔기 때문이다. 용모는 동자(童子)와 같고, 몸은 하얀 은색이며, 금색의 옷을 입고 선열(禪悅)로 밥을 삼는다. ㄴ) 공덕을 찬탄함 중에 본래 (1) 자비심을 닦아서 범천의 세상에 남을 얻었으며, (2) 무리와 평등하게 상속하여 환생하여 중생을 연민히 여기며, (3) 법륜 굴림을 잘 청하므로 '지혜의 광명으로 중생을 비춘다'라 하였고, 때문에 몸의 광명이 나오게 되나니 만일 광명을 만나면 (중생들의) 몸과 마음이 즐거워질 것이다.

(나) 광음천 대중[光音天] (第二 34上1)

復有無量光音天王하니 所謂可愛樂光明天王과 淸淨妙光天王과 能自在音天王과 最勝念智天王과 可愛樂淸淨妙音天王과 善思惟音天王과 普音徧照天王과 甚深光音天王과 無垢稱光明天王과 最勝淨光天王이라 如是等이

而爲上首하사 其數無量하니 皆住廣大寂靜喜樂無礙法
門하시니라

또 한량없는 광음천왕이 있나니라. 이른바 가애락광명천왕
과 청정묘광천왕, 능자재음천왕, 최승염지천왕, 가애락청
정묘음천왕, 선사유음천왕, 보음변조천왕, 심심광음천왕,
무구칭광명천왕과 최승정광천왕들이다. 이러한 이들이 상
수가 되어 그 수가 한량이 없으니, 모두 넓고 크며 고요하고
즐거운 무애법문에 머문다.

[疏] 第二, 光音天이니 二禪第三天也라 智論에 亦云, 第二禪通名光音이
니 彼天語時에 口出淨光故라 有云, 彼無尋伺하고 言語亦無하며 用
光當語일새 故名光音이라하니라 瑜伽에 名極光淨은 謂淨光徧照自他
處故니라 德中에 定生喜樂하야 離尋伺故로 得寂靜名이라 然凡得之
에 捨動求靜일새 故非廣大며 昧定之喜는 非無礙法이나 今菩薩卽動
而靜하야 不散不昧하니 是爲廣大無礙法門也라

■ (나) 광음천이니 제2선천의 세 번째 하늘이다. 『대지도론』에 또 이르
되, "제2선은 모두 광음천(光音天)이라 부르는데, 저 하늘이 말할 때
에 입에서 깨끗한 광명이 나오기 때문이다. 어떤 이는 저 하늘에는 엿
보거나 살핌[尋伺]이 없고 말도 없으며, 빛으로 말을 대신하므로 광음
(光音)이라 이름한다"라고 하였다. 『유가사지론』에 '극광정천(極光淨
天)'이라 이름한 것은 자신과 남의 처소를 두루 비추기 때문이다. ㄴ)
공덕을 찬탄함 중에 삼매에서 기쁨을 내어[定生喜樂] 심사(尋伺)를 여
의었으므로 적정(寂靜)이란 이름을 얻는다. 그러나 무릇 얻음에 움직
임을 버리고 고요함을 구하므로 광대는 아니며 '삼매에 재미 붙인 즐

거움[味定之喜]'은 무애한 법문은 아니지만, 지금 보살은 움직임에 합치하여 고요하므로 산란하지도 재미 붙이지도 않았으니 이 때문에 '광대하고 무애한 법문'이라 하였다.

(다) 변정천 대중[徧淨天] (第三 30上9)

> 復有無量徧淨天王하니 所謂淸淨名稱天王과 最勝見天王과 寂靜德天王과 須彌音天王과 淨念眼天王과 可愛樂最勝光照天王과 世間自在主天王과 光焰自在天王과 樂思惟法變化天王과 變化幢天王과 星宿音妙莊嚴天王이라 如是等이 而爲上首하사 其數無量하니 悉已安住廣大法門하여 於諸世間에 勤作利益하시니라[239]
>
> 또 한량없는 변정천왕이 있나니라. 이른바 청정명칭천왕과 최승견천왕, 적정덕천왕, 수미음천왕, 정념안천왕, 가애락최승광조천왕, 세간자재주천왕, 광염자재천왕, 낙사유법변화천왕, 변화당천왕과 성수음묘장엄천왕들이다. 이러한 이들이 상수가 되어 그 수가 한량이 없으니 모두 광대한 법문에 안주해서 모든 세간에 부지런히 이익을 짓는다.

[疏] 第三, 徧淨天은 此天離喜하야 身心徧淨이니라 故로 德中에 身心徧淨은 未爲廣大어니와 物我無二하야 普益世間일새 方爲廣大也니라

■ (다) 변정천(徧淨天, 제3선의 세 번째 하늘)은 이 하늘이 기쁨과 즐거움을 여의어서 몸과 마음이 두루 깨끗한 것이다. 때문에 ㄴ) 공덕을 찬탄

---

239) 淸淨下에 淸卍本有慧字하고 合注云, 淨下宋藏有慧字, 北藏無慧字, 流通本有慧字라 하다.

함 중에 몸과 마음이 두루 깨끗함은 아직 광대한 것은 아니지만 '중생과 자신이 둘이 없어서[物我無二]' 널리 세간을 이롭게 하므로 바야흐로 광대함이 되는 것이다.

(라) 광과천 대중[廣果天] (第四 30上9)

> 復有無量廣果天王하니 所謂愛樂法光明幢天王과 淸淨
> 莊嚴海天王과 最勝慧光明天王과 自在智慧幢天王과
> 樂寂靜天王과 普智眼天王과 樂旋慧天王과 善種慧光
> 明天王과 無垢寂靜光天王과 廣大淸淨光天王이라 如
> 是等이 而爲上首하사 其數無量하니 莫不皆以寂靜之法
> 으로 而爲宮殿하여 安住其中하시니라
> 또 한량없는 광과천왕이 있나니라. 이른바 애락법광명당천
> 왕과 청정장엄해천왕, 최승혜광명천왕, 자재지혜당천왕,
> 낙적정천왕, 보지안천왕, 낙선혜천왕, 선종혜광명천왕, 무
> 구적정광천왕과 광대청정광천왕들이다. 이러한 이들이 상
> 수가 되어 그 수가 한량이 없으니, 모두 적정법으로 궁전을
> 삼아서 그 속에 안주한다.

[疏] 第四, 廣果天은 卽第四禪第三天이니 於異生善果에 此最廣故로 所有功德勝下三故라 德中에 此天離八災患하야 世中最寂하니 今以實智로 住本寂之宮이라

■ (라) 광과천(廣果天)은 곧 제4선의 세 번째 하늘이니, 이생중(異生衆)의 선한 과보에는 이것이 가장 넓으므로 소유한 공덕이 아래 세 가지 하

늘[無雲天, 福生天, 無想天]보다 뛰어나기 때문이다. ㄴ) 공덕을 찬탄함 중에 이 하늘이 '여덟 가지 재앙과 근심[八災患]'²⁴⁰⁾을 떠나서 세간 중에 가장 고요하니 지금은 실법지혜로 본래로 고요한 궁전에 머무는 것이다.

(마) 대자재천 대중[大自在天] (第五 35下3)

復有無數大自在天王하니 所謂妙焰海天王과 自在名稱
光天王과 淸淨功德眼天王과 可愛樂大慧天王과 不動光
自在天王과 妙莊嚴眼天王과 善思惟光明天王과 可愛樂
大智天王과 普音莊嚴幢天王과 極精進名稱光天王이라
如是等이 而爲上首하사 不可稱數라 皆勤觀察無相之法
하여 所行平等하시니라

또 수없는 대자재천왕이 있나니라. 이른바 묘염해천왕과 자재명칭광천왕, 청정공덕안천왕, 가애락대혜천왕, 부동광자재천왕, 묘장엄안천왕, 선사유광명천왕, 가애락대지천왕, 보음장엄당천왕과 극정진명칭광천왕들이다. 이러한 이들이 상수가 되어 헤아릴 수 없는 수로써 모두 부지런히 무상법을 관찰해서 행하는 것이 평등하다.

[疏] 第五, 大自在者는 梵云摩醯首羅가 是也라 於三千界最自在故니라 智論第二에 云, 此天이 有八臂三目, 乘白牛, 執白拂하야 一念之間

---

240) 八災患이란 憂, 喜, 苦, 樂, 尋, 伺, 出息, 入息 등의 법이 禪定을 방해하기 때문이니 火, 水, 風의 三災를 外災라 하고 이것을 內災라 한다.

에 能知大千雨滴이라하니라 下經同此하니라 準智論第十一—[241]하면 過五淨居하야 有十住菩薩住處하니 亦名淨居며 號大自在天王이라 又三乘中에 立此爲淨土하니 是報身所居어니와 約實컨대 但是第十地菩薩이 攝報之果로 多作彼王耳니라 德中에 三界之頂은 非無相不超오 非離相不求일새 故로 所行平等이니라 然上釋名歎德은 皆從義便하야 以順類殊어니와 若約實德인대 無不互有니 皆可慮求니라 衆海雲集은 竟하다(已下入第二卷의 第七, 稱揚讚德이니라).

■ (마) 대자재천 대중이니 대자재(大自在)는 범어로는 마혜수라(摩醯首羅)가 이것이니 삼천세계에서 가장 자재하기 때문이다. 『대지도론』제2권[242]에 이르되, "이 하늘이 여덟 개의 팔과 세 개의 눈이 있으며, 흰 소를 타고 하얀 불자(拂子)를 잡고 찰나 사이에 능히 대천세계의 빗방울의 숫자를 알 수 있다"라고 하였다. 아래 경에도 이와 같은 내용이다. 『대지도론』제11권[243]에 준해 보면, "오정거천(五淨居天)[244]을 지나서 십주(十住)보살이 머무는 도량이 있으니, 또한 정거천(淨居天)이라 부르며 대자재천왕이라 한다. 또 삼승 중에 여기에 정토(淨土)를 세우나니 이는 보신의 사는 곳이다. 실법지혜를 의지하면 다만 제10지 보살이 섭수한 과보로 자주 이 대자재천왕이 될 따름이다. ㄴ) 공덕을 찬탄함 중에 삼계의 끝은 무상(無相)이 아니면 초월하지 못하고 모양을 여

---

241) 十一은 源甲南續金本作一이라 하다.
242) 『대지도론』제2권 云, "問曰, 餘人亦知一切諸法 如摩醯首羅天 八臂三眼騎白牛 如韋紐天四臂捉貝持輪騎金翅鳥 如鳩摩羅天 是天持鈴 捉幡騎孔雀 皆是諸天大將 如是等諸天 各各言大 皆稱一切智 有人作弟子學其經書 亦受其法 言是一切智 答曰, 此不應一切智 何以故 瞋恚慢心著故.(대정장 권25 p.73 a4-)
243) 제11권이라 하지만 문장을 찾아보니 제9권에 云, "問曰, 何以故 名爲淨居天梵世天 答曰, 第四禪有八種 五種是阿那含住處 是名淨居 三種凡夫聖人共住 過是八處 有十住菩薩住處 亦名淨居 號大自在天王 梵世天者 生處有三種 一者, 梵衆天 諸小梵生處 二者, 梵輔天 貴梵生處 三者, 大梵天 是名中間禪生處."(대정장 권25 p.122 c12-)
244) 범어 śuddhāvāsa의 번역이며 五那含天, 五不還天, 淨居天이라고도 한다. 色界 第四禪에 不還果[聲聞 제3果]를 깨달은 聖者가 태어나는 곳. 無煩天, 無熱天, 善現天, 善見天, 色究竟天을 통틀어 일컫는 말이다.

의지[離相] 못하면 구할 수 없으므로 '행하는 것이 평등한[所行平等]' 것이다. 그러나 위의 명칭 해석과 공덕을 찬탄함은 모두 뜻의 편의를 따라 부류가 다름에 의거했지만, 만일 실덕(實德)에 의지하면 서로 가지지 못한 것이 없으니 다 헛되게 추구한 것이로다. 제6. 구름처럼 모인 대중의 바다는 마친다. (아래는 제2권의 제7. 불덕을 드높여 찬탄하다[稱揚讚德]에 들어간다.)

大方廣佛華嚴經 제2권
大方廣佛華嚴經疏鈔 제2권의 ① 盈字卷上

제1 世主妙嚴品 ⑤

제2권에서는 제7. 부처님 공덕을 찬탄하는 내용으로 각기 해탈문을 밝히고 있다. 경문에 이르되,

여래의 지혜는 끝이 없어서	如來智慧無邊際하사
모든 세간이 측량할 수 없으나	一切世間莫能測이라
중생들의 어리석은 마음을 영원히 없애나니	永滅衆生癡暗心하시니
대혜천왕이 여기에 들어가서 깊이 안주하도다.	大慧入此深安住로다

여래의 공덕은 부사의해서	如來功德不思議여
중생들이 보고는 번뇌가 없어지고	衆生見者煩惱滅이라
온 세간이 안락을 얻게 하니	普使世間獲安樂케하시니
부동자재천왕이 능히 보았네.	不動自在天能見이로다

제1. 세상 주인들이 묘하게 장엄하는 품[世主妙嚴品] ⑤

제7. 불덕을 드날려 찬탄하다[稱揚讚德] 2.

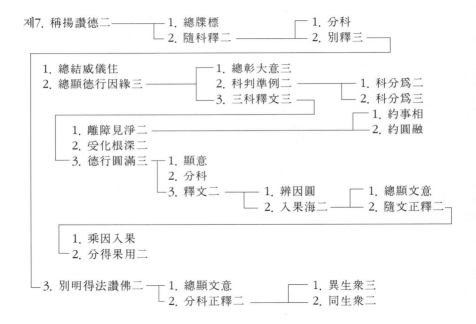

一. 총상으로 따와서 표방하다[總牒標] (自下 1上5)

[疏] 自下大文은 第七, 稱揚讚德分이오 亦是發起序니라

■ 제7. 이 아래의 큰 문단은 불덕(佛德)을 드날려 찬탄하는 부분이며 또한 발기서(發起序)가 된다.

[鈔] 第七, 稱揚讚德分이라 一, 對十分之名인대 稱揚讚詠本師功德이오 二云亦是發起序者는 對三分科經이니 謂序, 正, 流通인대 一品是序라 常途分二하니 一, 證信이오 二, 發起라 今以前六分은 皆爲證信이오 此下四分은 總爲發起라 讚揚發起佛德하며 出衆顯於佛用이 正發起大經이니 不同古德이 但用天地禎祥하야 爲發起也니라

● 제7. 불덕을 드날려 찬탄하는 부분이니, (1) 열 가지로 나눈 이름과 상대하면 본사(本師)이신 부처님의 공덕을 드날려 게송으로 찬탄하는 부분이고, (2) 또한 발기서(發起序)라 함은 세 가지로 경을 과목으로 나누어서 곧 서분, 정종분, 유통분에 상대하면 제1 세주묘엄품 한 품이 서분(序分)이다. 일반적으로 두 가지로 나누어 ① 증신서(證信序)와 ② 발기서(發起序)이다. 지금 앞의 여섯 부분은 모두 증신서가 되고, 이 아래 네 부분은 모두 발기서가 된다. 찬양하여 불덕을 일으키며 대중 속에 출현하여 부처님의 작용을 나타낸 것이 큰 경을 시작함이니 고덕들이 다만 천지(天地)의 상서로움[禎祥]만을 써서 발기서로 삼은 것과는 같지 않다.

二. 과목을 따라 해석하다[隨科釋] 3.

一) 대중의 위의로 머무름을 총결하다[總結威儀住] 3.

(一) 대중의 모임을 결론하다[結衆集]

爾時에 如來道場衆海가 悉已雲集하니라

이때에 여래의 도량에 바다 같은 대중들이 모두 운집하였다.

[疏] 文中에 有三하니 第一은 總結威儀住오 第二, 此諸衆下는 總顯德行
因緣이오 第三, 所謂下는 別明得法讚佛이라 前中有三하니 初, 結衆
集이오 次, 明相異오 後, 顯意同이라 今初, 數廣德深일새 故名衆海라
起於自地하야 集空道場에 多數大身이 重重無礙雲之象也라 又浮雲
無心하니 龍吟則起하고 菩薩無住하니 佛現爰來라

■ 경문 속에 세 가지가 있으니 一) 통틀어 대중의 위의로 머무름을 총
결함이요, 二) 此諸衆 아래는 덕행과 인연을 모두 나타냄이요, 三)
所謂 아래는 대중의 득법과 불덕(佛德)을 찬탄함을 개별로 밝혔다.
一)에 셋이 있으니 (一) 대중의 모임을 결론함이요, (二) 서로 다른
점을 밝힘이요, (三) 의미가 같은 점을 밝힘이다. 지금은 (一) (대중
의) 숫자가 넓고 덕이 깊으므로 대중의 바다[衆海]라 이름하였다. 자
신과 남을 일으켜 빈 도량에 모이니 많은 숫자의 큰 몸[大身]이 겹겹으
로 무애한 구름의 모양이 되었다. 또 뜬구름은 무심하여 용(龍)이 노
래하면 일어나고 보살은 머무름이 없나니, 부처님이 출현함으로 인
하여 온 것이다.

(二) 서로 다른 점을 밝히다[明相異] (二無)
(三) 의미가 같은 점을 밝히다[顯意同] (三隨)

無邊品類가 周帀徧滿하며 形色部從이 各各差別하니라 隨
所來方하여 親近世尊하사 一心瞻仰하시니라

끝없는 품류들이 두루 가득하였는데 형색과 부류가 각각 다
르니라. 제각기 온 방위를 따라서 세존을 친근하고 일심으
로 우러렀다.

[疏] 二, 無邊는 相異也니 不唯上列일새 故云品類無邊이오 旋環不空일
새 故云周匝徧滿이오 大小等形과 妍媸等色과 部主徒從이 各有區分
일새 故云差別이라 三, 隨所下는 意同也라 隨所來方하야 參而不雜코
皆得見佛호대 各對目前이 其猶百川에 各全覩月이라 同無異念일새
故曰一心이라 諦矚欽承하야 瞻而且仰은 不唯直覩丈六이라 乃徹見
法界身雲이니라

■ (二) 無邊 아래는 서로 다른 점을 밝힘이니 오직 위에 열거한 것뿐
이 아니므로 끝없는 품류라 하였다. 둥글게 도는 것이 헛되지 않으므
로 '두루 돌아 가득하다[周匝徧滿]'고 하였고, 크고 작은 형상과 예쁘
고 추한 등의 얼굴과 한 부류의 왕과 따르는 무리들이 각각 구분이
있으므로 '차별된다'고 말한 것이다. (三) 隨所 아래는 의미가 같은
점을 밝힘이다. 온 방소를 따라 참여하였지만 혼잡하지 않고, 모두
부처님을 친견하되 각자의 눈앞에 대한 것 같음이 마치 백 가지 하천
에서 각각 달을 볼 수 있는 것과 같다. 함께하여 다른 생각이 없으
므로 '한 마음[一心]'이라 하였다. 자세히 살펴 흠앙하여 받들어 보고
또 우러름은 오직 바로 장육존상(丈六尊像)을 볼 뿐만 아니라 법계신
(法界身)의 구름까지 철저하게 본 것이다.

二) 통틀어 덕행과 인연을 밝히다[總顯德行因緣] 3.
(一) 총합하여 대의를 밝히다[總彰大意] 3

1. 총합하여 표방하다[總標] (第二 2上8)

2. 힐난을 해명하다[通難] (前同)

3. 거듭하여 힐난을 해명하다[重通難] (又前)

[疏] 第二, 總顯德行因緣者는 以上列中에 隨宜別歎하고 今方總顯德行
齊均이라 又與下別得法門으로 以爲總故라 前同生衆中에 共集善根
이 亦是別故니라 又前共集은 明主伴所由오 今曾攝受는 顯眷屬所以
이니 影略其文이니라

■ 二) 통틀어 덕행과 인연을 밝힘은 위에서 나열한 중에 편의를 따라
따로이 찬탄하고, 지금 비로소 덕행이 비슷함을 밝힌 것이다. 또 아
래 개별로 얻은 해탈법문으로 총상을 삼은 까닭이다. 앞에서 함께 태
어난 대중 속에 함께 선근을 모은 것이 또 특별함이기도 한 까닭이
다. 또 앞의 함께 모음[共集]은 주인과 반려가 된 이유를 밝힌 것이고,
지금의 '일찍이 섭수함'은 권속이 된 이유를 밝힌 것이니 그 문장은 서
로 비추어 생략하였다.

[鈔] 第二, 總顯德行因緣이라 先, 總彰大意오 何名總顯德行因緣고 先
釋總顯이 自有二義하니 一, 望前爲總이니 前四十衆에 各隨所宜하야
以顯勝德하니 所顯則局이라 如顯[245]海神에 云, 佛功德海가 充滿其
身等이니 今總顯四十衆德이오 二, 望後爲總이니 下四十衆이 得法各
異일새 今總顯具德이라 前同生衆下는 躡跡成難이니 謂有難云호대 前
顯同生云호대 皆與毘盧遮那로 共集善根이라하니 豈非總耶아할새 故
今答云호대 前局同生하고 今該同異四十衆德하니 方得名總이라하니라

---

245) 上三顯字 南續金本作歎이라 하다.

又前明共集下는 重通所難이니 非唯總別不等이라 實亦文意有殊니 前
云²⁴⁶⁾共集은 與佛德齊일새 故爲主伴이오 今曾攝受는 唯爲佛攝일새
故爲眷屬이라 爲分二義는 前略攝受하고 此略共集하니 可互影取일새
故云影略其文이니라

● 二) 통틀어 덕행과 인연을 밝힘에서 (一) 총합하여 대의를 선양함이
다. 무엇을 통틀어 덕행과 인연을 밝혔다고 말하는가? 먼저 통틀어
해석함에 두 가지 뜻이 있으니 (1) 앞을 바라보고 총상을 삼은 것이
니, 앞의 40부류 대중에 각각 편의를 따라서 뛰어난 덕을 밝혔으니
밝힌 것은 국한된 것이다. 저 주해신(主海神)을 밝힌 것과 같으니 이
르되, "부처님의 공덕 바다가 그 몸에 가득하다"라 한 등이니, 이제
통틀어 40대중의 공덕을 밝혔고, (2) 뒤를 바라보고 총상을 삼은 것
이니, 아래 40부류의 대중이 얻은 해탈법문이 각각 다르기 때문에 지
금 총상으로 공덕 갖춤을 밝혔다. (二) 前同生衆 아래는 자취를 밟
아 힐난을 이룸이다. 어떤 이가 따져 묻되, "앞에는 동생중에 대해 밝
히기를 '다 비로자나 여래와 함께 선근을 모았다'라고 하였으니 어찌
총상이 아니겠는가?"라 하였으므로 대답하여 말하되, "앞에서는 동
생중(同生衆)에 국한하였고, 지금은 동생중과 이생중의 40부류 대중
의 덕을 모두 포함하였으니 비로소 총상이라 이름한다"라고 하였다.
(三) 又前明共集 아래는 힐난을 거듭 해명함이다. 총상과 별상이 같
지 않을 뿐만 아니라 실로 또한 글의 뜻이 다름이 있으니, 전에 말한
'함께 모음'은 불덕과 동등하므로 주인과 반려가 되었고, 이제 '일찍
이 섭수함'은 오직 불덕을 섭수하기 위한 까닭에 권속이 된 것이다.
두 가지 뜻으로 구분한 것은 앞에서는 섭수를 생략하였고, 여기서는

---

246) 云은 南金本作之라 하다.

함께 모은 것을 생략하였으니 서로 비추어 취하였으므로 '그 문장을 비추어 생략한다'[247]라고 말하였다.

(二) 과목을 나누어 사례와 준하다[科判準例] 2.

1. 둘로 과목 나누다[科分爲二] (此文 3上5)

此諸衆會가 已離一切煩惱心垢와 及其餘習하여 摧重障山하고 見佛無礙하니라

여기 모인 모든 대중들은 일체 번뇌와 마음의 때와 그리고 남은 습기들을 벌써 떠났으며 무거운 업장의 산을 꺾어뜨리고 부처님을 보는 데 아무런 장애가 없었다.

[疏] 此文多勢라 且分爲三이니 初, 明離障見淨이오 二, 如是下受化根深이오 三, 種無量下德行圓備라 初後是因이오 中一是緣이라 以因奪緣에 大衆自見이오 以緣奪因에 佛力令見이라 因緣和合은 無定親疎일새 故로 因緣間說이니라

■ 이 경문은 여러 기세가 있다. 우선 세 가지로 나누리니, 1) 장애를 여의고 청정을 봄을 밝힘이요, 2) 如是 아래는 섭수하여 교화하는 선근이 깊음을 밝힘이요, 3) 種無量 아래는 덕행이 원만히 구비함을 밝힘이다. 1)과 3)은 원인이고 2)는 간접 인연이다. 원인으로 간접 인연을 없애면 대중이 자력(自力)으로 볼 것이고, 간접 인연으로 원인을 없애면 부처님의 힘[佛力]을 의지하여 보게 하는 것이다. 원인과 간접 인

---

247) 影略이란 ① 撮略 또는 含縮의 뜻으로 전체적인 의미를 하나에 함축한다는 의미이다. ② 상호연관성을 가진다는 뜻으로 여기서처럼 攝受와 共集을 앞뒤에서 관계 맺어 주는 말이다. ③ 앞 문장의 餘韻을 뒤에까지 끌고 간다는 뜻이 있다.

연이 화합하면 친하고 성근 것을 정하지 못하므로 원인과 간접 인연의 사이에 말한 것이다.

2. 셋으로 과목 나누다[科分爲三] (又初 3上8)

[疏] 又初段, 德行現深이오 後二, 因緣宿着이라 久攝今見이 卽緣成因하야 感應道交일새 故로 常居佛會니라

■ 또 첫째 문단은 덕행이 현재에 깊음이고, 둘째와 셋째 문단은 인연이 과거에 집착한 것이므로 오래 섭수하여 지금에 보는 것이 보조인연[緣]과 합치하여 원인[因]을 이루어 감응이 서로 교류되는[感應道交] 까닭에 항상 부처님의 회상에 머무는[常居佛會] 것이다.

[鈔] 此文多勢下는 二, 科判也라 言多勢者는 或可分三이요 或可分二니 二中에 立名은 亦可有異니 於中에 有三이라 初科爲三하면 初後是因下는 料揀이요 又初段下는 對前且字니 今爲二故로 久攝今見下도 亦是料揀이라 上三分中에 二卽是緣이요 初後是因者는 約自行爲因에 佛攝爲緣이라 今得見佛이 由昔曾攝이니 攝卽親因이라 因緣旣着爲感이오 昔에 旣曾攝故로 應이니라

● (二) 此文多勢 아래는 과목을 나누어 (사례와 준함이다.) '여러 기세가 있다'고 말한 것은 혹은 셋으로 나누기도 하고 혹은 둘로 나눌 수도 있다는 말이니, 1) 둘 중에 명칭을 세움은 또한 차이가 있기도 하다. 그중에 셋이 있다. 2. 셋으로 과목 나누면 1) 初後是因 아래는 구분함이요, 2. 又初段 아래는 앞의 차(且)라는 글자와 상대함이니 지금에 둘이 되는 연고로 久攝今見 아래도 또한 구분함이 된다. 위의 셋

으로 나눈 중에 '2.는 곧 간접인연이요 1.과 3.은 원인'이란 자신의
수행을 원인으로 잡을 적에 '부처님의 섭수하심'이 간접 인연이 된다.
이제 부처님을 친견함은 예전에 일찍이 섭수함을 인연한 것이니, 섭수
는 가까운 원인이니 원인과 간접 인연이 이미 정해짐이 감(感)이 되고,
예전에 일찍이 섭수된 까닭에 응(應)이 된다.

(三) 세 과목으로 경문을 해석하다[三科釋文] 3.

1. 장애를 여의고 청정을 보다[離障見淨] 2.

1) 현상의 양상을 잡아 해석하다[約事相] (今初 3下7)

[疏] 今初, 離障見淨者는 煩惱卽煩惱障也오 心垢卽所知障也니 此障翳
心에 迷所知故라 言一切者는 謂分別俱生과 若種若現이라 言餘習
者는 二障氣分麤重麤重이니 如畢陵上慢과 迦葉不安이라 今皆位極
菩薩이 智現情亡[248]하고 證理達事하야 心鏡瑩淨일새 故云已離라 若
諸位圓融인대 一斷一切斷이니 亦通初位니라

■ 지금 1. '장애를 여의고 청정을 본다' 함에서 번뇌는 곧 번뇌장이고 마
음의 때는 곧 소지장이니, 이런 장애[心垢]가 마음을 가리면 아는 것
을 미혹하기 때문이다. 일체(一切)라 말한 것은 이른바 (1) 분별과
(2) 함께 생김과 (3) 종자와 (4) 현행이다. '나머지 습기'란 두 가지
장애의 기운이 매우 거칠면서 무거우니[麤重麤重], 필릉가(畢陵伽)의 거
만함[249]과 가섭(迦葉)[250]의 편안치 않음이다. 이제 모두 지위가 다한

---

248) 亡은 甲續金本作忘이라 하다.
249) 畢陵伽는 畢陵伽婆蹉(범어 Pilinda-vatsa)의 약칭이며 畢蘭陀筏蹉라고도 함. 餘習, 餘習이라 번역. 석존 당
시 제자로 거만한 비구였다. 『지도론』 권2에 云, 장로 필릉가바차가 눈병을 앓았는데 걸식을 행할 때 항하를
건너면서 彈指曰, "小婢야, 무르고 흐르지 마라" 하여 강물이 두 곳으로 갈라지면 乞食하러 가곤 하였다.

보살이 지혜가 나타나면 생각이 없어지고 이치를 깨닫고는 현상에도 통달하여 마음 거울이 밝고 맑은 연고로 이미 여읜 것이다. 만일 여러 지위가 원융하다면 하나를 끊으면 모두가 끊어짐이니 또한 십신(十信)의 첫째 지위[十信初位]에도 통한다.

[鈔] 言一切者가 謂分別俱生若種若現者는 謂二障各二니 一者, 分別이니 謂因邪師邪教와 及邪思惟라 此見道斷하고 入初地時에 便永斷盡이오 二者, 俱生이니 不由上二하야 生而便有니 此修道斷하고 地地斷之니라 此又二種이니 一者, 現行이오 二者, 種子라 若所知現行인대 地地斷之하고 若煩惱現行인대 亦地地斷하며 煩惱種子는 直至金剛定斷이니라

二障氣分麤重麤重者는 二障氣分은 卽熏習所成이니 揀異現障일새 故云習氣라 然習氣有二하니 謂因與果라 於現起障에 能爲因者는 亦名種子니 此因習氣는 根本智斷이라 斷此因已코는 現不起故라 不起現因하고 但麤重者는 唯名習氣라 此果習氣니 後得智斷이라 斷現麤重은 知現無故니라

● '일체란 이른바 (1) 분별과 (2) 함께 생김과 (3) 종자와 (4) 현행을

<hr>

강의 神이 세존께 고하자 세존이 필릉에게 강의 신에 謝過하라고 하자 畢陵이 合掌而告曰, "小婢야, 화내지 마라. 지금 너에게 사과한다" 하니 세존이 江의 神에 告曰, "너는 필릉이 손을 모으고 사과하는 것을 보았느냐. 사과는 오만이 아니다. 이 사람은 오백 세를 거쳐 항상 波羅門家에 태어나 다른 사람을 輕視하였다. 본래 습관이 되어 말할 뿐이며 마음에는 교만이 없다. 이같은 모든 아라한은 비록 번뇌는 끊어도 습관이 남았다" 하시었다. (지도론2)

250) 마하가섭(Mahākyāśapa): 意譯하면 大飮光, 大龜氏. 십대제자 가운데 頭陀第一, 왕사성 마하사다라村의 長者 바라문 니그로다칼파의 아들. 일찍기 昆耶利城 바라문의 딸 발타라가비라와 결혼하지만 12년만에 부모를 여의고 세속적인 욕망의 無常함을 깨닫고 부부가 함께 歸依, 8일만에 阿羅漢果를 증득하다. 항상 頭陀行을 하고 불별 후 구시성 天觀寺로 가서 부처님 발에 예배한 후 茶毘儀式을 거행하다. 뒤에 上首가 되어 阿難, 優婆離와 함께 經律을 結集하다. 禪家에서 傳法 第1祖로 추앙하다. (佛本行集經45, 잡아함41, 중일아함20, 달마다라선경上, 付法藏因緣傳제1, 有部毘那耶雜事39・40, 大寶積經88, 胎藏界7集中)

말한다'는 것은 말하자면, 두 가지 장애가 각각 둘씩이니 (1) 분별이니 삿된 스승과 삿된 가르침과 삿된 사유이다. 이것은 견도위(見道位)에서 끊고 초지(初地)에 들 때에 문득 영원히 다 끊는다. (2) 함께 생김이니 위의 두 가지[分別과 俱生]를 말미암아 생겨나 문득 있는 것이 아니니, 이는 수도위(修道位)에서 끊고 매 지(地)마다 끊는다. 여기에 또 두 가지가 있으니 (3) 현행(現行)이고 (4) 종자(種子)[251]이다. 만일 소지장(所知障)의 현행이면 지지(地地)마다 끊고, 만일 번뇌장(煩惱障)의 현행이면 역시 지지마다 끊고, 만일 번뇌장의 종자(種子)는 바로 금강유정(金剛喩定)[252]에 가서야 끊는다.

'두 가지 장애의 기운이 매우 거칠면서 무겁다' 함은 두 가지 장애의 기운은 곧 훈습하여 이룬 것이니, 현행(現行)의 장애와 구별되므로 '습기(習氣)'라 말한다. 습기에 두 가지가 있으니 (1) 원인과 (2) 결과이다. 현재에 장애를 일으킬 때 능히 원인이 되는 것은 또한 종자(種子)라 하나니 이런 '원인인 습기(習氣)'는 근본지(根本智)로 끊는다. 이 원인을 끊고 나서는 현행이 일어나지 않기 때문이다. 현행의 원인이 일어나지 않고 다만 거칠면서 무거운 것은 오직 습기뿐이라 한다. 이는 '결과인 습기'이니 후득지(後得智)로 끊는다. 현행의 거칠면서 무거움을 끊음은 현행이 없음을 알기 때문이다.

---

251) 種子와 現行: 唯識宗에서 種子는 阿賴耶識 속에 저장되어 있다고 한다. 『成唯識論』 권2에서, "아뢰야식은 體 종자는 用, 또 아뢰야식은 果 종자는 因, 또한 不一不異의 관계라고도 한다. 種子는 아뢰야식의 相分에 존재한다." 또 '種子六義'가 있으니 ① 刹那滅 ② 果俱有 ③ 恒隨轉 ④ 性決定 ⑤ 待衆緣 ⑥ 引自果의 6가지를 갖춘다. 現行이란 有爲의 諸法이 현재에 나타나는 것이니, 유식종에서는 阿賴耶識으로 일체의 것이 생기는 능력이 있다고 보아서 種子라 한다. 이 종자에서 모든 것이 생기는 것, 혹 그렇게 생긴 법을 現行이라 한다. 여기에 '三法展轉 因果同時'의 뜻이 있으니, "種子生現行 現行熏種子"로 種子와 現行法과 新熏種子와의 세 가지가 동시에 행해진다는 의미이다. (불교학사전 p.1440, 1683)

252) 金剛喩定: 금강에 비유되는 定의 뜻이니 金剛三昧, 頂三昧라고도 한다. 小乘의 聲聞이나 大乘菩薩이 修道가 완성될 무렵 최후로 번뇌를 끊을 때 생기는 선정이다. 때문에 이 定으로부터 발심하여 阿羅漢果나 菩薩의 경우 佛果를 얻는다.

言麤重者는 違細輕故라 然麤重有三하니 一, 現起麤重이니 貪等이
令行者로 心無堪任故오 二, 種子麤重이니 煩惱種子障諸智故오 三,
麤重麤重이니 實非煩惱나 似煩惱故니 如身子瞋習과 畢陵慢習等이
라 今卽第三이니 以經言餘習故라 又位極故니 前二, 卽是一切中攝
이라 故로 疏에 釋云若種若現이라 上言已斷은 卽有能斷之道니 揀異
伏道일새 故云已斷이라 斷道有二하니 謂一, 根本無分別智로 親證
二空所顯眞理와 無境相故로 能斷二障은 種子現行이오 二, 後得無
分別智로 雖不親證하야 無力能斷迷理隨眠이나 而於安立非安立相
에 明了現前하야 無倒證故로 亦能永斷彼修所斷迷事隨眠이라 上來
皆是唯識論意이어니와 更有釋者인대 所知障中에 亦有二種하니 一,
於所知境에 而能爲障이라 卽是不染汚無知오 而非法執이니 如於五
明處에 有所未解는 但是無知언정 何曾有執이리오 然唯識에 云, 由我
法執하야 二障俱生이어니와 若證二空하면 彼障隨斷者는 據見道分別
障說이니 以證空理而斷障故오

● '거칠면서 무겁다[麤重]'고 말한 것은 미세하고 가벼움에 위배되기 때
문이다. 그러나 거칠고 무거움[麤重]에 세 가지가 있으니, ① 현재에
일어나는 추중(麤重)이니 탐욕 등의 번뇌는 수행자가 마음에 감당하
지 못하게 하는 까닭이요, ② 종자의 추중이니 번뇌장의 종자가 여러
지혜를 장애하는 까닭이고, ③ 추중 중의 추중이니 실은 번뇌가 아니
지만 번뇌와 비슷하기 때문이니, 사리불[身子]의 성내는 습기와 필릉
가(畢陵伽)의 거만한 습기 등이다. 지금은 셋째니 경문에서 '남은 습기
[餘習]'라 말한 까닭이다. 또 지위가 맨 끝이니 앞의 두 가지는 곧 모
든 가운데 섭수하므로 소가가 해석하기를 종자(種子)와 현행(現行)이
라 하였다. 위에서 '이미 끊었다'고 말한 것은 곧 능히 끊는 도(道, 能

斷道)가 있으니 조복하는 도[調伏道]와 구별되기 때문에 '이미 끊었다'고 말한 것이다. 능히 끊는 도[能斷道]에 두 가지가 있으니 말하자면 ① 근본(根本)의 무분별지로 직접 두 가지 공(空)으로 나타낸 진리와 경계가 없는 모습을 증득한 연고로 능히 두 가지 장애와 종자와 현행을 끊는 것이고, ② 후득(後得)의 무분별지로 비록 직접 증득하여 힘들이지 않고 능히 이치에 미혹함과 잠에 떨어짐을 끊지는 않았으나, 안립(安立)과 비안립(非安立)의 모습에 밝게 앞에 나타나서 잘못 증득함이 없기 때문에 또한 저 수행으로 미사(迷事)와 수면(隨眠)으로 끊은 것을 길이 끊었으니 위의 모두는 유식론(唯識論)의 견해이다.

다른 해석을 보자면 소지장(所知障) 중에 또한 두 가지가 있으니 ① 소지장의 경계에는 능히 장애하나니 곧 '물들지 않은 알지 못함[不染汚無知]'이고, 법에 대한 집착[法執]은 아니니 마치 '다섯 가지 밝은 곳[五明處]'253)에 알지 못하는 것은 다만 무지(無知)일지언정 어찌 일찍이 집착이겠는가? 그러나『성유식론』에 이르되, "아집(我執)과 법집(法執)을 말미암아 두 가지 장애가 함께 생기지만, 만일 두 가지가 공함[我空과 法空]을 증득하면 저 장애가 따라 끊어진다 함은 견도위(見道位)의 분별의 장애를 의거하여 설한 것이니 공(空)의 이치를 증득하고서 장애가 끊어지는 까닭이다.

言是障而非執者는 據修道斷俱生障說이니 以徧知有하야 成種智故라 上來所知之障에 二, 所知卽障은 名所知障이니 此體는 卽是善心

---

253) 五明: 범어 pañca-vidyā의 번역이며 자세히는 五明處라 한다. 명이란 배운 것을 분명히 한다는 뜻으로 다섯 가지의 學藝이다. 인도에서 사용하는 학문과 技藝의 분류법이다. 內五明과 外五明이 있다. 內五明은 聲明(언어, 문학, 문법), 因明(논리학), 內明(불교의 宗旨), 醫方明, 工巧明(공예, 기술, 曆數)의 다섯 가지이고 外五明은 聲明, 醫方明, 工巧明, 呪術明, 符印明의 다섯 가지이다.

心所라 以彼空有二相未除하고 帶相觀心하야 有所得故라 前據了俗하고 此據證眞이니 說名智障이라 此障對治가 亦有二種하니 一者, 解有오 二者, 達空이라 空有俱明일새 名徧知故라 然唯識正義는 唯所知之障이니 今就理通일새 故亦用之니라

問이라 永斷習氣는 唯是如來어늘 云何此亦[254] 皆云已斷고 答이라 此有二釋하니 一, 約法相인대 全分離盡은 唯是如來오 若據分離인대 亦通菩薩이니 經說麤重을 三位斷故라 解深密經에 說三麤重하시니 一者, 在皮니 初地卽斷이오 二者, 在膚니 八地方斷이오 三者, 在骨이니 唯佛地斷이라 雖則餘位에 亦斷麤重이나 而三位顯일새 是故偏說이니 初地는 捨凡入聖位故오 八地는 無漏常相續故오 佛地는 果滿頓得捨故라 又此는 卽是八地菩薩일새 故云斷也니라 二, 約圓融이니 如疏文顯하니라

● '장애일지언정 집착은 아니다'라 말한 것은 '수도위(修道位)에서 함께 생기는 장애[俱生障]을 끊는다'는 말에 의거함이니, 두루 유(有)를 알아서 일체 종지(一切種智)를 이루기 때문이다. 위의 소지장에서 둘째, 아는 것이 곧 장애라 함은 소지장(所知障)을 이름한 것이니, 이 체성은 곧 선심(善心)의 심소(心所)이다. 저 공(空)과 유(有)의 두 가지 모습을 제거하지 않고 모습을 의지해 마음을 보아서 소득이 있기 때문이다. 앞에서는 속제(俗諦)를 요달함에 의거하였고 여기는 진제(眞諦)를 증득함에 의거하였으니 '지적인 장애'라 이름한다. 이 장애를 대치함에 또한 두 가지가 있으니 첫째는, 유(有)를 아는 것이고, 둘째는 공(空)을 요달함이다. 공과 유를 모두 밝혔으므로 '두루 안다[徧知]'고 이름하지만 유식론의 바른 뜻은 오직 소지장뿐이니 지금은 이치에 나아

---

254) 亦은 南續金本作衆이라 하다.

가 통달하므로 또한 그것을 쓴다.

묻는다. "길이 습기(習氣)를 끊은 것은 오직 여래(如來)뿐인데 어떻게 이 또한 모두 이미 끊었다고 말하는가?" 대답한다. "여기에 두 가지 해석이 있으니 ① 법상(法相)을 의지하면 전체를 다 여의는 것은 오직 여래뿐이요, ② 만일 분리하여 여읨을 의거하면 또한 보살에 통함이니 경문에서 '추중번뇌(麤重煩惱)를 세 가지 지위에서 끊는다'고 말하기 때문이다. 『해심밀경(解深密經)』에 세 가지 추중번뇌를 말하였으니 (1) 가죽에 있으니 초지(初地)에서 끊고, (2) 살갗에 있으니 8지에 비로소 끊고, (3) 뼈 속에 있으니 오직 불지(佛地)에 가서 끊는다. 비록 나머지 지위에서도 또한 추중번뇌를 끊지만 세 가지 지위에서 뚜렷한 연고로 치우쳐서 설하는 것이니, (1) 초지(初地)는 범부를 버리고 성인(聖人)의 지위에 드는 까닭이요, (2) 제8지는 무루번뇌(無漏煩惱)는 항상 상속하기 때문이고, (3) 불지(佛地)에서는 결과가 가득하여 단박 버림을 얻기 때문이다. 또 이는 곧 제8지 보살이므로 '끊는다'고 말하였다. (2) 원융문을 잡아 해석함이니 소문에서 밝힌 내용과 같다.

❖ 여기에서 인용한 『해심밀경』의 세 가지 추중(麤重)번뇌에 대한 설명은 마치 달마대사의 부법인연(付法因緣)을 연상하게 한다. 『전등록』 제3권 「보리달마장」에 이르되, "문인들에게 이르시기를 장차 때가 되었다. 너희들은 각기 자신의 얻은 바를 말해 보라. 그중 제자 도부(道副)가 대답하기를, '제가 얻은 바로는 문자에 집착하거나 문자를 여의지 않는 것이 도의 작용이 되겠습니다.' 사왈(師曰), '너는 나의 살갗을 얻었다.' 니총지(尼總持)가 대답하기를, '제가 아는 바로

는 아난존자가 아촉불국을 한 번 보고는 다시 보지 못함과 같습니다.' 사왈(師曰), '너는 나의 살을 얻었구나.' 도육(道育)은 대답하기를, '사대가 본래로 공하고 오음도 있지 않아서 나의 본 바로는 한 법도 얻을 수 없습니다.' 사왈(師曰), '너는 나의 뼈를 얻었구나.' 마지막에 혜가(慧可)가 예배한 후 자리에 그대로 서 있으니 사왈(師曰), '네가 나의 골수를 얻었도다' " 하였다. [255]

2) 원융문을 잡아 해석하다[約圓融] (言摧 6上1)

[疏] 言摧重障山者는 通以喩顯이니 以能摧道로 摧二障山이라 障體堅厚가 崇聳如山이라 又別則智障菩提하고 惑障圓寂이오 通則俱障과 及一切佛法일새 故名爲重이라 言見佛無礙者는 斷障果也라 然有二義하니 一, 就能見하야 以明無礙니 由斷二礙하야 智明理顯이라 理顯故로 見法性身하고 智明故로 見佛智身하며 理智冥一일새 見無礙身이니 無礙가 亦卽涅槃이라 二, 約所見하야 明無礙者는 具十無礙하니 已如上說이니라

■ '무거운 장애의 산을 꺾는다'고 말한 것은 통틀어 비유로 밝힘이니, 능히 꺾는 도(道, 無間道)로 두 가지 장애의 산을 꺾은 것이다. 장애의 체성이 굳고 두터워 높이 솟은 것이 산과 같다. 또 개별로는 지혜가 보리를 장애하고 번뇌가 원적(圓寂)을 장애하고, 통하면 장애와 모든 불법과 함께하므로 '무겁다'고 이름한다.

---

255) "一 乃命門人曰, 時將至矣 汝等蓋各言所得乎 時門人道副對曰, 如我所見 不執文字 不離文字而爲道用 師曰, 汝得吾皮 尼總持曰, 我今所解 如慶喜見阿閦佛國 一見更不再 見 師曰, 汝得五肉 道肉曰, 四大本空 五陰非有 而我見處 無一法可得 師曰, 汝得吾骨 最後慧可禮拜後依位而立 師曰, 汝得吾髓"(대정장 권51 p. 219 b27-)

'부처님을 친견함에 무애하다'고 말한 것은 장애를 끊은 결과이다. 그러나 두 가지 뜻이 있으니 (1) 보는 주체에 입각하여 무애를 밝힌 것이니, 두 가지 장애를 끊음으로 인하여 지혜가 밝고 이치가 드러난 다. 이치가 드러난 연고로 법성의 몸[法性身]을 보고, 지혜가 밝은 연 고로 '부처님 지혜의 몸[佛智身]'을 친견하며, 이치와 지혜가 그윽이 하 나이므로 무애한 몸[無礙身]을 보나니 무애가 또한 곧 열반이기도 하 다. (2) 볼 대상을 잡아서 무애를 보는 것은 '열 가지 몸이 무애함[十 身無礙]'²⁵⁶)을 갖추었으니 위에 말한 내용과 같다.

2. 섭수하여 교화하는 선근이 깊음을 밝히다[受化根深] 2.
1) 총상으로 섭수하는 모습[總] (第二 6上10)

> 如是는 皆以毘盧遮那如來가 往昔之時에 於劫海中에 修
> 菩薩行하사 以四攝事로 而曾攝受하니라
> 이러한 이들은 모두 비로자나 여래가 지나간 옛적 많은 겁 동
> 안 보살행을 닦을 때 네 가지 섭수하는 일로써 섭수했나니라.

[疏] 第二, 如是下는 受化根深이라 於中에 初總이요 後別이라 初中에 如是
者는 指前斷障之衆이라 劫海者는 明攝時曠遠이라 言四攝者는 卽攝
化之方이니 謂布施愛語利行同事라 布施是攝緣이니 與彼資持故오
愛語是攝體니 正示損益故오 利行是攝處니 安住善處故오 同事謂
釋疑니 令彼決定故라

---

256) 十身無礙는 앞의 融十身조에서 이미 언급하였다. 十身은 곧 國土身, 衆生身, 業報身, 聲聞身, 獨覺身, 菩薩身, 如來身, 智身, 法身, 虛空身이다.

■ 2. 如是 아래는 섭수하여 교화하는 선근이 깊음이다. 그중에 1) 처음은 총상이요, 2) 나중은 별상이다. 처음의 이러함[如是]이란 앞의 장애를 끊은 대중을 가리킨다. 겁해(劫海)란 섭수한 세월이 많음을 밝힌 것이다. '네 가지 섭수함'이라 말한 것은 곧 섭수하고 교화하는 방법이니 ① 보시(布施)와 ② 애어(愛語)와 ③ 이행(利行)과 ④ 동사(同事)를 말한다. ① 보시는 간접 인연을 섭수하는 것이니 저들에 도움[資持]을 주기 때문이고, ② 애어는 본체를 섭수함이니 바로 손해와 이익됨을 보여 주기 때문이고, ③ 이행은 섭수할 장소이니 좋은 방법에 안주하는 까닭이고, ④ 동사는 의심을 풀어 준다는 말이니 저로 하여금 결정하게 하는 까닭이다.

[鈔] 布施是攝緣等者는 略示四攝之相이라 然瑜伽說호대 各有九門하니 至賢首品하야 當略明之하리라

● '보시는 간접 인연을 섭수하는 것' 등이란 간략히 사섭법의 모습을 보인 것이다. 하지만 『유가사지론』에 각각 아홉 문(門)으로 설하였으니 제12「현수품」에 가서 간략히 밝혀 보겠다.

2) 별상으로 섭수하는 모습[別] (後一 6下9)

一一佛所에 種善根時에 皆已善攝하사 種種方便으로 教化成熟하사 令其安立一切智道케하시니라
모든 부처님의 처소에서 선근을 심을 때에 다 이미 잘 섭수했으며, 갖가지 방편으로 교화하고 성숙케 하여 모든 지혜의 길에 편안히 서게 하였다.

[疏] 後, 一一下는 別示攝相이라 於中向言劫海曾攝하니 何所攝耶아 謂
一一佛所오 何時攝耶아 種善根時오 將何法攝고 謂種種方便이오
攝相云何오 謂敎化成熟이니 敎化約始오 成熟就終이라 攝意云何오
令其安立一切智道라 道者因也니 謂唯爲佛果하야 修佛因耳니라

■ 2) 一一 아래는 별상으로 섭수하는 모습을 보임이다. 그중에 앞에서
겁해(劫海)에 일찍이 섭수하였다 말했으니 (1) 어느 곳에서 섭수하였는
가? 낱낱의 불소(佛所)라 하였고 (2) 어느 때에 섭수하였는가? 선근을
심은 때라 하였고 (3) 어떤 법으로 섭수하는가? 갖가지 방편이라 말
하였고 (4) 섭수하는 모습은 어떠한가? 교화와 성숙을 말하였으니, 교
화는 시작을 성숙은 끝을 의지한 것이다. (5) 섭수한 의미는 어떠한가?
그들로 하여금 모든 지혜의 길을 편안히 세우려는 것이다. 도(道)란 원
인이니 오직 불과(佛果)를 위하여 불인(佛因)을 닦기 위함일 뿐이다.

3. 덕행을 원만히 구비하다[德行圓滿] 3.
1) 의미를 밝히다[顯意] (第三 7上6)
2) 과목 나누다[分科] (於中)

種無量善하여 獲衆大福하며 悉已入於方便願海하며 所
行之行이 具足淸淨하며 於出離道에 已能善出하며 常見
於佛하되 分明照了니라
또 한량없는 선근을 심어서 온갖 큰 복을 얻었으며, 모두 방
편과 원력의 바다에 들어가서 행할 바가 구족하고 청정하
며, 벗어나야 할 길에는 이미 잘 벗어났으며, 항상 부처님을
분명하게 비추어 보느니라.

[疏] 第三, 種無量下는 德行圓備라 前攝何益고 令德圓故라 於中에 先, 辨因圓이오 後, 入果海라

■ 3. 種無量 아래는 덕행을 원만히 구비함이다. 전에 어떤 이익을 섭수하였는가? 덕행을 원만하게 하기 때문이다. 그중에 (1) 인행이 원만함을 밝힘이요, (2) 불과의 바다에 들어감이다.

3) 경문을 해석하다[釋文] 2.
(1) 인행이 원만함을 밝히다[辨因圓] (今初 7上7)

[疏] 今初, 文有五句하니 一, 種無量善이니 已超七地하야 殊勝善根故오 二, 悉已下는 已超八地하야 大願滿故오 三, 所行下는 已超十地하야 行滿障淨故오 四, 於出離下는 前明德圓하고 此具出道니 一道無量道로 已超生死하고 不住涅槃일새 故云善出이오 五, 常見下는 結成見佛이니 謂德高十地일새 是以常見이오 非比量見일새 故曰分明이오 不取色相일새 名爲照了니라 又塵毛刹海에 佛徧重重이어늘 有德斯覩일새 名分明照了니라

■ 이제 (1)에 다섯 구절이 있으니, ① 한없는 선근을 심은 것이니 이미 제7지를 초월하여 선근이 뛰어나기 때문이요, ② 悉已 아래는 이미 제8지를 초월하여 대원(大願)이 가득한 때문이요, ③ 所行 아래는 이미 제10지를 초월하여 인행이 원만하고 장애를 없앴기 때문이요, ④ 於出離 아래는 전에는 덕행이 원만함을 밝혔고 여기서는 출리도(出離道)를 구비함을 밝혔으니 한 가지 도와 무량한 도로 이미 생사를 초월하였고 열반에도 안주하지 않으므로 '잘 벗어났다'고 하였으며, ⑤ 常見 아래는 부처님을 친견함으로 결론 맺음이니 말하자면, 덕행이

십지보다 높기 때문에 항상 친견함이요, 비교해서 판단하는 견해가 아니므로 '분명하다' 말하였고, 형색의 모양을 취하지 않으므로 '비추어 안다'고 말한 것이다. 또한 티끌 수의 터럭 같은 세계의 바다에 부처님이 겹겹으로 두루 하신 데 덕행이 있어야 이렇게 보기 때문에 '분명히 비추어 본다'고 이름하였다.

[鈔] 已超七地殊勝善根者는 以七地有空中方便慧와 有中殊勝行과 功用行滿일새 故云無量이니라 一道無量道者는 一切無礙人이 一道出生死故라 離世間品說²⁵⁷⁾하사대 一道是菩薩道니 不捨獨一菩提心故오 二道是菩薩道니 謂方便智慧故오 三道四道乃至十道라하며 又云 菩薩有無量道와 無量助道, 無量修道, 無量莊嚴道라하사 各略列十句하나니 則萬行觸目皆菩薩道니라 又塵毛刹海下는 上是通相般若之意오 此是華嚴一乘玄旨니라

● '이미 제7지를 초월하여 선근이 뛰어나다' 함은 제7지에 공(空)의 방편 지혜와 유(有)의 수승한 인행과 공용행(功用行)이 만족한 연고로 '한량없다'고 하였다. '한 가지 도와 무량한 도'란 (보살문명품에)²⁵⁸⁾ "온갖 것에 걸림이 없는 사람이 한 가지 길로 생사를 벗어나기 때문이다"라 하였고, 이세간품에 말씀하되, "한 길이 보살의 도니, 한결같이 보리심을 버리지 않는 연고라. 두 길이 보살의 도니, 지혜와 방편을 내는 연고라. 세 길과 네 길과 나아가 열 길이라"고 하였으며, 또 말하되, "보살이 한량없는 도와 한량없이 돕는 도와 한량없이 닦는 도와 한량없이 장엄하는 도가 있다"라고 하여 각각 간략히 열 구

---

257) 이세간품 제38의 灌頂住答의 내용이다. (교재 권3 p. 333-) 또 菩薩의 十種道의 내용이다. (교재 권3 p. 405-)
258) 이는 菩薩問明品 제10 賢首菩薩의 게송이다. "文殊法常爾하야 法王唯一法이니 一切無礙人이 一道出生死니라 一切諸佛身이 唯是一法身이며 一心一智慧니 力無畏亦然이니라"(교재 권1 p. 324-)

절씩 나열하였으니 만 가지 수행과 눈에 마주치는 것이 모두 보살의 길인 것이다.

또 塵毛剎海 아래에서 이 위[佛徧重重]는 일반적인 행상으로 반야의 의미이고, 여기[有德斯觀]는 화엄일승(華嚴一乘)의 현묘한 종지이다.

(2) 불과의 바다에 들어가다[入果海] 2.

가. 경문의 의미를 총합하여 밝히다[總顯文意] (二以 8上3)

以勝解力으로 入於如來功德大海하니라
훌륭하게 이해하는 힘으로 여래의 공덕 바다에 들어갔느니라.

[疏] 二, 以勝解力下는 入果海也라 此一段文은 望前是別이니 總具德中에 別入果故오 望後是總이니 四十衆中解脫標故라 今且屬前이니라

■ (2) 以勝解力 아래는 불과의 바다에 들어감이다. 이 한 문단의 경문은 앞과 비교하면 별상이 되는데 통틀어 덕행을 구비한 중에 개별로 과덕에 들기 때문이고, 뒤와 비교하면 총상이 되는데, 40부류의 대중[동생중이 하나요 이생중이 39라] 속에 해탈(解脫)을 표방하였기 때문이다. 지금은 우선 앞[望前是別]에 소속된다.

나. 경문을 따라 바로 해석하다[隨文正釋] 2.

가) 인행을 타고 과해에 들어가다[乘因入果] (於中 8上5)

[疏] 於中二니 初, 乘因入果라 是比智知니 如見鸞翔하고 知太虛可沖矚龍躍하고 知宏海可汎也라 謂以勝解力로 印可佛言하야 知福慧之深

遠하고 以信解力으로 瞻仰佛化하야 知慈悲之廣大가 是入如來功德 大海며 亦是勝解로 印持果德이니라

■ 그중에 둘이니 가) 인행을 타고 과해에 들어감이다. 이는 비량(比量) 의 지혜로 아는 것이니 마치 난새[鸞鳥]가 나는 것을 보고 큰 허공을 날 수 있음을 안다든가, 용이 뛰어오르는 것을 보고 넓은 바다에 배 띄울 줄 아는 것과 같다. 말하자면 뛰어난 이해력으로 부처님의 말씀 을 옳게 여겨서 복덕과 지혜가 깊고 한없음을 알았고, 믿고 이해하는 능력으로 부처님의 교화를 우러러 자비의 광대함을 아는 것이 여래의 공덕 바다에 드는 것이며, 또한 이해력으로 과덕과 똑같이 수지하는 [印持] 것이다.

[鈔] 此一段下는 總顯文意라 以總具德中에 文有三節이요 第三, 德行圓 備中에 自有七句니 今但是二일새 故云別也요 旣言得於諸佛解脫之 門이면 則是四百餘門之總標也니 義雖兩向나 科且屬前이라 初乘因 入果者는 以勝解力이 卽是乘因이요 入於如來功德大海가 卽是入 果라 沖者和也, 深也, 虛也, 高也, 升也니 今正是升[259]이오 義兼虛 高나라 亦是勝解印持果德者는 前則印言[260]은 卽比知二嚴與慈悲 가 皆敎道也오 今云印果니 則心冥果海하야 爲證道也니라

● 가. 此一段 아래는 경문의 의미를 총합하여 밝힘이다. 덕행을 원만 히 구비함 중에 경문이 세 절이 있으며, 3. 덕행을 원만히 구비함 중에 는 자연히 일곱 구절이 있으니 지금은 단지 둘이므로 개별이라 한 것 이다. 이미 제불의 해탈문을 얻었다고 말하였으면 4백여 해탈문을

---

259) 上二升字는 南續金本作勝이나 誤植이다. 案疏云太虛可沖이니 沖謂沖擧正是升義니라.
260) 言은 南續金本化라 하다.

총합하여 표방함이니 뜻은 비록 두 구절이지만 과목은 우선 앞앞[望前是別]에 소속되는 것이다. '가) 인행을 타고 과해에 들어감'이란 뛰어난 이해력을 씀이 곧 타는 원인이고, 여래의 공덕 바다에 들어감이 곧 '과덕에 들어감'이다. 충(冲)이란 화합이요, 깊음이요, 텅 빔이요, 높다는 뜻이며, 오른다[升]는 뜻이니, 지금은 바로 이 오른다는 뜻이며, 뜻으로는 텅 빔[虛]과 높음[高]의 뜻을 겸하였다. 또한 뛰어난 이해력으로 과덕과 같이 수지함이요, 앞에서 '인(印)'이란 말이 곧 두 가지 장엄과 자비가 다 '교화하는 길[敎道]'임을 헤아려 아는 것이고, 지금은 '과덕과 같다[印果]'는 말이니 마음이 과덕의 바다에 그윽히 계합하여 도를 증득했다는 뜻이다.

나) 부분으로 과덕의 작용을 얻다[分得果用] 2.
(가) 법을 잡아 해석하다[約法釋] 2.

ㄱ. 첫 구절을 해석하다[釋初句] 2.
ㄱ) 별상으로 해석하다[別釋] (二得 8下8)

得於諸佛解脫之門하여 **游戲神通**하시니라
모든 부처님의 해탈문을 얻어서 유희하는 일이 신통하였다.

[疏] 二, 得於下는 明分得果用이라 言解脫門者는 佛果障寂하고 大用無礙일새 故稱解脫이라 眞解脫者는 卽是如來라 通智遊入일새 故號門也라 衆各證契일새 故名爲得이라 此解脫卽門이니 佛得其總하시고 衆海得別이라 又佛解脫을 但名解脫이오 衆所得法을 稱之爲門이니 以

能通入彼果用故라 此解脫之門은 又衆所得法이 離障自在일새 名爲
解脫이오 智所入處를 亦名爲門이라 以因解脫로 入果解脫을 亦稱爲
門이라 此解脫卽門이니라

- 나) 得於 아래는 부분으로 과덕의 작용을 얻음에 대해 밝힘이다. (1)
해탈문(解脫門)이라 말한 것은 큰 작용이 걸림이 없으므로 해탈이라
칭하였으니, 진실로 해탈한 이는 곧 부처님이니 지혜를 통해 들어갔
으므로[遊入] 문(門)이라 말하였다. 대중이 각각 증득하여 계합하였
으므로 '얻었다'고 한 것이다. (2) 이러한 해탈이 곧 문이니 부처님은
그 모두를 얻으셨고 대중은 부분을 얻었다[得別]. (3) 또 부처님의 해
탈은 다만 해탈이라고만 이름하고, 대중이 얻은 법은 '문'이라 일컬으
니 능히 저 불과의 작용을 통하여 들어가기 때문이다. (4) 이 해탈하
는 문은 또 대중의 얻은 법이 장애를 여의고 자재하므로 '해탈'이라
이름하였고, 지혜로 들어간 곳을 또한 문이라 이름하며, 인행의 해탈
로써 과덕의 해탈에 들어감을 또한 문이라 하였으니, 여기서는 해탈
이 곧 문인 것이다.

[鈔] 言解脫門者는 先, 總釋이오 後, 圓融이라 前中三釋261)이니 初, 解脫
門三字는 皆屬於佛이오 二, 解脫屬果하고 門屬衆海오 三, 三字皆
屬衆海라 於中有二하니 一, 就因中하야 自分能所오 二, 將己解脫하
야 望果爲門이라

- 해탈문이라 말함은 ㄱ) 통틀어 해석함이요, ㄴ) 원융문으로 해석함
이다. 앞에서 세 가지로 해석하였으니 첫째, 해탈문의 세 글자는 다
부처님에 속함이요, 둘째, 해탈은 과덕에 속하고 문은 대중에 속한

---

261) 上十字는 南金本作先別釋三이라 하다.

다. 셋째, 세 글자가 다 대중에 속하는데 그중에 둘이 있으니, ① 인행 중에 나아가 스스로 주체와 대상으로 나누어지고, ② 자신의 해탈을 가져 과덕에 비교하여 문(門)을 삼은 것이다.

ㄴ) 원융문으로 해석하다[圓融] (然總 9上8)

[疏] 然이나 總別圓融하고 因果交徹하고 重重無礙가 方爲眞解脫門이라 故下或歎佛果德하며 或歎因行하며 或約天等所得은 欲影顯故니라

■ 그러나 총상과 별상이 원융하고 인행과 과덕이 서로 통하며 '거듭거듭 무애함[重重無礙]'이 비로소 진실한 해탈문이 되는 것이므로, 아래에 혹은 부처님의 과덕을 찬탄하고, 혹은 인행을 찬탄하기도 하고, 혹은 하늘대중의 얻은 해탈문을 의지하기도 한 것은 서로 비추어 밝히려는 까닭이다.

[鈔] 然總別下는 二, 圓融이니 融上三義라 總別圓融은 融第一義오 因果交徹은 融後二義오 重重無礙는 通上三義라 且如總具於別하고 別亦具總하니 則一解脫門中에 有一切解脫門等이니 思之니라

● ㄴ) 然總別 아래는 원융문으로 해석함이니, 위의 세 가지 뜻[262]을 융합한 것이다. 총상과 별상을 원융으로 포섭한 것은 첫 번째 뜻을 융합한 것이고, 인행과 과덕이 서로 통함은 뒤의 두 가지 뜻을 융합한 것이며, '거듭거듭 무애함'은 위의 세 가지 뜻에 통한다. 또 총상에 별상을 구비하고, 별상에도 총상을 갖추었으니 하나의 해탈문 속에 온

---

[262] 바로 위 鈔에서 언급한 "初, 解脫門三字는 皆屬於佛이오 二, 解脫은 屬果하고 門屬衆海오 三, 三字가 皆屬衆海라" 말한다.

갖 해탈문이 있다는 등이니 생각해 보라.

ㄴ. 뒤 구절을 해석하다[釋後句] (次遊 9下4)

[疏] 次, 遊戲神通은 正明入相이니 遊戲者出入自在오 神通者難測無壅
故라

■ ㄴ. '유희하는 일이 신통함[遊戲神通]'은 바로 들어가는 모습을 밝힘이
다. 유희(遊戲)는 '나고 듦이 자재함'이고, 신통(神通)이란 '헤아릴 수
없으며 막힘이 없기 때문'이다.

(나) 관심에 의지해 해석하다[觀心釋] 3.
ㄱ. 순리로 해석하다[順釋] (約觀 9下5)
ㄴ. 반대로 밝히다[反顯] (若以)
ㄷ. 순리로 결론하다[順結] (如此)

[疏] 約觀心者인대 心境無礙를 稱爲解脫이오 由此入理일새 故號爲門이니라
若以門爲門인대 非能通矣라 門卽如實이어니 何所通耶아 正入雙亡
이 爲眞門矣라 如此入者인대 則本覺湛然이라 名窮果海오 眞非妄外
니 則因果圓融하고 心境無涯라 則解脫無際矣니라

■ (나) 관심(觀)을 잡아 해석한다면 마음과 경계가 걸림 없음을 '해탈'
이라 하고, 이로 인해 이치에 들어가므로 '문(門)'이라 이름한 것이다.
ㄴ. 만일 문으로 문을 삼는다면 잘 통하지 못할 것이다. 문이란 곧
실제(實際)와 같은 것인데 어느 곳으로 통하겠는가? 바로 들어감마저
없어야 진실한 문이 되는 것이다. 이렇게 들어간다면 본각(本覺)이 맑

을 것이므로 '과덕의 바다를 다함[窮果海]'이라 이름할 것이고, 진실은
망녕되거나 바깥이 아님이니 인과에 원융하고 마음 경계가 끝이 없으
니[無涯] 곧 '해탈이 그지없는 것[解脫無際]'이다.

[鈔] 正入已下는 後, 順結이라 能所雙寂일새 故曰雙亡이오 門理歷然일새
稱爲正入이니 正入則理無不契오 雙亡則過無不寂이니라

● ㄷ. 正入 이하는 순리로 결론함이다. 주체와 대상이 함께 고요하므
로 '함께 없다[雙亡]'고 이름하였고 문의 이치가 뚜렷하므로 '바로 들
어간다[正入]'고 한 것이니, 바로 들어가면 이치를 계합하지 못할 것이
없고 함께 없으면 초과하여도 고요하지 않은 것이 없으리라.

三) 대중의 득법과 찬불을 개별로 밝히다[別明得法讚佛]²⁶³⁾ 2.

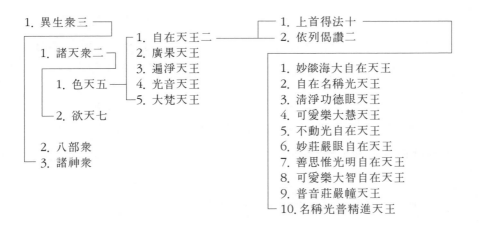

(一) 총합하여 경문의 의미를 밝히다[總顯文意] (第三 10上2)

---

263) 제7 稱揚讚德分에서는 여기서부터 十地位衆에 해당된다.

[疏] 第三, 所謂下는 別明得法讚佛이라 四十衆中에 各先長行得法이니 卽經家序列이오 後說偈讚은 卽當時所陳이라 然衆集偈讚이 並在一時로대 文不累書일새 故編之作次라 而各得一者는 顯佛德無盡故라 乘別入總이니 盡衆不能及故라 故海慧가 云, 如來境界無有邊하나니 各隨解脫能觀見이라하니라 而普賢得十者는 顯等佛無盡故니라

■ 三) 所謂 아래는 대중의 득법과 찬불을 개별로 밝힘이다. 40부류의 대중 가운데 1) 앞의 장항은 해탈법을 얻음이니, 곧 경가(經家, 경전 편집자)가 차례를 배열한 것이요, 2) 후에 게송으로 찬탄함은 곧 당시에 쓴 것이다. 그러나 대중이 모여 게송으로 찬탄함이 아울러 동시에 있었지만 글이란 겹쳐서 쓰지 못하므로 그것을 엮어서 편집한 것이다. 그렇지만 각각 한 해탈문씩 얻은 것은 불덕(佛德)이 끝없음을 나타내기 위함으로 별상을 통해 총상에 들어가는 것이다. (왜냐하면) 대중 모두가 미칠 수는 없기 때문이다. 그러므로 해혜(海慧)보살이 이르되,[264] "여래의 경계는 끝이 없어 각기 해탈을 따라 보도다"라고 하였다. 그러나 보현보살이 열 가지를 얻은 것은 부처님과 같이 끝없는 공덕임을 나타낸 연유이다.

(二) 과목을 나누어 해석하다[分科正釋] 2.
1. 달리 태어난 대중[異生衆] 3.

1) 여러 하늘대중[諸天衆] (文中 10上10)

[疏] 文中에 先, 異生衆이오 後, 同生衆이라 前中三이니 初, 諸天이오 次,

---

264) 교재 권1 p.99-.

八部오 後, 諸神이라 今初分二니 先, 色天이오 後, 欲天이라 前中有
五하니 今初, 自在天이라 長行十法이니라

■ 경문 가운데 1. 앞은 달리 태어난 대중이요, 2. 뒤는 함께 태어난 대
중이다. 1. 중에도 셋이니 1) 여러 하늘대중이요, 2) 팔부신중이요,
3) 여러 신중들이다. 이제 1)에 둘로 나누리니 (1) 색계 하늘대중이
요, (2) 욕계 하늘대중이다. (1) 색계 하늘대중에도 다섯이 있으니
가. 자재천 대중이니, 가) 장항에 열 가지 해탈법문이 있다.

(1) 색계 하늘대중[色天] 5.
가. 자재천 대중[自在天] 2.

가) 천왕중의 득법[上首得法] 10.
(가) 묘염해대자재천왕[妙燄海大自在天王] (第一 10下2)

所謂妙焰海大自在天王은 得法界虛空界寂靜方便力解
脫門하니라
이른바 묘염해대자재천왕은 법계와 허공계에 고요한 방편
의 힘인 해탈문을 얻었나니라.

[疏] 第一, 法界等者는 卽法身解脫也라 法界虛空界는 卽用所徧處오 空
卽事空이오 法界之言은 義兼事理니 謂非但徧空이라 亦徧空內色心
等事와 及空有稱眞之理니라 又但言空則一重徧이어니와 今云法界
則重重皆徧이라 何者오 謂空界容一一塵處와 及彼事物의 一一塵中
에 皆稱眞故로 各有無邊刹海하고 佛身大用이 皆悉充滿이라 故로 下

頌에 云, 無窮盡也니라 言寂靜者體也라 然有二義하니 一, 明前大用
이 用無用相하야 不礙常寂이오 二, 由此智用하야 卽寂同眞이니 是故
로 隨一一用하야 徧一切處也라 言方便者用也라 亦有二義하니 一, 明
前寂無寂相하야 不礙大用이오 二, 內同眞性하야 不礙外應群機니 故
云方便이오 寂用無礙일새 所以稱力이니라

■ (가) 法界 등이란 곧 법신의 해탈법이다. 법계와 허공계는 곧 두루 한
곳을 작용함이요, '허공'은 곧 현상의 허공이다. '법계'란 말은 현상과
이치를 겸하는 뜻이니, 말하자면 다만 허공에 두루 할 뿐만 아니라
허공 속의 물질과 마음 등의 현상과 허공 속의 진리에 걸맞은 이치에
까지 두루 하다는 뜻이다. 또 다만 허공이라고만 말하면 한 겹으로
두루 한 것이지만, 지금은 법계를 말한다면 거듭거듭 모두 두루 한
것이니 무슨 까닭인가? 말하자면 허공계에 낱낱의 작은 티끌을 용납
하는 곳과 저 사물의 낱낱 티끌 속에 다 진리와 합하기 때문에 각각
가없는 세계[無邊刹海]가 있고, 불신(佛身)의 큰 작용이 모두 충만하기
때문에 아래 게송에서 '다함이 없다'고 하였다. 적정(寂靜)이란 본체를
말한다. 하지만 두 가지 뜻이 있으니 (1) 앞에서 큰 작용은 쓰는 모
습이 없음을 써서 항상 고요함을 장애하지 않고, (2) 이런 지혜의 작
용을 인하여 고요함과 합치하여 진리와 같은 것이다. 이런 까닭에 낱
낱의 작용을 따라 모든 곳에 두루 한 것이다. 방편이란 작용을 말한
다. 또한 두 가지 뜻이 있으니 (1) 앞의 고요함에는 고요한 모습마저
없어서 큰 작용을 장애하지 않음을 밝혔고, (2) 안으로 진성(眞性)과
같아서 밖으로 여러 중생[群機]에 응함을 장애하지 않으므로 '방편'이
라 하였고, 고요함과 작용이 무애하므로 '힘'이라 칭하였다.

(나) 자재명칭광천왕[自在名稱光天王] (二普 11下2)

自在名稱光天王은 得普觀一切法悉自在解脫門하니라
자재명칭광천왕은 모든 법을 널리 관찰해서 다 자재한 해탈문을 얻었나니라.

[疏] 二, 普觀一切法悉自在者는 智身解脫也라 此有三義하니 一, 以普眼으로 於一切法無不能觀이오 二, 觀一切法호대 不壞事而全理오 三, 於一法中見一切而無礙니 並名自在니라

■ (나) '온갖 법을 널리 관찰하여 다 자재함'이란 지신(智身)의 해탈법이다. 여기에 세 가지 뜻이 있으니, (1) 넓은 눈[普眼]으로 온갖 법을 관찰하지 못함이 없음이요, (2) 온갖 법을 관찰하되 현상을 무너뜨리지 않고 전체가 이치요, (3) 한 법에서 모든 (법을) 보는 데 걸림이 없나니 따라서 '자재(自在)함'이라 이름하는 것이다.

(다) 청정공덕안천왕[淸淨功德眼天王] 2.
ㄱ. 간략히 말하다[略敍] (三知 11하8)

淸淨功德眼天王은 得知一切法의 不生不滅과 不來不去하는 無功用行解脫門하니라
청정공덕안천왕은 모든 법이 나지도 않고 멸하지도 않고 오지도 않고 가지도 않음을 아는 작용 없는 행의 해탈문을 얻었나니라.

[疏] 三, 知一切法不生等者는 自共相解脫也라 亦有二義하니 一, 知不生等하야 內證眞理오 二, 無功用行으로 外應群機니라

■ (다) '모든 법이 나지 않는다'는 등은 자체상[自相]과 함께하는 상[共相]으로 해탈함이다. 또한 두 가지 뜻이 있으니, (1) 나지 않는 등을 알아서 안으로 진리를 증득하고, (2) 무공용행(無功用行)으로써 밖으로 여러 중생에 응한다는 뜻이다.

[鈔] 三, 自相解脫者는 以一切法各各不同하야 色非心等일새 故名自相이니 今皆不生일새 故名解脫이라 此明無彼生相이라 則法體不生일새 故名自相이어니와 若直遣生住滅相하면 亦共相耳니라

● (다) 자체상으로 해탈함[自相解脫]이란 온갖 법이 각각 같지 않아서 형색이 마음과 같지 않은 등이므로 '자체상'이라 이름하고, 지금은 모두 나지 않으므로 '해탈'이라 이름하였다. 이것은 저 나는 모습이 없음을 밝힌 것이니, 법의 체성은 나지 않으므로 '자체상'이라 이름하지만, 만일 바로 나고 머물고 달라지고 없어지는 모습을 보낸다면 또한 '함께하는 모습'이라고도 할 뿐이다.

ㄴ. 자세하게 해석하다[廣釋] 3.
ㄱ) 표방하다[標] (然不 12상4)

[疏] 然不生等佛法之體는 釋有多門이나 略申一兩²⁶⁵⁾호리라 一, 別釋이니 以不生滅로 約境하고 不來去로 約行이니라

■ 그러나 나지 않는 등이 불법의 체성인 것은 여러 문으로 해석하지만

---

265) 上八字는 纂金本作二라 하다.

간략히 한두 가지를 말해 보겠다. (ㄱ) 개별로 해석함이니 생멸하지 않음은 경계를 잡았고, 오고 감이 없음은 수행을 잡은 해석이다.

ㄴ) 해석하다[釋] 3.
(ㄱ) 개별로 해석하다[別釋] 2.

a. 불생멸에 대한 해석[釋不生滅] 5.
a) 인연으로 생김이 다르다[緣生不同] (初不 12上5)

[疏] 初, 不生滅에 略有五義하니라 一, 就徧計니 由是妄執無法可生滅也라 又情有卽是理無故로 不生也오 理無卽是情有故로 不滅也니 不滅不生是一法也라 又求徧計相하야도 不可得故로 不生이오 能顯無相性故로 不滅이니 不滅卽不生이라 亦一法也니라

■ a. 나고 없어지지 않음에 대략 다섯 가지 뜻이 있다. ① 변계소집성(徧計所執性)에 나아가면 이 망녕된 집착이 법이 없이 생멸함을 말미암은 것이다. 또 정유(情有)가 곧 이무(理無)이므로 태어남이 아니며, 이무(理無)가 곧 정유(情有)이므로 멸함이 아니니, 불멸(不滅)과 불생(不生)이 한 법이 된다. 또 변계성의 양상을 구하여도 얻을 수 없기 때문에 생(生)이 아니며, 능히 모양 없는 성품[無相性]을 밝혔기 때문에 멸(滅)도 아니다. 그러므로 불멸(不滅)이 곧 불생(不生)이니 또한 한 법[一法]이기도 한 것이다.

[鈔] 初, 不生滅에 略有五重者는 前三, 別據三性不同이오 四, 卽合前三而義別이오 五, 卽融四句而無礙라 就別約三性中에 各三釋者인대

初一, 通就當性說이오 二, 約當性二義說이오 三, 對三無性說이라
唯圓成二義는 小異니라 云何三性이 各二義耶아 徧計二者는 一, 情
有오 二, 理無라 依他二者는 一, 緣生이오 二, 無性이라 圓成二者는
一, 性有오 二, 相無니라

- a. '나고 없어지지 않음에 간략히 다섯 가지가 있다'는 것은 앞의 세
가지[①, ②, ③]는 따로 세 가지 성품이 같지 않음[性相隔別의 입장]에 의
거한 해석이요, ④는 곧 앞의 셋을 합하지만 뜻은 차이 남이요, ⑤는
곧 (앞의) 네 구절을 융합하여[性相融會의 입장] 걸림이 없다. 따로 세 가
지 성품을 의지한 중에 각각 세 가지 해석에 의지하면 (1) 통틀어 삼
성(三性)에 나아가 설하였고, (2) 삼성(三性)의 두 가지 뜻에 의지하여
설하였고, (3) 세 가지 성품 없음에 상대하여 설하였다. (그중에) 오직
원성실성(圓成實性)의 두 가지 뜻[理有와 情無]은 조금 다르다. 어떻게
삼성(三性)이 각각 두 가지 뜻인가? ① 변계소집성(徧計所執性)의 두 가
지 뜻은 ⓐ 정유(情有)이며 ⓑ 이무(理無)이다. ② 의타기성(依他起性)의
두 가지는 ⓐ 연생(緣生)이며 ⓑ 무성(無性)이다. ③ 원성실성(圓成實性)
의 두 가지는 ⓐ 성유(性有)이며 ⓑ 상무(相無)이다.

一, 就徧計下는 徧計三義也니 一, 徧計無體가 如繩上蛇故로 無可
生滅이오 二, 約二義者인대 情有合是生이오 理無體是滅이니 今[266]
此情有가 卽是理無어니 何有生耶아 正理無處가 方是情有일새 故非
滅也니라 下例可知니라 三, 對無性者는 由無徧計하야 方顯無相故로
唯識에 云, 卽依此三性하야 說彼三無性이라하니 是知若無徧計하면
安知無相이리오 下亦例然이니라

---

266) 今은 南金本作令이라 하나 誤植이다.

- ① 就偏計 아래는 변계성의 세 가지 뜻이니 첫째, 변계성의 체성이 없는 것이 마치 노끈 위의 뱀과 같은 연고로 생멸하지 않으며, 둘째, 두 가지 뜻을 의지하면 정유(情有)는 태어남에 합하고 이무(理無)는 본체가 없나니 지금의 정유(情有)가 곧 이무(理無)인데 어찌 생(生)이 있겠는가? 바로 이무(理無)인 곳이 바야흐로 정유(情有)인 연고로 멸(滅)도 아니다. 아래는 비교하면 알 수 있으리라. '셋째, 성품 없음[無性]에 상대한다' 함은 변계성이 없음을 인하여 비로소 무상(無相)임을 밝혔다. 때문에 『성유식론』에 이르되, "곧 이 세 가지 성품[三性][267]에 의지하여 저 세 가지 무성(無性, 三無性)[268]을 설한다"라 하였으니, 이 것으로 만일 변계성이 없음을 알면 어찌 무상(無相)임을 알겠는가? 아래도 유례하면 마찬가지이다.

b) 의타성이 다르다[依他不同] (二就 13上2)

[疏] 二, 就緣起性이니 謂法無自體하고 攬緣而起가 即生無生이오 旣本不生일새 故無可滅也라 又緣起無性故로 不生이오 無性緣起故로 不滅이라 中論에 云, 以有空義故로 一切法得成이니 是故로 不生即不滅이오 不滅即不生이 爲一物也라 又推緣無起故로 不生이오 能顯無生性故로 不滅이니라

---

267) 三性에서 ① 徧計所執性이란 情有理無이며 전연 실체가 없는 體性都無이다. 제6, 7식 ② 依他起性이란 如幻假有, 假有實無이니 곧 理有情無이며 染分依他와 淨分依他의 둘이 있다. ③ 圓成實性이란 곧 진여이니 眞如는 不生不滅하고[成就義], 그 體는 거짓이 아닌 眞實이므로 無相이며 眞空妙有이고 理有情無이다. 三性의 관계는 不即不離이며 蛇繩麻喩로 설해진다.

268) 三無性은 『성유식론』 제9권의 설에 의하면 ① 相無性이란 눈병 난 사람이 헛보는 空華와 같아서 실제로는 아무것도 없다는 뜻이며 ② 生無性이란 依他起性의 속성으로 緣生이며 非自然性(無性)이며 如幻이다. ③ 勝義無性이란 圓成實性을 가리키는 것이니 無分別智의 대상이며 虛空과 같다. 위는 모두 唯識·法相宗의 性相隔別의 입장임에 대하여 性宗인 華嚴宗에서는 性相融會의 입장에서 三性을 설한다.

■ b) 의타기성(依他起性)에 나아가서 말해 보면, 법에 자체가 없고 인연을 잡아서 일어남이 곧 생(生)이 무생(無生)이고, 이미 본래 불생(不生)이므로 멸할 것이 없다. 또 연기가 자성이 없는 연고로 불생(不生)이요, 무성(無性)으로 연기하는 연고로 불멸(不滅)이다. 『중론』[269]에 이르되, "공(空)의 뜻을 쓰는 연고로 모든 법이 이루어진다"고 하였으니, 이런 연고로 불생(不生)이 곧 불멸(不滅)이고, 불멸이 곧 불생(不生)이니 한 물건이 되는 것이다. 또 인연을 헤아려 일어남이 없는 연고로 불생(不生)이고, 능히 무생(無生)의 성품을 밝힌 연고로 불멸(不滅)인 것이다.

[鈔] 二, 就緣起性者는 一, 通說因緣之法이 依他而起니 因緣所生일새 無有生故라 故經에 云, 一切法無來일새 是故無有生이니 以生無有故로 滅亦不可得이라하니라 二, 明二義中에 又緣起無性故者는 緣生卽無性也라 無性緣起者는 無性卽緣生也라 前句, 卽因緣故로 空이오 此句, 卽無性故有라 故引中論하야 以有空義故로 一切法得成은 唯證後句니라 三, 顯無性中에 若無因緣이면 不知無性이니 故로 論에 四句推之니 諸法不自生이오 亦不從他生이라 不共不無因일새 是故知無生이라하니 若不推此면 安知無生이리오 無生卽是生이오 無自性性也니라

● b) '就緣起性'이란 첫째, 통틀어 인연법이 의타성으로 일어남을 설하였으니 인연으로 일어났으므로 태어남이 없기 때문이다. 그러므로 아래 경문[270]에 이르되, "온갖 법이 온 데가 없으니 그러므로 난 것이 아

---

269) 『中論』제4권에 云, "以有空義故로 一切法得成이니 若無空義者면 一切則不成이니라."(대정장 권30 p.33 a-)
270) 夜摩偈讚品 제20의 게송이다. (교재 권2 p.9-)

니요, 이미 난 것이 아닌지라 멸한다고도 할 수 없네"라고 하였다. 둘째, 두 가지 뜻을 밝힌 가운데 또 '연기(緣起)는 자성이 없는 연고'라 함은 인연으로 난 것이 곧 무성(無性)임을 밝혔다. 무성연기(無性緣起)란 무성(無性)이 곧 연생(緣生)이니 앞의 구절은 곧 인연인 까닭에 공(空)이고, 이 구절은 곧 무성(無性)인 연고로 유(有)이다. 때문에 『중론』에서 '공(空)의 뜻을 쓰는 연고로 모든 법이 이루어진다'고 한 것은 오직 뒤 구절을 증험한 것이다. 셋째, 무성임을 밝힌 가운데 만일 인연이 없으면 무성인지도 모르나니, 때문에 『중론』에서 네 구절[271]로 헤아렸으니, "모든 법은 스스로 일어나지 못하며, 또한 다른 것으로부터 일어나지도 않는다. 함께도 아니며 인연이 없는 것도 아니므로 무생임을 아는도다"라 하였으니, 만일 이렇게 추측하지 않으면 어찌 무생(無生)임을 알겠는가? 무생(無生)이 곧 생(生)이고 무자성(無自性)이 그 체성인 것이다.

c) 원성성이 다름을 잡은 해석[約圓成不同] (三約 13下6)

[疏] 三, 約圓成性이니 謂非是有爲故로 無彼生滅相也라 又非妄心境故로 不生이오 聖智所證故로 不滅이니라 又體非遷變故로 不生이오 隨緣令法起故로 不滅이니 不滅卽不生이니 爲一物也니라

■ c) 원성실성을 잡은 해석이니 말하자면 (1) 유위(有爲)가 아닌 연고로 저 나고 없어지는 모습은 없다. (2) 또 망심(妄心)의 경계가 아닌 연고로 불생(不生)이고, 성인의 지혜로 증득한 것이므로 불멸(不滅)이다. (3) 또 체성은 천변(遷變)함이 없으므로 불생(不生)이고, 인연을 따라

---

271) 中論 권1의 게송이다. (대정장 권30 p. 2 b-)

법을 일으키는 연고로 불멸(不滅)이니, 불멸이 곧 불생이므로 '하나[一物]'가 된다.

[鈔] 三, 約圓成의 初義可知로다 二, 約二義中에 小異前二耳니 謂二三皆約二義하니 二, 卽法相宗二義라 於此二義에 顯無性義니 謂非妄心境故로 卽相無義오 聖智所證故로 卽性有義니 而非妄心境故로 遠離我法所執하고 便能顯得勝義無自性性이니라

又體非遷變下는 約不變隨緣이니 法性宗中二義라 旣不變故로 不生이오 由此不變하야 方能隨緣則不生이 是不滅義라 旣以隨緣爲不滅하고 由隨緣호대 不失自性하야 方知不變하니 則不滅是不生이니 故云爲一物也니라

● c) 約圓成의 (1)의 뜻은 알 수 있으리라. (2) 두 가지 뜻[不生과 不滅]을 잡은 중에 앞의 둘[① 변계성과 ② 의타성]과는 조금 다르나니, 말하자면 ② 의타성과 ③ 원성성이 두 가지 뜻을 잡아 해석하였다. 그 두 가지란 곧 법상종(法相宗, 性相隔別의 입장)의 두 가지 뜻이다. 이 두 가지 뜻에서 무성(無性)의 뜻을 밝혔으니 망심의 경계가 아니므로 곧 상무(相無, 相無性)의 뜻이고, 성인의 지혜로 증득한 것이므로 곧 성유(性有, 生無性)의 뜻이다. (2) 망심의 경계가 아니므로 나와 법의 집착[我執과 法執]을 여의고 문득 '뛰어난 이치의 무자성(無自性)의 성품[勝義無性]'을 밝힌 것이다.

(3) 又體非遷變 아래는 불변(不變)과 수연(隨緣)의 뜻을 의지한 해석이니, 법성종(法性宗)의 두 가지 뜻이다. 이미 불변이므로 불생(不生)이고 이 불변으로 인하여 비로소 수연(隨緣)할 수 있으니 불생이 곧 불멸(不滅)의 뜻이다. 이미 수연으로 불멸을 삼고 수연하지만 자성(自性)

을 잃지 않기 때문에 비로소 불변임을 아나니, 불멸이 곧 불생이기 때문에 한 물건인 것이다.

d) 통틀어 삼성(三性)이 혼융됨에 입각한 해석[通就三性混融]

(四通14上7)

[疏] 四, 通就三性混融이라 於一法上에 就徧計故로 不生이오 就圓成故로 不滅이오 就依他故로 亦不生亦不滅이오 就三無性故로 非不生非不滅이니라[272]

■ d) 통틀어 세 가지 성품이 혼융됨에 입각한 해석이다. 한 가지 법을 놓고도, 하나, 변계성(徧計性)의 입장에서는 불생(不生)이고 둘, 원성성(圓成性)의 입장에서는 불멸(不滅)이며 셋, 의타성(依他性)의 입장에서는 또한 불생(不生)이면서 불멸(不滅)이고 넷, 삼무성(三無性)의 입장에서는 불생도 아니고 불멸도 아니다.

[鈔] 四, 通就三性等者는 卽合前三而義全別이나 理實具合三性三無性하야 以成四句가 如一念心에 刹那瞥起가 卽具六義하니 謂一念之心은 是緣起法이니 是依他起오 情計有實은 卽徧計所執이오 體本空寂은 卽是圓成이라 三性備矣로다 旣卽依三性하야 說三無性하니 故로 六義具矣니라 今於三性에 成其三句하고 三無性上에 共成一句하니 謂一念之上에 旣理本無일새 故로 徧計爲不生이오 本無之理는 卽是

---

272) 三性說: 모든 존재의 본성이나 사물의 존재하는 상태[性相]를 有無, 假實이라고 하는 점에서 세 가지로 나눈 것을 '三性'이라 하고, 三性이 각각 無自性空이라고 하는 것을 '三無性'이라 한다. 『解深密經』권2의 一切法相品에 근거한 설이며 唯識學派와 法相宗의 根本敎義이다. 세 가지란 ① 徧計所執性 ② 依他起性 ③ 圓成實性이며 三無性은 ① 相無性 ② 生無性 ③ 勝義無性의 세 가지를 말한다.

圓成故로 不滅이오 依他卽無性故로 亦不生이오 而不壞相故로 亦不滅이니 三句備矣로다

言就三無性非不生非不滅者는 上約徧計故로 不生이오 今徧計卽相無性故로 無彼不生하야 爲非不生也라 上約圓成故로 不滅이오 今圓成卽是勝義無自性性故로 非不滅이라 上約依他에 亦不生亦不滅이오 今依他卽生無自性性故로 何有亦不生亦不滅이리오 故上三性이 不出不生不滅이니 今翻彼三性하야 以成三無性일새 故雙非也니라

● d) '통틀어 세 가지 성품이 혼융됨' 등이란 곧 앞의 세 가지[곧 ① 就徧計 ② 就緣起 ③ 約圓成]와 합하지만 뜻은 전혀 다르다. 그러나 이치로는 실로 삼성(三性), 삼무성(三無性)과 합하여 네 구절을 이루는 것이니, 예컨대 한 생각이 찰나 간에 문득 일어나면[刹那瞥起] 곧 여섯 가지 뜻을 갖추나니, 말하자면 (1) 한 생각이란 인연으로 일어난 법이니 이는 의타기성(依他起性)이고, (2) 망녕된 생각으로 헤아려 실제가 있다고 생각함은 곧 변계소집성(徧計所執性)이고, (3) 체성이 본래로 공적하다[體本空寂] 함은 곧 원성실성(圓成實性)이니 (이로써) 삼성(三性)이 갖추어진다. 이렇게 삼성에 의지하여 삼무성(三無性)을 설하기 때문에 여섯 가지 뜻이 갖추어진다. 이제 삼성(三性)에 그 세 구절이 이루어지고, 삼무성(三無性)에 함께한 구절을 이루나니 말해 보면, 한 생각에 이미 이치가 본래 없으므로[無自性이므로] 변계(徧計)가 불생(不生)이 되고, 본래 없다는 이치는 곧 원성성(圓成性)이므로 불멸(不滅)이 되고, 의타성(依他性)이 곧 무성(無性)이므로 또한 불생(不生)이며, 하지만 모습을 무너뜨리지 않으므로 또한 불멸(不滅)이니, 세 구절이 갖추어지는 것이다.

'넷, 삼무성에 나아가 비불생(非不生)이며 비불멸(非不滅)'이란 말은 1.

위에서 변계성을 의지하므로 불생(不生)이고, 지금은 변계성이 곧 상무성(相無性)인 연고로 저 불생도 아니어서 비불생(非不生)이 된다. 2. 위에서는 원성성을 의지하므로 불멸이고, 지금은 원성성이 곧 승의무자성(勝義無自性)의 성품[勝義無性]이므로 비불멸(非不滅)이다. 3. 위에서는 의타성에 의지하면 불생도 아니고 불멸도 아니며, 지금은 의타성이 곧 생무자성성(生無自性性, 生無性)이므로 무엇이 또한 불생(不生)이기도 하며 또한 불멸(不滅)이기도 하겠는가? 때문에 위의 세 가지 성품[相無性, 生無性, 勝義無性]이 불생불멸(不生不滅)을 여의지 못하나니, 이제 저 세 가지 성품을 바꾸어 세 가지 무성(無性)을 이루었으므로 함께 부정하는[雙非] 것이다.

e) 네 구절을 융섭하여 무애함과 합치한 해석[卽融四句無碍]

(五然 15上4)

[疏] 五는 然此四句가 合爲一聚圓融無礙니 頓思可見이니라
■ e) 그러나 이 네 구절이 합하여 한 덩어리로 원융무애하니 금방 생각해 보면 볼 수 있으리라.

[鈔] 五中에 融四句而無徧니 以一念心上과 一微塵上에 卽有六義일새 故總融合이라 言合四句者는 非第四門中四句오 合前總別二種[273]四句耳니라
● e) 중에 네 구절을 융섭하여 무애하니 한 생각 마음과 한 작은 티끌 위에 곧 여섯 가지 뜻이 있으므로 통틀어 융섭하여 합하였다. '합하

---

273) 上四字는 南續金本作別說總說이라 하다.

여 네 구절'이라 말한 것은 네 번째 문의 네 구절이 아니며, 앞의 총상
과 별상의 두 가지 네 구절을 합한 것일 뿐이다.

b. 오고 가지 않음에 대한 해석[釋不去來] (二不 15上8)

[疏] 二, 不來不去者는 約行이니 謂正智로 背捨妄執而無去오 向證眞理
而不來라 又依體起用而不去오 應機現前而不來라 又往應群機而
不去오 恒歸寂滅而不來라 不來卽是不去며 無二爲一味也니 由此
大智하야 無念應機가 如摩尼天鼓가 無思成事일새 故云無功用行也
니라

■ b. '오고 가지 않음'이란 수행을 잡은 해석이니 말하자면 바른 지혜
로 망녕된 집착을 버리면 감이 없고[無去], 진리로 향하여 증득하면 오
지 않는다[不來]. 또한 본체에 의지하여 작용을 일으키더라도 가지 않
고[不去], 중생에 응하여 출현하여도 오지 않는다[不來]. 또 여러 중생
에게 가서 응하여도 가지 않고[不去], 항상 적멸로 돌아가더라도 오지
않는다[不來]. (따라서) 오지 않음이 곧 가지 않음이며 둘이 아니어서
한 맛[一味]이 되나니, 이러한 큰 지혜로 인하여 '생각함 없이 중생 근
기에 응하심[無念應機]'이 마치 마니주(摩尼珠)나 하늘북이 아무 생각
없이 일을 이루는 것[無思成事]과 같으므로 '공용 없는 수행[無功用行]'
이라 말한다.

[鈔] 二, 不來不去下는 有三義釋이니 初는 唯約體오 背捨是去로대 而言
不去者는 智照妄空에 無可捨故오 照惑無本이 卽智體故라 向證眞
理는 合是來義로대 如如來故로 而云不來者는 眞不可得故며 照體

無自가 卽眞理故라 故로 經에 云, 如來者는 無所從來라하니라 …〈下
略〉…

● b. 不來不去 아래는 세 가지 뜻으로 해석함이니 (1) 오직 본체를 의
지함이니, '이 감을 버리지만 가지 않는다[不去]'고 말한 것은 지혜로
망녕된 공(空)을 비출 때에 버릴 수 없는 까닭이요, 번뇌가 뿌리가 없
음을 비추는 것이 곧 지혜의 본체인 까닭이다. 진리를 향하여 증득함
은 온다는 뜻과 합하지만 여여(如如)하게 오기 때문에 오지 않는다고
말한 것은 진실로 얻을 수 없기 때문이며, 비추는 본체 자체가 없는
것이 곧 진리인 때문이다. 그러므로『금강경(金剛經)』에 이르되, "여래
란 어디로부터 오는 것이 아니다"라고 말하였다. …〈아래 생략〉…

(ㄴ) 통틀어 해석하다[通釋] 2.
a. 표방하다[標]

[疏] 二, 通釋者는 不生不滅은 亦可約行이오 不來不去를 亦可約境이니라
■ (ㄴ) 통틀어 해석하면 불생불멸(不生不滅)은 또한 수행을 잡은 해석이
요, 오고 가지 않음[不來不去]은 또한 경계를 잡은 해석이기도 하다.

[鈔] 二, 通釋者는 然旣言不生滅로 約行이라하고 不來去로 約境이라하면
此亦是局이니 何名爲通이리오 以上是賢首意라 不生滅은 局境而不
通行하고 不來去는 局行而不通境이어니와 今翻其不通令通에 則四
義俱通境行일새 故名爲通이니라
● (ㄴ) 통틀어 해석함이란 그런데 이미 '불생멸(不生滅)을 수행에 의지한
해석이라 하고, 불래거(不來去)를 경계를 의지한 해석'이라 하면 이 또

한 국한된 것이니 어찌 통틀어 해석함이라 하겠는가? 위는 현수(賢首)
대사의 주장이다. 나고 멸하지 않음은 경계에 국한하면 수행에 통하
지 못하고, 오고 가지 않음은 수행에 국한하면 경계에 통하지 못하
지만, 이제 바꾸어 통하지 않는 것을 통하게 하는 데 네 가지 뜻이 함
께 경계와 수행에 통하게 되므로 통틀어 해석함이라 이름하였다.

b. 해석하다[釋] 2.
a) 불생멸에 대한 해석[釋不生滅] (謂妄 16下2)

[疏] 謂妄念斯寂이 猶若虛空이어니 何生何滅이리오 又雖起大用이나 見心
　　無生이오 用謝歸寂에 了本無滅이라 又常稱眞理하야 寂照居懷어니
　　於此心中에 有何生滅이리오 此는 約行하야 釋不生滅也니라

■　이른바 망념(妄念)이 이처럼 고요해져서 허공과 같다 하였는데 무엇이
　　나고 무엇을 멸할 것인가? 또 비록 큰 작용을 일으켰지만 마음이 무
　　생(無生)임을 보았고, 작용을 그만두고 고요함에 돌아가면 본래 멸할
　　것도 없음을 알았다. 또한 항상 진리와 칭합하여 적조(寂照)를 품고
　　살았는데 이런 마음속에 무슨 나고 멸함이 있겠는가? 이는 수행을 의
　　지하여 불생멸(不生滅)을 해석함이다.

[鈔] 謂妄念下別이니 亦約三性以成觀行이라 初, 卽徧計로 契同無相이니
　　何有生滅이리오 二, 又雖起大用下는 約依他觀이오 三, 又常稱眞下
　　는 約圓成觀이오

●　b. 謂妄念 아래는 개별 해석이니 또한 삼성(三性)을 잡아서 관행(觀
　　行)을 이룬 것이다. (1)은 곧 변계성으로 계합하여 무상(無相)과 같나

니 어찌 생멸이 있겠는가? (2) 又雖起大用 아래는 의타성을 잡아서 관찰함이요, (3) 又常稱眞 아래는 원성성을 잡아서 관찰함이다.

b) 오고 가지 않음에 대한 해석[釋不去來] (約境 16下8)

[疏] 約境하야 釋不來去者인대 猶如空華일새 無可去來라 又緣會卽來나 來無所從故無來오 緣謝而去나 去無所至故無去라 又諸法卽如어니 如豈來去리오

■ 경계를 잡아서 오고 가지 않음을 해석한다면 ① 마치 허공 꽃과 같으니 가고 올 수가 없으리라. ② 또 인연이 모이면 오지만 종적이 없이 오기 때문에 옴이 없으며, 인연을 버리고 가지만 갈 곳이 없이 가므로 감이 없는 것이다. ③ 또 모든 법이 여여(如如)와 합치하였으니 여여가 어찌 오고 가겠는가?

[鈔] 約境釋不來下는 亦約三性이니 初, 卽徧計오 又緣會下는 約依他오 又諸法卽如下는 約圓成이라 皆從簡略하야 各出一義라 例前不生하야 亦可具五니 亦應前三, 別說이오 四五, 融通이라 如徧計上하야 亦應云, 情有卽是理無故로 不來오 理無卽是情有故로 不去等이니 但改生滅二字하야 爲來去二字라 餘准前思니라

● 約境釋不來 아래는 또한 세 가지 성품을 잡은 해석이니, (1) 변계성이요, (2) 又緣會 아래는 의타성을 잡은 해석이요, (3) 又諸法卽如 아래는 원성성에 의지한 해석이다. 모두 간추려 각각 한 가지 뜻만 나오고, 앞의 불생(不生)의 예처럼 또한 다섯 가지 뜻을 갖추었으며, 역시 앞의 (1), (2), (3)은 다르게 말한 것이고, (4)와 (5)는 융섭하여

통함이다. 마치 변계성에서처럼 또한 응당히 말하면 정유(情有)가 곧
이무(理無)이므로 오지 않음이요, 이무(理無)가 곧 정유(情有)인 연고로
가지 않음 등이니 다만 '生滅'의 두 글자를 고쳐서 '來去' 두 글자로
바꾼 것이다. 나머지는 앞과 준하여 생각하라.

(ㄷ) 전전히 해석하다[展轉釋] 3.
a. 앞을 서로 원인하여 해석하다[前爲相因釋] (三展 17上6)

[疏] 三, 展轉釋이니 又何以不生滅고 由無來去故라 何以不來去오 由無
生滅故니라
- ■ (ㄷ) 전전히 해석함이니, 또 어찌하여 생멸하지 않는가? 오고 감이 없
  음으로 말미암은 까닭이다. 어찌하여 오고 가지 않는가? 생멸이 없
  음을 말미암은 까닭이다.

[鈔] 三, 展轉釋이라 所以爲此釋者有三意하니 一, 則上來에 但當句釋이
어니와 今顯互相釋이라 故로 如經274)에 云, 一切法無來일새 是故無有
生等이니 卽此가 亦名相因釋也니라
- ● (ㄷ) 전전히 해석함이다. 이렇게 해석하는 이유는 세 가지 의미가 있는
  데, (1) 위에서 단지 해당 구절만을 해석하였지만 지금은 서로 번갈아
  해석함을 밝혔다. 그러므로 아래 경문에 이르되, "온갖 법이 온 데가
  없으니 그러므로 난 것이 아니요(이미 난 것이 아닌지라 멸한다고도 할 수 없
  네)"라고 하였으니, 곧 이것이 '서로 원인하여 해석함'이라 이름하였다.

---

274) 이는 夜摩偈讚品의 게송이다. 具云하면, "一切法無來일새 是故無有生이니 以生無有故로 滅亦不可得이
로다"(교재 권2 p.9~)

b. 그지없이 감춘 해석[含藏無盡釋] (又旣 17下1)

[疏] 又旣無來去則非一非異오 不生不滅則無斷無常이오 智契前理일새
故無功用이오 不礙生等일새 故云行也니라

■ 또 이미 오고 감이 없으면 하나도 아니고 다른 것도 아니며[非一非異],
나지 않고 멸하지도 않는다면 단견(斷見)도 아니요 상견(常見)도 아니
며[無斷無常], 지혜로 앞의 이치와 계합하는 연고로 무공용(無功用)이고
생(生) 등에 무애하므로 '수행'이라 하였다.

[鈔] 又旣無來去則非一非異者는 次, 正是展轉釋이니 欲明不生滅等四
가 含義無盡일새 故略擧八不이니 卽中論宗이라 論에 云, 不生亦不滅
이며 不常亦不斷이며 不一亦不異며 不來亦不出이라하니 而靑目釋之
호대 有展轉相因釋이라하니 今取此勢일새 故爲此釋이라 云何不來不
去가 則得非一非異耶아 謂若有來去인대 則有能所하야 能所爲異어
니와 對此爲一하야 今無來去일새 故無一異니라

● '또 이미 오고 감이 없으면 하나도 아니고 다른 것도 아니라'고 한 것
은 바로 (ㄷ) 전전히 해석함이니, 불생멸(不生滅) 등 네 가지가 포함한
뜻이 끝이 없음을 밝히려고 간략히 팔불(八不)을 거론하였으니 곧『중
론』의 종지이다. 논[275]에서는, "생이 아니고 또 멸도 아니며, 항상함
도 아니고 또 단멸도 아니며, 하나도 아니고 또 다른 것도 아니며, 옴
도 아니고 또 나감도 아니다"라고 하였고, 청목범지(靑目梵志)[276]가
해석하되, "전전히 서로 원인하여 해석한 것이 있다"라 하였으니, 지

---

275) 이는『중론』觀因緣品 제1의 게송이다. (대정장 권30 p.1 b-)
276) 靑目(-): 범 Nñlanetra 인도 스님. 불기 1천 년경, 三論宗. 龍樹의 中觀論에 해석을 붙여 유명하다.

금 이런 모습을 취하였으므로 이렇게 해석하는 것이다. 어떻게 오지 않음[不來]과 가지 않음[不去]이 하나도 아니요 다른 것도 아님[非一非異]이 되는가? 만일 오고 감이 있다고 하면 주체와 대상이 있어서 주체와 대상이 다르게 되지만, 이에 대하여 하나로 되어 이제 오고 감이 없으므로 하나도 다름도 아니라는 뜻이다.

云何不生不滅이 則得不常不斷고 謂若許有生인대 生卽是有며 定有則常이오 若許有滅인대 滅則是無며 定無則斷이어니와 今無生滅이어니 何有斷常이리오 故로 中論에 問云호대 不生不滅로 已總破一切法이어늘 何故로 復說此六事耶아 答이라 爲成不生不滅故니 謂有人不信不生不滅이라도 而信不常不斷이라 若深求不常不斷하면 卽是不生不滅이라하나니 故知二義相成이로다 從智契下는 釋無功用이니라

● 어떻게 나지 않음[不生]과 멸하지 않음[不滅]이 항상하지 않음[不常]과 단멸하지 않음[不斷]이 되는가? 말하자면 만일 생(生)이 있음을 허용한다면 생은 곧 유(有)이며, 유라 결정하면 항상함[常]일 것이다. 만일 멸(滅)이 있음을 허락한다면 멸은 곧 무(無)이며, 무(無)라 결정하면 단멸일 것이지만, 지금은 생멸이 없는데 어찌 단멸과 항상함이 있겠는가? 때문에 『중론』277)에서는 "묻기를, '불생(不生)과 불멸(不滅)로 이미 온갖 법을 모두 타파하였는데 무엇 때문에 다시 여섯 가지 일[不常, 不斷, 不一, 不異, 不來, 不出]을 말하였는가?' 이에 답하되, '불생(不生)과 불멸(不滅)임을 성립시키기 위함이다. 말하자면 어떤 사람이 불생(不生)과 불멸(不滅)은 믿지 않더라도 불상(不常)과 부단(不斷)은 믿을 수 있다. 만일 깊이 불상(不常)과 부단(不斷)을 구해 보면 곧 불생(不

---

277) 대정장 권30 p.1 c .

生)과 부단(不斷)일 것이다'라 하므로 두 가지 뜻이 서로 성립한다"라
하였다. 智契 아래부터는 무공용(無功用)에 대한 해석이다.

c. 체성과 양상을 서로 성립함으로 해석하다[性相互成釋] (是則 18上6)

[疏] 是則不生之生일새 生之不生이오 無功用故로 常寂이오 行故로 常用
　　이라 寂用無二니 是於功用에 得解脫也니라
　■ 이것은 태어나지 않는 생[不生의 生]이므로 태어나도 태어나지 않음[生
　　의 不生]이고, 무공용행(無功用行)인 연고로 항상 고요하다. 수행하는
　　까닭에 항상 작용한다. 고요함과 작용함이 둘이 아니니, 이는 공용
　　행에서 해탈을 얻었다는 뜻이다.

ㄷ) 결론하다[結] (斯爲 18上7)

[疏] 斯爲正法之要라 義味難盡이니 無厭繁文이어다
　■ 이것이 정법(正法)의 요체가 되어 의미를 다할 수 없으니 문장이 번거
　　로운 것을 염려하지 않았다.

[鈔] 是則不生之生下는 生與不生으로 展轉相成이라 上來는 諸不相成으
　　로 總顯不生之理어니와 今則性相相成이니 以此不生不同斷滅故로
　　不礙於生이라 若礙於生인대 非眞不生이니 故不礙生이 成不生也라
　　是則緣生故無性이오 無性故緣生이니 二義相成이 眞不生也라 餘可
　　例知니라
　● c. 是則不生之生 아래는 생(生)과 불생(不生)이 바꾸어 가면서 서로

성립함으로 해석함이다. 위에서는 여러 가지 서로 성립하지 않는 것
으로 통틀어 불생(不生)의 이치를 나타냈지만, 지금은 체성과 양상으
로 서로 성립하였으니, 이 불생(不生)이 단멸(斷滅)과는 같지 않으므로
생(生)에 장애되지 않는다. 만일 생(生)을 장애한다면 참된 불생(不生)
이 아닐 것이니, 그러므로 생(生)을 장애하지 않는 것이 불생(不生)을
완성하는 것이다. 이는 인연으로 생기므로 무성(無性)이고 무성인 연
고로 연생(緣生)이니 두 가지 뜻이 서로 성립함이 참된 불생(不生)인 것
이다. 나머지는 유례하여 알 수 있으리라.

(라) 가애락대혜천왕[可愛樂大慧天王] (四現 18下5)

可愛樂大慧天王은 得現見一切法眞實相智慧海解脫門
하니라
가애락대혜천왕은 모든 법의 진실상을 환하게 보는 지혜 바
다의 해탈문을 얻었느니라.

[疏] 四, 現見一切法等者는 觀義解脫也라 現見之言은 揀比知故라 眞
實相言은 略有三義하니 一, 以智觀事實이니 事不虛故라 故로 下經
文에 觀有爲法이 如實相故라하니라 二, 以慧觀理實은 所謂無相이니
無相不相이 名爲實相이라 三, 以無礙智로 知無二實이니 窮實故深이
오 盡邊故廣일새 稱智慧海오 不爲相縛이 是解脫門이니라

■ (라) '모든 법의 진실상을 환하게 보는' 등이란 법의 이치를 관찰하는
해탈이다. '환하게 본다'는 말은 '견주어 아는 것'과 구별하려는 까닭
이다. '진실상'이란 말은 간략히 세 가지 뜻이 있으니 (1) 지혜로 현상

의 실다움을 관찰함이니, 현상이 헛되지 않기 때문이다. 그러므로 아래 경문에 "유위법이 여실한 모습을 관찰하기 때문이다"라고 하였다. (2) 슬기로써 이치가 실다움을 관찰함은 무상(無相)을 말하는 것이니, 모습이 없고 모습이 아닌 것을 이름하여 실상(實相)이라 이름한다. (3) 걸림 없는 지혜로 둘이 없는 실법(實法)을 아는 것이니, 실법을 궁구하는 까닭에 깊으며, 끝까지 다한 연고로 넓은 것이다. 지혜바다에 칭합하고 모습에 속박되지 않는 것이 바로 해탈문이다.

(마) 부동광자재천왕[不動光自在天王] (五與 19上3)

不動光自在天王은 得與衆生無邊安樂大方便定解脫門
하니라
부동광자재천왕은 중생들에게 끝없는 안락을 주는 큰 방편
선정의 해탈문을 얻었느니라.

[疏] 五, 與衆生等者는 慈障解脫也라 離諸危怖曰安이오 適悅身心爲樂
이니 見佛則獲二利일새 故安樂也오 煩惱不生일새 故得定也오 佛德
難思일새 故樂定無邊이니 斯爲大方便也니라

■ (마) '중생들에게 주는' 등이란 '장애를 사랑하는 해탈'이다. 여러 위
태롭고 두려움을 여의게 함을 '편안함'이라 하고, 몸과 마음을 기쁘
게 함을 '즐거움'이라 말한다. 부처님을 친견하면 두 가지 이익[自利와
利他]을 얻으므로 안락함이요, 번뇌가 생겨나지 않으므로 삼매를 얻
었으며, 불덕(佛德)은 사의하기 어려우므로 삼매를 즐거워함이 끝없
으니 이것이 큰 방편이 된 것이다.

(바) 묘장엄안자재천왕[妙莊嚴眼自在天王] (六令 19上7)

> 妙莊嚴眼天王은 得令觀寂靜法하여 滅諸癡暗怖解脫門
> 하니라
> 묘장엄안천왕은 고요한 법을 관찰해서 모든 어리석고 어두
> 운 공포를 멸하는 해탈문을 얻었느니라.

[疏] 六, 令觀等者는 悲障解脫也라 衆生癡故造業하고 造業故受苦하고
闇故不見未來하고 不見未來卽顚墮니 故로 大怖之極이 莫越愚癡라
令觀本寂하면 則癡相本空이라 尙不造善이어니 豈當爲惡이리오

■ (바) '관찰하게 해서' 등이란 '장애를 어여삐 여기는 해탈'이다. 중생
이 어리석어서 업을 짓고, 업을 지었으므로 고통을 받으며, 어둡기
때문에 미래를 보지 못하고, 미래를 보지 못함으로 곧 잘못 떨어진
다. 그러므로 큰 두려움이 지극한 것이 어리석음보다 더한 것이 없
다. 본래의 고요함을 관찰하게 하면 어리석은 모습도 본래 공한 것
이니 오히려 선(善)도 짓지 않는데 어찌 악(惡)이 해당되겠는가?

[鈔] 尙不造善等者는 然邪說空호대 謂豁達無物이라하며 或言無礙커니 不
妨造惡이라하니 若眞知空인대 善順於理라 恐生動亂일새 尙不起心이
오 惡背於理라 以順妄情커니 豈當更造리오 若云無礙不礙造惡인대
何不無礙가 不礙修習善行²⁷⁸⁾而斷惡耶아 厭修善法은 恐有着心인
대 恣情造惡은 何不懼着가 明大邪見惡衆生也로다

● '오히려 선(善)도 짓지 않는데' 등이란 그런데 삿되게 공(空)을 말하되

---

278) 上四字는 南金本作修善이라 하다.

"활연히 통달하여 한 물건도 없다"고 하며, "혹은 무애라 말하는데 악(惡)을 지어도 무방(無妨)하다"고 말한다. 만일 진실로 공을 안다면 이치에 잘 따르는지라 동란(動亂)이 생김을 두려워할 것이니 오히려 마음을 일으키지 않을 것이요, 악(惡)은 이치를 어겨서 망녕된 생각을 따르게 하는데 어찌 다시 지음에 해당하겠는가? 만일 무애(無礙)라서 악행을 지어도 장애되지 않는다고 말한다면 어찌 장애가 없지 않겠는가? 선행을 닦고 익혀서 악(惡)을 끊는 것에 장애되지 않겠는가? 선법(善法) 닦는 것을 싫어하여 집착하는 마음이 있음을 두려워한다면 함부로 악(惡)을 짓는 것은 어찌 집착을 두려워하지 않겠는가? 큰 사견(邪見)을 가진 악(惡)한 중생임이 분명하도다.

(사) 선사유광명자재천왕[善思惟光明自在天王] (七善 19下8)

善思惟光明天王은 得善入無邊境界하여 不起一切諸有
思惟業解脫門하니라
선사유광명천왕은 끝없는 경계에 잘 들어가서 모든 유에 대하여 생각하는 업을 일으키지 않는 해탈문을 얻었느니라.

[疏] 七, 善入等者는 業障解脫也라 佛現十方이 是無邊境이오 了無依性이 稱爲善入이라 尚不依佛이어니 寧造業思리오

■ (사) '잘 들어감' 등이란 업장(業障)에서 해탈함이다. 부처님이 시방에 출현하심이 끝없는 경계이고, 의지할 것 없는 성품[無依性]을 깨닫는 것을 잘 들어간다고 칭한다. 오히려 부처님에게도 의지하지 않는데 어찌 지은 업을 생각하겠는가?

[鈔] 尙不依佛者는 意同前義니 入理觀佛에 恐壞觀心이어든 更造業思에 特違至理니라

● '오히려 부처님에게도 의지하지 않음'이란 앞의 뜻과 같은 뜻이니 이치에 들어가서 불(佛)을 관찰하면 마음을 관찰함[觀心]에 해가 될까 두려워해야 할 것인데 다시 사유(思惟)의 업을 지어 지극한 이치를 어긋나게 하겠는가?

(아) 가애락대지자재천왕[可愛樂大智自在天王] (八普 20上4)

可愛樂大智天王은 得普往十方說法하되 而不動無所依解脫門하니라
가애락대지천왕은 널리 시방에 가서 설법하되 흔들리지 않고 의지함이 없는 해탈문을 얻었느니라.

[疏] 八, 普往十方等者는 卽無相解脫門也라 雖身應十方이나 寂然不動하며 智宣諸法이나 怕[279]爾無依는 不取於相하야 如如不動故니라

■ (아) '널리 시방에 가서' 등이란 곧 모양 없는 해탈문이다. 비록 몸은 시방에 응하지만 고요하여 동요하지 않으며, 지혜로 모든 법을 베풀지만 두려워하여 의지함이 없음은 모습을 취하지 않고 여여(如如)하여 동요하지 않는 까닭이다.

(자) 보음장엄당천왕[普音莊嚴幢天王] (九入 20上9)

---

[279] 怕는 金本作泊, 案怕通泊 無爲也恬靜也, 文選子虛賦 恬乎無爲라 하다.

普音莊嚴幢天王은 得入佛寂靜境界하여 普現光明解脫門하니라

보음장엄당천왕은 부처님의 고요한 경계에 들어가서 광명을 널리 나타내는 해탈문을 얻었느니라.

[疏] 九, 入佛等者는 卽名相解脫也라 佛智契如가 名入寂境이오 寂而能應故로 普오 徧十方身智發이 光이라 又令物入호대 無相故靜이오 無名故寂이니라

■ (자) '부처님의 경계에 들어가서' 등이란 곧 이름과 모양에서 해탈함이다. 불지(佛智)로 진여(眞如)에 계합함이 고요한 경계에 들었다는 말이요, 고요하지만 잘 응하는 연고로 넓음이요, 시방에 두루 한 몸과 지혜를 발함이 광명이다. 또한 중생을 (고요한 경계에) 들게 하지만 모양이 없으므로 고요하며, 이름마저 없으므로 고요하다는 뜻이다.

(차) 명칭광선정진천왕[名稱光善精進天王] (十中 20下2)

名稱光善精進天王은 得住自所悟處하여 而以無邊廣大境界로 爲所緣解脫門하시니라

명칭광선정진천왕은 스스로 깨달은 곳에 머물면서 끝없이 광대한 경계로써 반연할 바를 삼는 해탈문을 얻었느니라.

[疏] 十中에 此天王名이 與前列中으로 少倒하니 前名極精進名稱光이라 上下諸文이 多有此例하야 或義存名異하며 或廣略參差하니 皆譯者不善會耳라 法門名住自等者는 此離二取相하야 能益自他오 解脫

門이 自悟處者는 卽離覺所覺하야 自覺聖智가 常現前也라 而以無邊等者는 謂緣無邊法界하야 度無邊衆生하야 得廣大菩提也라

■ (차) 그중에 이 천왕의 명칭이 앞에 배열된 것과 조금 바뀌었으니, 앞에는 이름이 극정진명칭광(極精進名稱光)이었는데 위와 아래의 여러 경문이 자주 이러한 사례가 있어서 혹 뜻은 있지만 이름이 다르고, 혹 넓고 간략함이 어긋남이니 대개 번역자가 잘 알지 못하기 때문이다. 법문을 '자신 등에 머문다'고 이름한 것은 이런 두 가지를 취하는 모습을 여의어서 자타(自他)를 이익되게 할 수 있고, 해탈문이 '스스로 깨달은 곳'이란 곧 깨달음과 깨달을 대상[所覺]을 여의어서 자각(自覺)의 성지(聖智)가 항상 앞에 나타난다. '끝없이 광대한 경계로써' 등이란 끝없는 법계를 인연하여 '끝없는 중생을 제도하여 광대한 보리를 얻는다'는 말이다.

[鈔] 此離二取相者는 唯識第八에 有四二取하니 一, 相見이오 二, 名色이오 三, 王所오 四, 本末이니 本卽第八異熟이오 末卽前六識異熟이라 今當相見이니 所覺是相이오 能覺是見이라 遠離覺所覺을 名自覺聖智라 故로 楞伽에 云, 一切無涅槃하고 無有涅槃佛하며 無有佛涅槃이니 遠離覺所覺이 卽斯義也니 上是第一經이오 第二에 又云, 佛告大慧하사대 前聖所知를 轉相傳授하니 妄想無性이라 菩薩摩訶薩이 獨一靜處에 自覺觀察호대 不由於他하야 離見妄想하고 上上勝進하야 入如來地를 是名自覺聖智之相이라하니라

● '이런 두 가지를 취하는 모습을 여읜다' 함은『성유식론』제8권에, "네 종류의 두 가지 취함[二取]이 있으니, ① 모습[相]과 견해[見]이며, ② 명칭[名]과 물질[色]이며, ③ 심왕과 심소이며, ④ 근본과 지말이니"라

하니, 근본이란 곧 제8 이숙식(異熟識)이고, 지말은 곧 전6식의 이숙이다. 지금은 ① 모습과 견해에 해당하니 깨달을 대상[所覺]은 모습이고, 깨닫는 주체[能覺]는 견해이다. 능각과 소각을 멀리 여읜 것을 '스스로 깨닫는 성스러운 지혜[自覺聖智]'라 이름한다. 그러므로 『능가경』[280]에 이르되, "일체에 열반이 없고 열반한 불도 없으며 불의 열반도 없으니 각(覺)과 소각(所覺)을 멀리 여의었다"라 함이 곧 이런 뜻이다. 위는 제1권이고 제2권[281]에 또 이르되, "불(佛)께서 대혜(大慧)에 고하시기를 '앞의 성인이 아신 것을 전전히 서로 전수하였으니, 망녕된 생각은 무성(無性)이다. 보살마하살이 유독 한 고요한 곳에서 자각하고 관찰하여 남을 인하지 않고 견해와 망상을 여의고 상상(上上)으로 올라가서 여래(如來)의 경지에 들어감을 이름하여 '자각성지의 모습'이라 한다"라고 하였다.

나) 게송으로 찬탄하다[依列偈讚] 2.
(가) 가름을 열다[開章] (二上 21上10)

爾時에 妙燄海天王이 承佛威力하사 普觀一切自在天衆하고 而說偈言하니라
그때에 묘염해천왕이 부처님의 위신력을 받들어 모든 자재천대중들을 널리 관찰하고 게송으로 말하였다.

---

280) 능가경이란 『楞伽阿跋多羅寶經』의 준말이며 범어 Laṅkāvatara-sutra의 음사이다. 入楞伽經이라 번역. 이 경은 楞伽山(스리랑카의 동남쪽에 있는 산, 곧 현재의 아담峰)에서 설하였고, 4권본과 7권본, 10권본의 세 종류가 있다. 인용문은 4권 능가경(求那跋陀羅譯本) 권1의 一切佛語心品 제1의 내용이다. (대정장 권16 p. 480 b6-)
281) 위의 책 내용이다. (대정장 권16 p. 497 b- .)

[疏] 二, 上首說偈라 中二니 先, 彰說儀오 後, 明正說이라

■ 나) (자재천의) 상수대중이 설한 게송이다. 그중에 둘이니 ㄱ. 게송 설
하는 모습을 밝힘이요, ㄴ. 바로 게송을 설함이다.

(나) 가름을 따라 해석하다[隨釋] 2.

ㄱ. 게송 설하는 모습을 해석하다[釋說儀式] (今初 21上10)

[疏] 今初, 燄海는 是當衆上首니 仰承佛力하야 爲衆申心이라 十地論에
云, 承佛力者는 顯無我慢이오 普觀十方은 示無偏心이라하니 今觀己
衆은 通局小異耳라 然頌總有四種하니 一, 名阿耨窣覩婆頌이니 此
不問長行與偈하고 但數字滿三十二가 卽爲一偈오 二, 名伽陀니 此
云諷頌이며 或名不頌頌이니 不頌長行故라 或名直頌이니 謂直以偈
說法故오 三, 名祇夜니 此云應頌이오 四, 名縕馱南이니 此云集施頌
이라 謂以少言攝集多義하야 施他誦持故니 今此는 卽伽陀頌也라 下
皆准之니라

爲何意故로 經多立頌고 略有八義하니 一, 少字攝多義故오 二, 諸讚
歎者가 多以偈頌故오 三, 爲鈍根重說故오 四, 爲後來之徒故오 五,
隨意樂故오 六, 易受持故오 七, 增明前說故오 八, 長行未說故라 今
此는 正唯前二오 義兼五六이니라

■ 지금 처음의 불꽃 바다[妙燄海]천왕은 대중의 상수에 해당하나니, 우
러러 부처님의 위신력을 받들어 대중을 위하여 마음을 피력한 것이
다. 『십지론(十地論)』에 이르되, "부처님의 위신력을 받든다는 것은 아
만이 없음[無我慢]을 나타낸 것이고, 널리 시방을 살핀 것은 치우침 없
는 마음[無偏心]을 보인 것이다"라 하였으니, 이제 자신과 대중을 살

핀 것은 통함과 국한된 것이 조금 다를 뿐이다. 그러나 게송이 모두 네 종류가 있으니 (1) 명칭이 아뇩돌도바송(阿耨窣覩婆頌)이니 이는 장항과 게송을 불문하고 단지 숫자가 32를 채운 것이 곧 한 게송이 된 것이다. (2) 가타(伽陀)라 이름하니 번역하면 풍송(諷頌)이라 하며, 혹 이름을 '칭송함이 아닌 게송[不頌頌]'이라 하니, 장항을 칭송하지 않은 까닭이다. 혹 바로 노래함[直頌]이라 이름하기도 하나니 말하자면 바로 게송으로 법을 설한 까닭이다. (3) 기야(祇夜)라 이름하나니 번역하면 '응하여 노래함[應頌]'이다. (4) 이름이 온타남(縕馱南)이니 번역하면 '모아 베푼 게송[集施頌]'이다. 말하자면 적은 말씀으로 많은 뜻을 모아 갈무리하여 다른 이가 지송(持誦)하도록 베푼 까닭이니, 지금 이것은 (2) 가타송(伽陀頌)이다. 아래는 모두 여기에 준한다.

무슨 의미로 경에서 자주 게송을 세우는가? 간략히 여덟 가지 뜻이 있으니 ① 적은 글자로 많은 뜻을 섭수하기 때문이요, ② 여러 찬탄하는 사람이 자주 게송을 쓰기 때문이요, ③ 둔한 근기를 위하여 거듭 설하기 때문이요, ④ 뒤에 오는 무리를 위한 연고요, ⑤ 즐거움을 따르기 때문이요, ⑥ 수지하기 쉽기 때문이요, ⑦ 앞에 설한 내용을 거듭 밝히기 위한 때문이요, ⑧ 장항에 설하지 않은 연고이다. 지금 여기는 바로 오직 앞의 두 가지[①, ②]일 뿐이고, 뜻으로는 ⑤와 ⑥을 겸한다.

[鈔] 十地論云承佛力等者는 論中에 但云, 示無我慢無偏心故라 昔人이 或將通配二句어니와 疏意는 以別配爲正일새 故便配之니라

● '십지론에 말한 부처님의 위신력을 받든다고 한 것'은 논문 중에 다만 이르되, "아만이 없고 치우친 마음이 없음을 보인 까닭이다"라고 하

였다. 옛 사람이 혹 가져서 두 가지 구절에 함께 배대하였지만 소가
의 의미는 따로 배대하여 바름을 삼았으므로 문득 배대해 본 것이다.

ㄴ. 바로 게송을 설하다[釋正說偈] 3.

ㄱ) 표방하여 거론하고 구분하고 정하다[標擧揀定] (二正 22上6)

ㄴ) 서로 상대하여 구분하다[相對料揀] (然此)

[疏] 二, 正說中에 十偈次第가 各一法門이니 結集取此하야 以爲長行이오
非此頌前也라 然此中長行이 與偈有多不同하니 謂偈字則定이오 長
行은 多少不同이며 而長行則約天得法이오 偈中은 即是歎佛이니 此
必然也라 若二文互望하면 或因果之殊며 或體用有別이며 或互相影
略이며 或難易更陳이며 或法喻不同이며 或能所遞擧니 故傳授者는
善消息之하야 二文相映하면 於義易了니라

■ ㄴ. 바로 게송을 설한 중에 열 가지 게송의 차례가 각각 한 법문이다.
이것을 모아 결집하여 장항을 삼은 것이요, 이 게송이 먼저 성립된 것
은 아니다. 그렇지만 이 중의 장항이 게송과는 여러 가지로 같지 않
다. 말하자면 게송의 글자는 정해져 있는데 장항은 조금 다르거나,
장항에는 하늘대중의 득법(得法)에 의지하였고, 게송에는 불덕(佛德)
을 찬탄하였으니 이는 어쩔 수 없는 일이다. 만일 두 가지 문장을 서
로 대조하면 ① 혹 원인과 결과가 다르고, ② 혹 본체와 작용의 구별
이 있으며, ③ 혹 서로서로 비추어 생략하였고, ④ 혹 어려워서 쉽게
다시 말하며, ⑤ 혹 법과 비유가 다르고, ⑥ 혹 주체와 대상을 번갈
아 거론하였다. 때문에 전해 받은 자는 잘 줄이고 늘려서[善消息之] 두
문장을 서로 비추어 보면 뜻을 쉽게 알 수 있으리라.

[鈔] 結集取此者는 以昔人이 皆云, 頌長行故라 然此中長行下는 相對料揀者는 示說偈儀式이라 然上, 擧四種하야 明偈體式하고 次, 明八義하야 卽立偈之由니 然通重頌과 及與孤起라 華藏品에 亦有十例五對하야 唯約祇夜어니와 今此料揀은 唯局此文이라 雖是孤起나 而經家廣列일새 故須會釋이라 總有六對하니 一, 因果者는 如第十偈에 云, 佛於無邊大劫海에 爲衆生故로 求菩提²⁸²⁾는 此擧因故오 長行卽云, 自所悟處는 此顯果也라

第二, 體用者는 第二偈에 云, 能然照世妙法燈은 用也오 長行에 云, 普觀一切悉自在는 體也라 第三, 影略者는 長行에 云, 知一切法의 不生不滅不來不去라하고 偈中에 但云, 了相無有는 卽偈中略也라 第四偈에 云, 永滅衆生癡暗心이라하고 長行에는 但有現見一切法하니 卽長行略也라 第四, 難易者는 如初天王의 長行에는 但云, 得法界虛空界寂靜方便力解脫이라하니 不見偈文하면 難爲解釋이라 第五, 法喩不同者는 長行第二에 但云, 觀一切法이라하고 偈云, 能然照世妙法燈이 是也라 第六, 能所遞擧者는 初天王에는 但云, 法界虛空界라하니 是所徧處오 偈中에 則云, 佛身普徧諸大會²⁸³⁾라하니 則長行闕能徧이라 且就初段하야 具有六對하며 況下諸段에도 顯文甚多니라

● '이것을 모아 결집하여'란 옛 사람이 모두 장항을 (게송으로) 읊은 때문이라 하였다. ㄴ) 然此中長行 아래는 서로 상대하여 구분함이니, 게송을 설한 의식을 보인 것이다. 그런데 위에 네 가지[①, ②, ③, ④]를 들어 게송의 체제를 밝혔고, 다음으로 여덟 가지 뜻으로 밝혀 게송을

---

282) 이는 第十地位인 妙焰海天王의 게송이다. "佛於無邊大劫海에 爲衆生故求菩提하사 種種神通化一切하시니 名稱光天悟斯法이로다."(교재권1, p. 23-)

283) 이도 역시 妙焰海天王의 게송이다. "佛身普徧諸大會하며 充滿法界無窮盡하시니 寂滅無性不可取로대 爲救世間而出現이로다."(上同)

세운 이유를 밝혔으니, 중송(重頌)과 고기송(孤起頌)에 서로 통한다. 화장세계품에 열 가지 사례와 다섯 대구가 있어서 오직 기야(祇夜)만 의지하였지만 지금의 이런 구별은 오직 이 경문에만 국한할 뿐이다. 비록 고기송이지만 경가(經家)가 널리 배열한 연고로 모름지기 회통하여 해석하였다. 모두 여섯 가지 대구가 있으니 (1) 원인과 결과는 열 번째 게송에 이르되, "부처님은 그지없는 세월 동안 중생을 위해서 보리를 구하사"라 말한 것은 이는 원인을 든 때문이고, 장항에 '스스로 깨달은 곳'이라 한 것은 결과를 나타낸 것이다. (2) 본체와 작용이란 두 번째 게송에 이르되, "세상을 비춰 주는 미묘한 법의 등불"은 작용이며, 장항에 "모든 법을 널리 관찰해서 다 자재한"이란 본체이다. (3) 비추어 생략함이란 장항에 이르되, "모든 법이 나지도 않고 멸하지도 않고 오지도 않고 가지도 않음을 안다"라 하였고, 게송 중에 다만 '모습이 있고 없음을 깨달아'라 한 것은 게송에는 생략하였다. 넷째 게송에 "중생들의 어리석은 마음을 영원히 없앤다"고 하였고, 장항에는 다만 "모든 법을 환히 본다"라 하였으니, 장항을 생략한 것이다. (4) 난이(難易)함이란 첫째 천왕의 장항에는 다만 이르되, "법계와 허공계에 고요한 방편의 힘인 해탈문을 얻는다"라 하였으니, 게송의 글을 보지 않으면 해석하기 어렵다. (5) '법과 비유가 다르다' 한 것은 장항 두 번째에 다만 '모든 법을 관찰한다'라 하였고, 게송에는 "세상을 비춰 주는 미묘한 법의 등불"이라 한 것이 이것이다. (6) '주체와 대상을 번갈아 든다[能所遞擧]' 함은 첫째 천왕에는 다만 '법계와 허공계'라 하였으니 이는 두루 할 대상의 처소이며, 게송에는 "불신(佛身)이 모든 대회(大會)에 두루 계신다"라 하였으니, 장항은 두루한 주체를 빠뜨린 것이다. 또 첫 문단에 나아가서 여섯 대구가 갖추어져 있으며, 아래 여러 단락을 비교하면 문장이 분명해지는 것이 아주 많다.

言傳授之者善消息之者는 易豐卦에 云, 天地盈虛하야 與時消息이라하니 釋云, 消者盡也오 息者生也니 謂可加則加하고 可減則減하며 可出則出하고 可沒則沒일새 故云消息이니라 二文相映者는 長行不了하면 則觀偈文하고 偈文若難見에 則觀長行하면 則易了也니라

● '(전해 주는 자는) 잘 줄이고 늘려서'란 말은 『주역(周易)』 「풍괘(豊卦)」[284]에 이르되, "하늘과 땅도 차고 비어서 때와 함께 자라고 사라지거든"이라 하였다. 해석하면 소(消)는 '다함'이요, 식(息)은 '자란다'는 뜻이다. 말하자면 더할 수 있으면 더하고 줄이려 하면 줄이며, 나올 수 있으면 나오고 빠지려 하면 빠지는 연고로 소식(消息)이라 한 것이다. '두 문장을 서로 대조하면'이란 장항을 알지 못하면 게송을 보고, 게송의 글이 만일 보기 어려우면 장항을 보면 쉽게 알 수 있는 것이다.

ㄷ) 게송을 따라 개별로 해석하다[隨偈別釋] (今初 23下6)

佛身普徧諸大會하며　　充滿法界無窮盡하시니
寂滅無性不可取로대　　爲救世間而出現이로다
부처님의 몸은 모든 대회에 두루 계시고
법계에 충만하사 다함이 없으시며
적멸하여 체성이 없어 취할 수 없건마는
세간을 구제하기 위하여 출현하셨네.

---

284) 明文堂刊 『新完譯 주역』 十翼편 象辭 p.283-

[疏] 今初, 天中初二句는 即前所徧法界虛空이오 兼明能徧佛身이니 則 十身皆徧이라 無窮盡者는 一, 出現無盡이 若高山之出雲이오 二, 非 滅盡法이 猶虛空之常住라 次句, 寂靜也니 由無性故不可取니 爲一 異俱不俱等이라 後句, 方便이니 合二爲力이라 此偈는 是說者自法일 새 故不結天名이라 下並準知니라

■ 지금 가. 자재천 대중 중에 (가) 처음 두 구절은 곧 앞의 두루 할 대상 의 법계와 허공이고, 겸하여 두루 한 주체의 불신(佛身)이니 십신(十身) 에 다 두루 한 것이다. '다함없음[無窮盡]'이란 ① 한없이 출현하심이 마치 높은 산에서 구름이 나오는 것과 같고, ② 없어지지 않는 법이 마치 허공이 늘 있는 것과 같다. (나) 다음 셋째 구절은 고요함이니 무성(無性)을 말미암는 까닭에 취할 수 없으니 하나와 다름, 함께함과 함께하지 못함 등이다. (다) 뒤 구절은 방편(方便)이니 둘을 합하여 힘 이 된 것이다. 이 게송은 설법하는 분[佛]의 자신의 법이므로 하늘 이름 을 결론 맺은 것이 아니니, 아래도 함께 준하여 알아야 하리라.

[鈔] 一, 出現無盡等者는 然還源觀에 說有三徧하니 一, 一塵普周法界 徧이니 即經充滿法界無窮盡이오 二, 一塵出生無盡徧이니 即疏前意 오 三, 一塵含容空有徧이니 即疏後意니라

不可取爲一異等者는 普徧諸會에 此應有異며 充滿法界에 此應唯 一이나 今에 性相俱寂일새 故皆叵得이라 若有一異면 則合此爲俱어니 와 一異旣亡이어니 俱從何有아 若有俱句하면 遣此雙非어니와 俱句已 無어니 雙非寧立이리오 故로 四句皆遣하고 百非俱亡하야 寂乎唯寂이 니라 而言等者는 亦不可說有無等四와 眞應等殊니 唯證相應耳니라

● ① '한없이 출현하심' 등이란 환원관(還源觀)에서 세 가지 변만함을 말

하나니, (1) 한 티끌이 널리 법계에 두루 가득함이니 곧 법계에 충만하여 다함이 없고, (2) 한 티끌이 출생함이 끝없이 가득함이니 곧 소문 ①의 뜻이고, (3) 한 티끌이 공(空)과 유(有)를 포함하여 가득함이니 곧 소문 ②의 뜻이다.

'(無性을 말미암는 까닭에) 취할 수 없어서 하나와 다름이 된다'는 등이란 널리 여러 모임에 두루 하면 이는 반드시 다른 것이 있으며, 법계에 충만하면 이는 반드시 오직 하나일 것이니, 지금 성품과 모습이 함께 고요하므로 다 얻을 수 없다. 만일 하나와 다른 것이 있으면 이것을 합하여 함께하겠지만 하나와 다름이 이미 없으니 함께함이 어디에서 나오겠는가? 만일 함께하는 구절이 있으면 이를 보내어 함께 부정[雙非]하겠지만, 함께하는 구절이 이미 없으니 함께 부정함을 어찌 세우겠는가? 때문에 네 구절을 다 보내고 백비(百非)마저 모두 없애어 고요하고 오직 고요할 뿐이다. 하지만 '등'이라 한 것은 또한 유무(有無) 등 네 가지와 진(眞)과 응(應) 등의 다른 것에 대해 말하지 못했으니, 오직 증득하여야만 상응(相應)할 수 있다.

如來法王出世間하사　　能然照世妙法燈하시되
境界無邊亦無盡하시니　　此自在名之所證이로다
여래이신 법왕께서 세간에 출현하사
세상을 비춰 주는 미묘한 법의 등불을 켜시니
그 경계 끝이 없고 다함이 없는 것은
자재명천왕의 증득한 바로다.

[疏] 二中에 初句, 是上自在니 佛爲法王하사 於法自在故라 次句, 觀也

오 第三句, 普也오 後句, 結法屬人이니 爲他說故라 然其結名이 義
同法門이나 恐繁不配하노라 他皆倣此니라

■ 둘째 중에 첫째 구절은 이 위의 자재천왕(自在天王)이니 불(佛)이 법왕
(法王)이어서 법에 자재한 까닭이다. 둘째 구절은 관(觀)의 뜻이고, 셋
째 구절은 보(普)의 뜻이고, 마지막 구절은 법을 결론하여 사람에 귀
속한 것이니, 남을 위하여 설하는 까닭이다. 그러나 결론한 이름의
뜻은 법문과 같지만 번거로울 것 같아 배대하지는 않는다. 다른 것
도 다 이와 비슷하다.

佛不思議離分別하사　　了相十方無所有하고
爲世廣開淸淨道하시니　如是淨眼能觀見이로다
부처님은 부사의하사 분별을 떠나셨고
형상은 시방에 없음을 알아
세상을 위하사 청정한 길을 널리 여시니
이러한 것은 정안천왕이 능히 보았네.

[疏] 三中에 初句, 無功用也니 不思議是標오 離分別是釋이라 次句, 卽
不生等이니 相卽生等이오 無卽不義라 第三句, 卽行也라 長行은 約
要先知法無生하야사 方得成無功用이오 偈則要無分別하야사 方能
見法無生이니 內證與外用으로 同時일새 所以二文前後니라

■ 셋째 중에 첫째 구절은 무공용(無功用)이니 불가사의는 표방한 것이
며, 분별을 여읨[離分別]은 해석이다. 둘째 구절은 곧 불생(不生)과 같
으니 상(相)은 생(生)과 같고, 무(無)는 불(不)의 뜻이다. 셋째 구절은
곧 수행이니, 장항에는 "반드시 먼저 법(法)이 무생(無生)임을 의지하

여야 비로소 무공용(無功用)을 이루게 된다"라 하였고, 게송에는 "반드시 분별이 없어야만 비로소 법이 무생(無生)임을 볼 수 있다"라 하였으니, 안으로 증득함과 밖으로 쓰임이 동시이기 때문에 두 문장이 앞뒤에 있다.

如來智慧無邊際하사　　一切世間莫能測이라
永滅衆生癡暗心하시니　大慧入此深安住로다
여래의 지혜는 끝이 없어서
모든 세간이 측량할 수 없으나
중생들의 어리석은 마음을 영원히 없애니
대혜천왕이 여기에 들어가서 깊이 안주하도다.

[疏] 四中에 初句, 明廣이오 次句, 明深이니 卽上智慧海也라 第三句는 自見法寶니 故能令物로 不迷事理니라

■ 넷째 중에 첫째 구절은 '넓음'을 밝혔고, 둘째 구절은 '깊음'을 밝혔으니, 곧 위의 지혜 바다이다. 셋째 구절은 스스로 법보(法寶)를 보았으니, 때문에 중생으로 하여금 현상과 이치에 미혹하지 않게 하려는 것이다.

如來功德不思議여　　衆生見者煩惱滅이라
普使世間獲安樂케하시니　不動自在天能見이로다
여래의 공덕은 부사의해서
중생들이 보고는 번뇌가 없어지고
온 세간이 안락을 얻게 하니

부동자재천왕이 능히 보았네.

[疏] 五中에 初句, 方便定也오 次二句, 與安樂也니라
■ 다섯째 중에 첫째 구절은 '방편삼매'이고, 둘째와 셋째 구절은 '안락
을 준다'는 뜻이다.

衆生癡闇常迷覆일새　　如來爲說寂靜法하시니
是則照世智慧燈이라　　妙眼能知此方便이로다
중생들은 어리석음으로 항상 덮여 있어서
여래가 위하여 적정법을 설하시니
이것은 세상을 비추는 지혜의 등불이라
묘안천왕이 능히 이 방편을 알았네.

[疏] 六中에 初句, 卽前癡暗이니 謂長迷妄境하고 鎭覆眞心也라 次句, 卽
令觀寂靜이오 次句, 因滅無明하야 則得熾然三菩提明이니 是前滅
義니라
■ 여섯째 중에 첫째 구절은 곧 앞의 어리석음[癡暗]이니, 말하자면 오래
망녕된 경계에 미욱하고 진심을 억눌러 덮었던 것이다. 둘째 구절은
곧 적정(寂靜)을 관하게 함이고, 셋째 구절은 무명(無明)을 없앰으로
인하여 '밝게 비추는 깨달음의 광명[熾然三菩提明]'을 얻었으니 이는 앞
의 멸(滅)의 뜻이다.

[鈔] 因滅無明則得熾然三菩提明者는 卽涅槃二十一과 南經十九高貴
德王菩薩品이니 因琉璃光菩薩이 欲來放光하야 佛問文殊하시니 文

殊初入第一義答云하사대 世尊하 如是光明은 名爲智慧오 智慧者는
卽是常住니 常住之法은 無有因緣이라 云何佛問何因緣故로 有是
光明이닛고 廣說無因緣竟하고 末後云, 世尊하 亦有因緣하니 因滅無
明하야 則得熾然阿耨多羅三藐三菩提燈이라하니 今略義引耳니라

● '무명(無明)을 없앰으로 인해 밝게 비추는 깨달음의 광명을 얻었다' 함
은 곧 『열반경』 제21권(南經은 제19권) 고귀덕왕보살품의 내용이니,[285]
"유리광(琉璃光)보살이 와서 방광하려 함을 인하여 부처님이 문수에
게 물으셨다. 문수가 처음에 제일의(第一義)에 들어가 답하기를, '세
존이시여, 이러한 광명을 지혜라 이름하며 지혜란 곧 상주하는 것이
니, 상주하는 법은 원인과 인연이 없습니다. 어떻게 불(佛)께서 무슨
인연인 까닭으로 이 광명이 있느냐 물으셨습니까?' 널리 인연이 없음
을 말하고 나서 마지막에 이르되, '세존이시여, 또한 인연이 있으니,
무명을 없앰으로 인해 밝은 무상정변지(無上正徧智)의 등불을 얻는다
하였습니다' "라 하니, 지금은 간략히 뜻을 인용하였을 뿐이다.

如來清淨妙色身이여　　普現十方無有比라
此身無性無依處하시니　善思惟天所觀察이로다
여래의 청정하고 미묘하신 몸이여
시방에 다 나타나도 비교할 이 없어
이 몸은 체성도 없고 의지도 없나니
선사유천왕이 관찰한 바로다.

[疏] 七中에 初二句, 卽善入無邊境이니 無邊境卽所應處也라 無有比善

---

285) 대정장 권12 p. 489 a - .

也라 次句, 無性者는 感而應故오 無依者는 思念寂故니 由此能令物不造業이니라

■ 일곱째 중에 첫째와 둘째 구절은 '가없는 경계에 잘 들어감'의 뜻이니, '가없는 경계'는 곧 응할 대상의 처소이다. '비할 수 없음'은 잘한다 [善]는 뜻이다. 셋째 구절의 무성(無性)이란 감득(感得)하고 응현(應現)하는 연고요, 의지함이 없다[無依] 함은 생각이 고요한 까닭이니 이로인해 중생으로 하여금 업을 짓지 않게 한다.

如來音聲無限礙하사　　堪受化者靡不聞하되
而佛寂然恒不動하시니　　此樂智天之解脫이로다
여래의 음성은 걸림이 없으사
교화를 받을 이가 모두 듣건만
부처님은 고요하여 움직이지 않으시니
이것은 낙지천왕의 해탈이로다.

[疏] 八中에 初二句, 卽普往十方說法이오 次一句, 卽不動無依니라.

■ 여덟째 중에 첫째와 둘째 구절은 곧 널리 시방에 가서 설법함이요, 셋째 구절은 곧 (佛은) 동요하거나 의탁하지 않음을 말하였다.

寂靜解脫天人主여　　十方無處不現前하사
光明照耀滿世間하시니　　此無礙法嚴幢見이로다
고요히 해탈하신 천인의 주인이여
시방에 나타나지 않는 데 없으사
광명이 비치어서 세간에 가득하시니

이 걸림 없는 법은 엄당천왕이 보았도다.

[疏] 九中에 初句, 卽入寂靜境이오 次二句, 卽普現光明이니라
■ 아홉째 중에 첫째 구절은 곧 고요한 경계에 들어감이요, 다음 두 구
절[둘째와 셋째]은 곧 '널리 광명을 나툼'의 뜻이다.

佛於無邊大劫海에　　　爲衆生故求菩提하사
種種神通化一切하시니　　名稱光天悟斯法이로다
부처님은 그지없는 세월 동안
중생을 위해서 보리를 구하사
가지가지 신통으로 모든 이를 교화하시니
명칭광천왕이 이 법을 깨달았네.

[疏] 十中에 初十一字卽無邊境이니 爲所緣이오 求菩提卽自所悟處라 次
句, 旣緣其境에 必起通化니 前文略耳니라.
■ 열째 중에 처음 열한 글자는 곧 가없는 경계이니, 인연할 대상이 되고
보리를 구함은 곧 '스스로 깨달은 곳[自所悟處]'이다. 셋째 구절은 이
미 그 경계를 인연하여 반드시 신통변화[通化]를 일으키니 앞 문장을
요약한 것이다.

나. 광과천왕 대중[廣果天王] 2.
가) 천왕중의 득법[上首得法] 10.
(가) 가애락법광명당천왕[可愛樂法光明幢天王] (第二 26下9)

復次可愛樂法光明幢天王은 得普觀一切衆生根하여 爲
說法斷疑解脫門하니라
또 다음 가애락법광명당천왕은 일체 중생의 근기를 널리 관
해서 법을 설해 의심을 끊는 해탈문을 얻었느니라.

[疏] 第二, 明第四禪廣果天이라 長行十法中에 一, 普觀等者는 此應根授
法하야 明於不知根說法無果障中에 得解脫也오 斷疑生信是說法
果故니 謂觀機識病하며 稱根說法하야 藥病無謬일새 故로 疑除疾愈
니라.

■ 나) 제4선천의 광과천왕 대중을 밝힘이다. (가) 장항의 열 가지 법문
중에 (1) '보관(普觀)' 등이란 이는 근기에 응하여 법을 주어서 근기를
모르고 설법하여 결과가 없는 장애 중에서 '해탈을 얻음'을 밝혔고,
의심을 끊고 신심(信心)을 내는 것은 설법(說法)의 결과인 연고이다.
말하자면 근기를 관찰하여 병을 알고 근기에 맞게 설법하여 약(藥)과
병(病)에 잘못이 없으므로 의심을 없애고 빨리 낫게 하는 것이다.

(나) 정장엄해천왕[淨莊嚴海天王] (二中 27上4)

淨莊嚴海天王은 得隨憶念하여 令見佛解脫門하니라
정장엄해천왕은 생각하는 대로 부처님을 보게 하는 해탈문
을 얻었느니라.

[疏] 二中에 隨憶念言이 略有二意하니 一, 隨念何佛하야 如名應之오 二,
隨念有淺深하야 令見佛有麤妙니 此於現身에 得解脫也라

■ (나) 중에서 '생각을 따른다'는 말이 간략히 두 가지 의미가 있으니 (1) 어떤 부처님을 생각하느냐에 따라 이름처럼 응현(應現)하고, (2) 생각이 깊고 얕음을 따라 부처님을 친견함에 거칠고 묘함이 있게 되나니, 이는 현신(現身)으로 해탈을 얻은 것이다.

(다) 최승혜광명천왕[最勝慧光明天王] (三中 27上9)

最勝慧光明天王은 得法性平等無所依莊嚴身解脫門하니라

최승혜광명천왕은 법의 성품이 평등해서 의지할 데 없는 장엄한 몸의 해탈문을 얻었느니라.

[疏] 三中에 法性平等者는 唯一味也오 無所依者는 離能所也오 莊嚴身者는 證眞莊嚴이 卽非莊嚴故라 雖現世間이나 還如法性하야 不依諸有니 此於有依에 得解脫也니라.

■ (다) 중에 '법성(法性)이 평등하다'는 것은 오직 한 맛이요, '의탁할 바가 없다' 함은 주체와 대상을 여읨이요, '장엄한 몸'이란 진리를 증득한 장엄이 곧 장엄이 아닌 까닭이다. 비록 세간에 출현하였지만 도리어 법성과 같아서 모든 유(有)에 의지하지 않으니 이는 의탁함[有依]에서 해탈을 얻은 것이다.

(라) 자재지혜당천왕[自在智慧幢天王] (四中 27下4)

自在智慧幢天王은 得了知一切世間法하여 一念中에 安

立不思議莊嚴海解脫門하니라

자재지혜당천왕은 모든 세간법을 알아서 한 생각 속에 부
사의한 장엄 바다를 세우는 해탈문을 얻었느니라.

[疏] 四中에 知世間法者는 謂衆生世間의 心法各異니 知已에 隨宜現通
說法일새 故云安立이라 一念速安은 非人天外道의 所能思議라 以此
莊嚴如來教海니 此於安立教法遲鈍障에 得解脫也라.

■ (라) 중에 '세간법을 안다' 함은 말하자면, 중생세간의 심법(心法)이
각각 다르니 안 뒤에 편의를 따라 신통을 나타내고 법을 설하는 연
고로 안립(安立)이라 하였다. '찰나에 빠르게 안립함[速安]'은 인천과
외도들이 생각할 바가 아니다. 이로써 여래의 교해(教海)를 장엄하나
니, 이는 교법(教法)을 안립함에 느리고 둔한 장애에서 해탈을 얻은 것
이다.

(마) 낙적정천왕[樂寂靜天王] (五一 27下10)

樂寂靜天王은 得於一毛孔에 現不思議佛刹無障礙解脫
門하니라

낙적정천왕은 한 털구멍에서 부사의한 부처님 세계를 나타
내어도 장애가 없는 해탈문을 얻었느니라.

[疏] 五, 一毛等者는 約偈하면 不思議解脫力也라 無礙有二義하니 一, 唯
就所現에 則毛中多刹이 自互無礙오 二, 雙就能所에 一毛不大하고
而多刹不小니 一多大小가 皆無礙也라 又由無大小相故니 此於取

着障에 得解脫也니라.

■ (마) 중에 '한 터럭' 등이란 게송에 의지하면 '부사의한 해탈력'이다. '장애 없음'이 두 가지 뜻이 있으니 (1) 오직 나툴 대상[所現]에 나아가면 한 터럭 중의 많은 국토가 서로 무애하게 되고, (2) 쌍으로 주체와 대상에 나아가면 한 터럭은 크지 않고 많은 국토는 작지 않은 것이니 하나와 여럿, 큰 것과 작은 것이 모두 무애하다. 또한 크고 작은 모습이 없어졌기 때문이니 이는 취하거나 집착하는 장애에서 해탈을 얻은 것이다.

(바) 보지안천왕[普智眼天王] (六普 28上5)

普智眼天王은 得入普門하여 觀察法界解脫門하니라
보지안천왕은 넓은 문에 들어가서 법계를 관찰하는 해탈문을 얻었느니라.

[疏] 六, 普門者는 一門攝一切門이 名爲普門이라 隨一一門하야 各全收法界일새 故於其中에 觀察法界며 深智契達일새 故名爲入이니 此於隨相中得解脫이니라

■ (바) 중에 '넓은 문'이란 한 문에 온갖 문을 섭수함을 보문(普門)이라 이름하였다. 낱낱의 문을 따라 각각 전체적으로 법계를 섭수하였기 때문에 그 속에서 법계를 관찰하며, 깊은 지혜에 계합하여 통달하므로 '든다[入]'고 말한다. 이는 모습을 따르는 데서 해탈을 얻은 것이다.

(사) 낙선혜천왕[樂旋慧天王] (七中 28上10)

樂旋慧天王은 得爲一切衆生하여 種種出現하되 無邊劫에 常現前解脫門하니라

낙선혜천왕은 일체 중생을 위해서 갖가지로 출현하되 끝없는 겁에 항상 나타나는 해탈문을 얻었느니라.

[疏] 七中에 衆生無邊하고 根器各異에 應形說法도 種種不同이라 旣根熟不休에 故로 窮劫長現이니 此於畏苦不化生障에 得解脫이니라

■ (사) 중에 중생이 끝이 없고 근기가 각각 다르면 형상으로 응하여 설법하심도 갖가지로 같지 않은 것이다. 이미 근기가 성숙하여 (應現을) 쉬지 않으므로 겁(劫)이 다하도록 길이 응하여 나타나시니, 이는 고통을 두려워하여 중생을 교화하지 않는 장애에서 해탈을 얻은 것이다.

(아) 선종혜광명천왕[善種慧光明天王] (八中 28下5)

善種慧光明天王은 得觀一切世間境界하여 入不思議法解脫門하니라

선종혜광명천왕은 모든 세간 경계를 보아서 부사의한 법에 들어가는 해탈문을 얻었느니라.

[疏] 八中에 觀一切等者는 謂觀事入理라 理超情表일새 云不思議니 此於諸業報에 得解脫이니라.

■ (아) 중에 '모든 것을 관찰한다' 함은 말하자면 현상을 관찰하고 이치에도 들어간다는 뜻이다. 이치가 감정을 표함에서 초월하였으므로

'부사의(不思議)'라 하였으니, 이는 여러 업보(業報)에서 해탈을 얻은 것이다.

(자) 무구적정광천왕[無垢寂靜光天王] (九中 28下7)

無垢寂靜光天王은 得示一切衆生出要法解脫門하니라
무구적정광천왕은 모든 중생에게 벗어나는 요긴한 법을 보여 주는 해탈문을 얻었느니라.

[疏] 九中에 法門無邊이라 出者爲要오 根器萬品일새 故出要難思니 此於着相에 得解脫이니라.
■ (자) 중에 법문이 끝없으므로 벗어남이 요긴함이 되고, 근기가 만 가지이므로 출요(出要)의 도는 생각하기 어려운 것이니, 이는 모습에 집착하는 (장애에서) 해탈을 얻은 것이다.

(차) 광대청정광천왕[廣大淸淨光天王] (十中 29上2)

廣大淸淨光天王은 得觀察一切應化衆生하여 令入佛法解脫門하시니라
광대청정광천왕은 교화받을 수 있는 모든 중생을 관찰해서 부처님 법에 들어가게 하는 해탈문을 얻었느니라.

[疏] 十中에 種種方便으로 但隨所應이라가 終成種智가 名入佛法이라 以大悲出現하야 皆等雨故로 此於不欲利生에 得解脫이라 上云出要는

令離妄苦오 今云入法은 令得眞樂也니라.

- ■ (차) 중에 '갖가지' 방편으로 다만 응할 바를 따르다가 마침내 일체 종지(一切種智)를 이룸을 '불법(佛法)에 들었다' 하나니, 대비(大悲)로 출현하여 모두에 골고루 비 내리는 까닭이다. 이는 중생을 이익되게 하지 않으려는 장애에서 해탈을 얻은 것이다. 위에서 말한 출요(出要) 는 망녕된 고통을 여의게 하고, 지금 '법에 든다[入法]' 함은 하여금 참된 즐거움을 얻게 하는 것이다.

나) 게송으로 찬탄하다[依列偈讚] 2.
(가) 총합하여 표방하다[總標] (頌中 29上7)
(나) 과목에 따라 해석하다[隨釋] (一如)

爾時에 可愛樂法光明幢天王이 承佛威力하사 普觀一切 少廣天無量廣天廣果天衆하고 而說頌言하시니라
그때에 가애락법광명당천왕이 부처님의 위력을 받들어 모든 소광천과 무량광천과 광과천의 대중들을 널리 살피고 게송으로 말하였다.

[疏] 頌中에 觀已衆內의 三類天者는 上五淨居는 非所被故라 十偈次第는
- ■ 나) 게송 찬탄 중에 '무리 속의 세 부류 하늘[少廣天, 無量廣天, 廣果天] 을 관하였다' 함은 그 위의 오정거천(五淨居天: 無煩天, 無熱天, 善現天, 善見天, 色究竟天)은 가피받은 곳이 아닌 까닭이다. 열 가지 게송의 순서는,

諸佛境界不思議여　　　一切衆生莫能測이어늘
普令其心生信解케하시니　廣大意樂無窮盡이로다
모든 부처님의 경계가 부사의하여
일체 중생이 능히 측량할 수 없거늘
널리 그 마음에 믿음을 내게 하시니
넓고 큰 즐거움 다함이 없네.

[疏] 一如長行하니라 初中에 前二句, 卽所疑境界니 境界之言은 通分齊
所觀이라 普令者는 觀根爲說故오 生信解者는 斷疑也라 信佛大用
分齊難測일새 故斷佛上疑하야 生其正解라 信佛所觀之境은 則斷法
上疑하야 亦生正解니 謂如有疑云호대 爲存因果에 非眞空耶아 爲是
空故로 無因果耶아할새 今明只由眞空하야 能立因果오 因果立故로
乃是眞空也라 第四句, 釋一切之言이니 佛以利生으로 爲意樂故라
旣該一切일새 故廣大無盡이니라

■ 한결같이 장항의 순서와 같다. 첫째 중에 앞의 두 구절은 곧 의심받
을 경계이니 '경계'라는 말은 나누어 관찰할 경계[所觀]에 통한다. 보
령(普令)이란 근기를 살펴 설하는 까닭이며, '신해(信解)를 낸다' 함은
의심을 끊는 것이다. 부처님의 큰 작용은 분석하여[分齊] 헤아리기 어
려움을 믿는 연고로 부처님에 대한 의심을 끊어서 바른 견해를 내게
하는 것이다. '부처님이 관하시는 대상경계를 믿는다'는 것은 법에 대
한 의심도 끊어 또한 바른 견해를 내게 한다. 말하자면 만일 어떤 이
가 의심하여 말하되, "인과를 두면 진공이 아니지 않느냐? 이제 공
(空)이 되었으므로 인과가 없는 것이 아니냐?"고 하였으니, 이제 단지
진공(眞空)임을 말미암아 인과를 세울 수 있고, 인과가 성립하므로 비

로소 진공임을 밝힌 것이다. 넷째 구절은 일체(一切)라는 말을 해석한
것이니, 불(佛)은 중생을 이익되게 함으로 '마음의 즐거움[意樂]'을 삼
기 때문이다. 이미 모두에 해당되므로 '끝없이 광대함'인 것이다.

[鈔] 只由眞空能立因果下는 答上疑念이니 此句, 明其以有空義故로 一
切法得成이라 若無有空義면 因果定有일새 便墮於常이라 言因果立
故乃是眞空者는 卽因緣故空義니 若離因果하고 以明空者는 是斷
空故라

● 只由眞空能立因果 아래는 위의 의심하는 생각에 답한 것이니 이 문
구는 그 공의(空義)가 있기 때문에 모든 법이 성립함을 밝혔다. 만일
공(空)의 뜻이 있지 않으면 인과(因果)가 결정코 있으므로 상견(常見)
에 문득 떨어진다. '인과가 성립하므로 비로소 진공'이란 말은 곧 인
연이기 때문에 공(空)의 뜻이다. 만일 인과를 여의고도 공의 뜻을 밝
혔다면 이는 단멸공(斷滅空)이기 때문이다.

若有衆生堪受法이면　　　佛威神力開導彼하사
令其恒觀佛現前케하시니　　嚴海天王如是見이로다
만약 어떤 중생이 법을 받을 만하면
부처님의 위신력으로 그를 인도하사
부처님이 앞에 나타나 있음을 항상 보게 하시니
엄해천왕이 이와 같이 보도다.

[疏] 二中에 初句, 卽憶念이오 次二句, 令見佛이라

■ 둘째 중에 첫째 구절은 곧 생각이요, 다음 둘째와 셋째 구절은 (중생

으로) 하여금 불(佛)을 친견하게 함이다.

一切法性無所依라　　佛現世間亦如是하사
普於諸有無依處하시니　此義勝智能觀察이로다
모든 법의 성품은 의지가 없고
부처님이 세간에 나타나심도 이와 같으사
모든 유에 의지가 없으시니
이 뜻은 승지천왕이 능히 관찰하도다.

[疏] 三中에 初句, 卽法性平等無依오 次二句, 卽莊嚴身이니 謂如法性
　　爲嚴일새 故無依處니라
■ 셋째 중에 첫째 구절은 곧 법성(法性)이 평등하여 의탁하지 않음이요,
　다음 둘째와 셋째 구절은 곧 불신(佛身)을 장엄한 것이다. 말하자면
　법성과 같다는 것이 장엄이 되는 연고로 의지할 것이 없다는 뜻이다.

隨諸衆生心所欲하사　佛神通力皆能現하시되
各各差別不思議니　　此智幢王解脫海로다
모든 중생들의 마음에 하고자 하는 바를 따르사
부처님의 신통력으로 다 나타나시되
가지각색 차별하여 부사의하시니
이것은 지당천왕의 해탈이로다.

[疏] 四中에 初一句, 卽了一切世間이오 次二句, 卽一念에 安立不思議
　　莊嚴海니라

■ 넷째 중에 첫째 구절은 곧 모든 세상을 깨달은 것이요, 다음 둘째 구절은 곧 찰나에 부사의한 장엄의 바다를 안립한 것이다.

過去所有諸國土를　　一毛孔中皆示現이여
此是諸佛大神通이시니　愛樂寂靜能宣說이로다
과거에 있었던 모든 국토를
한 털구멍 속에 다 나타내시니
이것은 모든 부처님의 큰 신통이라
애락적정천왕이 능히 연설하도다.

[疏] 五中에 初二句, 卽毛孔現刹이라 上云不思議佛刹은 但以橫多어니와 今云過去는 乃豎窮前際라 皆云現者는 如鏡現像이라 次一句, 是無障礙니 令應度者見이 卽佛神通이오 依佛鏡智而觀이 乃法性恒爾[286)]니라

■ 다섯째 중에 첫째와 둘째 구절은 곧 털구멍에 국토를 나툰 것이다. 위의 (넷째 게송에) 말한 '부사의한 불찰(佛刹)'은 단지 옆으로 많은 것이지만, 지금 말한 '과거(過去)'는 곧 세로로 과거에까지 미친다는 것이다. 모두 시현함은 마치 거울에 영상을 나투는 것과 같다. 셋째 구절은 장애 없음이니 응하여 제도할 중생을 보게 하는 것이 곧 불(佛)의 신통이요, '부처님의 대원경지를 의지하여 본다' 함은 곧 법성이란 항상 법이 그러한 것이다.

一切法門無盡海가　　同會一法道場中이여

如是法性佛所說이시니　　智眼能明此方便이로다
온갖 법문의 끝없는 바다가
한 법문 도량 안에 모두 모임이라
이와 같은 법의 성품을 부처님이 설하신 바니
지안천왕이 이 방편을 잘 밝혔도다.

[疏] 六中에 初二句, 卽普門이오 次一句, 卽法界오 末句, 義兼於入이니라
■ 여섯째 중에 첫째와 둘째 구절은 곧 보문(普門)이요, 셋째 구절은 곧
법계이며, 마지막 구절은 뜻으로 겸하여 들어간 것이다.

十方所有諸國土에　　　悉在其中而說法하시되
佛身無去亦無來하시니　愛樂慧旋之境界로다
시방에 있는 바 모든 국토에
다 그 가운데서 설법하시되
부처님의 몸은 감도 없고 또한 옴도 없으시니
애락선혜천왕의 경계로다.

[疏] 七中에 初二句, 卽爲一切衆生하야 種種出現이오 次句, 卽無邊劫常
現前이니 謂約機에 隱顯이나 佛無去來故로 常現也라
■ 일곱째 중에 첫째와 둘째 구절은 곧 일체 중생을 위하여 갖가지로 출
현하심이다. 셋째 구절은 곧 가없는 세월에 항상 현전함이니, 말하
자면 근기를 의지하면 숨기도 하고 나타나기도 하지만 부처님은 가
고 옴이 없는 연고로 항상 앞에 나투시는 것이다.

佛觀世法如光影하시고　入彼甚深幽奧處하사
說諸法性常寂然하시니　善種思惟能見此로다
부처님은 세상법을 그림자같이 보시고
저 매우 깊고 그윽한 곳에까지 들어가시사
모든 법의 성품이 항상 고요함을 말씀하시니
선종사유천왕이 능히 이것을 보았네.

[疏] 八中에 初句, 卽觀一切世間也오 次二句, 卽入不思議法也라 若約
理論深인댄 是深非甚이어니와 今不壞事而卽理일새 故曰甚深이오 全
攬理以成事일새 名爲幽奧라 處兼上二니 法常寂然은 釋上義也라 以
諸法卽寂故로 不可以理事思也니라

■ 여덟째 중에 첫째 구절은 곧 모든 세간을 보심이요, 둘째와 셋째 구
절은 곧 부사의한 법에 들어감이다. 만일 이치를 의지하여 깊음을 말
하면 그냥 깊은 것이지 심히 깊음은 아닐 것이지만 지금은 현상을 무
너뜨리지 않고 이치에 합치하였으므로 '매우 깊다'고 한 것이요, 완전
히 이치를 잡아서 현상을 성립하였으므로 '깊고 그윽한[幽奧]'이라 이
름하였다. 겸하여 위의 두 가지에 해당하나니, 법이 항상 고요함은
위의 뜻으로 해석한 것이다. 모든 법이 고요하므로 이치와 현상을 함
께 생각할 수 없나니라.

佛善了知諸境界하사　隨衆生根雨法雨하사
爲啓難思出要門하시니　此寂靜天能悟入이로다
부처님께서 모든 경계를 잘 알아서
중생들의 근기를 따라 법비를 내리사

생각하기 어려운 벗어나는 문을 여시니
이것은 적정천왕이 능히 깨달아 들어갔도다.

[疏] 九中에 初二句, 示一切衆生이오 次一句, 顯出要法이라

■ 아홉째 중에 첫째와 둘째 구절은 일체 중생에게 보이심이요, 셋째 구
   절은 출요(出要)의 법을 밝혔다.

世尊恒以大慈悲로   利益衆生而出現하사
等雨法雨充其器하시니   淸淨光天能演說이로다
세존께서 항상 큰 자비로써
중생들을 이익케 하려고 출현하사
골고루 법비를 내려서 그 그릇을 채우시니
청정광천왕이 능히 연설하도다.

[疏] 十中에 初二句, 卽觀應化衆生이오 次句, 令入佛法이라

■ 열째 중에 첫째와 둘째 구절은 곧 응하여 교화할 중생을 관찰함이요,
   셋째 구절은 하여금 불법에 들게 하심이다.

다. 변정천왕 대중[遍淨天王] 2.

가) 천왕중의 득법[上首得法] 10.
(가) 청정혜명칭천왕[淸淨慧名稱天王] (第三 32上2)

　　復次淸淨慧名稱天王은 得了達一切衆生의 解脫道方便

解脱門하니라
또 다음 청정혜명칭천왕은 일체 중생의 해탈할 길을 요달
하는 방편의 해탈문을 얻었느니라.

[疏] 第三, 明三禪이라 長行十法이니 第一門은 卽寂普現을 名爲方便이니
說卽是道오 由說하야 入佛解脫海故니 此於體用有礙에 得解脫也라
又方便言은 亦通入解脫之方便也라
■ 다. 제3선천의 변정천 대중을 밝힘이다. 장항의 열 가지 법이니, (가)
처음 법문은 열반에 합치하여 널리 나투심을 방편이라 이름하였으니
설하면 도(道)일 것이요, 설법을 인하여 '불해탈(佛解脫)의 바다'에 들
어가기 때문이다. 이는 본체와 작용에 걸림이 있는 장애에서 해탈을
얻은 것이다. 또 방편이란 말은 해탈에 드는 방편에도 또한 통한다.

(나) 최승견천왕[最勝見天王] (第二 32上7)

最勝見天王은 得隨一切諸天衆의 所樂하여 如光影普示
現解脫門하니라
최승견천왕은 일체 모든 하늘대중들이 즐기는 바를 따라서
그림자처럼 널리 나타나는 해탈문을 얻었느니라.

[疏] 第二門은 隨一切等者는 謂不能普現에 得解脫也라 光影之言은 略
有二釋하니 一, 謂因光發影하니 影但似質이나 而不似光인달하야 依
智現形에 形隨衆樂하고 不隨自智니 隨樂卽應이 名普示現이라 二,
水中之月도 亦名光影이라 謂佛月不來나 影現心水라 影多似月하고

少似於水니 謂水動則流光蕩瀁²⁸⁷⁾하고 水濁則似晦魄臨池라 若止而且淸則圓璧皎皎니 此亦隨自他意也라 此就天王하야 且隨天衆所樂이오 偈就於佛하야 無不應也라

■ (나) 둘째 법문에 '일체 모두를 따라서' 등이란 말하자면 널리 시현할 수 없는 (장애에서) 해탈을 얻은 것이다. 광영(光影)이란 말은 간략히 두 가지 해석이 있는데, ① 광명을 인하여 그림자가 나타남을 말하나니 그림자가 다만 본질과 같지만 광명과는 다른 것과 같이, 지혜를 의지하여 형상을 나타낼 때에 형상은 단지 중생의 즐거움을 따르고 자신의 지혜를 따르지는 않는 것이니 즐거움에 따라 곧 응하여 나타나심을 '널리 시현한다'고 이름하였다. ② 물 속의 달도 역시 광영이라 이름하나니, 말하자면 깨달음의 달[佛月]이 오지 않지만 마음 물[心水]에 영상으로 나타난 것이다. 영상은 여러 개로 본래의 달[本月]과 같고 조금은 물을 닮았으니, 말해 보면 물이 움직이면 광영이 흔들려 없어지고[蕩瀁], 물이 흐려지면 그믐날 혼백(魂魄)이 못에 온 것 같으니, 만일 그치거나 맑아지면 원만한 옥빛으로 맑고 밝아진다. 이 또한 자신과 남의 생각을 따르는 것이다. 이는 천왕에 나아가 또 하늘중생의 즐거움을 따르는 것이요, 게송에는 불(佛)에 나아가 응하지 못함이 없는 것이다.

[鈔] 光影之言略有二者는 賢首가 更有一義나 今不存之일새 故云略也라 彼釋에 云, 謂如明淨物이 得日光耀하면 於屋壁上에 有光影現인달하야 如來應機하사 現身亦爾라 然有多義하니 一, 緣集義니 謂大智明淨하야 悲願日照於衆生陰室之內에 現於佛影이오 二, 速疾義니 無

---

287) 瀁은 續金本作漾이라 하다.

遠不至故오 三, 無礙義니 不可執持故오 四, 有用義니 能破暗故오
五, 無生義니 無所有故라하니 廣如十忍品說이라 此義는 似有穿鑿일
새 故略不存하니라

● '광영(光影)이란 말이 간략히 두 가지 해석이 있다' 함은 현수(賢首)스
님은 다시 한 가지 뜻을 더했지만 여기서는 두지 않았으므로 생략한
다 하였다. 그[현수대사]의 해석에는, "말하자면 맑고 밝은 물체가 햇
빛의 비춤을 받으면 집의 벽에 그림자가 나타나는 것과 같아서 여래
가 중생 근기에 응하시어 몸을 시현함도 또한 그러하다. 그런데 여러
가지 뜻이 있으니 ① 인연이 모인다[緣集]는 뜻은 말하자면, (佛의) 대
지(大智)가 맑고 밝아서 자비원력의 빛으로 중생의 어두운 집을 비출
때 부처님의 모습으로 시현한다. ② 빠르다[速疾]는 뜻이니 멀리서도
이르지 못함이 없는 연고요, ③ 무애(無礙)의 뜻이니 잡아서 가질 수
없는 까닭이요, ④ 쓸모 있다[有用]는 뜻이니 어두움을 없애 버리기 때
문이요, ⑤ 남이 없다[無生]는 뜻이니 소유할 수 없기 때문이다"라고
하였으니, 자세히는 십인품(十忍品)의 내용과 같다. 이런 뜻은 천착(穿
鑿)인 듯하여 생략하고 두지 않았다.

今疏所明二影者는 然攝論에 影은 略有三하니 一, 映質影이오 二, 水
月影이오 三, 鏡像影이라 廣如十忍品하니 今是前二라 今言光影일새
故略鏡像이오 正是初義니 謂日喩如來오 身樹等形質은 以喩衆生이
라 日無異體나 質有萬差니 樹側影斜[288]하고 形端影正이라 影不現
日內하고 但在質邊하야 弄影多端이 隨心萬品이니라 二, 水月影은 以
月有光일새 亦名光影이라 影多似月者는 如月圓缺故오 少似水者는

---

288) 斜는 南金續本作邪라 하다.

隨動靜故니라

● 지금 소(疏)에서 두 가지 영상의 뜻을 밝힌 것은『섭대승론(攝大乘論)』
에는 "그림자에 간략히 세 가지가 있으니 ① 본질을 비춘 그림자[映質
影]이며, ② 물에 비친 그림자[水月影]이며, ③ 거울에 비친 그림자[鏡像
影]이다." 자세히는 십인품(十忍品)과 같으니 지금은 앞의 두 가지이
다. 지금은 광영(光影)이라 말하였으므로 경상(鏡像)은 생략하였고,
바로 ① 본질을 비춘 뜻[映質]이니 말하자면, 태양은 여래에 비유하
고, 몸이나 나무 등 형질은 중생에 비유하였다. 태양은 다른 본체가
없지만 중생의 형질은 만 가지이니 나무가 기우뚱하면 그림자도 비
스듬하고 모습이 단정하면 그림자도 반듯하게 된다. 영상은 태양 속
에서는 나타나지 못하고 다만 형질의 끝에서 여러 가지 그림자로 희
롱함이 마음을 따라 만 가지인 것이다. ② 물에 비친 그림자는 달빛
이므로 역시 광영(光影)이라 이름한다. '그림자가 여러 개로 달과 같
다' 함은 달이 원만하고 이지러진 것과 같기 때문이며, '조금은 물을
닮았다' 함은 (물이) 움직이고 잠잠함을 따르기 때문이다.

(다) 적정덕천왕[寂靜德天王] (第三 33上9)

寂靜德天王은 得普嚴淨一切佛境界大方便解脫門하니라
적정덕천왕은 모든 부처님의 경계를 널리 장엄하고 깨끗하
게 하는 큰 방편의 해탈문을 얻었느니라.

[疏] 第三門은 佛境界有二하니 一, 如如法性是佛證境이오 二, 十方國土
是佛化境이라 嚴淨亦二니 離相息妄이 則嚴如境이오 萬行迴向則嚴

化境이라 此二無礙가 大方便也니 此於無巧莊嚴에 得解脫也니라

■ (다) 셋째 법문은 부처님의 경계에 두 가지가 있으니 (1) 여여(如如)한 법성이 부처님이 증득한 경계이고, (2) 시방의 국토가 불(佛)의 교화할 경계이다. 청정하게 장엄함도 두 가지가 있으니, ① 모양을 여의고 망상을 쉬는 것은 '진여의 경계를 장엄[嚴如境]'하는 것이고, ② 만행(萬行)으로 회향함은 '교화할 경계를 장엄[嚴化境]'하는 것이다. 이런 두 가지에 무애함이 대방편(大方便)이니, 이는 공교한 장엄이 없는 (장애에서) 해탈을 얻은 것이다.

(라) 수미음천왕[須彌音天王] (第四 33下4)

須彌音天王은 得隨諸衆生하여 永流轉生死海解脫門하니라
수미음천왕은 모든 중생을 따라서 생사의 바다에 길이 흘러 다니는 해탈문을 얻었느니라.

[疏] 第四, 隨諸衆生等者는 謂大悲深厚故로 隨入生死오 衆生無邊故로 永流轉而示導也니 此於無大悲捨衆生障에 得解脫也라

■ (라) 넷째 법문에서 모든 중생을 따른다 함은 말하자면, 대비(大悲)가 깊고 두텁기 때문에 생사에 따라 들어가고, 중생이 가없기 때문에 길이 유전하면서 인도함을 시현한다. 이는 대비가 없어서 중생을 버리는 장애에서 해탈을 얻은 것이다.

(마) 정념안천왕[淨念眼天王] (第五 33上8)

淨念眼天王은 得憶念如來의 調伏衆生行解脫門하니라
정념안천왕은 여래가 중생을 조복하는 행을 기억하는 해탈
문을 얻었느니라.

[疏] 第五門은 佛調衆生에 或折或攝하시며 或兼二行이라 雖悲願多門이나
皆令趣無上道니 若憶念此하면 居然受化하야 不滯於權이니 此於勝
所緣有忘念障에 得解脫也라

■ (마) 다섯째 법문은 불(佛)이 중생을 조복할 때에 혹 꺾어 버리기[折伏]
도 하고, 혹 섭수(攝受)하기도 하며, 혹 섭수와 절복을 함께 행하기도
한다. 비록 자비 원력은 문이 여러 가지이지만 다 (중생을) 무상도(無上
道)에 나아가게 한다. 만일 이것을 기억하면 편안히 교화를 받아 방
편에 막히지 않나니, 이는 뛰어난 인연에서 기억을 잊는 장애로부터
해탈을 얻는다는 뜻이다.

[鈔] 或折攝等者는 勝鬘에 云, 應攝受者를 而攝受之하고 應折伏者를 而
折伏之니 攝受折伏하면 則正法久住라하니라

● 혹 절복과 섭수 등은 『승만경』[289]에 이르되, "응하여 섭수할 자를 섭
수하고, 응하여 절복할 자는 꺾어서 조복하는 것이니 섭수하고 절복
하면 정법을 오래 머물게 한다"라고 하였다.

(바) 가애락보조천왕[可愛樂普照天王] (第六 34上4)

可愛樂普照天王은 得普門陀羅尼海의 所流出解脫門하니라

---

289) 이는 앞의 주) 161)에서 이미 언급하였다. (대장장 권12 p. 217 c–)

가애락보조천왕은 넓은 문 다라니 바다에서 흘러나오는 해탈문을 얻었느니라.

[疏] 第六은 得普門等者는 佛以稱法性之總持로 包攝一切總持일새 故云普門이오 復能流演無盡일새 故得稱海니 此於聞思有忘失障에 得解脫也라

■ (바) 여섯째 법문에 '넓은 문을 얻는다' 함은 불(佛)께서 법성(法性)에 걸맞은 총지(總持)로 모든 다라니를 포섭함으로 '넓은 문[普門]'이라 하고, 다시 유전하여 법을 연설함이 끝없기 때문에 '바다'라 일컬었다. 이는 법을 듣고 사유함에 잃어버리는 장애에서 해탈을 얻은 것이다.

(사) 세간자재주천왕[世間自在主天王] (第七 34上8)

世間自在主天王은 得能令衆生으로 值佛生信藏解脫門하니라
세간자재주천왕은 능히 중생들로 하여금 부처님을 만나서 믿음을 내게 하는 해탈문을 얻었느니라.

[疏] 第七門은 謂佛出難値를 引之令値하며 信心難生을 勸之令生이라 信含衆德일새 所以名藏이니 下經에 云, 信爲寶藏第一財故라 此於嫉妬邪見障에 得解脫也라

■ (사) 일곱째 법문은 말하자면 부처님의 출현은 만나기 어려운 것을 이끌어 친견하게 하며, 믿는 마음이 생기기 어려움을 권하여 생기게 하는 것이다. 믿음은 여러 가지 덕을 포함하기 때문에 창고[藏]라 이

름하나니 아래 경문290)에 이르되, "믿음이란 보물창고의 제일가는 재물이라" 하였기 때문이다. 이는 질투와 사견(邪見)의 장애에서 해탈을 얻는다.

(아) 광염자재천왕[光焰自在天王] (第八 34下3)

光焰自在天王은 得能令一切衆生으로 聞法信喜하여 而
出離解脫門하니라
광염자재천왕은 능히 모든 중생들로 하여금 법을 들어 믿고 기뻐해서 벗어나게 하는 해탈문을 얻었느니라.

[疏] 第八, 能令等者는 上令信佛하고 此令信法이라 仰依卽信이오 領解便喜니 信可趣入이오 喜則奉行이라 因得解脫名而出離니 此於迷覆衆生障에 出離道로 得解脫也니라

■ (아) 여덟째 법문에 '능히 하여금' 등이란 위에서는 부처님을 믿게 하고, 여기서는 법을 믿게 하였다. 우러르고 의지하면 믿는 것이요, 알게 되면 문득 기뻐하나니, 믿게 되면 나아가 들게[趣入] 되고, 기뻐하면 봉행(奉行)하게 되나니, 이로 인해 해탈하므로 '벗어나 여읨[出離]'이라 이름한 것이다. 이는 중생을 미욱하게 덮는 장애에서 출리도(出離道)로 해탈을 얻은 것이다.

(자) 낙사유법변화천왕[樂思惟法變化天王] (第九 34下8)

---

290) 이는 賢首品 제12의 게송을 뜻으로 인용한 듯하다. 具云하면, "信爲道元功德母라 長養一切諸善法하며 斷除疑網出愛流하야 開示涅槃無上道니라. 信無垢濁心清淨이요 滅除憍慢恭敬本이며 亦爲法藏第一財요 爲清淨手受衆行이니라."(대정장 권10 p. 72 b-)

樂思惟法變化天王은 得入一切菩薩의 調伏行이 如虛空
하여 無邊無盡解脫門하니라
낙사유법변화천왕은 모든 보살의 조복하는 행이 허공과 같
아서 끝도 없고 다함도 없는 데 들어가는 해탈문을 얻었느
니라.

[疏] 第九門은 謂衆生界와 法界, 調伏界, 虛空界가 皆無邊無盡이니 菩
薩悲智가 以方便界로 開示法界가 行調伏界하야 等虛空界니 於有
限礙障中에 得解脫故니라
■ (자) 아홉째 법문은 말하자면 중생계와 법계와 조복계(調伏界)와 허
공계(虛空界)가 다 가없고 끝없는 것이다. 보살의 자비와 지혜가 방편
계(方便界)로 법계를 열어 보이는 것이 조복계에 행하여 허공계와 같
아지나니, 한계와 걸림 있는 장애에서 해탈을 얻기 때문이다.

[鈔] 謂衆生界等者는 瑜伽에 有五無量界하니 此前列四오 後, 言以方便
界者는 卽調伏方便界니 故五具矣니라
● '중생계 법계' 등이라 말한 것은 『유가사지론』에 다섯 가지의 한없는
세계가 있으니, 여기에는 앞의 네 가지를 열거하였고, 뒤에 '방편계로'
라고 말한 것은 곧 방편계를 조복받는 것이니, 그러므로 다섯 가지
계(界)를 갖춘 것이다.

(차) 변화당천왕[變化幢天王] (第十 35上4)

變化幢天王은 得觀衆生無量煩惱普悲智解脫門하니라

변화당천왕은 중생들의 한량없는 번뇌를 관찰하는 넓은 자
비와 지혜의 해탈문을 얻었느니라.

[疏] 第十, 觀衆生等者는 由悲故憐愍하고 由智故觀察이라 觀察煩惱하야
知病行已하고 化而度之니 此於無悲無方便障에 得解脫也니라
■ (차) 열째 법문에 '중생들의 ~ 등을 관찰함'이란 대비(大悲)를 말미암
았으므로 연민하고, 지혜를 말미암았으므로 관찰하는 것이다. 번뇌
를 관찰하여 병의 움직임을 알아서 교화하여 제도하나니, 이는 자비
와 방편이 없는 장애에서 해탈을 얻은 것이다.

(카) 성수음묘장엄천왕[星宿音妙莊嚴天王] (第十 35上8)

星宿音妙莊嚴天王은 得放光現佛하여 三輪攝化解脫門
291)하시니라
성수음묘장엄천왕은 광명을 놓아서 부처님의 삼륜을 나타
내어 붙들어 교화하는 해탈문을 얻었느니라.

나) 게송으로 찬탄하다[依列偈讚] (頌中 35下1)

爾時에 淸淨慧名稱天王이 承佛威力하사 普觀一切少淨
天無量淨天徧淨天衆하고 而說頌言하시니라
그때에 청정혜명칭천왕이 부처님의 위신력을 받들어 모든
소정천과 무량정천과 변정천의 대중들을 널리 살피고 게송

---

291) 上二十字는 麗宋源續無, 元明宮淸合綱杭鼓纂金有 蓋依梵本補入이라 하다.

으로 말하였다.

[疏] 頌中에 十一頌의 初十次第는 如前長行이라 依梵本列名中하면 此長
行에 闕第十一天이니 彼名星宿音妙莊嚴天王이라 下言妙音者는 略
而未廻니라

■ 나) 게송 찬탄 중에 열한 가지 게송의 처음 열 가지의 순서는 앞의 장
항과 같다. 범본을 의지하여 이름을 열거하면 이 장항에는 열한 번째
하늘은 빠졌으니, 그 이름은 '성수음묘장엄천왕(星宿音妙莊嚴天王)'이
다. 아래에 '묘한 음성'이라 말한 것은 생략하여 반영하지[廻] 않았다.

了知法性無礙者여　　　普現十方無量刹하사
說佛境界不思議하사　　令衆同歸解脫海로다

법의 성품이 걸림이 없음을 아시는 이여
시방의 한량없는 세계에 널리 나타나사
부처님의 경계가 부사의함을 설해서
중생들로 하여금 해탈의 바다에 함께 돌아가게 하도다.

[疏] 第一頌中에 初二句, 是了達方便이니 依法性而現故오 後二句, 說
卽是道니 說不思議解脫하야 令衆同歸라

■ 첫째 게송 중에 ㄱ) 첫째와 둘째 구절은 방편을 깨달은 것이니, 법성
(法性)을 의지하여 시현하기 때문이다. ㄴ) 뒤의 셋째와 넷째 구절은
설하면 곧 도(道)이니 부사의한 해탈을 설하여 중생들이 함께 귀의하
게 한 것이다.

如來處世無所依여　　　譬如光影現衆國이라
法性究竟無生起시니　　　此勝見王所入門이로다
여래께서 세상에 있되 의지함이 없음이여
마치 그림자가 여러 나라에 나타나는 것과 같음이라
법의 성품은 끝내 일어남이 없으니
이것은 승견천왕이 들어간 문이로다.

[疏] 二中에 初二句, 明光影普現이니 無依故如影이오 第三句, 成上二義
니 以無生故로 如影無依라 略不明隨天所樂이니라

■ 둘째 게송 중에 ㄱ) 첫째와 둘째 구절은 광영 [光影, 그림자]이 널리 나
타남을 밝혔으니 의탁함이 없기 때문에 그림자와 같다. ㄴ) 셋째 구
절은 위의 두 가지 뜻을 결론한 것이니, 무생(無生)이기 때문에 그림자
가 의탁함이 없는 것과 같아서 하늘대중의 즐거움을 따르는 것[隨天
所樂]은 생략하고 밝히지 않았다.

無量劫海修方便하사　　　普淨十方諸國土하시되
法界如如常不動하시니　　　寂靜德天之所悟로다
한량없는 겁 바다에서 방편을 닦으사
시방의 모든 국토를 깨끗하게 하되
법계는 여여해서 항상 동하지 않으니
적정덕천왕의 깨달은 바로다.

[疏] 三中에 初句, 標方便을 無量劫修며 兼顯大義오 次二句, 正明方便
으로 嚴佛境界라

■ 셋째 게송 중에 ㄱ) 첫째 구절은 방편을 표방하기를 한없는 세월을 닦으며, 겸하여 큰 뜻을 밝힌 것이요, ㄴ) 다음의 둘째와 셋째 구절은 바로 방편으로 불(佛)의 경계를 장엄함을 밝혔다.

衆生愚癡所覆障으로　　盲闇恒居生死中이어늘
如來示以淸淨道하시니　　此須彌音之解脫이로다

중생들은 어리석음에 뒤덮여서
맹인처럼 참참하게 늘 생사 속에서 살거늘
여래께서 청정한 도로써 보이시니
이것은 수미음천왕의 해탈이로다.

[疏] 四中에 初二句, 卽衆生永流轉이니 謂無明所盲이라 覆本淨心하야 造業受身일새 故로 恒居生死라 次句, 卽隨而示之니라

■ 넷째 게송 중에 ㄱ) 첫째와 둘째 구절은 곧 중생이 길이 유전한다. 말하자면 무명으로 인해 눈먼 때문이니 본래부터 청정한 마음을 덮어서 업을 짓고, 몸을 받은 연고로 늘 생사에 머무는 것이다. ㄴ) 다음 셋째 구절은 곧 (중생을) 따라서 태어남을 보이게 된다.

諸佛所行無上道여　　一切衆生莫能測이라
示以種種方便門하시니　　淨眼諦觀能悉了로다

모든 부처님이 행하신 위없는 도를
일체 중생들은 측량할 수 없어
가지가지 방편문으로써 보이시니
정안천왕이 자세히 관찰하고 능히 다 요달했네.

[疏] 五中에 總相으로 頌佛調生行이니 初句, 高오 次句, 深이오 後句, 廣이니라

■ 다섯째 게송 중에 총상으로 불(佛)이 중생을 조복하는 행을 칭송한 것이다. ㄱ) 첫째 구절은 높으며, ㄴ) 둘째 구절은 깊으며, ㄷ) 셋째 구절은 광대한 뜻이다.

如來恒以總持門이   譬如剎海微塵數라
示教衆生徧一切하시니   普照天王此能入이로다
여래가 항상 쓰시는 총지문은
바다 같은 세계의 미진수와 같아서
중생들을 교화해서 모든 곳에 두루 하시니
보조천왕이 능히 여기에 들어갔네.

[疏] 六中에 初二句, 即普門陀羅尼오 次一句, 即所流出이라 示教者는 示其善惡하야 教使修行호대 稱性無偏일새 故徧而無盡이니라

■ 여섯째 게송 중에 ㄱ) 첫째와 둘째 구절은 곧 '넓은 문의 다라니[普門陀羅尼]'이며, ㄴ) 셋째 구절은 곧 유전하며 출현하는 것이다. '보이고 교화함[示教]'이란 그 선과 악을 보여서 교화하여 수행하게 하되 법성에 걸맞아서 치우침이 없기 때문에 두루 하여 끝없는 것이다.

如來出世甚難值여   無量劫海時一遇라
能令衆生生信解케하시니   此自在天之所得이로다
여래가 세상에 출현하는 것을 만나기가 매우 어려워서
한량없는 겁 바다에서 한 번 만남이라

능히 중생들로 하여금 신해를 내게 하시니
이것은 자재천왕이 얻은 바로다.

[疏] 七中에 初二句, 値佛이오 次句, 生信藏이라 不信則佛難値니 正信을 唯
佛能生이라 旣値佛生信하야 反覆相成커니 今之一遇에 何得不信이리오

■ 일곱째 게송 중에 ㄱ) 첫째와 둘째 구절은 부처님을 만남이요, ㄴ) 셋
째 구절은 '신심(信心)을 일으키는 창고[生信藏]'이니 믿지 않으면 불
(佛)을 만나기 어려우니, 바른 신심은 오직 부처님만이 일으킬 수 있
다. 이미 부처님을 만나고 신심을 일으켜서 반복하여 서로 이루나니
지금 한 번 만났으니 어찌 믿지 않겠는가?

佛說法性皆無性하여　　　甚深廣大不思議하사
普使衆生生淨信케하시니　光焰天王能善了로다
부처님이 법의 성품은 다 체성이 없다고 설하심이
매우 깊고 광대해서 부사의하사
널리 중생들에게 깨끗한 믿음을 내게 하시니
광염천왕이 잘 알도다.

[疏] 八中에 初二句, 卽所聞之法이니 以無性爲法之眞性이라 次句, 卽令
衆生信喜出離니 淨則出不信濁하야 成無漏故니라

■ 여덟째 게송 중에 ㄱ) 첫째와 둘째 구절은 곧 들을 대상인 법이니, 무
성(無性)으로 법의 진성(眞性)을 삼기 때문이다. ㄴ) 셋째 구절은 곧
중생으로 하여금 믿어 환희롭게 벗어나게 하나니, 깨끗함은 불신(不
信)의 혼탁함에서 벗어나서 무루(無漏)를 이루게 하기 때문이다.

三世如來功德滿이여　　化衆生界不思議라
於彼思惟生慶悅케하시니　如是樂法能開演이로다
삼세의 여래가 공덕이 원만함이여
중생세계를 교화함이 부사의한지라
그것을 사유하고 기쁨을 내게 하시니
이러한 것은 낙법천왕이 널리 말하네.

[疏] 九中에 初句, 能調伏人이니 前因此果耳라 化衆生界가 卽調伏行이
　　오 無邊無盡이 爲不思議오 思惟悅生을 是名爲入이라
■ 아홉째 게송 중에 ㄱ) 첫째 구절은 조복케 하는 사람이 앞은 원인이
　　며, 이것은 결과일 뿐이다. ㄴ) 중생계를 교화함이 곧 조복하는 행이
　　요, 가없고 끝없음이 부사의가 되며, ㄷ) 사유하여 중생을 기쁘게 함
　　을 '든다'고 이름한다.

衆生沒在煩惱海하여　　愚癡見濁甚可怖어늘
大師哀愍令永離케하시니　此化幢王所觀境이로다
중생들은 번뇌의 바다에 빠져서
어리석음과 탁한 소견으로 매우 두려워하거늘
큰 스승께서 불쌍히 여겨 길이 떠나게 하시니
이것은 화당천왕이 본 경계로다.

[疏] 十中에 初二句, 卽衆生無量煩惱니 謂利鈍二使와 愛見羅刹이 皆甚
　　可怖也라 次一句, 以悲愍之하며 以智令離라
■ 열째 게송 중에 ㄱ) 첫째와 둘째 구절은 곧 중생의 한없는 번뇌이다.

말하자면 날카롭고 둔한 번뇌[二使]²⁹²⁾와 애견나찰(愛見羅刹)이 다 매우 두려운 것이다. ㄴ) 셋째 구절은 대비(大悲)로 연민히 여기고 지혜로 벗어나게 한다.

[鈔] 愛見羅刹甚可怖畏者는 即涅槃第十一에 羅刹乞浮囊喩니 已如前引하니라

● '애견나찰(愛見羅刹)이 심히 두렵다' 한 것은 곧 『열반경』제11권의 '나찰이 부랑(浮囊)을 구걸하는 비유'²⁹³⁾이니 이미 앞에서 인용한 내용과 같다.

如來恒放大光明하사   一一光中無量佛이
各各現化衆生事하시니   此妙音天所入門이로다
여래께서 항상 큰 광명을 놓으사
낱낱 광명 속에 있는 한량없는 부처님이
제각기 중생들의 일을 나타내시니
이것은 묘음천왕이 들어간 문이로다.

[疏] 十一中에 旣關長行으로 對名略顯이라 初二句, 星宿莊嚴義也니 謂佛光流於法界가 燦若星羅라 次句, 即妙音莊嚴이니 化衆生事가 不出三輪이라 上云妙音은 舉一立稱耳라 若長行立名인대 應云, 得放光現佛三輪攝化解脫門이니라

■ 열한째 게송 중에 이미 (앞에서) '장항이 빠졌다'는 것으로 이름에 배대

---

292) 使는 '煩惱'의 다른 이름. 驅使의 뜻으로 사람을 迷惑의 세계 즉 生死에 유전시키므로 使라 한다. 十使는 五利使(身見, 邊見, 邪見, 見取見, 戒禁取見)와 五鈍使(貪, 瞋, 癡, 慢, 疑)를 말한다.
293) 주 224)에서 이미 밝혔다. 이는 『涅槃經』聖行品의 내용이다. (대정장 권12 p.432 b-)

하여 간략히 밝혔다. ㄱ) 첫째와 둘째 구절은 별빛으로 장엄한다는 뜻이다. 말하자면 불광(佛光)이 법계에 유전함이 찬란하여 별이 늘어선 것 같은 것이다. ㄴ) 셋째 구절은 곧 묘한 음성으로 장엄함이니 중생을 교화하는 일이 삼륜(三輪)을 벗어나지 않는다. 위에 말한 묘음(妙音)은 하나를 들어 명칭을 세운 것이다. 만일 장항으로 이름을 하였다면 마땅히 '방광으로 불(佛)의 삼륜섭화(三輪攝化)[294]를 시현하는 해탈문을 얻었다'라고 해야 할 것이다.

라. 광음천왕 대중[光音天王] 2.

가) 천왕중의 득법[上首得法] 10.
(가) 가애락광명천왕[可愛樂光明天王] (第四 38上6)

復次可愛樂光明天王은 得恒受寂靜樂하되 而能降現하여 銷滅世間苦解脫門하니라
또 다음 가애락광명천왕은 항상 고요한 낙을 받으면서 능히 세상에 내려와서 세간의 고통을 소멸하는 해탈문을 얻었느니라.

[疏] 第四, 二禪이라 長行十法에 初中二義니 一, 內證眞樂이니 經論에 共說樂有五種하니 謂一, 因이오 二, 果오 三, 苦對除오 四, 斷受오 五,

---

294) 三輪이란 佛의 거룩한 교화의 작용을 身·口·意의 三業에 나누어 이를 轉輪聖王의 寶輪에 비유하여 말한 것이다. ① 神通輪(또는 神變輪)은 곧 신변을 나타내어 중생의 마음을 움직여 믿음에 들게 함이며 ② 敎誡輪(또는 說法輪)은 곧 중생을 敎導하기 위하여 敎法을 설하는 것이며 ③ 記心輪(또는 憶念輪)이란 중생의 마음을 다 알고 여기에 응해서 교화함을 말한다.

無惱害라 無惱害樂에 更有四種하니 謂出家遠離樂과 禪定適悅樂,
菩提覺法樂, 涅槃寂靜樂이니 今當第四라 若通取受字하면 兼禪定
菩提니 則含因果라 言恒受者는 以無所受로 受諸受故니 若待境界
하면 卽非恒也라 二, 而能降下는 外建大義라 降神現相하야 除苦因
果라 此於涅槃體用障에 得解脫也라

■ 라. 제2선천인 광음천이다. 장항의 열 가지 법문 중에 ㄱ) (가애락광명
천왕의) 법문 중에 두 가지 뜻이 있으니 (1) 안으로 진리를 증득한 즐
거움이다. 경론에 공통적으로 '즐거움에 다섯 가지가 있다'고 설하였
다. 말해 보면 ① 원인이요, ② 결과이며, ③ 고통을 대적하여 없앰
[苦對除]이요, ④ 여러 느낌를 끊은 즐거움[斷受樂]이요, ⑤ 괴롭거나 해
침이 없는 즐거움[無惱害樂]이다. ⑤ 괴롭거나 해침이 없는 즐거움[無
惱害樂]에 다시 네 가지가 있으니 1) 출가하여 멀리 떠나는 즐거움이
요, 2) 선정으로 기뻐하는 즐거움이요, 3) 보리로 법을 깨닫는 즐거
움이요, 4) 열반의 고요한 즐거움을 말하는데, 지금은 4) 열반의 적
정한 즐거움에 해당한다. 만일 통틀어 '수(受)'라는 글자를 취한다면
2) 선정락과 3) 보리락이니 인과를 함께 포함한 것이다. '항상 받는
다[恒受]'고 말한 것은 받을 바가 없음으로 모든 느낌[受]을 받기 때문
이니, 만일 경계에 대비하면 곧 항상 받는 것이 아니다. (2) 而能降
아래는 밖으로 대의를 세운 것이요, 신(神)을 내리고 모습을 나투어
고통의 인과를 없앴으니, 이는 열반의 본체와 작용의 장애에서 해탈
을 얻은 것이다.

[鈔] 經論共說樂有五種等者는 論卽瑜伽等이오 經卽善戒經第二, 自利
利他品에 釋眞實義中快樂義라 經에 云, 云何名快樂고 快樂義者는

有五種하니 一者, 因樂이오 二者, 受樂이오 三者, 斷受樂이오 四者, 遠離樂이오 五者, 菩提樂이라 云何因樂고 因內外觸하야 因觸因緣故로 有受樂이니 是名因樂이오 因行善法하야 得他世樂이니 是名因樂이니라

云何受樂고 從因因緣하야 身得增長하고 心得安隱이니 是名受樂이라 受樂者有二種하니 何等爲二오 一者, 有漏오 二者, 無漏라 無漏有二하니 一者, 學地오 二者, 無學이라 有漏有三하니 欲界와 色界, 無色界라 三有有內外入일새 故有六觸이라 六觸有二하니 一者, 身樂이오 二者, 心樂이니 五識共行을 名爲身樂이오 意識共行을 名爲心樂이니라 修習聖道하야 斷諸受故로 道得增長하고 無有諸受를 名斷受樂이오 永斷煩惱하야 身心無患을 名遠離樂이오 受常樂故로 名菩提樂이라 …

〈中略〉…

● '경론에 공통적으로 설한 다섯 가지 즐거움이 있다' 함에서 논이란 곧 『유가사지론』 등이고, 경은 곧 『선계경(善戒經)』 제2권 자리이타품(自利利他品)[295]에서 진실(眞實)의 뜻을 해석한 가운데 '쾌락'의 뜻이다. 경에 이르되, "어떤 것을 즐거움[快樂]이라 하는가? 쾌락의 뜻에 다섯 가지가 있으니 ① 원인의 즐거움[因樂]이요, ② 느끼는 즐거움[受樂]이요, ③ 느낌을 끊는 즐거움[斷受樂]이요, ④ 멀리 여의는 즐거움[遠離樂]이요, ⑤ 깨달음의 즐거움[菩提樂]이다. ① 무엇이 원인의 즐거움인가? 안과 밖의 닿음[觸]을 인하여 촉의 원인과 인연을 인연하기 때문에 즐거움을 받으니 이것을 인락(因樂)이라 한다. 선법(善法) 행함을 인하여 다른 세상에 즐거움을 얻으니 이를 인락(因樂)이라 한다. ② 무엇을

---

295) 善戒經은 『菩薩善戒經』의 略稱으로 전9권, 일명 菩薩地라 한다. 劉宋代 求那跋摩 번역으로 30품이 있는데 그중 序品 제1은 大寶積經優婆離會 제24와 같다.

느끼는 즐거움[受樂]이라 하는가? 인연을 인함으로부터 몸이 커짐을 얻고 마음은 안온함을 얻나니, 이를 느끼는 즐거움이라 한다. 수락(受樂)에는 두 가지가 있으니 어떤 것이 둘인가? ⓐ 유루와 ⓑ 무루(無漏)이다. ⓑ 무루에는 다시 둘이 있으니 첫째, 배우는 지위[學地]이며 둘째, 배울 것 없는 지위[無學]이다. ⓐ 유루에는 세 가지가 있으니 첫째, 욕계 둘째, 색계 셋째, 무색계이다. 삼유(三有, 곧 三界)에 안으로 들어감[內入]과 밖에서 들어감[外入]이 있으므로 여섯 가지 닿음이 있게 된다. 여섯 가지 닿음[六觸]에 두 가지가 있으니 첫째, 몸의 즐거움[身樂], 둘째, 마음의 즐거움[心樂]인데 전5식이 (닿음과) 함께 움직임을 몸의 즐거움이라 이름하고, 의식이 (觸과) 함께 움직임을 마음의 즐거움[心樂]이라 한다. ③ 성도(聖道)를 닦고 익혀서 모든 느낌을 끊어 버리기 때문에 도(道)가 커지고 모든 느낌이 없음을 단수락(斷受樂)이라 이름하며, ④ 길이 번뇌를 끊어서 몸과 마음에 근심이 없음을 원리락(遠離樂)이라 이름하며, ⑤ 항상 즐거움을 받기 때문에 보리락(菩提樂)이라 이름한다."…〈중간 생략〉…

今疏를 望彼經하면 數名不同하사 若欲會者인대 果及苦對除는 卽是受樂에 開出이오 無惱害者는 卽遠離樂과 及菩提樂이라 經中에 遠離有四어니와 今云出家遠離樂은 含有二種하니 出家卽第一遠離오 兼得第三斷樂이라 復開菩提하야 爲菩提涅槃二樂이니라
若瑜伽九十六說인대 樂有二種하니 一者, 欲樂이오 二者, 遠離라 遠離復有三種하니 一, 劣이니 謂無所有已下오 二, 中이니 謂第一有오 三, 勝이니 謂滅受定이라 然이나 世尊依第一義하사 說有三種最寂靜樂하나니 謂等解脫故라 總攝爲三이니 一, 應遠離오 二, 應修習이니

即前三上中下遠離니 名有上遠離오 三, 最極究竟解脫無上住樂이
니 即前貪等解脫이니라

● 지금의 소문을 저『선계경(善戒經)』에 비교하면 숫자와 명칭이 같지 않
나니, 만일 회통하려 한다면 ① 결과와 ② 고대제(苦對除)는 곧 수락
(受樂)에서 나온 것이요, 무뇌해(無惱害)란 곧 ④ 원리락(遠離樂)과 ⑤
보리락(菩提樂)이다. 경에서는 ④ 원리락(遠離樂)에 네 가지[1. 出家樂 2.
寂靜樂 3. 斷樂 4. 菩提樂]가 있었지만, 지금 말한 출가원리락(出家遠離樂)
은 두 가지를 포함하고 있으니 출가(出家)는 곧 ④ 원리락과 겸하여
③ 열반락(斷受樂)을 얻는다. 다시 ⑤ 보리락을 쪼개어 ⓐ 보리락과
ⓑ 열반락의 두 가지 즐거움으로 만들게 된다.

만일『유가사지론』제96권의 설명에는 즐거움에 두 가지가 있으니
1. 욕락(欲樂)이요 2. 원리락(遠離樂)이다. 원리락에 다시 세 가지가 있
으니 ① 하열(下劣)이니 무소유천 이하를 말하고 ② 중간이니 제일의
유(有)를 말하고 ③ 수승함이니 모든 느낌을 소멸한 선정[滅受定]을
말한다. 그러나 세존께서 제일의(第一義)에 의지하여 세 가지의 최적
정락(最寂靜樂)이 있음을 설하였으니 '평등한 해탈'을 말하기 때문이
다. 모두를 섭수하여 세 가지를 만들었으니 첫째, 응원리(應遠離)요,
둘째, 응수습(應修習)이니 곧 앞의 세 가지 상중하의 원리락(遠離樂)이
니 이름에 '더 나은 원리[上遠離]'가 있으며 셋째, 가장 마지막 해탈에
위없이 머무는 즐거움[最極究竟解脫無上住樂]이니 곧 앞의 탐욕 등에서
해탈한 것이다.

(나) 청정묘광천왕[淸淨妙光天王] (第二 40下3)

清淨妙光天王은 得大悲心相應海에 一切衆生喜樂藏解
脫門하니라
청정묘광천왕은 큰 자비심이 상응하는 바다에서 모든 중생
이 즐거워하는 해탈문을 얻었느니라.

[疏] 第二門은 謂無緣大悲가 與性海相應하야 拔世憂患일새 故出生喜樂
이라 無盡名藏이니 此於惱害心에 得解脫이라

■ (나) 법문은 말하자면, 무연대비(無緣大悲)가 법성의 바다와 상응하
여 세간의 근심과 번뇌를 뽑는 연고로 희락(喜樂)을 낳는다. 다함없
음을 창고[藏]라 이름하나니, 이는 괴롭히거나 해치는 마음에서 해탈
을 얻은 것이다.

(다) 자재음천왕[自在音天王] (三一 40下6)

自在音天王은 得一念中에 普現無邊劫一切衆生의 福應
力解脫門하니라
자재음천왕은 한 생각 속에서 끝없는 겁의 모든 중생들의
복덕의 힘을 나타내는 해탈문을 얻었느니라.

[疏] 三, 一念等者는 修福德因하야 感依正果가 福之力也라 雖多人多劫
所感이라도 念劫融之頓現이니 此於時劫에 得解脫也라

■ (다) '한 생각' 등이란 복덕의 원인을 닦아서 의보(依報)와 정보(正報)
의 결과를 감득함이 복덕의 힘이다. 비록 여러 사람 여러 겁 동안에
감득한 바이지만 한 생각과 여러 겁이 융합함이 당장 나타나는 것이

니 이는 시겁(時劫)의 (장애에서) 해탈을 얻은 것이다.

(라) 최승념지천왕[最勝念智天王] (第四 41上1)

最勝念智天王은 得普使成住壞一切世間으로 皆悉如虛
空淸淨解脫門하나니라
최승념지천왕은 성립하고 머물고 무너지는 모든 세간으로
하여금 다 허공과 같이 청정케 하는 해탈문을 얻었느니라.

[疏] 第四門은 謂以佛力으로 不動成住壞三하고 皆如空劫하야 常淸淨也
니 此於遷變에 得解脫也니라
■ (라) 법문은 말하자면, 부처님의 위신력으로 성(成), 주(住), 괴(壞)의
세 가지에 동요하지 않고 모두 공겁과 같이 항상 청정하게 하나니 이
는 천류(遷流)하고 변화하는 (장애에서) 해탈을 얻은 것이다.

(마) 가애락정묘음천왕[可愛樂淨妙音天王] (五愛 41上5)

可愛樂淨妙音天王은 得愛樂信受一切聖人法解脫門하
나니라
가애락정묘음천왕은 모든 성인의 법을 사랑하고 즐기고 믿
고 받아들이는 해탈문을 얻었느니라.

[疏] 第五, 愛樂等者는 謂信樂佛菩薩法하야 敬奉修行이니 則於二障에
得解脫也니라

■ (마) ‘사랑하고 즐기고’ 등은 말하자면, 부처님과 보살의 법문을 믿고 즐거워하여 공경히 받들어 수행하는 것이니 두 가지 장애[煩惱障과 所知障]에서 해탈을 얻었다.

(바) 선사유음천왕[善思惟音天王] (第六 41上9)

善思惟音天王은 得能經劫住하여 演說一切地義와 及方便解脫門하니라
선사유음천왕은 능히 겁이 지나도록 머물면서 모든 지위의 뜻과 방편을 연설하는 해탈문을 얻었느니라.

[疏] 第六門은 地謂地智오 義謂證淨²⁹⁶⁾이니 卽離念超心地也라 方便者는 敎導及入地之由와 入住出等也니 以無盡辯으로 演無盡法일새 故能經劫이니라
■ (바) 법문에서 지(地)는 십지의 지혜[地智]를 말하고, 뜻[義]은 청정을 증득함[證淨]을 말한 것이니²⁹⁷⁾ 곧 생각을 여의고 심지(心地)를 초월한 것이다. 방편이란 가르쳐 인도하고 십지에 드는 이유와 들어감과 머무르고 나감 등이니, 다함없는 변재로 다함없는 법문을 연설하므로 능히 겁을 지나게 된다.

(사) 연장엄음천왕[演莊嚴音天王] (七一 41下4)

---

296) 證淨은 源甲南續金本作清淨, 案刊定記云 ‘地謂十地菩薩智也 義謂證淨 則地智所緣十地理趣’, 梵本云 ‘說諸地奈耶故’ 準此應從原本作證淨이라 하다.
297) 刊定記를 참고하면, “地는 十地보살의 智慧를 말하고 義는 清淨을 증득함이니 地智로 반연한 바의 十地의 이치이다”라 하였다. (案刊定記云 ‘地謂十地菩薩智也 義謂證淨 則地智所緣十地理趣’[앞의 주 참조])

演莊嚴音天王은 得一切菩薩이 從兜率天宮沒하여 下生
時에 大供養方便解脫門하니라
연장엄음천왕은 모든 보살들이 도솔천궁에서 내려와 태어
날 때에 크게 공양하는 방편의 해탈문을 얻었느니라.

[疏] 七, 一切等者는 通有二義하니 一, 現多身과 興多供, 供多佛이 皆稱
眞故로 名大方便이니 卽長行意오 二, 一念八相徧法界故로 名大方
便이니 卽偈中意라 於上自在를 名爲解脫이니라

■ (사) 一切 등은 통틀어 두 가지 뜻이 있으니 ① 여러 몸을 나투고 많
은 공양을 일으키고, 여러 부처님께 공양 올리는 것이 모두 진리에 걸
맞은 연고로 대방편(大方便)이라 이름하였으니 곧 장항의 의미이다.
② 찰나에 여덟 가지 모습[八相]으로 법계에 두루 하므로 대방편이라
이름하나니 곧 게송의 뜻이다. 이런 데서 자재한 것을 해탈이라 이름
한다.

(아) 심심광음천왕[甚深光音天王] (八於 41上8)

甚深光音天王은 得觀察無盡神通智慧海解脫門하니라
심심광음천왕은 끝없는 신통과 지혜의 바다를 관찰하는 해
탈문을 얻었느니라.

[疏] 八, 於定慧障에 得解脫이라

■ (아) 선정과 지혜의 장애에서 해탈을 얻은 것이다.

(자) 광대명칭천왕[廣大名稱天王] (九果 42上1)

廣大名稱天王은 得一切佛功德海滿足하여 出現世間方便力解脫門하니라
광대명칭천왕은 모든 부처님의 공덕 바다가 만족해서 세간에 출현하는 방편의 힘의 해탈문을 얻었느니라.

[疏] 九, 果滿應機니 是於現身化生無堪任性에 得解脫이라

- (자) 과덕이 원만하여 중생의 근기에 응함이니 이는 몸을 나투어 중생을 교화함에 감임(堪任)이 없는 법성에서 해탈을 얻은 것이다.

(차) 최승정광천왕[最勝淨光天王] (十見 42上4)

最勝淨光天王은 得如來往昔誓願力으로 發生深信愛樂藏解脫門하시니라
최승정광천왕은 여래가 지난 옛적의 서원의 힘으로 깊은 믿음과 즐거움을 발생하는 해탈문을 얻었느니라.

[疏] 十, 見佛大願雲하고 愛樂隨學이니 此於自輕障에 得解脫이라

- (차) 부처님의 대원(大願)의 구름을 보고 사랑하고 즐거워하며 따라서 배우나니, 이는 자신을 업신여기는 장애에서 해탈을 얻은 것이다.

나) 게송으로 찬탄하다[依列偈讚] (二頌 40上7)

爾時에 可愛樂光明天王이 承佛威力하사 普觀一切少光天無量光天極光天衆하고 而說頌言하시니라

그때에 가애락광명천왕이 부처님의 위신력을 받들어 모든 소광천과 무량광천과 극광천의 대중들을 두루 살피고 게송으로 말하였다.

[疏] 二, 頌中十偈는 次第依前이라

■ 나) 게송 중 열 개의 게송은 순서가 앞[長行]을 의지하였다.

我念如來昔所行이　　承事供養無邊佛이시니
如本信心淸淨業을　　以佛威神今悉見이로다

내가 생각하건대 여래가 옛적에 행하신 것은
한량없는 부처님을 받들어 섬기고 공양하신 일이니
본래의 신심과 같이 청정한 업을
부처님의 위신력으로써 지금 다 보도다.

[疏] 今初, 前三句는 明寂靜樂이니 通擧因樂하야 以顯果樂이오 後句, 降現之用이라

■ 지금 첫째 게송에서 ㄱ) 앞의 세 구절은 고요한 열반의 즐거움[寂靜樂]을 밝혔으니 인락(因樂)을 모두 들어 과덕을 밝혔다. ㄴ) 뒤 구절은 탄생하여 출현하신 작용이다.

佛身無相離衆垢라　　恒住慈悲哀愍地하사
世間憂患悉使除케하시니　此是妙光之解脫이로다

부처님의 몸은 형상이 없어서 온갖 더러움을 떠나서
항상 자비와 애민의 땅에 머무사
세간의 근심들을 모두 제거하시니
이것은 묘광천왕의 해탈이로다.

[疏] 二中에 初句, 卽所相應海오 次句, 卽能應大悲니 大悲荷物일새 故
名爲地라 次句, 卽生喜藏이니 憂除故喜하고 患除故樂이니라

■ 둘째 게송 중에 ㄱ) 첫째 구절은 곧 상응할 대상의 바다이고, ㄴ) 둘
째 구절은 능히 응하는 대비이니 대비(大悲)로 중생을 짊어지므로 '땅'
이라 이름하였다. ㄷ) 셋째 구절은 곧 '즐거움을 내는 창고[生喜藏]'이
니 근심을 제거하였으므로 기뻐하고, 번뇌를 없앴기 때문에 즐거워
진다.

佛法廣大無涯際하여   一切刹海於中現하시되
如其成壞各不同하시니   自在音天解脫力이로다
부처님의 법은 광대하여 그 끝이 없어서
모든 세계가 그 속에 나타나되
이뤄지고 무너짐이 각각 같지 않나니
자재음천왕의 해탈한 힘이로다.

[疏] 三中에 初句, 能現이오 次二,[298] 所現이라

■ 셋째 게송 중에 ㄱ) 첫째 구절은 나타내는 주체의 불법이고, ㄴ) 다
음 둘째와 셋째 구절은 나툴 대상을 뜻한다.

---

298) 二는 續金本作句, 源原南本作二라 하다.

佛神通力無與等하여　　普現十方廣大刹하사
悉令嚴淨常現前케하시니　勝念解脫之方便이로다
부처님의 신통력은 같을 이가 없어
시방의 광대한 세계를 널리 나타내되
다 장엄하고 청정하게 항상 앞에 나타나게 하시니
승염천왕의 해탈한 방편이로다.

[疏] 四中에 初二句, 卽普使成住等이오 次一句, 頌如虛空淸淨이니 以三
　　災彌綸이나 而淨土不毁故라 然三四二偈는 似如前却하니 且順文釋
　　耳니라

■ 넷째 게송 중에 ㄱ) 첫째와 둘째 구절은 곧 널리 하여금 성겁(成劫)과
　주겁(住劫)에 평등케 함이요, ㄴ) 셋째 구절은 허공과 같이 청정함을
　노래함이니, 세 가지 재앙이 두루 가득하지만 정토는 훼손하지 못하
　기 때문이다. 하지만 셋째와 넷째 게송은 앞과 같으니 또한 문장에
　따라 해석하였을 뿐이다.

如諸刹海微塵數한　　所有如來咸敬奉하여
聞法離染不唐捐하니　此妙音天法門用이로다
모든 세계의 티끌 수 같이 많은
여래께 다 공경하고 받들어
법문을 듣고 번뇌를 여의어 헛되이 보내지 않으니
이것은 묘음천왕의 법문의 작용이로다.

[疏] 五中에 初二句, 咸敬奉是愛樂이오 餘是聖人이라 次一句, 卽上法과

及信受也라

■ 다섯째 게송 중에 ㄱ) 첫째와 둘째 구절은 모두 공경히 봉행함이 애락(愛樂)이요, 나머지는 성인(聖人)이다. ㄴ) 다음 셋째 구절은 곧 수승한 법[上法]과 믿고 받는 것[信受]이다.

佛於無量大劫海에　　　說地方便無倫匹하사
所說無邊無有窮하시니　善思音天知此義로다
부처님은 한량없는 큰 겁 바다에서
지위의 방편을 설하심이 짝할 이 없으사
설하신 것이 끝이 없고 다함이 없으시니
선사음천왕이 이 뜻을 알았네.

[疏] 六中에 初句, 經劫住오 次二句, 卽地義方便이오 無邊是一切也니라

■ 여섯째 게송 중에 ㄱ) 첫째 구절은 겁이 경과함에 머무름이요, ㄴ) 다음 둘째와 셋째 구절은 곧 십지의 지혜와 청정을 증득한 방편[證淨方便]이고, '그지없음'은 모두를 말한다.

如來神變無量門이여　　　一念現於一切處에
降神成道大方便하시니　　此莊嚴音之解脫이로다
여래의 신통변화 한량없는 문이여
한 생각에 모든 곳에서
탄생하고 성도하는 큰 방편을 나투시니
이것은 장엄음천왕의 해탈이로다.

[疏] 七中에 通頌八相普周오 略無供養이니라

■ 일곱째 게송 중에 여덟 가지 모습이 널리 두루 함을 통틀어 칭송하였고, 공양함은 생략하여 없다.

威力所持能演說하며　　及現諸佛神通事하사
隨其根欲悉令淨케하시니　此光音天解脫門이로다
위신력을 가져서 연설하시며
모든 부처님의 신통한 일을 나타내사
그 근기와 욕망을 따라서 모두 청정케 하시니
이것은 광음천왕이 해탈한 문이로다.

[疏] 八中에 初句, 是前智慧오 次句, 神通이오 次句, 無盡及海니 以隨根令淨이 是深廣故라

■ 여덟째 게송 중에 ㄱ) 첫째 구절은 앞의 지혜이고, ㄴ) 다음 둘째 구절은 신통이요, ㄷ) 셋째 구절은 끝없음과 바다이니, 근기를 따라 청정케 함이 깊고 넓은 까닭이다.

如來智慧無邊際하사　　世中無等無所着하시되
慈心應物普現前하시니　廣大名天悟斯道로다
여래의 지혜는 끝이 없으사
세상에서 짝도 없고 집착도 없어
자비한 마음으로 중생을 위해 널리 나타나시니
광대명천왕이 이 도를 깨달았네.

[疏] 九中에 初二句, 卽德海滿足이오 次句, 出現世間이라

■ 아홉째 게송 중에 ㄱ) 첫째와 둘째 구절은 곧 공덕의 바다가 가득함
이요, ㄴ) 다음 셋째 구절은 세간에 출현함이다.

佛昔修習菩提行하사　　供養十方一切佛하고
一一佛所發誓心하시니　最勝光聞大歡喜로다
부처님이 옛적에 보리행을 닦으사
시방의 모든 부처님께 공양하고
날날 부처님 처소에서 서원을 내시니
최승광천왕이 듣고 크게 환희하도다.

[疏] 十中에 三句, 通明前昔誓願力이오 第四句, 結中에 便顯深信愛樂
藏하니 以文云, 大歡喜故라하니라

■ 열째 게송 중에 ㄱ) 세 구절은 모두 앞의 옛적 서원의 힘을 밝혔고,
ㄴ) 넷째 구절은 결론한 중에 문득 깊은 신심으로 애락하는 창고를
밝혔으니, 게송의 경문에 '크게 환희하는 까닭'이라 하였다.

제1. 세상 주인들이 묘하게 장엄하는 품[世主妙嚴品] ⑥

마. 대범천왕 대중[大梵天王] 2.

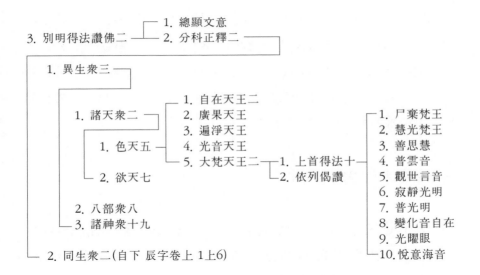

가) 천왕중의 득법[上首得法] 10.
(가) 시기대범천왕[尸棄梵王]²⁹⁹⁾ (第五 1上7)

復次尸棄梵王은 得普住十方道場中說法호대 而所行淸

---

299) 이 천왕은 제6 현전지에 해당된다.

淨無染着解脫門하니라
또 다음 시기범왕은 널리 시방의 도량 중에 머물면서 법을
설하되 행하는 바가 청정해서 물들지 않는 해탈문을 얻었
나니라.

[疏] 第五, 初禪이라 長行十法中에 一, 普住等者는 大用應機故로 普遍
說法이오 用而常寂故로 行淨無染이니 得心無行故로 行淨이오 了境
無相故로 無染이라

■ 마. 초선천의 대범천왕이다. 장항의 열 가지 법문 중에 (가) 널리 머
무는 등이란 큰 작용으로 중생의 근기에 응하기 때문에 널리 두루 설
법하며, 쓰되 항상 적정한 연고로 청정을 닦아 물듦이 없다. 마음으
로 행할 것이 없음을 얻었으므로 청정을 닦고, 경계가 모습이 없음을
요달하였으므로 물듦이 없다.

(나) 혜광대범천왕[慧光梵王]

慧光梵王은 得使一切衆生으로 入禪三昧住解脫門하니라
혜광범왕은 일체 중생으로 하여금 선 삼매에 들어가서 머
물게 하는 해탈문을 얻었나니라.

[疏] 二, 佛爲定境이니 住定則所見深故니라

■ (나) 부처님이 선정의 경계가 되나니 선정에 머무르면 안목[所見]이 깊
어지기 때문이다.

(다) 선사혜광명대범천왕[善思慧光明梵王]

善思慧光明梵王은 得普入一切不思議法解脫門하니라
선사혜광명법왕은 모든 부사의한 법에 다 들어가는 해탈문
을 얻었나니라.

[疏] 三, 普入等者는 法海難量을 名不思議오 一言演盡을 名爲普入이니라
■ (다) '다 들어가는' 등이란 법해(法海)가 헤아리기 어려움을 '부사의
(不思議)'라 이름하고, 한마디로 모두 연설함을 '보입(普入)'이라 이름
하였다.

(라) 보운음대범천왕[普雲音梵王]

普雲音梵王은 得入諸佛一切音聲海解脫門하니라
보운음법왕은 모든 부처님의 일체 음성의 바다에 들어가는
해탈문을 얻었나니라.

[疏] 四, 圓音隨類가 名音聲海오 要無分別이 方入佛聲이니라
■ (라) 원음(圓音)으로 중생의 무리를 따르는 것을 '음성 바다[音聲海]'라
이름하고, 분별이 없음을 요하여야 바야흐로 부처님의 음성 바다에
들어갈 수 있는 것이다.

(마) 관세언음자재대범천왕[觀世言音自在梵王]

觀世言音自在梵王은 得能憶念菩薩의 敎化一切衆生方
便解脫門하니라
관세언음자재범왕은 보살이 일체 중생을 교화하는 방편을
기억하는 해탈문을 얻었나니라.

[疏] 五, 能憶等者는 化生卽是趣菩提行이니 故以宿住智로 明記니라
■ (마) '능히 기억한다'는 등은 중생을 교화함이 곧 '보리에 나아가는
수행[趣菩提行]'이다. 그러므로 '숙세부터 머물던 지혜[宿住智]'로 분명
히 기억하는 것이다.

(바) 적정광명안대범천왕[寂靜光明眼梵王]

寂靜光明眼梵王은 得現一切世間業報相各差別解脫門
하니라
적정광명안범왕은 모든 세간의 업보의 모습이 각각 차별함
을 나타내는 해탈문을 얻었나니라.

[疏] 六, 衆生報異하야 隨業有差에 佛示現受하사 令生正信이니라
■ (바) 중생의 과보가 달라서 업을 따라 차별이 있으므로 불(佛)께서 업
받는 모습을 시현하시어 (중생들로) 하여금 바른 신심을 내게 한다.

(사) 보광명대범천왕[普光明梵王]

普光明梵王은 得隨一切衆生의 品類差別하여 皆現前調

伏解脫門하니라

보광명법왕은 일체 중생의 품류가 차별함을 따라서 모두 그 앞에 나타나서 조복하는 해탈문을 얻었나니라.

[疏] 七, 於法自在하야사 方能³⁰⁰⁾隨類調生이니라

■ (사) 법에 자재하여야 비로소 능히 부류를 따라 중생을 조복하게 된다는 뜻이다.

(아) 변화음대범천왕[變化音梵王]

變化音梵王은 得住一切法淸淨相寂滅行境界解脫門하니라

변화음법왕은 모든 법의 청정한 모습과 적멸한 행의 경계에 머무는 해탈문을 얻었나니라.

[疏] 八, 佛身無相하야 等法性之淸淨하나니 現而同化가 爲寂滅之行矣라

■ (아) 불신(佛身)은 모습이 없어서 법성의 청정함과 같나니 (모습을) 나타내어 함께 변화함이 '적멸한 수행'이 된다.

(자) 광요안대범천왕[光耀眼梵王]

光耀眼梵王은 得於一切有에 無所着하며 無邊際하며 無依止하여 常勤出現解脫門하니라

---

300) 能은 甲續本作覩이라 하다.

광요안법왕은 모든 유에 집착이 없으며 끝이 없으며 의지가 없어서 항상 부지런히 출현하는 해탈문을 얻었나니라.

[疏] 九, 不着諸有故로 能常現이오 三業無邊에 更無可依라

■ (자) 모든 유(有)에 집착하지 않기 때문에 능히 항상 출현할 수 있고, 세 가지 업이 가없으므로 다시 의지할 수도 없다.

(차) 열의해음대범천왕[悅意海音梵王]

悅意海音梵王은 得常思惟觀察無盡法解脫門하시니라
열의해음법왕은 다함이 없는 법을 항상 사유하고 관찰하는 해탈문을 얻었다.

[疏] 十, 觀性無相이 猶如虛空이어니 何有可盡이며 察用隨宜가 如擊水文하야 隨擊隨生이어니 復何可盡이리오

■ (차) 성품이 모양 없음을 보는 것이 마치 허공과 같은데 어찌 다할 수 있을 것이며, 작용이 편의를 따름을 관찰함이 마치 '물을 맞은 무늬[擊水文]'와 같아서 맞는 대로 따라 생기나니 다시 무엇을 다하겠는가?

나) 게송으로 찬탄하다[依列偈讚] (偈中 2下9)

爾時에 尸棄大梵王이 承佛威力하사 普觀一切梵身天梵輔天梵衆天大梵天衆하고 而說頌言하시니라[301]

그때에 시기대범왕이 부처님의 위신력을 받들어 모든 범신 천과 범보천과 범중천과 대범천의 대중들을 두루 살피고 게 송으로 말하였다.

[疏] 偈中에 先, 上首觀衆에 開成四天이나 合則梵身即衆이라 亦有經에 云, 梵衆, 梵身, 梵輔, 梵眷屬이라하나니 身即是衆이오 輔即眷屬이니라

■ 나) 게송 중에 앞에 상수(上首)가 대중을 살펴볼 때에 열어서 네 하늘 [梵身, 梵輔, 梵衆, 大梵天]을 이루었지만 합하면 범신(梵身)은 곧 범중(梵衆)이다. 또 어떤 경에 이르되, "범중(梵衆), 범신(梵身), 범보(梵輔)와 범천(梵天)의 권속이다"라고 하였으니 신(身)은 곧 대중이고, 보(輔)는 권속이다.

佛身淸淨常寂滅하사   光明照耀徧世間하시되
無相無行無影像이여   譬如空雲如是見이로다
부처님의 몸은 청정하고 항상 적멸하사
광명을 비추어 세간에 두루 하되
형상 없고 행도 없고 그림자도 없어서
마치 허공의 구름처럼 나타나시네.

[疏] 十偈初中에 初句, 法身普徧道場이오 次句, 智光說法이오 次句, 行淨無染이니 境相智行既亡하면 則大用影像亦寂이라 後句, 通以喩顯이니 雲不離空과 空不礙雲으로 以況寂用이라

■ 열 개의 게송에서 첫째 게송 중에서 ㄱ) 첫째 구절은 법신이 널리 도량

에 두루 함이요, ㄴ) 둘째 구절은 지혜광명이 법을 연설하고, ㄷ) 셋째 구절은 청정을 닦아 물듦이 없으니, 경계의 모습과 지혜로운 행이 없어지면 큰 작용의 그림자도 역시 고요해질 것이다. ㄹ) 넷째 구절은 비유로 밝혀 회통하였으니, 구름이 하늘을 벗어나지 못하고 하늘은 구름을 장애하지 않는 것으로 적정(寂靜)과 대용(大用)을 비유하였다.

佛身如是定境界여　　　一切衆生莫能測이어늘
示彼難思方便門하시니　　此慧光王之所悟로다

부처님의 몸 이와 같은 선정 경계를
모든 중생이 측량할 수 없거늘
저 생각하기 어려운 방편문을 보이시니
이것은 혜광천왕의 깨달은 바로다.

[疏] 二中에 初二句, 入禪之境이라 如來法身卽是心性이니 若能觀之하면
爲上定故라 次句, 示入이니 方便雖多나 同入一寂이니라

■ 둘째 게송 중에 ㄱ) 첫째와 둘째 구절은 선정 경계에 든 것이다. 여래 (如來)의 법신이 곧 심성(心性)이니 만일 능히 관찰할 수 있으면 뛰어난 선정이 되기 때문이다. ㄴ) 다음 셋째 구절은 들어간 것을 보였으니, 방편이 비록 많지만 함께 동일한 적정에 든다는 뜻이다.

佛刹微塵法門海를　　　一言演說盡無餘호대
如是劫海演不窮이여　　善思慧光之解脫이로다

부처님 세계의 티끌 수 법문 바다를
한 말로 연설하여 남김이 없되

이렇게 겁해 동안 연설하여 끝이 없으시니
선사혜광천왕의 해탈이로다.

[疏] 三中에 初句, 卽不思議法이오 次二句, 明普入義니 以一言說盡故라
一言說盡之辯을 劫海亦不能窮은 顯法無盡也라

約能包하면 則一言說盡이오 約能久하면 則劫海莫窮이라 然一言但
說에 刹塵未是無盡이니라 設欲一言盡者인대 則二三兩句相違니 一
言說盡이면 劫海更何所演이완대 而得無窮이며 更有所演이면 前則不
盡이오 又不可重說이로다 若欲通者인대 總望則可說盡이오 隱映重重
하면 則不可盡이니 如擊水文에 小擊, 大擊, 徧擊에 各隨文生하며 盡
未來際擊에 盡未來際文生하니 爲難思法也니라

■ 셋째 게송 중에 ㄱ) 첫째 구절은 부사의한 법문이요, ㄴ) 다음 둘째
와 셋째 구절은 '널리 들어감[普入]'의 뜻을 밝혔으니, 한마디로 다 설
하였기 때문이다. 한마디로 모두 설해 버리는 변재로 겁 바다에도 또
한 다하지 못함은 '법문이 끝없음[法無盡]'을 밝힌 것이 된다.

능히 포섭함을 의지하면 한마디로 모두 설할 수 있고, 능히 오래됨을
의지하면 겁 바다에도 다하지 못한다. 그러나 한마디로 단지 설하기
만 하면 세계와 미진은 끝없음이 아닐 것이다. 설사 한마디로 모두
설하려 한다면 둘째와 셋째의 두 구절이 서로 위배될 것이다. 한마디
로 모두 설해 버리면 겁 바다에 다시 무엇을 설할 것이 있기에 끝없음
을 얻으며, 다시 연설할 것이 있다면 앞[둘째 구절]은 다하지 못할 것이
요, 또 거듭 설하지도 않을 것이다. 만일 회통하려 한다면 모두 바라
보고 다 설할 수 있으며, 숨고 비춤을 거듭하면 다하지 못하리라. 마
치 물 맞은 무늬[擊水文] 중에 작게 맞고, 크게 맞고, 두루 맞을 때에

각각 (그에) 따라 무늬가 생길 것이며, 미래가 다하도록 맞으면 미래가 다하도록 무늬가 생길 것이니 '생각하기 어려운 법[難思法]'이 될 것이다.

[鈔] 以一言說盡故者는 釋此一偈라 疏文有二하니 一, 正釋이요 二, 解妨이라 前中에 自有二意하니 一, 佛法對說이니 前句, 一言說盡은 顯佛勝德이오 後句, 劫說不窮은 明法無盡이라 約能包下는 總就佛說이니 是歎佛故라 前二句, 能包오 後一句, 能久니라 然一言但說刹塵下는 通妨이니 謂有問云호대 前言說盡하고 後言不窮하니 豈不相違오 答有二意하니 一, 順文通이오 二, 約理通이니라

● '한마디로 다 설하였기 때문'이라 함은 이 한 게송을 해석한 것이다. 소문에 둘이 있으니 (ㄱ) 바로 해석함이요, (ㄴ) 비방을 해명함이다. (ㄱ) 중에 자연히 두 가지 의미가 있으니 (1) 부처님 법문을 대하여 설한다는 뜻이니, 앞 구절에서 '한마디로 다 설함'은 부처님의 뛰어난 공덕을 밝힌 것이고, 뒤 구절의 '겁해 동안 설하여도 끝나지 않음'은 법문이 끝없음을 밝힌 것이다. 約能包 아래는 통틀어 부처님의 입장에서 말한 것이니, 부처님을 찬탄하기 위한 까닭이다. 앞의 두 구절은 감싸는 주체[能包]요, 뒤의 한 구절은 오래 장구한다는 뜻이다. (ㄴ) 然一言但說 아래는 비방을 해명함이다. 말하자면 어떤 사람이 묻기를, "앞에서는 '다 설한다' 말하고, 뒤에서는 '다 설할 수 없다'고 말하니 어찌 서로 위배되지 않겠는가?" 두 가지 의미로 대답하였으니 (1) 글귀를 따라 회통하였고 (2) 이치를 잡아서 해명하였다.

[疏] 今初니 經에 云, 佛刹微塵法門海를 一言演說盡無餘라하나니 刹塵法

外에 更有無盡之法이면 何妨劫海演說不窮이리오 故反成之라 設欲
一言盡者인대 則二三兩句相違는 初, 明前違於後오 後, 更有所演
下는 後違於前이라 若欲通下는 二, 約理會通이니 則前二句는 直是
說盡一切諸法이오 後之一句는 不妨無窮이라 若一言不盡者인대 佛
非不思議故라 故[302]總說則盡은 成於前句오 隱映無盡은 成於後句
며 兼以喩顯이니 皆遣忘集意니라

■ 지금 (1) (글귀를 따라 회통함)이니 본경 (제2권)에 이르되, "부처님 세계의
티끌 수 법문 바다를 한마디로 연설하여 남김이 없다"라고 하였으니,
불세계 티끌 수의 법문 밖에 다시 끝없는 법문이 있으면 어찌하여 겁
바다에 연설하여도 끝이 없음이란 말이 비방함이 되겠는가? 그러므
로 반대로 성립하는 것이다. 설사 한마디로 다 설하려 한다면 둘째
와 셋째 두 구절이 서로 위배될 것이니 처음은 앞이 뒤에 위배됨을 밝
혔고, 更有所演 아래는 뒤가 앞에 위배됨을 밝혔다. (2) 若欲通 아
래는 이치를 잡아서 해명함이다. ㄱ) 앞의 두 구절은 바로 모든 법문
을 다 설하는 것이고, ㄴ) 뒤의 한 구절은 끝없음에 방해되지 않는다.
만일 한마디로 다하지 못한다면 부처님이 부사의하지 않게 되는 까
닭이다. 그러므로 모두 설하여 다함은 앞의 구절[一言說盡句]을 성립
한 것이고, 숨기고 비춤에 끝없음은 뒤의 구절[法門無盡句]을 성립하며
겸하여 비유로 밝힌 것이니 다 '망각할까 남긴 책[遣忘集]'의 의미이다.

諸佛圓音等世間이여　　衆生隨類各得解하되
而於音聲不分別하시니　　普音梵天如是悟로다
부처님의 원만한 음성이 세간과 같게 하시니

---

302) 故下에 南金本有云字라 하다.

중생들은 유를 따라 각각 이해하되
그 음성에는 분별이 없으시니
보음법천왕이 이와 같이 깨달았네.

[疏] 四中에 圓音之義가 文略有三義하니 一, 廣無邊이오 二, 別詮表오
三, 無分別이니 如次三句라 餘如出現品辯하니라

■ 넷째 게송 중에 원음(圓音)의 뜻이 문장에 간략히 세 가지 뜻이 있으니
① 넓어서 가없음이요, ② 따로 내세워 말함이요, ③ 분별이 없음이니
차례대로 세 구절에 해당된다. 나머지는 여래출현품[303]에 밝힌 내용
과 같다.

三世所有諸如來의   趣入菩提方便行이여
一切皆於佛身現하시니   自在音天之解脫이로다

---

303) 이는 중생의 입장에서 본 圓音을 밝힌 것이요, 如來現相品에 云, "如來一音無有量이여 能演契經深大海하
사 普雨妙法應群心하시니 彼兩足尊宜往見이어다"라 하였으니 이는 제불의 입장에서 본 내용이 된다.
* 普賢三昧品에 云, "普賢恒以種種身으로 法界周流悉充滿하야 三昧神通方便力을 圓音廣說皆無礙로다"
* 十定品에 云, "佛子야 菩薩摩訶薩이 住此三昧에 得十種法이 同去來今一切諸佛하나니 何者가 爲十고 所
謂得諸相好種種莊嚴이 同於諸佛하며 能放淸淨大光明網이 同於諸佛하며 神通變化로 調伏衆生이 同於
諸佛하며 無邊色身과 淸淨圓音이 同於諸佛하며 隨衆生業하야 現諸佛國이 同於諸佛하며 一切衆生의 所
有語言을 皆能攝持하야 不忘不失이 同於諸佛하며 無盡辯才로 隨衆生心하야 而轉法輪하야 令生智慧가
同於諸佛하며 大師子吼가 無所怯畏하야 以無量法으로 開悟群生이 同於諸佛하며 於一念頃에 以大神通
으로 普入三世가 同於諸佛하며 普能顯示一切衆生諸佛莊嚴과 諸佛威力과 諸佛境界가 同於諸佛이니
라."(교재 권3 p. 79)
* 佛不思議法品에는 諸佛世尊의 열 가지 廣大力을 설명하면서 그중에 제7, 圓音徧徹力을 아래와 같이 설명
하고 있다. "佛子야 一切諸佛이 有無礙音하사 其音이 普徧十方世界어든 衆生聞者가 自然調伏하나니 彼
諸如來의 所出音聲을 須彌盧等一切諸山이 不能爲障이며 天宮과 龍宮과 夜叉宮과 乾闥婆와 阿修羅와
迦樓羅와 緊那羅와 摩睺羅伽와 人非人等一切諸宮의 所不能障이며 一切世界高大音聲도 亦不能障이라
隨所應化하야 一切衆生이 靡不皆聞하야 文字句義를 悉得解了하나니 是爲諸佛의 第七, 大那羅延幢勇健
法이니라."(교재 권3 p. 177)
* 離世間品에는 보살의 十種陀羅尼에 '圓音陀羅尼'가 포함되어 있다.
* 如來出現品 제37의 '如來語業'條에 頌云, "十力世尊亦如是하야 出妙音聲徧法界하사 爲說諸行苦無常하사
令其永度生死海로다. 譬如深山大谷中에 隨其音聲皆響應이니 雖能隨逐他言語나 而響畢竟無分別인달하야
十力言音亦復然하사 隨其根熟爲示現하야 令其調伏生歡喜호대 不念我令能演說이로다."(교재 권3 p. 272-)

삼세의 모든 여래께서
보리에 나아가는 방편의 행을
모두 다 부처님의 몸에서 나타내시니
자재음천왕의 해탈이로다.

[疏] 五中에 初二句, 卽敎化衆生方便行이라 三世諸佛이 皆以利他로 爲
向菩提하나니 自淸淨業故라 次句, 前就梵王일새 故云憶念이어니와
今據如來일새 故身現耳라 一毛尙現커든 何況全身가

■ 다섯째 게송 중에 ㄱ) 첫째와 둘째 구절은 중생을 교화하는 방편행
이다. 삼세의 제불이 다 이타행(利他行)으로 깨달음에 향하였으니 청
정한 업으로 시작하기 때문이다. ㄴ) 다음 셋째 구절은 앞은 범왕의
입장이었으므로 억념(憶念)이라 말했지만 지금은 여래(如來)의 입장이
므로 몸으로 나투는 것일 뿐이다. 한 터럭에도 오히려 나투는데 하
물며 온몸이겠는가?

一切衆生業差別이라   隨其因感種種殊어든
世間如是佛皆現하시니   寂靜光天能悟入이로다
일체 중생의 업이 차별한 것은
그 인행 따라 받는 과보 각각 다르거늘
세간의 이러한 데에 부처님이 다 나타나시니
적정광천왕이 능히 깨달았도다.

[疏] 六中에 初句, 業相差別이오 次句, 報相差別이오 次句, 現同世間이니라
■ 여섯째 게송 중에 ㄱ) 첫째 구절은 업 짓는 모습이 차별됨을 말하였

고, ㄴ) 둘째 구절은 과보받는 모습이 차별됨을 말하였고, ㄷ) 다음 셋째 구절은 함께 세간에 출현함을 말하였다.

無量法門皆自在하여　　調伏衆生徧十方하되
亦不於中起分別하시니　　此是普光之境界로다
한량없는 법문에 다 자재하시고
시방에서 중생을 극복하여도
그 가운데 분별을 내지 않나니
보광명천왕이 이런 경계 깨달았도다.

[疏] 七中에 前二句, 卽隨類調生이니 調法自在일새 故能隨類廣徧이오 次句, 顯明前義니 無思成事故니라

■ 일곱째 게송 중에 ㄱ) 앞의 첫째와 둘째 구절은 곧 부류를 따라 중생을 조복함이다. 조복하는 법이 자재하므로 능히 부류를 따라 널리 가득함이요, ㄴ) 다음 셋째 구절은 앞의 뜻을 분명하게 밝혔으니 생각 없이 불사를 성취하기 때문이다.

佛身如空不可盡이라　　無相無礙徧十方하시되
所有應現皆如化하시니　　變化音王悟斯道로다
부처님 몸 허공같이 다함이 없고
형상 없고 걸림 없이 시방에 두루 하여
중생 따라 응하심이 화현 같나니
이러한 도는 변화음성천왕이 깨달았도다.

[疏] 八中에 初二句, 明佛體性이니 卽前淸淨寂滅이라 不可盡下는 略顯 四義如空이오 次句, 佛用應現爲行이니 旣皆如化일새 不失寂滅이니라

■ 여덟째 게송 중에 ㄱ) 첫째와 둘째 구절은 부처님의 체성을 밝혔으니 곧 앞의 청정과 적멸이다. 不可盡 아래는 간략히 네 가지 뜻[不盡, 無相, 無礙, 徧滿]이 허공과 같음을 밝힌 것이요, ㄴ) 다음 셋째 구절은 부처님은 응하여 나툼[應現]으로 수행을 삼은 것이니, 이미 진여의 화현이므로 적멸을 잃지 않는다.

如來身相無有邊하며　　智慧音聲亦如是하사
處世現形無所着하시니　光耀天王入此門이로다
여래의 몸 모습이 끝이 없으며
지혜와 음성까지 이와 같아서
세상에 출현하되 집착 없나니
광명찬란천왕이 이 문에 들고

[疏] 九中에 初二句, 所現[304]無有邊이오 次句, 勤現[305]無依着이라

■ 아홉째 게송 중에 ㄱ) 첫째와 둘째 구절은 나투신 바가 가없음을 말하였고, ㄴ) 다음 셋째 구절은 부지런히 출현하지만 의지하거나 집착이 없음을 말하였다.

法王安處妙法宮하사　　法身光明無不照하시되
法性無比無諸相하시니　此海音王之解脫이로다

---

304) 現은 甲南續金本作見이라 하다.
305) 現은 源甲南續金本作觀이라 하다.

법왕께서 묘한 궁전 편안히 계셔
법신의 밝은 광명 두루 비치나
법의 성품 짝도 없고 모양 없나니
바닷소리천왕이 얻은 해탈문이로다.

[疏] 十中에 初二句, 常思大用無盡이니 謂安住大悲宮하사 能現大事故
라 次句, 常觀法體無盡이라

■ 열째 게송 중에 ㄱ) 첫째와 둘째 구절은 큰 작용이 끝없음을 항상 생
각한다. 말하자면 대비(大悲)의 궁전에 안주하시어 능히 큰 불사를
나타내기 때문이다. ㄴ) 다음 셋째 구절은 불법의 본체가 끝없음을
항상 관찰함을 말한다.

(2) 욕계 하늘대중[欲天] 7.
가. 대자재천왕[大自在天王] 2.

가) 천왕중의 득법[上首得法] 10.
(가) 자재천왕[自在天王] (自下 6上6)

復次自在天王은 得現前成熟無量衆生自在藏解脫門하
니라
또 자재천왕은 눈앞에 한량없는 중생을 성숙시키기를 자재
하게 하는 광해탈문을 얻었나니라.

[疏] 自下는 第二, 欲界諸天이라 文有七段하니 第一, 他化天王이라 長行

十法中에 一, 謂現衆生前自在調伏하야 使其成熟이니 化法無盡일새
故名爲藏이니라

■ 여기부터는 (2) 욕계 여러 하늘대중이다. 문장이 일곱 문단이 있는데,
ㄱ) 타화자재천왕이다. 장항의 열 가지 법문 중에 첫째 게송은 말하
자면 중생 앞에 출현하여 자재롭게 조복하여 그로 하여금 성숙하게
함을 말했으니, 교화하는 법이 끝없으므로 '창고[藏]'라 이름하였다.

(나) 선목주자재천왕[善目主]

善目主天王은 得觀察一切衆生樂하여 令入聖境界樂解
脫門하니라
묘한 눈차지천왕은 온갖 중생들의 낙을 관찰하여 성스러운
경계의 낙에 들어가게 하는 해탈문을 얻었나니라.

[疏] 二, 觀世樂相皆苦일새 故應捨니 觀世樂性이 卽入聖樂이니라

■ (나) 세간의 즐거운 모습이 모두 고통임을 관찰하기 때문에 마땅히
버리나니, 세간적인 즐거움[世樂]의 체성을 관찰하고는 곧 성스러운
즐거움[聖樂]에 들어간다.

(다) 묘보당관자재천왕[妙寶幢冠]

妙寶幢冠天王은 得隨諸衆生의 種種欲解하여 令起行解
脫門하니라
묘한 당기 갓 천왕은 모든 중생의 가지가지 욕망과 이해를

따라 행을 일으키게 하는 해탈문을 얻었나니라.

[疏] 三, 隨樂斷疑하야 令起正行이라
- (다) (중생의) 욕구와 즐거움을 따라 의심을 끊어서 하여금 바른 수행을 일으키게 한다.

(라) 용맹혜자재천왕[勇猛慧]

勇猛慧天王은 得普攝爲一切衆生所說義解脫門하니라
용맹한 지혜 천왕은 온갖 중생을 위하여 말할 뜻을 널리 거두어 가지는 해탈문을 얻었나니라.

[疏] 四, 一言普攝諸義하야 偏於時處하야 爲物而說이니라
- (라) 한마디로 널리 여러 뜻을 섭수하여 때와 장소에 두루 중생을 위하여 설한다는 뜻이다.

(마) 묘음구자재천왕[妙音句]

妙音句天王은 得憶念如來廣大慈하야 增進自所行解脫門하니라
묘한 음성구절 천왕은 여래의 광대한 자비를 생각하여 자신의 행할 것을 증진케 하는 해탈문을 얻었나니라.

[疏] 五, 倣佛修慈라

■ (마) 부처님을 본받아서 자비를 닦는다.

(바) 묘광당자재천왕[妙光幢]

妙光幢天王은 得示現大悲門하여 摧滅一切憍慢幢解脫
門하니라
묘한 빛 당기 천왕은 크게 가엾이 여기는 문을 나타내어 모
든 교만한 당기를 꺾어 버리는 해탈문을 얻었나니라.

[疏] 六, 示現等者는 大悲十力으로 摧彼慢高而無摧心일새 故云示現이라
■ (바) '나타내어[示現]' 등이란 대비(大悲)와 열 가지 힘으로 저 (중생의)
높은 거만함을 꺾어 버리지만 꺾었다는 마음[摧心]이 없으므로 시현
(示現)이라 한다.

(사) 적정경자재천왕[寂靜境]

寂靜境天王은 得調伏一切世間瞋害心解脫門하니라
고요한 경계문 천왕은 온갖 세간의 성내는 마음을 조복하
는 해탈문을 얻었나니라.

[疏] 七, 以智慧光으로 照諸世間하야 令離三毒之闇하면 則無惡趣之果라
瞋癡障重일새 故與偈互陳이니라
■ (사) 지혜광명으로 모든 세간을 비추어 하여금 삼독(三毒)의 어두움
을 여의게 하면 나쁜 갈래의 과보는 없어진다. 성내고 어리석은 장애

가 무겁기 때문에 게송과 함께 서로 말한다.

(아) 묘륜장엄당자재천왕[妙輪莊嚴幢]

妙輪莊嚴幢天王은 得十方無邊佛이 隨憶念悉來赴解脱
門하니라
묘한 바퀴 장엄당기 천왕은 시방의 한량없는 부처님들이 생
각을 따라 앞에 오는 해탈문을 얻었나니라.

[疏] 八, 十方等者는 爲念佛三昧純熟故니 隨念何佛하야 即能得見이 如
休捨解脱等이니라
■ (아) 시방 등이란 염불삼매(念佛三昧)가 순숙하게 된 까닭이다. 어떤
부처님을 생각하든지 곧 능히 친견함이 마치 휴사(休捨) 우바이[306]의
해탈과 같다는 등이다.

(자) 화광혜자재천왕[華光慧]

華光慧天王은 得隨衆生心念하여 普現成正覺解脱門하
니라
꽃슬 지혜 자재한 천왕은 중생들의 마음으로 생각함을 따
라 두루 나타나서 정각을 이루는 해탈문을 얻었나니라.

[疏] 九, 應念現成이라

---

306) 入法界品 제39의 내용이다.

■ (자) 생각을 따라 눈앞에서 성취함을 말하였다.

(차) 인다라묘자재광천왕[因陀羅妙光]

因陀羅妙光天王은 得普入一切世間하는 大威力自在法
解脫門하시니라
인다라 힘 묘한 장엄 광명천왕은 모든 세간에 널리 들어가
는 큰 위신력이 자재한 법 해탈문을 얻었나니라.

[疏] 十, 普入等者는 寂用自在하야 現世調生을 總名威力이라
■ (차) '널리 들어감' 등이란 적정(寂靜)과 대용(大用)이 자재하여 세간에
출현하여 중생을 조복함을 모두 '위력(威力)'이라 이름하였다.

나) 게송으로 찬탄하다[依列偈讚] (偈中 7下10)

爾時에 自在天王이 承佛威力하여 普觀一切自在天衆하
고 而說頌言하시니라
그때 자재천왕이 부처님의 위신력을 받들어 온갖 자재천 무
리들을 두루 살피고 게송으로 말하였다.

佛身周徧等法界하사   普應衆生悉現前이라
種種教門常化誘하사   於法自在能開悟로다
부처님 몸 두루 함이 법계와 같아
중생을 응하여서 앞에 나타나

가지가지 법문으로 교화하시며
모든 법에 자재하게 깨닫게 하네.

[疏] 偈中亦十이니 初中에 初句, 體徧이오 次句, 用周일새 故能現前이오 次句, 敎藏能成이오 後句, 所成自在라 開於法藏하야 悟深法門이 卽成熟也라

■ 나) 게송 찬탄 중에 또 열 가지이니, 첫째 게송에서 ㄱ) 첫째 구절은 체성이 두루 함이요, ㄴ) 둘째 구절은 작용이 두루 하므로 능히 앞에 나타남이다. ㄷ) 셋째 구절은 교법의 창고[敎藏]를 능히 성취함이요, ㄹ) 넷째 구절은 성취한 바가 자재함이다. 교법의 창고를 열어서 깊은 법문을 깨닫게 하는 것이 성숙인 것이다.

世間所有種種樂에　　　聖寂滅樂爲最勝일새
住於廣大法性中케하시니　妙眼天王觀見此로다
이 세간의 여러 즐거움 가운데는
성스러운 적멸락이 훌륭하여서
넓고 큰 법성에 머물렀으니
묘한 눈 가진 천왕이 이를 보았고

[疏] 二中에 初二句, 二樂이오 次句, 令入이라

■ 둘째 게송 중에 ㄱ) 첫째와 둘째 구절은 두 가지 즐거움[種種樂과 寂滅樂]이요, ㄴ) 셋째 구절은 들어가게 함이다.

如來出現徧十方이여　　　普應群心而說法하사

一切疑念皆除斷하시니　　此妙幢冠解脫門이로다
여래가 시방세계 출현하시어
중생의 마음 따라 법을 말하며
온갖 의혹 모두 다 끊어 주나니
묘한 갓 당기 천왕 얻은 해탈문

諸佛徧世演妙音이여　　無量劫中所說法을
能以一言咸說盡하시니　　勇猛慧天之解脫이로다
부처님 세상 가득 묘한 소리로
한량없는 겁 동안에 말씀한 법문
한 말로써 모두 다 말씀하나니
용맹한 지혜 천왕 해탈이로다.

[疏] 三四, 可知로다
■　셋째와 넷째 게송은 알 수 있으리라.

世間所有廣大慈가　　不及如來一毫分이라
佛慈如空不可盡이시니　　此妙音天之所得이로다
이 세상에 널려 있는 광대한 자비
여래의 한 털만도 못 미치나니
부처님의 자비 허공 같아 다할 수 없어
묘한 음성 구절 천왕 얻은 해탈문

[疏] 五中에 三句, 共顯如來大慈라 初二句, 擧劣顯勝이오 次句, 以喩正

顯이니 謂世慈는 有相若須彌之高와 大海之廣이라도 終可傾盡이어니
와 佛慈는 稱性若芥子之空과 投刃之地라도 卽不可盡이라 又如空有
普覆, 常攝, 廣容, 無礙, 難壞, 無盡하니 略擧一無盡耳니라

- ■ 다섯째 게송 중에 ㄱ) 세 구절은 모두 '여래의 큰 자비'를 나타낸 것
  이니 (ㄱ) 첫째와 둘째 구절은 하열한 것을 거론하여 수승함을 나타내
  었고, (ㄴ) 셋째 구절은 비유로 바로 밝혔다. 말하자면 세상의 자비는
  유(有)의 모습이 수미산처럼 높고 큰 바다와 같이 넓더라도 마침내 넘
  어뜨리지 못하지만, 부처님의 자비는 법성(法性)에 걸맞아서 개자(芥
  子)만 한 하늘이나 칼 놀릴 공간만 하더라도 곧 다하지 못한다. 또
  허공은 ① 널리 덮고 ② 항상 섭수하고 ③ 널리 포용하고 ④ 걸림이
  없으며 ⑤ 무너뜨리기 어렵고 ⑥ 끝없는 특징이 있는데 간략히 끝없
  음 하나만 거론하였을 뿐이다.

[鈔] 芥子之空과 投刃之地者는 卽十定品[307]이니 四十一經에 云, 佛子야
譬如虛空이 於蟲所食芥子孔中이라도 亦不減小며 於無數世界中에
도 亦不增廣인달하야 其諸佛身도 亦復如是하야 見大之時에 亦無所
增이며 見小之時에 亦無所減이라하나니 今但取能喩라
投刃之地者는 卽莊子中에 庖丁이 爲文惠君解牛할새 十九年而刀刃
이 若新發於硎이라 君問其故한대 答云, 臣始見牛에 爲全牛也러니 今
見非全牛라 彼節者有間하나 而刀刃者無厚하니 以無厚[308]入有間
[309]에 恢恢乎其於遊刃에 必有餘地矣라하니라 故로 文選에 云, 投刃皆
虛오 目牛無全이라하니라 今借其骨間小空하야 以對上小空하야 爲眞

---

307) 上十三字는 南續金本作芥子之空者卽이라 하다.
308) 厚下에 原本有之刃二字라 하다.
309) 間下에 原本有之節二字라 하다.

俗之況耳니라

● '개자만 한 허공[芥子之空]'이란 곧 십정품(十定品)의 내용이니 본경 제
41권[310])에 이르되, "불자여, 비유하건대 허공이 벌레 먹은 개자만 한
구멍 속에도 또한 줄어들지 않으며, 수없는 세계 중에도 또한 늘어나
지 않는 것과 같이 제불의 몸도 또한 이와 같아서 큰 것을 볼 때에도
늘어날 것이 없으며, 작은 것을 볼 때에도 줄어들 것이 없다"라고 하
였으니 지금은 다만 능히 비유할 것만 취하였다.

'칼 놀릴 공간[投刃之地]'이란 곧 『장자(莊子)』 중에, "포정(庖丁)이 문혜
군(文惠君)을 위하여 소를 잡는데 19년이나 된 칼날이 새로 만든 것과
같았다. 왕이 그 이유를 물으니 답하기를, '제가 처음 소를 볼 때에는
온전한 소 모습[全牛]으로 보이더니, 이제 보니 온전한 소 모습이 아
니었습니다[非全牛]. 그 마디는 사이가 있지만 칼날은 두께가 없으니
두께 없는 것이 빈틈으로 들어가 여유 있게[恢恢乎] 칼날을 놀리기 때
문입니다'[311]) 하였다." 때문에 『문선(文選)』에 이르되, "칼 놀릴 공간
이 다 비었고 소를 보아도 소 모습은 없다"라고 하였다. 이제 그 뼈
마디 사이의 작은 공간을 빌려 위의 작은 하늘을 대비하여 진리와
세속에 견주어 본 것이다.

一切衆生慢高山을　　十力摧殄悉無餘여
此是如來大悲用이시니　妙光幢王所行道로다
중생들의 산처럼 높은 교만을
십력으로 남김 없이 꺾어 버리니

---

310) 이는 '7. 了知一切世界佛莊嚴大三昧'에 대한 비유로 설한 내용이다.(교재 권3 p.32-)
311) 이는 뜻으로 간략히 인용한 것이다.『장자』養生主편 庖丁條에 보인다.(宋志英譯)『莊子』p.84: 신원문화사
刊, 1996 서울

여래의 이와 같은 자비의 공은
묘한 당기 천왕의 행하는 도리

慧光淸淨滿世間이여　　若有見者除癡闇하여
令其遠離諸惡道케하시니　寂靜天王悟斯法이로다
청정한 지혜광명 세간에 가득
보는 이의 어리석음 없애 버리고
그들을 나쁜 갈래 여의게 하니
고요한 경계 천왕 이 법 알았고

毛孔光明能演說　　等衆生數諸佛名하사
隨其所樂悉得聞케하시니　此妙輪幢之解脫이로다
털구멍의 광명으로 중생 수 같은
부처님의 높은 이름 연설하여서
그들의 마음대로 듣게 하나니
묘한 바퀴 당기 천왕 얻은 해탈문

[疏] 六七與八은 文亦可知로다
■ 여섯째와 일곱째, 여덟째 게송은 문장 또한 쉽게 알 수 있으리라.

如來自在不可量이여　　法界虛空悉充滿하사
一切衆會皆明覩케하시니　此解脫門華慧入이로다
여래의 자재하심 한량이 없어
온 법계와 허공에 가득 찬 것을

모든 회상 대중들이 밝게 보나니
이 해탈엔 꽃술지혜 천왕이 들다.

[疏] 九中에 初二句, 明佛體普徧하사 無成不成이오 次句, 隨衆生心하야
　　現成正覺이라
■ 아홉째 게송 중에 ㄱ) 첫째와 둘째 구절은 부처님의 체성이 널리 두
　루[普徧] 하여 성취하거나 성취하지 못할 것이 없고, ㄴ) 셋째 구절은
　중생심을 따라 정각 이룬 모습[現成正覺]을 나툰 것이다.

無量無邊大劫海에　　　普現十方而說法하시되
未曾見佛有去來니　　　此妙光天之所悟로다312)
한량없고 그지없는 큰 겁 바다에
시방에 나타나서 법을 말하나
부처님의 오고 가심 본 일 없나니
인다라 힘 광명천왕 깨달은 바라.

[疏] 十中에 普現十方은 卽普入一切世間이오 餘皆威力自在라
■ 열째 게송 중에 널리 시방에 나툼은 곧 '널리 모든 세간에 들어갔다'
　는 뜻이고, 나머지는 다 위력이 자재함이다.

[鈔] 餘皆威力自在者는 大集經에 云, 孩子以啼爲力하고 女人以瞋爲力
　하고 外道以見爲力하고 波旬以生死爲力하고 菩薩以慈悲爲力하고

---

312) 佛은 卍綱本作神이라 하나 誤植이며, 妙는 麗元南本作主, 明淸合續金本作妙與長行合, 宋元本準大正作
　　主라 하다.

佛以智慧爲力하나니 故以說法으로 皆爲威力이라하니라

● '나머지는 다 위력이 자재하다' 함은 『대집경(大集經)』에 이르되, "(1) 아이는 우는 것으로 힘을 삼고 (2) 여인은 질투로써 힘을 삼고 (3) 외도는 사견(邪見)으로 힘을 삼고 (4) 파순(波旬)은 생사(生死)로써 힘을 삼고 (5) 보살은 자비(慈悲)로 힘을 삼고 (6) 불(佛)은 지혜(智慧)로써 힘을 삼나니, 때문에 설법(說法)으로 다 위력을 삼는다"라고 하였다.

나. 화락천왕[化樂天王] 2

가) 천왕중의 득법[上首得法] 11.
(가) 선화천왕[善化天王] (第二 10上6)

復次善化天王은 得開示一切業變化力解脫門하니라
또 변화 잘하는 화락천왕은 모든 업의 변화하는 힘을 열어
보이는 해탈문을 얻었나니라.

[疏] 第二, 化樂天이라 長行十一法中에 一, 爲物開示諸業如化니 化雖體虛나 而有作用爲力이라 業亦從緣無性이나 而報不亡[313]이니라

■ 나. 화락천왕이다. 장항에서 열한 개의 법문 중에 (가) 모든 업이 변화함을 중생을 위하여 열어 보였다. 변화가 비록 그 체성은 비었지만 작용이 있는 것이 힘이 된다. 업도 또한 인연을 따르므로 자성이 없지만 과보는 없지 않다.

---

313) 亡은 金本作忘이라 하다.

(나) 적정음광명천왕[寂靜音光明天王]

寂靜音光明天王은 得捨離一切攀緣解脫門하니라
고요한 음성 광명천왕은 온갖 반연을 여의는 해탈문을 얻
었나니라.

[疏] 二, 捨離等者는 攀取緣慮가 是惑病之本이니 若心境無得하면 則捨
攀緣이니라

■ (나) '여의었다[捨離]' 등이란 연려심(緣慮心)을 반연으로 취한 것이 번
뇌의 병통[惑病]의 원인이니, 만일 마음과 경계에 얻었다는 생각[所得
心]이 없으면 반연을 버리게 된다.

[鈔] 攀取緣慮가 是惑病之本者는 即淨名問疾品意니 經에 云, 何謂病本
고 謂有攀緣이라 從有攀緣하야 則爲病本이니라 何所攀緣고 謂之三
界라 云何斷攀緣고 以無所得이니 若無所得則無攀緣이니라 何謂無
所得고 謂離二見이라 何謂二見고 謂內見外見이라하나니 是無所得故
로 今疏에 云, 心境無得하면 即捨攀緣이라하니라

● '연려심(緣慮心)을 반연으로 취한 것이 번뇌 병통의 원인'이라 한 것은
곧 『유마경』 문질품(問疾品)의 뜻이다. 경에 이르되, "무엇이 병의 원인
인가? 반연이 있음을 말하니 반연이 있고부터 병의 원인이 되었다. 어
느 곳에 반연하는가? 삼계(三界)이다. 어떻게 반연을 끊는가? 무소득
(無所得)이니, 만일 얻은 것이 없으면 곧 반연이 없는 것이다. 무엇을
무소득이라 하는가? 두 가지 견해에서 벗어나는 것이니, 무엇이 두
가지 견해인가? 안 소견[內見]과 바깥 소견[外見]을 말한다"라 하였으

니 무소득이기 때문에 지금 소가가 이르되, "마음과 경계에 얻음이 없으면 곧 반연을 버리게 된다"라고 한 것이다.

(다) 변화력광명천왕[變化力光明天王]

變化力光明天王은 得普滅一切衆生癡暗心하여 令智慧圓滿解脫門하니라
변화하는 힘 광명천왕은 모든 중생의 어리석은 마음을 모두 소멸하고 지혜가 원만케 하는 해탈문을 얻었나니라.

[疏] 三, 闇滅智生이 如月盈缺이라
■ (다) 어두움이 없어져서 지혜가 나는 것이 마치 달이 가렸다가[缺] 둥글어지는[盈] 것과 같다.

(라) 장엄주광명천왕[莊嚴主光明天王]

莊嚴主天王은 得示現無邊悅意聲解脫門하니라
장엄 맑은 천왕은 끝없이 뜻에 맞는 소리를 나타내어 보이는 해탈문을 얻었나니라.

[疏] 四, 示現等者는 梵聲微妙일새 故云悅意오 應徧十方일새 故云無邊이라
■ (라) '시현(示現)' 등이란 하늘 소리가 미묘한 까닭에 '뜻에 맞고[悅意]', 응당 시방에 두루 하기 때문에 '가없다[無邊]'고 말하였다.

(마) 염광광명천왕[念光光明天王]

念光天王은 得了知一切佛無盡福德相解脫門하니라
생각하는 빛 천왕은 모든 부처님의 다함없는 복덕의 모습
을 분명하게 아는 해탈문을 얻었나니라.

[疏] 五, 知一切等者는 此有三義하니 一, 福德之相이 有十蓮華藏世界
微塵數故로 無有盡이오 二, 謂淸淨慈門等이 無限因所生故며 一一
因果가 皆稱眞故로 一一卽無有盡하야 皆同虛空이오 三, 大慈悲行
이 是福德相이니 使盲聾視聽等이 皆慈善根力故라 涅槃經中에 有聞
讚佛에 爲大福德하고 怒云, 生經七日에 母便命終하니 豈謂大福德
相고 讚者가 云, 年志俱盛이나 而不卒暴하며 打之不瞋하고 罵之不
報하니 是故我言大福德相이라하노라 怒者가 聞而心伏이라하더니 故로
慈爲無盡福相이라 然與前義相成이니라

■ (마) '모든 ~를 다 아는' 등이란 여기에 세 가지 뜻이 있으니 ① 복덕
스런 모습이 10연화장세계의 티끌 수만큼 있는 연고로 다함이 없고,
② 청정한 자비의 문(門) 등이 한없는 인행의 소산인 까닭이며, 낱낱
인과가 모두 진리에 걸맞은 까닭에 낱낱이 곧 다함이 없어서 모두 허
공과 같다. ③ 큰 자비행이 복덕스런 모습이니, 눈멀고 귀먹은 이로
하여금 보고 듣게 하는 등이 모두 자비스런 선근력(善根力)인 까닭이
다. 『열반경』 중314)에, "어떤 이가 '부처님을 찬탄하면 큰 복덕이 된
다' 함을 듣고 화를 내어 말하되, '태어난 지 7일 만에 어머니가 갑자
기 돌아가셨으니, 어찌하여 큰 복덕스런 모양이겠는가?' 찬탄하던 이

314) 이는 『36권본 涅槃經』권35 橋陳如品 제25에 보인다. (대정장 권12 p. 839 b-)

가 말하되, '나이와 생각이 모두 장성하되 불뚝[卒暴]하지 않으며, 때려도 성내지 않고, 욕하여도 앙갚음하지 않으니 때문에 내가 큰 복덕스런 모양이라 말한다.' 화내던 이가 듣고 마음을 진정하였다"라고 하였으니, 그러므로 자비는 '다함없는 복덕스런 모양'이 된다. 그래서 앞의 뜻[十蓮華藏世界微塵數故無有盡의 뜻]과는 서로 성립한다.

[鈔] 涅槃經中에 有聞讚佛等者는 即三十八經, 南經三十五니 諸波羅門이 欲與佛捔力이러니 爾時復有一波羅門하야 作如是言호대 瞿曇沙門이 成就具足無量功德하나니 是故汝等이 不應與諍이니라 大衆答言호대 癡人아 云何說言沙門瞿曇具[315] 大功德고 其生七日에 母便命終하니 是何得名福德相耶아 波羅門言하되 罵時不瞋하고 打時不報하니 當知即是大福德相이니 其身에 具足[316] 三十二相, 八十種好, 無量神通하니 是故當知是福德相이니라 心無憍慢하고 先意問訊하며 言語柔軟하야 初無麤獷하며 年志俱盛호대 心不卒暴하며 王國多財를 無所愛戀하고 捨之出家호대 如棄涕唾하나니 是故로 我說沙門瞿曇이 成就具足無量功德이라하노라 大衆答言호대 善哉라 仁者여 瞿曇沙門이 實如所說하야 成就無量神通變化인대 我不應與彼로 捔試是事라하니라 釋曰, 文甚昭着이라 今但義引에 略不引相好者는 前已有故며 非功德類라 言[317] 然與前義로 相成者는 第二義慈가 爲相因이오 此義慈가 即是相果니 果由因致하고 復能顯因일새 故云相成이니라

● 『열반경』 속에 '어떤 이가 부처님을 찬탄한' 등이란 곧 제38권(남경 제35권)이니, "여러 바라문이 부처님과 힘겨루기[捔力]를 하는데 그때에

---

315) 具는 南續金本作有라 하다.
316) 足은 南續金本作有라 하다.
317) 上五字는 南金本無, 續本作言非功德類라 하다.

또 한 바라문이 이렇게 말하기를, '구담사문이 한량없는 공덕을 구족하게 성취하였으니 당신들은 다투지 말아야 합니다.' 대중이 답하되, '어리석은 사람아, 어찌하여 구담사문이 큰 공덕을 갖추었다 말하는가? 태어난 지 7일 만에 어머니가 갑자기 죽었으니 어찌 복덕스런 모양[福德相]이라 이름하겠는가?' 바라문이 답하되, '욕할 때에도 성내지 않고, 때릴 때에도 갚으려 하지 않으니 이것이 크게 복덕스런 모습임을 반드시 알아야 합니다. 또 그 몸에 32가지 대인의 모양[相]과 80가지 잘생긴 모양[好]과 한량없는 신통을 갖추었으니, 이런 연고로 마땅히 복덕스런 모양임을 알아야 합니다. 마음에 교만이 없어 먼저 안부를 묻고 말씀이 부드러워 처음부터 거칠거나 사납지 않으며[無麤獷], 나이와 생각이 모두 장성하되 마음이 불뚝하지 않고, 국왕의 부귀에도 미련이 없어 버리고 출가하기를 침이나 가래를 뱉듯 하였습니다. 때문에 내가 구담사문은 한량없는 공덕을 구족하게 성취하였다고 말합니다.' 대중이 답하되, '좋은 말이요, 그대여! 구담사문이 진실로 말씀처럼 한량없는 신통변화를 성취하였다면 우리는 그와 이 일로 다투지 않을 것입니다.' 하였다"라고 하였다. 해석하자면 문장이 매우 밝다. 지금 단지 뜻으로 인용하면서 생략하고 상호(相好)를 인용하지 않은 것은 앞에 이미 있기 때문이며, (공덕의 종류가 아니기 때문이다.) 그래서 '앞의 뜻과 서로 성취한다' 함은 '두 번째 뜻인 자비[第二義慈]'가 상호의 원인이 되고, 이 자비가 상호의 결과임을 뜻하였으니 결과는 원인을 말미암아 이르게 되고 다시 능히 원인을 나타내므로 서로 성취한다[相成]고 한 것이다.

(바) 최상운음광명천왕[最上雲音光明天王]

最上雲音天王은 得普知過去一切劫成壤次第解脫門하
니라

가장 높은 구름소리 천왕은 지나간 옛적의 모든 겁이 이룩
되고 무너지는 차례를 모두 아는 해탈문을 얻었나니라.

[疏] 六, 三達圓智로 了三世劫이니 此就天王하야 且言宿住耳라

■ (바) '삼세(三世)를 아는 원만한 지혜[三達圓智]'³¹⁸⁾로 삼세의 겁을 요
달하나니, 이는 천왕에 나아가서 우선 숙주지(宿住智, 십력의 하나)로
말하였다.

(사) 승광광명천왕[勝光光明天王]

勝光天王은 得開悟一切衆生智解脫門하니라
묘하고 훌륭한 빛 천왕은 온갖 중생의 지혜를 열어 깨닫게
하는 해탈문을 얻었나니라.

[疏] 七, 開悟等者는 此門闕偈라 上下文中屢有開悟하니 卽同法華開示
悟入이라 以開攝示하고 以悟攝入이니 謂開示約能化하고 悟入約所
化니라

■ (사) '열어 깨닫게' 등이란 이 법문은 게송이 빠져 있다. 위 아래의 문
장에 자주 개오(開悟)가 있으니, 곧 『법화경』에서 말하는 개시오입(開
示悟入)과 같다. 열어[開]서 보임[示]을 섭수하고, 깨달음[悟]으로써 들

---

318) 三達圓智는 '三世를 아는 원만한 지혜'이니 ① 宿住智證明으로 過去의 일을 통달하고 ② 死生智證明으로
未來의 일을 증명하고 ③ 漏盡智證明으로 現在의 일을 통달하는 것을 말한다.

어감[入]을 섭수하나니, 말하자면 개시(開示)는 교화하는 주체(能化, 곧 佛)를 잡았고, 오입(悟入)은 교화할 대상(所化, 중생)을 잡은 해석이다.

[鈔] 以開攝示等者는 此有二釋하니 前卽嘉祥意라 四句雖殊나 不出能所하니 開示約能化하고 悟入約所化가 全彼疏文이라 彼更釋云호대 能化에 有大開之與曲示하며 所化에 有始悟之與終入이라하니 意云, 但說有性은 名爲大開오 言此是凡夫性이며 此是聖人性이며 因果理行은 卽名曲示오 豁然了知는 卽爲始[319]悟오 修行契證은 目之爲入이니 卽始淺終深이니라 下引論意는 卽初深終淺이니 以入約因故라

● '열어서 보임을 섭수하고' 등은 두 가지 해석이 있으니, (ㄱ) 앞은 가상대사(嘉祥大師)[320]의 주장이다. 네 구절이 비록 다르지만 주체와 대상을 벗어나지 못하니, 열어 보임[開示]은 교화하는 주체[能化]를 잡았고, 깨달아 들어감[悟入]은 교화할 대상[所化]을 잡은 것이 전체가 소의 문장이다. 저에 다시 해석하되, "능화(能化는 佛)에 크게 여심[大開]과 자세히 보이심[曲示]이 있으며, 소화(所化는 중생)에 비로소 깨달음과 마침내 들어감이 있다"고 하였으니 의미를 말하면, "다만 불성이 있다 설한 것은 크게 여는 것[大開]이라 이름한다. 이것은 범부의 체성이며 이것은 성인의 체성이라 말하며, 인과(因果)의 이치로 행함을 곧 자세히 보인다[曲示]라 한다. 활연히 깨달아 아는 것을 비로소 깨침

---

319) 卽爲始는 南續金本故名爲라 하다.

320) 嘉祥吉藏(549-623): 中國隋代 三論宗 스님. 성은 安씨이며 金陵사람으로 安息國 安世高의 후손. 13세에 興王寺 法朗에게 출가하여 [백론]을 배우고 19세에 이를 모두 외웠으며 그 뒤 진망산에 가서 嘉祥寺에 주하며 [中論] [百論] [十二門論] 등의 註釋을 하였다. 大業 2년(606) 煬帝의 부름을 받아 揚州 慧日道場에 있다가 日嚴寺로 옮겨 敎法을 넓히고, 한편으로 경전을 쓰고 佛像을 조성하는 데 노력하다. 唐代에는 연흥사에 주하고 武德 6년에 목욕재계하고 佛名號를 부르면서 [死不怖論]을 짓고 75세로 입적하다. 평생을 三論 講說에 진력하여 三論宗 再興을 꾀하였다. 저서: [三論玄義] [法華義疏 12권] [法華遊意 1권] [維摩經義疏] 등 40여 부.

[始悟]이라 하며, 수행하여 계합하여 증득한 것을 가리켜 '마침내 들어감[終入]'이라 말한다. 곧 '얕은 데서 시작하여 깊은 데로 마치는[始淺終深]' 것이다. 아래에 논의 뜻을 인용함은 곧 '처음은 깊고 나중은 얕은[初深終淺]' 것이니, 들어감은 원인을 잡은 까닭이다.

[疏] 彼論에 云, 開者無上義니 謂除一切智智코는 更無餘事라 卽雙開菩提涅槃이니 謂以知見之性爲涅槃하고 知見之相爲菩提라 衆生本有언정 障翳不現일새 佛爲開除에 則本智顯故라 示者同義니 三乘同法身故오 悟者不知義니 不知唯一實事일새 故今令知하야 成報身菩提故라 入者는 令證不退轉地故로 卽是因義니 爲證初地已上이 爲菩提涅槃故라하니 廣如彼釋하니라

■ 저 논(『법화경론(法華經論)』)[321]에 이르되, "개(開)란 말은 무상(無上)의 뜻이다. 말하자면, 모든 지혜의 지혜[一切智智]를 제외하고는 다시 다른 일이 없다. 곧 쌍으로 보리와 열반을 여는 것이다. 말하자면, 알고 보는 성품으로 열반(涅槃)을 삼고, 알고 보는 모양으로 보리(菩提)를 삼은 것이다. 중생에게 본래 가지고 있지만 장애나 때[障翳]로 인해 나타나지 않은 것이니, 부처님이 (중생을) 위하여 열고 없애 본래의 지혜가 나타났기 때문이다. 시(示)는 '평등하다'는 뜻이니 삼승(乘)이 법신은 같기 때문이다. 오(悟)는 '알지 못한다'는 뜻이니 오직 일불승(一佛乘)만이 진실한 연고로 이제 알게 하여 보신의 깨달음[報身菩提]을 이룬 까닭이다. 입(入)이란 하여금 불퇴전(不退轉)의 지위를 증득하게 하

---

321) 여기서 論이란 『法華經論』이니 具云하면 『妙法蓮華經論優波提舍』이다. 이는 後魏의 菩提流支와 曇林 등이 공동 번역하였고(508-535), 전2권으로 世親論師의 저술이다. 내용은 序品과 方便品을 널리 해석하고 法華七喩에 대해 간략히 밝혔다. 주석서로는 嘉祥대사 吉藏의 『法華經論疏 3권』이 있다. 인용문은 법화경론 卷下이다. (대정장 권26 p. 16 b19-)

는 연고로 곧 원인의 뜻이니, 초지(初地)보살 이상이 증득함을 '보리열반'이라 하는 까닭이다"라고 하였으니, 자세히는 저 논소(論疏)에 해석한 것과 같다.

[鈔] 彼論云下는 卽第二釋이니 彼論에 先釋如來知見云, 佛知見者는 如來能證하사 如實知彼義故라하니라 疏意에 云, 如實은 卽法性[322)]所證也오 知彼義는 卽能證大智也라

能所知見을 皆名知見이니 正同今經에 皆是正覺境界니 正覺卽能證이오 境界卽所證이니라 今疏에는 但出開等四句하니 開者無上義니 此卽[323)]標名也오

謂除一切智智更無餘事者는 釋所開가 卽一切智智오 一切智가 是根本智며 重言智者는 是後得智라 根本을 名知오 後得을 名見이니 除此二事코는 更無有餘能勝過此일새 故名無上이니라 …〈下略〉…

● (ㄴ) 彼論云 아래는 곧 두 번째 해석이다. 저 논에 먼저 여래지견(如來知見)을 해석하되, "불지견(佛知見)이란 여래께서 증득하시어 여실하게 저 (깊은) 뜻을 아시기 때문이다"라고 하였다. 소(법화론소)[324)]에서 뜻으로 이르기를, '여실하게란 법성이 곧 증득할 바[所證이니 곧 경계]이며, 저 깊은 뜻을 안다는 것은 곧 능히 증득한 이[能證, 곧 佛]의 큰 지혜'이다. 알고 보는 주체와 대상을 모두 지견(知見)이라 이름하나니 본경에서 '모두가 정각의 경계'라 함과 완전히 같나니 정각(正覺)은 증득하는 주체요, 경계는 증득할 대상이다. 지금 소문에는 단지 여는 등 네 구절만 내보였으니 개(開)란 위가 없다는 뜻이니 이것은 명

---

322) 性下에 南續金本有是字라 하다.
323) 此卽은 南續金本作論이라 하다.
324) 여기서 疏는 吉藏의 저술인『法華論疏』卷中의 내용을 말한다. (대정장 권40 p.810 c~)

칭을 표방함이다.

'모든 지혜의 지혜를 제외하고는 다시 다른 일이 없다'라 말한 것은 열 대상[所開]이 곧 일체지지(一切智智)임을 해석한 것이다. 일체지(一切智)는 근본지이며, 거듭 말한 지혜는 후득지이다. 근본지를 '앎[知]', 후득지를 '견해[見]'라 이름하나니 이 두 가지 일을 제외하고는 다시 나머지 이보다 수승한 것이 없으므로 위없다[無上]고 하였다. …〈아래 생략〉…

(아) 묘계광명천왕[妙髻光明天王]

　　妙髻天王은 得舒光疾滿十方虛空界解脫門하니라
　　묘한 상투 광명 천왕은 광명을 펴서 시방의 허공계에 빨리 가득하게 하는 해탈문을 얻었나니라.

[疏] 八, 稱性之光이 有何難徧이리오
■ (아) 법성에 걸맞은 광명이 무엇 때문에 두루 하지 못하리오.

(자) 희혜광명천왕[喜慧光明天王]

　　喜慧天王은 得一切所作無能壞精進力解脫門하니라
　　깊은 지혜 성취한 천왕은 온갖 짓는 일을 부술 수 없는 정진하는 힘 해탈문을 얻었나니라.

[疏] 九, 一切等者는 謂契理具修하야 長劫無倦일새 故衆魔外道所不能摧니라

- (자) '온갖' 등이란 이치에 맞게 구족히 닦아서 오랜 겁 동안 게으르지 않은 연고로 많은 마군이나 외도의 방해를 받지 않는다.

(차) 화광계광명천왕[華光髻光明天王]

華光髻天王은 得知一切衆生業所受報解脫門하니라
꽃술 광명 상투 천왕은 온갖 중생의 업으로 받는 과보를 아는 해탈문을 얻었나니라.

[疏] 十, 善惡等殊와 苦樂等異를 皆知性相이라
- (차) 선과 악, 고통과 즐거움 등이 다른 것은 그 성품과 모습을 모두 안다는 뜻이다.

(카) 보견시방광명천왕[普見十方光明天王]

普見十方天王은 得示現不思議衆生形類差別解脫門하시니라
시방세계 두루 보는 천왕은 부사의한 중생들의 형상과 종류가 각각 다른 것을 나타내는 해탈문을 얻었나니라.

[疏] 十一, 示現等者는 無邊品類를 一毛頓現호대 更無來去니 尤顯難思니라
- (카) '나타내는' 등이란 그지없는 부류를 한 터럭에 몰록 나투었지만 다시 오고 감이 없으니 더욱 생각하기 어려움[難思]을 밝힌 것이다.

나) 게송으로 찬탄하다[依列偈讚] (偈中 15下3)

　　爾時에 善化天王이 承佛威力하사 普觀一切善化天衆하
　　고 而說頌言하시니라
　　그때에 변화 잘하는 천왕이 부처님의 위신력을 받들어 온
　　갖 화락천 무리들을 두루 살피고 게송으로 말하였다.

[疏] 偈中에 脫於第七하고 唯有十偈라
■　나) 게송 찬탄 중에 일곱째 게송이 빠져 있어서 열 개의 게송뿐이다.

　　世間業性不思議를　　　　佛爲群迷悉開示하시되
　　巧說因緣眞實理와　　　　一切衆生差別業이로다
　　이 세간 업의 성품 부사의함을
　　부처님이 중생 위해 열어 보이고
　　인연의 참이치와 모든 중생의
　　각각 다른 업보를 말씀하시네.

[疏] 初中에 初句, 總이오 次句, 開示오 後二句, 顯如化力이라 差別業者
　　는 果不亡故라
■　첫째 게송 중에 ㄱ) 첫째 구절은 총상이고, ㄴ) 다음 둘째 구절은 열
　　어 보임이며, ㄷ) 셋째와 넷째 구절은 허깨비 같은 힘을 밝혔다. '각
　　각 다른 업보'는 불과에서 없어지지 않는 까닭이다.

　　種種觀佛無所有여　　　　十方求覓不可得이라

法身示現無眞實하시니　此法寂音之所見이로다

갖가지로 부처 보나 있는 데 없고

시방으로 찾아도 만나지 못해

법신으로 나타냄이 진실 아니니

고요한 음성 천왕 보는 바니라.

[疏] 二中에 初句, 所攀緣이오 後二, 無得이라 然緣境有二하니 一, 眞이오
二, 妄이라 眞佛有緣에 亦成妄惑이어든 況於妄耶아 種種觀者는 五
求不得故니 謂佛有耶아하면 常見爲惑이오 謂佛無耶아하면 邪見深
厚니 四句百非로 所不能加일새 故無所有니라 非唯一佛이라 十方亦
然이니 應化示現非眞實故라 求實無得卽見眞身이니 眞卽無緣이라
佛尙應捨온 何況餘境가

■ 둘째 게송 중에 ㄱ) 첫째 구절은 반연할 대상이고, ㄴ) 다음 둘째와
셋째 구절은 얻은 바 없음[無所得]이다. 하지만 경계를 반연함에 두
가지가 있으니 (1) 진심과 망심이다. 참된 부처님[眞佛]도 반연하면
또한 허망한 번뇌[妄惑]를 이루는데 하물며 망심에 있어서이겠는가?
'갖가지로 본다'는 것은 다섯 가지 쌓음[五陰]으로 구하면 얻지 못하
기 때문이다. 부처님이 있다고 말씀하면 상견(常見)이 번뇌가 되고,
부처님이 없다고 말씀하면 사견(邪見)이 깊고 두터워지니 네 구절[四
句]과 백 가지 부정[百非]으로는 더할 수 없는 것이므로 무소유(無所有)
인 것이다. 오직 한 부처님만이 아니라 시방에도 또한 그러하니 응신
(應身)·화신(化身)으로 시현하심은 진실이 아니기 때문이다. 실법(實
法)을 구하여도 소득이 없으면 곧 진신(眞身)을 보게 되나니, 진여(眞
如)는 반연이 없는 것이니 부처님도 오히려 버려야 할 텐데 하물며 나

머지 경계이겠는가?

[鈔] 五求不得等者는 卽中論觀如來品偈에 云, 非陰不離陰이며 此彼不
相在며 如來不有陰이어니 何處有如來리오하니 卽五求也라 由諸外道
가 妄計有我호대 我爲如來라하야 計有五故라 五者는 一, 謂卽陰是
如來오 二, 謂離陰有如來오 三, 謂如來中有陰이오 四, 謂陰中有如
來오 五, 謂陰能有如來니 今並非之라 …〈下略〉…

● '다섯 가지 쌓음으로 구하면 얻지 못하기 때문' 등은 곧 『중론』관여
래품(觀如來品)325)에 게송으로 이르되, "오음(五陰)이 아니며 오음을 여
의지도 않았으며 이쪽이나 저쪽에 들어 있지 않으며, 여래는 오음에
있지 않거늘 어디에 여래(如來)가 있다 하리오."라 하였으니, 때문에
오음(五陰)으로 구하는 것이다. 모든 외도가 망녕되게 유아(有我)라
생각하여 "내가 여래가 된다" 함을 인하여 다섯 가지가 있다고 생각
하기 때문이다. 다섯 가지란 ① 곧 오음이 여래(如來)라 말하며 ② 오
음을 여의고 여래가 있다 말하며 ③ 여래 속에 오음이 있다 말하며
④ 오음 속에 여래가 있다 말하며 ⑤ 오음이 능히 여래를 가진다 말
하였으니 이제 함께 부정하는 것이다. …〈아래 생략〉…

佛於劫海修諸行은　　爲滅世間癡闇惑이라
是故淸淨最照明하시니　此是力光心所悟로다
부처님이 많은 겁에 행을 닦음은
세간의 무명번뇌 없애려 함이라
그러므로 청정하게 밝게 비추니

---

325) 中論 권4 觀如來品 제22에 보인다. (대정장 권30 p.29 c~)

변화하는 힘 천왕의 깨달은 이치

世間所有妙音聲이　　　無有能比如來音이라
佛以一音徧十方하시니　入此解脫莊嚴主로다
세간의 여러 가지 묘한 음성도
여래의 음성에는 비길 수 없어
부처님은 한 음성이 시방에 가득하시니
이 해탈문에 들어간 이는 장엄님 천왕

[疏] 三四, 可知로다
■　셋째와 넷째 게송은 알 수 있으리라.

世間所有衆福力이　　　不與如來一相等이라
如來福德同虛空하시니　此念光天所觀見이로다
세간에 여러 가지 복덕의 힘이
여래의 한 복덕과 같을 수 없고
여래의 복과 덕은 허공 같으니
생각하는 빛 천왕의 아는 바니라.

[疏] 五中에 初二句, 福德相이오 次句, 無盡相이라 相好者는 經에 云, 盡
　　人中福하야도 不及一天이오 乃至云, 盡世間福하야도 不及如來一相
　　等이라하니라
■　다섯째 게송 중에 ㄱ) 첫째와 둘째 구절은 복덕스런 모습이요, ㄴ)
　　다음 셋째 구절은 끝없는 모습이다. 상호(相好)란 경문에 이르되, "인간 중의 복(福)을 다하더라도 한 하늘에 미치지 못한다 하고, 나아가 세간의 복을 다하여도 여래의 한 가지 상호에도 미치지 못한다"는 등이라 하였다.

[鈔] 相好者는 經에 云, 盡人中福等者는 等取善生經에 云, 一切世間福이 不及如來一毛功德이오 一切毛功德不及一好오 一切好功德不及一相이라하니 故名福相이라 云不及如來一相等은 等取瑜伽四十九니 亦如是說하니라

● 상호(相好)란 경문에 말한, '인간세계의 복을 다한다' 등은 『선생경(善生經)』³²⁶⁾을 똑같이 취하여 이르되, "온 세간의 복이 여래의 한 터럭의 공덕에도 미치지 못하며, 모든 터럭의 공덕이 한 호(好)에 미치지 못하고, 모든 잘생긴 모습[好]의 공덕이 한 대인상(大人相)에 미치지 못한다"라고 하였으니, 때문에 복덕스런 모습이라 이름하였다. '여래의 한 가지 상호에도 미치지 못한다'라 말한 등은 『유가사지론』 제49권에도 역시 이처럼 설해져 있다.

三世所有無量劫에　　　如其成敗種種相을
佛一毛孔皆能現하시니　　最上雲音所了知로다
세 세상 한량없는 오랜 겁들의
이룩되고 부서지는 갖가지 모양
부처님이 털구멍에 나타내시니
구름소리 천왕의 아는 바니라.

---

326) 『善生經』: 선생동자가 바라문의 법에 따라 매일 아침에 세수 목욕하고 六方에 예배하였다. 부처님이 이것을 보고 佛法의 六方禮를 설하시는데, 네 가지 번역이 있다. ① 後漢 安世高의 번역으로 『佛說尸迦羅越六方禮經』을 말함.(대정장 권1 p. 250-) ② 西晉의 支法度 번역으로 『佛說善生子經』을 말함.(대정장 권1 p. 252-) ③ 善生經이니 中阿含 제33. ④ 善生經이니 長阿含 제11을 말한다.

[疏] 六中에 約天之智普知며 約佛一毛能現[327)]이니라

■ 여섯째 게송 중에 하늘의 지혜가 널리 아는 것을 의지하였고, 부처님의 한 터럭에 능히 나툼을 의지하였다. (일곱째는 빠졌다.)

　　十方虛空可知量이어니와　　佛毛孔量不可得이니
　　如是無礙不思議를　　　　　妙髻天王已能悟로다
　　시방의 넓은 허공은 가늠하지만
　　부처님의 털구멍은 알 수 없나니
　　이렇게 걸림 없고 부사의한 일
　　묘한 상투 광명천왕 깨달아 알고

[疏] 七[328)]中에 初二句, 明毛孔過空이니 謂靈智證理는 非如虛空이라 眞理超事일새 故亦非比오 無限理智不可分析일새 隨其少分하야 卽融攝重重이니 故로 一毛之量便越虛空이라 次句, 別示越相이니 謂毛孔不大而無涯라 卽廣陜無礙일새 故杜絶思議之境이라 前卽一光外展이오 今卽一毛內廣이니 文綺互耳라 一毛本自徧空이어니 十方豈得難滿이리오

■ 일곱째 게송 중에 ㄱ) 첫째와 둘째 구절은 털구멍이 허공보다 나음을 밝힌 것이니 말하자면, 신령스런 지혜로 이치를 증득하면 허공과 같지 않다. 진리는 현상을 초월하므로 견줄 수가 없고, 한량없는 이치의 지혜는 분석할 수 없으므로 그 약간을 따라 곧 원융하게 섭수함이 거듭된다. 때문에 한 털구멍의 분량이 문득 허공보다 나은 것이다. 앞에는 한 광명이 바깥으로 펼친 것이고, 지금은 한 털구멍 속의

---

327) 此下에 甲續金本有七闕二字, 源原南本無라 하다.
328) 七은 甲續金本作八이라 하다.

넓이니 문장이 서로 꾸몄을 뿐이다. 한 터럭도 본래로 허공에 가득한데 시방이 어찌 가득하지 않겠는가?

[鈔] 毛孔過空은 疏有三段說二種過하니 一, 如來靈智는 能證眞理로대 虛空不能證이오 二, 如來稱眞之理空하야 超過事空이나 事空卽斷滅空故오 三, 無限理智下는 雙結上二니 皆不可分일새 理無分限이오 智契於理에 亦無分限이라 智結靈智하고 理結眞理라 旣不可分에 一毛稱眞하야 則重重融攝이니 此處之空이 豈不能攝於餘處之空이리오

● '털구멍이 허공보다 나음[毛孔過空]'은 소에 세 문단으로 두 가지 허물을 설하였으니 ① 여래의 신령스런 지혜는 능히 진리를 증득하지만 허공은 증득할 수 없고, ② 여래의 진리에 걸맞은 이치의 허공으로 현상의 허공을 초월하였지만 현상의 허공은 곧 단멸공(斷滅空)인 까닭이요, ③ 無限理智 아래는 쌍으로 위의 두 가지를 결론한 것이니, 모두 나눌 수 없으므로 이치는 분한이 없고, 지혜는 이치에 계합하므로 또한 분한이 없는 것이다. 지혜는 신령스런 지혜로 결론하고 이치는 진리로 결론 맺으니, 이미 나눌 수 없을 때에 한 터럭이 진리에 걸맞으면 거듭거듭 원융하게 섭수하나니, 이런 허공에 처함이 어찌 능히 나머지 곳의 허공을 섭수함이겠는가?

佛於曩世無量劫에　　　具修廣大波羅蜜하사
勤行精進無厭怠하시니　喜慧能知此法門이로다
부처님이 지난 옛적 오랜 겁 동안
넓고 큰 바라밀다 갖추어 닦았고
부지런히 정진하여 싫증 없으니

기쁜 지혜 천왕이 이 법문 알고

[疏] 八³²⁹⁾中에 初句, 長時修오 次句, 無餘修오 次句, 無間修라 具此三 修일새 故進力難壞니라 而言廣大波羅密者는 至第五經釋하리라

■ 여덟째 게송 중에 ㄱ) 첫째 구절은 긴 시간을 닦음이요, ㄴ) 다음 둘 째 구절은 남김 없이 닦음이요, ㄷ) 셋째 구절은 사이함 없이 닦음이 다. 이 세 가지 닦음을 갖추었으므로 정진하는 힘을 무너뜨리기 어렵 다. 하지만 광대한 바라밀이라 말한 것은 본경 제5권에 가서 해석하 리라.

業性因緣不可思라　　　佛爲世間皆演說하시니
法性本淨無諸垢는　　　此是華光之入處로다

업의 성품과 인연의 부사의한 일
세간 위해 부처님이 연설하시니
법의 성품 깨끗하여 때가 없음은
꽃술 광명 상투 천왕 들어간 해탈이로다.

[疏] 九³³⁰⁾中에 初句, 總顯業之性相이니 卽緣生果報之不亡이오 便是無 性之非有니 故不可有無思也라 次句, 佛如是說이며 天如是知오 次 句, 以法性示業性이니라

■ 아홉째 게송 중에 ㄱ) 첫째 구절은 총상으로 업의 성품과 모습을 나 타내었다. 곧 인연으로 생긴 과보를 없애지 않은 것이요, 문득 무성

---

329) 八은 甲續金本作九이라 하다.
330) 九는 甲續金本作十이라 하다.

(無性)이 있지 않은 까닭으로 생각 없는 것[無思]도 있을 수 없다. ㄴ) 다음 둘째 구절은 부처님이 이처럼 말씀하시고 하늘이 이처럼 아는 것이며, ㄷ) 셋째 구절은 법성(法性)으로 업성(業性)을 보인 것이다.

汝應觀佛一毛孔하라　　一切衆生悉在中하되
彼亦不來亦不去니　　此普見王之所了로다

부처님의 한 털구멍 네가 보아라.
모든 중생 그 속에 들어 있으나
저 중생은 오고 가는 일이 없나니
두루 보는 천왕의 아는 바니라.

[疏] 十331)中에 初二句, 小一現大多가 爲一難思오 次句, 現時不來하고 不現不去하니 又難思也라

■ 열째 게송 중에 ㄱ) 첫째와 둘째 구절은 작은 하나가 크고 많음을 나타냄이 한 가지 생각하기 어려움이요, ㄴ) 셋째 구절은 나툴 때에 오지 않고, 나투지 않으면 가지 않을 것이니, 이 또한 생각하기 어려운 것이다.

다. 도솔천왕 대중[兜率天王] 2.

가) 천왕중의 득법[上首得法] 10.
(가) 지족천왕[知足天王] (第三 20上3)

復次知足天王은 得一切佛出興世에 圓滿敎輪解脫門하

---

331) 十은 甲續金本作十一이라 하다.

니라

또 지족천왕은 모든 부처님의 세상에 출현하여 교화하는 바
퀴를 원만케 하는 해탈문을 얻었나니라.

[疏] 第三, 知足天이라 長行十法中에 第一天得總相法門이니 諸佛將興에 皆
生彼天하고 下生之時에 普應法界하야 頓闡華嚴이 爲圓滿法[332]이니라

■ 다. 도솔천왕 대중이다. 장항의 열 가지 법 중에 (가) 첫째 하늘은 총
상 법문을 얻었으니 모든 부처님이 장차 출현하실 적에 다 저 하늘에
태어나고, 하생(下生)할 때에 널리 법계에 응하여 당장 화엄을 천양(闡
揚)함이 원만한 법문이 된다.

(나) 희락해계천왕[喜樂海髻天王]

喜樂海髻天王은 得盡虛空界淸淨光明身解脫門하니라
즐거운 바다 상투 천왕은 허공에 두루 하여 청정하고 빛난
몸 해탈문을 얻었나니라.

[疏] 二, 盡虛空等者는 光明色身이 皆徧空界하야 了不可取일새 故云淸
淨이니라

■ (나) '허공에 두루 하여' 등이란 광명(光明)과 색신(色身)이 모두 허
공계에 두루 하여 취할 수 없음을 깨달았으므로 '청정하다'고 말하
였다.

---

332) 法은 源甲南續金本作相이라 하다.

(다) 최승공덕당천왕[最勝功德幢天王]

　最勝功德幢天王은 得消滅世間苦淨願海解脫門하니라
가장 좋은 공덕 당기 천왕은 세간의 괴로움을 소멸하는 청
정한 소원 바다 해탈문을 얻었나니라.

[疏] 三, 以淨願力으로 滅惑業苦니라
■ (다) 청정한 원력으로 번뇌와 업보와 고통을 멸한 까닭이다.

(라) 적정광천왕[寂靜光天王]

　寂靜光天王은 得普現身說法解脫門하니라
고요한 빛 천왕은 몸을 널리 나타내어 법을 말하는 해탈문
을 얻었나니라.

(마) 선목천왕[善目天王]

　善目天王은 得普淨一切衆生解脫門하니라
사랑스런 묘한 눈 천왕은 모든 중생을 두루 깨끗하게 하는
해탈문을 얻었나니라.

[疏] 四五, 可知로다
■ (라)와 (마)의 법문은 알 수 있으리라.

(바) 보봉월천왕[寶峰月天王]

寶峰月天王은 得普化世間하여 常現前無盡藏解脫門하니라
보배 봉우리 조촐한 달 천왕은 세간을 널리 교화하여 항상
앞에 나타나는 무진장 해탈문을 얻었나니라.

[疏] 六, 普化等者는 普卽無偏이오 常卽無間이니 示其眞樂卽如來藏이니라
■ (바) '널리 교화하여' 등이란 보(普)는 곧 치우치지 않음이요, 상(常)은 곧
사이함이 없는 것이니, 그 진실한 즐거움이 곧 여래장(如來藏)임을 보였다.

(사) 용건력천왕[勇健力天王]

勇健力天王은 得開示一切佛正覺境界解脫門하니라
용맹한 힘 천왕은 모든 부처님의 바르게 깨달은 경계를 열
어 보이는 해탈문을 얻었나니라.

[疏] 七, 自覺智境에 佛已入之일새 故示物同悟[333]니라
■ (사) 자각성지(自覺聖智)의 경계에 부처님은 이미 들어갔으므로 중생
에게 '깨달음이 같음[同悟]'을 보여 준다.

(아) 금강묘광천왕[金剛妙光天王]

金剛妙光天王은 得堅固一切衆生菩提心하여 令不可壞

---

333) 悟下에 甲續金本有故字라 하다.

解脫門하니라

금강같이 묘한 광명천왕은 모든 중생의 보리심이 견고하여
깨뜨리지 못하게 하는 해탈문을 얻었나니라.

[疏] 八, 以淨福으로 堅菩提心이니라

■ (아) 청정한 복덕으로 보리심(菩提心)을 견고하게 하였다.

(자) 성수당천왕[星宿幢天王]

星宿幢天王은 得一切佛出興에 咸親近觀察하여 調伏衆
生方便解脫門하니라
별 장엄 당기 천왕은 모든 부처님이 나실 적마다 모두 친근
히 모시면서 중생을 관찰하고 조복하는 방편 해탈문을 얻
었나니라.

[疏] 九, 謂仰觀下化라

■ (자) 중생 교화하심을 우러러 관찰함을 말하였다.

(차) 묘장엄천왕[妙莊嚴天王]

妙莊嚴天王은 得一念에 悉知衆生心하여 隨機應現解脫
門하시니라
묘하게 장엄한 천왕은 한 생각에 중생들의 마음을 모두 알
고 그들의 자격을 따라 출현하는 해탈문을 얻었나니라.

[疏] 十, 卽照現速疾也라

■ (차) 비추어 나타남이 빠른 것을 말하였다.

나) 게송으로 찬탄하다[依列偈讚] (偈中 21下1)

爾時에 知足天王이 承佛威力하사 普觀一切知足天衆하
고 而說頌言하시니라
그때에 지족천왕이 부처님의 위신력을 받들어 온갖 지족천
무리들을 두루 살피고 게송으로 말하였다.

如來廣大徧法界하사　　於諸衆生悉平等하시며
普應群情闡妙門하사　　令入難思淸淨法이로다
여래의 넓고 크심 법계에 두루
갖가지 중생들께 모두 평등해
여럿의 생각 따라 묘한 문 열고
부사의한 청정법에 들게 하도다.

[疏] 偈中에 初偈前半, 卽出世義니 上句, 體智俱徧이오 下句, 悲用皆普
라 後半, 卽圓滿敎輪이니 前句, 卽實之權爲妙門이오 後句, 會權入
實爲圓滿이니라

■ 나) 게송 찬탄 가운데 첫째 게송에서 앞의 반의 게송은 곧 '세상에 출
현함'의 뜻이니, ㄱ) 첫째 구절은 (여래의) 체성과 지혜가 함께 두루 함
이요, ㄴ) 둘째 구절은 자비의 작용이 모두 넓음을 말하였다. 뒤의 반
의 게송은 곧 원만한 교계륜(敎誡輪)이니, ㄷ) 셋째 구절은 실법(實法)

에 입각한 방편으로 묘한 법문을 삼았고, ㄹ) 넷째 구절은 방편을 모아서 실법에 들어감[會權入實]으로 원만함을 삼았다.

佛身普現於十方하사　　無着無礙不可取나
種種色像世咸見하니　　此喜髻天之所入이로다
시방에 부처님 몸 널리 나타나
집착 없고 걸림 없어 잡지 못하나
가지각색 모습을 모두 보나니
즐거운 상투 천왕 들어간 해탈

[疏] 二中은 可知로다
■ 둘째 게송의 뜻은 알 수 있으리라.

如來往昔修諸行에　　淸淨大願深如海하사
一切佛法皆令滿케하시니　勝德能知此方便이로다
여래께서 옛적에 행을 닦을 때
청정한 큰 서원이 바다와 같아
여러 가지 부처님 법 가득했으니
좋은 공덕 당기 천왕 이 방편 알았고

[疏] 三中에 初二句, 以行淨願이오 次句, 雜染本空이니 故前令滅이오 佛法本具일새 故今令滿이라 妄盡眞顯하니 二言相成이니라
■ 셋째 게송 중에 ㄱ) 첫째와 둘째 구절은 청정한 서원을 행하는 까닭이고, ㄴ) 셋째 구절은 잡염(雜染)이 본래 공적했던 것이므로 앞에서 멸하

게 하였고, 불법(佛法)은 본래 구족하였던 것이므로 지금에 원만케 한 것이다. 망심이 다하면 진여가 나타나니 두 가지 말이 서로 성립한다.

如來法身不思議여　　　如影分形等法界하사
處處闡明一切法하시니　　寂靜光天解脫門이로다
부처님의 법신은 알 길이 없어
본 달의 영상처럼 법계에 가득
간 데마다 온갖 법을 밝히시나니
고요한 빛 천왕의 해탈문이라.

[疏] 四中에 初二句, 依體普現이 若月入百川이라 尋影之月이 月體不分이오 卽體之用이 用彌法界니 體用交徹일새 故不思議라 次句, 稱根說法이니라

■ 넷째 게송 중에 ㄱ) 첫째와 둘째 구절은 체성에 의지하여 널리 출현함이 마치 달이 수없는 강에 비춤과 같다. 그림자의 본 달을 찾으면 달의 체성이 나눈 것이 아니요, 체성에 입각한 작용이 법계에 가득함이니, 체성과 작용이 서로 통하므로 부사의한 것이다. ㄴ) 셋째 구절은 근기에 맞게 설법함을 말하였다.

[鈔] 尋影之月月體不分者는 此中法喩影略하니 若具更云인대, 以月隨影에 萬流異見이오 尋用之體는 體本寂然이 爲寂靜光也니라

● ‘그림자의 본 달을 찾으면 달의 체성이 나눈 것이 아님’이란 이 가운데 법과 비유가 비추어 생략되었다. 만일 갖추어 다시 말해 보면 달로 그림자를 따르면 만 가지 중생이 다르게 볼 것이고, 작용의 본체

를 찾으면 체성이 본래 고요한 것이 적정한 광명이 되는 것이다.

衆生業惑所纏覆로　　　憍慢放逸心馳蕩이어늘
如來爲說寂靜法하시니　善目照知心喜慶이로다

중생들이 번뇌 업에 얽히고 덮여
교만하고 방일하여 마음이 산란하거늘
여래께서 고요한 법 연설하시니
묘한 눈이 이를 알고 기뻐하도다.

[疏] 五中에 前半, 卽所淨之衆生이니 具三雜染故라 於中上句, 標오 下
句, 略示惑相이라 慢是根本이오 憍逸隨惑이니 憍謂染自盛事오 慢謂
恃己陵他오 放逸卽是縱蕩이라 憍爲染法所依오 慢能長淪生死오 放
逸은 衆惑之本일새 故偏擧此三이라 蕩者動也니 謂境風鼓擊하야 飄
蕩馳散이라 次句, 能淨法門이니 謂不取於相하야 當體寂故니라

■ 다섯째 게송 중에 앞의 안은 곧 청정케 할 대상인 중생이니, 세 가지
잡염(雜染)을 갖추었기 때문이다. 그 가운데 ㄱ) 첫째 구절은 표방함
이요, ㄴ) 둘째 구절은 간략히 번뇌하는 모습을 보인 것이다. 거만함
은 근본번뇌요, 교만과 방일은 수번뇌[隨惑]이다. '방자함'은 자신의
번성한 일에 물듦을 말하고, 거만함은 자신만 믿고 남을 능멸함을
말하며, '방일함'은 곧 방탕하게 흐르는 것이다. '교만'은 염법의 의지
처가 되고, '거만'은 길이 생사윤회에 빠지게 하며, '방일'은 여러 번뇌
의 원인이 되므로 치우쳐 이 세 가지를 예로 든 것이다. '방탕함'이란
동요함이니, 이른바 경계의 바람이 쳐서 흔들리고 산란해지는 것이
다. ㄷ) 셋째 구절은 정화하는 주체인 법문이니 모양에서 취하지 않

고 해당 자체로 고요하기 때문임을 말한 것이다.

[鈔] 慢是根本等者는 六根本中之一也오 憍逸隨惑者는 二十隨煩惱中
之二也라 憍是小隨오 放逸是大隨니 並如初發心品이라 今略釋之는
以經有意故니라

慢謂已下는 釋三惑相이니 以順經文故라 唯識에 云, 慢謂恃已陵[334]
他니 高擧爲性이오 能障不慢하야 生苦爲業이라 謂若有慢하면 於彼
有德에 心不謙下하나니 由此로 生死輪轉無窮하야 受諸苦故라하니 故
疏에 云, 慢能長淪生死니라 論에 云, 云何爲憍오 於自盛事深生染
着하야 醉傲爲性이오 能障不憍하야 染依爲業이니 故疏에 云, 憍爲染
法所依라하니라 論에 云, 云何放逸고 謂於染淨品에 不能防修하야 縱
蕩爲性이오 障不放逸하야 增惡損善所依爲業이라하니 故疏에 云, 放
逸卽是縱蕩이라 餘可思準이니라

● '거만함은 근본번뇌' 등이란 여섯 가지 근본번뇌[貪, 瞋, 癡, 慢, 疑,
見][335] 중의 하나이며, '교만과 방일은 수번뇌'란 20가지 수번뇌[① 放
逸 ② 懈怠 ③ 不信 ④ 昏沈 ⑤ 掉擧 ⑥ 無慚 ⑦ 無愧 ⑧ 忿 ⑨ 覆 ⑩ 慳 ⑪ 嫉 ⑫ 惱
⑬ 害 ⑭ 恨 ⑮ 諂 ⑯ 誑 ⑰ 憍 ⑱ 失念 ⑲ 散亂 ⑳ 不正知] 중의 두 가지이다. 교
만은 작은 수번뇌이고 방일은 큰 수번뇌이니 함께 초발심품(初發心品)

---

334) 陵은 唯識論 원문에 '於'라 하다. (대정장 권31 p. 31 b26-)
335) 根本煩惱와 枝末煩惱: (1) 根本煩惱; 本惑, 根本惑이라 하기도 한다. 유부에서는 隨眠이라고도 한다. 여기
에 여섯 가지가 있는데 貪, 瞋, 癡, 慢, 疑, 見[惡見]의 여섯이며 특히 견을 身見, 邊見, 邪見, 見取見, 戒禁取
見의 5가지로 나누고 앞의 다섯 가지와 합하여 10번뇌[十隨眠, 十使]라 한다. 그중 貪·瞋·癡·慢·疑의 다
섯은 推察尋求의 성질이 아니고 그 작용이 느리고 둔하기 때문에 '五鈍使'라 하고, 五見은 추찰심구하는 성질
이 있고 그 작용이 빠르고 날카롭기 때문에 '五利使'라고 한다. (2) 枝末煩惱: 근본번뇌에 수반하여 일어나는
종속적인 번뇌로 隨惑, 枝末惑, 隨煩惱이라고도 한다. 구사종에서는 19번뇌를 말하고, 유식종에서는 20번뇌
를 말한다. *19번뇌: 俱舍宗의 주장: ① 放逸 ② 懈怠 ③ 不信 ④ 昏沈 ⑤ 掉擧 ⑥ 無慚 ⑦ 無愧 ⑧ 忿 ⑨ 覆
⑩ 慳 ⑪ 嫉 ⑫ 惱 ⑬ 害 ⑭ 恨 ⑮ 諂 ⑯ 誑 ⑰ 憍 ⑱ 睡眠 ⑲ 惡作 *20번뇌: 唯識宗의 주장: 俱舍宗의 17까지
에 ⑱ 失念 ⑲ 散亂 ⑳ 不正知.

의 내용과 같다. 지금 간략히 해석한 것은 경문에 그 의미가 있기 때문이다.

慢謂 이하는 세 가지 번뇌의 모양을 해석한 것이니 경문에 따른 것이다. 『성유식론』제6권에 이르되, "거만함이란 말하자면, 자기를 믿어 남에 대해서 높이는 것을 업으로 삼는다. 거만의 심소가 있는 사람은 덕과 덕이 있는 사람에 대해서 마음이 겸손하지 않다. 그리하여 생사에 윤회하는 일이 끝이 없고 모든 고통을 받게 되기 때문이다"라 하였으니, 때문에 소문에 이르되, "거만은 능히 길이 생사에 빠뜨리게 한다"라고 말한 것이다. 논에 이르되,[336] "무엇을 방자함이라 하는가? 자신의 번성한 일에 대해서 깊이 염착심을 일으켜서 취하여 방자한 것을 체성으로 삼는다. 방자하지 않음[不憍]을 능히 장애하여 잡염의 의지처가 되는 것을 업으로 삼는다"라고 하였으니, 그러므로 소에서는 "방자함은 잡염법의 의지처가 된다"고 말한 것이다. 논에 이르되,[337] "무엇을 방일함이라 하는가? 말하자면, 잡염품을 방지할 수 없거나 청정품을 닦을 수 없고 방탕하게 흐르는 것을 체성으로 삼는다. 불방일(不放逸)을 장애하여 악함을 증장하고 선법을 훼손하는 것의 의지처가 됨을 업으로 삼는다"라 하였으니 그러므로 소문에 이르되, "방일은 곧 방탕에 흐르는 것"이라 하였으니 나머지는 준하여 생각할 수 있으리라.

一切世間眞導師여　　　　　爲救爲歸而出現하사
普示衆生安樂處하시니　　　峰月於此能深入이로다
세간의 도사께서 구원도 하고

---

336) 『성유식론』제6권에 보인다. (대정장 권31 p. 33 c16-)
337) 상동 (대정장 권31 p. 34 b17-)

귀의할 곳 되려고 출현하시어
중생에게 안락처를 보여 주시니
봉우리 달 천왕이 깨달아 알고

諸佛境界不思議여　　　一切法界皆周徧하사
入於諸法到彼岸하시니　勇慧見此生歡喜로다
부처님의 경계는 부사의하여
법계에 곳곳마다 두루 하시고
모든 법에 들어가서 저 언덕 가니
용맹한 힘 천왕이 이를 보도다.

若有衆生堪受化하여　　　聞佛功德趣菩提하면
令住福海常淸淨케하시니　妙光於此能觀察이로다
어떤 중생 교화를 받을 만하여
부처님 공덕 듣고 보리에 가면
복 바다에 머물러 청정케 하니
묘한 광명천왕이 이를 보았고

[疏] 六七及八은 文並可知로다
■ 여섯째와 일곱째, 여덟째 게송은 경문과 함께하면 알 수 있으리라.

十方刹海微塵數인　　　一切佛所皆往集하여
恭敬供養聽聞法이여　　此莊嚴幢之所見이로다
시방의 모든 세계 티끌 수 같은

부처님 계신 곳에 모두 모이어
공경하고 공양하고 법을 듣나니
별 장엄 당기 천왕 보신 해탈문

[疏] 九中에 通顯이라 上旣親近하니 必當敬養聞法이라 以聞調他하고 爲其
供養이라 列名中云, 星宿幢이라하고 今故³³⁸⁾莊嚴하니 與長行互出이라
■ 아홉째 중에 통틀어 밝힘이다. 위에서 이미 친근하였으니 공경히 공
양하고 법문 듣는 것은 당연한 일이다. 들음으로 남을 조복하고 그
를 위하여 공양한다. 장항의 이름 나열한 중에는 '성수당(星宿幢)'이라
하고, 지금은 일부러 '장엄'이라 하였으니 장항과 함께 서로 내보인
것이다.

衆生心海不思議여   無住無動無依處어늘
佛於一念皆明見하시니   妙莊嚴天斯善了로다
중생의 마음 바다 부사의하여
머물잖고 동하잖고 의지 없거늘
부처님은 한 생각에 모두 보시니
사랑스런 장엄천왕 이 이치 아네.

[疏] 十中에 前半, 所知衆生心이니 上句, 標深廣이오 下句, 顯相이라 念
慮不住가 多於草故廣也라 深者有三義하니 一, 恒轉如流故不住오
二, 本體寂然故不動이오 三, 從緣妄起하야 無別所依라 次句, 卽一
念悉知니라

---

338) 今故는 源本作故令이라 하다.

■ 열째 게송 중에 ㄱ) 앞부분은 알아야 할 중생심이다. (ㄱ) 첫째 구절은
깊고 넓음을 표방하였고, (ㄴ) 둘째 구절은 모양을 밝혔으니, 염려함에
머물지 않은 것이 풀보다 많기 때문에 광대함이다. 깊음이란 세 가지
뜻이 있으니 (1) 항상 굴러서 폭포의 물이 흐르는 것 같은 때문에 머
물지 않음이요, (2) 본체가 고요하므로 동요하지 않고, (3) 인연으
로부터 많이 일어나서 따로이 의지할 것이 없다. ㄴ) 셋째 구절은 곧
찰나 사이에 모두 알게 됨을 말하였다.

라. 야마천왕 대중[夜摩天王] 2.

가) 천왕중의 득법[上首得法] 10.
(가) 시분천왕[時分天王] (第四 24上6)

復次時分天王은 得發起一切衆生善根하여 令永離憂惱
解脫門하니라
또 선시분천왕은 중생들의 선근을 일으켜서 걱정 번뇌를 여
의게 하는 해탈문을 얻었나니라.

[疏] 第四, 時分天十法이니 一은 善根若發하면 憂惱自除오
■ 라. 시분천(時分天)의 열 가지 법문이니, (가)는 선근을 만일 발하게
되면 근심과 번뇌가 자연히 없어지게 된다.

(나) 묘광야마천왕[妙光天王]

妙光天王은 得普入一切境界解脫門하나니라
사랑스런 광명 천왕은 모든 경계에서 두루 들어가는 해탈
문을 얻었나니라.

[疏] 二는 以無限方便으로 普證法身之境이오
■ (나) 무한한 방편으로 널리 법신(法身)의 경계를 증득하였다.

(다) 무진혜공덕당천왕[無盡慧功德幢天王]

無盡慧功德幢天王은 得滅除一切患大悲輪解脫門하나니라
그지없는 지혜공덕 당기 천왕은 온갖 근심을 소멸하는 큰
자비 바퀴 해탈문을 얻었나니라.

[疏] 三은 悲摧惑苦일새 故名爲輪이오
■ (다) 자비가 번뇌와 고통을 꺾으므로 '바퀴'라 이름하였다.

(라) 선화단엄천왕[善化端嚴天王]

善化端嚴天王은 得了知三世一切衆生心解脫門하나니라
변화 잘하는 단정한 천왕은 삼세의 중생들의 마음을 분명
히 아는 해탈문을 얻었나니라.

[疏] 四는 以三達智로 知機授法이오
■ (라) 삼달원지(三達圓智)로 중생 근기를 알아 법을 준다는 뜻이다.

(마) 총지대광명천왕[總持大光明天王]

總持大光明天王은 得陀羅尼門光明으로 憶持一切法無
忘失解脫門하나니라
모두 지닌 큰 광명 천왕은 다라니문 광명으로 온갖 법을 기
억하고 잊어버리지 않는 해탈문을 얻었나니라.

[疏] 五는 陀羅尼等者는 總持入理일새 故名爲門이오 以慧爲體일새 故云
光明이라 若取助伴則兼念定이니 念卽明記일새 故能憶持오 定乃心
一일새 常無忘失이라 四無礙等一切諸法이 皆是所持니라

■ (마) '다라니' 등이란 총지(總持)로 이치에 들어가므로 '문(門)'이라 이
름하고, 지혜로 본체를 삼은 연고로 광명이라 하였다. 만일 도와주
는 반려를 취한다면 염과 정을 겸한다. 생각[念]은 분명히 기억하므
로 잘 기억해 가지며[能憶持], 선정은 마음이 한결같으므로 항상 잊어
버림이 없으니[無忘失], 네 가지 무애(無礙) 등의 모든 법문들이 모두 가
질 대상[所持]이다.

(바) 부사의혜천왕[不思議慧天王]

不思議慧天王은 得善入一切業自性不思議方便解脫門
하나니라
헤아릴 수 없는 지혜 천왕은 모든 업의 성품에 잘 들어가는
부사의한 방편 해탈문을 얻었나니라.

(사) 윤제천왕[輪臍天王]

輪臍天王은 得轉法輪하여 成熟衆生方便解脫門하니라[339]
바퀴 배꼽 천왕은 법수레를 운전하여 중생을 성숙케 하는
방편 해탈문을 얻었나니라.

[疏] 六, 可知로다 七, 轉法等者는 轉法示菩提之道니 卽是成熟衆生之
　　方便이니라
■ (사)는 알 수 있으리라. 일곱째, 법수레를 운전함[轉法] 등이란 법륜을
　　굴림이 곧 보리의 도를 보이는 것이니 중생을 성숙케 하는 방편이다.

(아) 광염천왕[光焰天王]

光焰天王은 得廣大眼으로 普觀衆生하여 而往調伏解脫
門하니라
빛난 불꽃 천왕은 넓고 큰 눈으로 중생을 널리 살피고 가서
조복하는 해탈문을 얻었나니라.

[疏] 八은 十眼圓見하야 隨宜往調니라
■ (아)는 열 개의 눈으로 원만히 보아서 편의를 따라 가서 조복시킨다.

(자) 광조야마천왕[光照天王]

---

339) 熟은 宮合本作就, 合注云就, 宋南北三藏俱作熟이라 하다.

光照天王은 得超出一切業障하여 不隨魔所作解脫門하
나니라
광명 비춘 천왕은 온갖 업장을 뛰어나서 마군의 짓을 따르
지 아니하는 해탈문을 얻었나니라.

[疏] 九는 超出等者는 超出業障하고 使離惡因하야 不隨魔作하고 捨惡緣
    也니라
■ (자) '뛰어나서[超出]' 등이란 업장을 초월하고, 악한 원인[惡因]을 여의
    게 하여 마군의 지음을 따르지 않고 악한 인연[惡緣]을 버리는 것이다.

(차) 보관찰대명칭천왕[普觀察大名稱天王]

普觀察大名稱天王은 得善誘誨一切諸天衆하여 令受行
心淸淨解脫門하시니라
두루 살펴 소문난 천왕은 모든 하늘 무리를 잘 달래어 그로
하여금 받아 행하고 마음이 조촐케 하는 해탈문을 얻었나
니라.

[疏] 十, 等雨法雨하야 誘令進善하야 使彼受行하고 誨令斷惡하야 得心
    淸淨이니 此就於天이오 偈通一切라
■ (차) 평등하게 법비를 내려 선으로 나아가게 권하여 저들이 본받게
    하고 가르쳐 악을 끊게 하여 마음에 청정을 얻었으니, 이는 하늘의 입
    장에서 본 것이고 게송은 모두에 통한다.

나) 게송으로 찬탄하다[依列偈讚] (偈中 25下6)

　　爾時에 時分天王이 承佛威力하사 普觀一切時分天衆하
　　고 而說頌言하시니라
　　그때에 선시분천왕이 부처님의 위신력을 받들어 온갖 시분
　　천의 무리들을 두루 살피고 게송으로 말하였다.

　　佛於無量久遠劫에　　　　已竭世間憂惱海하시고
　　廣闢離塵淸淨道하사　　　永耀衆生智慧燈이로다
　　부처님이 한량없는 오랜 겁 동안
　　세간의 근심 걱정 없애 버리고
　　티끌 없고 깨끗한 길 터놓으시어
　　중생에게 지혜등불 길이 비추네.

[疏] 偈中亦十이라 初偈, 通顯이니 前半, 彰己已離오 後半, 開發能離善
　　根이니라

■ 나) 게송 찬탄 중에 또한 열 가지가 있어서 그중 첫째 게송은 통틀어
　　밝힌 것이다. ㄱ) 앞부분은 자신은 이미 여의었음을 드러내었고, ㄴ)
　　뒷부분은 잘 여의게 하는 선근을 열어 보인 것이다.

　　如來法身甚廣大하사　　十方邊際不可得이라
　　一切方便無限量하시니　妙光明天智能入이로다
　　부처님의 법신은 크고 넓어서
　　시방에서 끝 간 데를 알지 못하며

온갖 방편이 한량없나니
사랑스런 광명천왕 능히 들었고

生老病死憂悲苦가　　　逼迫世間無暫歇이어늘
大師哀愍誓悉除하시니　　無盡慧光能覺了로다
나고 늙고 병나 죽는 근심과 고통
세상을 핍박하여 쉴 새 없거늘
대사께서 슬피 여겨 없애 주시니
그지없는 당기 천왕 잘 깨달았고

佛如幻智無所礙여　　　於三世法悉明達하사
普入衆生心行中하시니　此善化天之境界로다
환술 같은 부처 지혜 걸림이 없어
삼세의 모든 법을 두루 아시고
중생의 마음속에 널리 드시니
변화하는 단정 천왕 깨달은 경계

總持邊際不可得이며　　辯才大海亦無盡하사
能轉淸淨妙法輪하시니　此是大光之解脫이로다
다라니의 끝 간 데를 알 수 없으며
크나큰 변재 바다 다함없으사
청정하고 묘한 법륜 운전하시니
모두 지닌 큰 광명왕 해탈이니라.

[疏] 二三四五는 文並可知로다

■ 둘째에서 셋째, 넷째, 다섯째까지의 게송은 경문과 함께하면 알 수
있으리라.

業性廣大無窮盡을　　　智慧覺了善開示하시니
一切方便不思議여　　　如是慧天之所入이로다

업의 성품 넓고 커서 다함없거늘
지혜로 깨닫고서 열어 보이되
여러 가지 방편의 부사의함은
헤아릴 수 없는 천왕 들어간 해탈

[疏] 六中에 初句, 卽業性이라 言廣大者는 一念造一切故오 無窮盡者는
未得對治에 無能止故며 有多門故라 次句, 善入이니 智了自入이오
開示令他入이라 次句, 入門多種이라

■ 여섯째 게송 중에 ㄱ) 첫째 구절은 곧 업성(業性)이다. '넓고 크다'고
말한 것은 찰나에 모두를 지은 까닭이며, '다함이 없음'이란 대치하지
못하여 그치게 하지 못한 까닭이며, 또한 여러 문이 있기 때문이다.
ㄴ) 둘째 구절은 '잘 들어감'이니 지혜로 요달함은 스스로 들어감이
며, 열어 보여서 다른 사람으로 하여금 들어가게 하는 것이다. ㄷ)
다음 구절은 문에 들어감이 여러 종류라는 뜻이다.

轉不思議妙法輪하사　　　顯示修習菩提道하여
永滅一切衆生苦하시니　　　此是輪臍方便地로다

부사의한 묘한 법륜 굴리시면서

닦아 익힐 보리도 보여 주시어
중생의 온갖 고통 길이 멸함은
바퀴 배꼽 천왕의 깨달은 방편

如來眞身本無二로되　　　應物隨形滿世間하사
衆生各見在其前하시니　　此是焰天之境界로다
여래의 참된 몸은 둘이 없건만
중생 따라 나타낸 몸 세간에 가득
중생마다 자기 앞에 있다고 보니
빛난 불꽃 천왕의 해탈한 경계

[疏] 七八, 亦可知로다

■ 일곱째와 여덟째 게송도 또한 알 수 있으리라.

若有衆生一見佛이면　　　必使淨除諸業障하고
離諸魔業永無餘케하시니　光照天王所行道로다
어떤 중생 한 번만 부처님 봐도
모든 업장 깨끗이 덜어 버리고
마군의 짓 여의어 남음 없나니
광명 비친 천왕의 행하는 이치

[疏] 九中에 初句, 見佛爲緣이오 次二, 見佛二益이니 一, 正智生에 必內
超業障이오 二, 佛爲眞導에 豈外逐魔緣이리오 旣不隨魔하니 安造魔
業가 十魔並離일새 故致諸言이니라

■ 아홉째 게송 중에 ㄱ) 첫째 구절은 부처님을 친견함이 인연이요, ㄴ) 다음 둘째와 셋째 구절은 부처님을 친견하면 두 가지 이익이 있으니 ① 바른 지혜가 생겨서 안으로 반드시 업장을 초월하게 되고, ② 부처님이 진실하게 이끌어 주시는데 어찌 밖으로 마군의 반연에 쫓기게 되겠는가? 이미 마군을 따르지 않는데 어찌 마군의 업을 짓겠는가? 열 개의 마군을 함께 여의었으므로 여러 말씀이 있게 되었다.

[鈔] 十魔並離者는 卽五十八經이니 一, 蘊魔오 二, 煩惱오 三, 業이오 四, 心이오 五, 死오 六, 天이오 七, 善根이오 八, 三昧오 九, 善知識魔오 十, 菩提法智魔라 下廣有釋하니라

● '열 개의 마군을 함께 여읜다'는 것은 곧 본경 제58권이니, ① 오온마(五蘊魔) ② 번뇌마(煩惱魔) ③ 업마(業魔) ④ 심마(心魔) ⑤ 사마(死魔) ⑥ 천마(天魔) ⑦ 선근마(善根魔) ⑧ 삼매마(三昧魔) ⑨ 선지식마(善知識魔) ⑩ 보리법지마(菩提法智魔)이니, 아래에 자세히 해석하리라.

一切衆會廣如海에　　　佛在其中最威耀하사
普雨法雨潤衆生하시니　此解脫門名稱入이로다[340]
온갖 대중 다 모인 광대한 바다
그 속에 계신 부처 위엄 빛나고
법비를 널리 내려 중생 적시니
두루 살펴 소문난 이 얻은 해탈문이로다.

[疏] 十, 亦可知로다

---

340) 如는 元明清源綱杭鼓纂金本作大, 合注云如, 南北藏俱作大라 하다.

■ 열째 게송도 역시 알 수 있으리라.

마. 삼십삼천왕 대중[三十三天王] 2.

가) 삼십삼천 대중의 득법[上首得法] 11.
(가) 석가인다라천왕[釋迦因陀羅天王] (第五 21下1)

復次釋迦因陀羅天王은 得憶念三世佛出興과 乃至刹成
壞하여 皆明見大歡喜解脫門하니라
또 다시 석가인다라천왕은 삼세의 부처님의 출현과 내지 세
계가 이뤄지고 무너지는 일을 기억해서 다 밝게 보아 크게
환희하는 해탈문을 얻었나니라.

[疏] 第五, 三十三天衆이라 長行有十一法하니 初中에 承力故憶念이라 念
過去佛者는 曾入此天故라 三世有二하니 一, 亦念未來오 二, 過去
自互相望에 亦有三世라 生大喜者는 境殊勝故며 慶自福故라

■ 마. 삼십삼천왕 대중이다. 장항이 열한 가지 법문이 있으니 첫째 법문
중에서 불신력을 입었기 때문에 기억하는 것이다. (가) '과거세의 부
처님을 생각한다'라 함은 일찍이 이 하늘에 들었기 때문이다. 삼세(三
世)에 둘이 있으니 ① 또한 미래를 생각함이요, ② 과거세로부터 서로
바라보면 다시 삼세(三世)가 있는 것이다. '큰 기쁨이 생긴다'는 것은
경계가 뛰어난 때문이며, 경사스러움이 스스로 복스러운 까닭이다.

(나) 보칭만음천왕[普稱滿音天王]

普稱滿音天王은 得能令佛色身으로 最清淨廣大하여 世無能比解脫門하니라

보칭만음천왕은 부처님의 색신이 가장 청정하고 광대해서 세상에서 능히 비교할 수 없게 하는 해탈문을 얻었나니라.

[疏] 二, 能令等者는 然佛身無染淨大小며 亦無勝劣이 猶若虛空에 雲屯卽暗하고 日朗卽明하며 色昏卽劣하고 物隔言小라 今妄雲盡하고 而智光照故로 清淨이오 性空現故로 廣大오 妙色顯故로 無比니 皆解脫力故로 曰能令이니라

■ (나) '能令' 등이란 그러나 부처님의 몸은 더럽고 청정함이나 크고 작음이 없으며 또한 뛰어나고 열등함이 없는 것이 마치 허공에 구름이 끼면[屯] 어둡고, 해가 비치면 밝아지며, 색깔이 어두우면 열등하고, 물건이 멀어지면 작다고 말함과 같다. 지금 허망한 구름이 다하고 지혜광명이 비치므로 청정한 것이요, 성품이 공(空)한 것이 나타나므로 광대함이요, 묘한 색상이 나타나므로 비할 수 없으니 모두가 해탈한 능력인 까닭에 '능령(能令)'이라 하였다.

(다) 자목보계천왕[慈目寶髻天王]

慈目寶髻天王은 得慈雲普覆解脫門하니라

자목보계천왕은 자비의 구름이 널리 덮는 해탈문을 얻었나니라.

[疏] 三, 大慈不揀怨親이 若雲無心而普覆니라

■　(다) 큰 자비로 원수와 친한 이를 가리지 않는 것이 마치 구름이 무심
　　하게 하늘을 덮는 것과 같다.

(라) 보광당명칭천왕[寶光幢名稱天王]

　　寶光幢名稱天王은 得恒見佛이 於一切世主前에 現種種
　　形相威德身解脫門하나라
　　보광당명칭천왕은 부처님이 모든 세간의 주인 앞에 갖가지
　　형상과 위엄과 덕의 몸을 나타내는 것을 항상 보는 해탈문
　　을 얻었나니라.

[疏] 四, 恒見等者는 人天世主가 多恃威德일새 故佛現超之하사 令其敬
　　喜나라
■　(라) '항상 보는' 등이란 인간과 천상의 세상 주인[丗主]이 자주 위덕
　　을 믿기 때문에 부처님이 뛰어남을 나투시어 그들을 공경케 하고 기
　　쁘게 한다.

(마) 발생희락계천왕[發生喜樂髻天王]

　　發生喜樂髻天王은 得知一切衆生의 城邑宮殿이 從何
　　福業生解脫門하나라
　　발생희락계천왕은 모든 중생의 성읍과 궁전이 무슨 복업으
　　로 생겼는지를 아는 해탈문을 얻었나니라.

[疏] 五, 知其因果差別하야 使物勤修因果며 並得名福이라

■ (마) 그 인과의 차별됨을 알아서 중생들에게 부지런히 인과를 닦게 하시며 아울러 복(福)이라 이름하게 한다.

(바) 단정념천왕[端正念天王]

端正念天王은 得開示諸佛의 成熟衆生事解脫門하니라
또한 단정념천왕은 모든 부처님이 중생을 성숙케 하는 일을 열어 보이는 해탈문을 얻었나니라.

[疏] 六, 開示等者는 示佛調生하야 令菩薩倣習이라

■ (바) 開示 등이란 불(佛)이 중생의 조복함을 보여서 보살로 하여금 본받아 익히게 한 것이다.

(사) 고승음천왕[高勝音天王]

高勝音天王은 得知一切世間의 成壞劫轉變相解脫門하니라
고승음천왕은 모든 세간의 이뤄지고 무너지는 겁의 변화하는 모습을 아는 해탈문을 얻었나니라.

[疏] 七, 初成後壞와 住時轉變과 乃至毛孔細察을 皆悉知之라 言轉變者는 福人出世則琳琅現矣오 薄福者出則荊棘生焉이라

■ (사) 처음 성겁(成劫)과 나중의 괴겁(壞劫)과 주겁(住劫) 때의 변화와

나아가 털구멍까지 자세한 관찰을 다 안다는 것이다. 전변(轉變)이란 말은 복 지은 사람이 세상에 나면 옥돌[琳琅]이 나타나고, 복 엷은 사람이 태어나면 가시덤불[荊棘]이 생기는 것이다.

(아) 성취념천왕[成就念天王]

成就念天王은 得憶念當來菩薩의 調伏衆生行解脫門하니라
성취념천왕은 당래의 보살이 중생을 조복하는 행을 기억하는 해탈문을 얻었나니라.

[疏] 八, 憶念等者는 佛毛現因調行이오 天億則能思齊라
■ (아) '憶念' 등은 부처님 털구멍 속에 인행(因行)을 나투었고 천왕이 기억함은 능히 (부처님과) 가지런히 되기를 생각한다는 말이다.

(자) 정화광천왕[淨華光天王]

淨華光天王은 得了知一切諸天의 快樂因解脫門하니라
정화광천왕은 모든 하늘의 쾌락의 원인을 아는 해탈문을 얻었나니라.

[疏] 九, 一切諸樂이 以佛爲因은 具勝德故니 就樂增勝하야 說諸天耳라
■ (자) 모든 즐거움이 부처님으로 말미암은 것은 뛰어난 덕을 갖추었기 때문이니, 즐거움을 더욱 증가시킬 것을 여러 하늘에 말하는 것일 따름이다.

(차) 지일안천왕[智日眼天王]

智日眼天王은 得開示一切諸天子의 受生善根하여 俾無
癡惑解脫門하니라
지일안천왕은 모든 하늘들이 받아 나는 선근을 열어 보여
서 어리석은 미혹이 없게 하는 해탈문을 얻었나니라.

[疏] 十, 開示等者는 受生善根卽念佛力이니 開示令不迷惑하야 則去放
逸而進修니라
■ (차) 開示 등은 받아 나는 선근이 곧 염불한 힘 때문이니, 열어 보여
서 미혹되지 않게 하면 게으름을 버리고 정진하여 닦게 된다.

(카) 자재광명천왕[自在光明天王]

自在光明天王은 得開悟一切諸天衆하여 令永斷種種疑
解脫門하시니라
자재광명천왕은 모든 하늘대중들을 개오시켜서 갖가지 의
심을 길이 끊게 하는 해탈문을 얻었나니라.

[疏] 十一, 疑自疑他와 疑理疑事가 有多種種하니 如聞空疑斷하고 聞有
疑常하며 聞雙是則疑其兩分하고 聞雙非疑無所據하며 又聞空疑有
하고 聞有疑空等이 互相疑也니 今開之使悟니라
■ (카) 자신과 남, 이치와 현상을 의심함이 여러 종류가 있으니, 예를
들면, 공(空)에 대해 들으면 단견(斷見)을 의심하게 되고, 유(有)를 들

으면 상견(常見)을 의심하게 되고, 양쪽이 다 옳다고 들으면 그 두 가지를 의심하게 되고, 양쪽을 다 부정하면 '근거 없다'고 의심한다. 또 공(空)을 들으면 유(有)를 의심하고, 유를 들으면 공을 의심하는 등이 서로서로 의심하는 것이니, 지금 열어서 깨닫게 한 것이다.

[鈔] 疑自疑他等者는 然疑略有二하니 一, 通相說이니 於諸諦理에 猶豫 爲性이오 能障不疑善品爲業이라 二者, 五蓋中疑라 略有三種하니 一, 疑自니 謂己不能入理오 二, 疑師니 爲彼不能善敎오 三, 疑法이 니 謂於所學에 爲令出離아 爲不出離가 如有病人이 疑自, 疑醫, 疑 藥에 病終不愈라 今言疑自와 疑他, 疑理, 疑事는 卽五蓋中之三種 也니 合其事理는 皆所疑法이니 通相說也니라 …〈下略〉…

● '자신과 남을 의심하는' 등은 의심에 간략히 두 가지가 있으니, ① 일반 양상으로 설하였으니 모든 진리에 머뭇거림[猶豫]을 체성으로 삼았고, 의심하지 않는 선품(善品)을 장애하는 것으로 업을 삼았다. ② 다섯 가지 덮개[貪欲, 瞋恚, 惛眠(즉 昏沈과 睡眠), 掉悔(掉擧와 惡作), 疑蓋]³⁴¹⁾ 중에 의심(疑心)이니 간략히 세 가지가 있다. 첫째는 자신을 의심함[疑自]이니 자신이 능히 이치에 들지 못할 것이라 말하는 것이요, 둘째는 스승을 의심함[疑師]이니 저가 능히 잘 가르치지 못한다고 함이요, 셋째는 법을 의심함[疑法]이니 이른바 배운 것으로 (생사를) 벗어나게 될까 되지 못할까 의심함이니, 마치 병든 사람이 자신과 의사와 약을 의심하면 병은 결국 낫지 않게 되는 것과 같다. 지금 말한 나와 남, 이치와 현상을 의심하는 것은 다섯 가지 덮개번뇌[五蓋] 가운데 세 가

---

341) 五蓋: 범어 pañca-āvaranāni의 번역. 五障이라고도 한다. 蓋는 蓋覆의 뜻. 마음을 덮어서 善法을 내지 못하게 하는 다섯 가지 번뇌. 곧 貪欲蓋, 瞋恚蓋, 惛眠蓋(睡眠蓋 즉 昏沈과 睡眠), 掉悔蓋(掉擧와 惡作), 疑蓋 등이다.

지이니 그 현상과 이치를 합하면 다 법을 의심하는 것이니 일반 양상
으로 말한 것이다. …<아래 생략>…

나) 게송으로 찬탄하다[依列偈讚] (偈中 30上9)

爾時에 釋迦因陀羅天王이 承佛威力하사 普觀一切三十
三天衆하고 而說頌言하시니라
그때에 석가인다라천왕이 부처님의 위신력을 받들어 모든
삼십삼천의 대중들을 널리 살피고 게송으로 말하였다.

我念三世一切佛의   所有境界悉平等하시니
如其國土壞與成을   以佛威神皆得見이로다
내가 생각하니 삼세 모든 부처님의
있는 바 경계가 다 평등하시니
그 국토가 무너지고 이룩되는 것을
부처님의 위신력으로 다 보도다.

[疏] 偈中에 亦有十一하니 初中云平等者는 化儀同故라 又但以世俗文
字數故로 說有三世언정 非謂如來가 有去來今이니라

■ 나) 게송 찬탄 중에 또한 열한 가지가 있으니, 첫째 게송에 '평등함'이
라 말한 것은 교화하는 모양이 같기 때문이다. 또 다만 세속 문자의
숫자 때문에 삼세(三世)를 말한 것이지 여래에게 과거, 현재, 미래가 있
다는 말은 아니다.

[鈔] 又但以世俗下는 卽淨名第二니 唯改菩提하야 爲如來耳니라

● 又但以世俗 아래는 곧『유마경』제2권이니 오직 보리(菩提)를 고쳐서
여래(如來)로 바꾸었을 뿐이다.

佛身廣大徧十方하사　　妙色無比利群生하시며
光明照耀靡不及하시니　　此道普稱能觀見이로다

부처님의 몸은 광대하여 시방에 두루 하사
미묘한 색은 비할 데 없어 중생들을 이롭게 하시며
광명은 빛나서 미치지 않는 데가 없으시니
이 도는 보칭천왕이 능히 보았네.

[疏] 二中에 初句, 廣大오 次句, 無比오 次句, 淸淨이라 然古德明通有六
義하니 一, 廣이니 謂總法界爲身故오 二, 徧이니 全徧一塵至十方故
오 三, 妙니 色卽無色이니 無色之色故오 四, 勝이니 無有比故오 五,
益이니 利物無涯故오 六, 用이니 光破暗故니라

■ 둘째 게송 중에 ㄱ) 첫째 구절은 광대함이요, ㄴ) 둘째 구절은 비할
바 없음이요, ㄷ) 셋째 구절은 청정함을 말한다. 그렇지만 옛 어른이
통틀어 여섯 가지 뜻이 있음을 밝혔으니 ① 넓음이니 총히 법계로 몸
을 삼았기 때문이요, ② 두루 가득함이니 온전히 한 티끌에 두루 하
여 시방에 이르는 까닭이요, ③ 묘함이니 형색이 곧 형색 없음이니, 색
없는 색인 까닭이요, ④ 수승함이니 비할 데 없는 까닭이요, ⑤ 이익
됨이니 중생을 이익되게 함이 가없기 때문이며, ⑥ 작용이니 광명이
어두움을 파하기 때문이다.

如來方便大慈海여　　　往劫修行極淸淨하사
化導衆生無有邊하시니　　寶髻天王斯悟了로다
여래의 방편인 큰 자비의 바다는
지나간 겁의 수행으로 지극히 청정해
중생을 교화함이 끝이 없으시니
보계천왕이 이것을 깨달았네.

[疏] 三中에 前半, 即慈雲이니 上句, 果大오 下句, 因深이라 一切佛法依
慈悲오 慈悲는 又依方便立이니 俱稱深廣일새 故致海言이라 次句, 即
普覆也니라

■ 셋째 게송 중에 앞부분은 자비한 구름[慈雲]이다. ㄱ) 첫째 구절은 과
덕이 크고 ㄴ) 둘째 구절은 인행이 깊다는 뜻이다. 모든 불법이 자비
를 의지하고, 자비는 또 방편을 의지하여 세웠으니 모두 깊고 광대하
다[深廣]고 일컬었으므로 바다라는 말에까지 이르렀다. ㄷ) 셋째 구
절은 곧 '널리 덮음[普覆]'의 뜻이다.

我念法王功德海가　　　世中最上無與等하여
發生廣大歡喜心하시니　　此實光天之解脫이로다
내가 생각하니 법왕의 공덕 바다가
세상에서 가장 높아 같을 이 없어
넓고 큰 환희심을 내게 하시니
이것은 보광천왕의 해탈이로다.

佛知衆生善業海에　　　種種勝因生大福하사

皆令顯現無有餘하시니　　此喜髻天之所見이로다
중생들의 선업의 바다에
갖가지 좋은 인이 큰 복을 냄을 부처님이 아시사
모두 다 나타내어 남김 없게 하시니
이것은 희계천왕의 본 바로다.

諸佛出現於十方하사　　普徧一切世間中하사
觀衆生心示調伏하시니　　正念天王悟斯道로다
모든 부처님이 시방에 출현하여
널리 일체 세간에 두루 하사
중생의 마음을 살펴 조복을 보이시니
정념천왕이 이 도를 깨달았네.

如來智身廣大眼이여　　世界微塵無不見이라
如是普徧於十方하시니　　此雲音天之解脫이로다342)
여래의 지혜 몸에 넓고 큰 눈은
세계의 작은 티끌 모두 다 봄이라
이와 같이 시방에 두루 하시니
이것은 승음천왕의 해탈이로다.

一切佛子菩提行을　　如來悉現毛孔中하시되
如其無量皆具足하시니　　此念天王所明見이로다
모든 불자의 보리행을

---

342) 雲音은 合本作勝音, 合注云勝, 南北藏宋論俱作雲이라 하다.

여래가 모공 속에 다 나타내어
그와 같이 한량없이 다 구족하시니
이것은 염천왕이 밝게 보았네.

世間所有安樂事여　　　一切皆由佛出生이라
如來功德勝無等하시니　此解脫處華王入이로다
세간에 있는 안락한 일들
모두 부처님을 말미암아 나옴이라
여래의 공덕 훌륭해서 같을 이 없으시니
이 해탈은 정화천왕이 들어갔네.

[疏] 次後六偈는 文並可知로다
■　다음 뒤의 여섯 게송은 경문과 함께하면 알 수 있으리라.

若念如來少功德하여　　乃至一念心專仰하면
諸惡道怖悉永除니　　　智眼於此能深悟로다
만약 여래의 조그마한 공덕만이라도 생각해서
잠깐 동안 마음에 우러러보면
모든 악도의 두려움이 다 제거되니
지안천왕이 여기에 깊이 깨달았네.

[疏] 十中에 初二句, 卽前善根이라 少功德者는 以少況多하야 彰因爲勝
이라 次句, 卽人天受生이니 故離三惡怖니라
■　열째 게송 중에 ㄱ) 첫째와 둘째 구절은 곧 전생의 선근이다. '조그마

한 공덕'이란 작은 것으로 많은 것에 견주어 인행이 뛰어남을 밝혔다.
ㄴ) 셋째 구절은 인간과 천상에 태어남이니, 때문에 삼악도(三惡道)의
두려움을 여의게 된다.

寂滅法中大神通이여　　普應群心靡不周하사
所有疑惑皆令斷케하시니　此光明王之所得이로다
고요한 법 가운데 큰 신통이여
중생들의 마음에 널리 응하여 두루 하사
모든 의혹을 다 끊게 하시니
이것은 광명천왕이 얻은 바로다.

[疏] 十一中에 初句, 卽能開之法이니 是寂滅智通이오 次二句, 由普應故
로 疑皆斷也니라
■ 열한째 게송 중에 ㄱ) 첫째 구절은 능히 열어 보일 법이니 고요한 지
혜신통이고, ㄴ) 둘째와 셋째 구절은 부처님이 널리 응함을 인하여
의심이 모두 끊어진 것이다.

바. 일천자 대중[日天子]^343) 2.

가) 천왕중의 득법[上首得法] 11.
(가) 일천자[日天子] (第六 32下9)

復次日天子는 得淨光普照十方衆生하여 盡未來劫常爲

---
343) 여기서부터는 十廻向位에 해당한다.

利益解脫門하니라

또 다음 일천자는 청정한 광명으로 시방의 중생들을 널리 비추어서 미래 겁이 다하도록 항상 이익케 하는 해탈문을 얻었나니라.

[疏] 第六, 日天이라 長行十一法에 旣爲日天일새 多辨光益이라 初一, 名 及法門皆是總也니 謂佛身智光이 猶如彼日無私而照라 是曰淨光이 니 此光體也오 次辨光用³⁴⁴⁾에 略有四義하니 一, 約心이니 高下齊明 故名普照오 二, 約處니 則窮十方界오 三, 約時니 盡於未來오 四, 約功用이니 常無間斷이라 如斯利益卽大智之功이니라

■ 바. 일천자(日天子) 대중이다. 장항의 열한 가지 법문에 이미 일천자이 므로 광명의 이익에 대해서는 자주 말하였다. (가) 첫째 이름과 법문 이 모두 총상이니 말하자면, 불신의 지혜광명은 마치 태양이 사사로 움 없이 비추는 것과 같다. 이를 '정광(淨光)'이라 하나니 이것이 광명 의 체성이다. 다음 광명의 작용을 밝히면 간략히 네 가지 뜻이 있으니, ① 마음을 의지하면 높고 낮음에 다 같이 밝으므로 '널리 비춘다[普照]' 라 하고 ② 장소를 의지하면 시방세계를 다하며 ③ 시간을 의지하면 미래제를 다하며 ④ 공용(功用)을 의지하면 항상하여 차별하거나 끊 어짐이 없다. 이 같은 네 가지 이익은 큰 지혜의 공용인 것이다.

(나) 광염안천자[光焰眼天子]

光焰眼天子는 得以一切隨類身으로 開悟衆生하여 令入

---

344) 光用은 續本作光明, 金本作用光이라 하다.

智慧海解脫門하니라

광염안천자는 모든 종류를 따르는 몸으로 중생을 깨우쳐서
지혜의 바다에 들게 하는 해탈문을 얻었나니라.

[疏] 二, 以一切等者는 衆生本有佛智가 如海潛流니 今佛以隨彼彼類身
하사 說種種方便은 務在開悟하야 令其證入이니라

■ (나) '以一切' 등이란 중생이 본래로 가진 불지(佛智)가 마치 바다 밑
으로 흐르는 것과 같으니, 이제 불(佛)이 저들 부류의 몸을 따라서 갖
가지 방편을 말씀하신 것은 목적이 개오(開悟)하여 그들을 증득해 들
게 함에 있다.

(다) 수미광환희당천자[須彌光歡喜幢天子]

須彌光歡喜幢天子는 得爲一切衆生主하여 令勤修無邊
淨功德解脫門하니라

수미광환희당천자는 모든 중생의 주인이 되어 그지없이 깨
끗한 공덕을 부지런히 닦게 하는 해탈문을 얻었나니라.

[疏] 三, 衆生愛染하야 漂泊無依어늘 佛德無礙하니 應爲其主라 隨修絶
染을 名淨功德이오 一行契理를 卽曰無邊이니 況其具修耶아

■ (다) 중생은 사랑하고 물들어 흔들리고 머물러[漂泊] 의지할 곳이 없
는데 부처님의 공덕은 걸림 없으니 응당 그 귀의처[其主]가 되는 것이
다. 수행함에 따라 잡염(雜染)을 끊게 되는 것을 깨끗한 공덕이라 하
고, 하나의 수행으로 이치에 계합하더라도 그지없다 하였는데 하물

며 갖추어 수행함이겠는가?

(라) 정보월천자[淨寶月天子]

淨寶月天子는 得修一切苦行호대 深心歡喜解脫門하니라
정보월천자는 온갖 고행을 닦아 깊은 마음으로 환희하는 해
탈문을 얻었나니라.

[疏] 四, 修一切等者는 以智導悲하야 爲物受苦일새 故深歡喜라

■ (라) '온갖 고행을 닦아' 등은 지혜로 자비를 이끌어 중생을 위해 고
통을 받으므로 깊이 환희하게 된다.

(마) 용맹불퇴전천자[勇猛不退轉天子]

勇猛不退轉天子는 得無礙光普照하여 令一切衆生으로
益其精爽解脫門하니라
용맹불퇴전천자는 걸림 없는 빛을 널리 비추어 모든 중생
들로 하여금 그 정기를 더하게 하는 해탈문을 얻었나니라.

[疏] 五, 謂體離障惑하야 用而遂通故云無礙오 若身若智가 俱得稱光하
야 周而不偏故云普照오 身心明利是益精爽이니 爽明也라 大集經에
云, 國王護法에 增長三種精氣니 一, 地精氣니 謂五穀豐熟이오 二,
衆生精氣니 謂形貌端嚴하야 無諸疾疫이오 三, 善法精氣니 謂修施
戒信等이라하나니 今文은 正在第三益其福智오 義兼前二니 法力遠

資故라

■ (마) 말하자면 체성이 장애와 번뇌를 여의었으므로 그를 써서 마침내 통하였으므로 '무애(無礙)'라 하였고, 저 몸과 지혜가 모두 광명에 걸맞아서 두루 하여 치우치지 않은 연고로 '보조(普照)'라 하였다. 몸과 마음이 밝고 영리한 것이 정기[精爽]를 더하는 것이니 상(爽)은 밝다는 뜻이다. 『대집경』에 이르되, "국왕이 법을 보호하면 세 가지 정기를 늘어나게 하나니 ① 땅의 정기이니 오곡(五穀)이 넉넉히 익음을 말하고 ② 중생의 정기이니 형상과 용모가 단정하고 엄숙해서 여러 질병이 없음을 말하고 ③ 선법(善法)의 정기이니 보시(布施)와 지계(持戒)와 신심(信心) 등을 말한다" 하였다. 지금 문장은 바로 세 번째 복덕과 지혜를 더함에 있으며 뜻으로는 앞의 두 가지를 겸하였으니 법력(法力)이 멀리 미치기 때문이다.

(바) 묘화영광명천자[妙華纓光明天子]

妙華纓光明天子는 得淨光普照衆生身하여 令生歡喜信解海解脫門하니라
또한 묘화영광명천자는 깨끗한 빛으로 중생의 몸을 널리 비추어 기쁜 신심과 이해를 내게 하는 해탈문을 얻었나니라.

[疏] 六, 淨光等者는 身智二光이 淨物身心하야 信解深廣이어니 于何不喜리오
■ (바) '깨끗한 빛' 등은 몸 광명과 지혜광명이 중생의 몸과 마음을 맑게 하여 믿음과 견해가 깊고 넓어진 것이니 어째서 기쁘지 않겠는가?

(사) 최승당광명천자[最勝幢光明天子]

最勝幢光明天子는 得光明普照一切世間하여 令成辨種
種妙功德解脫門하니라
최승당광명천자는 광명이 모든 세간을 널리 비추어서 가지
가지 묘한 공덕을 마련하게 하는 해탈문을 얻었나니라.

[疏] 七, 晝則勤心으로 修善業故니라
■ (사) 낮에는 마음으로 부지런히 선업(善業)을 닦기 때문이다.

(아) 보계보광명천자[寶髻普光明天子]

寶髻普光明天子는 得大悲海로 現無邊境界種種色相
寶解脫門하니라
보계보광명천자는 큰 자비의 바다에 그지없는 경계의 갖가
지 색상의 보배를 나타내는 해탈문을 얻었나니라.

[疏] 八, 大悲海等者는 謂無緣大悲로 坐於道樹하야 出多奇寶故라 色相
寶者는 應言寶色相이니 圓明可貴故며 以寶爲體하야 寶莊嚴故라 具
十蓮華藏塵數345)일새 故云種種이오 一一色相用周法界일새 名現無
邊境이니 如是皆從大悲海流라 悲海包納에 不揀賢愚故니라
■ (아) '큰 자비의 바다' 등이란 말하자면 무연대비(無緣大悲)로 보리수
에 앉아서 많은 기이한 보배를 내는 것이요, 색상보(色相寶)는 응당

---

345) 塵數는 原無, 源甲南續金有라 하다.

'보배 색상[寶色相]'이라 해야 하나니 원만히 밝아서 귀히 여길 만한 까닭이며, 보배로 자체를 삼아 보배로 장엄한 까닭이다. 10연화장의 티끌 수를 갖추었으므로 '갖가지'라 하며 낱낱의 색상이 법계에 두루 쓰였으므로 그지없는 경계를 나투었으니, 이런 것이 모두 대비(大悲)의 바다에서 흘러나온 것이다. 자비의 바다로 받아들일[包納] 때에 현명하고 우둔함을 가리지 않기 때문이다.

(자) 광명안천자[光明眼天子]

光明眼天子는 得淨治一切衆生眼하여 令見法界藏解脫門하니라
광명안천자는 모든 중생의 눈을 깨끗하게 다스려서 법계의 창고를 보게 하는 해탈문을 얻었나니라.

[疏] 九, 慧除癡翳에 法眼則淨하야 淨見法界라 法界卽藏이니 藏如前說하니라
■ (자) 지혜로 어리석은 번뇌를 없애면 법안이 맑아져서 청정하게 법계를 보게 된다. 법계가 곧 '창고'이니 창고는 앞에 설한 내용과 같다.

(차) 지덕천자[持德天子]

持德天子는 得發生淸淨相續心하여 令不失壞解脫門하니라
지덕천자는 청정하게 계속하는 마음을 내어 무너지지 않게 하는 해탈문을 얻었나니라.

[疏] 十, 發生等者는 謂於佛所에 發生淸淨心이라 曾一供養에 能令其福
　　으로 續至菩提故가 如出現品食金剛喩은 況相續耶아

■ (차) '發生' 등은 말하자면 부처님 처소에서 청정심(淸淨心)을 발생하
　　였으니 일찍이 한 번 공양할 때에 능히 그 복으로 이어 보리에 이르게
　　함이 마치 여래출현품의 '금강을 먹는 비유[食金剛喩]'³⁴⁶⁾와 같을 것인
　　데 하물며 상속함이겠는가?

(카) 보운행광명천자[普運行光明天子]

普運行光明天子는 得普運日宮殿하여 照十方一切衆生
하여 令成就所作業解脫門하시니라
보운행광명천자는 해의 궁전을 널리 운전해서 시방의 모든
중생을 비추어 짓는 업을 성취케 하는 해탈문을 얻었나니라.

[疏] 十一, 使物居業이 莫越日光이어든 令人進德이 寧過法義아

■ (카) 중생으로 하여금 업에 머물게 함이 햇빛보다 낫지 않은데 사람
　　들을 덕에 나아가게 함이 어찌 법과 이치보다 낫겠는가?

나) 게송으로 찬탄하다[依列偈讚] (偈中 35上1)

爾時에 日天子가 承佛威力하사 普觀一切日天子衆하고
而說頌言하시니라
그때에 일천자가 부처님의 위신력을 받들어 모든 일천자 대

---

346) 이는 如來出現品 제37의 '親近利益의 三種譬喩'條에 보인다. 세 가지 비유란 ① 食金剛喩 ② 燒乾草喩 ③
　　藥王樹喩이다. (교재 권3 p.302-)

증을 두루 살피고 게송으로 말하였다.

如來廣大智慧光이　　　普照十方諸國土하시니
一切衆生咸見佛의　　　種種調伏多方便이로다
여래의 광대한 지혜의 빛이
시방의 모든 국토를 널리 비추니
모든 중생들이 부처님의
가지가지 조복하는 방편들을 다 보도다.

[疏] 偈中에도 亦有十一하니 初中에 前半, 淨光普照오 後半, 常爲利益이
　　라 滅惡生善하며 破愚爲智等이 爲多方便이니라

■ 나) 게송 찬탄 중에 또한 열한 가지가 있다. 첫째 게송 중에 ㄱ) 앞부
분은 깨끗한 광명이 널리 비춤을 말하고, ㄴ) 뒷부분은 항상 이익되
게 하므로 악(惡)을 없애고 선(善)을 만들며 어리석음을 파하여 지혜
롭게 하는 등이 많은 방편이 된다.

如來色相無有邊이라　　　隨其所樂悉現身하사
普爲世間開智海하시니　　　焰眼如是觀於佛이로다
여래의 모습은 한량이 없어서
그 좋아함을 따라서 몸을 나타내사
널리 세간을 위하사 지혜의 바다를 여시니
염안천자가 이와 같이 부처님을 보았네.

佛身無等無有比라　　　光明照耀徧十方하사

超過一切最無上하시니　　如是法門歡喜得이로다
부처님의 몸은 같은 이도 없고 비할 데도 없어
광명이 밝게 비추어 시방에 두루 하사
모든 것을 뛰어넘어 가장 높으시니
이러한 법문은 환희천자가 얻었네.

[疏] 二三, 可知로다
■ 둘째와 셋째 게송은 알 수 있으리라.

爲利世間修苦行하사　　往來諸有無量劫이로대
光明徧淨如虛空하시니　　寶月能知此方便이로다
세간을 이익케 하려고 고행을 닦으사
모든 유에 왕래한 것이 한량없는 겁이로다.
광명이 두루 맑아 허공과 같으시니
보월천자가 이 방편을 알았네.

[疏] 四中에 前半, 卽一切苦行이라 此有四難하니 一, 背己利世難이오 二,
行相唯苦難이오 三, 處經諸有難이오 四, 時劫無量難이라 於此具行
故云一切라 次句, 明深心歡喜라 亦有四義하니 一, 爲物苦行이 滿
本願故니 義在初句오 二, 智照苦性이 本空寂故니 卽有光明照空이
오 三, 徧淨無染이 非雜毒故니 卽徧淨如空이오 四, 自他有果가 非
無利故니 卽第三句全이니라
■ 넷째 게송 중에 앞부분은 곧 온갖 고행(苦行)을 말하였다. 여기에 네
가지 어려움이 있으니 ① 자신을 등지고 세상을 이롭게 하기 어려우

며 ② 수행과 모양이 오직 고행(苦行)뿐인 어려움이고 ③ 모든 유(有)에 처하여 지내기 어려우며 ④ 시간과 공간이 한량없는 어려움이다. 여기에 갖추어 수행하므로 일체(一切)라 하였다. 다음 셋째 구절은 깊은 마음으로 환희함을 밝혔다. 여기에 또한 네 가지 뜻이 있으니 ① 중생을 위하여 고행함이 본원(本願)을 만족한 까닭이니 뜻은 첫째 구절에 있고, ② 지혜로 고통의 본성이 본래 공적함을 비추기 때문이니 곧 광명(光明)이 허공을 비춤과 같으며, ③ 두루 깨끗하며 물듦이 없는 것은 잡독(雜毒)이 아닌 까닭이니 곧 두루 허공과 같이 깨끗함이요, ④ 자신과 남에게 과덕이 있는 것이 이익이 없지 않기 때문이니 곧 셋째 구절에 완전해진다.

佛演妙音無障礙여　　　　普徧十方諸國土하사
以法滋味益群生하시니　　勇猛能知此方便이로다
부처님이 묘음을 연설하사 장애가 없음이여
널리 시방의 여러 국토에 두루 하여
법의 자미로써 중생을 이익케 하시니
용맹천자가 이 방편을 알았네.

放光明網不思議여　　　　普淨一切諸含識하사
悉使發生深信解케하시니　此華纓天所入門이로다
광명의 그물을 놓아 부사의함이여
널리 모든 중생을 깨끗하게 하사
모두 다 깊은 믿음과 이해를 내게 하시니
이것은 화영천자가 들어간 문이로다.

[疏] 五六, 可知로다 光網之義는 如賢首品하니라

■ 다섯째와 여섯째 게송은 알 수 있으리라. '광명의 그물[光網]'의 뜻은 현수품(賢首品)에 설한 내용과 같다.

世間所有諸光明이   不及佛一毛孔光이라
佛光如是不思議여   此勝幢光之解脫이로다
세간에 있는 모든 광명이
부처님의 한 모공 광명보다 못해
부처님의 광명 이처럼 부사의함이여
이것은 승당광천자의 해탈이로다.

[疏] 七中에 通明이라 舉劣顯勝하여 以辨難思니 故能成辦諸妙功德이라
言世不及者는 世雖多光이나 益非究竟이오 佛光雖少나 必徹眞源이
니 不可盡故라 以一況諸니라

■ 일곱째 게송 중에 통틀어 밝혔다. 열등함을 들어서 수승함을 나타내어 사의하기 어려움을 밝혔다. 때문에 능히 여러 가지 묘한 공덕을 힘써 성취하였다. '세상에 미치지 못한다'고 말한 것은 세상이 비록 광명이 많지만 이익으로는 끝이 아니고, 불광(佛光)이 비록 적지만 반드시 진리의 근원에 통한 것은 다하지 않기 때문이니 한 가지로 모두에 비유하였다.

一切諸佛法如是여   悉坐菩提樹王下하사
令非道者住於道케하시니 寶髻光明如是見이로다
모든 부처님의 법이 이러함이여

다 보리수 아래에 앉으사
도 아닌 자를 도에 머물게 하시니
보계광명천자가 이와 같이 보았네.

衆生盲闇愚癡苦여   佛欲令其生淨眼이라
是故爲然智慧燈하시니   善目於此深觀察이로다
중생들의 눈 멀고 어리석은 고통을 살펴
부처님이 그들에게 깨끗한 눈이 생기게 함이라
중생을 위해서 지혜의 등불을 밝히시니
선목천자가 여기에서 깊이 관찰했네.

解脫方便自在尊을   若有曾見一供養이라도
悉使修行至於果케하시니 此是德天方便力이로다
해탈의 방편이 자재하신 분을
만약 뵈옵고 한 번만 공양 올려도
모든 수행이 성과에 이르게 하시니
이것은 덕천자의 방편의 힘이로다.

[疏] 八九與十, 文亦可知로다
■ 여덟째와 아홉째, 열째 게송은 경문과 (함께하면) 또한 알 수 있으리라.

一法門中無量門을   無量千劫如是說하시니
所演法門廣大義여   普運光天之所了로다
한 법문 가운데 한량없는 법문을

한량없는 겁 동안 이와 같이 설하시니
연설하신 법문의 넓고 큰 뜻을
보운광천자가 알았네.

[疏] 十一中에 初句, 卽能照法門이 猶一日宮에 千光並照하야 隨擧一法
하야 有無量門이라 然有二義하니 一, 約相類니 如一無常門에 有生
老病死와 聚散合離와 得失成壞와 三災四相과 外器內身과 刹那一
期와 生滅轉變과 染淨隱顯하니 皆無常門이라 餘亦如是니라

二, 就性融不可盡也니라 次二句는 普運照義니 一日周天에 則日日無
盡이오 一門歷事에 則劫劫難窮이오 方便多門이 終歸一極이라 廣者는
無邊이오 大者는 無上이니라

■ 열한째 게송 중에 ㄱ) 첫째 구절은 곧 능히 비추는 법문이 마치 한 일
천자의 궁전에 천 개의 광명이 함께 비추는 것과 같이 한 법문을 들음
을 따라 무량한 법문이 있다. 하지만 (무량함에) 두 가지 뜻이 있으니
① 모양의 종류를 의지하였으니 마치 한 무상법문(無常法門)에 생, 노,
병, 사와 모였다 흩어지고 합하고 떨어짐[聚, 散, 合, 離]과 얻고 잃으며
이루고 무너뜨림[得, 失, 成, 壞]과 세 가지 재난, 네 가지 모양[成, 住, 壞,
空]과 찰나와 한 기간과 생멸하고 전변함과 염정과 은현 등이 있으니
모두 무상법문(無常法門)이다. 나머지 다른 법문도 이와 같다.
② 체성이 융화함을 의지하면 다하지 못하는 것이다. ㄴ) 둘째와 셋
째 구절은 널리 움직여 비추는 뜻이니, 하루 동안 하늘을 돌면 나날
이 끝이 없고, 한 법문으로 일을 거치면 여러 세월을 다하기 어려우
며, 많은 방편문이 마침내 한 끝으로 돌아가게 된다. 광(廣)이란 그지
없음이요, 대(大)란 위없음을 뜻한다.

사. 월천자 대중[月天子] 2.

가) 천자중의 득법[上首得法] 10.
(가) 정광월천자 (第七 37上6)

> **復次月天子는 得淨光으로 普照法界하여 攝化衆生解脫
> 門하니라**
> 또 다음 월천자는 깨끗한 빛으로 법계를 널리 비추어서 중
> 생들을 거두어 교화하는 해탈문을 얻었나니라.

[疏] 第七, 月天이니 長行十法이라 初名法門은 亦總稱也라 謂光有身智
二殊오 法界亦事理兩別이라 事卽機之身心과 及所依刹이니 身光하
야 照身令覺하고 照刹令淨하며 智光으로 照心破癡하고 照理令顯이라
身智二光相卽에 則所照四法亦融이니 以之稱普오 並除惑障에 俱得
淨名이니라.

■ 사. 월천자 대중이다. 장항이 열 가지 법문이니 (가) (月天子란) 명칭과
법문은 역시 총상이라 칭하기도 한다. 말하자면 광명에는 몸 광명과
지혜광명의 두 가지가 다르고, 법계도 또한 사법계(事法界)와 이법계(理
法界)의 두 가지가 있다. 현상은 곧 각각 중생의 몸과 마음, 또 의지한
국토이니 몸 광명으로 몸을 비추어 어리석음을 없애고, 이치를 비추어
밝게 한다. 신광(身光)과 지광(智光)이 서로 합치할 때에 비출 대상인
'네 가지 법계[四法界]'도 역시 원용할 것이니 그러므로 '넓다'라고 칭하
였고, 더불어 번뇌장을 제거하면 모두 다 '청정'이란 이름을 얻게 된다.

(나) 화왕계광명월천자[華王髻光明月天子]

華王髻光明天子는 得觀察一切衆生界하여 令普入無邊
法解脫門하니라
화왕계광명천자는 모든 중생계를 관찰해서 그지없는 법에
널리 들어가게 하는 해탈문을 얻었나니라.

[疏] 二, 觀察等者는 悲心普觀하고 授以多法하야 令入無邊法界니라
■ (나) 관찰 등이란 자비심으로 널리 보고 여러 법문을 주어서 그지없는
법계에 들게 한다.

(다) 중묘정광월천자[衆妙淨光月天子]

衆妙淨光天子는 得了知一切衆生心海의 種種攀緣轉解
脫門하니라
중묘정광천자는 모든 중생들의 마음 바다가 가지가지 반연
으로 달라짐을 아는 해탈문을 얻었나니라.

[疏] 三, 衆生藏識을 皆名心海오 前七轉識을 名攀緣轉이니 轉謂轉生이
오 亦流轉也라 緣境非一일새 立種種名이라 故로 經에 云, 藏識海常
住어늘 境界風所動으로 種種諸識浪이 騰躍而轉生이라하며 喩云, 洪
波鼓溟壑하야 無有斷絶期라하니라 旣知機殊하니 隨應授法이라
■ (다) 중생의 장식(藏識, 제8식)을 모두 '마음 바다'라 이름하고 앞의 제
7 전식(轉識)을 '반연으로 구른다'라 하였다. 전(轉)이란 '생을 바꿈[轉

生'을 말하고 또한 유전한다는 말이다. 경계를 반연함이 한결같지 않으므로 '갖가지'라고 부른다. 그러므로 『능가경』[347]에 이르되, "장식(藏識)의 바다가 상주하지만 경계의 바람이 일어나 갖가지 알음알이의 물결이 뛰놀고 구르면서 생겨나네"라고 하며 비유로 이르되, "크나큰 파도가 바다[溟壑]를 치면서 끊일 새 없이 항상 일어난다"라고 하였다. 이미 근기가 다른 줄 알았으니 중생 근기를 따라 감하여 법문을 주는 것이다.

[鈔] 故經云藏識海常住等者는 此疏義引이니 具云, 譬如巨海浪이 斯由猛風起니 洪波鼓冥壑하야 無有斷絶期라 藏識海常住等同이라 此義는 至下問明品하야 當廣分別하리라

● '그러므로 능가경에 이르되, 장식(藏識)의 바다가 상주하지만' 등이란 소에서 뜻으로 인용하였으니 갖추어 말해 보면, "비유컨대 큰 바다의 물결은 모진 바람이 일기 때문에, 크나큰 파도가 바다를 치면서 끊일 새 없이 항상 일어난다. 장식(藏識)의 바다가 상주하지만 경계의 바람이 일어나 갖가지 알음알이의 물결이 뛰놀고 구르면서 생겨나네"라고 한 등과 같다. 이 뜻은 아래 보살문명품에 가서 널리 분별할 것이다.

(라) 안락세간심월천자[安樂世間心月天子]

安樂世間心天子는 得與一切衆生不可思議樂하여 令踊躍大歡喜解脫門하니라
안락세간심천자는 모든 중생들에게 불가사의한 즐거움을

---

347) 이는 『4권 楞伽經』 제1권 一切佛語心品 제1의 게송이다. 經云, "譬如巨海浪이 斯由猛風起니 洪波鼓冥壑하야 無有斷絶期라 藏識海常住어늘 境界風所動으로 種種諸識浪이 騰躍而轉生이라."(대정장 권16 p. 484 b9-)

주어서 크게 기뻐서 뛰게 하는 해탈문을 얻었나니라.

[疏] 四, 與一切衆生等者는 謂示物聖樂하야 令得初地라 此樂本有니 染
而不染爲不思議니라

■ (라) '중생들에게 주어서' 등이란 말하자면, 중생에게 성스러운 즐
거움을 보여 초지(初地)를 얻게 한 것이다. 이러한 즐거움은 본래 타
고난 것[本有]이니 물들면서도 물들지 않는 것이 부사의(不思議)의 뜻
이다.

(마) 수왕안광명월천자[樹王眼光明月天子]

樹王眼光明天子는 得如田家가 作業에 種芽莖等을 隨
時守護하여 令成就解脫門하니라
수왕안광명천자는 농가에서 농사를 지음에 종자와 싹과 줄
기들을 때를 따라 지키고 보호해서 성취케 하는 해탈문을
얻었나니라.

[疏] 五, 謂以菩提心爲家오 二利爲作業이오 並以身口爲牛오 利智爲犁
하야 耕於心地하며 下聞薰種하고 生信解芽하며 起正行莖하고 開諸
覺華하야 獲菩提果라 自利則以不放逸로 隨時守護오 利他則以能
化大願으로 守護하야 不令魔惑禽獸로 侵犯케하고 從因至果히 得成
就也라

■ (마) 말하자면 보리심으로 집을 삼고 두 가지 이로움으로 작업을 삼
고, 몸과 입으로 함께 소를 삼고, 날카로운 지혜로 쟁기를 삼아서 마

음 땅을 간다. 들음과 훈습의 종자를 뿌리고, 믿고 이해하는 싹을 틔우며, 바른 수행의 줄기를 일으키고, 여러 깨달음의 꽃을 피워서 보리의 열매를 수확하는 것이다. 자리(自利)로는 방일하지 않음으로 때를 따라 수호하며, 이타(利他)로는 교화의 대원으로 수호하여 마군이나 번뇌, 짐승이 침범하지 못하게 하고, 인행에서 과덕에 이르기까지 성취함을 얻는다.

(바) 출현정광월천자[出現淨光月天子]

出現淨光天子는 得慈悲救護一切衆生하여 令現見受苦受樂事解脫門하니라
또한 출현정광천자는 자비로써 모든 중생을 구호해서 고를 받고 낙을 받는 일을 환히 보게 하는 해탈문을 얻었나니라.

[疏] 六, 慈悲等者는 謂慈護現樂하고 悲救其苦하야 令見因果하고 斷惡修善을 名眞救護라
■ (바) '자비' 등이란 말하자면 자비로 현재의 즐거움을 지켜 주고, 대비로 그 고통에서 구제하여 인·과를 보아 악을 끊고 선을 닦게 함을 '참된 구호'라 이름한다.

(사) 보유부동광월천자[普遊不動光月天子]

普遊不動光天子는 得能持淸淨月하여 普現十方解脫門하니라

보유부동광천자는 깨끗한 달을 가지고 시방에 널리 나타내
는 해탈문을 얻었나니라.

[疏] 七, 以佛智風으로 持大悲月하야 使明見正覺하야 離苦淸凉이라
■ (사) 불지(佛智)의 바람으로 대비의 달을 가져서 중생이 밝게 바른 깨
달음을 보아 고통을 떠나 시원하게 한다.

(아) 성수왕자재월천자[星宿王自在月天子]

星宿王自在天子는 得開示一切法의 如幻如虛空하여 無
相無自性解脫門하니라
성수왕자재천자는 모든 법이 환술과 같고 허공과 같아서 모
양도 없고 자성도 없는 해탈문을 얻었나니라.

[疏] 八, 開示等者는 一切法有二種하니 一, 是所迷니 謂緣起不實故如
幻이오 緣成故無性이오 二, 是能迷니 謂徧計無物故如空이오 妄計故
無相이라 又緣起法有二義하니 一, 無相如空은 則蕩盡無所有니 是
相空也오 二, 無自性如幻은 則業果恒不失이니 卽性空也라 此二不
二하야 爲一緣起일새 是故兩喩로 共顯一法이라 旣不迷能所에 則悟
眞如하야 成正智火니라
■ (아) '개시(開示)' 등은 온갖 법에 두 가지가 있다. ① 미할 대상[所迷]
이니 말하자면, 연기는 실법이 아니므로 환술 같으며, 연기로 이루어
졌으므로 자성이 없다. ② 미하는 주체[能迷]이니 말하자면, 변계성이
본래 실체가 없기 때문에 공과 같고, 망녕되게 계탁(計度)하므로 모양

이 없는 것이다. 또 연기법에 두 가지 뜻이 있으니 ① 모양이 없이 공(空)과 같음을 다 써 버려서[蕩盡] 아무것도 없으니 이것이 모양이 공한 것이요, ② 자성이 없이 환술 같음은 업과(業果)가 항상 잃음이 아니니 곧 자성이 공한 것이다. 이 두 가지[無相如空과 無自性如幻]가 둘이 아니어서 한 연기법이 되었으므로 두 가지 비유[如幻, 如空]로 함께한 법을 밝힌 것이다. 이미 주체와 대상에 미혹하지 않으면 진여를 깨달아 '바른 지혜의 불'을 이루게 된다.

[鈔] 言此二不二者는 融上性相二空也라 云何融耶아 謂若不達者인대 性相二空이 俱非了義니 何者오 謂法若性空인대 相不空故오 若云相空인대 性又不空이니 以性相異故라 猶如畫火에 無有熱性이나 而似火相이오 如木中火는 不見其相而有其性이라 如角峰垂頷³⁴⁸⁾은 卽是牛相이오 負重致遠是其性故라 性主於內하고 相據於外니라 若一空者인대 彼一不空이어니와 若得意者인대 此二相成이니라 …〈下略〉…

● '이 두 가지가 둘이 아니어서'라 말한 것은 위의 성품과 모양이 두 가지가 공한 것을 융합한 것이다. 어떻게 융합하는가? 말하자면 만일 통달하지 못했으면 성품과 모양이 두 가지가 공한 것이 모두 요의(了義)가 아닐 것이다. 무슨 까닭인가? 말하자면 법이 성공(性空)과 같다면 모양이 공이 아닌 까닭이요, 만일 모양이 공하다 말하면 성품이 또한 공하지 않으니 성품과 모양은 다르기 때문이다. 비유하면 (1) 마치 불을 그릴 때에 뜨거운 성질은 없지만 불의 모양으로는 같고 (2) 나무 속의 불은 그 모양은 보지 못하지만 그 성질은 있는 것과 같으며 (3) 마치 소의 뿔 끝에서 목이 곤추선 것은 곧 소의 모양이고

---

348) 頷은 續本作額이라 하나 誤植이며, 南注云 音壺 牛頸下垂라 하다.

무거운 걸 지고서 멀리 가는 것은 그 본성(本性)임과 같은 등이기 때문이다. 성품은 안을 주관하고 모양은 바깥에 의거한다. 만일 한결같이 공하다면 그중 하나는 공이 아닐 것이지만 만일 뜻을 알았다면 이 두 가지가 서로 성립하게 된다. …〈아래 생략〉…

(자) 정각월천자[淨覺月天子]

淨覺月天子는 得普爲一切衆生하여 起大業用解脫門하니라
정각월천자는 널리 일체 중생을 위해서 큰 업의 작용을 일으키는 해탈문을 얻었나니라.

[疏] 九, 悲願爲物하야 現相好形是大業也니라
■ (자) 대비(大悲)의 서원으로 중생을 위하여 상호(相好)의 모습을 나투심이 크나큰 업[大業]이다.

(차) 대위덕광명월천자[大威德光明月天子]

大威德光明天子는 得普斷一切疑惑解脫門하시니라
대위덕광명천자는 모든 의혹을 널리 끊어 버리는 해탈문을 얻었나니라.

[疏] 十, 普斷等者는 毛光普演이어니 何疑不斷가
■ (차) '널리 끊어 버리는' 등은 털구멍의 광명으로도 널리 연설하는데

어찌 의심을 끊지 못하겠는가?

나) 게송으로 찬탄하다[依列偈讚] (偈中 40下2)

爾時에 月天子가 承佛威力하사 普觀一切月宮殿中諸天衆
會하고 而說頌言하시니라
그때에 월천자가 부처님의 위신력을 받들어 모든 월궁전
의 여러 하늘대중들의 모임을 두루 살피고 게송으로 말하
였다.

佛放光明徧世間하사　　照耀十方諸國土하시며
演不思議廣大法하사　　永破衆生癡惑暗이로다
부처님이 광명을 놓아 세간에 두루 하사
시방의 모든 국토를 비추시며
부사의한 넓고 큰 법을 연설하사
중생의 어리석음과 미혹을 길이 깨뜨리시네.

境界無邊無有盡일새　　於無量劫常開導하시되
種種自在化群生하시니　華髻如是觀於佛이로다
경계는 끝도 없고 다함도 없어
한량없는 겁 동안 늘 열어 인도하사
갖가지로 자재하게 중생을 교화하시니
화계천자가 이와 같이 부처님을 보도다.

[疏] 偈中亦十이니 初二, 可知로다

■ 나) 게송 찬탄 중에 또한 열 가지 법문이니 첫째와 둘째 게송은 알 수 있으리라.

　衆生心海念念殊를　　　佛智寬廣悉了知하사
　普爲說法令歡喜케하시니　此妙光明之解脫이로다
　중생의 마음 바다 생각 생각 달라짐을
　부처님의 지혜는 널리 다 아시사
　널리 법을 설해 환희케 하시니
　이것은 묘광명천자의 해탈이로다.

[疏] 三中에 初句, 卽心海攀緣轉이라 若以生滅八識인대 卽彼第八을 亦名爲轉이니 以恒轉故云念念殊라 恒故非斷이오 轉故非常이니라

■ 셋째 게송 중에 ㄱ) 첫째 구절은 곧 마음 바다가 반연으로 인하여 변한 것이다. 만일 생멸하는 팔식이라면 곧 그 제8식도 '전식(轉識)'이라 이름하기도 하나니, 항상 전변하기 때문에 '생각 생각 달라진다'고 말한 것이다. 항상하므로 단멸이 아니요, 전변하므로 상주함도 아니다.

[鈔] 若以生滅八識卽彼第八亦名轉者는 以起信中에 則生滅與不生滅和合이라하니 故有藏識海常住之言이니 如長行辨이니라 今取唯識宗인대 八識은 唯是業惑辦體生[349]일새 故皆生滅이니라

● '만일 생멸하는 팔식이라면 곧 그 제8식도 전식(轉識)이라 이름하기도

---

349) 辦은 原續本作辨, 體는 南續金本無라 案問明品疏云 異熟賴耶 從業惑種辦體而生이라 하다.

한다'라 함은 『기신론』 중에 "생멸이 불생멸과 함께 화합한다"라 하였으니, 때문에 '장식(藏識)의 바다가 상주한다'는 등의 말이 있는 것이니, 장항에서 밝힌 것과 같다. 지금 유식의 종지를 취한다면 제팔식은 오직 업과 번뇌[惑]가 본체가 되어 생겨남을 밝혔으므로 '모두 생멸한다'고 하였다.

言以恒轉故者는 卽引證也니 論釋第一能變하면 卽阿賴耶라 於中因果, 法喩를 間之라 恒轉如瀑流를 論에 有問云호대 阿賴耶識이 爲斷爲常가 論에 答云호대 非斷非常이니 以恒轉故라 恒謂此識無始時來로 一類相續하야 常無間斷이니 是界趣生施設本故며 性堅持種하야 令不失故라 轉謂此識無始時來로 念念生滅하고 前後變異하며 因滅果生하야 非常一故며 可爲轉識熏成種故라 恒言遮斷이오 轉表非常이니 猶如瀑流가 因果法爾라하니라 云念念殊者는 卽以論恒轉之言으로 會同經文이라

● '항상 전변하기 때문에'라 한 것은 곧 인용하여 증명함이다. 『성유식론』에서 첫째, 능변식(能變識)을 곧 아뢰야식이라 해석하였다. 그중에 인행과 과덕, 법과 비유를 사이사이에 두었다. '항상 유전하는 것이 폭포수와 같다'고 한 것을 논[350]에서 질문하기를 "아뢰야식은 단절되는가, 상주하는가?" 대답하기를 "단절도 아니며 상주도 아니니 항상 유전하기 때문이다. 항(恒)이란 이 식(識)이 아득한 옛적부터 한 종류[無覆無記]로 상속해서 항상하여 중단됨이 없는 것을 말한다. 이것은 삼계와 오취(五趣)와 사생(四生)을 시설하는 근본이기 때문이고, 체성이 견고하여 종자(種子)를 지녀서 잃지 않게 하기 때문이다. 전(轉)

---

350) 『성유식론』 제3권의 내용이다. (대정장 권31 p. 12 b28-)

이란 이 식(識)이 아득한 옛적부터 생각 생각마다 생멸하여 앞 생각과 뒤 생각 사이에 달라지는 것을 말한다. 원인이 멸하면 결과가 생겨나므로 항상 하나[常一]가 아니며, 전식(轉識)은 종자를 훈습할 수 있기 때문이다. 항(恒)은 단절을 부정하고 전(轉)은 상주가 아님을 나타낸 것이니, 폭포수와 같이 인과법도 그러하다"라 하였다. '생각 생각에 달라진다'고 말한 것은 곧 논에서 말한 '항(恒)'과 '전(轉)'이 경문과 같음을 회통한 것이다.

[疏] 新新而生하고 念念而滅하야 念念殊故로 體恒不卽이오 彼如來藏에 功德常具하야 義亦不離가 如彼瀑流가 離水無流며 離流無水라 又 如海波濤가 有漂溺故며 多畜養故니 法合은 思之니라 次句, 明了知 니 謂此識深細하니 唯佛智知故라 次句, 示心海性이 卽是佛智니 不 令外求하고 稱機故喜니라

■ 새롭게 새롭게 태어나고 찰나 사이에 멸하여 생각 생각에 다르기 때문에 체성이 항상 합치하지 않고[不卽], 저 여래장에 공덕이 항상 구족해서 뜻에도 떠나지 않은[不離] 것이 마치 저 폭포수가 물을 떠나서는 흐름도 없으며, 흐름을 떠나서는 물이 없는 것과 같다. 또 마치 바다의 파도가 떠다니거나 빠짐이 있는 것과 같기 때문이며, 여러 번 길러내는 까닭이니 법과 합하여 생각할 것이다. 다음 둘째 구절은 깨달아 앎을 밝혔다. 말하자면, 이 식(제8식)이 미세하므로 부처님의 지혜로만 알 수 있기 때문이다. 다음 셋째 구절은 마음 바다의 본성이 곧 불지(佛智)임을 보였으니, 바깥으로 구하지 않고 중생 근기에 들어맞게 하는 연고로 기뻐하는 것이다.

[鈔] 新新已下는 義引上論이라 念念殊故下는 會法性宗이니 與如來藏으로 非一非異故라 起信에 云, 謂不生不滅與生滅和合하야 非一非異가 名阿賴耶識이라하니 由念念殊是生滅故로 與藏非一이오 卽此生滅心에 恒沙性德이 本來具足일새 故名不離니 不卽不離가 卽不一不異라 言如彼瀑流者는 卽向所引唯識이니 後文에 云, 如瀑流水非斷非常이오 相續長時하야 有所漂溺인달하야 此識亦爾하야 從無始來로 生滅相續하야 非常非斷이나 漂溺有情하야 令不出離라 又如瀑流가 雖因風等擊起諸波나 而流不斷인달하야 此識亦爾하야 雖遇衆緣하야 起眼等識이나 而恒相續이라 又如瀑流가 漂水上下언정 魚草等物을 隨流不捨인달하야 此識亦爾하야 與內習氣와 外觸等法으로 恒相續轉이라하니라 釋曰, 但觀上引하면 於疏自明이니라 而疏文中에 二宗合釋하면 如瀑流水는 卽唯識文이오 離水無流는 通二宗義라 若成法相인대 離第八識하면 無眼等識이오 若依法性인대 離如來藏하면 無有八識이니 廣如問明하니라

● 新新 이하는 뜻으로 위의 유식론을 인용한 부분이다. 念念殊故 아래는 법성종(法性宗)으로 회통하였으니, 여래장(如來藏)과 하나도 아니요, 다른 것도 아니기[非一非異] 때문이다. 『기신론』에 이르되, "말하자면 불생불멸한 (진여가) 생멸과 화합하여 하나도 아니요, 다른 것도 아닌 것을 아뢰야식(阿賴耶識)이라 이름한다"라고 하였으니, '생각 생각 달라짐'이 곧 생멸이기 때문에 여래장과 하나가 아니요, 이 생멸하는 마음과 합치[卽]하면 항하사의 수많은 성덕(性德)이 본래로 구족하였으므로 여의지 않은 것이다. '합치하지도 않고 떠나지도 않음[不卽不離]'이 곧 '하나도 아니요, 다른 것도 아닌[不一不異]' 것이다. '마치 저 폭포수와 같다'고 말한 것은 곧 앞에서 인용한 유식론이니, 뒷문

장에 말하였다. "마치 폭포수가 단절되지도 상주하지도 않고 오랜 시간 상속하여 떠다니고 빠짐이 있는 것과 같아서, 이 식(識)도 역시 그래서 아득한 옛적부터 생멸하고 상속해서 상주하지도 단절되지도 않으며, 중생을 (人天에서) 떠다니고 (지옥 등 惡趣에) 빠지게 해서 떠나지 못하게 한다. 또한 폭포수가 바람 등에 격발되어 많은 물결을 일으키면서도 흐름이 단절되지 않는 것과 같다. 이 식도 역시 그래서 비록 여러 인연을 만나서 안식(眼識) 등을 일으키지만 항상 상속한다. 또한 폭포수가 물의 위 아래에 있는 고기와 풀 등의 물질을 떠다니게 해서 흐름을 따라 버리지 않는 것과 같아서 이 식도 역시 그러해서 내면의 습기(習氣)와 외부의 촉(觸) 등의 법과 함께 항상 서로 따라서 전전한다"351)라고 하였다. 해석하면, 다만 위의 인용한 것을 보면 소문이 자연히 분명할 것이다. 하지만 소의 문장 속에 두 가지 종[法相宗과 法性宗]을 합쳐서 해석하자면 '폭포수와 같다' 함은 유식론의 문장이고, '물을 떠나서 폭포가 없다' 함은 두 종파의 뜻을 회통한 것이니, 만일 법상종(法相宗)에 의지하면 제팔식을 떠나서는 안식(眼識) 등의 여러 식이 없게 되고, 만일 법성종(法性宗)을 의지하면 여래장(如來藏)을 떠나서 팔식(識)도 없으니 자세한 것은 보살문명품의 내용과 같다.

又如海波濤는 即起信에 云, 如大海水가 因風波動에 水相風相不相 捨離라 海即藏識이니 如長行說하야 恒常住故라 是如來藏은 此即成 上離水無流며 亦乃生下하여 有所漂溺은 即唯識上生人天이라 猶如 漂草가 下沈三塗함이 猶如溺魚가 多畜養故니라 又兼法性은 此中에

---

351) 『성유식론』 권3의 내용이다. (대정장 권31 p.12 c5-)

具有恒沙性德하야 一切智寶가 自此而生이라 若取法相은 阿陀那識
深微細하고 一切種子如瀑流니 我於凡愚不開演이니 恐彼分別執爲
我하나라 亦多畜養義는 義兼二宗이니라 言法合思之는 已如上說이
니 玄文又明하고 至問明品하야 當廣分別이니 二宗之異니라 謂此識
微細는 即如向引偈文이니 即唯識第三에 引解深密偈니라 次句, 示
心海性即是佛智者는 上句, 佛智爲能了故니 八十經에 云, 佛智廣
大如虛空하사 悉了世間諸妄想故이라하니라 今此即出現品에 云, 一
切衆生無不具有如來智慧가 如大海水潛流四天下地니 故云即是
佛智라 不令外求者는 即淨名에 云, 諸佛解脫을 當於衆生心行中求
니라 稱彼圓機니 故生歡喜니라

● 또 '바다의 파도와 같다' 함은 곧 『기신론』에 이르되, "마치 대해수가
바람을 인하여 파도가 일어나면 물의 모양, 바람의 모양이 서로 떠나
지 않는다"라고 하였으니, 바다는 장식이니 장항에 설한 것처럼 항상
머무르기 때문이다. 여래장 이것은 위의 물을 떠나서 물결이 없음을
이루며 또한 이에 아래 갈래에 태어나서 물에 빠져 떠돎은 곧 유식으
로 위로 인천에 태어남이다. 마치 떠도는 풀이 아래로 삼악도에 빠진
것과 같으며, 마치 빠진 물고기를 많이 쌓고 기른 까닭이다. 또한 법
성을 겸함은 이 가운데 항하사 같은 성품의 덕을 갖추어서 온갖 지혜
보배가 여기서부터 생기는 것과 같다. 만일 법의 모양을 취함은, "아
타나식은 매우 심오하고 미세하고, 일체 종자식은 폭포수와 같으니
나는 범부와 소승에게는 열어 보이지 않노니, 그들이 분별하고 집착
해서 자아로 삼을까 염려되기 때문이다"[352]라고 하였다. '또한 많이
쌓고 기른' 뜻은 두 종파를 겸하였다. '법과 합하여 생각한다'고 말

---

352) 『해심밀경』 제1권의 게송이다. 야마게찬품에 자세한 해석이 있다.

함은 이미 위에서 설명함과 같나니 현담 문장도 밝혔고 보살문명품
에 가서 자세하게 분별하리니 두 종파의 차이니라. 말하자면 이 아뢰
야식이 미세함은 곧 앞에서 인용한 게송의 문장과 같으니『성유식론』
제3권에『해심밀경』게송을 인용한 것이다. 다음 구절에 마음 바다의
본성이 곧 불지(佛智)임을 보임이란 앞의 구절에서 '부처님의 경지만이
능히 요달할 수 있다'고 하였기 때문이다. 본경 제80권[353])에 이르되,
"불지(佛智)가 광대하여 허공과 같아 세간의 모든 망상을 다 알기 때
문이다"라고 하였다. 지금의 이 게송은 곧 여래출현품[354])에서, "일체
중생이 여래지혜를 갖추지 않은 것이 없다"라 함은 마치 대해의 물이
사천하의 땅 속으로 흐름과 같기 때문에 곧 불지(佛智)라 하는 것이
다. '외도로 하여금 구하지 않게 한다'는 것은 곧『유마경』에 이르되,
"제불의 해탈을 마땅히 중생심의 지어감 속에서 구하라"고 하였으니,
저 원교의 근기[圓機]에 걸맞으니 환희심이 나는 것이다.

眾生無有聖安樂하여　　　沈迷惡道受諸苦어늘
如來示彼法性門하시니　　安樂思惟如是見이로다
중생은 성스러운 안락이 없어서
악도에 침몰해서 온갖 고를 받거늘
여래가 저에게 법성의 문을 보이시니
안락천자가 사유하여 이렇게 보았도다.

[疏] 四中에 初二句, 明失聖樂이라 聖安樂者는 卽聖智涅槃이니 本有今

---

353) 이는 入法界品의 '再見文殊菩薩'條에 보인다. 偈云, "佛智廣大同虛空하사 普徧一切眾生心하사 悉了世
間諸妄想하사대 不起種種異分別이로다."(교재 권4 p. 553-)
354) 이는 如來出現品 제37의 '如來意業'條에 보인다. (교재 권3 p. 280-)

無일새 故沈迷妄苦라 次句, 明與示其性有니 樂非苦外가 名不思議라 見性得樂이니 性卽是門이라

- ■ 넷째 게송 중에 ㄱ) 첫째와 둘째 구절은 성스러운 안락을 잃었음을 밝혔다. '성스러운 안락[聖安樂]'이란 곧 '성인 지혜의 열반'이니 본래는 있었지만 지금은 없으므로 망녕된 고통에 빠져 미혹하게 되었다. ㄴ) 다음 셋째 구절은 그 본성의 존재를 보여 준 것에 대해 밝힌 것이다. 안락함은 고통의 바깥에 있지 않음을 '부사의하다'고 하며, 본성을 보아 안락을 얻은 것이니 본성이 곧 문(門)인 것이다.

[鈔] 卽聖智涅槃本有今無者는 約法相說인대 涅槃本有하고 聖智本無일새 故無菩提覺法之樂이어니와 今約法性인대 涅槃聖智가 皆有性淨이라 卽法性門이니 是則眞樂本有어늘 失而不知일새 云無有耳라 故로 初地에 云, 諸佛正法이 如是甚深이어늘 而諸凡夫心墮邪見이라하니 旣失眞樂이오 妄苦本空이어늘 得而不覺하니 是故沈迷라 若覺本性하면 不沈迷故라 故第三句에 示其性有는 令其覺性하야 了彼苦性眞寂靜樂일새 云樂非苦外니 是以로 長行에 名不思議니라 見性得樂性卽是門者는 若約解苦無苦인대 苦爲見性之門이오 今約見性成佛일새 故로 性爲聖樂之門이니라

- ● '성인 지혜의 열반이니 본래는 있었지만 지금은 없다'는 것은 법상종(法相宗)에 의지하여 설하면 열반은 본래 있지만 성지(聖智)는 본래는 없었으므로 보리를 깨달은 법락이 없겠지만, 지금은 법성종(法性宗)에 의지하면 열반과 성지가 모두 본성이 깨끗함에 있으니 곧 법성의 문이다. 이는 진실한 안락은 본래 있었으니 잃어버리고 알지 못하기 때문에 '있지 않다'고 할 뿐이다. 때문에 초지(初地)[355]에 이르되, "부처

님의 바른 법이 이렇게 깊은데 범부들은 삿된 소견에 빠져 (무명이 가리
었으며)"라고 하였으니 이미 진실한 안락을 잃었고, 망녕된 고통은 본
래 공한 것인데 (고통을) 얻었음을 깨닫지 못하니 그러므로 미혹에 빠
진 것이다. 만일 본성을 깨달으면 미혹에 빠지지 않을 것이다. 때문
에 셋째 구절에 '그 본성의 존재를 보여 준 것'은 그들로 하여금 본성
을 깨달아 저 고통의 본성이 진실하고 적정한 안락임을 깨달았으므
로 '안락함은 고통의 바깥에 있지 않음[樂非苦外]'이라 하였으니, 이로
써 장항에는 '부사의하다'고 이름한 것이다. '본성을 보아 안락을 얻
은 것이니 본성이 곧 문'이란 만일 '고통을 알면 고통이 없음[解苦無苦]'
에 의지하면 고통은 견성(見性)의 문이 될 것이며, 지금은 견성성불(見
性成佛)을 의지하였으므로 본성이 성스런 안락의 문(門)이 된다.

如來希有大慈悲여　　　　爲利衆生入諸有하사
說法勸善令成就케하시니　此目光天所了知로다356)
여래의 희유하신 대자비시여
중생을 이익케 하려고 모든 갈래에 들어가사
법을 설하고 선을 권하여 성취케 하시니
이것은 목광천자가 알았네.

[疏] 五中에 但是法說이라 如來卽田主也오 悲佃物田이오 爲利入有是所
作業이니 爲利同於求果오 入有似於耕犁라 說法卽是下種이오 勸善
正當守護라 令熟可知로다

355) 이는 十地品 제26 歡喜地의 내용이다. (교재 권2 p.393-)
356) 目은 南本作月, 杭注云 北藏此目 南藏此月이라 하다. (소초회본 권11 p.94-)

■ 다섯째 게송 중에는 다만 법설(法說)이다. 여래는 곧 복전(福田)의 주인이 되며, '대비로 밭을 간 것[悲佃]'은 중생의 복전이며, 중생을 이롭게 하기 위하여 여러 갈래에 들어감은 '지어야 할 업'이니, 이롭게 함은 과보를 구함과 같고 여러 갈래에 들어감은 밭을 가는 것[耕犁]과 같다. 설법은 곧 종자를 뿌리는 것이며, 선(善)을 권함은 바로 마땅히 수호하는 것이다. 중생으로 하여금 익숙하게 함은 알 수 있으리라.

世尊開闡法光明하사   分別世間諸業性인
善惡所行無失壞하시니   淨光見此生歡喜로다
세존이 법의 광명을 열어
세간의 업의 성품을 분별하되
선과 악의 행한 바를 잃지 않나니
정광천자가 이것을 보고 환희를 내도다.

[疏] 六中에 前悲救護는 語其本心이오 此明智光은 彰其所用이니 悲智相
導가 能眞救也라
■ 여섯째 게송 중에 앞에서 대비로 구호하심은 그 본심을 말하였고, 여기서 지혜광명을 밝힌 것은 그 쓸 곳을 밝힌 것이니, 자비와 지혜로 서로 인도함이라야 진실로 구제할 수 있는 것이다.

佛爲一切福所依가   譬如大地持宮室하여
巧示離憂安隱道하시니   不動能知此方便이로다
부처님은 모든 복의 의지가 됨이
대지가 궁전을 유지함과 같아서

근심 없는 안락한 길을 잘 보이시니
부동천자가 이 방편을 알았네.

[疏] 七中에 初句, 佛爲福依며 月爲凉本이라 次句, 應言大風持宮이어늘
而今云爾는 卽是轉喩니 大地如佛이오 宮室如福이라 次句, 卽照現
義며 亦淸凉義니라

■ 일곱째 게송 중에 ㄱ) 첫째 구절은 부처님은 복의 의지처[福依]가 되
며, 달은 서늘함의 근본[凉本]이 된다. ㄴ) 다음 둘째 구절은 응당히
'큰 바람이 궁전을 유지한다[大風持宮]'고 말해야 하는데, 지금 이렇게
말한 것은 곧 돌려서 비유한 것이다. 대지(大地)는 부처님과 같고 궁
실(宮室)은 복전과 같다. ㄷ) 다음 셋째 구절은 곧 비추어 나툰다는
뜻이며, 또한 '청량함'의 뜻이다.

智火大明周法界하며　　現形無數等衆生하사
普爲一切開眞實하시니　星宿王天悟斯道357)로다
지혜의 불이 크게 밝아 법계에 두루 하며
수없이 형상을 나타내어 중생과 같게 하사
널리 모두에게 진실을 열어 보이시니
성수왕천자가 이 도를 깨달았네.

[疏] 八中에 可知로다

■ 여덟째 게송은 알 수 있으리라.

---

357) 王天은 金本作天王이나 誤植이며 案長行作星宿王이라 하다.

佛如虛空無自性이로대　　爲利衆生現世間하시니
相好莊嚴如影像이라　　淨覺天王如是見이로다
부처님은 허공과 같아서 자성이 없으나
중생을 이롭게 하기 위해 세간에 나타나시니
상호의 장엄이 영상과 같음이라
정각천왕천자가 이와 같이 보았네.

[疏] 九中에 初句, 佛如虛空은 大業性也오 次句, 大業體也니 不利衆生
이면 非大業故라 次句, 大業相이라 依光有影이니 可以知動靜이오 依
鏡有像하니 可以辨姸孋라 然彼影像은 無自性相이니 如來相好도 當
知亦爾니라

■ 아홉째 게송 중에 ㄱ) 첫째 구절은 부처님이 허공과 같음은 '큰 업의
본성[大業性]'이며, ㄴ) 다음 둘째 구절은 큰 업의 체성이니, 중생을 이
롭게 하지 않으면 큰 업이 아니기 때문이다. ㄷ) 다음 셋째 구절은 대
업(大業)의 모양인데 광명을 의지하여 그림자가 있으니 가히 움직임과
고요함을 알 수 있으며, 거울을 의지하여 모양이 있으니 가히 곱고
추함[姸孋]을 분별할 수 있다. 그러나 저 영상은 자성의 모양이 없는
것이니 여래의 상호도 또한 그러함을 마땅히 알아야 한다.

[鈔] 依光有影等者는 疏開影像二字하야 以爲兩喩하니 影謂光影喩오 像
謂鏡像喩라 然此二喩가 有通一切어니와 今取別義니 光影之喩는 喩
佛現多端이라 故云有動靜이니 質動影動하고 質靜影靜이라 鏡像은
喩現身勝劣이니 丈六과 三尺三十二相等을 隨機見故[358]니라

---

358) 故는 甲南續金本也라 하다.

● '광명을 의지하여 그림자가 있으니' 등이란 소에서 '영상(影像)' 두 글자를 열어서 두 가지 비유을 하였으니 (1) 그림자는 광명과 그림자의 비유며 (2) 모습은 거울에 비친 영상의 비유이다. 그러나 이 두 가지 비유가 온갖 것에 통하지만 지금은 다른 뜻을 취하였으니 '광명과 그림자의 비유'는 부처님이 여러 가지를 나투는 데 비유하였다. 그러므로 '움직임과 고요함이 있다'고 말하였으니, 본질이 움직이면 그림자가 움직이고 본질이 고요하면 그림자도 고요한 것이다. 거울의 영상은 나툰 몸의 수승하고 열등함에 비유한 것이니 (부처님의) 1장 6척[丈六]과 세 자[三尺] 등의 32가지 상호 등을 (중생의) 근기를 따라 볼 수 있기 때문이다.

佛身毛孔普演音이여   法雲覆世悉無餘라
聽聞莫不生歡喜하니   如是解脫光天悟로다
부처님의 모공에서 소리를 냄이여
법의 구름이 세상을 덮어 남음이 없게 함이라
듣는 이마다 환희를 내지 않는 이가 없으니
이러한 해탈은 광명천자가 깨달았도다.

[疏] 十亦可知로다 天衆은 竟하다

■ 열째 게송도 또한 알 수 있으리라. (1) 여러 하늘대중은 마친다.

화엄경청량소 제1권

| 초판 1쇄 발행_ 2018년 11월 22일

| 저_ 청량징관
| 역주_ 석반산

| 펴낸이_ 오세룡
| 편집_ 손미숙 박성화 정선경 이연희
| 기획_ 최은영 권미리
| 디자인_ 김효선 고혜정 장혜정
| 홍보 마케팅_ 이주하
| 펴낸곳_ 담앤북스
　　　　서울특별시 종로구 사직로8길 34 (내수동) 경희궁의 아침 4단지 805호
　　　　대표전화 02)765-1251 전송 02)764-1251 전자우편 damnbooks@hanmail.net
　　　　출판등록 제300-2011-115호
| ISBN　979-11-6201-104-1　04220

정가　30,000원